Ernst Tugendhat

Vorlesungen zur Einführung in die sprachanalytische Philosophie

Suhrkamp

suhrkamp taschenbuch wissenschaft 45
Erste Auflage 1976

Satz: Librisatz Kriftel, Taunus
Druck: Nomos, Baden-Baden.
Printed in Germany.
Umschlag nach Entwürfen von Willy Fleckhaus und Rolf Staudt.

Inhalt

Martin Heidegger
gewidmet

Vorwort

In der sogenannten analytischen oder sprachanalytischen Philosophie wird wenig und heute weniger als früher auf die eigenen Grundlagen reflektiert. Man bewegt sich im wesentlichen in überkommenen Fragestellungen, die als solche nicht problematisiert werden. Das hängt zum Teil mit einem Mangel an historischem Bewußtsein zusammen. Eine Art zu philosophieren kann sich als philosophische Grundposition nur ausbilden in der Konfrontation mit früheren Konzeptionen von Philosophie. Diese Reflexion auf die Grundlagen ist nicht nur ein nachträglicher Akt der Selbstverständigung, sondern eine Bedingung dafür, daß eine Philosophie die Aufgabe wahrnehmen kann, die immer schon die eigentlich philosophische gewesen war: die Prüfung vorgegebener und Herausbildung neuer Fragestellungen, Methoden und Grundbegriffe.

Diese Vorlesungen möchten einen Anstoß in dieser Richtung geben. Deswegen haben sie den Charakter einer Einführung. Sie versuchen, durch eine Konfrontation mit der fundamentalen Orientierung der traditionellen Philosophie am Subjekt-Objekt-Schema Problemstellungen, die in der analytischen Philosophie bereits vorhanden sind, in den Zusammenhang einer spezifisch sprachanalytischen Grundfrage und Grundlagenbesinnung zu bringen. Inhaltlich bewegen sie sich auf einem keineswegs neuen Untersuchungsfeld und unternehmen auch auf diesem nur einen ersten Schritt.

Das Buch wendet sich an drei verschiedene Lesergruppen. Der Leser, den es in der Form der Vorlesung direkt anredet, ist der philosophische Anfänger, dem es als Einführung in die philosophische Denkweise dienen könnte. Zugleich richtet es sich, wenn auch nur in einer ›intentio obliqua‹, an sprachanalytisch versierte Leser. Vor allem aber wendet es sich an diejenigen, die, mit traditionellen philosophischen Vorstellungen mehr oder weniger vertraut, an der analytischen Philosophie eine grundsätzliche Fragestellung, die sich mit den großen traditionellen Ansätzen vergleichen ließe, vermissen. Ihnen möchte dieses Buch eine Brücke bauen, indem es zu zeigen versucht, daß in der analytischen Philosophie eine Fragestellung enthalten ist, die sich mit den traditionellen Ansätzen nicht nur messen kann, sondern sich als ihnen überlegen erweist.

Dieses Vorhaben ist ein Reflex meiner eigenen bisherigen Entwicklung, die von Heidegger ausging und zur sprachanalytischen Philosophie führte. Dabei kam ich zu der Überzeugung, daß Heideggers Frage nach dem Verstehen von ›Sein‹ nur im Rahmen einer sprachanalytischen Philosophie einen konkreten und durchführbaren Sinn gewinnen kann. Obwohl von Heidegger in diesen Vorlesungen kaum die Rede ist, verdanke ich ihm die spezifische Zugangsweise, mit der ich an die Probleme der analytischen Philosophie herangehe. Deswegen ist ihm das Buch gewidmet.

Es geht auf eine Vorlesung zurück, die ich im Sommersemester 1970 in Heidelberg gehalten habe. Obwohl ich den Text neu geschrieben und erweitert habe, schien es mir sinnvoll, die Form der Vorlesung beizubehalten.

Starnberg, im März 1976 E.T.

Erster Teil
Einleitung: Die sprachanalytische Philosophie im Kräftefeld traditioneller Begriffe von Philosophie

1. Vorlesung

»Einführung in die sprachanalytische Philosophie« – das ist zweideutig. Von einer unter diesem Titel angekündigten Vorlesung könnte man sich einen Überblick über eine philosophische Bewegung erwarten: eine historische oder systematische Orientierung über diejenige philosophische Literatur, die gemeinhin als sprachanalytische rubriziert wird. Das soll hier nicht geschehen, zumal es solche Einführungen in die sprachanalytische Philosophie schon gibt.[1] Der Titel läßt sich auch in einem anderen Sinn auffassen, indem man »Philosophie« im Sinn der philosophischen Tätigkeit versteht. Gemeint ist dann eine Einführung in das sprachanalytische Philosophieren.

Man führt jemanden in ein bestimmtes Tun ein, indem man es ihm exemplarisch vorführt, so daß er es nachmachen kann. Ich müßte Ihnen also einen charakteristischen sprachanalytischen Gedankengang so vorführen, daß Sie ihn nachvollziehen können und zur selbständigen Durchführung verwandter Gedankengänge angeregt werden. Und das beabsichtige ich auch zu tun. Aber eine solche exemplarische Vorführung kann an und für sich für eine Einführung noch nicht genügen, wenn das Tun, in das eingeführt werden soll, eine Art zu philosophieren ist:

Eine Art zu philosophieren steht nicht neben anderen Arten zu philosophieren wie eine Art zu tanzen neben anderen Tanzarten. Die Tanzarten schließen sich nicht gegenseitig aus oder ein. Man kann am gleichen Abend mit gleicher Hingabe einen Tango, einen Boogie und einen Rock 'n' Roll tanzen und braucht sich z. B. um das Walzertanzen nicht zu kümmern. Aber man kann nicht ernsthaft auf eine Art philosophieren, ohne die anderen verworfen oder aber einbezogen zu haben. Ein Tanz kann zwar nicht mehr zeitgemäß sein, aber er wird dadurch nicht unrichtig. In der Philosophie geht es demgegenüber wie in jeder Wissenschaft um Wahrheit. Deswegen kann zwar auch so oder so zu philosophieren modern oder unmodern sein, aber dies zu konstatieren ist nicht Sache des Philosophierenden, sondern des Historikers. Gefragt, warum ich so und nicht anders philosophiere, kann ich selbst nicht antworten: »weil es modern ist«, sondern nur: »weil das die richtige Art des Philosophierens ist«. Darin liegt dann aber die implizite Verpflichtung, die in Anspruch genommene Richtigkeit auszuweisen. In eine Art des Philosophierens einführen schließt daher die Aufgabe in sich, diese Art des Philosophierens zu anderen möglichen Arten des Philosophierens in Beziehung zu setzen und in Konfrontation mit ihnen ihre Richtigkeit nachzuweisen.

Damit aber steht zugleich die Idee von Philosophie überhaupt zur Debatte. Man kann, wenn man in eine bestimmte Art zu philosophieren einführen will, den Begriff von Philosophie nicht einfach voraussetzen. In eine bestimmte Art zu philosophieren einführen heißt daher immer auch schon: in das Philosophieren überhaupt einführen.

Wenn das so ist, daß man wie in jede andere so auch in die sprachanalytische Philosophie nur einführen kann in Abhebung zu anderen Weisen des Philosophierens, so hat das eine Rückwirkung auf die Frage, welcher Gedankengang für die exemplarische Vorführung dieses Philosophierens auszuwählen ist. Wir können uns nicht mit irgendeinem Beispiel begnügen. Indem wir das sprachanalytische Philosophieren mit anderen Arten zu philosophieren konfrontieren, konfrontieren wir nicht nur Methoden. Die wichtigen vergangenen philosophischen Positionen gingen immer zugleich von bestimmten inhaltlichen Grundfragen aus, auf die hin sich das ganze Feld möglicher philosophischer Fragen zentrierte und organisierte. Bei der sprachanalytischen Philosophie mag es weniger klar sein, welches ihre zentrale inhaltliche Frage ist, ja ob sie aus sich heraus überhaupt eine solche besitzt. Aber dann müssen wir erwarten, daß das sprachanalytische Philosophieren gerade in der Auseinandersetzung mit früheren philosophischen Positionen seine eigene zentrale Frage findet, und das heißt: daß es in dieser Auseinandersetzung erst sich selbst findet.

Wenn das stimmt, dürfen wir also nicht einmal annehmen, daß das sprachanalytische Philosophieren schon eine feste Größe ist, in die man einführen könnte, um dann die Abhebung zu früheren Positionen gegebenenfalls in einem Anhang nachzuholen. Was sprachanalytisches Philosophieren ist, steht nirgends geschrieben, und wollten wir versuchen, eine Definition von »sprachanalytischer Philosophie« durch Induktion und Abstraktion aus der vorhandenen philosophischen Literatur, die als sprachanalytische bezeichnet wird, zu gewinnen, so würden wir bestenfalls eine leere Charakteristik erreichen, die nicht als Ansatz zu einem konkreten Philosophieren dienen könnte.

Ich will also in etwas einführen, was es noch gar nicht gibt? Das ist im Fall der Philosophie nicht so unsinnig, wie es klingt. Eine Philosophie konstituiert sich immer erst im Philosophieren. Und daraus folgt, daß das Philosophieren und eine Art zu philosophieren ein Tun ist, das erst in der Einführungsbewegung wird, was es ist.

Dann müssen wir aber noch ein letztes Vorurteil fallenlassen: wenn das, in das eingeführt wird, nicht schon vor der Einführung feststeht, kann natürlich auch derjenige, der andere in dieses Tun einführen will, darüber nicht schon selbst verfügen. Er kann andere nur einführen, indem er sich einführt.

Vielleicht empfinden Sie diese Überlegungen als unglaubhaft und als schlechte pädagogische Masche. Erinnert die Prätention, in etwas einführen zu wollen, das es noch gar nicht gibt und sich erst in der Einführung konstituieren soll, nicht an den Versuch des Münchhausen, sich an den eigenen Stiefeln hochzuheben? Kann ich im Ernst behaupten wollen, Sie in etwas einführen zu wollen, was ich selbst noch nicht kenne? Selbstverständlich kann man nichts suchen, von dem man nicht schon einen vagen Vorbegriff hat. Und selbstverständlich habe ich einen vagen Vorbegriff von Sprachanalyse, aber einen solchen haben wohl auch Sie. Andererseits ist uns und ist überhaupt unklar, worin die Sprachanalyse als philosophische Position eigentlich besteht. Diese Unklarheit können wir nicht beheben, indem wir uns irgendwo erkundigen, sondern nur, indem wir den vorhandenen Vorbegriff vertiefen. Und da ist es nicht abwegig zu erwarten, daß gerade aus einer Konfrontation der Sprachanalyse – zunächst ausgehend von dem vagen Vorbegriff, den wir von ihr haben – mit gewichtigen früheren philosophischen Positionen ihre eigene inhaltliche Grundfrage hervorgehen wird. Diese Grundfrage zu erreichen ist das Ziel des einleitenden Teils dieser Vorlesungen (1.-7. Vorl.). In dem dann folgenden Hauptteil soll mit der Analyse der prädikativen Aussageform ein erster Schritt der herausgestellten Fragestellung durchgeführt werden.

Beginnen wir also mit demjenigen vagen Vorverständnis der sprachanalytischen Philosophie, das wir insofern bei allen voraussetzen dürfen, als es eine bloße Explikation ihrer Bezeichnung darstellt. Offenbar ist mit sprachanalytischer Philosophie eine Art des Philosophierens angesprochen, die glaubt, die der Philosophie vorgegebenen Probleme lösen zu können oder lösen zu müssen auf dem Wege einer Analyse der Sprache.

Sofort stellt sich hier die Frage: auf dem Wege was für einer Analyse der Sprache? Die Analyse der Sprache scheint Aufgabe der Sprachwissenschaft zu sein. Wird also die Philosophie, wenn sie als Sprachanalyse verstanden wird, zur Sprachwissenschaft oder zu einem Teil der Sprachwissenschaft? Oder ist die Analyse der Sprache, die in der Philosophie geleistet werden soll, eine andere als die der Sprachwissenschaft, und wenn ja, wie ist der Unterschied zu bestimmen? Sie sehen, daß sich unser Vorhaben von Anfang an zusätzlich kompliziert. Die sprachanalytische Philosophie sieht sich nicht nur mit einer Legitimationsforderung gegenüber anderen Konzeptionen von Philosophie konfrontiert, sondern gleichzeitig mit der Forderung, ihr Verhältnis zu einer ihr nahestehenden empirischen Wissenschaft zu bestimmen.

Hier zeigt sich, nur unter besonderen Bedingungen, eine Schwierigkeit, vor die sich die Philosophie bei ihrer Selbstbestimmung immer schon gestellt sah: die Frage, wie sie ihr Verhältnis zu den Wissenschaften zu bestimmen habe. Es ist ein Charakteristikum der neuzeitlichen Philosophie, daß sich diese Frage nicht nur im allgemeinen in bezug auf alle Wissenschaften stellt, sondern in prägnanter Weise jeweils in bezug auf eine Wissenschaft. Das war für die klassische neuzeitliche Philosophie, vor allem seit Kant, die Psychologie, und das ist jetzt die Sprachwissenschaft. Vielleicht gibt es auch eine Art des Philosophierens, für die die Soziologie eine entsprechende Rolle einnimmt. Diese besondere Kollision mit einer bestimmten empirischen Wissenschaft ergibt sich für die neuzeitliche Philosophie durch das, was man ihren Reflexionscharakter nennt. Sie konzipiert ihre Fragestellungen nicht in direkter Thematisierung jeweiliger Gegenstände, sondern in der gleichzeitigen Reflexion darauf, wie uns diese Gegenstände gegeben sein können, wie sie uns zugänglich werden. Das Gegebenheitsfeld, auf das reflektiert wird, wurde in der klassischen neuzeitlichen Philosophie als Bewußtsein, als eine Dimension der Vorstellungen aufgefaßt, während es in der neuen Konzeption von Philosophie als der Bereich des Verstehens unserer sprachlichen Ausdrücke aufgefaßt wird. Jedesmal findet die Philosophie ihren Reflexionsbereich bereits besetzt von einer bestimmten empirischen Wissenschaft, und jedesmal stellt sich also die Frage, inwiefern dieser Bereich, wenn er von der Philosophie her gesehen nicht nur ein Bereich unter anderen sein soll, einer spezifisch philosophischen Betrachtungsweise zugänglich ist.

Ich kenne keine befriedigende Antwort auf die Frage, wie die sprachanalytische Philosophie von der empirischen Sprachwissenschaft zu unterscheiden ist. Eine solche Antwort kann sicher nicht mit Hilfe überkommener Unterscheidungen zwischen Philosophie und Wissenschaft gegeben werden, da sie wesentlich von der jeweiligen Konzeption von Philosophie abhängt. In dem gegenwärtigen Stadium dieser Einführung fehlen uns natürlich noch ohnehin alle Voraussetzungen, diese Frage sinnvoll anzugehen, und wir können jetzt eigentlich nur sagen: die sprachanalytische Philosophie unterscheidet sich von der empirischen Sprachwissenschaft jedenfalls dadurch, daß sie sich – diese hingegen nicht – als Philosophie legitimieren muß und sich damit in einer Auseinandersetzung mit anderen philosophischen Positionen befindet.

Ich komme zurück zu der vorhin gegebenen Nominalerklärung von »sprachanalytischer Philosophie« als einer Philosophie, die die philosophischen Probleme auf dem Wege einer Analyse der Sprache lösen will. Wie können wir, wenn wir von diesem ersten Vorverständnis ausgehen, weiterkommen? Wir können uns an denjenigen wenden, der die angegebene Erklärung zum ersten Mal hört, und sehen, was sein eigener nächster Gedanke ist.

Ist er ein denkender Mensch, so wird er sicher sofort einen Einwand formulieren (es ist der Standardeinwand, der immer wieder gegen die sprachanalytische Konzeption der Philosophie erhoben wird): »Gewiß ist es einleuchtend«, wird er sagen, »daß Wortklärungen zur Philosophie gehören, sie haben auch stets zu ihr gehört, aber doch nur als eine Vorstufe, um die Unklarheit und Zweideutigkeit im Gebrauch der philosophischen Termini zu beseitigen; das kann aber nur ein Durchgangsstadium sein auf dem Weg zu den Sachen, um die es jeweils geht. Die Sprache ist doch nur ein Medium, und wenn eine Philosophie die Analyse des Sprachgebrauchs nicht nur als Präliminarium, sondern als ihre eigentliche Aufgabe betrachtet, so hat sie offenbar den Kontakt mit den inhaltlichen Fragen, mit den Sachen selbst verloren«.

Wir beginnen also mit dem Negativ, in dem die Idee einer sprachanalytischen Philosophie zunächst dem Außenstehenden erscheint. Der eben formulierte Einwand bleibt noch völlig an der Peripherie. Er redet von den Sachen in Abhebung zu den Wörtern, ohne sich darüber zu äußern, was für Sachen er meint und wo sie zu finden sein sollen. Erst wenn wir unseren denkenden Menschen veranlassen, sich hierüber zu explizieren, gelingt ihm und uns ein erster Schritt in das eigentliche Feld der Auseinandersetzung.

In welchem außersprachlichen Bereich – so werden wir ihn fragen – sollen denn die Sachen selbst, auf die er verweist, zu suchen sein? Ist er kein Philosoph, sondern einfach ein denkender Mensch, so wird er wahrscheinlich antworten: »Die Sachen selbst – die werden uns natürlich durch die Erfahrung gegeben. Und der Appell, nicht bei den bloßen Worten zu bleiben, hatte diesen Sinn: um zu Erkenntnis zu kommen, muß auf Erfahrung rekurriert werden«.

Mit Bezug auf empirische Erkenntnis erscheint der so interpretierte Einwand plausibel, ja zwingend. Für eine empirische Wissenschaft trifft in der Tat genau das zu, was der Einwand formulierte: Wortklärungen sind erforderlich, aber bilden innerhalb der Forschung ein Durchgangsstadium. Die Sachen selbst, das sind hier die Sachverhalte eines wissenschaftlichen Erfahrungsbereichs. Wenn nun aber der so erläuterte Einwand als Einwand gegen eine Konzeption von *Philosophie* vorgebracht wird, so kann das nur entweder heißen, daß man die Philosophie als eine eigene Fragedimension, die nicht in den empirischen Wissenschaften aufgeht, leugnet – dann ist es nicht ein Einwand speziell gegen die sprachanalytische Philosophie, sondern gegen die Philosophie überhaupt – oder daß man auch für die Philosophie eine ihr eigene und dann also nichtempirische Erfahrungsweise annimmt. Um diese zweite Alternative muß es sich handeln, wenn der Einwand nicht einfach von einem denkenden Menschen, sondern von einem Philosophen kommt.

Die Berechtigung des vorgebrachten Einwandes läßt sich also überhaupt nicht vernünftig diskutieren, ohne auf die bestimmte Thematik der Philosophie einzugehen und auf ihre in dieser Thematik gründende Charakteristik, die sie von den empirischen Wissenschaften unterscheidet: es ist eine nicht unangefochtene, aber die Geschichte der Philosophie weithin beherrschende Auffassung von der Philosophie, daß sie es nicht mit empirischen und d. h. dann also: daß sie es mit apriorischen Erkenntnissen zu tun hat, daß ihre Sätze a priori gelten, d. h. nicht durch die (sinnliche) Erfahrung verifiziert bzw. falsifiziert werden können. Diese Charakteristik trifft freilich ebenso auf die Logik und die Mathematik zu, durch sie läßt sich daher die Philosophie nicht definieren. Auch bleibt eine solche äußere Charakteristik überhaupt unbefriedigend, solange man sich nicht fragt, auf welcher Wesensbestimmung der Philosophie sie gründet.

Diejenigen, die die Thematik der Philosophie als eine apriorische bestimmt haben, haben dies – Platon als erster – deswegen getan, weil sie zu erkennen meinten, daß in allem Verstehen vorgängige Voraussetzungen enthalten sind, auf die wir normalerweise nicht achten, die aber, wenn wir auf sie aufmerksam werden, als etwas erscheinen, was wir wissen, da wir uns nicht denken können, daß es anders wäre; wenn wir aber dieses Wissen zum Ausdruck bringen wollen, geraten wir in Verlegenheit. Ein klassisches, in unserer Zeit von Wittgenstein[2] wiederaufgenommenes Beispiel ist Augustins Äußerung über die Zeit: »Was also ist die Zeit? Wenn niemand mich danach fragt, weiß ich es; wenn ich gefragt werde und es erklären will, weiß ich es nicht«.[3] Hier scheint also ein Erkenntnisbereich vorzuliegen, bei dem unser Unwissen nicht auf mangelhafter Erfahrung zu beruhen scheint, sondern darauf, daß es sich um Aspekte unseres Verstehens handelt, die uns zu nahe und zu selbstverständlich sind. Was wir hier erstreben, ist nicht Erklärung eines in seiner Tatsächlichkeit Unverständlichen, sondern Klärung des schon Verstandenen. Und diese Klärung ist nur durch Reflexion auf unser Verstehen selbst zu erreichen, nicht durch Erfahrung.

Diese – freilich noch ganz abstrakte und thesenhafte – Erläuterung der philosophischen Thematik läßt zugleich verstehen, inwiefern die Philosophie sich von anderen apriorischen Erkenntnisformen unterscheidet: Logik und Mathematik sind ebenfalls apriorisch, aber sie versuchen nicht, etwas, das wir schon wissen, zu artikulieren, sondern fragen danach, was in Zusammenhängen, die wir schon wissen oder die wir hypothetisch annehmen können, impliziert ist; auf die Sätze der Logik und Mathematik ist Augustins Äußerung über die Zeit nicht anwendbar.

Seit Kant unterscheidet man zwischen analytischem und synthetischem Apriori. Man nennt Sätze analytisch a priori, wenn ihre Wahrheit oder Falschheit lediglich auf der Bedeutung der in ihnen vorkommenden sprachlichen Ausdrücke beruht. Zu analytisch apriorischen Sätzen gelangen wir also durch Sprachanalyse, genauer: durch die Analyse der Bedeutung unserer sprachlichen Ausdrücke. Hingegen wären Sätze synthetisch a priori, wenn sie zwar nicht empirisch sind, ihre Wahrheit aber dennoch nicht auf der bloßen Bedeutung der in ihnen vorkommenden Ausdrücke beruht.

So wird jetzt sowohl verständlich, welche Auffassung von Philosophie der sprachanalytischen Position zugrunde liegt, als auch, auf welche Alternative der gegen sie formulierte Einwand hinausläuft. Die sprachanalytische Philosophie fügt sich in die traditionelle Auffassung der Philosophie als einer apriorischen Erkenntnis und interpretiert das Apriori als analytisches. Mit Bezug auf die eben gegebene Erklärung der philosophischen Thematik heißt das, daß jenes in allem Verstehen enthaltene vorgängige Wissen als Wissen von der Bedeutung der sprachlichen Ausdrücke zu verstehen ist, in dem sich das Verstehen artikuliert. Und der Einwand gegen die sprachanalytische Position läuft, wie sich jetzt zeigt, auf die Alternative hinaus, entweder zu leugnen, daß es eine apriorische Thematik gibt, oder zu behaupten, daß es ein synthetisches Apriori gibt.

In jenem zunächst abstrakt formulierten Einwand hatten sich, zunächst unbemerkt, zwei diametral entgegengesetzte, eine empiristische und eine metaphysische Position verbunden. Und auf den Einwand läßt sich sachlich nur in der Weise eingehen, daß die Auseinandersetzung mit jeder dieser beiden Positionen getrennt geführt wird:

Gegen den Empiristen kann der Sprachanalytiker geltend machen, daß in der Sprache tatsächlich ein Bereich des Apriori vorgegeben ist, wie er vorhin charakterisiert wurde: was unsere sprachlichen Ausdrücke bedeuten, wissen wir, ohne das, was wir so wissen, immer auch schon ohne weiteres artikulieren zu können; wo es uns gelingt, ergeben sich analytische Sätze.

Worauf hingegen soll ein synthetisches Apriori beruhen? Es scheint, daß man sich hierzu im Bereich des Apriori ein Analogon zur sinnlichen Erfahrung denken muß. So kommt es zu der Idee einer nichtempirischen Erfahrung, eines geistigen Sehens, einer intellektuellen Anschauung. Von Platon und Aristoteles wurde dieses geistige Sehen *nous* genannt, was dann im Lateinischen mit *intuitus* übersetzt wurde. Diese Vorstellung von einem geistigen Sehen spielt, mehr oder weniger explizit, in großen Teilen der philosophischen Tradition eine wichtige Rolle. In unserer Zeit ist sie von der Phänomenologie aufgegriffen und theoretisch ausgebaut worden. Die sprachanalytische These, daß es nur ein analytisches, nur ein sprachliches Apriori gibt, ist also als Gegenthese zu verstehen gegen die Vorstellung von einem geistigen Sehen.

Allerdings gibt es außer dem Rekurs auf ein geistiges Sehen noch eine andere Konzeption von einem synthetischen Apriori, die

Kantische. Kant hat die Idee einer nichtempirischen Erfahrung, einer intellektuellen Anschauung verworfen; er hat ebenfalls alle nichtanalytische Erkenntnis auf die empirische Erfahrung bezogen, doch meinte er, man könne mit Bezug auf die Erfahrung synthetische Sätze a priori erkennen, deren Gültigkeit nicht in einer geistigen Schau erkannt wird, sondern darauf beruht, daß sie die Bedingungen der Möglichkeit der Erfahrung formulieren. Man kann aber bezweifeln, daß Kants Versuch, neben der analytischen Konzeption von Philosophie und der intuitiven eine dritte Möglichkeit zu finden, geglückt ist. Die Sätze, die Kant als Bedingungen der Möglichkeit der Erfahrung aufstellt, kann man nämlich auch als analytische verstehen. Zur ›Bedingung der Möglichkeit‹ der Erfahrung gehört eben, so kann man sagen, genau das, was analytisch im Sinn dessen enthalten ist, was wir mit »Erfahrung« meinen. Man kann also sagen, daß Kant nichts anderes getan hat, als analytisch einen bestimmten Begriff von Erfahrung zu untersuchen.

Ich kann jetzt zusammenfassen: Angenommen erstens, die hier nur angedeutete Kritik der Kantischen Konzeption eines synthetischen Apriori wäre durchgeführt, und angenommen zweitens, die Vorstellung eines geistigen Sehens wäre widerlegt, so wäre die sprachanalytische Konzeption von Philosophie als die richtige, weil einzig mögliche Art des Philosophierens nachgewiesen, immer vorausgesetzt, daß für Philosophie das Apriori charakteristisch ist.

Die erste Konfrontation mit der spezifisch philosophischen, apriorischen Thematik verleitet dazu, die Strukturen, die aus der wissenschaftlichen oder sogar vorwissenschaftlichen Erkenntnis vertraut sind, auf sie zu übertragen: daher verweist man von den Worten auf die Sachen, ohne zu bedenken, daß die Philosophie sich nicht in der Weise auf Sachen bezieht wie die Wissenschaften; und wenn das auch zugegeben wird, so liegt es doch nahe, die Sachen der Philosophie und die Zugangsweise zu ihnen von den empirischen zwar zu unterscheiden, aber sie sich doch in Analogie zu ihnen vorzustellen. In der sprachanalytischen Konzeption wird die philosophische Thematik nicht preisgegeben, sondern von einem naiven Mißverständnis befreit.

Die Forderung, sich den Sachen zuzuwenden, kann für die Philosophie sinnvollerweise nur besagen: die apriorische Thematik an der Empirie zu orientieren. Die Gefahr, den Kontakt mit den Sachen und d. h. mit der Empirie zu verlieren, ergibt sich gerade dann, wenn eine Philosophie sich im apriorischen Bereich selbst eine eigene fiktive Sachwelt mit einer eigenen nichtempirischen Zugangsweise aufbaut. Gerade wenn als Sachbereich der Philosophie nur die Empirie in Frage kommt, kann das Philosophische als solches nur Sprachanalyse sein.

Die letzte Überlegung ist freilich geeignet, uns auf eine fragwürdige Voraussetzung aufmerksam zu machen, die der bisherige Gedankengang mit der überlieferten Konzeption von Philosophie teilt: auch wenn der Tatbestand eines Apriori und seine Unterscheidung vom Empirischen unleugbar scheint, folgt daraus noch nicht, daß es sinnvoll ist, den Bereich des Apriori als einen geschlossenen Erkenntnisbereich dem Bereich des Empirischen im ganzen gegenüberzustellen; es folgt daraus noch nicht, daß es sinnvoll ist, eine ausschließlich apriorische Fragestellung und Thematik – genannt Philosophie – von den empirischen Wissenschaften abzusondern.

Damit ist jedoch eine Frage berührt, die nach vorne weist und in der Konfrontation mit früheren philosophischen Positionen kaum weiterzubringen ist. Sie läßt sich auch im gegenwärtigen Stadium unseres Gedankenganges überhaupt noch nicht in Angriff nehmen, da wir über eine einheitliche philosophische oder wie auch immer zu charakterisierende Fragestellung bisher noch nicht verfügen, und nur von daher ließe sich ja entscheiden, in welcher Weise apriorische und empirische Forschung zu verbinden wären.

Wir müssen von dieser Schwierigkeit jetzt absehen, obwohl wir sie als offene Frage im Auge behalten sollten. Innerhalb des bisherigen Gedankenganges kommt es zunächst darauf an, sich klarzumachen, daß wir – auch wenn wir die Voraussetzung einer rein apriorischen Konzeption von Philosophie nicht in Frage stellen – bisher überhaupt noch keinen bestimmten Begriff von Philosophie gewonnen haben. Auch wenn wir nämlich in der vorhin angedeuteten Weise den Bereich der Logik und Mathematik ausscheiden, ergibt der verbleibende Bereich des Apriori keine einheitliche Thematik. Wir werden gewiß nicht alle beliebigen analytischen Sätze, die auf irgendwelchen Definitionen beruhen (z. B. »ein Junggeselle ist ledig«), zur Philosophie zählen wollen.

Die Apriorität ist also bestenfalls ein generisches Merkmal der Philosophie, das aber zu ihrer spezifischen Bestimmung nicht ausreicht. Auch die früheren Konzeptionen von Philosophie erschöpfen sich nicht darin, daß die philosophische Erkenntnis als apriorische aufgefaßt wurde. Entsprechend ist auch für die sprachanalytische Konzeption durch den bloßen Gesichtspunkt der Bedeutungsanalyse und der Analytizität noch kein einheitlicher Begriff von Philosophie gewonnen. Sieht man sich die sprachanalytische Literatur an, so bemerkt man, daß nicht die Bedeutung beliebiger Worte untersucht wird. Woher nimmt aber die sprachanalytische Philosophie die Kriterien, welche Worte, Worttypen und sprachlichen Strukturen zu analysieren sind? Offenbar weitgehend aus der Orientierung an überlieferten philosophischen Disziplinen und Problemen. Insofern erscheint der Vorwurf, daß die sprachanalytische Position nur eine Methode ist und keine eigene einheitliche Fragestellung hergibt (oben, S. 14), berechtigt. Doch trifft der Vorwurf zunächst nur die vorhandene sprachanalytische Literatur, und wir werden erst noch sehen müssen, ob nicht doch in der Idee einer sprachanalytischen Philosophie eine eigene einheitliche Fragestellung angelegt ist.

Anmerkungen

1 Vgl. u. a. Passmore, *A Hundred Years of Philosophy*, 9. und 15.-18. Kapitel (besonders empfehlenswert); Urmson, *Philosophical Analysis* (instruktiv für die Anfänge, umfaßt nicht die neuere Entwicklung); Rorty, *The Linguistic Turn* (eine Sammlung programmatischer Aufsätze mit ausführlicher Einleitung); v. Savigny, *Die Philosophie der normalen Sprache*; v. Kutschera, *Sprachphilosophie;* Stegmüller, *Hauptströmungen der Gegenwartsphilosophie*, I. Bd. Kap. 9-11, II. Bd. Kap. 1 und 2.

2 *Philosophische Untersuchungen*, § 89.

3 *Confessiones* XI, 14.

2. Vorlesung

Die Auseinandersetzung mit früheren Konzeptionen von Philosophie, mit der ich die Einführung in das sprachanalytische Philosophieren beginne, verfolgt nicht nur die Absicht, das sprachanalytische Philosophieren zu legitimieren, sondern auf diesem Weg zugleich auch erst seine eigene zentrale Fragestellung zu finden. Der erste Vorstoß blieb noch an der Peripherie. Was sprachanalytisches Philosophieren ist, haben wir lediglich aus der Erklärung des Namens entnommen. Und den apriorischen Charakter der Philosophie haben wir uns einfach von der Tradition vorgeben lassen. Immerhin gelang uns dabei ein erster Schritt der Legitimation: die zunächst oberflächlich scheinende Vorstellung, daß die Methode der Philosophie in einer Analyse unseres sprachlichen Verstehens besteht, erwies sich als der haltbare Kern der überlieferten Konzeption vom apriorischen Charakter der Philosophie. Mit diesem ersten Schritt haben wir das geläufige Selbstverständnis sprachanalytischer Philosophen erreicht. Dieses Selbstverständnis reicht jedoch nicht aus, da es, wie wir zuletzt gesehen haben, noch kein Kriterium an die Hand gibt, die philosophisch relevanten Worte oder das philosophisch Relevante in der Sprache vom philosophisch Irrelevanten zu unterscheiden. Dazu bedarf es offenbar einer Ausgrenzung philosophischer Thematik, die mit dem Bereich des Apriori als solchen noch nicht gegeben ist.

Wie ist hier vorzugehen? Man könnte versuchen, den Bereich des Apriorischen zu differenzieren, verschiedene Arten des Analytischen zu unterscheiden. Man könnte z. B. leicht den Bereich empirischer Ausdrücke ausscheiden, die sich durch eine Kombination von Merkmalen definieren lassen und insofern analytische Sätze begründen: der Satz »Junggesellen sind ledig« ist analytisch, weil »Junggeselle« definiert ist als »lediger Mann«. Und man könnte versuchen, demgegenüber einen Bereich von Ausdrücken auszugrenzen, die man nicht in diesem Sinn als empirisch empfindet und von denen man meinen könnte, daß sie irgendwie (ich drücke mich absichtlich so unbestimmt aus) philosophisch relevant sind, Worte wie »gut«, »wahr«, »Handeln«, »Meinen«, »Erfahrung«, »Zeit«, »Gegenstand«, »Sinn«.

Ich werde diesen Weg nicht einschlagen, obwohl er mir aussichtsreich erscheint und gleichwohl nicht ausgearbeitet ist. Er bliebe, auch wenn es gelingt, brauchbare Unterscheidungen zu erreichen, letztlich orientierungslos mit Bezug auf die Frage, welcher sprachliche Bereich als philosophisch relevant bezeichnet werden soll. Denn um das entscheiden zu können, muß man schon von einer Konzeption von philosophischer Thematik ausgehen.

Wir müssen also direkt nach dem Thema oder der Grundfrage des Philosophierens und insbesondere des sprachanalytischen Philosophierens fragen. Dazu will ich wieder den Weg der Auseinandersetzung mit der philosophischen Tradition wählen. Jetzt können wir nicht wie in der vorigen Stunde von einem Vorbegriff von sprachanalytischem Philosophieren ausgehen, denn ein solcher steht uns, was die inhaltliche Grundfrage betrifft, nicht zur Verfügung. Wir müssen jetzt also umgekehrt von einer oder mehreren vorhandenen Grundfragen der Tradition ausgehen und sehen, ob uns diese Fragen, wenn wir sie sprachanalytisch betrachten, zu einer Grundfrage des sprachanalytischen Philosophierens führen. Ich werde der Reihe nach auf drei Begriffe, an denen sich traditionelles Philosophieren zentral orientiert hat, eingehen, und wir werden dadurch schrittweise in die sprachanalytische Fragestellung hineinkommen. Es sind dies erstens der Begriff des *Seins*, der maßgebend für die antike Konzeption von Philosophie war, dann die Begriffe des *Bewußtseins* und der *Erfahrung*, an denen sich die neuzeitliche Philosophie orientiert hat, und schließlich der Begriff der *Vernunft*, der – im sokratischen Fragen – am Anfang unserer philosophischen Tradition steht. Selbstverständlich können wir mit diesen drei Orientierungspunkten, die ich jeweils auch nur in *einer* Ausdeutung interpretieren werde, die Tradition für die philosophische Grundfrage nicht ausschöpfen. Die Orientierung an anderen Schwerpunkten könnte auch für den Entwurf einer sprachanalytischen Position andere Auswirkungen haben. Insofern bleibt der nachfolgende Versuch bewußt lückenhaft und einseitig.

Sie könnten außerdem fragen, inwiefern denn eine solche historische Orientierung an vorgegebenen Konzeptionen von Philosophie letztlich überhaupt befriedigen kann. Auch wenn sich zeigen läßt, daß diese traditionellen Ansätze erst in der Sprachanalyse eigentlich zu sich selbst kommen, so wäre doch damit die sprachanalytische Fragestellung nur relativ zu diesen Positionen ausgewiesen. Wie sind aber diese Positionen selbst ausgewiesen? Das führt zu der Frage, wie eine bestimmte Konzeption von Philosophie überhaupt an und für sich und nicht nur relativ zu anderen Konzeptionen auszuweisen ist. Diese Frage wollen wir bei der Erörterung der einzelnen Konzeptionen mit im Auge behalten, und wir werden für sie gleich bei der ersten Konzeption von Philosophie, die wir zu prüfen haben, wesentliche Aufschlüsse gewinnen.

Die Frage nach dem Sein wurde als Grundfrage der Philosophie zum ersten Mal von Parmenides gestellt. Doch finden wir erst bei Aristoteles – am Anfang seiner *Metaphysik* – einen Versuch, in diese Frage als Grundfrage der Philosophie einzuführen, und dieser Versuch ist zugleich der erste systematische Versuch einer Einführung eines Begriffs von Philosophie überhaupt, aus dem für unser Unternehmen – über den besonderen Gesichtspunkt des Seins hinaus – Wesentliches zu lernen ist. Ich werde ihn deswegen etwas ausführlicher vorführen.

Aristoteles entwickelt zunächst eine vorgängige Idee von Philosophie, d. h. eine formale Anzeige, was überhaupt unter Philosophie verstanden werden soll. Erst eine weitere Überlegung, wie diese Idee konkret realisiert werden kann, wird dann zu einem bestimmten Begriff von Philosophie führen.

Es ist dies die Idee eines Wissens von den obersten und allgemeinsten Gründen. Dieser Vorbegriff von Philosophie als eines allgemeinsten und zugleich letztbegründenden Wissens blieb, auch wo er dann anders ausgelegt wurde, für die nachfolgende Tradition weitgehend maßgebend. Noch Husserl z. B. kennzeichnet seinen Vorbegriff von Philosophie als »Idee einer Wissenschaft und schließlich einer Universalwissenschaft aus absoluter Begründung.«[1]

Aristoteles gelangt zu diesem Vorbegriff von Philosophie auf zwei Wegen. Der eine[2] besteht in einer Untersuchung, was im allgemeinen unter dem Wort »Philosophie« – es ist bei Aristoteles das Wort »Weisheit«, *sophia* – verstanden wird. Der andere Weg geht davon aus, daß wir mit »Philosophie« jedenfalls eine ausgezeichnete, höchste Weise des Wissens bzw. Fragens meinen. Es liegt daher nahe, dasjenige Wissen als Philosophie zu bezeichnen, dem diejenigen Eigenschaften, die für Wissen überhaupt konstitutiv sind, im höchsten Maße zukommen. Nun ist es konstitutiv für Wissen, daß es allgemein ist und daß es für das, was es weiß, Gründe angeben kann. Daraus folgt, daß höchstes Wissen ein Wissen aus letzten und allgemeinsten Gründen ist.

In dieser Argumentation mag insbesondere die Behauptung, daß Wissen allgemein ist, unplausibel erscheinen. Man pflegt sonst das Wissen vom Glauben oder Meinen zu unterscheiden; wir sagen von jemandem, daß er etwas weiß und es nicht nur glaubt, wenn seine Meinung wahr ist und er sie begründen (ausweisen) kann.[3] In dieser Erklärung kommt zwar der Gesichtspunkt der Begründung, aber nicht der der Allgemeinheit vor. Und gewiß würden wir sagen, daß man auch Einzelnes wissen kann.[4]

Um die Erklärung, die Aristoteles gibt, zu verstehen, muß man beachten, daß er an dieser Stelle von Wissen nicht im Gegensatz zu Glauben oder Meinen spricht. Aus der Perspektive der Unterscheidung, die Aristoteles hier im Auge hat, gehören Meinen, Wissen und Fragen alle auf eine Ebene und werden im ganzen abgehoben von einer niedrigeren kognitiven Möglichkeit, die er »Erfahrung« *(empeiria)* nennt. Aristoteles hebt in seiner Einführung die Philosophie nicht nur von ›niedrigeren‹ Weisen des Wissens ab, sondern versteht sie als höchste Möglichkeit des kognitiven Verhaltens überhaupt.

Er unterscheidet dabei in einer ausgesprochen modern anmutenden Überlegung drei Stufen des kognitiven Verhaltens[5] bzw. der kognitiven Komponente des Verhaltens. Die unterste Stufe ist die Wahrnehmung. Mittels ihrer reagiert ein Mensch oder Tier nach einem vorgegebenen Verhaltensschema auf umweltliche Reize. Eine höhere kognitive Stufe ist die, die Aristoteles als Erfahrungsfähigkeit und die die moderne Psychologie als Lernfähigkeit bezeichnet: durch Assoziation wird aus Erfahrung gelernt. Das wiederholte gemeinsame Wahrnehmen eines Phänomens A mit einem Phänomen B führt dazu, daß wir, wenn sich A ereignet, B erwarten bzw. daß wir lernen, daß wir, wenn wir B tun, A erreichen und so ein neues Verhaltensschema ausbilden. Die dritte kognitive Stufe ist für Aristoteles dann gegeben, wenn sich zwischen A und B nicht eine nur unartikulierte, lediglich im Verhalten sich manifestierende Assoziation ausbildet, sondern wenn dieser Zusammenhang für sich herausgehoben wird in der Meinung bzw. dem Wissen, daß ›immer wenn A, dann B‹ bzw. daß ›alle A B sind‹. Diese Möglichkeit finden wir, sagt Aristoteles, bei den anderen Tieren nicht, sondern nur beim Menschen; und wir können erläuternd ergänzen: nur der Mensch verfügt eben über ein Zeichensystem, in dem es möglich ist, allgemeine Wenn-Dann-Sätze bzw. Allsätze zu bilden; man kann das auch prägnanter so formulieren: nur der

Mensch verfügt über eine Sprache, in der es singuläre (»dies . . .«) und deswegen auch partikulare (»einige . . .«) und universale Sätze (»alle . . .«) gibt, und nur wenn ein Lebewesen über ein solches Zeichensystem verfügt, kann es zwischen singulären, partikularen und universalen Tatbeständen unterscheiden. Auch der assoziative Tatbestand – der Zusammenhang zwischen A und B – ist bereits allgemein, aber es ist eine quasi-Allgemeinheit, die noch in keinem bestimmten Verhältnis zur Einzelheit steht und in der es daher noch keinen Unterschied zwischen »alle . . .« und »viele . . .« gibt. Damit hängt zusammen, daß das Allgemeine in der ›Erfahrung‹ noch nicht für sich herausgehoben ist, das Lebewesen verhält sich nur entsprechend, und bezogen ist es lediglich auf das jeweils einzelne in der Wahrnehmung Gegebene. Deswegen charakterisiert Aristoteles erst die kognitive Stufe des Wissens als allgemein. Erst wenn das Allgemeine für sich herausgehoben ist und in einem bestimmten Verhältnis zum Einzelnen steht, ergibt sich ein Verhältnis zum Allgemeinen.

Als weiteres Charakteristikum des Wissens im Unterschied zur Erfahrung nennt Aristoteles die Begründung. Die Allgemeinheit eines Allsatzes gehört offenbar in einen Begründungskontext. Wer behauptet »alle . . .«, kann nach einer Begründung gefragt werden bzw. auf Gegengründe aufmerksam gemacht werden. In Wirklichkeit ist der Bezug auf Begründung nicht eine Eigentümlichkeit der Allsätze, sondern aller assertorischen Sätze, aller Behauptungen, sofern sie einen Wahrheitsanspruch erheben. Auf diesen Zusammenhang werde ich später eingehen. Was hingegen Aristoteles »Erfahrung« nennt, das sich noch nicht in Sätzen artikulierende kognitive Vermögen, ist noch nicht auf Gründe und Gegengründe bezogen.

Wenn Aristoteles neben der Allgemeinheit auch die Begründung als Charakteristikum des Wissens nennt, so geschieht also auch dies nicht in Abhebung zum Meinen, sondern zur Erfahrung. Das Wissen zeichnet sich zwar auch von der Meinung dadurch aus, daß der, der etwas weiß, das Gewußte begründen kann, aber auch der, der dasselbe nur meint oder danach fragt, steht in einem möglichen Begründungskontext, nicht hingegen der, der über einen entsprechenden Tatbestand aufgrund von ›Erfahrung‹ assoziativ verfügt.

Die Unterscheidung der drei Stufen kognitiver Fähigkeit, die Aristoteles am Anfang der *Metaphysik* macht, ist auch heute nicht überholt. Trotzdem mag es nicht zwingend erscheinen, gerade aus den beiden Charakteristika, die sich aus dieser Unterscheidung ergeben, die Idee einer höchsten Wissenschaft zu konstruieren. Man kann aber zum selben Ergebnis auch direkter kommen, wenn man nur so viel zugibt, daß unter einer höchsten Wissenschaft jedenfalls nicht eine beschränkte Wissenschaft zu verstehen ist. Daraus ergibt sich, daß keine in ihrem Umfang und keine in ihrer Begründung begrenzte Wissenschaft als höchste gelten kann.

Wir wollen jetzt einen Moment innehalten und überlegen, was wir aus dieser Einführung eines Vorbegriffs von Philosophie für die vorhin aufgeworfene Frage lernen können, wie es überhaupt möglich ist, eine Konzeption von Philosophie an und für sich einzuführen. Aristoteles hat seinen Vorbegriff gewonnen, indem er von einem Vorverständnis ausgegangen ist, erstens von dem, was man unter dem Wort »Philosophie« (oder »Weisheit«) versteht, zweitens von einem bestimmten Aspekt dieses Verstehens, daß man sich nämlich unter »Philosophie« im Unterschied zu den einzelnen Wissenschaften eine höchste Wissenschaft, ein ausgezeichnetes Wissen vorstellt. Der von mir unternommene Rückgang auf die Tradition ist auch nur eine (durch die historische Dimension erweiterte) Variante eines solchen Rückgangs auf ein Vorverständnis. Ist nun der Rückgang auf das Vorverständnis des Wortes zwingend? Können wir uns nicht davon freimachen und einen anderen, vielleicht adäquateren Begriff von »Philosophie« entwerfen? Sicher können wir auch andere Begriffe von »Philosophie« entwerfen, aber was soll es heißen, daß sie adäquater sein könnten? Adäquater an was? Wir sehen, daß es sich hier nur noch um einen Streit um Worte handeln würde. Es gibt keine an sich richtige Bedeutung eines Wortes. Es liegt nahe, wenn man über »Philosophie« redet, das zu meinen, was dem allgemeinen Vorverständnis entspricht, aber diesem haftet nichts Heiliges an, und es bleibt jedem unbenommen, eine andere Bedeutung einzuführen, wenn er sie nur klar gegen die übliche abhebt.

Das mag nun wiederum unbefriedigend erscheinen. Ausgerechnet bei dem, was unter Philosophie überhaupt zu verstehen ist, also bei dem entscheidenden Punkt des Einsatzes sollen wir dem Belieben und einem schrankenlosen Relativismus überlassen bleiben? Erscheint das nicht völlig unglaubhaft?

Wenn man in der philosophischen Reflexion in eine Situation gerät wie die, in der wir uns jetzt befinden, sollte man sich überlegen, ob man nicht in Wirklichkeit etwas anderes meint, als was man zu meinen glaubt. Wir meinen zu wissen, daß der Sinn von »Philosophie« nichts Beliebiges sein kann, andererseits ist es offenkundig absurd, über die richtige Bedeutung eines Wortes zu streiten. Wenn also an unserem Empfinden, daß der Sinn von »Philosophie« nichts Beliebiges sein kann, etwas Richtiges ist, müssen wir in Wirklichkeit etwas anderes meinen. Möglicherweise wird jetzt jemand sagen: »Nun eben; der Fehler liegt an Ihrem sprachanalytischen Vorgehen. Die Bedeutung des *Wortes* ›Philosophie‹ mag beliebig sein, nicht aber das, was Philosophie *ist*.«

Wer so redet, weiß nicht, was er sagt. Denn die Frage, was Philosophie ist, kann, solange die Bedeutung des Wortes nicht festgelegt ist, gar nichts anderes heißen als die Frage, was das Wort besagt.

Wahrscheinlich meinen wir also etwas anderes, wenn wir von der Vorstellung ausgehen, der Sinn von »Philosophie« könne nicht etwas Beliebiges sein. Überlegen wir, wie es mit einer entsprechenden Frage bei einer anderen Wissenschaft aussehen würde, bei der Botanik zum Beispiel. Hier würden wir sagen: natürlich ist es eine Wortfrage, ob eine bestimmte wissenschaftliche Thematik so genannt wird, aber diese Thematik – die Erforschung der Pflanzen – *gibt es*, ganz gleich, welchen Terminus wir dafür verwenden. Hier haben wir es mit etwas Vorgegebenem zu tun, einem bestimmten Gegenstandsbereich. Die Philosophie hat es aber kaum mit einem bestimmten Gegenstandsbereich zu tun. Wir könnten jedoch, wie wir bei den Wissenschaften sagen: *»es gibt* einen Gegenstandsbereich M«, so auch bei der Philosophie erklären: *»es gibt* ein so und so bestimmtes Wie des Wissens«, also z. B.: *»es gibt* – wenigstens der Idee nach – ein höchstes Wissen, ganz gleich, ob wir es Philosophie oder anders nennen«. Und wir könnten dann gegebenenfalls weiter sagen: *»es gibt* – wenigstens der Idee nach – ein allgemeinstes und letztbegründendes Wissen, ganz gleich, ob wir es Philosophie oder anders nennen«. Dieser Ausweg aus dem Bedeutungsrelativismus führt aber offensichtlich in einen Dogmatismus und damit im Grunde zurück in den Relativismus: indem wir nämlich einem Gesprächspartner, der erklärt, daß er unter »Philosophie« etwas anderes verstehen möchte, das Wort »Philosophie« schenken und uns damit begnügen zu sagen »es gibt doch aber die Fragestellung x«, bleibt es anderen überlassen zu sagen »es gibt auch die Fragestellung y«. Welche Fragestellung man übernimmt, ist dann abermals dem Belieben überlassen.

Damit zeigt sich eine Schwierigkeit, die bei den übrigen Wissenschaften keine Parallele findet: denn da kommt es uns gar nicht darauf an zu zeigen, daß es nicht beliebig ist, die jeweilige Fragestellung zu *übernehmen*. Was bei einer Wissenschaft vorgegeben ist, ist lediglich der Gegenstandsbereich. Bei der Philosophie hingegen denken wir nicht an einen bestimmten Gegenstandsbereich, sondern an ein Wie des Wissens bzw. Fragens, also an ein bestimmtes Tun. Die Nichtbeliebigkeit und d. h. Ausgewiesenheit eines Tuns kann aber nur in der Nichtbeliebigkeit der *Motivation* zu diesem Tun liegen. Wenn wir uns dagegen sträuben, daß das Wort »Philosophie« für etwas Beliebiges steht, meinen wir, so scheint es also, daß »Philosophie« nicht für etwas stehen kann, für das es eine beliebige Motivation gibt. Das »es gibt« der Vorgegebenheit ist hier nicht das »es gibt« eines Gegenstandsbereichs, aber auch nicht einfach das »es gibt« einer Tätigkeit, sondern das »es gibt« einer Motivation. Ein Begriff von Philosophie ist als ein Vorschlag anzusehen, dem andere Vorschläge gegenübergestellt werden können, und diese Vorschläge sind erstens – und beiläufig – als Vorschläge zu verstehen, wie das Wort »Philosophie« zu verstehen ist, und sie sind zweitens – und wesentlich – als Vorschläge zu verstehen, eine bestimmte Fragestellung zu übernehmen. Damit ist jetzt eine Antwort gefunden auf die Frage, was es heißt, einen Begriff von Philosophie nicht nur historisch zu legitimieren, relativ zu einem vorgegebenen Vorverständnis, sondern schlechthin. In die Philosophie und in eine bestimmte Konzeption von Philosophie einführen, heißt, die Motivation zu diesem Tun als eine gegenüber anderen Motiven ausgezeichnete erweisen.

Das hat auch schon Aristoteles bei seiner Einführung so gesehen. Von vornherein geht seine begriffliche Einführung mit einer Einführung von der Motivation her Hand in Hand. Wir freuen uns, so lautet die These, am Kognitiven als solchem, zunächst schon am Wahrnehmen und insbesondere am Sehen, und je höher die kognitive Stufe ist, desto schätzenswerter ist sie.[6] Um zeigen zu können, daß es das Kognitive als solches ist, wozu wir motiviert sind, glaubt Aristoteles das Kognitive aus dem Verhaltenskontext isolieren zu müssen.[7] Die höchste Motivation innerhalb des Kognitiven kommt daher dem Wissen ohne praktische Abzweckung, der reinen Theorie zu.[8] Aristoteles begnügt sich hier im wesentlichen mit Hinweisen auf vorhandene Meinungen; außerdem wird lediglich gezeigt, daß es eine Motivation zum Kognitiven gibt und daß innerhalb des Kognitiven der theoretischen Wissenschaft und schließlich der Philosophie die höchste Motivation zukommt. Aber Aristoteles glaubte zeigen zu können, daß die reine Theorie die erstrebenswerteste Tätigkeit überhaupt ist, die höchste Glücksmöglichkeit.[9] Diese These gründet sich auf die zwei Prämissen: 1) daß diejenige Tätigkeit die erstrebenswerteste ist, die selbstgenügsam und unveränderlich ist und 2) daß die Theorie diejenige Tätigkeit ist, der diese Eigenschaften zukommen. Keine dieser beiden Prämissen kann uns heute ohne weiteres einleuchten, und ich kenne auch keine andere Argumentation, die die Motivation zur reinen Theorie als einer um ihrer selbst willen erstrebenswerten oder gar erstrebenswertesten Lebensweise als allgemein gegeben oder allgemein verbindlich dartun kann.

Ich fasse zusammen: 1. Die letztlich entscheidende Einführung eines Begriffs von Philosophie, die nicht nur eine historische Legitimation erbringen soll und nicht nur relativ zu einem vorgegebenen Vorverständnis erfolgt, ist eine Einführung von der Motivation her. 2. Die aristotelische Einführung von der Motivation her kann nicht überzeugen. Ob das auch schon den aristotelischen Vorbegriff von Philosophie entwertet oder ob sich für diesen Vorbegriff doch noch eine überzeugende Einführung von der Motivation her durchführen läßt, darauf will ich erst bei dem dritten traditionellen Leitbegriff, dem der Vernunft, zurückkommen (7. Vorl.).

Wir haben jetzt zu verfolgen, wie Aristoteles von dem Vorbegriff von Philosophie als einer Wissenschaft, die universal ist und gleichzeitig den Gesichtspunkt der Begründung radikalisiert, zu seiner bestimmten Konzeption von Philosophie als Frage nach dem Sein – bzw. dem ›Seienden als Seienden‹ – kommt.

In *Metaphysik I, 2*, wo Aristoteles den Vorbegriff einführt, deutet er eine bestimmte konkrete Ausgestaltung dieses Vorbegriffs an,[10] die offenbar die platonische ist:[11] jede Einzelwissenschaft wird – nach dem Muster der Geometrie – als eine deduktive Theorie gedacht, die die in diesem Sachgebiet möglichen Erkenntnisse dadurch *begründet*, daß sie sie aus den für dieses Sachgebiet obersten, *allgemeinsten* Prämissen – den Axiomen dieser Wissenschaft – deduziert. Sowohl die Begründung wie die Allgemeinheit, die innerhalb der Einzelwissenschaft möglich sind, ist beschränkt: die Begründung ist beschränkt, weil die Axiome als Hypothesen hingenommen, nicht ihrerseits begründet werden; die Allgemeinheit ist beschränkt auf das jeweilige Sachgebiet. Aus dieser Perspektive läßt sich die Idee einer höchsten Wissenschaft entwerfen, deren Aufgabe es wäre, die Prämissen der Einzelwissenschaften ihrerseits aus einem oder mehreren obersten Prinzipien abzuleiten, aus denen – so wurde zusätzlich gefordert – auch die Prämissen aller anderen Einzelwissenschaften abzuleiten sind. Damit wäre eine konkrete Konzeption und Aufgabenstellung der Philosophie im Verhältnis zu den Einzelwissenschaften erreicht, die dem von Aristoteles entwickelten Vorbegriff genau entspricht: die Gesichtspunkte der höchsten Allgemeinheit und der Letztbegründung fallen zusammen in der Idee einer Wissenschaft, die alles Wissen aus obersten Prinzipien (= allgemeinsten Gründen) ableitet.

Diese platonische Idee von Philosophie als eines deduktiven Systems aus einem obersten Prinzip oder obersten Prinzipien behielt während der nachfolgenden Geschichte der Philosophie bis hin zum deutschen Idealismus mit seinen dialektischen Systemen eine starke Anziehungskraft. Gleichwohl ist diese Idee einer inhaltlichen Universalwissenschaft bereits von Aristoteles als undurchführbar verworfen worden, weil sie auf einer irrigen Wissenschaftstheorie gründet. Die letzten inhaltlichen Prämissen der jeweiligen Einzelwissenschaften sind nach Aristoteles irreduzibel, nicht weiter ableitbar.[12] Aus einer modernen Perspektive läßt sich diese Kritik noch verschärfen. Aristoteles hatte der platonischen Konzeption der einzelnen Wissenschaft als einer deduktiven Theorie nach dem Muster der Geometrie noch zugestimmt.[13] Sie widerspricht jedoch dem Begriff einer empirischen Wissenschaft, die ihre Erkenntnisse gewissermaßen von unten, durch Erfahrung begründet und nicht von oben aus vorgegebenen Prämissen. Verläuft die Begründungsbewegung schon innerhalb der einzelnen Wissenschaft von unten nach oben und nicht von oben nach unten, so ist die Idee einer Radikalisierung der inhaltlichen Begründung durch Ableitung von noch weiter oben von vornherein ausgeschlossen.

Die platonische Konzeption von Philosophie war für Aristoteles die nächstliegende Möglichkeit, seinem Vorbegriff einen konkreten Sinn zu geben. Wenn er gleichwohl zu der Erkenntnis kam, daß diese Konzeption undurchführbar sei, und wenn er dennoch an seinem Vorbegriff festhalten wollte, war ein neuer Ansatz erforderlich, der im Rahmen dieses Vorbegriffs das Verhältnis der Philosophie zu den Wissenschaften grundsätzlich anders bestimmte. Dieser neue Ansatz ist der der Ontologie.

1 *Cartesianische Meditationen*, S. 52.

2 Er bestimmt den Gedankengang am Anfang des 2. Kapitels des 1. Buchs der *Metaphysik*, der andere findet sich im 1. Kapitel. Aristoteles wird im folgenden nach der Paginierung der Ausgabe der Preußischen Akademie zitiert, die seither auch in allen anderen Aristoteles-Ausgaben und -Übersetzungen angegeben ist.

3 Vgl. schon Platon, *Theätet* 201 c und noch Russell, *Problems of Philosophy*, 13. Kap. Neuere Aufsätze über den Begriff des Wissens finden sich in dem von Griffiths herausgegebenen Sammelband *Knowledge and Belief*.

4 Aristoteles war allerdings nicht dieser Auffassung (vgl. *Anal. Post.*, A 33). Von diesem besonderen Aspekt des platonisch-aristotelischen Wissenschaftsbegriffs, der nicht mit dem normalen Wortverständnis übereinstimmt, können wir jedoch hier absehen.

5 Der griechische Ausdruck ist *gnorizein, gnosis* (»kennen«). In dem Metaphysikkapitel tritt er nur beiläufig auf (980a 26), vgl. jedoch in dem Paralleltext *Anal. Post.*, B 19, 99b38 und 100b4 und vor allem *De Anima* 427a21.

6 Das wird von Aristoteles hier, wo er nur die bestehenden Meinungen wiedergeben will, nicht ausdrücklich begründet, wohl hingegen in einer früheren Ausführung desselben Gedankens in der verlorengegangenen Schrift »Protreptikos«, Fragm. 7.

7 Vgl. schon 980a21-25.

8 981b13ff, 982b11-983a11.

9 *Nikomachische Ethik*, 10. Buch, Kap. 7-8.

10 Vgl. 982a24 ff.

11 Vgl. Platon, *Staat* 510.

12 *Anal. Post.*, A 9.

13 *Anal. Post.*, A 2 ff.

3. Vorlesung

Erst zu Beginn des IV. Buches seiner *Metaphysik* führt Aristoteles seine neue Konzeption von Philosophie ein: »Es gibt eine Wissenschaft, die das Seiende als Seiendes betrachtet . . .« Und zwar soll das Besondere dieser Wissenschaft gegenüber den anderen Wissenschaften darin bestehen, daß diese jeweils einen einzelnen Bereich des Seienden untersuchen, nicht hingegen allgemein das Seiende als Seiendes.[1] Die Auszeichnung des Begriffs des Seienden liegt für Aristoteles darin, daß er der allgemeinste Begriff ist.[2] Denn von allem und jedem kann man sagen, daß es ist. Alles und jedes läßt sich daher als Seiendes bezeichnen.

Offensichtlich gelangt Aristoteles zu seiner neuen Konzeption von Philosophie in der Weise, daß er von dem anfangs entwickelten Vorbegriff den Gesichtspunkt der Begründung fallenläßt und sich einseitig auf den Gesichtspunkt der höchsten Allgemeinheit festlegt. Dieser führt zum Begriff des Seienden. Die höchste, ausgezeichnete Wissenschaft, genannt Philosophie, soll universal sein und gleichwohl nicht in einem Begründungsverhältnis zu den einzelnen Wissenschaften stehen. Diese Auffassung führt also, sofern sie sich am Begriff des Seienden *(on)* orientiert, zu der Konzeption von Philosophie als Ontologie.

Um zu verstehen, worin die Besonderheit dieser Konzeption der Philosophie als Ontologie und d. h. des Ansatzes beim Begriff des Seienden liegt, können wir uns eine entsprechende Überlegung anhand eines Begriffs der modernen Philosophie, des Begriffs des Gegenstandes, denken. Jede Wissenschaft hat es mit einem bestimmten Gegenstandsbereich zu tun, mit Gegenständen einer bestimmten Art und Zugangsweise. Kann man sagen, daß es noch Aufgabe der jeweiligen Wissenschaft ist, diesen Gegenstandsbereich als solchen und seine besondere Gegebenheitsweise, durch die er sich von anderen Gegenstandsbereichen unterscheidet, zu thematisieren? Darüber kann man streiten. Da die Begriffe, die den Gegenstandsbereich als solchen charakterisieren und nicht *in* diesen gehören, nicht von nur graduell höherer Allgemeinheit sind als die Begriffe innerhalb dieses Gegenstandsbereiches, kann man sagen, der Gegenstandsbereich als solcher z. B. der Physik, der Kunst, der Mathematik sei Thema der Philosophie der Physik, der

Philosophie der Kunst, der Philosophie der Mathematik. Husserl hat eine solche Thematisierung eines Gegenstandsbereichs eine jeweilige »Regionalontologie« genannt:[3] zur Erörterung steht, was es überhaupt heißt, Gegenstand des betreffenden Bereichs zu sein. Nun kann man aber weitergehen und fragen: was bedeutet die Rede von einem Gegenstand überhaupt, in Abstraktion von einem jeweiligen Gegenstandsbereich? So kommt man, wie vorhin zu der Frage nach dem Seienden als Seienden, zur Frage nach den Gegenständen als Gegenständen.

Handelt es sich dabei um zwei analoge Fragen, oder ist mit beiden Fragen dasselbe gemeint? Das hängt offenbar davon ab, ob mit den beiden Ausdrücken »Seiendes« und »Gegenstand« ungefähr dasselbe gemeint ist oder nicht. Für uns ist der Ausdruck »Seiendes« ein philosophischer Kunstausdruck, aber die griechischen Philosophen konnten den Ausdruck *»on«* aus der Umgangssprache aufnehmen:[4] Da »Seiendes« (*on*) das Partizip das Verbums »sein« *(einai)* ist und das Wort »ist« notorisch vieldeutig ist, ergeben sich hier Schwierigkeiten, auf die ich noch zu sprechen kommen werde. Aber zunächst können wir uns an die vorhin gegebene Bestimmung halten: Seiendes ist alles und jedes, weil es von jedem sinnvoll ist zu sagen: es ist. Man könnte das mit dem Hinweis darauf bezweifeln, daß es doch auch solches zu geben scheint, was nicht ist, z. B. Gegenstände der Phantasie. Aber darauf läßt sich antworten: indem man sagt »es gibt sie«, sagt man von ihnen, daß sie sind, und so scheint es, daß auch diejenigen Gegenstände, die in einem bestimmten Sinn nicht sind, in einem anderen Sinn doch irgendwie sind.

Was ist nun mit dem Wort »Gegenstand« gemeint? Auch dieses Wort ist in dem umfassenden Sinn, in dem es in der Philosophie verwendet wird, ein Kunstausdruck. In der Umgangssprache neigen wir wohl dazu, nur materielle Gegenstände, und dann nur solche, die nicht Personen sind, als Gegenstände zu bezeichnen und nicht z. B. auch Ereignisse oder Zahlen und andere abstrakte Gegenstände, obwohl dann auch wieder vom Gegenstand einer Diskussion gesprochen wird. Was in der Philosophie mit Gegenständen gemeint ist, hat seinen Rückhalt nicht in dem, was wir umgangssprachlich so bezeichnen, sondern in dem, was wir umgangssprachlich mit dem Wort »etwas« meinen. Man könnte sagen, mit »Gegenstand« soll alles bezeichnet werden, was etwas ist. Aber diese Formulierung ist sprachlich fehlerhaft, weil das Wort »etwas« nicht ein Prädikat, sondern ein indefinites Pronomen ist. Das Fehlerhafte dieser Redeweise käme noch drastischer zum Ausdruck, wenn man sagen wollte: ein Gegenstand sei ein Etwas. Gleichwohl ist in der traditionellen Philosophie vielfach so geredet worden. So hat z. B. Aristoteles für »Gegenstand« den Ausdruck »ein Das« *(tode ti)* geprägt. Wir müssen aber versuchen, solche ungrammatischen Ausdrücke zu vermeiden, und zu diesem Zweck bleibt nichts anderes übrig, als noch stärker auf den sprachlichen Hintergrund zurückzugreifen. Es gibt eine Klasse von sprachlichen Ausdrücken, die dazu verwendet werden, für einen Gegenstand zu stehen; und hier können wir auch ohne weiteres sagen: für etwas zu stehen. Es sind das diejenigen Ausdrücke, die als das Satzsubjekt in sogenannten singulären prädikativen Aussagen fungieren können und die man in der Logik auch als *singuläre Termini* bezeichnet hat. Die Erläuterung des Begriffs des Gegenstandes durch den Rekurs auf die singulären Termini findet sich durchaus auch schon vor der sprachanalytischen Philosophie. So bestimmt Husserl die Weite, in der er den Begriff »Gegenstand« verstanden wissen will, indem er erklärt: »jedes Subjekt möglicher wahrer Prädikationen«,[5] und auch Aristoteles hat seinen Gegenstandsbegriff durch den des *hypokeimenon*, des Subjekts von Prädikationen bestimmt.[6]

Aber das Gemeinte bleibt so lange unklar, als nicht angegeben wird, was unter einer singulären prädikativen Aussage und was unter ihrem Satzsubjekt zu verstehen ist. Nun liegt es nahe, singuläre prädikative Aussagen von anderen prädikativen Aussagen in der Weise zu unterscheiden, daß man sagt: es sind die, die einen singulären Terminus an der Subjektstelle haben. Wir drehen uns also hier im Kreise und brauchen ein unabhängiges Kriterium, woran wir singuläre Termini erkennen können. Folgendes Kriterium legt sich nahe: ein Ausdruck X ist ein singulärer Terminus, wenn, sofern er durch einen anderen Ausdruck zu einem ganzen Aussagesatz ergänzt wird, sich aus diesem Satz ein anderer folgern läßt, in dem X durch »etwas« (bzw. »jemand«) ersetzt ist.[7] Nach diesem Kriterium ist z. B. »die Zahl 3« ein singulärer Terminus, da aus dem Satz »die Zahl 3 ist kleiner als die Zahl 4« der Satz »etwas ist kleiner als die Zahl 4« folgt, und wir können jetzt erläuternd hinzufügen: etwas, nämlich dasjenige, für das der Ausdruck »die Zahl 3« steht. Offenbar hängt die Verwendungsweise der singulären Termini mit einem System von Pronominalausdrücken zusammen, die an ihre Stelle treten können (Pro-nomina!): »etwas«, »welches?«, »welches«, »dasselbe«, und jedes dieser Pronomina können wir trivialerweise durch das Wort »Gegenstand« ergänzen, indem wir statt »welches« »welcher Gegenstand« sagen, statt »dasselbe« »derselbe Gegenstand«, und statt »etwas« (»irgendeines«) »ein (irgendein) Gegenstand«; und wenn das Wort »Gegenstand« so weit verwendet wird, wenn sich also sein Sinn aus der Verwendung dieser Pronomina bzw. der singulären Termini ergibt, die sie ersetzen, hat es den weiten Sinn, der in der Philosophie gemeint ist. Auf den engen Zusammenhang der Worte »etwas« und »dasselbe« werde ich erst später eingehen. Schon hier kann ich aber darauf hinweisen, daß man statt des eben genannten Kriteriums als Kriterium für singuläre Termini auch das Identitätszeichen verwenden könnte: ein Ausdruck ist ein singulärer Terminus, wenn er auf der einen und der anderen Seite von »ist dasselbe wie« (oder » = «) stehen kann.[8]

Die so bestimmte Rede von »Gegenständen« hängt nun offenbar mit der von »Seiendem« unmittelbar zusammen. Die These, daß wir von allem und jedem sagen können: »es ist«, besagt ja soviel wie: was immer etwas sein mag, allemal ist es. Schon Aristoteles hat daher mit dem Begriff des Seienden nicht nur den des Einen *(hen)*, sondern auch den des »etwas« *(ti)* zusammengesehen, und dieser Zusammenhang – daß alles Seiende auch etwas und eines ist und umgekehrt – wurde dann auch in der Scholastik unter den Titeln *ens, unum, aliquid* festgehalten.

Wie kann man nun aber so etwas wie das Seiende als Seiendes, die Gegenstände als Gegenstände thematisieren? Wo und wie finden wir so etwas? Offenbar nicht in der Erfahrung, denn obwohl wir in der Erfahrung Gegenstände finden, finden wir in ihr doch nicht den Gegenstand als Gegenstand, die Gegenständlichkeit, das Seiende als Seiendes, das Sein. Wir gewinnen es aber auch nicht durch Abstraktion. Wir können uns das klarmachen, indem wir auf die eigentümliche Gewißheit des Satzes »Alles und jedes ist ein Seiendes« bzw. »Alles und jedes ist ein Gegenstand« reflektieren. Offenbar ist die Gewißheit dieses Satzes keine bloß induktive und hypothetische, wir haben sie nicht durch Vergleich vieler Gegenstände und durch progressive Abstraktion erreicht. Denn in diesem Fall müßte es denkbar sein, daß es noch etwas geben könnte, was wir bisher nicht berücksichtigt hatten, das nicht als Gegenstand bezeichnet werden könnte. Diese Möglichkeit ist aber a priori ausgeschlossen, weil es, wenn es überhaupt etwas ist, eo ipso ein Gegenstand ist.

Wir gelangen also zu dem, was wir mit »einem Gegenstand« bzw. mit dem Ausdruck »etwas« meinen, nicht durch Abstraktion. Husserl hat in diesem Zusammenhang auf den Unterschied zwischen ›Generalisierung‹ und ›Formalisierung‹ hingewiesen[9] und die Thematisierung des Gegenstandes als Gegenstand in Abhebung zu den ›Regionalontologien‹ als ›formale Ontologie‹ bezeichnet.

Mit der Bestimmung der Philosophie als Ontologie ist damit die höchste Wissenschaft in ihrem Verhältnis zu den Einzelwissenschaften gegenüber der platonischen Konzeption in neuartiger Weise festgelegt: die Philosophie umgreift die Einzelwissenschaften nicht mehr inhaltlich, sondern formal; als Ontologie thematisiert sie das, was alle Wissenschaften formal voraussetzen, nicht Prinzipien, aus denen ihre Erkenntnisse abgeleitet werden könnten. Aristoteles hat damit einen thematischen Bereich, der bei Platon zwar auch schon vorhanden war, erstmalig explizit für sich herausgehoben. Offenkundig ist dieser Bereich des Formalen ein Bereich apriorischer, analytischer Erkenntnis (wir haben ja eben gesehen, daß wir die fraglichen Begriffe nicht induktiv, nicht empirisch gewinnen), und ebenso offenkundig ist es, daß sich hier die von uns bei der Erörterung des analytischen Charakters der Philosophie noch vermißte Ausgrenzung eines *engeren* Bereichs des Analytischen abzuzeichnen beginnt.

Was ist nun aber mit »Formalisierung« im Unterschied zu »Generalisierung« gemeint? Husserl hat das nicht ausgeführt, und Aristoteles hat die Unterscheidung nicht einmal explizit gemacht. Man könnte sie vorläufig so beschreiben, daß sie einen Reflexionsschritt voraussetzt: während die Einzelwissenschaft mit den Gegenständen eines Bereichs und ihren Bestimmungen befaßt ist, läßt sich die Thematik der Ontologie nicht in einem Überbereich suchen – wo sollte dieser liegen? –; dann bleibt aber nur übrig, daß man diese Thematik erreicht, indem man auf die Art und Weise unserer Bezugnahme auf die Gegenstände reflektiert. Eine solche Fragestellung ist erst in der Neuzeit entwickelt worden, und das erklärt, warum Aristoteles keine Möglichkeit hatte, einen Begriff wie den der Formalisierung zu verwenden. Es stellt sich jetzt natürlich sofort die Frage, in welcher Weise wir denn auf Gegenstände bezugnehmen bzw. bezugnehmen können. *Eine* solche Möglichkeit haben wir vorhin bei dem Versuch, den philosophischen Gegenstandsbegriff zu fixieren, kennengelernt: die Bezugnahme auf Gegenstände mittels sprachlicher Ausdrücke. Es gibt eine bestimmte Klasse sprachlicher Ausdrücke, die wir in der Weise verwenden, daß wir mittels ihrer jeweils auf etwas – auf einen Gegenstand – bezugnehmen können, die singulären Termini. Und wenn wir sogar das, was mit dem philosophischen Gegenstandsbegriff gemeint ist, nur im Rekurs auf die singulären Termini, das Wort »etwas« und andere Pronomina angeben konnten, so liegt es jetzt nahe, auf die Frage, wie man so etwas wie die Gegenständlichkeit der Gegenstände (oder das Seiende als Seiendes) thematisieren kann, zu antworten: nur in der Reflexion auf die Verwendung der entsprechenden sprachlichen Ausdrücke.

Aus der sprachlichen Perspektive können wir jedenfalls der Unterscheidung von Generalisierung und Formalisierung einen bestimmten Sinn geben. Was ich vorhin zur Erläuterung der Generalisierung als progressive Abstraktion bezeichnet habe, beruht offenbar auf dem Umstand, daß wir Begriffe unter andere, allgemeinere Begriffe unterordnen können. Begriffe sind Klassifikationsprinzipien, und ihnen entsprechen in der Sprache die sogenannten *generellen Termini* oder *Prädikate*, die man entsprechend als Klassifikationsausdrücke bezeichnen kann.[10] Eine progressive Abstraktion würde z. B. die Reihe der Prädikate »Pfälzer«, »Deutscher«, »Mensch«, »Lebewesen«, »raumzeitlicher Gegenstand« darstellen. Hier ist das jeweils nächste Prädikat allgemeiner als das vorige, weil es auf alle Gegenstände anwendbar ist, auf die auch das vorige anwendbar ist, aber nicht umgekehrt. Nun kann man von jedem dieser Prädikate bzw. der entsprechenden Begriffe sagen, daß es ein Klassifikationsausdruck bzw. ein Klassifikationsprinzip ist. Damit ist offenbar etwas ganz Allgemeines gesagt, da es von allen Prädikaten bzw. Begriffen überhaupt gilt. Es ist aber offensichtlich nicht einfach graduell allgemeiner als irgendeines der Prädikate bzw. Begriffe und gehört daher nicht mehr in eine solche Reihe, wie ich sie eben vorgeführt habe. Denn unter die Beschreibung »Klassifikationsprinzip« bzw. »Klassifikationsausdruck« fallen ja nun die Begriffe bzw. Prädikate selbst und nicht mehr die Gegenstände, die unter die Begriffe fallen bzw. auf die die Prädikate anwendbar sind.

Im Unterschied zu den vorhin genannten Prädikaten, die auf die Gegenstände anwendbar sind, gewinnen wir das Prädikat »Klassifikationsausdruck« bzw. das Prädikat »Prädikat« durch eine Reflexion auf die Verwendungsweise jener oder irgendwelcher Prädikate und d. h. durch die Reflexion auf die Verwendungsweise einer Art sprachlicher Ausdrücke. Das ist nun aber ein Verfahren von prinzipiell derselben Art wie dasjenige, mittels dessen wir vorhin zu dem Prädikat »singulärer Terminus« bzw. »Ausdruck, der für einen Gegenstand steht« gekommen waren. Und nun würde die spezifisch sprachanalytische Position darin bestehen, daß man die Rede von Begriffen nur erklären kann im Rekurs auf die Verwendung von Prädikaten und auch die Rede von Gegenständen nur im Rekurs auf die Verwendung von singulären Termini.

Inwiefern ist aber diese Reflexion auf die Verwendungsweise der Ausdrücke als Formalisierung zu verstehen? Hier ist ein kurzer Hinweis auf sprachwissenschaftliche Unterscheidungen erforderlich. Der Begriff der Form hängt offenbar eng mit dem der Struktur zusammen. Unsere sprachlichen Ausdrücke sind auf zwei Ebenen strukturell zusammengesetzt, erstens auf der der Zusammensetzung von kleinsten bedeutungstragenden Einheiten – Worte bzw. Morpheme – aus Phonemen, zweitens auf der der Zusammensetzung der Sätze aus den Morphemen. »Strukturelle Zusammensetzung« heißt dabei, daß die Zusammensetzung eine geregelte ist: die jeweils kleineren Einheiten können nicht beliebig mit anderen zusammengesetzt werden, sondern nur sofern sie Elemente bestimmter Klassen sind. Auf der Ebene der Zusammensetzung der bedeutungstragenden Einheiten zu Sätzen gibt es nun zwei mögliche Betrachtungsweisen: erstens die syntaktische, die die äußere oder ›Oberflächen‹-Zusammensetzung der Sätze untersucht und dabei weder auf die Bedeutung der Sätze noch der Satzteile Rücksicht nimmt; die Klassen der Satzteile sind dabei nicht semantisch definiert, sondern bestimmen sich ausschließlich aus dem sogenannten Prinzip der ›Distribution‹, d. h. der Ersetzbarkeit ihrer Elemente durch einander, wobei das Ergebnis nur immer ein Satz sein muß. Demgegenüber nennt man semantisch jede Betrachtungsweise, die die Bedeutung der sprachlichen Ausdrücke betrifft. Dabei kann es sich nun entweder um die Bedeutung der einzelnen Worte handeln oder aber um die Frage, wie die Bedeutung der Sätze von den Bedeutungen ihrer Teile abhängt. In der Sprachwissenschaft ist man auf diese zweite Fragestellung, die strukturelle Semantik, erst vor wenigen Jahren aufmerksam geworden, während sie innerhalb der philosophischen Semantik seit Frege die maßgebende ist. Die Klassen der Satzteile, auf die bei dieser Fragestellung rekurriert werden muß, sind nicht die Klassen der syntaktischen Satzteile, da sie sich nicht bedeutungsunabhängig definieren lassen; es sind semantische Klassen, die durch die Art bestimmt sind, wie die Bedeutung ihrer Elemente zur Bedeutung einer größeren Einheit, letztlich eines Satzes beiträgt, bzw. dadurch, mit welchen Elementen anderer semantischer Klassen sie sich verbinden lassen. Als Beispiele für solche semantischen Klassen lassen sich nun gerade die singulären wie die generellen Termini nennen. Daß die Ausgrenzung der singulären Termini so umständlich ist, liegt eben daran, daß es sich nicht um eine syntaktisch definierbare Klasse handelt, sondern um eine semantische Klasse, die durch die Art der Verwendungsweise der Ausdrücke bzw. durch die Art ihres Beitrags für die Bedeutung eines Satzganzen bestimmt ist. Auch für die Verbindung der Elemente zweier semantischer Klassen liefern diese beiden semantischen Klassen ein einfachstes Beispiel, da die Verbindung eines Ausdrucks, der für einen Gegenstand steht, mit einem Klassifikationsausdruck einen (singulären) prädikativen Aussagesatz ergibt; wie das genauer zu verstehen ist, wird uns später noch lange beschäftigen.

Man kann nun jede strukturelle Thematisierung von Sprachlichem, die phonetische, die syntaktische und die semantische, als formal bezeichnen. Es liegt also nahe, zwischen inhaltlicher und formaler Semantik zu unterscheiden. Die formale Semantik gewinnt ihre Thematik durch eine Formalisierung, was sich sprachlich so niederschlägt, daß sie die inhaltlichen Ausdrücke durch Symbole ersetzt, mit der Maßgabe, daß diese für einen beliebigen Ausdruck einer semantischen Klasse stehen, wodurch dann die semantische Form eines zusammengesetzten Ausdrucks angezeigt werden kann, z. B. wenn man für singuläre Termini die Buchstaben »a«, »b«, »c« verwendet, für die generellen die Buchstaben »F«, »G« und nun die Form eines prädikativen Satzes mit einem singulären Terminus (z. B. »Peter weint«) durch »Fa« und die eines prädikativen Satzes mit zwei singulären Termini (z. B. »Peter schlägt Paul«) durch »Fab« anzeigt.

Wenn es also richtig sein sollte, daß wir die Kategorie des Gegenstandes nur gewinnen und nur thematisieren können in einer Reflexion auf die entsprechenden sprachlichen Ausdrücke, dann wäre der Sinn der Rede von einer Formalisierung ohne weiteres verständlich, da es sich nicht um irgendeine Thematisierung der sprachlichen Ausdrücke handelt, sondern um eine Thematisierung ihrer semantischen Form. Sie könnten darauf hinweisen, daß ich, was mit »formal« und »Formalisierung« gemeint sein soll, jetzt nur innersemantisch, in Abhebung zu inhaltlichen semantischen Fragen, beschrieben habe und daß daher noch nicht gesichert sei, daß damit auch der gesuchte Unterschied der Formalisierung zur Generalisierung, also zu inhaltlichen gegenständlichen Fragen, getroffen ist. In der Tat muß beides unterschieden werden, aber es hängt zusammen. Man kann das an der eben vorgeführten Symbolisierung zeigen. Der Wissenschaftler, der es mit Gegenständen eines Bereichs und ihren Bestimmungen zu tun hat, verwendet (unter anderem) Sätze der Form »Fa«, wobei er mit den singulären Termini, die er dabei an der Stelle von »a« verwendet, auf bestimmte *Gegenstände* bezugnimmt, z. B. mit dem Ausdruck »der Mond« auf den Mond. Der inhaltliche Semantiker kann nach der *Bedeutung* dieses und anderer Ausdrücke fragen. Wenn man nun das, was der Wissenschaftler (oder jeder andere Verwender der Sprache) tut, wenn er mit diesem singulären Terminus auf diesen Gegenstand bezugnimmt, formalisiert, wenn man also fragt, was es im allgemeinen heißt, auf einen Gegenstand bezugzunehmen, und was die Rede von einem Gegenstand überhaupt besagt (»was ein Gegenstand als Gegenstand ›ist‹«), dann geschieht das eben in der Weise, daß man die inhaltliche Fragestellung des Semantikers formalisiert und nach der formalen Bedeutung der singulären Termini fragt. Die gegenständliche Formalisierung findet ihren Sinn in der semantischen Formalisierung.

Wenn das die einzige Möglichkeit sein sollte, wie sich der Formalisierungsschritt, mit dem sich die Ontologie konstituiert, verstehen läßt, dann wäre bereits jetzt gezeigt, daß die Ontologie nur in einer als formale Semantik verstandenen sprachanalytischen Philosophie zu sich selbst findet.[11] Soviel kann ich an dieser Stelle unserer Überlegungen noch nicht behaupten. Wir werden bei der Erörterung des neuzeitlichen, des sogenannten transzendentalen Philosophiebegriffs noch eine andere Art der Reflexion kennenlernen, in der die Bezugnahme auf Gegenstände nicht sprachlich verstanden wird; und zu der eigentlichen Auseinandersetzung mit dieser neuzeitlich-traditionellen Auffassung werde ich erst viel später kommen (20., 27. Vorl.). Bisher sollte nur so viel gesagt sein: 1. Aristoteles und mit ihm die ganze vorneuzeitliche Ontologie hatten keine Möglichkeit, verständlich zu machen, wodurch sich die formalen Begriffe, die in der Ontologie untersucht werden, von anderen Begriffen unterscheiden. 2. der Rekurs auf die formale Semantik bietet jedenfalls eine Möglichkeit, diesen Unterschied verständlich zu machen.

Sie werden es als problematisch empfunden haben, daß ich dem aristotelischen Begriff des Seienden den des Gegenstandes gewissermaßen unterschoben habe und mich zuletzt überhaupt nur noch an diesem orientierte. Der Grund, warum ich so vorgegangen bin, ist, daß der Begriff des Gegenstandes eindeutiger ist und sich an ihm deswegen bestimmte Aspekte der Rede vom Seienden klarer herausstellen lassen. Doch bleiben auf diese Weise wesentliche Perspektiven der traditionellen Ontologie ausgeblendet. Wir müssen uns deswegen jetzt der Rede vom Seienden selbst zuwenden.

Was diesen Ausdruck so schwierig macht, ist sein Zusammenhang mit dem vieldeutigen Verbalausdruck »ist«. Von den verschiedenen Verwendungsweisen dieses Wortes genügt es im Moment, auf zwei zu achten. Wir verwenden das Wort »ist« manchmal, allerdings ziemlich selten (z. B. in dem Satz »Gott ist«), mit einem singulären Terminus oder einem Pronomen und ohne einen ergänzenden Prädikatausdruck. Es hat dann den Sinn von »existiert«. Eine zweite und die in unseren Sprachen häufigste Verwendungsweise ist die als sogenannte Kopula in einem prädikativen Satz (z. B. »Der Himmel ist blau«). Nun scheint freilich, wenn von »Seiendem« gesprochen wird, nur die Verwendung von »ist« im Sinn von »existiert« im Spiel zu sein, denn »Seiendes« besagt ja »etwas, das ist«, das Wort »ist« wird dabei also ohne ergänzenden Prädikatausdruck verwendet. Während also der Ausdruck »ist« vieldeutig verwendet wird, scheint doch der substantivische Ausdruck »Seiendes« eindeutig zu sein im Sinn von »Existierendes«. Umso erstaunter müssen wir sein, wenn wir feststellen, daß Aristoteles sich in seiner Ontologie in erster Linie am »ist« im Sinn der Kopula orientiert, und noch mehr muß es überraschen, daß er auch dieses »ist« als »ist« eines ›Seienden‹ versteht.[12] Und zwar soll dabei das Seiende das sein, wofür das Prädikat steht, also das So-seiend-Sein des Gegenstandes.

Man könnte versuchen, das zunächst auf eine harmlose Weise zu interpretieren: warum soll in einem Satz wie »Der Himmel ist blau« nicht auch das Prädikat für etwas stehen, in diesem Fall eben für die Bläue des Himmels? Vergleichsweise harmlos wäre diese Auffassung, weil so etwas wie *die Bläue* in der Tat ein Gegenstand (etwas) ist und also auch als Seiendes angesprochen werden könnte. Unser Kriterium für Gegenstände paßt: der Ausdruck »die Bläue« ist ein singulärer Terminus. Nun mußten wir aber, indem wir von »der Himmel ist blau« zu »des Himmels Bläue« übergegangen sind, die Form des Ausdrucks verändern; das Prädikat »ist blau« ist durch eine sogenannte Nominalisierung in den singulären Terminus »die Bläue« verwandelt worden, und da singuläre Termini und Prädikate semantische Klassen sind, müssen wir diese grammatische Veränderung zugleich als eine der semantischen Form verstehen. Ich werde später zeigen, daß die nominalisierte Form semantisch sekundär ist gegenüber der prädikativen Form. Ich kann das hier nicht voraussetzen, brauche es aber auch nicht, weil Aristoteles selbst solche Gegenstände wie die Bläue, also abstrakte Gegenstände, in seiner Auseinandersetzung mit Platon nicht nur für sekundär hält, sondern schlicht verwirft. Wie immer man sich zu dem platonischen Problem stellen mag, in welchem Verhältnis die Bläue eines einzelnen Gegenstandes zu der Bläue als solcher steht, Aristoteles verwirft nicht nur diese, sondern auch jene.[13] Seiend sind für ihn nicht jene abstrakten Gegenstände, sondern nur die konkreten Gegenstände mit ihren prädikativen Bestimmungen. Aristoteles ging mit dem komplizierten Problem der abstrakten Gegenstände sicher zu leichtfertig um. Hingegen war er zweifellos im Recht, wenn er die Reduktion der prädikativen Bestimmungen auf abstrakte Gegenstände ablehnte. Auch wenn man abstrakte Gegenstände anerkennt, kommen diesen ihrerseits prädikative Bestimmungen zu.

Aber wie soll man nun die prädikativen Bestimmungen positiv verstehen, wenn es keine Gegenstände sind? Ich meine, wenn man unvoreingenommen an das Problem herangehen wollte, müßte man sagen: wenn wir einen singulären prädikativen Satz in seine semantischen Glieder teilen, haben beide – der singuläre Terminus und das Prädikat – eine Bedeutung, d. h. beide verstehen wir, aber nur bei dem einen – dem singulären Terminus – ist damit verbunden, daß er für einen Gegenstand steht. Wenn nur singuläre Termini für Gegenstände stehen, ist es nur natürlich, daß die formale Thematik auf der Seite der Sprache weiter reicht als auf der der Gegenstände.

Eine explizit semantische Fragestellung war Aristoteles jedoch unbekannt. So kam es dazu, daß er die prädikativen Bestimmungen teils als *onta* (Seiendes) bezeichnet, teils als *legomena* (Gesagtes).[14] Diese Unentschiedenheit wurde dann im Mittelalter zum Ausgangspunkt des Nominalismusstreits. Da Aristoteles die semantische Dimension nicht wahrnahm, mußte er die Bedeutung der Prädikate, auch wenn er sich dagegen wehrte, sie mit Platon als selbständigen Gegenstand aufzufassen, gleichwohl vergegenständlichen. So kommt es zu einer eigentümlichen Erweiterung des Begriffs des Seienden *(on)*. Er ist – mitsamt den Begriffen des Einen und des Etwas – umfassender als der des Gegenstandes *(tode ti)*.

Der Titel »Ontologie« beginnt nun zu schillern. Er hätte einen eindeutigen Sinn, wenn man ihn, wie ich es zunächst getan habe und wie es in der analytischen Philosophie üblich ist, ausgehend vom Begriff des Gegenstandes einführt, oder, was auf dasselbe hinausläuft, ausgehend vom Begriff des Seins im Sinn von Existenz. »Ontologie« heißt dann »Gegenstandstheorie«. Die für die Tradition maßgebend gewordene Einführung der Ontologie durch Aristoteles enthält demgegenüber eine in der Tradition unausgetragene Spannung. Diese Spannung ist die Folge davon, daß Aristoteles sich einerseits an der – gegenständlichen – Formel »das Seiende als Seiendes« orientiert, andererseits an der Verbalform »ist«; von dieser Verbalform läßt er sich auch dort leiten, wo es sich nicht um Sein im Sinn von Existenz und d. h. nicht um ein »ist« von Seiendem handelt; und indem nun die Formel »das Seiende als Seiendes« gleichwohl maßgebend bleibt, wird die an sich aus der Beschränkung auf die Gegenstandsproblematik hinausführende formalisierende Betrachtung in eine gegenständliche Terminologie wieder zurückgeholt. Die aristotelische Ontologie übersteigt die formale Gegenstandstheorie in Richtung einer formalen Semantik, allerdings so, daß das, was sich dabei zeigt, in Ermangelung eines Bewußtseins der semantischen Dimension aus einer gegenstandstheoretischen Perspektive mißdeutet wird.

Betrachtet man also die traditionelle, wesentlich durch Aristoteles bestimmte Ausformung der Idee einer philosophischen Grunddisziplin als Ontologie aus einer sprachanalytischen (auf die Bedeutung der Worte reflektierenden) Perspektive, so erweist sie sich nach den beiden in Aristoteles' eigenem Vorbegriff von Philosophie aufgestellten Gesichtspunkten als unzureichend. *Erstens* hinsichtlich ihrer Begründung: der gegenständlich orientierten aristotelischen Formaldisziplin fehlt ein Reflexionsfundament, und ein solches Fundament – ob es das einzig mögliche ist, wissen wir noch nicht – würde eine formale Semantik liefern. *Zweitens* hinsichtlich ihres Umfangs: die beanspruchte Universalität konnte nur so lange einleuchten, als man an den Gegenständen orientiert war. Aber die Orientierung auf alles, und d. h. auf alle Gegenstände, erscheint ihrerseits als beschränkt, sobald man den Bereich des Formalen selbst ins Auge faßt. Die Perspektive auf Gegenstände entspricht dann nur einer semantischen Form unter anderen.

Zwei Aspekte an dieser Kritik der Ontologie aus sprachanalytischer Sicht muß ich besonders hervorheben. Erstens kommt die Kritik nicht von außen. Beide Mängel stellen immanente Schwierigkeiten dar. Die sprachanalytische Perspektive war nicht erforderlich, um sie aufzuzeigen, sondern um sie zu beheben. Zweitens hat diese Kritik eine produktive Rückwirkung auf die Frage der Sprachanalyse nach ihrer eigenen Konzeption von Philosophie. Wir haben ja die Auseinandersetzung mit den traditionellen Grundkonzeptionen nicht nur unternommen, um die sprachanalytische Konzeption von Philosophie gegen sie abheben zu können, sondern um eine solche Konzeption überhaupt erst zu gewinnen, nachdem sich zeigte, daß die Orientierung an der Bedeutungsanalyse dazu nicht ausreicht. Nach dieser Hinsicht scheint sich bisher folgende Möglichkeit abzuzeichnen: Wir können Aristoteles bei seinem Entwurf eines Vorbegriffs von Philosophie (mit den in der letzten Stunde genannten Vorbehalten hinsichtlich der Motivation) folgen. Wir können ihm weiterhin folgen bei der Ausbildung seines Vorbegriffs zu der Konzeption einer philosophischen Grunddisziplin, die sich zu den anderen Wissenschaften nicht so verhält, daß sie ihr Wissen deduktiv begründet, sondern das thematisiert, was sie alle formal voraussetzen. Und nun brauchen wir nur den beiden schwachen Stellen seiner Konzeption von Ontologie mit einer Einstellung nachzugehen, die bereit ist, auf die Bedeutung der sprachlichen Ausdrücke zu reflektieren, und finden, daß die traditionelle Ontologie von sich aus über sich hinausweist auf eine neue Konzeption der allen Wissenschaften zugrundeliegenden Formalwissenschaft in Gestalt einer formalen Semantik. Die formale Semantik ist einerseits ein sprachanalytisches Unternehmen: sie ist Semantik, analysiert die Bedeutung sprachlicher Ausdrücke. Andererseits ist sie in demselben Sinn formal, in dem es die Ontologie war, und da sie deren immanent nicht auflösbare Schwächen behebt, kann sie mit dem Anspruch auftreten, deren legitime Nachfolgerin zu sein.

Wir können uns die Überlegenheit, die der formalen Semantik gegenüber der formalen Ontologie aus der Perspektive von Aristoteles' eigener Idee von Philosophie zukommt, auch noch in einer anderen Weise klarmachen, indem wir nicht von den Ungeklärtheiten der Ontologie ausgehen, sondern schon bei dem Schritt ansetzen, der Aristoteles von den Regionalwissenschaften zu der Formalwissenschaft geführt hat. Wenn man nämlich die Philosophie als höchste Wissenschaft in der Weise konstruiert, daß man von den einzelnen Wissenschaften zu dem übergeht, was ihnen in formaler Allgemeinheit allen gemeinsam ist, so ist gar nicht einleuchtend, daß das nur die Gegenständlichkeit sein soll. In der Wissenschaft nehmen wir wie auch sonst nie einfach auf Gegenstände Bezug, sondern mindestens immer schon in der Weise, daß wir über sie prädikative Aussagen machen. Aber die meisten Aussagen der Wissenschaft, z. B. diejenigen, in denen Gesetzmäßigkeiten formuliert sind, enthalten gar keine singulären Termini und nehmen auf Gegenstände nur indirekt Bezug. Ist es dann nicht konsequent, wenn man die formalisierende Betrachtung nicht auf die singulären Termini beschränkt, sondern auf die ganzen Sätze und alle Satzformen erweitert?

Außerdem ist zu beachten, daß die Ontologie in der formalen Semantik vollständig aufgeht und erhalten bleibt. Das gilt nicht nur für die Teile der traditionellen Ontologie, in denen etwas zu Unrecht vergegenständlicht wurde, die prädikativen Bestimmungen. Es gilt auch für die Gegenstandstheorie, die sich jetzt als ein Teil der formalen Semantik erweist.

Was jedoch bisher unklar bleibt, ist, ob diese neue Konzeption einer formalen Fundamentaldisziplin überhaupt eine einheitliche Grundfrage hat, wie sie die Ontologie in der Frage nach dem ›Seienden als Seienden‹ hatte. Wir haben also vorläufig nur ein erweitertes thematisches Feld; ob dieses sich um eine zentrale Frage gliedert, ist noch unklar. Diese Schwierigkeit will ich in der nächsten Stunde aufnehmen.

Heute möchte ich nur noch versuchen, den Schock aufzufangen, den Sie empfunden haben mögen, als ich eben behauptete, die Ontologie bleibe in der Semantik erhalten. Auch wenn Sie mir darin zustimmen, daß die Orientierung an der Form der sprachlichen Ausdrücke eine gegenüber der Ontologie weitere Thematik eröffnet, werden Sie das wahrscheinlich dahingehend einschränken wollen, daß die neue Thematik eine sprachliche sei und sich insofern überhaupt nicht mehr in der Dimension der Ontologie, in der Dimension der ›Realität‹ befinde.

Hier wiederholt sich derselbe Widerstand gegen die sprachanalytische Position, der sich in anderem Zusammenhang bereits in der 1. Vorlesung gezeigt hat: die Sprache, so meint man, ist etwas nur Subjektives, und wenn man die Ontologie, die es doch, so wird man sagen, mit der *Wirklichkeit* zu tun hat, in Sprachanalyse überführt, so geht die Hauptsache verloren, auch wenn anderes hinzukommen mag.

In Einwänden dieser Art, auch wenn sie von Philosophen kommen, scheint mir unbemerkt ein vorphilosophisches Motiv mitzuspielen, ein Vorbehalt, wie er von dem mit der philosophischen Thematik nicht Vertrauten der Philosophie überhaupt entgegengebracht wird. Wie hat es denn, so ist zurückzufragen, die Ontologie mit der ›Wirklichkeit‹ zu tun? Gewiß nicht so wie die Wissenschaften. Sie hat es nicht mit Gegenständen zu tun. Die Gegenständlichkeit ist nicht selbst etwas Reales wie ein Gegenstand. Aber ist nicht – so könnten Sie Ihrerseits zurückfragen – die Gegenständlichkeit, auch wenn sie selbst nichts Reales ist, eben die Realität des Realen, und geht diese nicht in der Reflexion auf das bloß Sprachliche verloren?

Wir werden erst im weiteren Verlauf dieser Vorlesungen uns allmählich die Kategorien erarbeiten, die es ermöglichen, solche Fragen sachgerecht zu diskutieren. Bisher bin ich auf das Wesen des Sprachlichen noch kaum eingegangen, daher sind wir auch noch nicht in der Lage, die Rede vom ›bloß Sprachlichen‹, von der Sprache als eines bloßen Mediums zwischen uns und der Wirklichkeit, als irrig zu erkennen. Im jetzigen Stadium unserer Betrachtung muß es genügen, daß die eben geäußerte Meinung, die Realität des Realen könne in der Reflexion auf den Sprachgebrauch nicht erfaßt werden, einer bloßen Empfindung entspringt, denn wenn sie mehr sein wollte, müßte sie angeben können, wie anders als im Sprachgebrauch uns so etwas wie ›Realität‹ gegeben sein kann. Wir werden bald noch Gelegenheit haben, auf eine solche positive Alternative kritisch einzugehen (S. 86 f.).

Es wäre aber jedenfalls falsch zu meinen, daß durch die semantische Wendung der Unterschied zwischen Gegenstand und Bedeutung nivelliert würde. Das Gegenteil ist der Fall. Es war die alte Ontologie, in der dieser Unterschied nivelliert, die Bedeutung eines sprachlichen Ausdrucks aus Ermangelung anderer Kategorien gegenständlich aufgefaßt wurde. Hingegen besteht aus der semantischen Perspektive kein Grund, umgekehrt den Gegenstand, für den ein Ausdruck steht, zugunsten seiner Bedeutung zu vernachlässigen. Alle sprachlichen Ausdrücke, die wir verstehen, haben, insofern wir sie verstehen, eine Bedeutung, und ein Teil dieser Ausdrücke, die singulären Termini, stehen für Gegenstände. Diese Funktion, für einen Gegenstand zu stehen, kann ein Ausdruck vermutlich nur haben aufgrund der Art, wie wir ihn verstehen, also aufgrund seiner Bedeutung. Wenn das richtig ist – und wir werden diese Zusammenhänge erst später genauer untersuchen –, dann kann man die Gegenständlichkeit der Gegenstände nicht unabhängig von der Bedeutung von singulären Termini thematisieren. Das heißt jedoch nicht, daß der Gegenstand, für den der Ausdruck steht, und seine Bedeutung zusammenfallen. Der Dimension der Gegenständlichkeit geht durch die semantische Betrachtungsweise nichts verloren, es kommt nur etwas hinzu, wodurch sie erst verständlich wird.

Gehen wir nun von den singulären Termini weiter zu den ganzen Sätzen (oder zu anderen Teilausdrücken), so können wir von diesen, obwohl sie eine Bedeutung haben, nicht mehr ohne weiteres sagen, daß sie für Gegenstände stehen. Hier fällt also in der Tat die Dimension der Gegenstände weg, und hier entsteht daher der Eindruck, wir hätten es nur noch mit ›bloß Sprachlichem‹ zu tun. Aber dieses Sprachliche ist nicht das bloße Zeichen; es ist das, was man versteht und was viele in gleicher Weise verstehen können. Es ist also allemal nichts Subjektives. Es kommt mir zunächst nur darauf an, daß Sie dieses Verstehen in der Rätselhaftigkeit seiner Vertrautheit erst einmal stehenlassen und der Versuchung nicht nachgeben, es in hergebrachte Kategorien zu pressen.

Ich bin auf Widerstände, die ich bei Ihnen gegen eine formale Semantik als erweiterte Ontologie vermute, auch deswegen eingegangen, weil sie mir dieselben zu sein scheinen, die auch schon die traditionelle Ontologie selbst daran gehindert haben, sich als formale Semantik zu entfalten. Alle entscheidenden Einsätze der griechischen Ontologie ergaben sich aus einer semantischen Reflexion, und gleichwohl führte jeder Einsatz zu einer vergegenständlichenden Umdeutung, die die sprachliche Dimension der Reflexion verdeckte. So wurde von *Parmenides* das Problem von Sein und Nichtsein in ein Problem von Seiendem und Nichtseiendem verbogen, mit dem grotesken, aber konsequenten Ergebnis, daß es nur ein einziges unbewegtes Seiendes gibt, weil mit dem Nichtseienden auch das Nichtsein ausgeschlossen war.[15] *Platon* entdeckte zum ersten Mal in der Reflexion auf die Definitionsfragen die Bedeutungen der Prädikate – und hat sie in seiner Ideenlehre sogleich zu einem übersinnlichen Seienden vergegenständlicht. *Aristoteles* endlich ist von der Form des singulären prädikativen Satzes ausgegangen und hat auf dieser Grundlage gleichwohl eine gegenständliche Ontologie ausgebildet.

Was ist es denn aber, was die traditionelle Ontologie daran gehindert hat und es auch uns so schwer macht, auf die semantische Dimension als solche einzugehen? Woher kommt es, daß wir unwillkürlich auch das nichtgegenständliche Verstehen sprachlicher Ausdrücke gegenständlich umdeuten? Es kommt offenbar daher, daß, wenn wir *von etwas* sprechen, dies per definitionem ein Gegenstand ist.

Wir können uns daher nur auf Gegenstände thematisch richten, das Verstehen ist wesensmäßig unthematisch. Wenn wir auf die Bedeutung unserer Ausdrücke eingehen wollen, sehen wir uns deswegen vor besondere Schwierigkeiten gestellt: die Bedeutung ist nicht das, worauf wir natürlicherweise gerichtet sind; wir müssen also eine unser natürliches Gerichtetsein hemmende Reflexion vollziehen. Und dann müssen wir noch darauf bedacht sein, daß wir das, worauf wir in dieser Reflexion eingehen, nicht seinerseits vergegenständlichen. Schon indem ich sage »worauf wir . . .eingehen«, liegt in dem pronominalen »worauf« eine Vergegenständlichung. Und liegt nicht auch schon in der Rede von ›der Bedeutung‹ eines Ausdrucks eine Vergegenständlichung? In der Tat, und wir werden später sehen, daß und inwiefern dies eine uneigentliche Redeweise ist.

Anmerkungen

1 1003 a 22-25, 1025 b 7-10.
2 998 b 20 f.
3 *Ideen zu einer reinen Phänomenologie,* I, § 9.
4 Vgl. schon Homer, *Ilias* 1, 70.
5 *Ideen,* § 3.
6 *Metaph.* VII, 3.
7 Ich folge hier Dummett, *Frege,* S. 59. Wie Dummett zeigt (59 f.), liefert

dieses Kriterium freilich nur erst eine notwendige Bedingung, die noch weiter eingeschränkt werden muß, um als hinreichende Bedingung in Anspruch genommen werden zu können. Insbesondere würde auch der Ausdruck »etwas« selbst oder ein Ausdruck, der »etwas« oder ein anderes indefinites Pronomen als Teil enthält, unter dieses Kriterium fallen. Diese Ausdrücke sind also ausdrücklich auszuschließen. – Hingegen folge ich Dummett nicht in der Meinung, die auch von Strawson (»Singular Terms and Predication«, II. Teil) und Geach (»On What There Is«) gegen Quine (*From a Logical Point of View*, S. 13, *Word and Object*, S. 240) vertreten wird, daß auch Prädikate durch »etwas« ersetzbar sind. Vielmehr wird man sagen müssen: wenn das, was durch ein Prädikat ausgedrückt wurde, durch »etwas« aufgenommen wird, dann befinden wir uns bereits in dem, was in der Logik als höherstufige Prädikatensprache bezeichnet wird, und sprechen von einer höheren Art Gegenstände, nämlich Attributen. Der Beweis scheint mir darin zu liegen, daß, wo immer ein Prädikat durch »etwas« ersetzt wird (im Deutschen ist das kaum möglich), es auch durch »dasselbe« ersetzt werden kann. Dummett und Geach sind mit Recht der Meinung, daß » = « nur mit Bezug auf Gegenstände verwendet werden kann. Wenn aber » = « überall verwendet werden kann, wo »etwas« verwendet wird, folgt, daß, wenn »etwas« an die Stelle eines Prädikats tritt, es eigentlich an die Stelle der entsprechenden gegenständlichen Attributsbezeichnung tritt.

8 Auch bei diesem Kriterium muß man freilich, wie beim vorigen, Ausdrücke, die bereits indefinite Pronomina enthalten, ausschließen.

9 *Ideen*, § 13.

10 »Prädikat« ist eigentlich ein grammatisch-syntaktischer Begriff und entspricht nicht genau dem semantischen Begriff des generellen Terminus. In dem Satz »Das Pferd ist müde« kommen nur ein Prädikat (»ist müde«), aber zwei generelle Termini (»Pferd« und »müde«) vor. Viele analytische Philosophen (z. B. Strawson) sprechen gleichwohl von Prädikaten, wenn sie generelle Termini meinen, und ich werde mich dieser uneigentlichen Sprechweise anschließen, weil die richtige (die z. B. von Quine verwendet wird) sich im Verlauf dieser Vorlesungen als zu umständlich erweisen würde, da sie eine adjektivische Modifikation (»prädikativ«) und dergl. nicht erlaubt.

11 Einen programmatischen Entwurf der formalen Semantik findet man in den Aufsätzen von Davidson, »Truth and Meaning« und »Semantics for Natural Languages«.

12 Vgl. insbesondere den Anfang des 7. Buches der *Metaphysik*.

13 Vgl. mein *Ti kata tinos*, §§ 5-6.

14 Vgl. z. B. 1045 b 30 f.

15 Die besondere Sachlage bei Parmenides habe ich interpretiert in meinem Aufsatz »Das Sein und das Nichts«.

4. Vorlesung

Weil Aristoteles sich nicht nur an dem Ausdruck »Seiendes«, sondern auch an dem Ausdruck »ist/sein« orientiert hat, reicht die traditionelle Ontologie über eine bloße Gegenstands- bzw. Substanztheorie hinaus. Dieser Überhang gehört eigentlich schon in das weitere Feld einer formalen Semantik. Wenn man sich fragt, warum Aristoteles in seine formale Thematik außer den Gegenständen gerade noch die prädikativen Bestimmungen aufgenommen hat, so wird man antworten müssen: weil die prädikativen Bestimmungen zwar nicht Gegenstände, aber wenigstens Bestimmungen von Gegenständen sind. Die für die gesamte traditionelle Philosophie maßgebende Orientierung an der Kategorie des Gegenstandes wirkte sich also bei Aristoteles auch darauf aus, welche nichtgegenständliche semantische Form gerade noch mitbehandelt wurde.

Wenn wir nun als formale Universalwissenschaft anstelle der Ontologie eine formale Semantik ins Auge fassen, müssen wir überlegen, ob auch die so erweiterte formale Thematik noch irgendwie einheitlich gegliedert und zentriert ist, so daß sich auch hier eine einheitliche Grundfrage formulieren läßt.

Die Grundfrage der Ontologie lautet: »was ist das Seiende als Seiendes?« Es ist offensichtlich, daß diese Formulierung der Frage eine Verlegenheitslösung ist, da sie so gefaßt ist, als werde nach dem Was-Sein eines Gegenstandes gefragt. Ich habe sie daher bereits unter der Hand so umformuliert, daß gefragt wird, was mit der Rede von einem Gegenstand (oder von Seiendem) gemeint sei. Schon so ist die Frage semantisch formuliert, aber ihr eigentliches semantisches Pendant ist die Frage: »wie kann man mit sprachlichen Ausdrücken auf Gegenstände bezugnehmen?« und diese Frage führt, soweit wir bisher mutmaßen können (vgl. S. 50), auf die Frage zurück: »worin besteht die Bedeutung eines singulären Terminus?«, und diese Frage können wir, wenn wir die gegenständliche Rede von einer Bedeutung vermeiden wollen, so formulieren: »was heißt es, einen singulären Terminus zu verstehen?« Analog können wir nun, wenn wir den Bereich der formalen Thematik über den der singulären Termini hinaus erweitern, für jede semantische Klasse fragen: »was heißt es, einen Ausdruck dieser

Form zu verstehen?« Die Formulierung »was heißt es . . . zu verstehen?« ist nicht ganz klar. Aber im gegenwärtigen Stadium unserer Überlegungen ist es angemessen, sich mit einer Frageformel zu begnügen, die nur eine vage Anzeige enthält auf das, was wir suchen. Bisher wissen wir ja noch nicht, mit welchen kategorialen Mitteln wir so etwas wie das Verstehen sprachlicher Ausdrücke adäquat thematisieren können. Zu klären, wie solche Fragen nach dem Verstehen der Ausdrücke einer Form bzw. dem Verstehen dieser Form angemessen zu formulieren sind, ist daher eine Aufgabe, die bereits in die Durchführung der formalen Semantik gehört.

Die Frage, was es heißt, einen Ausdruck einer semantischen Form bzw. die Form dieses Ausdrucks zu verstehen, können wir als die formalisierte Bedeutungsfrage bezeichnen. Sie verhält sich zu den Fragen nach der Bedeutung bzw. dem Verstehen eines bestimmten Ausdrucks dieser Form analog wie die Betrachtung des Seienden als Seienden sich zu der Bezugnahme auf ein einzelnes Seiendes verhält. So scheint es, daß wir diese Frage als die der ontologischen Grundfrage entsprechende semantische Grundfrage bezeichnen können. Mit dieser Frage nach der Struktur unseres sprachlichen Verstehens haben wir jetzt überdies eine Antwort auf die Frage nach einer engeren und grundlegenderen Reflexion auf unser Verstehen gewonnen, die uns bei dem Versuch der Bestimmung einer sprachanalytischen Konzeption von Philosophie in der ersten Vorlesung noch fehlte. Im Unterschied zu dem weiten Bereich des Apriorischen, der Bedeutungsklärung, haben wir es hier mit einem engeren Reflexionsbereich zu tun, in dem die Verstehensstrukturen aufgeklärt werden sollen, die in allem Verstehen einzelner sprachlicher Ausdrücke schon vorausgesetzt und mitverstanden sind. Wenn wir die Thematik der Philosophie durch diesen formalsemantischen Reflexionsbereich bestimmen, so liegt darin die These, daß alle spezifisch philosophischen Begriffe Begriffe sind, die in Zusammenhang stehen mit der Aufklärung der semantischen Strukturen.

Aber gerade wenn wir die Frage nach der semantischen Form als Reflexion auf die verstehensmäßigen Voraussetzungen allen sprachlichen Verstehens auffassen wollen, können wir uns nicht damit begnügen, daß diese Frage in so viele Fragen auseinanderfällt, als es semantische Formen geben mag. In dieser Hinsicht also entspricht die Frage nach der semantischen Form in ihrer bisherigen Formulierung noch nicht der ontologischen Grundfrage, da die Rede von *der* Frage nach der semantischen Form darüber hinwegtäuscht, daß es sich in Wirklichkeit um mehrere Fragen handelt. Wie hängen sie zusammen?

Ein erster Schritt bietet sich unmittelbar an: die Form der Ausdrücke einer semantischen Klasse ist dadurch bestimmt, mit welchen Ausdrücken anderer Klassen sie zusammengesetzt werden können und in welcher Weise die Bedeutung der Ausdrücke zur Bedeutung der dadurch entstehenden zusammengesetzten Ausdrücke beiträgt (S. 42). Die semantische Form einer Klasse von Teilausdrücken ist also immer ein abstraktes Moment der Struktur der entsprechenden komplexen Ausdrücke. Nun liegt es im Wesen einer strukturellen Zusammensetzung, daß sie in Gebilden terminieren muß, die nicht mehr wesensmäßig Teile von Ganzen, sondern wesensmäßig Ganze von Teilen sind. Im sprachlichen Bereich sind diese selbständigen Einheiten die Sätze, oder besser gesagt: wir können (obwohl das nicht unproblematisch ist) Sätze in der Weise definieren, daß sie diejenigen sprachlichen Ausdrücke sind, die zwar noch als Teile in größere sprachliche Zusammenhänge eingehen, aber nicht mehr in der Weise, daß sie sich als ganze noch als Glieder einer umfassenderen syntaktischen oder semantischen Struktur verstehen lassen (was nicht ausschließt, daß einzelne ihrer Teile – wie z. B. Personalpronomina – auf Teilausdrücke anderer Sätze verweisen).[1] Der Satz erscheint also als die primäre Bedeutungseinheit. Man kann zwar auch Teile von Sätzen verstehen, aber man versteht sie dann als Teile von Sätzen; und man kann nur mit einem Satz, nicht mit einem Wort oder einem anderen Satzteil (außer wo diese als elliptische Sätze fungieren) etwas zu verstehen geben.

Daraus folgt, daß die Frage nach der semantischen Form einer Klasse von unselbständigen Ausdrücken (wie z. B. der singulären Termini) immer als Teilfrage der Frage nach der semantischen Form des entsprechenden Satzes (in diesem Fall des prädikativen Satzes) zu verstehen ist. Die Fragen nach den semantischen Formen der verschiedenen Klassen von Teilausdrücken finden also ihren Zusammenhalt in den Fragen nach den semantischen Formen der Sätze.

Da es nun aber verschiedene Satzformen gibt, tritt die Schwierigkeit, ob es in der formalen Semantik nicht nur viele ähnliche, sondern eine einheitliche Frage gibt, auf der jetzigen Ebene erneut auf. Zerfällt unser Verstehen sprachlicher Ausdrücke in das Verstehen verschiedener Satzformen oder stehen diese Satzformen ihrerseits in einem inneren Zusammenhang? Gibt es so etwas wie eine allgemeine Form aller Sätze, von der alle besonderen Satzformen sich in irgendeiner Weise als Spezifikationen verstehen lassen? Es scheint klar, daß sich diese Frage nicht vorneweg, sondern nur in der wirklichen Durchführung der formalsemantischen Analysen entscheiden läßt. Aber ebenso klar scheint es, daß man die Analysen auf diese Frage hin ausrichten muß, wenn man nicht verschiedene Formen des Verstehens beziehungslos nebeneinander stehen lassen will. Somit hat also die formale Semantik eine zumindest hypothetische Grundfrage: die Frage nach der Form aller Sätze bzw. dem Zusammenhang aller Satzformen, eine Frage, die wir auch so formulieren können: »was heißt es, einen Satz zu verstehen?«, und diese Frage ist es, die der Frage nach dem Seienden als Seienden in der Ontologie entspricht.[2]

Das einzige, was wir schon im gegenwärtigen Stadium unserer Überlegungen zur Vorbereitung einer Beantwortung dieser Grundfrage tun können, ist, die traditionelle Ontologie daraufhin zu befragen, ob nicht vielleicht auch sie schon einen Ausblick auf etwas enthält, was allen Sätzen gemeinsam ist. Eine solche Perspektive auch nur vermuten zu wollen, könnten Sie als abwegig empfinden, wenn doch die Sätze noch gar nicht zur Thematik der Ontologie gehörten. Wir haben aber gesehen, daß die Ontologie eine ambivalente Disziplin ist, deren eine Tendenz, die freilich durch eine gegenstandstheoretische Gegentendenz blockiert wird, auf eine formale Semantik verweist. Dann dürfen wir aber vermuten, daß die Ontologie auch schon einen Ausblick auf die Form der Sätze enthielt, zumal sich Aristoteles in seiner Ontologie sehr wesentlich am Begriff des *logos* – genauer, des *logos apophantikos*, des Aussagesatzes – orientierte. Diese Orientierung am Aussagesatz hing mit der Thematisierung des kopulativen »ist« zusammen. Aristoteles' Interpretation aller (singulären) prädikativen Sätze mit einem verbalen Prädikat (z. B. »Peter schwimmt«) als Sätze mit Kopula und Partizip (z. B. »Peter ist schwimmend«)[3] impliziert, daß er mit der Kopula die indikativische Verbalform überhaupt bzw. die Form der Zusammensetzung der prädikativen Sätze meint. Dieser Ausblick auf die Satzform kam allerdings nicht zum Tragen, da das Interesse sich sogleich auf das ›Seiende‹, die prädikativen Inhalte richtete. Vor allem aber blieb wegen der Orientierung auf das ›Seiende‹ die singuläre prädikative Satzform die einzige, die in der Ontologie überhaupt berücksichtigt wurde, und auch dieser Satz selbst wurde, teils wegen der Orientierung am »ist«, teils wegen der Ausrichtung auf Bestimmungen von Gegenständen, einseitig als Zusammensetzung aus singulärem Terminus und Prädikat interpretiert. Die Möglichkeit, die für die moderne Relationenlogik so entscheidend wurde, daß man Sätze wie »Peter schlägt Paul« ebensogut als Zusammensetzung eines sogenannten zweistelligen ›Prädikats‹ (= Klassifikationsausdrucks) (» . . schlägt . . «) mit einem geordneten Paar von singulären Termini (»Peter«, »Paul«) auffassen kann, wurde nicht gesehen. Die übrigen Formen der Aussagesätze hat Aristoteles teils (wie die der komplexen Sätze) überhaupt nicht wahrgenommen, teils (wie bei den generellen Sätzen) für ontologisch irrelevant gehalten, weil sich in ihnen nicht Aussagen über einen Gegenstand ausdrücken.

Also aus diesen Ansätzen zu einer Theorie der prädikativen Satzform ist, da es sich nur um eine einzige Satzform handelt, keine Perspektive für die Frage nach etwas allen Satzformen Gemeinsamem zu entnehmen. Und doch ist Aristoteles an einigen Stellen auf Formaspekte gestoßen, die er zwar nur als Formaspekte des prädikativen Satzes darstellte, bei denen man aber sofort sehen kann, daß sie auch von anderen Sätzen gelten. Eine solche Stelle ist die Problematik des Satzes vom Widerspruch und des Satzes vom ausgeschlossenen Dritten. Die Art, wie Aristoteles diese ›allgemeinsten Prinzipien‹ behandelt, ist in unserem Zusammenhang nach zwei Hinsichten bemerkenswert.

Erstens findet Aristoteles es schwer, die Erörterung dieser Prinzipien in einen systematischen Zusammenhang mit der Thematik der Ontologie – der Substanzenlehre – zu bringen. In der Tat gehört die Erörterung dieser Prinzipien nicht in eine Gegenstandstheorie. Daß Aristoteles sie gleichwohl in der Ontologie abhandeln will, begründet er damit, daß sie allen Wissenschaften zugrundeliegen.[4] Hier ist Aristoteles also selbst auf formale Grundlagen der Wissenschaften gestoßen, die sich nicht gegenständlich verstehen lassen. Nirgends wird die der aristotelischen Ontologie innewohnende Spannung zwischen Gegenstandstheorie und formaler Semantik offenkundiger als hier. Einerseits war Aristoteles undogmatisch genug, die Behandlung dieser Prinzipien wegen ihres formal-universalen Charakters in den Zusammenhang der Frage nach dem Seienden als Seienden zu stellen, andererseits steht ihre Erörterung im 4. Buch in keinem systematischen Zusammenhang mit der übrigen Problematik der *Metaphysik*.

Zweitens ist bemerkenswert, daß Aristoteles beide Prinzipien nur mit Bezug auf die Form der singulären prädikativen Aussagen präsentiert. So nimmt der Satz vom Widerspruch die Form an: »es ist unmöglich, daß ein und dieselbe prädikative Bestimmung demselben Gegenstand nach derselben Hinsicht zugleich zukommt und nicht zukommt«.[5] An anderen Stellen formuliert aber Aristoteles auch so: »es ist unmöglich, daß (etwas) zugleich ist und nicht ist«.[6] Wenn man das »ist« dieser Formulierung als Kopula versteht, dann ist diese Formulierung identisch mit der vorigen. Aber man kann dieses »ist« auch weiter verstehen im Sinn desjenigen »ist«, das man jedem Aussagesatz voranstellen kann, indem man z. B. statt »es regnet« sagt »es ist der Fall, daß es regnet«, statt »es regnet nicht« »es ist nicht der Fall, daß es regnet«. Orientieren wir uns an dieser Verwendung des »ist«, so hätte die letztgenannte Formulierung des Satzes vom Widerspruch den Sinn: »es ist unmöglich, daß etwas zugleich der Fall ist und nicht der Fall ist«. Wir können vielleicht vorläufig sagen, daß in diesem vorangestellten »ist« die bejahende Form eines Aussagesatzes zum Ausdruck kommt und in dem »ist nicht« die verneinende Form. Dieser Erläuterung entspräche die folgende Reformulierung der zuletzt genannten Formulierung des Satzes vom Widerspruch: »es ist unmöglich, etwas zugleich zu bejahen und zu verneinen«.

Warum ist es unmöglich? Darauf finden wir nun wieder eine Antwort bei Aristoteles. Es ist natürlich nicht unmöglich, einen solchen Satz zu äußern; unmöglich ist nur, daß man dann noch etwas sagt, etwas zu verstehen gibt.[7] Man kann das so erläutern: wenn man etwas bejaht und verneint, ist das so, wie wenn man beim Schachspiel einen Zug macht und wieder zurücknimmt, oder wie wenn man etwas weggibt und es wieder zurücknimmt.[8] Man hat dann jeweils in der gerade relevanten Handlungshinsicht nichts getan. Aristoteles weist darauf hin, daß man den Satz vom Widerspruch nur indirekt begründen kann, indem man zeigt, daß, wer ihn leugnet, der Rede – dem Zuverstehengeben – den Boden entzieht. Da diese Begründung sich nicht mehr auf die spezielle Form der prädikativen Aussage stützt, sondern auf den allgemeineren formalen Aspekt von Bejahung und Verneinung, wird es also durch Aristoteles selbst nahegelegt, den Satz vom Widerspruch in dieser allgemeineren Fassung zu verstehen. Wie allgemein ist sie aber?

Wenn die allgemeinere Fassung für alle Sätze gilt, deren bejahende bzw. verneinende Form sich durch jenes vorangestellte »ist« bzw. »ist nicht« zum Ausdruck bringen läßt, dann gilt sie offenbar für alle Aussagesätze. Ein Kriterium für die Unterscheidung sogenannter assertorischer oder Aussagesätze von anderen Sätzen finden wir wiederum bei Aristoteles, allerdings nicht in der *Metaphysik*, und dieses Kriterium ist seither maßgebend geblieben. Es besteht darin, ob man den Satz bzw. das, was mit dem Satz gesagt wird, als wahr oder falsch bezeichnen kann.[9] Durch dieses Kriterium sind die Aussagesätze von Sätzen in anderen sogenannten Modi wie Befehlssätze, Wunschsätze, Fragesätze unterschieden. Im Unterschied zu diesem semantischen Kriterium wäre es naheliegend, die Aussagesätze durch das syntaktische Kriterium der indikativen Verbform zu charakterisieren, aber die beiden Kriterien entsprechen sich nicht: es gibt verschiedene Typen bzw. Verwendungsweisen indikativischer Sätze, in denen nicht etwas gesagt wird, was als wahr oder falsch bezeichnet werden kann und die daher auch nicht als Aussagesätze zu bezeichnen sind. Z. B. in vielen Sätzen in der 1. Person Indikativ Futur – wie »ich werde kommen« – drückt sich nicht eine Voraussage aus, die sich als wahr oder falsch herausstellen kann, sondern ein Vorsatz.

Wenn es sinnvoll ist, von der allgemeinen Form der Aussagesätze zu sprechen, dann müssen wir diese Sätze auch allgemein symbolisieren können, und wenn der Satz vom Widerspruch für alle Aussagesätze gilt, dann muß er mittels dieser Formalisierung formuliert werden können. Ich werde von jetzt an, wie in der Logik üblich, die Buchstaben »p«, »q«, »r« als Symbole für beliebige Aussagesätze verwenden. Wir kommen so zu der heute üblichen Formulierung des Satzes vom Widerspruch: eine Aussage der Form »p und nicht-p« ist unmöglich (notwendig falsch).

Wenn wir das, was mit einem Satz »p« (z. B. »es regnet«) gesagt wird, als wahr oder falsch charakterisieren, drücken wir das aus, indem wir die Formulierung »daß p« verwenden, z. B. »daß es regnet, ist wahr«. Dieses »daß« kam aber auch bereits in der Formulierung mit dem vorangestellten »ist« vor, und nun kann man leicht konstatieren, daß man bei jedem Satz »p«, den man äquivalent in »es ist der Fall, daß p« umformen kann, ebensogut auch sagen kann »es ist wahr, daß p«. Folglich reicht die Verwendung jenes vorangestellten »ist« in der Tat gerade so weit und nicht weiter als die Verwendung von Aussagesätzen. Wenn es nun richtig ist, daß in dem vorangestellten »ist« und »ist nicht« die bejahende bzw. verneinende Form der Aussagesätze zum Ausdruck kommt, so könnten wir jetzt sagen, daß der Satz vom Widerspruch in dieser allgemeinen Form der Aussagesätze gründet. Das eigentliche Ergebnis für unsere Frage nach einer einheitlichen Satzform wäre freilich, daß sich hier eine allgemeine Form, wenn auch nicht aller Sätze, so doch aller Aussagesätze abzeichnet. Aber reicht der Unterschied von Bejahung und Verneinung nicht über die Verwendung jenes vorangestellten »ist« und »ist nicht« hinaus? Betrifft er nicht Befehlssätze und Wunschsätze ebenso wie Aussagesätze? Und müßten wir dann nicht eine allgemeinere Form des Satzes vom Widerspruch erwarten, der noch über den Bereich der Aussagesätze hinausreicht? Wichtiger freilich als diese Frage wäre für uns wiederum die Frage, ob sich hier nicht vielleicht eine allgemeine Form aller Sätze abzeichnet.

Bevor ich dieser Frage nachgehe (und das werde ich erst in der nächsten Stunde tun), müssen wir das bisher Erreichte konsolidieren. Ich wollte ja die Frage nach einer allgemeinen Satzform heute nur soweit verfolgen, als sich Hinweise auf sie aus der traditionellen Ontologie entnehmen lassen. Wenn sich die bisherigen Überlegungen nur auf die aristotelische Behandlung des Satzes vom Widerspruch stützen können, haben sie eine ziemlich schmale Basis in seiner Ontologie. Da die Ontologie an dem Wort »ist« orientiert ist, wäre eine deutlichere Basis dann gegeben, wenn sich jenes vorangestellte »ist«, auf das ich die Überlegungen aufbaute, bei Aristoteles selbst findet. Das ist nun tatsächlich der Fall. Aristoteles hat in seiner Erörterung der verschiedenen Bedeutungen des Wortes »ist« auf dieses vorangestellte »ist« hingewiesen.[10] Und dabei hat er die vorhin nur angedeutete These aufgestellt, daß mit diesem »ist« gesagt wird, daß etwas wahr ist, und mit dem entsprechenden »ist nicht«, daß etwas falsch ist. Diese These wird begründet durch die Äquivalenz von »es ist der Fall daß p« mit »es ist wahr daß p«. Aristoteles bezeichnet diesen Sinn von Sein als *einai hos to alethes*,[11] und wir können entsprechend von veritativem Sein sprechen.

Mit Aristoteles' Behandlung des veritativen Seins steht es ähnlich wie mit seiner Behandlung des Satzes vom Widerspruch. Auch hier hat Aristoteles nur prädikative Sätze im Blick, obwohl wiederum klar ist, daß sich das Gesagte auf alle Aussagesätze beziehen läßt. Und auch hier ist sich Aristoteles unsicher über den systematischen

Ort dieser Thematik in der Ontologie. Zuerst erklärt er, sie gehöre überhaupt nicht in die Metaphysik,[12] und dann kommt es doch noch zu einer kurzen Erörterung dieses Seinssinnes.[13] Diese Erörterung ist so stark an der prädikativen Satzform ausgerichtet, daß sie für unsere Problematik wenig hergibt. Nur eines ist dabei von Interesse: Aristoteles kommt hier zu einer Differenzierung innerhalb des veritativen Seins, die auf die sogenannten Seinsmodalitäten (Möglichkeit, Wirklichkeit, Notwendigkeit) bezogen ist. In seiner ausführlichen Erörterung von Möglichkeit und Wirklichkeit in der *Metaphysik* behandelt Aristoteles sie hingegen als Modalitäten des kopulativen Seins und d. h. gegenständlich. Das Wort »möglich« z. B. wird hier nicht so verstanden, daß es wie das veritative »ist« dem Aussagesatz (und wir werden ergänzen müssen: einem beliebigen Aussagesatz) vorangestellt ist (»es ist möglich, daß p«), sondern so, daß man sagen muß »a ist der Möglichkeit nach F«, so daß es also die Gegenstände sind, die möglicherweise oder wirklich so und so sind. Möglichkeit, Wirklichkeit und Notwendigkeit sind dann in der ontologischen Tradition als ›Seinsmodalitäten‹ bezeichnet worden, aber die gegenstandstheoretische Orientierung hat den Blick darauf verstellt, daß das Sein, dessen Modalitäten sie sind, das veritative Sein ist.

Aber was, so werden Sie fragen, ist dieses veritative Sein? Von Aristoteles bekommen wir auf diese Frage keine weitere Auskunft. Doch müssen wir uns mit dem Umstand auseinandersetzen, daß Aristoteles auch in diesem Zusammenhang nicht nur von »sein«, sondern auch von »Seiendem« spricht. Ist das veritative »ist« das »ist« eines Gegenstandes? Diese Auffassung scheint insofern gar nicht abwegig, als die grammatische Transformation von »p« zu »daß p« als Nominalisierung aufgefaßt werden muß. Obwohl der Ausdruck »daß es regnet« noch denselben Inhalt zu haben scheint wie der Aussagesatz »es regnet«, ist »daß es regnet« nicht mehr ein Satz, sondern ein singulärer Terminus. Wir erkennen das daran, daß »daß p« der Ergänzung durch ein (nunmehr höherstufiges) Prädikat bedarf, um wieder zu einem ganzen Satz zu werden, z. B.: »daß es regnet / ist wahr«, »daß es regnet / ist erfreulich«, und wir werden hierher auch solche relationalen Ergänzungen wie »daß p / hofft / er«, »er / meint / daß p« zählen müssen.

Wenn nun «daß p« ein singulärer Terminus ist, werden wir sagen müssen, daß jeder solche Ausdruck für einen Gegenstand steht. Offensichtlich können wir aus jedem Satz »daß p / F« folgern »etwas / F«. Was sind das nun für Gegenstände, für die die nominalisierte Form eines Aussagesatzes steht? Statt zu sagen »es ist der Fall, daß p« können wir auch sagen »es ist eine Tatsache, daß p«. Dieser Umstand könnte die Meinung nahelegen, die fraglichen Gegenstände seien als Tatsachen aufzufassen. Das wäre jedoch irrig. Denn im negativen Fall sagen wir »es ist nicht eine Tatsache, daß p«. Hier haben wir es immer noch mit dem fraglichen Gegenstand zu tun, sprechen ihm aber das Tatsachesein ab. Daß es gestern schneite, ist nicht ohne weiteres eine Tatsache, sondern nur dann, wenn es wahr ist, daß es gestern schneite. Das Prädikat »ist eine Tatsache« verwenden wir offenbar sinngleich mit dem Prädikat »ist wahr«. Wir müssen uns also fragen: was sind diese Gegenstände, die mit einem Ausdruck der Form »daß p« bezeichnet werden (und die nur dann Tatsachen sind, wenn sie wahr sind) an und für sich? Das, was wahr oder falsch sein kann und das dann, wenn es wahr ist, eine Tatsache ist, ist das, was behauptet wird, wenn wir einen assertorischen Satz aussprechen. Es scheint also, daß wir die fraglichen Gegenstände als das jeweils Gesagte oder Behauptete charakterisieren können. Das scheint auch unserem natürlichen Sprachgebrauch zu entsprechen: wir fragen z. B. »ist, was er behauptet (gesagt) hat, wahr; ist es eine Tatsache?« In der englischen Philosophie hat sich für das, was ich hier das Gesagte nenne, der Kunstausdruck »proposition« eingebürgert. Frege nannte diese Gegenstände Gedanken. »Gedanke«, so wie Frege dieses Wort verwendet, ist nicht zu verstehen im Sinn von Denken, sondern im Sinn von Gedachtem. Vielleicht ist Ihnen diese Bezeichnung »das Gedachte« oder »der Gedanke« sympathischer als meine sprachbezogene Rede vom Gesagten. Vielleicht werden Sie aber auch mit Freges Bezeichnung unzufrieden sein und sagen: »alle diese Bezeichnungen des fraglichen Gegenstandes, ob nun als das Gesagte oder als das Gedachte, charakterisieren ihn doch nur subjektiv, als das von uns Gemeinte; wir möchten aber doch wissen, was er an und für sich ist.« Ich zweifle, daß diese Forderung berechtigt ist, will ihr aber zunächst nachgeben. Tatsächlich gibt es auch eine Terminologie für die fraglichen Gegenstände, die von allen subjektiven Konnotationen frei ist: von Husserl und in Wittgensteins *Tractatus* werden sie als Sachverhalte bezeichnet. Jeder nominalisierte Aussagesatz »daß p« steht also nach dieser Konzeption für einen Sachverhalt, und Wittgenstein hat dann eine Tatsache als das »Bestehen« eines Sachverhaltes definiert.[14]

Damit hätten wir eine Konzeption erreicht, die es nahelegt, das veritative »ist« als das Sein eines Gegenstandes aufzufassen, als eine Art von Existenz, eben als das Bestehen eines Sachverhaltes. Freilich wäre dieses Bestehen eine merkwürdige Art von Existenz. Denn auch von den nichtbestehenden Sachverhalten, also den Sachverhalten, die keine Tatsachen sind, wird man sagen müssen, daß es sie – als Sachverhalte – irgendwie gibt, sonst könnte man ja nicht über sie reden. Mit dieser Schwierigkeit könnte man versuchen (und hat man versucht) irgendwie fertig zu werden, indem man etwa den Sachverhalten ein weiteres Sein zuspricht, das sie an und für sich haben, ob sie nun außerdem ›bestehen‹ oder nicht. Aber die eigentliche Schwierigkeit beginnt schon früher, nämlich bei der Frage, was denn ein Sachverhalt ist. An diesem Beispiel ist schön zu sehen, wie sich das angeblich sachbezogene und das sprachanalytische Denken zueinander verhalten. Es gibt Leute, die förmlich aufatmen, wenn man ihnen den Terminus »Sachverhalt« für die Gegenstände anbietet, für die die Ausdrücke »daß p« stehen. Aber dabei lassen sie sich die angeblich sprachunabhängige Gegenständlichkeit gerade nur von einem Wort suggerieren. Der Sachbezug wird erst vom Sprachanalytiker hergestellt, indem er sich mit dem Wort nicht zufrieden gibt und fragt, was damit gemeint ist. Und was also ist damit gemeint? Versuchen Sie einmal, diese Frage zu beantworten, ohne sich auf Sätze und ihre Bedeutungen zu beziehen! Ich kann diese Frage jetzt noch nicht angemessen behandeln. Wir haben ja bisher noch keine kategorialen Mittel in der Hand, mit denen man eine solche Frage nach einer Gegenstandsart angehen kann. Ich werde auch erst später (10. Vorl.) zeigen, inwiefern die Versuche von Husserl und Wittgenstein, den Gegenstandscharakter der Sachverhalte ohne Bezug auf die Sprache zu fassen, als gescheitert angesehen werden müssen. In diesen Vorüberlegungen, in denen es noch nicht darum geht, die Probleme zu klären, sondern überhaupt erst eine Problemstellung zu gewinnen, muß ich an einigen Stellen schon zufrieden sein, wenn Ihnen ein Gedanke wenigstens soweit plausibel erscheint, daß Sie bereit sind, mir weiter zu folgen.

Bei der jetzigen Frage muß es genügen, wenn ich sage: die Auffassung des veritativen Seins als eines Bestehens von Sachverhalten entspricht jedenfalls nicht unserer gewöhnlichen Redeweise und scheint nur einer traditionellen Tendenz zu entspringen, dieses Sein an die Existenz wahrnehmbarer Gegenstände zu assimilieren.

Man kann, wenn man durchaus will, von einem Bestehen des Sachverhaltes reden, aber wenn man nun nach dem Kriterium fragt, wie zu entscheiden sei, ob ein Sachverhalt besteht oder nicht besteht, wird man sagen müssen: der Sachverhalt, daß es (z. B.) gestern schneite, besteht genau dann, wenn es wahr ist, daß es gestern schneite, und es ist wahr, daß es gestern schneite, genau dann, wenn es gestern schneite. Die Rede vom Bestehen des Sachverhaltes weist also zurück auf das Verstehen des unmodifizierten, noch nicht nominalisierten Satzes.

Wir hatten folgende Äquivalenzenreihe: (1) der Sachverhalt, daß p, besteht ≡ (2) daß p, ist eine Tatsache ≡ (3) es ist der Fall, daß p ≡ (4) daß p, ist wahr ≡ (5) p. Wenn nun der Sinn von (2) nicht durch (1) verständlich wird, sondern der Sinn von (2) und damit auch der von (1) durch (4) und (5), so können wir offenbar auch den Sinn von (3), also den Sinn des veritativen Seins, nicht durch die Äquivalenz mit (2) und (1), sondern nur durch die Äquivalenz mit (4) und (5) aufklären.

Beginnen wir mit (4) und (5)! So unklar uns auch noch der Sinn von »daß p« ist, so viel scheint klar, daß der nominalisierte Satz »daß p« nicht mehr enthält als der ursprüngliche Satz »p«, sondern weniger. Was dem Satz »p« bei der Transformation in den singulären Terminus »daß p« entzogen wurde, ist das, was wir sein Behauptungsmoment nennen können. Wenn man statt zu sagen »gestern schneite es« nur noch sagt »daß es gestern schneite«, nimmt man auf das Bezug, *was* in der vorhergehenden Äußerung behauptet wurde, aber so, daß man es nicht mehr behauptet. Wenn man nur sagt »daß es gestern schneite«, gibt man im Unterschied zu »gestern schneite es« noch nichts zu verstehen, schafft aber durch den Entzug des Behauptungsmoments gewissermaßen eine Leerstelle für andere Ergänzungen, unter anderem solche, in denen andere Stellungnahmen zu demselben Sachverhalt zum Ausdruck gebracht werden können, der vorher behauptet wurde, z. B.: »daß p – ist zweifelhaft«, »daß p – halte ich für unwahrscheinlich«, usw. Nun gibt es *eine* solche prädikative Ergänzung, deren Sinn darin zu bestehen scheint, dem Ausdruck genau das, was ihm durch seine Nominalisierung entzogen wurde, wieder zurückzugeben, und das ist die Ergänzung durch das Prädikat »ist wahr«; denn wenn man »daß p –« durch »– ist wahr« ergänzt, sagt man wieder genau dasselbe, was man mit »p« sagte. Daraus scheint zu folgen, daß das Prädikat »ist wahr« das Behauptungsmoment zum Ausdruck bringt. In dem ursprünglichen Ausdruck »p« kommt kein eigenes Zeichen vor, in dem das Behauptungsmoment zum Ausdruck gebracht würde. Da aber die Äquivalenz »p ≡ daß p, ist wahr« gilt, können wir nun sagen, daß die Bedeutung von »p« sich zusammensetzt aus einem propositionalen Gehalt und dem Behauptungsmoment, wobei der propositionale Gehalt dem entspricht, was in nominalisierter Form durch »daß p« zum Ausdruck gebracht wird.

Sie werden fragen, wie denn nun dieses Behauptungsmoment zu verstehen ist. Diese Frage kann ich hier noch nicht beantworten; ihre Beantwortung gehört wiederum bereits in die Durchführung, nicht in die Exposition der Problematik (vgl. 15. und 28. Vorl.). Vorläufig glaube ich annehmen zu dürfen, daß Sie ein ungeklärtes Verständnis davon haben, was damit gemeint ist, daß man etwas behauptet, im Unterschied zu anderen Stellungnahmen, wie die der Annahme, des Zweifels usw. desselben Sachverhaltes. Eines aber scheint aus den eben durchgeführten Überlegungen zu entnehmen zu sein, daß das Behauptungsmoment, da es doch in dem Prädikat »ist wahr« zum Ausdruck kommen kann, einen Wahrheitsanspruch enthält. Wer einen assertorischen Satz ausspricht, behauptet etwas (z. B. daß es regnet) und behauptet damit immer auch, daß das, was er behauptet (z. B. daß es regnet), wahr ist.

Wenn nun das veritative »ist« äquivalent verwendet wird mit dem Prädikat »ist wahr«, so folgt, daß auch dieses »ist« das Behauptungsmoment der Aussage zum Ausdruck bringt und daß dieses Behauptungsmoment als Wahrheitsanspruch zu verstehen ist. Dieses Ergebnis läßt sich nun unmittelbar anschließen an die Erläuterung, die ich von diesem »ist« bei der Erörterung des Satzes vom Widerspruch gegeben habe: daß in ihm die bejahende Form der Aussage zum Ausdruck kommt. Die Schwierigkeit, die sich dort ergab: daß diese Beschreibung zu allgemein ist, weil sie auch auf nichtassertorische Sätze zutrifft, wäre jetzt behoben, denn nun können wir sagen: die bejahende Form des Satzes hat im speziellen Fall des Aussagesatzes den Sinn einer Behauptung, und damit wäre jetzt zugleich die Klasse der Aussagesätze durch eine Charakteristik ihrer Form definiert. Diese Definition hängt freilich auf das engste mit dem vorhin gegebenen Kriterium zusammen, daß ein Satz ein Aussagesatz ist, wenn man das, was mit ihm gesagt wird, als wahr oder falsch bezeichnen kann. Die jetzige Definition besagt demgegenüber, daß ein Satz dann ein Aussagesatz ist, wenn er so verwendet wird, daß mit ihm ein Wahrheitsanspruch erhoben wird. Wir können natürlich den Zusammenhang der beiden Kriterien leicht herstellen, indem wir sagen: nur sofern schon in der Verwendung eines Satzes ein Wahrheitsanspruch liegt, kann das, was mit ihm gesagt wird, als wahr oder falsch bezeichnet werden.

Nun legt sich aber folgendes Bedenken nahe: ich hatte seinerzeit die bejahende Satzform von der verneinenden unterschieden. Der Wahrheitsanspruch bzw. der Behauptungscharakter soll hingegen zu allen Aussagesätzen gehören, also offenbar auch zu den verneinenden. Erweist sich dann nicht doch die Unterordnung der Behauptungsform unter die bejahende Form als irrig? Wo liegt hier der Fehler? Habe ich mich vielleicht bei der Einführung des Wahrheitsanspruchs einseitig auf die bejahenden Aussagesätze gestützt und das veritative Nichtsein gegenüber dem veritativen Sein aus den Augen verloren? Aber was würde das heißen? Sollen wir sagen, daß verneinende Sätze bzw. Sätze der Form »es ist nicht der Fall, daß p« einen Falschheitsanspruch erheben? »Es ist nicht der Fall, daß p« ist ja offenbar äquivalent mit »daß p, ist falsch«, und so kann man in der Tat sagen, daß mit einem Satz dieser Form behauptet wird, daß das, was mit »p« gesagt wird, falsch ist. Aber »es ist nicht der Fall, daß p« ist ja nicht äquivalent mit »p«, sondern mit »nicht-p«. Mit »es ist nicht der Fall, daß p« wird also die Falschheit der entgegengesetzten Aussage behauptet, und das ist nur möglich, indem auch hier die Aussage ihre eigene Wahrheit behauptet. In der Verwendung jedes Aussagesatzes also, ob nun ein »nicht« in ihm vorkommt oder nicht, liegt ein Wahrheitsanspruch. Und daß in der Verwendung jedes Aussagesatzes etwas behauptet wird, ist ohnehin klar. Man kann zwar das Gegenteil behaupten, aber man kann nicht etwas tun, was das Gegenteil eines Behauptens ist.

Wir sehen uns also gezwungen, den Fehler auf der anderen Seite zu suchen. Die Annahme, daß es eine bejahende und eine verneinende Satzform gibt bzw. daß Bejahung und Verneinung auf einer Ebene liegen, kann nicht richtig sein.

Erstens gibt es keine Möglichkeit, die Sätze in bejahende und verneinende einzuteilen. Zwar gibt es zu jedem Aussagesatz einen entgegengesetzten, aber es gibt kein allgemeines Kennzeichen, an dem wir erkennen könnten, welcher von beiden der verneinende ist, da das Kriterium, daß derjenige Satz negativ ist, in dem ein Negationszeichen vorkommt, nur begrenzt anwendbar ist. Frege gibt als Beispiel den Satz »Christus ist unsterblich«.[15] Er ist freilich die

Negation des Satzes »Christus ist sterblich«, aber es erscheint nicht sinnvoll zu sagen, daß er an sich verneinend ist, oder daß er, wie ich unvorsichtig sagte, eine ›verneinende Form‹ hat. Das Prädikat »ist unsterblich« ist so ›positiv‹ wie das Prädikat »ist sterblich«. Es mag negativ erscheinen, weil es äquivalent ist mit »ist nicht sterblich«, aber ebensogut kann das Prädikat »ist sterblich« negativ erscheinen, weil es äquivalent ist mit »lebt nicht ewig«.[16]

Wir können also die Negation gar nicht als eine Eigenschaft ansehen, die einem Satz an sich zukommt, sondern müssen sie als eine Operation auffassen, die, wenn sie auf einen Satz angewandt wird, den entgegengesetzten erzeugt. Was aber ist es, was sich entgegengesetzt ist, bzw. worauf wird die Operation der Negation angewandt? Da beide Aussagesätze – z. B. »es regnet« und »es regnet nicht« – behauptend sind, kann man den zweiten Satz nicht so auffassen, als ob das, was negiert wird, die Behauptung des ersten ist, sondern was negiert wird, ist das, *was* der erste behauptet, sein propositionaler Gehalt. Symbolisieren wir das Behauptungsmoment von »p« mit Freges Behauptungszeichen »⊢« und den nicht-nominalisierten propositionalen Gehalt von »p« durch *p*, so haben also unsere beiden Sätze die Form »⊢ *p*« und »⊢ *nicht-p*« und nicht etwa die Form »⊢ *p*« und »nicht ⊢ *p*«.

Daß das Negationszeichen nur den propositionalen Gehalt betrifft, läßt sich mit Frege auch an einem anderen Zusammenhang erhärten, an der Rolle der Negation in Teilsätzen von komplexen Sätzen.[17] Wenn Sätze als Teilsätze in einen komplexen Satz eingehen, verlieren sie, auch wenn sie nicht nominalisiert werden, ihr Behauptungsmoment; behauptet wird nur der ganze Satz. Nehmen wir z. B. die Satzform »p oder q«. Es ist offenkundig, daß hier nur die komplexe Aussage im ganzen behauptet wird und es dem Sinn eines solchen »oder«-Satzes widerspräche, wenn mit ihm auch die beiden Teilaussagen behauptet würden. Den beiden Teilsätzen fehlt also, wenn sie in dieser Satzform vorkommen, das Behauptungsmoment, obwohl dieses Fehlen in der natürlichen Sprache nicht eigens symbolisiert wird. Nun kann jeder beliebige Satz, der ein »nicht« enthält, als Teilsatz in einem solchen »oder«-Satz vorkommen. Das aber ist nur möglich, wenn (da das Behauptungsmoment fehlt) das »nicht« von vornherein schon zum propositionalen Gehalt gehört. Diesem Argument ließe sich nur durch die abstruse These ausweichen, daß das Wort »nicht« einen anderen Sinn hat, wenn es in einem selbständigen Satz vorkommt und wenn derselbe Satz als Teilsatz fungiert.

Ist es aber nicht abwegig, so werden Sie fragen, daß man die Behauptung nun überhaupt noch als Bejahung bezeichnet? Die Rede von einer Bejahung scheint doch wesentlich auf eine Verneinung bezogen. Doch kann man eine solche Korrelation durchaus anerkennen, ohne den eben gewonnenen Resultaten zu widersprechen. Wir müssen lediglich eine Zweideutigkeit in der Rede von Verneinung und Negation beheben. Zu jedem propositionalen Gehalt *p* gibt es immer einen ihm entgegengesetzten (*nicht-p*), den wir durch Negation des ersten gewinnen, und zur Vermeidung von Zweideutigkeiten kann man hierfür das Wort »Negation« reservieren. Wenn man nun diesen zweiten propositionalen Gehalt (*nicht-p*) behauptet (assertorisch bejaht), kann man das als Verneinung der Bejahung des ersten propositionalen Gehalts (*p*) bezeichnen, und wiederum zur Vermeidung von Zweideutigkeiten kann man hierfür das Wort »Verneinung« reservieren. Die Verneinung, so verstanden, ist also die assertorische Bejahung eines negierten propositionalen Gehaltes und d. h.: eines propositionalen Gehaltes, der relativ zu einem anderen negativ ist, und insofern ist die Verneinung, die selbst eine Bejahung ist, einer anderen Bejahung entgegengesetzt.

In dieser Weise müssen wir auch die Worte »Ja« und »Nein« verstehen, wobei ich vorläufig von ihrer nichtassertorischen Verwendung absehe. Wir verwenden diese Worte im Gespräch, wenn der propositionale Gehalt, der bejaht oder verneint wird, schon durch eine vorhergehende Behauptung oder Frage zum Ausdruck gebracht ist, so daß die Antwort den propositionalen Gehalt nicht zu wiederholen braucht und sich auf die bloße Bejahung oder Verneinung beschränken kann. Es wird nun wieder leicht übersehen, daß auch mit dem »Nein« etwas bejaht wird, nämlich der entgegengesetzte propositionale Gehalt. Verwenden wir das Symbol »←« um anzuzeigen, daß der propositionale Gehalt, um den es geht, der im Gespräch eben genannte ist, so hat das assertorische »Ja« die Form »⊢ ←«, das assertorische »Nein« die Form »⊢ nicht←«.

Wenn nun jede Verneinung eine Bejahung ist, die einer anderen Bejahung entgegengesetzt ist, so folgt, daß auch jede Bejahung einer anderen Bejahung – nämlich ihrer Verneinung, der Bejahung des entgegengesetzten propositionalen Gehaltes – entgegengesetzt ist. Jedes »Nein« drückt eine Stellungnahme gegen ein »Ja« aus. Drückt auch jedes »Ja« eine Stellungnahme gegen ein »Nein« aus?

Wenn es richtig ist, daß wir die Sätze nicht in an sich positive und an sich negative einteilen können, müssen wir es offenbar so sehen, und so erweist es sich als richtig, das Behauptungsmoment als Bejahung zu verstehen: jede Behauptung ist eine Stellungnahme gegen die ihr entgegengesetzte, nur daß diese Stellungnahme im Unterschied zur Verneinung nicht explizit ist. Ich werde aber später zu zeigen versuchen, daß man ohne Berücksichtigung dieser Eigenschaft: Stellungnahme-gegen zu sein, die Verwendungsweise der assertorischen Sätze und ihrer verschiedenen Formen gar nicht verstehen kann (15., 17., 27. Vorl.).

Aus dem Umstand also, daß das, was negiert wird, immer nur der propositionale Gehalt ist und nicht die Behauptung, folgt keineswegs, daß das Behauptungsmoment von der Negation unberührt ist. Im Gegenteil: daß die Äußerung eines assertorischen Satzes überhaupt den Charakter einer Behauptung und damit einer bejahenden Stellungnahme hat, wäre sinnlos, wenn es nicht zu dem propositionalen Gehalt einen ihm entgegengesetzten gäbe.

Wo stehen wir mit unserer Frage nach einer einheitlichen Form aller Sätze? Wir haben eine formale Charakteristik gewonnen, die wenigstens allen assertorischen Sätzen gemeinsam ist: 1) sie haben die Struktur» ⊢ *p*«, und mit dieser Struktur hängt zusammen, daß es 2) zu jedem *p* ein *nicht-p* gibt. Während das erste Glied dieser Struktur ein Moment darstellt, das gleichbleibend zu jedem assertorischen Satz gehört, verbirgt sich hinter dem Symbol *p* die ganze Mannigfalt der Strukturen des propositionalen Gehaltes. Eine einheitliche Erkenntnis *der Form* der assertorischen Sätze wäre erst erreicht, wenn auch ein Zusammenhang der verschiedenen Strukturen des propositionalen Gehaltes sichtbar würde. Aber bisher ist noch nicht einmal deutlich, wie überhaupt nach den propositionalen Strukturen zu fragen ist. Auf diesen Teil der Problematik will ich in den einführenden Überlegungen nicht mehr eingehen; auf ihm wird der Schwerpunkt des Hauptteils der Vorlesungsreihe liegen.

Ich möchte aber auch nicht den Anschein erwecken, als sei mit dem Hinweis auf Behauptungsmoment und Negierbarkeit des propositionalen Gehaltes diese allen Formen der assertorischen Sätze gemeinsame Struktur schon verständlich gemacht. Es war ja auch gar nicht die Absicht dieser Vorlesung, schon eine Antwort auf die Frage nach der Form der assertorischen Sätze (und vielleicht aller Sätze) zu finden, sondern nur zu untersuchen, ob es überhaupt eine einheitliche Form gibt, an der eine solche Frage ansetzen kann. Wir wissen jetzt nur, daß die Frage, was es heißt, einen assertorischen Satz zu verstehen, auf drei strukturelle Momente und auf ihren inneren Zusammenhang abzielt: was heißt es, eine assertorische Bejahung zu verstehen; was heißt es, einen propositionalen Gehalt zu verstehen; und was heißt es, das Wort »nicht« zu verstehen?

Anmerkungen

1 Vgl. Lyons, 5.2.

2 Es könnte merkwürdig scheinen, daß das semantische Pendant zur ontologischen Grundfrage auf das »als« verzichten kann, daß wir also nicht formulieren müssen: »was es heißt, einen Satz als Satz zu verstehen«. Aristoteles mußte jedoch die »als«-Formulierung nur einführen, weil er die Frage gegenständlich formulierte. Das machte es erforderlich, das Mißverständnis auszuschließen, daß die Ontologie das Seiende im Sinn von einzelnem Seienden, einzelnen Gegenständen betrachtet. Sobald man auch schon die ontologische Frage semantisch formuliert: »was ist mit der Rede vom ›Seienden‹ gemeint?«, kann ein entsprechendes Mißverständnis nicht mehr auftreten und die »als«-Formulierung entfällt.

3 1017a27-30.

4 996b26-997a15, 1005a19-b5.

5 1005b19f.

6 1006a3.

7 1006a21f. Das griechische Wort für Zuverstehengeben ist *semainein.*

8 Vgl. Strawson, *Introduction to Logical Theory,* S. 2f.

9 *De Interpretatione*, 4. Kapitel.

10 1017a31-35.

11 1051b33.

12 *Metaph.*, VI,4.

13 *Metaph.*, IX,10.

14 Wittgenstein, *Tractatus* 2.

15 »Die Verneinung«, S. 149. – Alle kleineren Schriften von Frege werden von mir nach der Originalpaginierung zitiert, da diese auch in den beiden von G. Patzig herausgegebenen Sammelbänden am Rand angegeben ist.

16 Aus dem Unterschied zwischen sich nur ausschließenden Prädikaten (wie »rot« und »blau«) und kontradiktorischen Prädikaten (wie »rot«

und »nichtrot«) läßt sich ein Kriterium zur Unterscheidung zwischen positiven und negativen Prädikaten und so auch positiven und negativen Sätzen gewinnen; seine Anwendbarkeit ist jedoch beschränkt. Vgl. Ayer und Gale.

17 »Die Verneinung« S. 153f. Vgl. auch Geach, »Assertion« und Dummett, S. 316f.

5. Vorlesung

Hätte Aristoteles oder die auf ihn folgende Tradition das veritative Sein zum Leitfaden der Betrachtung genommen, so wäre im Rahmen der Ontologie eine Semantik der assertorischen Satzform ausgebildet worden. Statt dessen wurde im Mittelalter die Problematik, die Aristoteles wenigstens berührt hat, unkenntlich gemacht, indem sie rezipiert wurde in Gestalt der sachfremden Lehre vom *verum* als weitere ›transzendentale‹ Bestimmung des *ens* neben *unum* und *aliquid*, eine Lehre, durch die dieser Sinn von »ist« gegenüber den anderen nivelliert und damit endgültig vergegenständlicht wurde. Überhaupt ist die mittelalterliche Ontologie schon bei der Begründung der Universalität der Rede vom »Seienden« nicht mehr vom »ist« ausgegangen, sondern von der These, daß die Bestimmung *ens* die erste Bestimmung ist, die dem Geist gegeben ist.[1] Wieso dieser Satz, der dem unvoreingenommenen Betrachter ganz uneinsichtig, ja unverständlich erscheinen muß, von einer ganzen Tradition als oberste Evidenz in Anspruch genommen werden konnte, wird erst durch den Begriff des Vorstellens verständlich, auf den ich am Ende der heutigen Stunde eingehen werde.

Nachträglich können wir uns klarmachen, daß derjenige Aspekt nicht nur der aristotelischen Ontologie, sondern der gesamten traditionellen Ontologie von Parmenides bis Hegel, an dem die Tradition dem veritativen Sein am nächsten kam, der war, daß die Frage nach dem Sein immer mit der Frage nach dem Nichtsein verbunden wurde. Wie wenig selbstverständlich das ist, sieht man sofort, wenn man sich überlegt, daß eine Theorie, die an der Rede von Gegenständen oder auch an jenem mittelalterlichen *ens* ansetzte, gar keinen Anlaß hätte, das »nicht« zu thematisieren. Der Gegensatz von Sein und Nichtsein ist (wie wir schon an Hand des Satzes vom Widerspruch erkennen konnten) ein Gegensatz, der ebenso ins veritative Sein gehört wie die sogenannten Seinsmodalitäten und an dem andere Bedeutungen von »ist« (wie die der Kopula oder der Existenz) nur teilhaben, weil sie Spezies des veritativen Seins sind.[2] Andererseits trägt unsere traditionelle Orientierung an dem Gegensatz Sein-Nichtsein mit dazu bei, daß wir dazu neigen, die Verneinung auf eine Ebene mit der Bejahung zu stellen und die eigentümliche Stelle, die dem »nicht« in der Satzform zukommt, zu übersehen.[3]

Was wir in der vorigen Stunde im Anschluß an das veritative Sein gewinnen konnten, war eine formale Charakteristik aller assertorischen Sätze, und so ergab sich eine Leitfrage für die Semantik der assertorischen Satzformen. Wenn wir uns bei der Frage nach einer formalen Universalwissenschaft an dem aristotelischen Ausgangspunkt orientieren, nämlich an der Frage nach den formalen Voraussetzungen aller Wissenschaften, so haben wir mit der formalen Semantik der assertorischen Sätze bereits unser Ziel erreicht, denn in den Wissenschaften kommen nur assertorische Sätze vor (höchstens die Fragesätze wären noch hinzuzuziehen). Andererseits wäre es, wenn man einmal den Bereich der formalen Semantik betreten hat, künstlich, den thematischen Bereich auf die assertorischen Sätze einzuschränken, da eine Einschränkung mit dem Universalitätsanspruch dieser formalen Wissenschaft nicht vereinbar wäre. Es liegt nahe, die formal-universale Thematik der gesuchten Wissenschaft gar nicht mehr von den Wissenschaften her zu entwerfen, sondern, wie ich das schon in der vorigen Stunde getan habe (S. 54), ausgehend von unserem Verstehen sprachlicher Ausdrücke überhaupt. Dann aber stehen wir jetzt vor der Frage: wie können wir die einheitliche Perspektive, die wir für die Untersuchung der assertorischen Sätze gewonnen haben, so erweitern, daß sie sich als einheitliche Perspektive für die Untersuchung aller Satzformen verstehen läßt?

Die assertorischen Sätze werden von Imperativen, Wunschsätzen und Fragesätzen abgehoben. Ich lasse es offen, ob diese Aufzählung anderer Satzformen vollständig und systematisch sinnvoll ist, und ich gebe jetzt auch kein semantisches Kriterium für diese Klassifizierungen.[4] Es ist üblich, sich dabei auf grammatische Kriterien zu verlassen wie Verbmodus, Wortstellung und Intonation. Daran zeigt sich schon die weit geringere Aufmerksamkeit, die nichtassertorische Sätze in der philosophischen Semantik bisher gefunden haben. Man kann darin eine Auswirkung der traditionellen Ontologie sehen. Während Aristoteles mit dem veritativen Sein die Dimension der assertorischen Semantik gerade noch betreten hat, scheint die nichtassertorische Semantik nun vollends außerhalb der Reichweite einer Ontologie zu liegen, es sei denn, man versteht die Orientierung am »ist« als eine Orientierung nicht nur an der indikativischen Form dieses Verbs, sondern an allen seinen Modi. Eine solche Orientierung ist in der traditionellen Ausbildung der Seinsfrage nie entwickelt worden, aber sie wäre denkbar.[5] Wie wir einen assertorischen Satz äquivalent umformen konnten in ein vorgezogenes »es ist der Fall«, gefolgt von der Nominalisierung des Satzes, so können wir offenbar auch einen imperativischen Satz (z. B. »er komme!«) äquivalent umformen in ein vorgezogenes »es sei der Fall«, gefolgt durch die nominalisierte Form »daß er kommt!« oder z. B. den Fragesatz »kommt er?« in »ist es der Fall, daß er kommt?«.

Daraus ergibt sich nun aber sogleich eine fundamentale Einsicht über die Struktur der nichtassertorischen Sätze: sie lassen sich ebenso wie die assertorischen Sätze in ein Bejahungsmoment und einen propositionalen Gehalt gliedern, und dieser propositionale Gehalt ohne Bejahungsmoment läßt sich auch bei ihnen in der nominalisierten Wendung »daß p« zum Ausdruck bringen. Die nichtassertorischen Sätze haben aber nicht nur ebenfalls einen propositionalen Gehalt, sondern man sieht sofort, daß ein und derselbe propositionale Gehalt in einem assertorischen Satz und in den verschiedenen nichtassertorischen Satzmodi vorkommen kann. Z. B. »er kommt«, »er komme!«, »wenn er doch käme«, »kommt er?« haben offenbar alle denselben propositionalen Gehalt und unterscheiden sich nur hinsichtlich des Modus. So bestätigt sich jetzt rückläufig, was zunächst nicht zwingend erscheinen mußte, daß wir die semantische Form auch der nichtnominalisierten assertorischen Sätze als zusammengesetzt aus Behauptungsmoment und propositionalem Gehalt ansehen müssen, obwohl der propositionale Gehalt grammatisch für sich nicht isolierbar ist. Nur diese Gliederung macht den Zusammenhang zwischen »er kommt«, »er komme!« usw. verständlich. So zeigt sich, daß die Satzformen der verschiedenen Satzmodi sich überhaupt nur hinsichtlich ihres Modus unterscheiden, während das andere Glied, der propositionale Gehalt (also dasjenige Glied, das der Träger aller weiteren formalsemantischen Untergliederungen ist), allen Satzformen gemeinsam ist (natürlich mit gewissen Einschränkungen wie der, daß Imperative sich nur auf Künftiges beziehen können).[6]

So kommt man also zu einer einheitlichen Struktur aller Sätze, die man durch »M*p*« symbolisieren kann, wobei »M« eine Variable ist, die durch die Symbole für die verschiedenen Modi zu ersetzen ist, also z. B. durch »⊢« für das Behauptungsmoment, wodurch wir das schon bekannte »⊢*p*« gewinnen, und entsprechend kann man z. B. für den Imperativ »!*p*« und für den Fragesatz »?*p*«

schreiben.

Die Einbeziehung der nichtassertorischen Sätze bringt auch eine zusätzliche Bestätigung dafür, daß das »nicht« zum propositionalen Gehalt gehört. Mit dem Imperativ »komm nicht!« wird offensichtlich die Realisierung desselben Sachverhaltes verlangt, dessen Wahrheit in dem assertorischen Satz »du wirst nicht kommen« behauptet wird. Auch die imperativische Verneinung hat die Form »!*nicht-p*« und ist also die imperativische Bejahung eines negierten propositionalen Gehaltes.

Nur im Vorbeigehen möchte ich das Problem der sogenannten ›äußeren‹ Negation erwähnen, womit die Negation in solchen Sätzen wie »ich behaupte nicht, daß p«, »ich befehle nicht, daß p« gemeint ist.[7] Solche sogenannten ›performativen‹ Satzformen, die die grammatische Form von assertorischen Sätzen haben, sind nicht assertorische Sätze, da, indem sie geäußert werden, nicht nur etwas behauptet wird, sondern zugleich das getan wird, was sie behaupten (wenn ich sage »ich befehle . . «, konstatiere ich nicht (nur), daß ich befehle, sondern befehle).[8] Wenn man nun »ich behaupte, daß p« und »ich behaupte nicht, daß p« an »p« und »!*p*« assimilieren dürfte, hätten »ich behaupte nicht, daß p« und »ich befehle nicht, daß p« offenbar die Form »nicht ⊦ *p*« und »nicht!*p*«. Man kann zweifeln, ob diese Assimilation richtig ist und ob die Semantik der Performative nicht letztlich doch von der Semantik des assertorischen Satzes her zu verstehen sein wird und man so wieder zu einem einheitlichen Begriff von Negation kommt. Jedenfalls kommt die äußere Negation bei den nichtnominalisierten Sätzen »p«, »!*p*«, usw. nicht vor. Man kann sich aber an Hand der Performative klarmachen, welchen Sinn ein Satz der Form »nicht-M*p*« hätte, und sich so erneut davon überzeugen, daß negative Aussagesätze, Imperative usw. nicht diese Form haben.

Müssen wir nun auch die nichtassertorischen Modi als Bejahungsform ansehen? Haben auch sie den Charakter einer Stellungnahme gegen eine entgegengesetzte Bejahung? Für diese Auffassung spricht der Umstand, daß der Satz vom Widerspruch offenbar auch für die nichtassertorischen Sätze gilt und daß man ihn hier genauso begründen kann wie bei den assertorischen Sätzen. Wenn man sagt »komm her und komm nicht her«, hat man nichts gesagt, nichts zu verstehen gegeben. Mit dem zweiten Schritt hat man den ersten aufgehoben.

Und natürlich gibt es auch eine imperativische Verwendung von »Ja« und »Nein«. Gleichwohl scheint es hier schon bei dem explizit negativen Satz (»komm nicht!«) weniger klar, daß er als Stellungnahme-gegen aufzufassen ist, da sich eine solche Äußerung nicht gegen eine andere Äußerung, sondern gegen eine Handlung zu richten scheint. Nur wenn sich zeigen ließe, daß der verneinende Imperativ eigentlich gegen einen entgegengesetzten Imperativ, durch den die Handlung bestimmt ist, gerichtet ist, wäre es einsichtig, daß er als Verneinung einer Bejahung aufzufassen ist; und dann wäre es freilich naheliegend, auch denjenigen Imperativ, in dem kein »nicht« vorkommt, genauso wie beim Aussagesatz als Bejahung und d. h. als Stellungnahme gegen die imperativische Bejahung des entgegengesetzten propositionalen Gehaltes aufzufassen. Die Frage, ob die verschiedenen nichtassertorischen Modi als Bejahungsweisen aufzufassen sind, wird sich also letztlich ebenso wie beim assertorischen Modus nur in der wirklichen Durchführung der Semantik dieser Satzformen entscheiden lassen.

Nur bei den Fragesätzen ist von vornherein zu sehen, daß sie aus diesem Schema herausfallen. Obwohl auch sie einen negierbaren propositionalen Gehalt haben, erscheint es nicht sinnvoll, die zwei Fragesätze, die einen entgegengesetzten propositionalen Gehalt haben, ihrerseits als entgegengesetzt zu bezeichnen. Eher könnte man sagen, daß in den beiden Fragen »kommt er?« und »kommt er nicht?« nach ein und demselben gefragt wird. Man kann sich aber auch leicht klarmachen, warum die Fragesätze diese Sonderstellung einnehmen. Eine Frage ist eine Aufforderung, innerhalb eines durch den Fragesatz angegebenen Spielraums einen Satz zu äußern,[9] normalerweise einen assertorischen Satz oder auch, wenn es spezifisch praktische Fragen gibt (vgl. 7. Vorl.), einen Imperativ. Die Fragesätze sind also nur deswegen nicht bejahend, weil sie die Aufforderung zu einer Bejahung, zu einer Stellungnahme enthalten. Diese nichtbejahenden Sätze bilden folglich keine Gegeninstanz gegen das sich jetzt abzeichnende Ergebnis, daß die Ja/Nein-Stellungnahme den Grundtatbestand in der Verwendung aller Sätze mit einem propositionalen Gehalt darstellt.

Haben alle unsere Sätze diese Form »M*p*«? Es gibt offenbar auch abgeschlossene Verständigungseinheiten, die keinen propositionalen Gehalt haben, z. B. »au«, »hurra«, »danke«, »Guten Tag«. Solche Sätze weisen aber auch keine oder nur rudimentäre semantische Strukturen auf, und wir werden später sehen, daß die

Aufklärung der Bedeutung solcher situationsbezüglichen Ausdrücke ungleich geringere Schwierigkeiten bereitet als die der propositionalen Sätze. Man kann also sagen, daß die Frage nach dem Verstehen unserer sprachlichen Ausdrücke sich zwar nicht vollständig, aber im wesentlichen auf die Frage nach dem Verstehen von Zeichengebilden der Form »M*p*« reduziert. Und so läßt sich die Grundfrage der formalen Semantik insgesamt an die am Ende der vorigen Stunde herausgestellte Grundfrage der Semantik der assertorischen Sätze unmittelbar anschließen, nur daß an die Stelle der Frage nach dem Verstehen von »⊢« die Frage nach dem Verstehen der verschiedenen Modi und nach ihrem Zusammenhang tritt. Die Grundfrage ist, wie es denn zu verstehen ist, daß unser gesamtes sprachliches Verstehen die Struktur von Ja/Nein-Stellungnahmen verschiedener Modi zu propositionalen Gehalten hat. Ob man freilich überhaupt von einer einheitlichen Struktur und nicht nur von gemeinsamen Strukturmomenten sprechen kann, ist noch eine offene Frage, aber wir wissen jetzt wenigstens, worin ihre positive Beantwortung bestünde: erstens im Nachweis eines systematischen Zusammenhangs der Strukturen des propositionalen Gehalts (S. 69) und zweitens im Nachweis eines systematischen Zusammenhangs zwischen den verschiedenen Modi.

Damit kann ich diesen vorläufigen Entwurf einer formalen Semantik als sprachanalytischer Nachfolgedisziplin der Ontologie in ihrer Eigenschaft als formaler Universalwissenschaft abschließen. Wir wissen noch nichts über die Begrifflichkeit und die Methoden, mit denen eine solche Fragestellung in Angriff genommen werden kann; ich werde im Hauptteil der Vorlesung versuchen, dieser Frage ebenfalls auf dem Weg einer schrittweisen Destruktion der aus der Tradition verfügbaren Begrifflichkeit nachzugehen. Vorerst geht es nur darum, ein thematisches Feld abzustecken, das als Feld einer irgendwie ausgezeichneten und deswegen als Philosophie zu bezeichnenden Wissenschaft in Anspruch genommen werden kann.

Um wieder den Anschluß an diese unsere Leitfrage zu gewinnen und den nächsten Schritt vorzubereiten, kann ich jetzt die Kritik, die man an der aristotelischen Konzeption einer ausgezeichneten Wissenschaft als Ontologie üben kann, folgendermaßen zusammenfassen. Erstens kann man diese Konzeption absolut, d. h. mit Rücksicht auf die Motivation in Frage stellen (S. 32); ich werde erst im Zusammenhang der Leitidee »Vernunft« einen Versuch machen, einen Begriff von Philosophie absolut, ohne ein vorgegebenes Vorverständnis vorauszusetzen, aus einer ausgezeichneten Motivation einzuführen (7. Vorl.). Zweitens kann man die Konzeption der Philosophie als Ontologie relativ zu dem Vorbegriff kritisieren, von dem Aristoteles ausgeht. Man kann also die Idee einer Formalisierung problematisieren, und sofern man diese Konzeption an der Idee von Aristoteles' eigenem Vorbegriff messen will, wäre insbesondere zu fragen, mit welchem Recht einer der beiden Gesichtspunkte, die zum Vorbegriff gehörten, nämlich der der Radikalisierung des Begründungsaspektes von Wissenschaft, ausfällt. Diesen Gesichtspunkt werde ich ebenfalls unter dem Stichwort »Vernunft« aufnehmen. Drittens kann man die ontologische Konzeption auch schon von demjenigen Gesichtspunkt des Vorbegriffs her kritisieren, der in der ontologischen Ausdeutung zum Zuge kommt, dem der Universalität.

Es war dieser dritte Gesichtspunkt, der dazu führte, an Stelle der Ontologie die weitere Disziplin einer formalen Semantik ins Auge zu fassen. Was also bisher für die Idee einer formalen Semantik als ausgezeichneter Wissenschaft spricht, ist im wesentlichen nur der Umstand, daß sie umfassender ist als die Ontologie. Wenn wir uns erst einmal weiterhin primär an diesem Gesichtspunkt der Universalität orientieren, könnte man fragen: wenn sich jetzt erwiesen hat, daß die Ontologie in ihrem Universalitätsanspruch durch die formale Semantik übertroffen wird, welche Gewähr haben wir, daß die formale Semantik in ihrem Universalitätsanspruch nicht ihrerseits durch eine andere Disziplin übertroffen wird?

Man könnte darauf hinweisen, daß derjenige Sinn von Formalisierung, der sich bei der Gewinnung des Gegenstandsbegriffs ergab, nur mit Bezug auf Sätze sinnvoll ist und daß infolgedessen die Frage einer Erweiterung der formalen Disziplin über den Bereich der Sätze hinaus keinen Sinn mehr hat. Ich gestehe, daß ich zu dieser Auffassung neige. Doch müssen wir uns hier vor einem Dogmatismus hüten. Ich habe bei der sprachlichen Interpretation von Aristoteles' formalem Reflexionsschritt betont, daß ich es vorerst offenlassen muß, ob das die einzige Möglichkeit ist, diesen Schritt zu verstehen. Außerdem scheint es unbestreitbar, daß das sprachliche Verstehen nicht im Verstehen isolierter Sätze aufgeht. Die Sätze sind die kleinsten Verständigungseinheiten, aber diese stehen – sowohl in der Wissenschaft als auch sonst – in größeren Zusammenhängen der Verständigung und des Verstehens. Diese Zusammenhänge bleiben unberücksichtigt, wenn wir uns auf die Form der Sätze beschränken. Die an den Sätzen orientierte Thematik präjudiziert ebenso wie die an den Gegenständen orientierte eine atomisierende Betrachtungsweise. Deswegen hat sich neuerdings eine Disziplin unter dem Titel »Pragmatik« konstituiert, die diese Begrenzung übersteigen will.[10] Darüberhinaus stellt sich die Frage, ob wir denn alle Bewußtseins- und Erfahrungsweisen, die sich nicht in Sätzen artikulieren, unberücksichtigt lassen sollen. Diese Frage eröffnet eine neue Perspektive. Sie subsumiert das Verstehen sprachlicher Ausdrücke unter den Begriff des Bewußtseins und stellt damit eine Erweiterung der Ausgangsbasis der Formalisierung in Aussicht, obwohl zunächst unklar ist, ob eine Formalisierung von nichtsprachlicher Erfahrung überhaupt etwas Verständliches ist oder was an die Stelle der Formalisierung treten soll.

Wir stoßen damit auf den zweiten traditionellen Leitbegriff, mit dem ich die sprachanalytische Konzeption von Philosophie konfrontieren wollte (S. 25). Die für die klassische neuzeitliche Philosophie maßgebende Orientierung am Bewußtsein hat sich ebenfalls – wie die sprachanalytische Konzeption – als kritische Erweiterung der Ontologie verstanden. Das Verhältnis zur Ontologie ist bei der Bewußtseinsphilosophie und der Sprachanalyse in gewisser Weise analog. In beiden Fällen ergibt sich die neue philosophische Fragestellung in Abhebung zur Gegenstandstheorie durch eine Reflexion, die sich in der Bewußtseinsphilosophie als Reflexion auf die Erfahrung bzw. das Bewußtsein der Gegenstände darstellt, in der Semantik als Reflexion auf die Sätze, in denen über die Gegenstände gesprochen wird. Bewußtseinsphilosophie und sprachanalytische Philosophie erscheinen so als Konkurrenzunternehmen, von denen jedes beanspruchen kann, das andere zu übergreifen: alles Bewußtsein von einem Gegenstand ist immer ein Glied eines Satzverständnisses; andererseits kann die Bewußtseinsphilosophie geltend machen, daß alles Satzverständnis nur eine Bewußtseinsweise unter anderen ist.

Eine Einführung in das sprachanalytische Philosophieren wird dieses also insbesondere mit der Bewußtseinsphilosophie konfrontieren müssen. Wie schon bei der Auseinandersetzung mit der Ontologie geht es dabei ebensosehr um zusätzliche Einsichten in das Wesen des sprachanalytischen Philosophierens wie um die Frage der Berechtigung der sprachanalytischen Konzeption von Philosophie. An die Auseinandersetzung mit der Ontologie knüpft die

Auseinandersetzung mit der Bewußtseinsphilosophie in der Weise an, daß die Reflexion auf das Bewußtsein einen Gesichtspunkt eröffnet, der den Universalitätsanspruch der sprachanalytischen Konzeption zu übertreffen scheint.

Um diese Auseinandersetzung mit der Bewußtseinsphilosophie durchführen zu können, müssen wir uns zunächst eine – natürlich sehr vereinfachte und schematisierte – Vorstellung von den für unsere Problematik relevanten Positionen der Bewußtseinsphilosophie verschaffen, indem wir verfolgen, wie die Ontologie in der Reflexion auf das Bewußtsein problematisiert und in ihrem Ansatz erweitert wurde. Ich werde diese Entwicklung der Bewußtseinsphilosophie in Abhebung von der Ontologie in Form von drei aufeinanderfolgenden, sich jeweils radikalisierenden Schritten darstellen. Danach wird zu fragen sein, was sich aus jedem dieser drei Schritte für die sprachanalytische Konzeption ergibt bzw. was sich aus einer sprachanalytischen Perspektive für diese drei Schritte ergibt.

Der erste Schritt ist der, den man den cartesianischen nennen kann. Mit ihm hat die Wendung von der Ontologie zum Bewußtsein historisch begonnen. Er ergab sich aus einem Rückgriff auf denjenigen Aspekt des aristotelischen Vorbegriffs von Philosophie, den Aristoteles selbst in der ontologischen Ausdeutung dieses Vorbegriffs vernachlässigt hatte: den der Begründung und Ausweisung. Die Frage der Begründung in den Wissenschaften betrifft deren Behauptungen, insofern sie einen Anspruch auf Wissen erheben. Wissen aber ist letztlich immer Wissen eines je Einzelnen. Es betrifft immer etwas, was jemand *meint*, und wir sagen, daß er es nicht nur meint, sondern es *weiß*, wenn er es ausweisen kann. Wir sagen dann auch, daß er sich dessen, was er da meint, gewiß ist, daß es für ihn unbezweifelbar ist. Die Ausweisung besteht in einer expliziten Ausschaltung möglicher Zweifel. In der Frage von Zweifel und Gewißheit sieht sich jeder auf sich selbst zurückgeworfen: man kann auf mögliche Zweifel von anderen aufmerksam gemacht werden, aber das Zweifeln selbst und die entsprechende Gewißheit ist ein Zustand des Einzelnen. Descartes hat nun darauf aufmerksam gemacht, daß für jeden dieser eigene Zustand des Zweifelns oder der Gewißheit, wenn er sich gerade in ihm befindet, seinerseits nicht bezweifelbar ist. Dabei zeigte sich, daß es eine ganze Klasse von Zuständen gibt – Meinen, Wünschen, Beabsichtigen, Empfinden usw. – die jeweils für den, der sich in ihnen befindet, unbezweifelbar sind. Fragt man sich, wodurch diese Klasse definiert ist, so gibt es dafür vielleicht kein anderes Kriterium als eben dies, daß derjenige, dessen Zustände es sind, zu der Zeit, da er sich in ihnen befindet, ein unbezweifelbares Wissen davon hat, daß er sich in ihnen befindet. Mit diesem Kriterium ist ein erster weiter Begriff von Bewußtsein gewonnen (wir werden später noch einen zweiten, engeren Begriff kennenlernen). Es lag nun nahe, diesen Bereich des Bewußtseins als Inneres aufzufassen, das dem Einzelnen, also jeweils ›mir‹ – dem ›Ich‹, wie man jetzt sagte – irgendwie unmittelbar gegeben ist. Und ferner lag es jetzt nahe anzunehmen, daß ich alles Äußere, Bezweifelbare irgendwie *mittels* des innerlich Gegebenen, Unbezweifelbaren erkenne. Die Radikalisierung der für die Wissenschaften charakteristischen Ausweisungsfrage führt so 1) zur Herausstellung des Inneren als eines unbezweifelbaren und 2) zu der Frage, wie mir Äußeres gegeben ist, wie es für mich erkennbar ist. Man nannte das die erkenntnistheoretische Frage.

Dieser erste bewußtseinstheoretische Schritt – der cartesianische, erkenntnistheoretische – impliziert noch keine Erweiterung der Ontologie. Er bedeutet gegenüber der Ontologie nur einen neuen Frageschwerpunkt: vor die Frage nach dem Seienden als solchen tritt die Frage nach seiner Zugänglichkeit. Dabei können die ontologischen Strukturen unangetastet bleiben.

Die Frage der Zugänglichkeit kann nun aber durchaus die ontologischen Fragen selbst affizieren. Wo das geschieht, erfolgt der 2. Schritt, die sogenannte transzendentalphilosophische Wendung. Dieser Schritt besteht darin, daß die Frage der Gegebenheitsweise der Gegenstände nicht mehr nur als eine Frage der Gewißheit angesehen wird, sondern als konstitutiv für die Gegenständlichkeit der Gegenstände.

Wir können uns diese transzendentalphilosophische These zunächst am leichtesten an Husserls Konzeption der Regionalontologien verdeutlichen, die ich schon bei der Einführung der ontologischen Position gestreift habe (S. 36). Ich habe damals darauf hingewiesen, daß die Grundbegriffe, die einen Gegenstandsbereich als solchen charakterisieren – Begriffe wie »materielles Ding«, »Bewußtseinszustand«, »Zahl« – nicht nur von graduell höherer Allgemeinheit sind als die Begriffe, die in den Gegenstandsbereich gehören, sondern sich von diesen grundsätzlich unterscheiden. Wenn es überhaupt grundsätzlich getrennte Gegenstandsbereiche gibt, die nicht einfach Unterteilungen eines Gesamtbereichs sind, muß das daran liegen, daß in dem jeweiligen Gegenstandsbereich nicht nur Gegenstände verschiedener Art sind, sondern daß die Art ihrer Gegenständlichkeit sich unterscheidet. Für eine Philosophie nun, die noch nicht sprachanalytisch reflektiert, läßt sich dieser Sachverhalt nur so interpretieren: die Unterscheidungen, auf die es hier ankommt, sind keine objektiv-inhaltlichen, also können sie nur die Art der Gegebenheitsweise der Gegenstände betreffen. Für Husserl konstituiert sich die jeweilige Art der Gegenständlichkeit in der Art der Gegebenheitsweise dieser Gegenstände (*Ideen* III, § 7). Entsprechend kann man nach Husserl auch den Sinn von Gegenständlichkeit überhaupt nur in einer transzendentalen, das Gegebensein miteinbeziehenden Betrachtung klären.

Eine grundsätzlich ähnliche Position finden wir bei Kant, nur mit dem Unterschied, daß Kant nicht die Gegenständlichkeit überhaupt thematisiert und auch nicht verschiedene Gegenstandsbereiche unterscheidet, sondern nur nach der Gegenständlichkeit der Gegenstände der Erfahrung in Raum und Zeit fragt. Wie bei Husserl die Gegebenheitsweise ist bei Kant die Möglichkeit der Erfahrung konstitutiv für die Gegenständlichkeit der Gegenstände. Das ist der Sinn des berühmten Satzes: »Die Bedingungen der Möglichkeit der Erfahrung überhaupt sind zugleich Bedingungen der Möglichkeit der Gegenstände der Erfahrung«.[11]

Mit diesem 2. Schritt hat nun also die Reflexion auf das Bewußtsein auf die Ontologie selbst übergegriffen. Die ontologische Analyse wird jetzt als Analyse der Möglichkeit der Erfahrung aufgefaßt bzw. der Möglichkeit, wie Gegenstände überhaupt und die Gegenstände der verschiedenen Regionen zur Gegebenheit kommen können. So wie ich die transzendentalphilosophische Position bisher vorgestellt habe, bleibt sie jedoch immer noch von der Ontologie abhängig, indem sie sich von dieser ihren Grundbegriff, den des Gegenstandes, vorgeben läßt. Die transzendentale Wendung bewirkt nur, daß das, was immer schon Thema war, die Gegenständlichkeit, nun auf eine neue Weise analysiert wird, aber damit ist der thematische Bereich nicht erweitert.

Diese Erweiterung des thematischen Bereichs durch die Reflexion auf das Bewußtsein ist der 3. Schritt. Dieser besteht darin, daß mit der Reflexion auf das Bewußtsein die Orientierung am Gegenstand überschritten wird, indem sich zeigt, daß es Bewußtseinsweisen gibt, die nicht verstanden werden können als Bewußtsein von einem Gegenstand. Dieser Schritt findet sich historisch in den neuzeitlichen Bewußtseinsphilosophien nur in Ansätzen, insbesondere bei Kant.

Die Reflexion auf die Erfahrung der Gegenstände machte Kant darauf aufmerksam, daß uns die Gegenstände in Raum und Zeit gegeben sind. Raum und Zeit aber sind nicht ihrerseits Gegenstände. Wie wir das Bewußtsein von Raum und Zeit, das nicht ein gegenständliches ist, positiv zu verstehen haben, bleibt allerdings unklar. Kant nennt es aufgrund formaler Analogien (Kr.d.r.V. B 39, B 47) eine ›Anschauung‹, aber das ist offenbar eine Verlegenheitslösung. Mit dem Bewußtsein von Raum und Zeit eng verbunden (vgl. B 39 f) ist das Bewußtsein von Welt, der (abgeschlossenen oder unabgeschlossenen) Ganzheit der erfahrbaren Dinge (B 446 f). Diese Ganzheit der Gegenstände ist offenbar selbst kein Gegenstand.

Anders als Husserl ist Kant zu der Notwendigkeit einer transzendentalen Fragestellung überhaupt erst dadurch gekommen, daß er erkannt hat, daß alle Erfahrung von Gegenständen immer schon eine räumliche und zeitliche ist und einen Weltbezug enthält. Die subjektive Wendung wurde notwendig durch solches, was in einer gegenständlichen Betrachtung überhaupt nicht zugänglich wird. Andererseits hat Kant nur dasjenige ungegenständliche Bewußtsein thematisiert, das im Kontext von gegenständlicher Erfahrung steht.

Kant hat erkannt, daß sich Begriffe wie Totalität und Unendlichkeit nur verstehen lassen auf der Basis des Begriffs der *wiederholten* (›sukzessiven‹) *Handlung*.[12] Darüber hinaus wurde für Kant der Begriff der synthetischen Handlung – der Synthesis von Mannigfaltigem nach Regeln – grundlegend für das Verständnis von Bewußtsein überhaupt oder jedenfalls von demjenigen Bewußtsein, das Kant Erfahrung nannte: für die Erkenntnis von Gegenständen (B 103, 195 f). Nun ist das Bewußtsein, das jemand von seinem Handeln hat und d. h. von der Regel, die er in seinem Handeln befolgt, wiederum nicht das Bewußtsein eines Gegenstandes. Kant hat also nicht nur auch Bewußtseinsweisen berücksichtigt, die nicht gegenständlich sind; vielmehr wurde für ihn ein bestimmtes nichtgegenständliches Bewußtsein – ein Handlungsbewußtsein – konstitutiv für das Bewußtsein von Gegenständen.[13] Gerade darin zeigt sich freilich, daß Kant gleichwohl am Bewußtsein von Gegenständen orientiert blieb: deswegen hat er nur dasjenige Handlungsbewußtsein beachtet, das nach seiner Auffassung konstitutiv für das Bewußtsein von Gegenständen und deren Zusammenhang in Raum und Zeit ist; es kam zu keiner allgemeinen Theorie des Bewußtseins von Handlungen, und deswegen blieb auch die Frage, was es heißt, sich seines Handelns bewußt zu sein, und was es heißt, sich einer Handlungsregel bewußt zu sein, unaufgeklärt.

Einen Versuch, den dritten Schritt explizit durchzuführen und das Verständnis von Bewußtsein aus der Orientierung an Gegenständen überhaupt zu lösen, finden wir erst in Heideggers *Sein und Zeit.* Dabei hat Heidegger den Terminus »Bewußtsein« fallengelassen, eben weil dieser Terminus von der vorangegangenen Philosophie durch ihre Herkunft aus der Ontologie so sehr mit dem Begriff des Gegenstandes verbunden worden war, daß es schien, Bewußtsein heiße schon eo ipso Bewußtsein von Gegenständen.

An die Stelle des Terminus Bewußtsein setzte Heidegger einen Kunstausdruck, »Erschlossenheit«.[14] Insbesondere bemühte sich Heidegger zu zeigen, daß die Erschlossenheit, die der Mensch von sich selbst, von seinem eigenen Sein hat (also traditionell gesprochen: das Selbstbewußtsein), nicht gegenständlich zu verstehen ist, und diese Problematik verknüpfte sich für ihn mit dem Problem der ungegenständlichen Erschlossenheit von ›Welt‹, wobei »Welt« für ihn nicht für die Totalität der Gegenstände steht, sondern für die Ganzheit eines Sinnzusammenhanges, in dem ein Mensch sich versteht (*Sein und Zeit* §§ 18, 32).

Nach diesem groben Überblick über das Verhältnis der Bewußtseinsphilosophie zur Ontologie haben wir zu fragen, was sich daraus für die sprachanalytische Konzeption ergibt.

Ich übergehe zunächst die Problematik, der wir bei dem ersten, cartesianischen Schritt begegnet sind, da es sich bei ihr nicht um eine Erweiterung der Ontologie handelt, sondern um eine ganz andere Konzeption von Philosophie, die sich aus einer Radikalisierung des Gesichtspunktes der Ausweisung ergibt. Auf diese Problematik wird später unter dem Stichwort »Vernunft« zurückzukommen sein.

Der zweite, transzendentale Schritt ist Ausdruck der Einsicht, daß man das, was einen Gegenstand als Gegenstand und was die Gegenständlichkeit der verschiedenen Gegenstandsbereiche ausmacht, nur thematisieren kann in der gleichzeitigen Reflexion auf unsere Bezugnahme auf Gegenstände. Ich hatte bei der Erörterung des aristotelischen Schritts der Formalisierung darauf hingewiesen, daß man die Gegenständlichkeit der Gegenstände nur thematisieren kann in einer Reflexion auf unsere Bezugnahme auf sie (S. 39). Wir haben dann gesehen, wie man den Begriff des Gegenstandes gewinnen und thematisieren kann, wenn man die Bezugnahme auf Gegenstände so versteht, daß sie auf der Verwendung bestimmter sprachlicher Ausdrücke beruht; und ich habe es damals offengelassen, ob man sich diese Bezugnahme und die Reflexion auf sie nicht auch nichtsprachlich denken könne. Diese Auffassung ist es nun, mit der wir uns in der transzendentalphilosophischen Position konfrontiert sehen.

Sofern unsere jetzige Leitfrage die Universalität der Fragestellung betrifft, ist zumindest klar, daß die transzendentale Problemstellung, solange sie sich auf Gegenstände beschränkt, nicht umfassender ist als die sprachanalytische, da der Gegenstandsbezug, den die Transzendentalphilosophie freilich als primär nichtsprachlichen ansieht, auch aus ihrer Perspektive nicht sprachlich unzugänglich ist. Auf der anderen Seite stellt aber die sprachanalytische Reflexion auf die Bezugnahme auf Gegenstände diese immer schon in den umfassenderen Kontext der Prädikation und des veritativen Seins. Wie in diesem Kontext die ›Gegebenheit‹ von Gegenständen zu verstehen ist, werden wir später zu fragen haben. Aber es mag vielleicht schon jetzt verständlich sein, wenn ich vorgreifend darauf hinweise, daß das Problem der ›Zugänglichkeit‹ von Gegenständen sprachanalytisch gesehen zu einem Teil des Problems der Verifizierbarkeit der prädikativen Aussagen wird, die über die Gegenstände gemacht werden können. Von daher gewinnt insbesondere das Problem der Regionalontologien einen anderen und umfassenderen Sinn als bei Husserl. Betrifft der Unterschied verschiedener Gegenstandsbereiche die Gegenständlichkeit der Gegenstände, so heißt das, daß er die Form der entsprechenden prädikativen Aussagen betrifft. Daß zwei Gegenstände sich nicht nur hinsichtlich irgendwelcher Prädikate, sondern hinsichtlich ihrer Gegenständlichkeit unterscheiden, bedeutet, wie Husserl sagt, daß sie in prinzipiell anderer Weise zugänglich werden, aber das müßte jetzt zugleich heißen: daß das Zutreffen von Prädikaten auf sie in prinzipiell anderer Weise verifiziert wird, und d. h.: der Unterschied in der Gegebenheitsweise gründet im Unterschied des veritativen Seins.

Aber die transzendentalphilosophische Reflexion auf die Bezugnahme auf Gegenstände ist nicht nur enger konzipiert als die sprachanalytische. Es stellt sich die Frage, ob nicht schon die Idee, daß es eine vorsprachliche Bezugnahme auf Gegenstände gibt, auf die man reflektieren könne, ein Phantom ist. Diese sprachanalytische Kritik des transzendentalphilosophischen Ansatzes kann ich heute nur andeuten, um wenigstens die Perspektiven sichtbar zu machen; eine ausführliche Durchführung der Kritik können wir erst später unternehmen (21., 27. Vorl.). Die Idee einer vorsprachlichen Bezugnahme auf Gegenstände impliziert, daß man sich diese Bezugnahme als ein Vorsichhaben denkt. Der grundlegende neuzeitliche Begriff für dieses Vorsichhaben ist der Begriff der »Vorstellung«. Das Bewußtsein bezieht sich auf Gegenstände, indem es sie ›vorstellt‹.

Dieser Terminus ist der Hauptangriffspunkt einer sprachanalytischen Kritik der transzendentalphilosophischen Position. Die Sprachanalyse wendet sich nicht dagegen, daß sich die Transzendentalphilosophie am Bewußtsein orientierte, sondern daß sie sich das Bewußtsein von Gegenständen zu einfach dachte, ohne zu berücksichtigen, daß wir sprachlich auf Gegenstände mit Ausdrükken bezugnehmen, die – als singuläre Termini – in eine bestimmte logische (formalsemantische) Satzstruktur gehören. Wie soll dann eine vorsprachliche Bezugnahme auf Gegenstände ohne jede logische Struktur denkbar sein? Eben als Vorstellung. Was ist damit gemeint?

Hier muß ich etwas genauer werden. Im gewöhnlichen Sprachgebrauch wird der Ausdruck »sich etwas vorstellen« in zwei Bedeutungen verwendet. In der einen wird »er stellt sich vor . . .« durch einen Nominalsatz ergänzt, z. B. »er stellt sich vor, daß es jetzt in Berlin regnen könnte«, sich etwas vorstellen also im Sinn von sich denken, daß etwas so und so ist. In der zweiten wird »er stellt sich . . . vor« durch einen Ausdruck ergänzt, der für einen Gegenstand steht, z. B. »er stellt sich den Kölner Dom vor«, »ich kann mir meinen Großvater nicht mehr vorstellen«. In dieser Verwendungsweise heißt »sich etwas vorstellen« so viel wie »sich etwas vergegenwärtigen« im Sinn von: sich ein inneres Bild, Phantasiebild davon machen, es anschaulich vor sich bringen. Es ist diese zweite Verwendungsweise, an die die philosophische Terminologie anknüpft. Sie kam in der frühneuzeitlichen Philosophie auf im Zusammenhang einer erkenntnistheoretischen ›Repräsentationstheorie‹: innere Vorstellungen als Vertreter *(repraesentationes)* der äußeren Gegenstände. Die Transzendentalphilosophie hielt jedoch am Terminus »Vorstellung« auch dann noch fest, als sie diese Repräsentationstheorie verwarf und klarlegte, daß sich das Bewußtsein auf die Gegenstände direkt und nicht über innere Vertreter bezieht. Das gilt – wie gerade Husserl zeigte[15] – insbesondere für die Phantasievorstellung (wenn ich mir den Kölner Dom vorstelle, so meine ich ihn, indem ich ihn mir anschaulich mache, unmittelbar selbst und sehe nicht ein Bild, das ›für‹ ihn ›steht‹), es gilt aber auch für alles andere Bewußthaben eines Gegenstandes. Damit entfällt der Repräsentationsaspekt im Begriff des Vorstellens, und da dieser auch nicht auf das anschauliche Vergegenwärtigen beschränkt wird, schleift er sich so weit ab, daß er für jedes, auch nichtanschauliche bewußte Vorsichhaben von etwas steht. Und in diesem Sinn ist das »Vorstellen« zum allgemeinen Begriff für die bewußte Beziehung auf Gegenstände geworden. Dieser Begriff ist nun aber in Wirklichkeit ein Unding. Mit ihm wird etwas, was zu einer Anschauungsbeziehung gehört, auf eine Beziehung, die eine logische ist, *übertragen*. Das Bewußtsein eines Gegenstandes soll so sein wie das anschauliche Vorsichhaben eines Bildes, nur daß dieses Vorsichhaben kein anschauliches sein soll. Seit den Anfängen der griechischen Philosophie und bis zu Husserl hat man sich so – durch das Versäumnis einer sprachanalytischen Reflexion – an ein anschauliches und sogar optisches Modell gehalten. Der Philosoph sitzt an seinem Schreibtisch und denkt über die Welt nach; dabei liegt es ihm am nächsten, auf die Gegenstände zu *schauen*, die er vor sich hat: Dinge auf dem Tisch, und draußen vor dem Fenster Bäume und Häuser. Von all dem hat er ein anschauliches Bild. Und genauso, meint er, nur eben nicht sinnlich, ist es, wenn man sich überhaupt auf Gegenstände bezieht. Was heißt aber »genauso – nur eben nicht sinnlich«?

Wir können jetzt auch die mittelalterliche Auffassung verstehen, daß das Seiende der primäre Gegenstand des Intellekts sei (ens primum objectum intellectus nostri).[16] Obwohl der Terminus »Vorstellen« hier noch nicht verwendet wird, ist die Konzeption eines Intellekts, der etwas vor sich hat *(objectum)*, prinzipiell die gleiche. Man meinte dann: wenn man von diesem Inhalt, den der Intellekt vor sich hat wie die Anschauung ein Bild, alle Bestimmtheit wegnimmt, ergibt sich der Begriff des Seienden.[17] Von dieser Konzeption von »Sein«, die mit der tatsächlichen Verwendung des »ist«, auf die Aristoteles zurückgegangen war, nichts mehr zu tun hat, ist dann auch Hegel am Anfang seiner Logik ausgegangen.[18]

Wir werden später zu prüfen haben, ob dieses Ergebnis, daß die Transzendentalphilosophie in ihrem Versuch, die Bezugnahme auf Gegenstände nichtsprachlich zu verstehen, auf einen leeren Begriff zurückgreift, auch einer genaueren Prüfung standhält. Sie könnten meinen: auch wenn wir sprachlich auf einen Gegenstand bezugnehmen, müssen wir ihn doch vorstellen. Aber wenn jemand einen singulären Terminus verwendet, z. B. »Peter«, fragen wir ihn nicht: »wen stellst du dir mit ›Peter‹ vor?«, sondern »wen meinst du mit ›Peter‹?«. (Das ist eine Verwendungsweise von »meinen«, die zu unterscheiden ist von derjenigen, in der »meinen« durch einen Nominalsatz ergänzt wird; Englisch »to mean«, nicht »to believe«.) Gegenstände stellen wir nicht vor, Gegenstände meinen wir.

Und was heißt das, so werden Sie zurückfragen, einen Gegenstand meinen? Nun, das ist eben die Frage, der nachzugehen sein wird. Es ist eine Frage, der man nachgehen kann – die sprachanalytisch gereinigte Frage der Transzendentalphilosophie –, während die Frage, was es heißt, einen Gegenstand vorzustellen, eine Pseudofrage ist. Auch das umgangssprachliche ›Vorstellen‹, das im Unterschied zum philosophischen Terminus natürlich sinnvoll ist (das anschauliche Vergegenwärtigen), ist nur im Kontext eines Meinens möglich: wenn jemand z. B. versucht, sich einen Gegenstand anschaulich vorzustellen, so heißt das eben, daß er versucht, sich den Gegenstand, den er meint, anschaulich vorzustellen.

Hat sich denn nun aber – so könnten Sie mir entgegenhalten – die gesamte Transzendentalphilosophie so ausschließlich am Vorstellen orientiert? Sie werden mich darauf hinweisen, daß ich eben selbst darauf aufmerksam gemacht habe, daß Kant das Bewußtsein von Gegenständen als synthetische Handlung denkt. Fragen wir uns jedoch, was es ist, was diese Handlung zur Synthesis bringt, so lautet die Antwort: Vorstellungen. Dabei ist es sekundär, daß Kant tatsächlich diesen Terminus verwendet.[19] Entscheidend ist, daß das Mannigfaltige, das das Bewußtsein zur Synthesis bringt, schlichte Vorgegebenheiten (›Sinnesdaten‹) sind. Und ebensowenig wie sich das Bewußtsein von Gegenständen als Vorstellen denken läßt, läßt es sich als Verbindung von Vorstellungen denken. Allgemein läßt sich sagen: die Philosophie hatte, solange sie die logische Struktur unberücksichtigt ließ, keine andere Möglichkeit, als sich die Beziehung Bewußtsein-Gegenstand nach der Analogie mit einem sinnlichen Vorsichhaben zu denken und d. h. – ob dieser

Ausdruck jeweils verwendet wird oder nicht – als ›Vorstellen‹. Zu der Orientierung am ›Vorstellen‹ kamen immer auch andere Gesichtspunkte hinzu, sie blieb jedoch bestimmend. Besonders fragwürdig ist die Entwicklung dieser Problematik im deutschen Idealismus, die einer eigenen kritischen Interpretation bedürfte: hier wurde das Vorstellen seinerseits noch formalisiert zu einer ›Subjekt-Objekt-Beziehung‹, und diese versuchte man nun mit allgemeinen logisch-ontologischen Begriffen wie Identität und Entgegensetzung zu fassen, Begriffen, die ihrerseits, ohne ihre Satzstruktur zu berücksichtigen, naiv aufgenommen und dann – da das Bewußtsein angeblich mit dem Verstand, den Mitteln der Logik nicht zu fassen sei – in einer sogenannten dialektischen Logik paradox verbunden wurden. Hat man ein Problem einmal falsch angesetzt und bestehen Vorurteile, die es verhindern, die Dinge im Ansatz richtigzustellen, so scheint nur noch der Ausweg in den scheinbaren Tiefsinn des Paradoxen zu verbleiben.

Anmerkungen

1 Vgl. z. B. Thomas v. Aquin, *De Veritate*, I, 1: illud autem quod primum intellectus concipit quasi notissimum et in quo omnes conceptiones resolvit est ens; Duns Scotus, Ord. I, dist. 3, pars 1, q.3. nr. 137: primum objectum intellectus nostri est ens.

2 Auf das Problem der Mehrdeutigkeit des indoeuropäischen und speziell griechischen Wortes »sein« und auf die Fragen, ob die verschiedenen Bedeutungen gleichwohl zusammenhängen und ob dieser Zusammenhang universal genug ist, daß sich die Philosophie an diesem Wort orientieren durfte, gehe ich nicht ein und verweise dafür auf das Werk von Ch. Kahn, in dem diese Problematik zum ersten Mal umfassend und auf der Höhe der heutigen linguistischen und philosophischen Erkenntnismöglichkeiten erörtert ist. Heute noch ohne solche Voruntersuchungen einfach von der Rede von ›dem Sein‹, wie Heidegger das getan hat, auszugehen, ist unüberbietbar naiv.

3 Jedenfalls ist dieser Fehler wohl aus diesem Grund mir selbst unterlaufen in meinem Aufsatz »Die sprachanalytische Kritik der Ontologie«, S. 492.

4 Ich komme auf diese Fragen erst in der 28. Vorlesung zurück.

5 In gewisser Weise findet sie sich bei Heidegger. Vgl. dazu die Anm. 14 dieser Vorlesung.

6 Eine formale Semantik, die auf dieser Einsicht aufbaut und sich entsprechend in zwei Teile gliedert, eine Semantik der Modi und eine Semantik des allen Sätzen gemeinsamen propositionalen Gehaltes, findet sich durchgeführt in Searles Buch *Speech Acts*.

7 Vgl. Hare, »Meaning and Speech Acts« (1970), in: Hare, *Practical Inferences*, S. 82 ff. – Der Terminus »äußere Verneinung« wird aber mitunter auch in einem anderen Sinn verwendet, vgl. den Artikel »Negation« von A. Prior in der *Encyclopedia of Philosophy*.

8 Auf die sogenannte ›performative‹ Verwendung von Sätzen hat erstmals Austin in *How to do Things with Words* aufmerksam gemacht.

9 Vgl. Frege, »Verneinung« 1. Satz, Lewis, *Convention* 186f., Hare, a.a.O. 80-82. Bei den sogenannten Satzfragen (wie »kommt er?«) ist der Spielraum der möglichen Antworten durch den propositionalen Gehalt, der entweder bejaht oder verneint werden kann, festgelegt. Bei sogenannten Wortfragen wie »wer kommt?« wird ein Glied des propositionalen Gehaltes offengelassen und dem Antwortenden anheimgestellt, es durch irgendeinen passenden Inhalt zu ersetzen.

10 Die Themenstellung (auch ihre Abgrenzung von der Semantik) und insbesondere die Begrifflichkeit dieser Disziplin sind noch sehr unsicher. Eine philosophische Konzeption von Pragmatik will J. Habermas entwickeln, vgl. den Entwurf in seinem Beitrag »Was heißt Universalpragmatik?«.

11 *Kritik der reinen Vernunft*, B 197.

12 Vgl. die Interpretation bei F. Kambartel, *Erfahrung und Struktur*, S. 113 ff.

13 Damit hängt zusammen, daß das, was Kant mit der Rede vom »Gegenstand« intendiert, eigentlich das ist, was man »Objektivität« nennt, diese aber ist ein Modus des veritativen Seins. Kant konnte aber seine Problematik nicht explizit in dieser Weise durchführen, weil er sich trotz seines Ausgangs von den Urteilsformen nicht an den Sätzen orientierte.

14 Das, was ›erschlossen‹ wird, bezeichnete Heidegger als ›Sein‹, und so konnte er die Analyse der Erschlossenheit gleichzeitig als Wiederaufnahme der Frage nach dem Sein auffassen, die ihrerseits aus der traditionellen Festlegung auf Gegenstände herauszulösen sei. Diese ungewöhnliche Verwendungsweise des Wortes »Sein« kann man sich folgendermaßen verständlich machen: unter den verschiedenen Bedeutungen, die das Wort »sein« in der Sprache hat, hat sich Heidegger primär am veritativen Sein orientiert, wie sich insbesondere daran zeigt, daß für ihn die Frage nach dem Sein zugleich eine Frage nach dem Nichtsein ist. Alle Erschlossenheit, die sich in Aussagen artikuliert, ist insofern eine Erschlossenheit von (veritativem) Sein. Nun kann man, wie wir gesehen haben, die Rede von »Sein« auch auf den allgemeineren Begriff der Bejahung übertragen, so daß man nun in diesem

Sinn sagen kann, daß alle Erschlossenheit, die sich in Sätzen artikuliert, eine Erschlossenheit von Sein ist. Ist man einmal so weit, so kann man verstehen, daß Heidegger die Rede von »Sein« abermals erweitern konnte, derart, daß man nun sagen kann, daß alle Erschlossenheit überhaupt, auch die, die sich nicht in Sätzen artikuliert, eine Erschlossenheit von Sein sei. Heidegger selbst hat jedoch nie in klarer Weise Rechenschaft über seine Verwendungsweise des Wortes »Sein« gegeben. Er hat einerseits naiv vorausgesetzt, daß die Bedeutungen des Wortes »Sein« und gerade sie einen einheitlichen Zusammenhang bilden, andererseits erschien es ihm selbstverständlich, mit der gegenständlichen Tradition zu sagen, daß alles Sein ein Sein von Seiendem sei, obwohl dies auf das veritative Sein gar nicht paßt, geschweige denn auf den erweiterten Begriff. Einen Versuch, Heideggers Gleichsetzung von »Welt« und »Sein« einen präzisen Sinn zu geben, habe ich im 4. Abschnitt meines Aufsatzes »Das Sein und das Nichts« gemacht.

15 Vgl. *Logische Untersuchungen*, II, 1, S. 421 ff (»Beilage Zur Kritik der ›Bildertheorie‹ und der Lehre von den ›immanenten‹ Gegenständen der Akte«).

16 Vgl. oben, Anm. 1.

17 Vgl. das Thomas-Zitat in Anm. 1.

18 Vgl. dazu meine Interpretation im 3. Abschnitt meines Aufsatzes »Das Sein und das Nichts«.

19 Vgl. B129 ff, B234-6, 242 und zur Verwendung des Wortes B376 f und *Erste Einleitung zur Kritik der Urteilskraft*, § III (Werke XX,205 f).

6. Vorlesung

Die Auseinandersetzung mit dem zweiten Schritt der Bewußtseinsphilosophie – dem transzendentalen Ansatz – ging zugunsten der sprachanalytischen Position aus. Wie ist es mit dem dritten Schritt, in dem die transzendentale Frage nach den Bedingungen der Möglichkeit der Erfahrung von Gegenständen zu Bewußtseinsweisen führte, die nicht mehr gegenständlich sind?

Bei dieser Erweiterung der Fragestellung über die Gegenstände hinaus hat die Transzendentalphilosophie die Sätze übersehen. Sie hat damit eine ganze Dimension nichtgegenständlichen Bewußtseins, ohne die es auch kein gegenständliches Bewußtsein gibt, übersprungen und ist insofern bei der Erweiterung der Thematik von einer unklaren Basis ausgegangen.[1] Andererseits ist mit dem Weltproblem sowohl in der Kantischen wie in der Heideggerischen Fassung (Zusammenhang der Gegenstände in Raum und Zeit; Sinnzusammenhang) eine Bewußtseinsdimension eröffnet, die das Verstehen der Sätze ebenso übergreift wie die Bezugnahme auf die Gegenstände. Auch die anderen Bewußtseinsweisen, die aufgewiesen wurden, wie insbesondere das Bewußtsein von Handlungsregeln (dasselbe gilt für die Erfahrung eines sinnlich Mannigfaltigen wie den Anblick einer Landschaft oder das Hören einer Melodie), sind nicht ›logische‹, nicht sich in Sätzen artikulierende Bewußtseinsweisen. Hier stoßen wir also auf eine Grenze des sprachanalytischen Ansatzes, wenn dieser als formale Semantik verstanden wird.

Woher nehmen wir nun aber, wenn wir eine solche Begrenzung konstatieren, den Maßstab für die Universalität? Offenbar orientieren wir uns an einem weit verstandenen Begriff von Bewußtsein im Sinn dessen, was Heidegger mit »Erschlossenheit« meinte. Aber was ist unter Bewußtsein überhaupt zu verstehen? Offenbar haben wir davon keinen deutlichen Begriff, und wir haben auch keinen deutlichen Begriff von den verschiedenen nichtlogischen Bewußtseinsweisen; was ist mit einem Bewußtsein von räumlichen und zeitlichen Zusammenhängen, mit einem Handlungsbewußtsein usw. eigentlich gemeint? Bevor wir hier nicht klarer sehen, sind wir hilflos, wie wir uns eine Erweiterung der universalen Fragestellung über den Bereich der Sätze hinaus konkret denken sollen. Insbesondere ist so lange unklar, ob und wie von einem sich nicht sprachlich artikulierenden Bewußtsein eine formale Analyse möglich ist, wie hier eine Formalisierung überhaupt zu denken wäre oder was an die Stelle der Formalisierung zu treten hätte. Hier ist offenbar nur weiterzukommen durch eine Klärung unseres Verständnisses der verschiedenen Bewußtseinsweisen und der Rede von Bewußtsein überhaupt. Wie lassen sich Bewußtseinsweisen aufklären? Man könnte meinen: durch Introspektion, durch innere Anschauung. Aber ist Bewußtsein etwas, was wir innerlich vorfinden können? Gibt es überhaupt eine innere Anschauung, eine innere Beobachtung? Ich bitte Sie, ernsthaft zu versuchen, Ihr Inneres anzuschauen. Zeigt sich da nicht sofort, daß das eine unsinnige Idee ist? Beobachten können wir mit unseren Sinnen, und wenn wir etwas innerlich beobachten sollen, so kann das noch den Sinn haben, auf unsere körperlichen Empfindungen zu achten. Aber das meint man ja nicht, wenn man vom Inneren spricht. Das Innere – das ist eben das Bewußtsein, und da kann so etwas wie Beobachtung, Anschauung oder dergleichen gar nicht greifen. Vielleicht werden Sie sagen: »Aber ich weiß doch unzweifelhaft, daß ich ein Bewußtsein von dem und jenem habe, also muß es mir irgendwie innerlich gegeben sein«. Muß es? Es ist voreilig zu folgern: was wir nicht aufgrund äußerer Beobachtung wissen, wissen wir aufgrund innerer Beobachtung. Vielleicht ist das sogenannte Innere viel grundsätzlicher vom sogenannten Äußeren unterschieden.[1a]

Statt in dieser Weise postulativ zu philosophieren, sollten wir lieber nachsehen, wie es sich tatsächlich verhält. Aber wo nachsehen, wenn nicht in der inneren Anschauung? Was ist zu tun, wenn wir nicht einmal wissen, wo und wie wir nachzusehen haben; wenn wir nicht wissen, wie etwas, worüber wir reden, auszuweisen ist? Wenn das einzige, was uns von etwas zunächst gegeben ist, unser Reden davon ist, dann ist eine Aufklärung nur so zu gewinnen, daß wir nachsehen, wie wir darüber und im Zusammenhang damit reden. Es scheint also, daß wir gerade auch diejenige Thematik, die über das Verstehen der Satzformen hinausreicht, nur auf sprachanalytischem Wege überhaupt zu einer Klärung bringen können. Allerdings handelt es sich dabei um ›Sprachanalyse‹ in dem weiten Sinn einer Bedeutungsanalyse, nicht in dem engen Sinn einer Analyse von Satzformen. Sprachanalyse in diesem weiten Sinn tritt in der methodischen Funktion an die Stelle der deskriptiven Phänomenologie, wenn man die in der Phänomenologie vorausgesetzten besonderen Anschauungsfelder – die innere Anschauung und die Wesensanschauung – als fiktiv verwirft.

Ich möchte versuchen, Ihnen die methodische Überlegenheit der Sprachanalyse gegenüber der Phänomenologie beispielhaft an derjenigen Rede von Bewußtsein vorzuführen, die für die Phänomenologie selbst – bei Husserl – maßgebend geworden ist.

Husserl unterscheidet zwei Begriffe von Bewußtsein.[2] Der eine ergibt sich aus unserer Rede, jemand habe ein Bewußtsein *von etwas* oder eine bewußte Beziehung auf etwas. Husserl faßt dieses Bewußtsein von etwas terminologisch als Intentionalität oder intentionales Erlebnis. Es ist der für Husserl maßgebende Bewußtseinsbegriff. Die ›intentionalen Erlebnisse‹ fallen jedoch nach Husserl unter die umfassendere Gattung der Erlebnisse überhaupt. Bei jedem Menschen stehen die Erlebnisse in der Einheit eines ›Erlebnisstroms‹, und auch diesen ›Erlebnisstrom‹ nennen wir ›Bewußtsein‹. In diesem Sinn sagen wir z. B., das und das ist in meinem Bewußtsein enthalten – d. h. eben, es ist ein Teil meines Bewußtseinsganzen im Sinn meines Erlebnisstroms. Bewußtsein in diesem Sinn – Husserls zweiter Bewußtseinsbegriff – gründet offenbar auf dem Begriff des ›Erlebnisses‹. Die beiden für Husserls zwei Bewußtseinsbegriffe grundlegenden und aufklärungsbedürftigen Termini sind also »Erlebnis« und »Intentionalität«. Die Festlegung und Aufklärung beider Begriffe führt Husserl scheinbar phänomenologisch, mit der Methode innerer Anschauung durch. Ich möchte zeigen, daß in Wirklichkeit in beiden Fällen eine innere Anschauung gar nicht ins Spiel kommt und ausschließlich sprachliche Kriterien maßgebend sind.

Unter Erlebnissen versteht Husserl alles, was von dem, dessen Erlebnisse es sind, innerlich wahrgenommen werden kann. Für die Möglichkeit einer solchen inneren Wahrnehmung nimmt Husserl Evidenz in Anspruch. Wie kann Husserl etwas als evident beanspruchen, wovon wir eben konstatiert haben, daß es überhaupt nicht festzustellen ist? Husserls Hinweis auf die cartesianische Sphäre der inneren Gewißheit läßt uns schnell erkennen, was er im Auge hat. Ich habe schon in der vorigen Stunde darauf aufmerksam gemacht, daß man einen ersten Bewußtseinsbegriff so definieren kann, daß er alle Zustände umfaßt, bei denen derjenige, dessen Zustände es sind, zu der Zeit, da er sie hat, ein unbezweifelbares Wissen davon hat, daß er sie hat. Es sind die so definierten Zustände, die Descartes als *cogitationes* bezeichnete und die Husserl Erlebnisse nennt. Wenn ich sage: ich befinde mich in der und der Stimmung, habe die und die Phantasien, Gefühle, beabsichtige, meine, wünsche das oder jenes, so ist eine Rückfrage: »wie weißt du das, bist du dir dessen auch sicher?« offenbar unpassend (man kann lediglich fragen: »Sagst du auch die Wahrheit?«), anders als wenn ich z. B. sage: ich wiege 70 kg, oder: mich schmerzt mein oberer rechter Weisheitszahn. Das ist der Befund, auf den Descartes aufmerksam gemacht hat und von dem auch Husserl ausgeht, den er nun aber sofort so interpretiert, daß, wenn ich einen Zustand von mir nicht bezweifeln kann, er mir unmittelbar gegeben ist, ich ihn unmittelbar wahrnehme. Husserl meinte, daß er diese Wahrnehmung ihrerseits evident wahrnehme. Aber müssen wir nicht sagen: diese angeblich evidente Wahrnehmung ist selbst so konstruiert wie das, was in ihr angeblich wahrgenommen wird?

Wittgenstein hat in seinen *Philosophischen Untersuchungen*[3] darauf aufmerksam gemacht, daß eine Betrachtungsweise wie diejenige Husserls die Aussagen über Inneres zu Unrecht an die Aussagen über Äußeres assimiliert. Wenn wir eine Aussage machen, in der ein ›Erlebnis‹ zum Ausdruck kommt, gründet sie offenbar nicht auf einer äußeren Beobachtung. Daraus folgern Philosophen wie Husserl, daß sie auf innerer Beobachtung gründe. Muß aber eine Aussage immer auf etwas gründen? Vorhin habe ich darauf hingewiesen, daß bei einer Aussage über ein Erlebnis die Rückfrage »wie weißt du das?« gar nicht sinnvoll ist. Husserl setzt voraus, daß eine solche Rückfrage immer sinnvoll ist und man dann antworten kann: ich weiß es durch innere Wahrnehmung. Daß eine Aussage auf nichts gründet, erscheint uns ungewohnt, aber doch wohl nur, weil wir unwillkürlich alle Aussagen einander angleichen und sie dann nach dem Schema der Beobachtungsaussagen auffassen. Wenn wir nachsehen, wie es sich wirklich verhält, stellen wir fest, daß die Aussage in diesem Fall selbst ein letztes ist.

Das Charakteristische der Erlebnisworte ist für Wittgenstein, »daß die dritte Person des Präsens durch Beobachtung zu verifizieren ist, die erste Person nicht« (*Zettel* § 472). Die Aussage »ich bin bekümmert« gründet im Kummer nicht in der Weise, daß sie auf der Beobachtung, daß ich bekümmert bin, beruht, sondern so, daß das Bekümmertsein in ihr zum *Ausdruck* kommt, wie in einem Schrei (PhU § 244). Andererseits – und das unterscheidet sie vom Schrei – wird die Aussage von mir *als solche* ausgesprochen, die als diese selbe von anderen aufgenommen werden kann und dann durch Beobachtung zu verifizieren ist. Beides, daß das Wort in der 1. Person Präsens nicht zu verifizieren ist und daß es in der 3. Person durch Beobachtung zu verifizieren ist, gehört *wesensmäßig* zur Verwendungsweise eines solchen Wortes. »Ich sage es nicht auf die Beobachtung meines Benehmens hin, aber es hat nur Sinn, weil ich mich so benehme« (§ 357) (und d. h. weil ein anderer es auf die Beobachtung meines Benehmens und meiner Äußerungen hin sagen kann). Wäre es nicht so, dann könnten wir ein solches Wort gar nicht lernen und verstehen.

Mit dem Nachweis dieser Zweiseitigkeit in der Verwendung der Erlebnisworte hat Wittgenstein ein Verständnis des sogenannten Inneren ermöglicht, das sich vom Behaviorismus ebenso unterscheidet wie vom Introspektionismus. In unserem Zusammenhang brauchen wir auf diese Problematik nicht weiter einzugehen. Es kommt hier nur darauf an, daß das Gewißheitskriterium, das Descartes für die Ausgrenzung der *cogitationes* verwendet hat, entgegen Husserls Meinung nicht auf einer inneren Anschauung beruht. Die Gewißheit ist hier auch gar kein positiver Befund. Der Tatbestand ist ein negativer, daß hier nämlich »der Ausdruck der Ungewißheit sinnlos ist« (PhU § 247), weil die Frage nach einer Rechtfertigung gar nicht anwendbar und ein »Zweifel logisch ausgeschlossen« ist (PhU S. 533). Das Kriterium eines Erlebnissatzes in der 1. Person Präsens wie »ich habe Schmerzen« ist daher, daß er ohne weiteres umgeformt werden kann in »ich weiß, daß ich Schmerzen habe«.

Weil diese Umformung zwar stets möglich ist, aber keinen zusätzlichen Aussagegehalt enthält, kommt sie umgangssprachlich kaum vor. Wo sich nun die Philosophie gleichwohl an diesem Satz »ich weiß, daß ich Schmerzen habe« orientiert hat, ohne zu beachten, daß sein Sinn eben der des Satzes »ich habe Schmerzen« ist, ergab sich der Schein, daß der, der einen solchen Satz ausspricht, sich beobachtet und an sich mit absoluter Gewißheit den Erlebniszustand feststellt. Die Orientierung an dieser Satzform, in der das Wort »ich« zweimal auftritt, führte dazu, als das Charakteristische des Selbstbewußtseins eine Beziehung ›des Ich‹ auf sich – die sogenannte Reflexion – anzusehen. Die tatsächliche Eigentümlichkeit der Sätze, in denen sich jemand über seine Erlebniszustände ausspricht, ist nicht das doppelte Vorkommen des Wortes »ich«, sondern daß sie – und zwar gerade in der einfachen Form – nicht Aussagen über den Zustand, sondern sein Ausdruck sind, deswegen einen Zweifel nicht zulassen, und es ist nun erst und nur dieser letztgenannte Umstand, der in dem Satz mit dem doppelten »ich« (»ich weiß, daß ich . . .«) zum Ausdruck kommt.

Damit ist die sprachanalytische Basis für Heideggers Analyse der Erschlossenheit des eigenen Seins erreicht. Heidegger lehnte die Reflexionstheorie ebenso ab wie Wittgenstein;[4] sein Mißtrauen gegen die Sätze hat jedoch eine durchsichtige Destruktion der Reflexionstheorie verhindert. Aber Heidegger hat nun genau da angefangen, wo Wittgenstein aufhört. Die Fixierung auf die Reflexion hatte den Blick auf das verhindert, wovon man im Selbstbewußtsein tatsächlich ein Bewußtsein hat. Das wird erst faßbar, wenn man sich an die einfachen Sätze (ohne doppeltes »ich«) hält, in denen sich jemand über sich ausspricht, indem er etwa sagt: ich bin so und so gestimmt, ich beabsichtige das und das zu tun. Ich bin im Aussprechen solcher Sätze nicht auf mich gerichtet, sondern bringe mein So-und-so-Sein (Gestimmtsein, Aussein auf) zum Ausdruck, und es ist die Analyse dieses Seins, das nach Heidegger die Aufgabe einer recht verstandenen Theorie des Selbstbewußtseins ist.[5]

Ich komme jetzt zu dem anderen und für Husserl maßgebenden Begriff von Bewußtsein, dem des ›intentionalen Erlebnisses‹. Damit soll diejenige Klasse der Erlebnisse bezeichnet werden, deren Eigentümlichkeit es ist, auf einen Gegenstand gerichtet zu sein. Bewußtsein in diesem Sinn ist also wesensmäßig Bewußtsein von etwas.

Wir müssen uns nun fragen: wie stellt Husserl diesen Gegenstandsbezug fest, und worin besteht er? Das Gemeinte »drängt sich an beliebigen Beispielen unverkennbar entgegen. In der Wahrnehmung wird etwas wahrgenommen, in der Bildvorstellung etwas bildlich vorgestellt, in der Aussage etwas ausgesagt, in der Liebe etwas geliebt, im Hasse etwas gehaßt, im Begehren etwas begehrt usw. Das Gemeinsame, das an solchen Beispielen zu erfassen ist, hat Brentano im Auge, wenn er sagt: ›Jedes psychische Phänomen ist durch das charakterisiert, was die Scholastiker des Mittelalters die intentionale (auch wohl mentale) Inexistenz eines Gegenstandes genannt haben und was wir . . . die Richtung auf ein Objekt . . . nennen würden‹«.[6]

Wie stellt Husserl anhand der gegebenen Beispiele das Gerichtetsein auf ein Objekt fest? Husserl hat sich auch hier auf die Evidenz der Wesensanschauung berufen. Die Beispiele zeigen jedoch, daß es sich wieder zunächst einfach um ein sprachliches Kriterium handelt. Es wird konstatiert, daß solche Verben wie Wahrnehmen, Aussagen, Hassen usw. transitiv sind, daß zu ihnen ein grammatisches Objekt gehört. Die Intentionalität ist also eine Relation. Da nun die Intentionalität das ausmachen soll, was unter »Bewußtsein im prägnanten Sinn« zu verstehen ist,[7] das spezifisch ›Geistige‹ des Bewußtseins, kommt alles darauf an, klarzustellen, wodurch sich diese Relation von anderen Relationen, bzw. wodurch sich diese transitiven Verben von nichtintentionalen transitiven Verben unterscheiden.

Husserl macht hierzu unmittelbar keine weiteren Angaben. Ich will nun versuchen, das Spezifische der intentionalen Relation so herauszuarbeiten, daß ich frage, von welcher Art die Gegenstände sind, die jeweils von dem grammatischen Objekt dieser Verben bezeichnet werden. Da läßt sich nämlich feststellen, daß der größte Teil dieser Verben nicht durch singuläre Termini, die für konkrete (wahrnehmbare, raumzeitliche) Gegenstände stehen, ergänzt werden, sondern durch nominalisierte Sätze, also durch sprachliche Ausdrücke der Form »daß p«, die für ›Sachverhalte‹ stehen. Wenn Husserl in seiner Beispielreihe sagt, in einer Aussage werde etwas ausgesagt, so steht hier das Wort »etwas« natürlich nicht für einen konkreten Gegenstand, sondern für einen Sachverhalt. Dasselbe gilt für die meisten intentionalen Verben bzw. Bewußtseinsweisen, z. B. Wissen, Meinen, Zweifeln, Wünschen, Fragen. Der Satz »ich weiß . . .« kann nur durch einen Ausdruck von der Form »daß p« ergänzt werden. Entsprechendes gilt für Fragen und Beabsichtigen, nur daß der ergänzende Satz grammatisch anders verbunden wird. Wir können also sagen, das Charakteristische dieser intentionalen Verben ist, daß sie für eine Relation stehen, die nicht zwischen zwei konkreten Gegenständen besteht, sondern zwischen einem konkreten Gegenstand (nämlich einer Person) und einem Sachverhalt. In der englischen Philosophie, in der sich für »Sachverhalt« der Terminus »proposition« eingebürgert hat, nennt man diese Bewußtseinsweisen *propositional attitudes.* Wir können von propositionalen Bewußtseinsweisen sprechen.

Nun fallen offenkundig nicht alle Beispiele, die Husserl für intentionale Erlebnisse gibt und die sich analog ergänzen lassen, in diese Klasse der propositionalen Bewußtseinsweisen. Bei einigen, z. B. Lieben, Bemitleiden, Bewundern, kann zweifellos als transitives Objekt nur ein singulärer Terminus auftreten, der für einen konkreten Gegenstand steht. Außerdem gibt es eine Gruppe von intentionalen Verben, die sowohl in der einen wie in der anderen Weise gebraucht werden können. Zu dieser gemischten Gruppe gehören Wahrnehmen, Sehen, Sich-Erinnern an, Begehren. Man kann sagen »ich sehe, daß die Sonne aufgeht«, aber auch »ich sehe die Sonne«, »ich begehre ein Stück Brot zu essen«, aber auch »ich begehre ein Stück Brot«. Wir können diese gemischte Gruppe gemäß ihren zwei Verwendungsweisen auf die zwei anderen Gruppen aufteilen, und wir hätten dann also zwei fundamentale Klassen von intentionalen Bewußtseinsweisen, propositionale und nicht-propositionale, solche, die sich auf Sachverhalte, und solche, die sich auf konkrete Gegenstände beziehen.

Nun ist die Frage, was diese beiden Klassen gemeinsam von allen anderen Relationen unterscheidet. Wir können uns nicht darauf berufen, daß beides eben Bewußtseinsweisen von etwas sind, denn was das heißen soll, soll ja durch die Charakteristik der Intentionalität erst erklärt werden. Husserl sagt: allen Bewußtseinsweisen gemeinsam ist ein Gerichtetsein auf etwas. Aber was heißt das? »Gerichtetsein« ist doch offenbar nur eine Metapher. Wegweiser und Gewehre sind gerichtet auf etwas und gleichwohl nicht intentional. Wieder mag die Berufung auf die innere Evidenz verlockend erscheinen. Aber wenn mir jemand sagen würde: »du *siehst* doch, wenn du ein Bewußtsein von einem Gegenstand hast, ihn wahrnimmst, dich an ihn erinnerst, ihn fürchtest, daß du dann auf ihn gerichtet bist, und du *siehst*, wie sich diese Relation von anderen Relationen unterscheidet«, dann würde ich sagen: ich sehe da gar nichts, ich empfinde freilich einen Unterschied, aber nun kommt es darauf an, das undeutlich Empfundene zur Klarheit zu bringen, und da steht mir keine Anschauung zur Verfügung – nur der Sprachgebrauch.

Gäbe es nur die eine Klasse der intentionalen Bewußtseinsweisen, die propositionalen, so hätten wir ein klares Unterscheidungskriterium. Denn Relationen zwischen einem konkreten Gegenstand und Propositionen finden wir außerhalb der Intentionalität nicht. Diesem Kriterium steht nun aber die andere Klasse der als intentional bezeichneten Erlebnisse entgegen. Was ist in einem solchen Fall zu machen? Drei Möglichkeiten sind denkbar: Entweder die Bewußtseinsweisen der beiden Klassen haben nichts Gemeinsames; dann erweist sich der Begriff der Intentionalität als ein Scheinbegriff. Oder es gelingt uns, eine ganz andere Gemeinsamkeit zu finden; die Vermutung, daß die Orientierung am Propositionalen ein Weg zur Gewinnung eines allgemeinen Kriteriums der Intentionalität sein könnte, erwiese sich dann als irrig. Oder drittens müßte gezeigt werden, daß die nichtpropositionalen Bewußtseinsweisen nur scheinbar nicht propositional sind und in Wirklichkeit propositionales Bewußtsein implizieren. Es ist diese dritte Möglichkeit, die sich nach meiner Meinung realisieren läßt.

Ich behaupte also: alle nichtpropositionalen intentionalen Bewußtseinsweisen implizieren propositionale. Wir können von einer These Brentanos ausgehen, derzufolge sich die intentionalen Relationen von anderen Relationen dadurch unterscheiden, daß bei ihnen das zweite Relationsglied nicht zu existieren braucht.[8] Wir werden noch gleich sehen, daß diese Charakteristik nicht auf alle nichtpropositionalen intentionalen Relationen zutrifft, sie stimmt aber offenbar für die meisten Fälle. x kann N fürchten, lieben, begehren usw., obwohl N gegebenenfalls nicht existiert. Hingegen sind nichtintentionale Relationen nicht möglich, wenn nicht beide Relationsglieder existieren. Wenn N nicht existiert, kann ich N nicht schlagen, fressen oder auf ihm sitzen. Wie ist nun aber diese Besonderheit der intentionalen Relationen zu erklären? Sollen wir sagen, bei einer intentionalen Relation ist der Gegenstand sozusagen im Geiste des Betreffenden, und deswegen sei die Relation auch dann möglich, wenn der Gegenstand in der Realität nicht existiert? Aber diese Rede ist offensichtlich wieder eine bildliche, uneigentliche. Wie können wir ihr einen klaren Sinn geben? Wohl so, daß wir sagen, x muß wenigstens meinen, daß N existiert. Ich kann den Teufel fürchten, ohne daß er existiert, aber nicht ohne zu meinen, daß er existiert. Zu meinen, daß N existiert – genauer: daß es genau einen Gegenstand gibt, dem die Eigenschaften zukommen, die in »N« zum Ausdruck kommen – ist eine propositionale Bewußtseinsweise. Worauf Brentano aufmerksam gemacht hat: daß der Gegenstand einer intentionalen Bewußtseinsweise *nicht* zu *existieren* braucht, ist also erst eine Folge des Umstandes, daß man sich auf einen Gegenstand nur in der Weise intentional (bewußt) beziehen kann, daß man ihn für *existent hält*.

Daß erst dies das für die nichtpropositionalen intentionalen Relationen eigentlich Charakteristische ist, zeigt sich an den Fällen, auf die die Brentano'sche These nicht zutrifft. Wenn ich sage »x sieht, hört, erkennt N«, so ist es ausgeschlossen, daß N nicht existiert. Das wäre nur dann möglich, wenn ich gesagt hätte: »x glaubt N zu sehen, zu hören.« Gleichwohl ist auch hier das Bewußtsein, daß es einen Gegenstand gibt, der = N, impliziert. Wenn wir von x sagen, er sieht N, so heißt das: er weiß aufgrund seiner optischen Wahrnehmung, 1) daß es etwas gibt, was = N, 2) daß hier (in seiner optischen Umgebung) etwas ist, 3) daß dies = N. Daß der scheinbar einfache Satz »er sieht N« eine so komplexe Behauptung enthält, kann man daran ersehen, daß man, wenn jemand sagt »ich sehe N«, diese Behauptung auf dreifache Weise bestreiten kann: 1) es gibt nichts, was = N (N existiert nicht), 2) hier gibt es nichts, oder 3) dies (was du siehst) ist nicht = N. Auch das Sehen usw. impliziert also ein propositionales Bewußtsein, daß N existiert. Zugleich wird aus der eben gegebenen Erklärung verständlich, warum Brentanos These auf diese Fälle nicht zutrifft. Wenn man von jemandem sagt, er sieht, hört, erkennt N, so heißt das, daß er die implizierten Sachverhalte nicht nur meint, sondern weiß.[9] Wenn man nun von jemandem sagt, »er weiß, daß p« (und nicht: »er glaubt zu wissen, daß p«), so ist damit (u. a.) gesagt, daß es wahr ist, daß p. Wer also sagt »x sieht N« (und nicht nur »x glaubt N zu sehen«), bestätigt gleichzeitig die Wahrheit der von der Aussage von x »ich sehe N« implizierten Aussagen, also auch der implizierten Existenzaussagen, und *deswegen* ist es in diesen Fällen impliziert, daß N existiert.

Zur Absicherung meiner These, daß alles nichtpropositionale intentionale Bewußtsein ein propositionales impliziert – genauer: eine Meinung, daß das, worauf es bezugnimmt, existiert –, möchte ich noch ein scheinbares Gegenbeispiel behandeln. Wie ist es, wenn wir uns etwas in der Phantasie vorstellen? Es scheint doch gerade das Spezifische dieser Bewußtseinsweise zu sein, daß sie das, worauf sie sich bezieht, als nichtexistierend meint. Wie ist jedoch diese Nichtexistenz zu verstehen? Man erzählt z. B. eine Geschichte, einen Witz oder dergleichen, und man beginnt »ein Mann . . .«. Darin liegt: »denk dir, es existierte ein Mann . . .«. Der Mann wird also freilich als nichtexistierend gemeint, aber das kann gerade nur so geschehen, daß er als existierend *gedacht* wird. Man kann sich die Phantasiemodifikation nicht so vorstellen, daß die Existenz gestrichen würde und nun der bloße Gegenstand übrig bliebe. Die Modifikation hat den Charakter »es ist nicht so, aber ich denke mir, es *wäre* so«. Die Phantasiemodifikation ist eine Modifikation des veritativen Seins. Sie betrifft daher auch gar nicht nur die Gegenstände, sondern z. B. eine ganze Geschichte. Alles, was da erzählt oder ausgedacht wird, wird nicht als wirklich so seiend gemeint, sondern nur als so seiend gedacht, aber eben: als so *seiend*. Und das bedeutet für die Gegenstände, daß sie nicht als wirklich existierend gemeint, sondern nur als existierend gedacht werden, aber eben: als existierend. Auch das Phantasiebewußtsein von einem Gegenstand ist also implizit propositional.

Ich habe in der vorigen Stunde darauf aufmerksam gemacht, daß das Bewußtsein von einem Gegenstand nicht ein Vorstellen, sondern ein Meinen ist, und das Meinen eines Gegenstandes mittels eines singulären Terminus ist ein unselbständiger Teil im Verstehen von prädikativen Sätzen. Die jetzt durchgeführten Überlegungen führen einen Schritt weiter: das Meinen eines Gegenstandes ist nicht nur ein unselbständiger Teil eines propositionalen Bewußtseins, es beruht seinerseits auf einem propositionalen Bewußtsein, auf dem Fürwahrhalten eines Existenzsatzes.[10] Und damit wäre der allgemeine Satz bewiesen, daß alles sogenannte intentionale Bewußtsein explizit oder implizit propositionales Bewußtsein ist. Das Besondere der intentionalen Relation besteht darin, daß es eine Relation zwischen einem konkreten Gegenstand und einem Sachverhalt ist und d. h., daß sie in einem Satzverständnis gründet. So hat uns der Versuch einer sprachanalytischen Überholung von Husserls ›prägnantem‹ Bewußtseinsbegriff zu einem unerwarteten Befund geführt: Wir stellen fest, daß es ein Bewußtsein von etwas, das nicht in einem Fürwahrhalten eines Existenzsatzes fundiert ist, gar nicht gibt und daß die besondere ›Qualität‹ des Bewußtseins, die Husserl mit »Intentionalität« angesprochen hat und die er in angeblich anschaulicher Beschreibung als ein Gerichtetsein auf einen Gegenstand charakterisiert hat, sich als *Satzverständnis* erweist.

Nebenbei sei bemerkt, daß damit auch die in der Transzendentalphilosophie so beliebte Rede vom Bewußtsein als einer Subjekt-Objekt-Beziehung hinfällig wird. Eine solche Beziehung gibt es nicht. Wo ein Subjekt sich bewußt auf ein Objekt bezieht, ist dies nie eine schlichte Beziehung, sondern ist immer fundiert in einem Satzverständnis. Eine besonders fatale Auswirkung, die die Idee der »Subjekt-Objekt-Beziehung« hatte, war, daß man im deutschen Idealismus auch das Selbstbewußtsein nach diesem Schema zu verstehen suchte: da im Fall des Selbstbewußtseins ein Bewußtsein des Subjekts von sich gegeben ist, hat man dieses Bewußtsein als eine Subjekt-Objekt-Beziehung interpretiert, in der Subjekt und Objekt identisch sind, also als eine Beziehung von etwas auf sich.

Diese Vorstellung, die sich lediglich aus einer Unterinterpretation des tatsächlichen Befundes ergab, wie er sich in den Sätzen zeigt, in denen sich jemand über sich ausspricht, hat die an und für sich schon unangemessene Konzeption des Selbstbewußtseins als Reflexion ins Absurde geführt: man orientierte sich jetzt nicht nur, wie ich es vorhin darstellte, an den Sätzen mit doppeltem »ich« (»ich weiß, daß ich . . .«), sondern man nahm diese beiden Vorkommnisse des »ich« auch noch aus ihrem Satzkontext heraus und konstruierte eine abstrakte Selbstbeziehung ›des‹ Ich auf sich. Natürlich mußten sich aus einem solchen Ansatz unauflösliche Probleme ergeben.[11]

Der Nachweis, daß alles intentionale Bewußtsein propositional ist, gibt dem sprachanalytischen Programm einer Satztheorie einen zusätzlichen historischen Stellenwert: wie die Frage der Ontologie nach dem Seienden als Seienden aufgeht in der Frage nach dem Verstehen des Satzes, so geht auch die Frage nach dem Bewußtsein auf in der Frage nach dem Satzverstehen. Freilich gilt das nur für das Bewußtsein im Sinn der Intentionalität, nicht für die nichtgegenständlichen Bewußtseinsweisen.

Eine sprachanalytische Aufklärung der nichtgegenständlichen Bewußtseinsweisen könnte nicht wie die der Erlebnisse und der Intentionalität auf Vorarbeit in der bisherigen Philosophie zurückgreifen. Hier wäre deswegen eine umfangreichere Zurüstung erforderlich. Ich lasse also die Frage offen, ob und wie die Frage nach dem Satzverständnis überstiegen werden kann in Richtung auf einen umfassenderen Verstehensbegriff, wie er von der ›Pragmatik‹ intendiert wird, oder auf einen umfassenderen Bewußtseinsbegriff, auf den die transzendentalphilosophischen Ansätze verweisen. Und damit bleibt insbesondere die Frage offen, wie der Universalitätsanspruch der von mir entwickelten sprachanalytischen Konzeption von Philosophie zu beurteilen ist und ob und wie diese Konzeption erweitert werden könnte.

Dann bleibt also gerade die entscheidende Frage unbeantwortet? Die entscheidenden Fragen finden in der Philosophie nie eine Antwort. Damit soll nicht gesagt sein, daß sie unbeantwortbar sind, sondern nur, daß, wenn die von einer Philosophie (wie z. B. der Ontologie) offengelassenen Fragen durch eine neue Fragestellung geklärt werden, die neue Fragestellung, solange es eine lebendige philosophische Fragestellung ist, ihrerseits ins Dunkel und

d. h. auf Fragen stößt, die sie vorläufig nicht klären kann. Bei solchen Fragen, die die Grenzen einer Fragestellung betreffen, ist es schon ein Gewinn, wenn man sie wenigstens wahrnimmt. Sie könnten fragen, warum ich die Grenzen einer am Satz orientierten Verstehenstheorie, wenn ich sie doch sehe, nicht übersteige. Meine Antwort ist: weil ich nicht weiß, wie man den Begriff der Formalisierung über diese Grenzen hinweg ausdehnen kann bzw. was dort an die Stelle der Formalisierung treten würde. Vielleicht werden Sie mich darauf hinweisen, daß ich selbst in der 1. Vorlesung Zweifel gegenüber einer aprioristischen Konzeption von Philosophie angemeldet habe; müßte man sie nicht umso mehr gegen eine rein formalistische hegen? Gewiß! Aus solchen Zweifeln würde sich jedoch unmittelbar noch keine neue positive Konzeption von philosophischer Methode ergeben, sondern nur ein Synkretismus. Sie werden sehen, daß es für uns gar nicht leicht sein wird, eine auch nur für die neue semantische Thematik angemessene Begrifflichkeit zu finden, da die uns verfügbaren kategorialen Mittel im wesentlichen noch immer aus einer gegenstandstheoretischen Tradition stammen; und es scheint mir zweifelhaft, ob es möglich ist, eine jeweils neue Begrifflichkeit anders zu entwickeln als in der Auseinandersetzung mit den Unzulänglichkeiten der bisherigen (vgl. 8. Vorl.). Nur wer diese spezifisch philosophischen Schwierigkeiten der begrifflichen Klärung und der Ausbildung der für eine Fragestellung angemessenen kategorialen Mittel nicht sieht, kann zwei oder mehr Schritte auf einmal machen wollen.

Anmerkungen

1 Sowohl Kant wie Heidegger haben das veritative Sein übersehen, an dem sie gleichwohl orientiert waren. Für Kant vgl. oben, S. 90, Anm. 13. Besonders verworren ist die Lage bei Heidegger. Ihm ging es nicht nur um eine Erweiterung der Erschlossenheitsthematik über die der Gegenstände hinaus, sondern er wollte zeigen, daß die ›ursprünglichere‹ Erschlossenheit eine solche ist, die überhaupt nicht auf Gegenstände bezogen ist. Dabei meinte er mit »Gegenständlichkeit« – in *Sein und Zeit* »Vorhandenheit« – nicht nur das, wofür singuläre Termini stehen, sondern die gesamte ontologische Perspektive, die sich aus der Orientierung an der Aussage ergibt (§§ 13,33). Gegenüber der sich in Sätzen

artikulierenden Erschlossenheit versuchte er eine vorlogische, vorsprachliche Erschlossenheit als ursprünglichere nachzuweisen, die er gleichwohl am Leitfaden der Aussagestruktur (des »als«, § 32) analysierte. Diese sich aus der Ablehnung des Logischen ergebende Verdrängung der Sätze aus dem Kernbereich der Erschlossenheitsanalyse widerspricht der zentralen Bedeutung, die Heidegger der Sprache beimaß (»Die Sprache ist das Haus des Seins«). Heidegger fiel daher in seinen Aussagen über die Sprache auf das Niveau primitivster Sprachtheorien zurück, indem er die Bedeutung des *Wortes* für die Erschlossenheit des Seienden hervorhob. Indem Heidegger die Rede von Gegenständlichkeit und Vergegenständlichung auf die Ebene der Aussagen verlegte, konnten die Gegenstände durch die Hintertür einer anderen Terminologie (des »Seienden« und der »Dinge«) wieder eindringen und in der Szenerie eine beherrschende und nunmehr analytisch unkontrollierbare Stellung einnehmen. Entsprechend schillernd ist Heideggers Konzeption von Welt, die einerseits als *Sinn*ganzheit, andererseits – und in den Spätschriften zunehmend – als Erschlossenheitsspielraum der *Dinge* erscheint (vgl. Tugendhat, *Der Wahrheitsbegriff bei Husserl und Heidegger*, S. 399-402).

1a Vgl. Wittgenstein, *Philosoph. Untersuchungen*, §§ 305, 308.

2 *Logische Untersuchungen*, V. Unters., 1. Kapitel. Husserl nennt noch einen dritten Begriff von Bewußtsein, der hier jedoch übergangen werden kann: Bewußtsein im Sinn des inneren Wahrnehmens; dieser Bewußtseinsbegriff fällt unter den der Intentionalität und bildet seinerseits die Grundlage für die Ausgrenzung des Bewußtseins im Sinn der Erlebniseinheit (§ 6). Was ich im Text Husserls zweiten Bewußtseinsbegriff nenne, ist der von ihm an erster Stelle genannte.

3 *Philos. Untersuchungen*, besonders §§ 244 ff. und S. 533 ff., *Zettel*, §§ 472 ff.

4 Vgl. *Sein und Zeit*, § 25.

5 Vgl. *Sein und Zeit*, §§ 28 ff.

6 V. *Logische Untersuchung*, § 10.

7 *Ideen*, § 89.

8 Brentano, *Psychologie vom empirischen Standpunkt*, Anhang, 1. Abschn.; vgl. auch R. Chisholm, *Perceiving*, § 11.

9 Dasselbe gilt da, wo »wahrnehmen«, »sehen«, »hören« propositional verwendet werden. »x sieht, daß die Sonne aufgegangen ist« heißt: x weiß aufgrund seiner optischen Wahrnehmung, daß die Sonne aufgegangen ist.

10 Vgl. auch Searle, S. 93. – Die bisherigen Überlegungen reichen als Beweis dieses Satzes nicht aus; dazu sind weitere Überlegungen zur Form der Existenzsätze erforderlich, die ich erst später durchführen werde. Solange man sich nämlich die Form eines Existenzsatzes prädikativ vorstellt (»N existiert«), scheint die obige These sich selbst zu widerspre-

chen, weil das Verstehen eines Existenzsatzes seinerseits das Bewußtsein von einem Gegenstand (von N) voraussetzen würde. Wir werden jedoch sehen (S. 378), daß sich Existenzsätze nicht prädikativ verstehen lassen: der Satz »Der Teufel existiert« hat in Wirklichkeit die Form: »es gibt einen und nur einen Gegenstand, der teuflisch ist«. – Man könnte ferner meinen, daß die obige These, auch wenn sie durch das Phantasiebewußtsein nicht zu erschüttern ist, durch das Fürwahrhalten negativer Existenzsätze widerlegt wird. Denn in diesem Fall scheinen wir doch das Bewußtsein von einem Gegenstand zu haben, den wir weder als existierend meinen noch als solchen denken. Auch dieses Argument entfällt jedoch, wenn wir Existenzsätze nicht prädikativ verstehen. Denn wenn ich sage »es gibt keinen Gegenstand, der teuflisch ist«, habe ich kein Bewußtsein von einem nichtexistierenden Gegenstand.
Gleichwohl wird sich später zeigen (S. 464), daß die obige These sich in dieser Allgemeinheit nicht halten läßt. Sie gilt zwar für alle Gegenstände, die in Raum und Zeit existieren (vorkommen), aber nicht für die Raum- und Zeitstellen selbst. Man kann meinen, daß ein Gegenstand zu einer bestimmten Zeit an einer bestimmten Raumstelle existiert (vorkommt), und diese Meinung kann sich als falsch erweisen; aber das läßt sich nicht für die Raum- und Zeitstelle wiederholen. Von Raum- und Zeitstellen kann man nicht sagen, daß sie nicht existieren, und folglich auch nicht, daß sie existieren. Das Meinen einer Raum- oder Zeitstelle ist daher nicht im Fürwahrhalten eines Existenzsatzes fundiert und nur in dem schwachen Sinn propositional, daß es mittels eines singulären Terminus geschieht, der ein unselbständiges Glied eines prädikativen Satzes ist. Natürlich hängt mit diesem Unterschied auch zusammen, daß es für die Raum- und Zeitstellen nicht in demselben Sinn eine Phantasiemodifikation geben kann wie für die materiellen Gegenstände und Ereignisse. Man kann sagen: »denke dir, daß es den Neckar nicht gibt, daß 200 m nördlich von hier nicht der Neckar fließt, sondern eine Autobahn liegt, auf der eine Prinzessin Rad fährt«. Aber man kann nicht sagen: »denke dir, daß es die Raumstelle, die 200 m nördlich von hier ist, nicht gibt.« Eine Phantasiemodifikation mit Bezug auf Raumzeitstellen ist nur so möglich, daß man sagt, »denke dir *einen* Ort . . .«, »es war einmal *eine* Zeit . . .« und diese Raumzeitstelle nicht in unser Raumzeitsystem einordnet (d. h. keinen Abstand zu der Raumzeitstelle, an der gesprochen wird, angibt).

11 Vgl. die Arbeiten von Henrich »Fichtes ursprüngliche Einsicht« und »Selbstbewußtsein«.

7. Vorlesung

Ich komme heute zu einem neuen und letzten Versuch der Einführung der sprachanalytischen Konzeption von Philosophie. Er orientiert sich an dem Stichwort »Vernunft«. Die Verwendung des Wortes »Vernunft« ist nicht eindeutig. In der deutschen Aufklärung wurde »vernünfteln« als Übersetzung des Lateinischen *ratiocinari* gebraucht, wie auch heute noch im Französischen *raisonner*, im Englischen *to reason* gebräuchlich sind. Das Vermögen der Vernunft bestünde demnach in der Fähigkeit zu argumentieren. Daran knüpft Kant an, wenn er die Vernunft im logischen Sinn als das Vermögen zu schließen bestimmt (Kr.d.r.V. B 355). Daraus ergibt sich für ihn eine zweite, ›transzendentale‹ Bestimmung, wonach sie als ›das Vermögen der Prinzipien‹ bezeichnet wird (B 356). Prinzipien nennt man die ersten und insofern unbedingten Sätze eines deduktiven Systems. Von daher ergab sich für Kant ein Begriff von Vernunft, wonach Vernunft für das Bewußtsein von unbedingter Ganzheit steht (B 378 ff). Auf dieser Grundlage kam dann der deutsche Idealismus zu seiner Gegenüberstellung des Vernünftigen, Ganzheitlichen, Dialektischen zum ›bloß‹ Verstandesmäßigen, es begann die für die deutsche Entwicklung der letzten 150 Jahre charakteristische Geringschätzung des Logischen. Trotz dieser Sonderentwicklung der deutschen Philosophie behielten die Worte »Vernunft« und »vernünftig« auch im Deutschen umgangssprachlich ihren ursprünglichen aufklärerischen Sinn, während »vernünfteln« und »räsonnieren« nur noch in einem pejorativen Sinn gebraucht werden. »Vernünftig« heißt umgangssprachlich so viel wie »wohlbegründet«, und der Appell, seine Vernunft zu gebrauchen, besagt: man soll Meinungen nicht ungeprüft übernehmen, sondern nach ihren Gründen und Gegengründen fragen. Die Fähigkeit zu argumentieren ist nicht nur ein Vermögen des deduktiven Schließens, sondern allgemeiner die Fähigkeit, Aussagen zu begründen, auszuweisen. *Ratio, raison, reason* bedeutet ebensosehr »Grund« wie »Vernunft«. Das Vermögen der Vernunft ist die Fähigkeit, für seine Meinungen und für seine Handlungen Rede und Antwort stehen zu können; lat. *rationem reddere*, griech. *logon didonai*.

Eine Konzeption von Philosophie, die sich an der Idee der Vernunft orientiert, nimmt also denjenigen Gesichtspunkt im aristotelischen Vorbegriff von Philosophie auf, der in seiner ontologischen Ausführung vernachlässigt worden war: den Gesichtspunkt der Begründung. Versuche, einen Begriff von Philosophie zu entwikkeln, in dem die Philosophie als ausgezeichnete Wissenschaft von den anderen Wissenschaften dadurch (oder auch dadurch) abgehoben wird, daß in ihr der in allen Wissenschaften maßgebende Gesichtspunkt der Begründung radikalisiert wird, sind in der Geschichte der Philosophie mehrfach unternommen worden: bei Platon, bei Descartes, im deutschen Idealismus, bei Husserl. Ich werde jedoch die Einführung einer sich an der Idee der Vernunft orientierenden sprachanalytischen Konzeption von Philosophie nicht in Anknüpfung an diese historischen Positionen vornehmen. Denn ich möchte jetzt zum Schluß der einführenden Betrachtungen einen Versuch machen, die sprachanalytische Konzeption von Philosophie – und mit ihr eine Idee von Philosophie überhaupt – an und für sich auszuweisen, nicht relativ zu vorgegebenen historischen Konzeptionen oder zu einem vorgegebenen Verständnis von »Philosophie«.

Ich knüpfe damit an die Überlegungen der 2. Vorlesung an: eine bestimmte Konzeption von Philosophie auszuweisen, einleuchtend zu machen, kann zunächst den Sinn haben zu zeigen, daß sie unserem Vorverständnis von »Philosophie« entspricht oder daß sich in ihr die Intentionen früherer Konzeptionen von Philosophie realisieren oder besser realisieren lassen. In diesem Rahmen bewegte sich der bisherige Teil meiner Einführung. Man kann zweitens versuchen, eine bestimmte Konzeption von Philosophie schlichtweg auszuweisen, einleuchtend zu machen. Das aber kann – wie ich in der 2. Vorlesung zu zeigen versuchte – nur noch den Sinn haben, die Motivation zu dieser Tätigkeit auszuweisen. Damit meine ich: nachweisen, daß es ratsam ist, die betreffende Tätigkeit auszuüben. Eine Rechtfertigung einer Konzeption von Philosophie, die nicht nur relativ zu einem vorausgesetzten Vorverständnis des Wortes »Philosophie« erfolgt, kann also nur den Sinn einer praktischen Rechtfertigung haben.

Wenn eine solche praktische Einführung nicht ihrerseits ein bestimmtes Wortverständnis voraussetzen soll, dürfen wir jetzt nicht von einer bestimmten Konzeption von Philosophie ausgehen und sie nur nachträglich praktisch zu rechtfertigen versuchen, sondern müssen umgekehrt fragen: gibt es eine theoretische Tätigkeit –

denn daß es sich um eine solche handeln soll, werden wir voraussetzen dürfen –, von der man zeigen kann, daß es ratsam ist, sie auszuüben? Und von der Antwort auf diese Frage lassen wir uns erst *die* theoretische Tätigkeit vorgeben, die wir dann – als praktisch ausgezeichnete – Philosophie nennen wollen. Oder wir können auch die eben gemachte Voraussetzung noch fallenlassen und einfach fragen: gibt es eine Tätigkeit, die es ratsam ist zu tun; oder besser: was empfiehlt es sich überhaupt zu tun? Das ist offenbar die umfassendste praktische Frage, die sich überhaupt stellen läßt, und wir können nun sagen: wenn sie eine bestimmte theoretische Tätigkeit motiviert oder erfordert, dann wollen wir diese theoretische Tätigkeit Philosophie nennen.

Versuchen wir zuerst, uns über den Sinn solcher praktischen Fragen überhaupt und über den Sinn der eben genannten umfassendsten praktischen Frage eine vorläufige Klarheit zu verschaffen. Was sind praktische Fragen, und in welchen Kontext gehören sie?

Es gibt eine Klasse von Handlungen, die dadurch charakterisiert sind, daß sie absichtlich sind.[1] Manche Autoren definieren sogar »Handlung« überhaupt durch Absichtlichkeit, da man bei einer unabsichtlichen Bewegung und ihren Folgen nicht sagt »er hat es getan«, sondern »es ist mit ihm geschehen«. Welches Kriterium haben wir, um absichtliches Handeln zu erkennen? Das Unterscheidungskriterium absichtlicher Handlungen scheint zu sein, daß die Handlung durch die Absicht charakterisiert werden kann. Jemand hantiert z. B. an einem Fenster. Was tut er? Er läßt frische Luft herein. Das ist seine Absicht. Aber auch das Öffnen des Fensters ist – als Mittel zum Zweck – beabsichtigt, und wir können daher auf die Frage, was er tut, auch antworten »er öffnet das Fenster«. Wodurch erkennen wir, daß die Handlung wirklich absichtlich ist und gerade diese Absicht hat? Letztlich nur dadurch, daß der Betreffende selbst bereit ist, seine Absicht auszudrücken. Akzeptiert man dieses Kriterium, dann kann man von absichtlichem Handeln und damit überhaupt von Tun, Handeln in einem engen Sinn nur bei Wesen sprechen, die sprechen können. Wir können in unserem Kontext das Problem der unbewußten Absichten auf sich beruhen lassen,[2] da es für uns umgekehrt darauf ankommt, daß unser ganzes bewußtes Leben, dasjenige, das sich sprachlich ausdrücken kann, immer durch Absichten und absichtliches Handeln bestimmt ist. Wir können jemanden, der sprechen kann, wenn er nicht schläft oder bewußtlos ist, immer fragen: »was tust du?«.

Wir gewinnen ein zusätzliches Verständnis über das Verhältnis von Absicht und Handlung, wenn wir berücksichtigen, daß wir auch künftige Handlungen beabsichtigen können. Wenn jemand die Absicht hat, künftig etwas zu tun, kann er auch einfach sagen »ich werde das tun«, z. B. »ich werde kommen«. Es ist zu beachten, daß solche Sätze in der 1. Person Futur, die wie Aussagesätze aussehen, keine Aussagesätze sind (vgl. oben S. 59). Der Satz »ich werde kommen« ist nicht eine Voraussage, sondern ein Satz, in dem eine Absicht zum Ausdruck gebracht wird. Ich werde solche Sätze Intentionssätze nennen. Wenn er gesagt hat »ich werde kommen«, und er kommt nicht, so sagen wir nicht »er hat sich geirrt«, sondern »er hat sich nicht an seine Ankündigung gehalten«. Wenn ich jemandem sage »ich werde sicher kommen«, so drückt dieses »sicher« nicht die theoretische Gewißheit einer Voraussage aus, sondern die Entschlossenheit, mich an meine Zusage zu halten.

Wie der theoretischen Gewißheit die ausdrückliche Verneinung der als Möglichkeit erwogenen Negation des Gemeinten zugrundeliegt (ich bin sicher, daß p, wenn ich mir klarmache, daß es ausgeschlossen ist, daß nicht p), so gründet auch die praktische Gewißheit der Entschlossenheit in einer ausdrücklichen Verneinung der als Möglichkeit erwogenen Negation der Absicht (des Intentionssatzes): »ich werde sicher kommen«, d. h.: nicht zu kommen kommt für mich nicht in Frage. Hier stoßen wir nun auf ein eigentümliches Merkmal des bewußten (sich sprachlich artikulierenkönnenden) absichtlichen Handelns: weil die Handlung durch eine Absicht bestimmt ist und diese in einem Satz artikulierbar ist, der Satz aber negierbar ist, ist mit dem Bewußtsein der Handlung immer das Bewußtsein der Möglichkeit der Unterlassung der Handlung mitgegeben. Bewußtes absichtliches Handeln befindet sich daher immer in einem Spielraum von Möglichkeiten, gegen die man sich freilich verschließen kann, für die man sich aber auch im *Überlegen* öffnen kann.

Damit haben wir den Tatbestand der sogenannten menschlichen Freiheit erreicht.[3] Wir sprechen besser von einem freien Handeln als von einem freien Willen. Alles bewußte absichtliche Handeln ist frei. Der Tatbestand der Freiheit ist allerdings durch das bloße Bewußthaben von Alternativmöglichkeiten noch nicht gegeben, sondern erst dann, wenn das Bewußtsein von Alternativmöglichkeiten handlungsbestimmend sein kann. Wo das nicht der Fall ist, sprechen wir von Zwangshandlungen, und bei Zwangshandlungen sagen wir dann auch nicht, daß sie absichtlich sind. Die Zwangshandlung widerfährt dem Betreffenden. Wie kann man feststellen, ob das Bewußtsein von Alternativmöglichkeiten handlungsbestimmend ist? Dadurch, daß man mit der Handlung, die jemand behauptet nicht vermeiden zu können, eine unverhältnismäßige Strafe verbindet. Wenn er auch dann die Handlung nicht unterlassen kann, handelt er unfrei.

Sie werden jetzt vielleicht fragen: wie kann man wissen, daß ein Handeln, bei dem das Bewußtsein von Alternativmöglichkeiten handlungsbestimmend sein kann, wirklich frei ist, daß es nicht seinerseits determiniert ist? Diese Frage ist jedoch nicht mehr zulässig, wenn man die Freiheit einer Handlung dadurch definiert, daß bei ihr das Bewußtsein von Alternativmöglichkeiten handlungsbestimmend ist. Die eben gestellte Frage geht von einem Begriff einer ›wirklichen‹ Freiheit aus, die dem Determinismus entgegengesetzt wäre. Ich halte diesen metaphysischen Freiheitsbegriff für fiktiv und würde daher sagen: im Sinne dieses Freiheitsbegriffs ist das absichtliche Handeln nicht frei. Demgegenüber ist die Freiheit, wie ich sie vorhin definiert habe, ein Tatbestand, für den es empirische Kriterien gibt, und mir scheint, daß er das erfüllt, was wir meinen, wenn wir z. B. sagen »ich bin frei, es zu tun oder zu lassen«, oder »es liegt an mir, ob ich es tun werde«.

Wie es nun mit Bezug auf den jeweiligen Freiheitsspielraum ein Überlegen gibt, so auch ein Fragen, da alles Überlegen von einer Frage geleitet wird. Diese Frage muß als das Frage-Pendant zum Intentionssatz verstanden werden, so wie die theoretische Frage das Frage-Pendant zur Aussage ist. Wenn wir überlegen und fragen, was zu tun ist, gehen wir mit uns selbst zu Rate. Wir können also sagen: das Frage-Pendant zum Intentionssatz ist die Frage, was zu tun ratsam ist, also das, was ich vorhin als praktische Frage bezeichnet habe.[4]

Es ist jedoch noch unklar, wonach eigentlich gefragt wird, wenn gefragt wird, was ratsam ist. Gibt es für diese Frage eine typische Frageformel, aus der der logische Charakter dieser Frage zu ersehen ist?

Wenn die praktische Frage das Frage-Pendant zum Intentionssatz ist, müßte ihre allgemeine Form die sein, die sich aus der Fragemodifikation eines solchen Satzes ergibt, also z. B. »werde ich kommen?« und als umfassende Frage: »was werde ich tun?« Wenn nun in einem Intentionssatz eine Absicht zum Ausdruck kommt und »ich werde kommen« so viel besagt wie »ich will kommen«, so müßte die Frage auch die Form »will ich kommen?« annehmen können, und als umfassende Frage: »was will ich tun?« Diese Frage ist jedoch, wenn man sie nicht noch besonders qualifiziert, zumindest zweideutig, indem sie den Anschein erweckt, eine theoretische Frage zu sein (»welche Absichten, Motive sind in mir vorhanden?«), und nur zur Not als praktische Frage verstanden werden kann, d. h. als Frage, die eine Überlegung in Gang setzt und auf eine Entscheidung, nicht eine Feststellung ausgerichtet ist. Und in der vorher genannten Form »was werde ich tun?« liegt wiederum die andere Zweideutigkeit, als frage sie nach einer theoretischen Prognose.

Gleichwohl *kann* sich eine Überlegung in dieser Frage ausdrükken und wohl auch in der Frage »was will ich tun?« Sie sehen: nicht die grammatische Form ist entscheidend, sondern die Verwendungsweise.

Es gibt jedoch noch eine andere grammatische Form für die praktische Frage, in der die Möglichkeit, sie als theoretische Frage mißzuverstehen, ausgeschlossen scheint. Wenn wir überlegen, was zu tun ist, sagen wir wohl am ehesten »was *soll* ich tun?« Und doch ist auch diese Form zweideutig, da eine solche Frage sich ebensogut an eine Befehlsinstanz wenden kann: sie ist gleichzeitig das Frage-Pendant des Imperativs. Das hängt damit zusammen, daß sich die Intentionssätze und die Imperative semantisch nahestehen: die Intentionssätze sind das in der 1. Person, was die Imperative in der 2. (oder 3.) Person sind. Bei einer Aussage (»er wird kommen«) ist das Verhältnis zwischen Satz und Ereignis so, daß der Satz sich als dem Ereignis entsprechend, als relativ zu ihm richtig (oder unrichtig) erweist; beim Imperativ und beim Intentionssatz ist es umgekehrt so, daß das Ereignis – nämlich die Handlung – sich als dem Satz entsprechend, als relativ zu ihm richtig (oder unrichtig) erweist. (Vgl. »er stellt die Sache *so* dar, *wie* sie ist«; »er handelte *so*, *wie* ihm befohlen war / *so, wie* er es sich vorgenommen hatte«.) Es hängt mit dieser Verwandtschaft zwischen Imperativ und Intentionssatz zusammen, daß im Deutschen »soll ich kommen?« sowohl als Frage-Pendant zu »komm« wie als Frage-Pendant zu »ich werde kommen« verwendet wird. Auch die Frage »was soll ich tun?« ist also zweideutig; mit ihr kann ich mich an jemanden ebensogut wenden, um einen Befehl oder eine Bitte entgegenzunehmen wie um ihn um Rat zu fragen.

Wir können uns also an keiner der grammatischen Formen »was werde ich tun?«, »was will ich tun?«, »was soll ich tun?« *ohne weiteres* orientieren, um zu einem Verständnis der praktischen Fragen zu kommen; bei jeder der Formen müssen wir ergänzen: *wenn* sie als eine Frage um Rat verstanden wird; und so sehen wir uns wieder auf die Formulierung zurückgeworfen, von der wir ausgegangen waren: »was ist zu tun ratsam?«, und wir müssen uns also fragen: wonach fragen wir, wenn wir um Rat fragen, was erwarten wir von einem Rat?

Angenommen, wir fragen jemanden »was soll ich (in dieser Situation) tun?«, und angenommen, er versteht, daß wir ihn nicht um einen Befehl bitten, sondern um einen Rat, und nun antwortet er: »tu das (in dieser Situation) Beste«. Sicher würden wir sagen: »das Beste natürlich, aber *was* ist das (in dieser Situation) Beste?« Was im Zusammenhang einer konkreten Frage lächerlich wirkt, weil es trivial ist, kann philosophisch gerade signifikant sein. Die Trivialantwort auf eine praktische Frage ist »das Beste«. Damit haben wir jetzt ein einfaches sprachliches Kriterium, woran wir erkennen können, ob die Frage »soll ich . . .« als praktische Frage, als Aufforderung zu einem Rat und nicht zu einem Befehl gemeint ist: immer dann nämlich, wenn sie in explizitem oder implizitem Zusammenhang mit den Ausdrücken »das Beste« oder »gut« vorkommt.

Was meinen wir mit dem Wort »gut«? Wann nennen wir etwas »besser« als etwas anderes?[5] Darauf läßt sich, glaube ich, folgende allgemeine Antwort geben: wenn das eine dem anderen *aus objektiven Gründen vorzuziehen* ist. Die Erklärung, die ich vorschlage, hat also zwei Komponenten: 1) das Wort »besser« wird gebraucht, um einen Vorzug zum Ausdruck zu bringen, und »vorziehen« heißt: mit Bezug auf eine Mehrzahl von Möglichkeiten sich für eine entscheiden, sie wählen; das Wort »gut« gehört also als Vorzugswort in den Zusammenhang von Wahl und Freiheit; nur ein Wesen, das im vorhin gekennzeichneten Sinn frei ist, kann das Wort »gut« verstehen; 2) im Unterschied zu anderen Vorzugsworten wie »lieber«, »angenehmer«, die zum Ausdruck bringen, daß etwas von jemandem bloß faktisch, subjektiv vorgezogen wird, wird mit dem Wort »besser« zum Ausdruck gebracht, daß der Vorzug ein objektiv begründeter ist.

Dabei kann sich der Vorzug – sowohl der subjektive wie der objektive – auf Dinge, Zustände oder Handlungen beziehen. Wir sagen z. B. von einem Ding einer bestimmten Art, etwa einem Auto, daß es gut sei oder besser als ein anderes, das heißt: wenn man ein Ding dieser Art braucht, ist dieses dem anderen aus objektiven Gründen vorzuziehen; was nicht ausschließt, daß jemand bewußt das schlechtere wählt, weil es ihm gleichwohl das *liebere* ist. Obwohl er das eine vorziehen *sollte*, wählt er das andere.

Die Rede von guten Dingen ist abhängig von der Rede von guten Handlungen. Ein Ding ist gut, wenn man die Handlung, zu der es dienlich ist, mit ihm gut verrichten kann. Es ist jedoch nicht gesagt, daß die Rede von »gut« sich letztlich auf Handlungen beziehen muß. Denn daß eine Handlung einer anderen aus objektiven Gründen vorzuziehen ist, mag wiederum darin gründen, daß der Zustand – der Sachverhalt –, der durch sie erreicht wird, dem, der durch die andere Handlung erreichbar ist, aus objektiven Gründen vorzuziehen ist. Die Antwort »das Beste« ist also zwar die Trivialantwort auf die Frage »was soll ich tun?«, aber nicht nur auf diese Frage. Die Frage »was soll ich tun?« ist ihrerseits eine Sonderform der ganz allgemeinen Frage »was soll ich wählen?« = »was ist aus objektiven Gründen vorzuziehen?«, und der Umfang der Trivialantwort »das Beste« reicht so weit wie diese Frage. Wir sehen uns nicht nur in Fragen des eigenen Handelns vor eine Wahl gestellt; »gut« heißt ganz allgemein so viel wie »wünschenswert«. Was wir für wünschenswert halten, d. h. wovon wir meinen, daß es aus objektiven Gründen zu wünschen (vorzuziehen) ist, ist bestimmend für das, wovon wir meinen, daß wir es tun sollen. Dabei kann offenbleiben, ob das, was letztlich, nicht mehr relativ auf anderes, wünschbar ist, seinerseits nur als Tätigkeit denkbar ist.

Praktische Fragen sind also Fragen nach dem Guten, dem Besseren, dem Besten. In der praktischen Frage fragt der Fragende nicht nach dem, was ist (veritatives Sein), sondern nach dem, was für ihn zu tun gut (besser, am besten) ist. Was heißt nun, daß etwas aus objektiven Gründen vorzuziehen ist?

Etwas objektiv begründen, heißt, es ausweisen, und das entspricht dem Begriff der Vernunft, den ich am Anfang der heutigen Stunde eingeführt habe. Daher können wir von dem, was gut ist, statt zu sagen, es sei das, was aus objektiven Gründen vorzuziehen ist, ebensogut auch sagen, es sei das, was vernünftigerweise vorzuziehen ist. Und nun können wir auch sagen: wenn wir jemanden um Rat fragen bzw. mit uns selbst darüber zu Rate gehen, was wir tun sollen, fragen wir, was zu tun vernünftig ist, d. h. welches Tun wir begründen, ausweisen können.

Was heißt das jedoch? Ausweisen ist eine Art der Rechtfertigung. Wenn wir eine Handlung rechtfertigen, sagen wir, sie sei richtig, und damit meinen wir zunächst: sie sei regelkonform. Alles bewußte Handeln ist regelgeleitet (im Englischen spricht man von »rule guided behaviour«), und insofern gehört das Wortpaar »richtig-unrichtig« konstitutiv zu allen bewußten Handlungen. Eine Handlung kann z. B. richtig sein relativ zu einer Schreibregel, einer Spielregel, einer sozialen Konvention, einer technischen Regel, einer Rechtsnorm. Man kann hier von einer relativen Rechtfertigung sprechen. Man rechtfertigt sein Handeln, gibt Rechenschaft dafür, relativ zu einer bestimmten Norm, und d. h. dann auch: gegenüber den bestimmten Partnern, die sich an diese Regel halten. Man kann auch schon diese relative Rechtfertigung eine Begründung nennen; man begründet sein Handeln, gibt dafür Rechenschaft durch Verweis auf die befolgte Regel.

Von dieser relativen Rechtfertigung unterscheidet sich die *Ausweisung* als eine absolute Rechtfertigung, absolut in dem Sinn, daß sie a) nicht relativ zu einer vorgegebenen Regel erfolgt und deswegen auch b) nicht gegenüber bestimmten Partnern, sondern gegenüber beliebigen Partnern (und insofern ›objektiv‹ ist), und es ist eben die Fähigkeit zu dieser absoluten Rechtfertigung, die wir Vernunft nennen. Hier handelt es sich also um eine Möglichkeit, Rede und Antwort zu stehen, Rechenschaft zu geben für eine Handlung nicht relativ auf eine vorgegebene Regel.

Eine solche absolute Rechtfertigung gibt es in einem primären Sinn nur bei sprachlichen Handlungen, bei Aussagen. Die Richtigkeit von Aussagen gilt nicht relativ zu einer Regel, sondern schlichtweg; diese Richtigkeit nennt man Wahrheit. Wenn wir nun in einem sekundären Sinn auch bei anderen Handlungen fragen können, ob sie (in dem absoluten Sinn) zu rechtfertigen sind, so deswegen, weil absichtliche Handlungen Intentionssätze implizieren und diese durch Aussagen begründet werden können, die die Form haben »es ist gut (besser), daß . . .« (worunter auch die Form fällt »es ist gut, x zu tun«). Wir können solche Aussagen, die mögliche Antworten auf praktische Fragen sind, praktische Aussagen nennen. Bei jedem Intentionssatz »ich werde x tun«, aber auch bei jedem Handlungssatz »ich tue x«, läßt sich eine Warumfrage anschließen nach dem Grund der Handlung bzw. der Absicht. Grund heißt dabei zunächst soviel wie Motiv. Auf die Frage, warum ich etwas tue, kann ich entweder mit einer subjektiven oder mit einer objektiven Begründung antworten, mit einer subjektiven, indem ich sage »weil ich es gerne tue«, mit einer objektiven, indem ich sage »weil es gut (besser) ist, dies zu tun«. Wenn ich nun x tue, weil ich meine, daß es (in dieser Situation) das Beste ist, x zu tun, dann überträgt sich die Ausweisung dieser praktischen Aussage auf die Handlung, die diese Aussage impliziert. Man kann also auch nichtsprachliche Handlungen in einem absoluten Sinn rechtfertigen, sie als vernünftig erweisen, indem man die in ihnen implizierten Aussagen über *Gutes* ausweist (und d. h. natürlich: als wahr ausweist). Das Gute ist also eine Spezies des Wahren, womit einfach gesagt sein soll, daß praktische Aussagen eine Art Aussagen sind, und das Wahre seinerseits ist eine Spezies des Richtigen, diejenige, wo wir von absoluter Rechtfertigung, Ausweisung sprechen. Man kann auch das Wahre dem Guten entgegensetzen; dann steht es für diejenigen Aussagen, in denen das Wort »gut« oder ein entsprechendes Wort wie »ratsam«, »soll« nicht vorkommt. Es steht dann nur für die Aussagen, die man im Unterschied zu den praktischen theoretische Aussagen nennen kann.

Wie lassen sich nun aber Aussagen der Form »es ist gut, daß p«, »daß p, ist besser, als daß q« ausweisen? Erst wenn das geklärt wäre, würde der umständliche Weg, den ich in der heutigen Stunde von den praktischen Fragen über die Phänomene von Freiheit, Wahl, Überlegung, Rat, dann über das Gute als das objektiv Vorzuziehende bis zur Vernunft als Vermögen der Ausweisung beschrieben habe, aus der Zuflucht zu immer neuen Worten endlich zu einem Ergebnis führen.

Machen wir uns zunächst klar, daß Sätze dieser Form jedenfalls so verwendet werden, daß mit ihnen ein *Anspruch* auf Objektivität und Ausweisbarkeit erhoben wird. Das Charakteristikum des Ausweisungsanspruchs von Aussagen ist die Möglichkeit, ihn einzuklammern durch Verwendung von Ausdrücken wie »es scheint (mir, uns), daß«, »ich glaube, daß . . .«; der Sinn des Ausweisungswortes »ist wahr« (ebenso wie der jeder schlichten Verwendung eines Aussagesatzes) liegt in diesem Kontrast zu »es scheint, daß . . .«. Dieser Kontrast ist nun auch bei Sätzen gegeben, in denen das Wort »gut« verwendet wird. Wir können sagen »es *scheint* ihnen gut zu sein, sie glauben, daß es gut ist (aber *ist* es gut?)«. Bei subjektiven Vorzugsworten trifft das nicht zu: wir können nicht (außer unter besonderen Umständen) sagen »ich glaube, daß es mir angenehm ist«, »*daß p* scheint mir lieber zu sein als *daß q* «. Der ganze Kontext von Fragen, Zweifeln, Bestreiten, Begründen ist hier nicht gegeben, wohl hingegen bei den Sätzen, in denen behauptet wird, daß etwas gut ist. Diese Sätze haben daher auch keinen Subjektivitätsindex; ihr Geltungsanspruch ist objektiv, für alle vernünftigen Wesen (d. h. für alle, die nach der Ausweisung von Sätzen fragen können). Dem scheint entgegenzustehen, daß wir sagen können »das ist gut für ihn, für mich«. Hier handelt es sich jedoch um eine Zweideutigkeit des Wortes »für«: »es ist gut für ihn« heißt: es ist seinem Wohl zuträglich; wenn sein Wohl gefördert werden soll, gibt es objektive Gründe, dies vorzuziehen; aber diese Gründe, daß dies für ihn besser ist, *gelten* nicht nur *für ihn*, sondern für jeden, und deswegen kann ja auch ein anderer ihn mit Bezug auf sein Wohl beraten.

Somit ist klar, daß praktische Fragen tatsächlich Vernunftfragen sind, Ausweisungsfragen, aber wie ist nun eine Ausweisung praktischer Aussagen denkbar? Diese Frage läßt sich leicht beantworten für alle Fälle, in denen wir fragen, was wir tun sollen (was zu tun gut ist), *um* ein bestimmtes Ziel zu erreichen. Die Frage, welches die besten Mittel zu vorausgesetzten Zielen sind, läßt sich im Rekurs auf theoretische Überlegungen insbesondere über die relevanten Kausalzusammenhänge beantworten. Wie ist es jedoch, wenn wir nicht fragen »was soll ich tun, um A zu erreichen?«, sondern schlichtweg »was soll ich (in dieser Situation) tun, was ist (in ihr) zu wünschen und zu tun am besten?«, z. B. »ist ein kapitalistisches oder ein sozialistisches Wirtschaftssystem besser?« Auch in der Beantwortung einer solchen Frage nehmen theoretische Überlegungen den größten Raum ein; wir können eine solche Frage nicht sinnvoll beantworten, ohne die Situation zu erkennen und die in der Frage anvisierten Alternativen theoretisch zu durchdringen. Aber die bloße Erkenntnis reicht nicht aus, um die Frage zu beantworten, was zu tun am besten ist. Die Rechtfertigung unserer letzten Ziele ist keine Angelegenheit der theoretischen Vernunft. Die Erkenntnis dessen, was sein soll, läßt sich nicht reduzieren auf die Erkenntnis dessen, was ist. So stellt sich jetzt die Frage nach der Möglichkeit der Ausweisung der irreduzibel praktischen Komponenten der praktischen Ausweisung. Es ist die Frage nach der Möglichkeit der praktischen Vernunft.

Wenn wir also praktische Fragen stellen, die nicht nur relativ zu vorgegebenen Zielen sind, wenn wir unser Handeln und Wünschen letztlich in Frage stellen, werden wir auf die Vorfrage zurückverwiesen nach der Möglichkeit der praktischen Vernunft. Aber müssen wir unser Handeln letztlich in Frage stellen? Was veranlaßt uns dazu?

Wir haben vorher gesehen: praktische Fragen stellen sich für uns in dem Maße, in dem wir uns bewußt sind, in einem Spielraum von Möglichkeiten zu stehen. Meist sind wir uns eines Handlungsspielraums gar nicht bewußt, und wenn wir es sind, betrifft dies gewöhnlich nur die Frage der rechten Wahl der Mittel. Nur selten stellen wir auch unsere Ziele und unsere Lebensweise im ganzen in Frage. Wovon hängt es denn aber ab, wie weit man sich jeweils seines Handlungsspielraums bewußt ist?

Die Frage, was uns dazu veranlaßt, praktische Fragen zu stellen, weist uns also auf die Frage zurück, was uns dazu veranlaßt, uns eines Handlungsspielraums bewußt zu werden. Wir können jetzt sagen, daß das das Vernunftinteresse an Ausweisung ist. Denn die Bereitschaft oder das Interesse, die theoretischen und praktischen Meinungen, die im eigenen Handeln impliziert sind, zu rechtfertigen, setzt voraus, daß man Alternativmöglichkeiten erwägt. Vernunft setzt Freiheit voraus und reicht nur so weit wie sie. Es besteht daher, wenn man vernünftig handeln will, ein Interesse daran, sich seines Freiheitsspielraums bewußt zu werden und ihn zu erweitern. In seinem Handeln auf Vernunft aus sein kann ja nach dem bisherigen nicht nur heißen: fragen, ob, was man gerade tut, gut ist, sondern fragen, was zu tun am besten ist. Es ist also nicht so, daß sich unser Handeln jeweils in einem bestimmten Handlungsspielraum bewegt, der unabhängig von unserem Bewußtsein da wäre und auf den wir nur aufmerksam werden müßten; wie weit der Handlungsspielraum reicht, liegt an unserem Interesse, überlegt und d. h. vernünftig zu handeln. Dieses Vernunftinteresse kann sich auf die Mittel zu gegebenen Zielen beschränken, es kann sich aber auch auf die Ziele selbst und schließlich auf unser Leben im ganzen beziehen. Die Frage, was überhaupt (und nicht nur für mich) wünschenswert ist, und die mit ihr verbundene Frage, was ich tun soll – als Frage verstanden, die auf mein ganzes Leben bezogen ist – möchte ich als die praktische Grundfrage bezeichnen. Was uns zu dieser Frage veranlaßt, ist also das Interesse an Vernunft, und d. h. das Interesse, in einem absoluten Sinn verantwortlich zu existieren, d. h. so, daß wir für unser Handeln nicht nur mit

Bezug auf vorgegebene Normen und nicht nur mit Bezug auf vorgegebene Ziele Rede und Antwort stehen können.

Man kann auch hier noch einen Schritt weitergehen und fragen: warum nun aber vernünftig sein wollen?

Diese Warumfrage ist zweideutig. Sie kann entweder ihrerseits als Vernunftfrage verstanden werden und hat dann den Sinn: ist es vernünftig, vernünftig sein zu wollen? Oder sie wird als Motivationsfrage verstanden: was veranlaßt uns faktisch dazu, vernünftig zu sein?

Ist es vernünftig, vernünftig sein zu wollen? Wir können doch, so scheint es, die Vernunft nicht durch sich selbst rechtfertigen; da würden wir das, was wir begründen wollen, voraussetzen. Müssen wir also nicht sagen, daß das Vernunftinteresse seinerseits irrational, nicht mehr selbst vernünftig begründbar ist?

Um die logische Situation, in der wir uns hier befinden, richtig beurteilen zu können, stellen wir sie uns am besten dialogisch vor. Es gibt dann zwei Möglichkeiten: entweder der, der das Vernunftinteresse vertritt (A), wird von einem anderen (B) aufgefordert, es zu begründen; oder A versucht seinerseits B von seinem Standpunkt zu überzeugen. Im 1. Fall kann A antworten, daß B, indem er A nach einer Begründung fragt, das Vernunftinteresse schon voraussetzt; und in diesem Sinn – als Voraussetzung aller Vernunftfragen – ist das Vernunftinteresse selbst vernünftig. Diese Rechtfertigung des Vernunftinteresses entspricht der Art, wie man seit Aristoteles den Satz vom Widerspruch begründet. Auch der Satz vom Widerspruch läßt sich deswegen nicht direkt begründen, weil er bei jeder Begründung selbst vorausgesetzt werden müßte. Aber eben deswegen kann er nicht in Frage gestellt werden: wenn jemand nur überhaupt – in Sätzen – spricht, hat er den Satz vom Widerspruch vorausgesetzt. Aristoteles sagt daher, der Gegner müßte konsequenterweise aufhören zu sprechen.[6] In einer so günstigen Lage sind wir beim Vernunftinteresse nicht: wir können hier nur sagen, der Gegner dürfte konsequenterweise überhaupt nicht nach einer Rechtfertigung fragen. (Man könnte ihm immer noch zugestehen, relative Vernunftfragen, die Mittel zu Zwecken betreffen, zu stellen; aber die Frage, die von B gestellt wurde, wie das Vernunftinteresse zu rechtfertigen ist, war ja nicht in diesem relativen Sinn gemeint.) Umgekehrt kann nun aber auch B, wenn er gar keine Vernunftfrage stellt, von A nicht vom Vernunftstandpunkt überzeugt werden, denn jemand, der sich auf Vernunft nicht einläßt, kann natürlich auch nicht vernünftig überzeugt werden.

Wir kommen also zu folgendem Ergebnis. Das Vernunftinteresse ist seinerseits in dem besonderen Sinn als vernünftig zu bezeichnen, daß es die Voraussetzung aller Vernunftfragen ist. Aber es gibt keinen absoluten Aufhänger außerhalb der Vernunft, auf den man rekurrieren könnte, um einem Gesprächspartner – und sei es demjenigen in der eigenen Seele –, der nach dem der Vernunft entgegengesetzten Prinzip der Unmittelbarkeit (des Nichtüberlegens) lebt, das Vernunftinteresse aufzureden. Das Vernunftinteresse wecken und stärken kann man nur durch richtige Erziehung.

Damit ist zugleich die zweite Frage beantwortet, die sich nicht auf die Rechtfertigung des Vernunftinteresses bezog, sondern auf seine faktische Genese. Wird dadurch alles erneut relativiert durch die Frage, worin die richtige Erziehung besteht? Nein, denn die richtige Erziehung ist ja durch diesen Gedankengang definiert als diejenige, die das Vernunftinteresse ausbildet. Und wenngleich eine solche Erziehung nur eine unter vielen denkbaren ist, folgt aus dem bisherigen, daß sie die einzige im absoluten Sinn richtige ist, die einzige, die sich als vernünftig rechtfertigen läßt.

Ich kann jetzt zu meinem eigentlichen Vorhaben zurückkommen, einer praktischen Einführung eines Begriffs von Philosophie. Diese sollte aus dem Kontext der praktischen Fragen erfolgen, und wir mußten uns deswegen zuerst über das Wesen der praktischen Fragen orientieren. Mein Vorschlag am Anfang der Stunde war: wenn die praktische Frage »was empfiehlt es sich zu tun?« eine bestimmte theoretische Tätigkeit erfordert, so können wir diese – als praktisch ausgezeichnete – als Philosophie bezeichnen. Nun ist die eben genannte Frage die Frage, die ich inzwischen als praktische Grundfrage bezeichnet habe und die sich als die umfassendste Vernunftfrage herausgestellt hat. Und die praktische Grundfrage, so sahen wir, verweist uns ihrerseits auf die Vorfrage nach der Möglichkeit der praktischen Vernunft.

Man könnte nun sowohl die konkrete Durchführung der praktischen Grundfrage mit allen ihren theoretisch-veritativen und praktisch-veritativen Implikationen als Philosophie bezeichnen als auch die Vorfrage nach der Möglichkeit der praktischen Vernunft. Beides gehört zusammen, und daß beides nicht nur überhaupt eine Motivation, sondern die höchste Vernunftmotivation besitzt, ist nach dem bisherigen klar.

Wenn wir diese Einführung von Philosophie mit der des Aristoteles vergleichen, so unterscheidet sie sich schon in der Vorstufe, die bei Aristoteles durch den Begriff der Wissenschaft bezeichnet war. Dieser Vorstufe entspricht bei der jetzigen Einführung der Begriff der Vernunft, sofern dieser noch nicht speziell auf die praktische Grundfrage bezogen wird. Er umfaßt sowohl die praktische wie die theoretische Vernunft und ist insofern umfassender als der Begriff der (theoretischen) Wissenschaft. Im Vernunftbegriff ist der von Aristoteles selbst hervorgehobene, aber dann in der zweiten Stufe der Einführung vernachlässigte Gesichtspunkt der Begründung aufgenommen.

Vor allem unterscheidet sich die jetzige Einführung von der aristotelischen zweitens durch denjenigen Gesichtspunkt, durch den die Philosophie als ausgezeichnete Wissenschaft bzw. Vernunftfrage von den übrigen Wissenschaften bzw. Vernunftfragen unterschieden wird. Denn diese Auszeichnung ist bei der jetzigen Einführung eine praktische. Es gibt eine praktisch ausgezeichnete Vernunftfrage. Wenn wir sie als »Philosophie« bezeichnen, so kommen (obwohl es uns jetzt nicht darauf ankommen sollte) Komponenten im üblichen Vorverständnis des Wortes *sophia*, an dem sich Aristoteles orientiert hatte, zur Geltung, die Aristoteles vernachlässigt hat: ›Philosophie‹ und ›Weisheit‹ als Frage nach dem höchsten Gut, als Frage nach dem Sinn des Lebens und als allgemeine praktisch-theoretische Weltorientierung. Wir nennen denjenigen einen Weisen, der uns mit Rücksicht auf die letzten Ziele und das Leben im ganzen gut raten kann.

In der Durchführung der praktischen Grundfrage finden wir auch den von Aristoteles hervorgehobenen Gesichtspunkt der Universalität wieder, nur daß die Universalität jetzt nicht von den Gegenstandsbereichen her verstanden ist, sondern von der praktischen Frage, die der Idee nach auf eine theoretische Durchdringung der gesamten konkreten Weltsituation angewiesen ist. In die so verstandene ›Philosophie‹ müßten empirische Wissenschaften eingehen, wobei der Zusammenhang sich aus der praktischen Zielsetzung ergäbe. Ich beginne hier im Konjunktiv zu sprechen, weil es eine methodisch geklärte Konzeption einer solchen ›Philosophie‹ bisher nicht gibt und ich auch nicht in der Lage bin, eine solche Konzeption vorzulegen. Meine praktische Einführung bricht also an dem entscheidenden Punkt ab, wo der aus der praktischen Grundfrage gewonnene Vorbegriff von Philosophie bestimmte methodische Konturen gewinnen müßte.

Nur an dem höchsten Punkt der praktischen Grundfrage, bei der Vorfrage nach der Möglichkeit der praktischen Vernunft, gelangen wir auf methodisch vertrauten Boden. Mit der Frage nach der Möglichkeit der praktischen und theoretischen Vernunft, d. h. mit der Frage, wie Aussagen zur Ausweisung gebracht werden können, wird die Theorie des veritativen Seins bzw. der assertorischen Satzform in primärer Orientierung an dem Gesichtspunkt der Begründung wiederaufgenommen. Der von Aristoteles bei dem Schritt zur Formalisierung vernachlässigte Gesichtspunkt der Begründung ist seinerseits einer formalen Thematisierung zugänglich, und die sich daraus ergebende Thematik fällt faktisch mit der zum veritativen Sein im weitesten Sinn (der auch Aussagen umfaßt, in denen Worte wie »gut« vorkommen) erweiterten Thematik der Ontologie zusammen. Wir werden später sehen, daß man einen assertorischen Satz genau dann versteht, wenn man seine Wahrheitsbedingungen kennt und d. h. weiß, wie er zu rechtfertigen ist. Wenn ich dieses spätere Ergebnis jetzt hypothetisch vorwegnehme, kann ich sagen, daß die Aufklärung der Bedeutung einer Aussageform identisch ist mit der Aufklärung, wie Aussagen dieser Form zu rechtfertigen sind. Die Frage nach der Möglichkeit der Vernunft findet also ihre Antwort in einer Semantik der assertorischen Sätze. Allerdings verweist die Frage nach der Möglichkeit der Vernunft nicht unmittelbar über das veritative Sein hinaus auf eine allgemeine formale Semantik. Nichtassertorische Sätze haben keinen Vernunftbezug. Die Berechtigung und Notwendigkeit einer solchen Erweiterung ergibt sich jedoch nicht nur dadurch, daß man etwas nur aufklären kann durch Thematisierung der ganzen Gattung, in die es gehört, und durch Abhebung gegen andere Spezies derselben Gattung. Vielmehr ist schon deutlich geworden, daß wir nicht hoffen können, praktische Aussagen aufzuklären ohne eine Aufklärung der Intentionssätze, Imperative und Wunschsätze. Das Wort »gut« können wir nur auf diesem Weg erklären; also gründet das Verstehen derjenigen assertorischen Sätze, in denen das Wort »gut« vorkommt, auf dem Verstehen dieser nichtassertorischen Satzformen. Meine praktische Einführung der ›Philosophie‹ führt also wenigstens an ihrem höchsten Punkt auf die sprachanalytische Konzeption von Philosophie zurück, wie sie sich uns vorher im Anschluß an die ontologische Ausführung des aristotelischen Vorbegriffs von Philosophie ergeben hatte. In Anlehnung an die aristotelische Formulierung »es gibt eine Wissenschaft, die nach dem Seienden als Seiendem fragt« (oben, S. 35), können wir jetzt sagen: es gibt eine formale Frage, die zu stellen wir eine ausgezeichnete Vernunftmotivation haben: die Frage nach der Möglichkeit der praktischen Vernunft; und diese Frage gehört in die allgemeinere Frage nach der Möglichkeit von Vernunft überhaupt, die identisch ist mit der Frage nach dem Verstehen assertorischer Sätze, einer Frage, die sich ihrerseits in den Rahmen einer allgemeinen formalen Semantik stellt, deren Grundfrage ist, was es heißt, einen Satz zu verstehen, eine Frage, die wiederum (vgl. oben, S. 54) identisch ist mit der Aufklärung der Frage, was es überhaupt heißt, die Bedeutung eines sprachlichen Ausdrucks zu verstehen.

Die ausgezeichnete Vernunftmotivation, die wir für die Frage nach der Möglichkeit der praktischen Vernunft haben, führt uns also in dieselbe semantische Thematik, die sich uns im Ausgang von der Ontologie ergab, aber sie führt in sie über eine bestimmte semantische Struktur – die der praktischen Aussagen –, die für eine allgemeine Aufklärung des semantischen Bereichs nicht am Anfang stehen kann. Die praktische Rangordnung vom Interesse her kongruiert nicht mit der theoretischen Reihenfolge, die sich aus den Sachzusammenhängen ergibt. Das ist auch der Grund, warum es so schwierig ist, denjenigen Begriff von Philosophie, der für die konkrete Durchführung der praktischen Grundfrage steht, in methodisch geklärter Form auszuarbeiten. Und doch wäre das, von dieser praktischen Einführung her gesehen, die wichtigste philosophische Aufgabe.

Anmerkungen

1 Zu den nächsten beiden Seiten vgl. Hampshire, *Thought and Action*, 2. Kapitel (»Intention and Action«).

2 Vgl. jetzt die wesentlich differenzierteren Bestimmungen bei Kenny, *Will, Freedom and Power*, 2. und 4. Kap.

3 Die eben gegebene Erklärung der Handlungsfreiheit aus dem das Handeln bestimmenden Satzverständnis, zu dem immer gleichzeitig ein Bewußtsein der Negation des Satzes gehört, stammt von Aristoteles. Vgl. seine *Metaphysik*, IX, 2 und 5.

4 Zum Begriff der praktischen Frage vgl. Hare, *Freedom and Reason*, 4.3

und 4.5.

5 Die Frage nach der Bedeutung des Wortes »gut« ist die Grundfrage der sprachanalytischen Ethik. Vgl. Moore, *Principia Ethica*; Stevenson, *The Emotive Meaning of Ethical Terms* und besonders Hare, *The Language of Morals*. Außerhalb dieser Tradition stehend, aber besonders lehrreich ist von Wright, *The Varieties of Goodness*. Vgl. auch P. Ziff, *Semantic Analysis*, 6. Kapitel.

6 *Metaph.*, 1006 a 11-25.

Zweiter Teil
Ein erster Schritt: Analyse der prädikativen Satzform

8. Vorlesung

Es war die Absicht des einleitenden 1. Teiles dieser Vorlesung, eine Frage herauszuarbeiten, die sich als Grundfrage der sprachanalytischen Philosophie verstehen läßt. Gleichzeitig sollte die sprachanalytische Konzeption von Philosophie mit anderen philosophischen Positionen konfrontiert und geklärt werden, ob und wie sie sich ihnen gegenüber rechtfertigen läßt. Und dabei mußte zugleich die Idee von Philosophie überhaupt zur Diskussion gestellt werden.

Daß sich uns kein einheitlicher Begriff von Philosophie ergeben hat, ist kein Nachteil. Worauf es in solchen Betrachtungen ankommt, ist, Klarheit zu gewinnen über die verschiedenen Möglichkeiten, wie etwas – in unserem Fall die Idee einer ›ausgezeichneten Wissenschaft‹ – verstanden werden kann und in welcher Beziehung diese verschiedenen Möglichkeiten zueinander stehen. Welche man dann mit dem Wort »Philosophie« bezeichnet, ist sekundär. Wir haben im wesentlichen drei Möglichkeiten kennengelernt, was unter »Philosophie« verstanden werden könnte:

Erstens könnte man im Anschluß an die Ausführungen der 1. Vorlesung alle Aufklärung vorgängigen Verstehens, alle Begriffsklärung bzw. Bedeutungsklärung als Philosophie bezeichnen. Solches Fragen wäre insofern ein ›ausgezeichnetes‹, als es die verstehensmäßigen Voraussetzungen des direkten, nichtreflektierenden Wissens und Fragens betrifft.

Zweitens ergab sich im Anschluß an die aristotelische Einführung ein Begriff von Philosophie als formaler Universalwissenschaft, die als formale Semantik zu verstehen ist.

Der erste dieser beiden Begriffe von Philosophie steht für einen vagen, aber unverzichtbaren methodischen Begriff von sprachanalytischer Philosophie. Demgegenüber hat der zweite Begriff klare thematische Konturen und eine bestimmte Grundfrage. Er stellt, wenn man an dem ersten, weiten Begriff von sprachanalytischer Philosophie festhält, die Grunddisziplin der sprachanalytischen Philosophie dar. Er enthält eine Frage, die gegenüber den Fragen gemäß dem ersten Begriff ihrerseits eine ›ausgezeichnete‹ Frage ist, weil sie die universalen verstehensmäßigen Voraussetzungen allen Verstehens betrifft.

Die ontologische und die transzendentalphilosophische Konzeption von Philosophie haben sich als unzureichende Approximationen an den zweiten Philosophiebegriff erwiesen; und sofern die Transzendentalphilosophie Ansätze enthält, die über diesen Begriff hinausweisen, können diese Ansätze ihrerseits nur sprachanalytisch geklärt werden (6. Vorl.), also mittels eines Vorgehens im Sinn des ersten Philosophiebegriffs.

Ein dritter Philosophiebegriff schließlich steht für diejenige Frage, die ich als praktische Grundfrage bezeichnet habe. Diese Frage nach dem Guten – was zu tun ist; wie wir leben sollen – hat auch historisch seit Sokrates und Platon die Konzeption von Philosophie mitgeprägt, und man könnte die ganze Geschichte der europäischen Philosophie als Auseinandersetzung zwischen diesem praktischen Begriff von Philosophie und dem aristotelischen, theoretisch-formalen ansehen. Auch diese praktische Grundfrage ist eine ›ausgezeichnete‹ Frage, aber sie ist ausgezeichnet in einem anderen Sinn, nämlich als die einzige Frage, für die es eine unmittelbare und absolute Vernunftmotivation gibt. Für welchen Sinn von »ausgezeichnet« sollen wir uns nun entscheiden, für den, der zu dem zweiten, oder für den, der zu dem dritten Philosophiebegriff führt? Wenn mit dieser Frage gemeint ist, welche Frage man als Philosophie bezeichnen soll, so ist sie unentscheidbar und auch belanglos. Es ist gleichgültig, welche Art des Fragens wir mit dem Etikett »Philosophie« versehen. Wenn aber mit der Frage gemeint ist, für welche Art des Fragens man sich vernünftigerweise entscheiden soll, welche Frage man stellen soll, so ergibt sich analytisch, daß nur der dritte Philosophiebegriff in Frage kommt.

Ich war nicht in der Lage, dieser Art von Philosophie klare Konturen zu geben. Es bedarf freilich keiner langen Überlegungen, um sich klarzumachen, daß die Frage, was zu tun ist, keine semantische Frage ist. Der höchste Begriff von Philosophie, in dem Sinn, daß er der einzige ist, der von seiner Motivation her ausgezeichnet ist, ist also kein sprachanalytischer Begriff von Philosophie.

Wir haben allerdings gesehen, daß auch dieser dritte Philosophiebegriff auf unseren zweiten zurückweist, sofern man die Vorfrage nach der Möglichkeit einer praktischen Vernunft – nach der Möglichkeit der Ausweisbarkeit von praktischen Aussagen – nur klären kann in eins mit der Aufklärung der Form dieser Sätze (S. 122).[1] Es wäre jedoch sophistisch, wenngleich für die Gewissenserleichterung des theoretischen Philosophen sehr angenehm, aus diesem

Zusammenhang zu folgern, daß die unbedingte Vernunftmotivation, die für den dritten Philosophiebegriff besteht, auf den zweiten Philosophiebegriff übergeht. Es ist zwar richtig, daß die Frage nach der Möglichkeit, die praktische Frage zu stellen, dieser Frage methodisch vorausgeht, aber daraus folgt nicht, daß sie ihr praktisch vorausgehen soll. Denn die praktische Grundfrage verträgt keinen Aufschub; und es hieße nur ihr ausweichen, wenn man sich einreden wollte, daß man sie, ohne die methodisch notwendigen Vorfragen geklärt zu haben, gar nicht stellen kann. Und wer garantiert dafür, daß man in der formalen Vorfrage nicht steckenbleibt? In dieser Vorlesung jedenfalls werde ich nicht einmal bis zur Semantik der praktischen Aussagesätze kommen und also in einer Vorfrage zur Vorfrage steckenbleiben.

Nach dieser Warnung kann ich mit dem Hauptteil der Vorlesung beginnen. Ich hatte in der 1. Vorlesung in Aussicht gestellt, daß ich keine Resultate oder Überblicke bringen, sondern mit Ihnen gemeinsam eine sprachanalytische Grundfrage verfolgen möchte. Von den Umrissen der sprachanalytischen Grunddisziplin haben wir nun eine ungefähre Idee gewonnen. Wie können wir damit beginnen, dieses thematische Feld zu bearbeiten?

Folgendes Vorgehen scheint sich nahezulegen: nachdem sich als das Unbefriedigende an der Ontologie die Beschränkung auf eine einzige oder günstigenfalls zwei semantische Formen erwiesen hat – die singulären Termini und die Prädikate –, müßte eine genuine Reflexion auf die Satzformen sich erst einmal der Totalität der in Frage kommenden formalen Unterscheidungen versichern, um dann auf dieser Basis die Frage nach dem Verstehen der Sätze in der erforderlichen systematischen Allgemeinheit durchzuführen.

Ein derartiges systematisches Vorgehen ist jedoch nicht möglich, wenn die kategorialen Mittel der Analyse noch gar nicht zur Verfügung stehen. Wir wissen ja überhaupt noch nicht, wie nach der Bedeutung eines sprachlichen Ausdrucks gefragt werden kann, geschweige denn danach, was es heißt, eine semantische Klasse von Ausdrücken bzw. die Zusammensetzung von Ausdrücken verschiedener Klassen zu verstehen. Ja wir haben noch nicht einmal einen klaren Begriff von semantischer Form, und wir haben also auch noch kein Verfahren, wie wir Sätze semantisch gliedern und so die eben geforderte Totalität der formalen Unterscheidungen gewinnen können. Die wenigen Unterscheidungen, die ich in den einführenden Überlegungen durchgeführt habe, waren ja durchaus vorläufige, die nur eine gewisse Plausibilität in Anspruch nehmen konnten, um auf diese Weise überhaupt einen Ausblick auf das Untersuchungsfeld zu gewinnen. Es war lediglich die semantische Klasse der singulären Termini, die sich durch den traditionell vorgegebenen Begriff des Gegenstandes abzeichnete, sowie die komplementäre Klasse der Prädikate (der generellen Termini), und auch bei der Herausstellung dieser Klassen mußte ich auf ungeklärte Gesichtspunkte, wie z. B. den der Verwendungsweise, vorgreifen. Ebenso tastend blieben die Unterscheidungen zwischen propositionalem Gehalt und Modus und insbesondere die Unterscheidung der verschiedenen Modi untereinander. Die Forderung, die Betrachtung von den Gegenständen auf das Verstehen der Sätze zu erweitern, darf daher nicht so verstanden werden, als stünde uns mit den Sätzen ein Untersuchungsfeld offen, auf das wir nur einzugehen brauchten. Gerade wenn wir die formale Semantik als Nachfolgedisziplin der Ontologie auffassen wollen, müssen wir erst einmal eine der ontologischen vergleichbar fundamentale Begrifflichkeit herausarbeiten, in der dieses Untersuchungsfeld zugänglich werden kann.

Natürlich kann die einem Sachbereich angemessene Begrifflichkeit nur in der Analyse dieses Sachbereichs selbst gewonnen werden. Doch ergibt sich ein methodisch ganz verschiedenartiges Vorgehen, je nachdem, ob man (wie in der Einzelwissenschaft, in unserem Fall der Sprachwissenschaft) geradezu auf die theoretische Aufarbeitung eines Bereichs ausgeht, sie zunächst mit einer vorhandenen Begrifflichkeit vornimmt und die Entwicklung einer angemesseneren Begrifflichkeit dem wissenschaftlichen Fortschritt überläßt oder ob man (wie in der philosophischen Grundlagenforschung) an das Untersuchungsfeld mit der primären Absicht herangeht, eine angemessene Begrifflichkeit herauszuarbeiten. Während man im ersten Fall die Untersuchungen am konkreten Material so durchführen wird, daß die verfügbare (und als unzureichend erkannte) tradierte Begrifflichkeit (und damit jede Begrifflichkeit) möglichst wenig zur Geltung kommt, werden wir im zweiten Fall solche Analysen vornehmen müssen, die darauf ausgerichtet sind, die Angemessenheit der bisherigen Begrifflichkeit zur Entscheidung zu stellen und, wenn sie sich als unzureichend erweist, eine neue Begrifflichkeit zu entwickeln. Konkret heißt das:

Der Grundbegriff der bisherigen Philosophie ist der des Seienden oder Gegenstandes. Auch der Grundbegriff der neuzeitlichen Philosophie – der des Bewußtseins – wird verstanden im Sinn eines Bewußtseins von Gegenständen. Das führt dazu, daß jede neue philosophische oder wissenschaftliche Thematik erst einmal von daher verstanden wird. Für die Semantik ergibt sich daraus, daß die Frage, was es heißt, einen sprachlichen Ausdruck zu verstehen, zunächst, scheinbar unverfänglich, so beantwortet wird, daß das, was man versteht, wenn man einen Ausdruck versteht, die *Bedeutung* des Ausdrucks ist; und dies denkt man sich so, daß der Ausdruck *für* die Bedeutung steht, die der, der den Ausdruck versteht, sich *vorstellt*, und was man sich vorstellt, ist ein *Gegenstand*. Obwohl es also eine Besonderheit einer bestimmten Klasse von Ausdrücken ist (der singulären Termini), daß sie für Gegenstände stehen, und obwohl auch bei ihnen zwischen Bedeutung und Gegenstand zu unterscheiden ist, führt der Umstand, daß in der Tradition gar keine andere Begrifflichkeit verfügbar ist, dazu, auch die Bedeutung dieser Ausdrücke und die Bedeutung jedes Ausdrucks als Gegenstand aufzufassen. Wo in der sprachwissenschaftlichen Forschung das Unpassende dieser Auffassungsweise empfunden wird, ohne daß man schon eine grundsätzlich neue zur Verfügung hätte, vermeidet man einen so anstößigen Begriff wie »Gegenstand« und verwendet eine unverfänglichere Terminologie, indem man etwa von ›Inhalten‹ spricht oder sich auch einfach darauf beschränkt zu sagen, daß jeder Ausdruck für etwas steht, und es ganz offen läßt, wie dieses ›etwas‹ zu verstehen ist.

Wir werden gerade umgekehrt vorgehen müssen: Begriffe, deren Vorteil nur in ihrer Unbestimmtheit liegt, müssen wir vermeiden; sagt man, der Ausdruck steht statt für einen Gegenstand für einen Inhalt oder einfach für etwas, so hat man nur Prägnanz verloren und nichts gewonnen; entscheidend für uns muß die Frage sein, ob man überhaupt sagen kann, der Ausdruck *stehe für* etwas, und wenn sich das als falsch erweist, müssen wir eine der gegenständlichen Auffassung vergleichbar fundamentale neue Auffassung herauszuarbeiten versuchen.

Der erste, kritisch-destruktive Schritt – die Erprobung der Tragfähigkeit des traditionellen, gegenstandstheoretischen Ansatzes in seiner Anwendung auf das Verstehen sprachlicher Ausdrücke – erscheint relativ verständlich. Daß sich eine Begrifflichkeit, die für eine bestimmte und engere Thematik entwickelt worden war, in ihrer Anwendung auf eine andere und weitere Thematik als inadäquat erweisen läßt, leuchtet ein. Aber wie soll man sich den zweiten, konstruktiven Schritt vorstellen? Wenn wir die traditionelle Perspektive ausschalten und nun gewissermaßen perspektivenlos auf unser thematisches Feld eingehen, wird es nicht in einem neuen Licht, sondern in gar keinem Licht erscheinen. Eine neue Begrifflichkeit läßt sich nie direkt an einem begrifflos vorgegebenen thematischen Feld gewinnen, sondern immer nur in der Reflexion auf die Schwächen oder Grenzen einer bisherigen Begrifflichkeit. Die Kritik der gegenstandstheoretischen Position in ihrer Anwendung auf die Bedeutungsfrage soll also keineswegs nur den negativen Sinn haben, eine unzureichende Begrifflichkeit aus dem Weg zu räumen, sondern diese Kritik bildet, wenn sie von vornherein mit einer solchen Intention durchgeführt wird, den unabdingbaren Ansatz für die positive Aufgabe der Herausarbeitung einer adäquateren Begrifflichkeit. Freilich ist nicht jede Art der Kritik einer vorgegebenen Begrifflichkeit konstruktiv; wohl aber gilt umgekehrt, daß es im Bereich der Grundlagenforschung keinen Fortschritt gibt, der nicht aus der Auseinandersetzung mit der bisherigen Begrifflichkeit hervorginge. Diese Verknüpfung zwischen abbauender und aufbauender begrifflicher Arbeit läßt sich insbesondere an einem Zusammenhang exemplifizieren, der sich im Verlauf dieser Vorlesung wiederholt als grundlegend für einen neuen Schritt erweisen wird: Wenn eine vorgegebene Begrifflichkeit sich in ihrer Anwendung auf ein weiteres thematisches Feld als unzureichend erweist, sieht man sich genötigt, auf Voraussetzungen dieser Begrifflichkeit zu reflektieren, auf die innerhalb der bisherigen Auffassung nicht reflektiert zu werden brauchte; man gelangt so zu einer allgemeineren Begrifflichkeit, die der bisherigen Begrifflichkeit zugrundeliegt, die nun aber auch *andere* begriffliche Ausdeutungen zuläßt. Solche neuen begrifflichen Ausdeutungen ergeben sich freilich nie in einer bloß abstrakten Grundlagenreflexion, sondern jeweils nur unter dem Druck neuer Gegebenheiten des thematischen Feldes, die mit der bisherigen Begrifflichkeit nicht verständlich zu machen sind. Wir werden sehen, daß diese kritisch-konstruktive Figur nicht nur wichtig wird für die Herausarbeitung einer spezifisch sprachanalytischen Begrifflichkeit gegenüber der traditionellen gegenstandstheoretischen, sondern daß sie sich auch innerhalb der sprachanalytischen Position wiederholt.

Die Auseinandersetzung mit Gesichtspunkten der traditionellen

Philosophie war also keineswegs nur eine Angelegenheit der Einleitung in die Thematik des sprachanalytischen Philosophierens. Sofern dieses Philosophieren – wie auch jedes frühere prinzipielle Philosophieren – begriffliche Grundlagenforschung ist und sich nicht einfach – was natürlich viele analytische Philosophen tun, aber das ist für uns irrelevant – mit irgendwelchen Teilproblemen beschäftigt, vollzieht es selbst sich wesentlich als Auseinandersetzung mit der traditionellen Philosophie. In der Einleitung dieser Vorlesung betraf die Auseinandersetzung mit traditionellen Konzeptionen nur die Ausgrenzung des thematischen Feldes. Jetzt hingegen wird die Auseinandersetzung die Begrifflichkeit betreffen.

Die Absicht dieses Hauptteils der Vorlesung ist erstens nachzuweisen, daß man die Bedeutung von Sätzen nicht gegenständlich verstehen kann (9.-10. Vorl.), zweitens eine neue Begrifflichkeit herauszuarbeiten, mit der wir das Verstehen wenn nicht aller Sätze, so doch wenigstens aller assertorischen Sätze verständlich machen können (11.-19., 27. Vorl.), und drittens zu zeigen, daß sich der traditionelle Grundbegriff des Gegenstandes seinerseits nur auf der Basis dieser neuen Begrifflichkeit verstehen läßt (20.-27. Vorl.).

Wenn es stimmt, daß wir eine neue Begrifflichkeit, mit der man das Verstehen sprachlicher Ausdrücke verständlich machen kann, nur gewinnen können, indem wir uns explizit von der gegenstandstheoretischen Auffassung abstoßen, dann empfiehlt sich für die Methode unseres Unternehmens erstens, die Untersuchung zunächst auf solche semantischen Strukturen einzuschränken, die im Gesichtsfeld der traditionellen Philosophie standen, und zweitens von der Kritik einer zwar schon modernen, aber doch noch traditionell orientierten Bedeutungstheorie auszugehen, die versucht, die gegenstandstheoretische Begrifflichkeit in der Semantik bis zum äußersten auszuschöpfen.

Was den ersten Punkt betrifft, so liegt es nahe, jedenfalls von den nichtassertorischen Sätzen vorerst ganz abzusehen, da diese Sätze überhaupt nicht in der Reichweite der traditionellen Begrifflichkeit liegen. Darüber hinaus erscheint es sinnvoll, daß wir uns vor allem auf die prädikative Satzform konzentrieren. Obwohl die Tradition auch andere Formen von Aussagesätzen kannte, ist das traditionelle semantische Verständnis lediglich bei den prädikativen Sätzen überhaupt diskutabel (zu anderen Formen vgl. unten, 17. und 18.

Vorl.), und die Struktur des prädikativen Satzes galt weitgehend als die allgemeine Struktur des assertorischen Satzes bzw. des Urteils überhaupt.[2] Es ist kein Zufall, daß sich uns bei der Auseinandersetzung mit der Ontologie relativ leicht gerade die zwei semantischen Klassen der singulären und der generellen Termini ergaben, also die beiden Bestandteile des prädikativen Satzes. Kommt man von der Orientierung an den Gegenständen her, so scheint der prädikative Satz der am einfachsten verständliche zu sein, da er außer einer Gegenstandsbezeichnung nur ein weiteres Glied enthält. Darüber hinaus kann man auch von der Sache her vermuten, daß die prädikative Aussage, in der ein Einzelnes klassifiziert wird, die elementarste und allen weiteren semantischen Gliederungen zugrundeliegende Form der assertorischen Rede ist.

Als Vertreter einer traditionellen Position, mit dessen Kritik wir beginnen können, bietet sich Husserl an. Husserl hat einerseits die Problematik der Bedeutung sprachlicher Ausdrücke bereits gesehen und, schon unter dem Einfluß von Frege, durchaus versucht, die Bedeutung eines Ausdrucks nicht als seinen Gegenstand aufzufassen, andererseits ist er – anders als Frege – an die Problematik von einem philosophischen Grundansatz herangegangen, in dem auch der subjektive (psychologisch-erkenntnistheoretische) Aspekt nicht wie bei Frege ausgeklammert blieb und der ein dezidiert gegenstandstheoretischer Ansatz war. Außerdem hat Husserl in seiner Theorie der kategorialen Synthesis eine in der voranalytischen Tradition einzigartige Anstrengung unternommen, das Problem, wie sich die Bedeutung eines komplexen Ausdrucks (insbesondere eines Satzes) aus der Bedeutung seiner Glieder ergibt, mit der traditionellen Begrifflichkeit zu lösen. Die Schwierigkeiten und schließlich Ausweglosigkeiten, in die Husserls Semantik gerät, können daher als exemplarisch angesehen werden für die Möglichkeit, mit einer gegenstandstheoretischen Begrifflichkeit das Verstehen sprachlicher Ausdrücke und insbesondere ihrer Zusammensetzung verständlich zu machen.

Das Scheitern der traditionellen Auffassung, derzufolge sprachliche Ausdrücke allgemein dazu verwendet werden, für etwas zu stehen, wird uns dazu führen, den in der traditionellen Auffassung vorausgesetzten, aber unreflektierten Tatbestand der *Verwendungsweise* der sprachlichen Ausdrücke zu thematisieren und nach einem neuen Verständnis Ausschau zu halten. Es gibt in der analytischen Philosophie zwei Ansätze für die Erklärung des Verstehens sprachlicher Ausdrücke und insbesondere assertorischer Sätze. Die eine Richtung, die vom späten Wittgenstein ausgeht, sagt: einen Satz verstehen, heißt wissen, wie er zu verwenden ist. Die andere Richtung, die von Frege über den frühen Wittgenstein, Carnap und Tarski bis Davidson und andere reicht, sagt: einen assertorischen Satz verstehen, heißt wissen, unter welchen Bedingungen er wahr bzw. falsch ist. Wir werden sehen, daß eine befriedigende Aufklärung der Bedeutung der assertorischen und speziell prädikativen Sätze und ihrer Glieder nur zu gewinnen ist, wenn man diese Ansätze in bestimmter Weise verbindet. Jedenfalls mag vorneweg plausibel erscheinen, daß der Wahrheitsbegriff für die Begrifflichkeit einer Theorie des Verstehens assertorischer Sätze eine vergleichbar grundlegende Stellung einnimmt, wie sie dem Gegenstandsbegriff für die ontologische und transzendentalphilosophische Begrifflichkeit zukam. Natürlich kommt der Wahrheitsbegriff auch schon in der traditionellen Philosophie vor, und andererseits bleibt der Begriff des Gegenstandes auch in der analytischen Philosophie erhalten. Während aber in der Tradition der Wahrheitsbezug von der Bezugnahme auf Gegenstände her verstanden wurde, werde ich zu zeigen versuchen, daß die Bezugnahme auf Gegenstände wesensmäßig ein Moment des Wahrheitsbezugs ist, wie ja auch die Funktion der singulären Termini nur aus ihrer Rolle in einem Satz zu verstehen ist. Allerdings werden wir uns nicht mit dem Wahrheitsbegriff als einer Letztgegebenheit begnügen dürfen. Freilich ist das Wort »wahr« nicht definierbar. Es wird eine unserer ersten Aufgaben nach dem Nachweis des Scheiterns des gegenstandstheoretischen Ansatzes sein, zu klären, wie überhaupt philosophisch nach der Bedeutung von Ausdrücken und semantischen Klassen von Ausdrücken gefragt werden kann, und es wird sich dann herausstellen, daß die Erklärung des Wortes »wahr« zusammenfällt mit der Erklärung der assertorischen und letztlich der prädikativen Satzform (18., 27. Vorl.).

Über diesen ersten Schritt in der Erarbeitung einer analytischen Grundbegrifflichkeit werde ich in diesen Vorlesungen nicht hinauskommen. Mit der Zurücknahme der Bezugnahme auf Gegenstände in das Verstehen einer Art von Sätzen ist derjenige Schritt in der begrifflichen Grundlagenforschung abgeschlossen, für den die Auseinandersetzung mit der voranalytischen, gegenstandstheoretischen Tradition konstitutiv ist. Den nächsten grundlegenden Schritt, der die Erweiterung der Problematik von den assertorischen auf die nichtassertorischen Sätze betrifft, werde ich in der letzten Vorlesung nur noch andeuten. Dieser Schritt ist derjenige, der heute von vielen analytischen Philosophen als der nächste fällige Schritt angesehen wird, nachdem man sich bisher weitgehend auf die assertorischen Sätze beschränkt hat. Es scheint klar, daß man die Rede von Wahrheitsbedingungen nicht oder nicht ohne weiteres auf Sätze übertragen kann, für die es nicht charakteristisch ist, daß sie einen Wahrheitsanspruch enthalten. Wir stehen hier also erneut vor einer unzureichenden Begrifflichkeit, diesmal der des Wahrheitsbezugs, bei der man sich wieder fragen kann, ob sie sich nicht, indem man auf ihre Grundlagen reflektiert, so erweitern läßt, daß sich eine Begrifflichkeit ergibt, die das für alle Sätze leistet, was mit dem Wahrheitsbegriff für die assertorischen Sätze erreicht wurde. Wieder also würde der nächste Schritt in der Grundlagenfrage nicht schon dadurch erreicht werden, daß man sich einfach den bisher nicht berücksichtigten semantischen Formen zuwendet, sondern nur so, daß dies in gleichzeitiger Auseinandersetzung mit der bisher verfügbaren Grundbegrifflichkeit erfolgt; nur daß diese nun nicht mehr eine traditionelle, sondern selbst bereits eine analytische ist.

Natürlich muß man offenlassen, ob der Wahrheitsbegriff (immer vorausgesetzt, daß er sich für den jetzt anstehenden Schritt, die Aufklärung der assertorischen Sätze, tatsächlich als grundlegend erweist) wirklich geeignet ist, seinerseits als Ausgangsbasis für die gesuchte weitere Begrifflichkeit zu dienen. Aber wenn dieser Ansatz scheitert, stellt sich die Frage, von welcher anderen Begrifflichkeit man ausgehen will; die Vorstellung, daß man von gar keiner bisherigen, begrenzteren Begrifflichkeit auszugehen braucht und daß sich eine neue Begrifflichkeit schon in der Konfrontation mit den neuen Gegebenheiten von selbst einstellen wird, ist naiv. Hier liegt also der Grund, warum wir, wenn wir nicht nur irgendeine Bestandsaufnahme, sondern begriffliche Klärung suchen, nicht gleich mit einer formalen Semantik im ganzen beginnen können, sondern in das thematische Feld Schritt für Schritt eindringen müssen, wobei die Reihenfolge der Schritte nicht durch Faktoren des thematischen Feldes, sondern durch die jeweils verfügbare Begrifflichkeit vorgezeichnet ist.

Nun könnte freilich gerade die von mir in der Einleitung hervorgehobene Struktur aller Sätze – M*p* – Zweifel an diesem Vorgehen wecken. Ich hatte darauf hingewiesen, daß alle weitere formale

Untergliederung zum propositionalen Gehalt gehört. Wir müssen also erwarten, daß es eine prädikative Form usw. auch bei den nichtassertorischen Sätzen gibt. Wäre es dann nicht systematisch viel befriedigender, wenn wir uns nicht zuerst auf die assertorischen Sätze beschränken, sondern so vorgehen würden, wie John Searle in seinem Buch *Speech Acts:* in einem ersten Abschnitt die Semantik der verschiedenen Modi zu untersuchen und in einem zweiten Abschnitt die Semantik der propositionalen Strukturen unter Absehung von den Modi? In der Tat wäre das systematisch befriedigender, aber ich sehe nicht die begrifflichen Mittel, mit denen wir ein solches Unternehmen durchführen können. Insbesondere muß ich auf zwei Schwierigkeiten hinweisen: Erstens sind sowohl Modus wie propositionaler Gehalt abstrakte Momente von Sätzen, deren Sinn wir nicht gerade am Anfang unseres Unternehmens klar zu fassen hoffen können, und damit hängt zusammen, daß es für die Analyse weder des einen noch des anderen Glieds eine traditionelle Vorbegrifflichkeit gibt, von der wir uns bei der Entwicklung der für ihre Analyse erforderlichen Begrifflichkeit abstoßen könnten. Zweitens: da es sich um zwei Momente und nicht um zwei Bestandteile handelt, darf man sich die Gliederung M*p* nicht so denken, daß die Begrifflichkeit, die für die Analyse des einen Gliedes erforderlich ist, von der Begrifflichkeit, die für die Analyse des anderen Gliedes erforderlich ist, unabhängig sein könnte. Dann erscheint es aber äußerst unwahrscheinlich, daß eine Analyse zuerst der Modi und dann des propositionalen Gehaltes zu einem Ergebnis führen würde, das grundsätzlichen Ansprüchen genügen könnte. Und da man nicht alles auf einmal machen kann, bleibt gar nichts anderes übrig, als die allgemeine Semantik der Formen des propositionalen Gehaltes in der Weise vorzubereiten, daß man einige dieser Formen zuerst im Zusammenhang mit *einem* Modus analysiert, und dazu eignet sich natürlich der traditionell vertrauteste, der Aussagemodus; und erst jener nachträgliche Abstraktionsschritt, auf den ich schon hingewiesen habe, der über die Begrifflichkeit, die sich für die Analyse der assertorischen Sätze bewährt, hinausführen müßte, würde dann sowohl ein Verständnis der anderen Modi als auch eine Begrifflichkeit ermöglichen, in der wir die Formen des propositionalen Gehaltes unabhängig von den einzelnen Modi verstehen können. Wir sehen uns also erneut auf ein stufenweises Vorgehen verwiesen. So überzeugend Searles Programm ist, es ist ein Programm für die Zukunft, wie sich auch an der begrifflichen Unergiebigkeit von Searles eigener Durchführung erkennen läßt, auf die ich erst später eingehen werde (S. 506). Man muß durchaus einsehen, daß, wie in jeder Forschung, so auch in der philosophischen Grundlagenforschung, die methodische Schrittfolge in der Analyse nicht der methodischen Systematik der nachfolgenden Darstellung entspricht.

Bevor wir nun in der nächsten Stunde unser Unternehmen mit der Prüfung von Husserls Semantik der prädikativen Satzform beginnen, möchte ich heute noch die Fragen nennen, die uns dabei leiten müssen. Wir werden es jetzt zum ersten Mal mit Bedeutungsfragen zu tun haben, und wir sollten solche Fragen in einer Form stellen, die mit möglichst wenig Voraussetzungen beladen ist. Wenn man fragt »welches ist die Bedeutung des Ausdrucks ›rot‹?«, meint man offenbar dasselbe, wie wenn man fragt »wie ist der Ausdruck ›rot‹ zu verstehen?« Wir können nicht von der Bedeutung eines Ausdrucks sprechen, ohne auf ein Verstehen zu verweisen, wohl hingegen von dem Verstehen eines Ausdrucks, ohne auf eine Bedeutung bezugzunehmen. Es erscheint daher unverfänglicher, eine Bedeutungsfrage so zu formulieren: »wie ist der Ausdruck ›A‹ zu verstehen?« als so: »welches ist die Bedeutung des Ausdrucks ›A‹?« Eine gegenstandstheoretische Bedeutungstheorie wird sich freilich eher an der zweiten Fassung orientieren, weil sie analog formuliert ist zu der Frage »welches ist der Gegenstand, für den der Name ›N‹ steht?« Nun kann aber der Gegenstandstheoretiker auch gegen die erste Fassung nichts einwenden, und da wir bei der Formulierung der *Frage* nicht schon eine bestimmte Antwort präjudizieren sollten, sollten wir zwar nicht puristisch die natürliche Rede von der Bedeutung eines Ausdrucks vermeiden, uns aber auch nicht zu Fragen verleiten lassen, die nur von dieser Redeweise nahegelegt werden.

Nun haben wir es aber nicht mit einer so einfachen semantischen Frage zu tun wie der nach der Bedeutung des Wortes »rot«. Die Frage nach dem Verstehen der prädikativen Satzform ist von einer solchen Frage durch zweierlei unterschieden. Erstens betrifft sie die Bedeutung eines Ausdrucks (wie etwa »der Ball ist rot«), der aus zwei Gliedern zusammengesetzt ist, von denen jedes schon eine Bedeutung hat, die aber in ihrer Zusammensetzung eine einheitliche Bedeutung ergeben. Da uns dabei die Frage interessiert, wie das Verstehen des Satzganzen abhängt von dem Verstehen der beiden Satzteile, müssen wir nun zweitens von der bestimmten inhaltlichen Bedeutung dieses Satzes bzw. seiner Glieder abstrahieren, und wir fragen nun nach dem Verstehen der *Satzform* »Fa« bzw. »Fab« (vgl. oben, S. 42).

Wenn man fragt, wie ein Ganzes sich aus Teilen aufbaut, besteht offenbar eine Interdependenz zwischen einem richtigen Verständnis der Teile (als Teile dieses Ganzen), des Ganzen und der Zusammensetzung. Wir müssen daher von einer Aufklärung der prädikativen Satzform eine Antwort auf folgende vier Fragen erwarten: 1. wie wird ein singulärer Terminus verstanden? 2. wie wird ein Prädikat verstanden? 3. wie wird die Zusammensetzung eines singulären Terminus mit einem Prädikat verstanden? 4. wie wird ein (prädikativer) Aussagesatz verstanden?

Diese formalsemantischen Fragen lassen sich schon nicht mehr so leicht mit Hilfe des Wortes »Bedeutung« formulieren. Es liegt hier nahe, die »als«-Formel der Ontologie einzusetzen und z. B. zu fragen: »worin besteht die Bedeutung eines Prädikats als solche?«, aber die Frage, worin die Bedeutung *besteht*, ist nicht selbstverständlich und hat auch keinen klaren Sinn; sie könnte sich als Pseudofrage erweisen. Bei der 3. Frage schließlich scheint die Bezugnahme auf eine Bedeutung kaum noch zu passen, es sei denn, man wollte annehmen, daß auch der Zusammensetzung ›eine Bedeutung‹ irgendwie korrespondiert.

Wegen dieser Schwierigkeiten habe ich die vier Fragen gleich so formuliert, daß ein Wort wie »Bedeutung« oder »Sinn« – ich betrachte diese beiden Ausdrücke mit Husserl als Synonyma – in ihnen nicht vorkommt. Aber auch wenn wir uns an das Wort »Verstehen« halten, ist es keineswegs klar, wie solche formalsemantischen Fragen zu formulieren sind. Ich habe bei früherer Gelegenheit die Formulierung »was heißt es, ein Prädikat zu verstehen?« verwendet, aber schon bemerkt, daß diese Formulierung nur als vorläufig angesehen werden kann (S. 53 f.). Eine klare Formulierung unserer Fragen könnten wir nur gewinnen, wenn uns klar wäre, welchen Typ Antwort wir erwarten. Wir befinden uns also in der mißlichen, aber in der Philosophie nicht ungewöhnlichen Lage, daß wir nicht klar wissen, wonach wir eigentlich fragen. Wichtig ist in solchen Fällen, daß man wenigstens weiß, daß man es nicht weiß.

Wir werden also im Auge behalten müssen, daß auch die Fragen selbst im Verlauf ihrer Beantwortung klarer werden. Dabei werden wir insbesondere darauf achten müssen, daß die formalen semantischen Fragen (z. B. nach dem Verstehen der Prädikate) den erforderlichen Zusammenhang mit den schlichten semantischen Fragen (z. B. nach der Bedeutung von »rot«) bewahren, aus denen sie sich durch Formalisierung ergeben. Wir müssen daher eine Form auch schon für die schlichten semantischen Fragen finden, die sich auf die formalisierten Fragen übertragen läßt. Eine solche Möglichkeit, auf die ich vorgreifend hinweisen möchte, ist, daß man auch die Frage nach ›dem Verstehen‹ z. B. des Ausdrucks »rot« entsubstantiviert und fragt: »unter welchen Bedingungen sagen wir von jemandem, daß er den Ausdruck ›rot‹ versteht?« Auch diese Rede von Bedingungen (oder den ›Bedingungen der Möglichkeit‹) ist freilich so ein philosophisches Substantivmonster. Offenbar können wir das Gemeinte durch überhaupt kein Substantiv, sondern nur durch einen Satz zum Ausdruck bringen, indem wir sagen: die Antwort, die wir auf die Frage nach dem Verstehen des Ausdrucks »rot« anvisieren, müßte die Form haben: »jemand versteht den Ausdruck ›rot‹ genau dann, wenn . . .«. Und diese Formulierung ließe sich nun leicht auf die formalisierte semantische Frage übertragen. Wenn wir nach dem Verstehen der Prädikate fragen, ist eine Antwort der Form gesucht »jemand versteht ein Prädikat ›F‹ genau dann, wenn . . .«. Es liegt nun nahe, sich die Ergänzung dieses Wennsatzes sowohl bei der schlichten wie bei der formalisierten semantischen Frage so zu denken, daß auf die Verwendungsweise des Ausdrucks bezuggenommen wird. Und da darin ein entschiedenes Präjudiz gegen die gegenstandstheoretische Position zu liegen scheint, wollte ich diese Perspektive jetzt auch nur nennen, nicht festhalten. Ich werde auf diese Frage, in welcher Form die formalsemantischen Fragen zu stellen sind, bei Beginn der positiv analytischen Überlegungen im Anschluß an einen Grundsatz von Wittgenstein zurückkommen (11. und 12. Vorl.).

Kehren wir nun zu den genannten vier Fragen zurück. Offenbar ist die 3. Frage – wie die Zusammensetzung des singulären Terminus mit dem Prädikat verstanden wird – die Kernfrage. Aus ihrer Klärung müßte sich unmittelbar auch die Antwort auf die 4. Frage – wie der prädikative Satz verstanden wird – ergeben. Wir können auch erwarten, daß eine angemessene Beantwortung der ersten beiden Fragen nur möglich ist, wenn die 3. Frage schon miteinbezogen wird, denn nur, wenn sich zeigen läßt, daß jeder der beiden Satzteile bereits auf die Zusammensetzung mit dem anderen Teil hin verstanden wird, kann man erwarten, daß sich eine einheitliche

Bedeutung des ganzen Satzes und nicht ein bloßes Agglomerat zweier Bedeutungen ergibt.

Es würde daher naheliegen, mit der 3. Frage zu beginnen oder sie mindestens von vornherein mit einzubeziehen. Wenn wir jedoch von der gegenstandstheoretischen und speziell der Husserlschen Theorie ausgehen wollen, müssen wir uns zuerst nach der Reihenfolge richten, die sich für diese Theorie aus ihrem Ansatz ergibt. Für den gegenstandstheoretischen Ansatz ist es charakteristisch, daß er gerade nicht von der Zusammensetzung des Satzes ausgeht, sondern primär an demjenigen Satzteil orientiert ist, der für einen Gegenstand steht – am singulären Terminus –, und dann auch den ganzen Satz so auffaßt, daß er für einen Gegenstand steht. Bei der Husserlinterpretation werden wir daher von der 1. Frage ausgehen müssen, dann zu einer ersten Entscheidung über die 4. Frage geführt werden und erst danach die 2. und die 3. Frage gemeinsam behandeln können. An der Frage, wie Prädikate verstanden werden, scheitert Husserls Ansatz und der gegenstandstheoretische Ansatz überhaupt. Bei den Prädikaten werden wir daher die Einbruchstelle finden für die Entwicklung einer neuen, spezifisch sprachanalytischen Auffassung. Daher werde ich bei der Erarbeitung der sprachanalytischen Auffassung in der umgekehrten Reihenfolge vorgehen, mit der 2. Frage – den Prädikaten – beginnen (11. und 12. Vorl.), dann eine Untersuchung zur 4. Frage – dem Verstehen von Aussagesätzen überhaupt – einschalten (13.-16. Vorl.) und erst am Schluß (20.-27. Vorl.) die sprachanalytische Auffassung der singulären Termini entwickeln. Dabei wird sich zeigen, daß die singulären Termini die semantische Analyse in Wirklichkeit vor viel größere Schwierigkeiten stellen als die Prädikate und daß die gegenstandstheoretische Analyse die semantische Kategorie der singulären Termini, für deren Klärung sie scheinbar prädestiniert war, ganz unzureichend erklärt. Da in der sprachanalytischen Analyse singulärer Terminus und Prädikat wesentlich als Satzteile verstanden werden, wird dann aus der Klärung der ersten beiden Fragen die Beantwortung der 3. und 4. Frage von selbst folgen.

Zum Schluß möchte ich noch auf ein Bedenken eingehen, das sich wahrscheinlich einigen von Ihnen während meiner letzten Ausführungen nahegelegt hat. Ich beginne sogleich mit der Frage nach der Bedeutung eines zusammengesetzten Ausdrucks. Wäre es nicht systematisch angemessener, zuerst zu klären, wie überhaupt die

Bedeutung eines Ausdrucks und dann doch wohl insbesondere die eines nicht zusammengesetzten Ausdrucks zu verstehen ist, um so überhaupt erst eine Basis zu haben für die Frage, wie sich die Bedeutung eines zusammengesetzten Ausdrucks aus den Bedeutungen seiner Teilausdrücke ergibt?

Wenn es jedoch stimmt, daß die primären semantischen Einheiten Sätze und d. h. zusammengesetzte Ausdrücke sind, dann ist die Frage nach der Semantik elementarer zusammengesetzter Ausdrücke die semantische Grundfrage. Man kann dann gar nicht hoffen, das Wesen der Bedeutung von Ausdrücken überhaupt unabhängig von dieser Frage klären zu können. Wir müssen dann auch erwarten, daß alle nicht zusammengesetzten Ausdrücke wesentlich Teilausdrücke sind und ihre Bedeutung ihrerseits nur von der des Satzganzen her zu verstehen ist. Wenn das richtig ist, geht jede Semantik in die Irre, die glaubt, zuerst etwas über die Bedeutung der einfachen Ausdrücke sagen zu können, um erst dann zu der Frage überzugehen, wie sich aus der Bedeutung von Teilausdrükken die Bedeutung eines zusammengesetzten Ausdrucks ergibt.

Anmerkungen

1 Der Zusammenhang zwischen dem Verstehen von Sätzen und dem Begriff des Guten ist zum erstenmal von Aristoteles hervorgehoben worden, an der berühmten Stelle, an der er den Menschen als politisches Tier charakterisiert und dies eben durch seine Fähigkeit, Sätze zu verstehen, begründet (*Politik*, 1253 a 10 ff): »Von allen Tieren spricht nämlich nur der Mensch in Sätzen. Die bloße Stimme dient als Anzeichen von Angenehmem und Unangenehmem, und darüber verfügen auch die anderen Tiere. Über Nützliches und Schädliches hingegen kann man sich nur in Sätzen verständigen, und daher kann man sich auch über Gerechtes und Ungerechtes nur in Sätzen verständigen. Denn das ist dem Menschen eigen gegenüber den anderen Tieren, daß nur er eine Vorstellung vom Guten und Schlechten und vom Gerechten und Ungerechten hat, die Teilhabe an solchem aber macht eine Hausgemeinschaft und schließlich eine Polisgemeinschaft aus.«

2 Vgl. Aristoteles, *De Interpretatione*, 4. Kapitel; Kant, *Kritik der reinen Vernunft*, B 93; Heidegger, *Sein und Zeit*, § 33. Die erste Herausarbeitung der prädikativen Struktur findet sich in Platons *Sophistes*, 261-262.

9. Vorlesung[1]

Husserl entwickelt die Grundlagen seiner Bedeutungstheorie in seinen *Logischen Untersuchungen,* und dort insbesondere in der I. Untersuchung, die überschrieben ist »Ausdruck und Bedeutung«. Die einleitenden Paragraphen dieser Untersuchung sind der Unterscheidung der »bedeutungsvollen« Zeichen, der sprachlichen Ausdrücke, von den Anzeichen gewidmet. Die für seine Theorie der Bedeutung sprachlicher Ausdrücke wesentlichen Begriffe führt Husserl dann in den §§ 9-14 ein. Der erste, grundlegende Schritt erfolgt in § 9: Wenn ein Ausdruck nicht nur »ein bloßer Wortlaut« ist, sondern ein Zeichen und ein Zeichen besonderer Art, so liegt das daran, daß er von jemandem als etwas »aufgefaßt« werden kann, das eine Bedeutung hat. Das bloße Laut- oder Schriftgebilde hat nicht an und für sich eine Bedeutung, sondern die Bedeutung wird ihm dadurch, daß es in bestimmter Weise aufgefaßt wird, »verliehen«.

Dieser erste Schritt in Husserls Untersuchung scheint mir unanfechtbar zu sein, wenngleich er nicht selbstverständlich ist. Durch ihn hat Husserl seine Analysen von vornherein auf eine grundlegendere, wenn auch entsprechend gefahrenreichere Basis gestellt als Frege: eine befriedigende Semantik kann sich nicht darauf beschränken, abstrakt über Bedeutungen zu reden; sie muß auch den psychologischen bzw. anthropologischen Faktor des Zeichenbenutzers miteinbeziehen. Bedeutungen gibt es nicht einfach in einem platonischen Himmel, sondern sie sind Bedeutungen von Zeichen, und sie sind dies nur dadurch, daß gewisse sinnliche Gebilde als Zeichen verwendet (»aufgefaßt«) werden.

Wenn das so ist, ist es grundlegend für eine befriedigende Bedeutungstheorie, daß man die Verhaltens- bzw. Bewußtseinsweise, die einen Ausdruck als bedeutungsvollen auffaßt, richtig bestimmt. Ich habe in der vorigen Stunde darauf aufmerksam gemacht, daß man von Bedeutungen von Ausdrücken überhaupt nur spricht im Zusammenhang mit einem Verstehen dieser Ausdrücke. Es hätte daher von der Sache her nahegelegen, daß Husserl das, was dem Ausdruck Bedeutung »verleiht«, als Verstehen bezeichnet hätte, so daß dann die weitere Frage hätte lauten müssen: was heißt es, einen Ausdruck zu verstehen?

Husserl jedoch spricht von vornherein wie selbstverständlich von bedeutungsverleihenden *Akten*. Und *Akt* ist bei Husserl ein *terminus technicus* zur Bezeichnung der ›intentionalen Erlebnisse‹. Mit einem intentionalen Erlebnis meint Husserl, wie ich in der 6. Vorlesung gezeigt habe, ein Bewußtsein von einem Gegenstand. Der Begriff der Intentionalität, der erst in der V. Logischen Untersuchung ausdrücklich entwickelt wird, in einer bezeichnenderweise gar nicht mehr an den Bedeutungen sprachlicher Ausdrücke orientierten Analyse, wird auch schon in der bedeutungstheoretischen I. Untersuchung wie selbstverständlich als der einzig in Frage kommende bewußtseinstheoretische Grundbegriff vorausgesetzt. »Vermöge dieser letzteren Akte (der bedeutungsverleihenden) ist der Ausdruck mehr als ein bloßer Wortlaut. Er meint etwas, und indem er es meint, bezieht er sich auf Gegenständliches« (§ 9). Sie sehen, wie hier in geradezu idealtypischer Weise eine traditionelle, gegenstandstheoretische Begrifflichkeit der semantischen Problematik gleichsam übergestülpt wird. Was es heißt, einen sprachlichen Ausdruck zu verstehen, wird gar nicht gefragt; es wird vorausgesetzt, daß es sich um ein intentionales, auf einen Gegenstand gerichtetes Bewußtsein handelt. Husserl geht von vornherein mit diesem Bewußtseinsbegriff an die semantische Problematik heran. Man könnte nun als folgerichtige Konsequenz dieses Ansatzes erwarten, daß die Bedeutung des Ausdrucks einfach mit dem Gegenstand identifiziert wird, auf den der bedeutungsverleihende Akt gerichtet ist. Eine solche Identifikation von Bedeutung und Gegenstand erfolgt jedoch bei Husserl nicht. Husserl ist gerade deswegen als kritischer Ausgangspunkt so lohnend, weil er einerseits, nicht nur beiläufig und implizit, sondern aufgrund einer reflektierten philosophischen Position, von einem gegenstandstheoretischen Ansatz ausgeht und weil er andererseits doch erkannt hat, daß man die Bedeutungen der Ausdrücke nicht einfach als Gegenstände auffassen kann. So läßt sich an Husserls Bedeutungstheorie untersuchen, wie weit ein konsequent gegenstandstheoretischer Ansatz gewissermaßen über sich selbst hinaus überdehnt werden kann; wie weit man also, wenn man schon davon ausgeht, daß sprachliche Ausdrücke verwendet werden, um Gegenstände vorzustellen, gleichwohl noch dem Umstand Rechnung tragen kann, daß das Verstehen der Ausdrücke nicht in einem Vorstellen von Gegenständen aufgeht.

Husserl hat diesem Umstand nach zwei Hinsichten Rechnung getragen und dabei verschiedene Möglichkeiten aufgezeigt, wie die Bedeutungen sprachlicher Ausdrücke, ohne selbst als Gegenstände aufgefaßt werden zu müssen, in ein gegenständliches Bewußtsein eingebaut werden können.

Erstens hat er anerkannt, daß es Ausdrücke gibt, die zwar eine Bedeutung haben, aber überhaupt nicht für Gegenstände stehen, die sogenannten synkategorematischen Ausdrücke. Dieser Begriff stammt aus der Semantik der traditionellen Logik.[2] Kategorematisch wurden die Ausdrücke genannt, die als *Termini* und d. h. an der Stelle entweder des Subjekts oder des Prädikats in den Sätzen eines syllogistischen Schlusses auftreten können. Von daher stammt die Rede von singulären und generellen Termini. Die Ausdrücke, die nicht als Termini fungieren können, wurden als bloße Hilfswörter aufgefaßt. Auch hinter dieser Unterscheidung der Ausdrücke in kategorematische und synkategorematische steht bereits der gegenstandstheoretische Ansatz: für die aristotelische Ontologie steht jeder Ausdruck, der unter eine der ›Kategorien‹ fällt (jedes *kategorema*), d. h. jeder Ausdruck, der als singulärer oder genereller Terminus fungieren kann, für etwas; diese Ausdrücke, die für etwas stehen, haben eine selbständige Bedeutung. Zu ihnen wurden auch die ganzen Aussagesätze gezählt. Die anderen Ausdrücke haben nach dieser Auffassung eine Bedeutung nur im Zusammenhang mit kategorematischen Ausdrücken und wurden deswegen als synkategorematische bezeichnet.

Husserl übernimmt die Unterscheidung in kategorematische und synkategorematische Ausdrücke (IV. Unters., §§ 4 ff.). Wie er die synkategorematischen Ausdrücke in seinen gegenstandstheoretischen Ansatz einbaut, werden wir noch sehen. In der I. Untersuchung wird diese Unterscheidung vorerst ignoriert. Hier scheint Husserl, wenn er von Ausdrücken ganz allgemein spricht, von vornherein nur die kategorematischen im Auge zu haben. Auch bei den kategorematischen Ausdrücken, also den Ausdrücken, die für etwas stehen, ist nun aber Husserl nicht der Meinung, daß der Gegenstand, für den ein Ausdruck steht, seine Bedeutung ist: »Jeder (!) Ausdruck . . . hat nicht nur seine Bedeutung, sondern er bezieht sich auch auf irgendwelche Gegenstände . . . Niemals fällt aber der Gegenstand mit der Bedeutung zusammen« (I. Unters., § 12).

Mit der Auffassung, daß man bei allen (kategorematischen) Ausdrücken zwischen dem Gegenstand und der Bedeutung des Ausdrucks unterscheiden müsse, lehnt sich Husserl an eine Unterscheidung an, die Frege einige Jahre vorher in seiner Abhandlung »Über Sinn und Bedeutung« gemacht hat.[3] Frege ist dabei zunächst von den Ausdrücken ausgegangen, die er Eigennamen nannte und die in etwa den singulären Termini der älteren Tradition entsprechen. Und auch Husserl erklärt: »Die klarsten Beispiele für die Sonderung von Bedeutung und gegenständlicher Beziehung bieten uns die Namen« (I. Unters., § 12). Obwohl Husserls Terminologie nicht ganz eindeutig ist, meint er mit »Namen« vornehmlich Ausdrücke, die »die einfältige Subjektfunktion in einer Aussage ausfüllen können« (V. Unters., § 34). Hier stehen wir also vor Husserls Semantik der singulären Termini, somit vor der ersten der von mir am Ende der vorigen Stunde für die Aufklärung des prädikativen Satzes hervorgehobenen vier Fragen.

Wie wird diese Frage nach der Bedeutung der singulären Termini von Husserl beantwortet? Jeder solche Ausdruck, heißt es, bezeichnet einen Gegenstand. Und wenn man »Gegenstand« so definiert, wie ich es in der 3. Vorlesung vorgeschlagen habe und wie es ganz ähnlich auch bei Husserl geschieht,[4] wird man an dieser ersten Bestimmung keinen Anstoß nehmen, es sei denn, daß man vorsichtiger formuliert: jeder singuläre Terminus prätendiert einen Gegenstand zu bezeichnen,[5] um dem Umstand Rechnung zu tragen, daß das Bezeichnete gegebenenfalls nicht existiert. Nun heißt es aber weiter, jeder solche Ausdruck habe auch eine Bedeutung, die jedoch vom Gegenstand zu unterscheiden sei. Zur Begründung weist Husserl wie Frege darauf hin, daß zwei singuläre Termini denselben Gegenstand bezeichnen können und gleichwohl nicht dieselbe Bedeutung haben, z. B. »der Sieger von Jena« und »der Besiegte von Waterloo« oder, um Freges berühmt gewordenes Beispiel zu zitieren, »der Abendstern« und »der Morgenstern«. Man kann beide Ausdrücke verstehen, also wissen, welche Bedeutung sie haben, und gleichwohl nicht wissen, daß sie für denselben Gegenstand stehen.

Frege und Husserl beziehen sich hier insbesondere auf eine bestimmte Klasse von singulären Termini, die man *Kennzeichnungen* nennt. Um diese Klasse irgendwie einordnen zu können, sollten wir uns vorläufig über die verschiedenen semantischen Typen derjenigen singulären Termini verständigen, mit denen konkrete (wahrnehmbare) Gegenstände bezeichnet werden können. Ich werde auf diese Unterscheidungen zurückkommen, wenn ich nach der Erörterung der Prädikate zu meiner eigenen Analyse der singulären Termini komme.

Eine erste Möglichkeit, wie Ausdrücke konkrete Gegenstände bezeichnen können, ist die deiktische, mittels Demonstrativpronomina wie »dies« oder »jenes« und Personalpronomina wie »ich«, »du«, »es«. Charakteristisch für diese Bezeichnungsweise ist, daß es bei solchen Ausdrücken vom Redekontext abhängt, für welchen Gegenstand der Ausdruck steht. Man kann bei einem solchen Wort nicht fragen, für welchen Gegenstand es steht, sondern nur, für welchen Gegenstand es in dem oder jenem Kontext steht. Der Gegenstandsbezug hängt von der jeweiligen Verwendung ab. Nimmt man diese Charakteristik als Kriterium der Zugehörigkeit eines Ausdrucks zu dieser Klasse, so werden wir auch Ausdrücke, die aus der Zusammenstellung eines Demonstrativpronomens oder eines possessiven Adjektivs mit einem Substantiv bestehen, wie z. B. »dies Pferd«, »unser Pferd«, zur Klasse der deiktischen Subjektausdrücke zählen, ebenso die Kombination mit dem bestimmten Artikel (»das Pferd«), wenn der Ausdruck nicht zur Bezeichnung einer Gattung verwendet wird (»das Pferd ist ein Haustier«), sondern so, daß ein einzelner Gegenstand dieser Art gemeint ist, wobei es sich wiederum aus dem Kontext ergibt, welcher.

Eine zweite Klasse bilden die Kennzeichnungen, Ausdrücke wie »der Sieger von Jena«, »der Abendstern«. Ausdrücke dieser Art bezeichnen einen Gegenstand in der Weise, daß sie eine bestimmte Charakteristik angeben (z. B. Sieger von Jena zu sein), die nur einem einzigen Gegenstand zukommen soll, was durch den bestimmten Artikel zum Ausdruck gebracht wird. Russell hat daher diese Ausdrücke treffend als »definite descriptions« bezeichnet.[6]

Eine dritte Klasse bilden die Eigennamen wie »Napoleon«, »die Venus«, »Bonn«. Charakteristisch für diese Ausdrücke ist, daß sie zwar einen Gegenstand bezeichnen, aber nicht mittels einer kontextabhängigen oder kontextunabhängigen Charakteristik. Es scheint daher auch richtig, bei diesen Worten zu sagen, daß sie keine Bedeutung haben. Denn es ist nicht sinnvoll, bei einem solchen Wort nach seiner Bedeutung zu fragen oder zu fragen, wie es zu verstehen ist; man kann nur fragen, welchen Gegenstand es bezeichnet. Der Umstand, daß diese Worte Gegenstände bezeichnen und man nicht außerdem noch von ihrer Bedeutung sprechen kann, ließen sie in der durch die Ontologie bestimmten Tradition als die sprachlichen Ausdrücke *par excellence* erscheinen. Für eine naive Betrachtung erscheinen die Eigennamen auch leicht als die am einfachsten zu verstehenden singulären Termini: der Eigenname scheint im Unterschied zur Kennzeichnung den Gegenstand als solchen, unmittelbar und direkt zu bezeichnen.[7] Wir werden später sehen, daß das ein Irrtum ist und daß die Verwendungsweise der Eigennamen höherstufig ist als die der anderen beiden Klassen und sie voraussetzt.

Vorerst sollte nur deutlich werden, daß Freges und Husserls These, jeder ›Name‹ bezeichne einen Gegenstand und habe außerdem eine Bedeutung, nur für *eine* Klasse von konkreten singulären Termini zutrifft, die der Kennzeichnungen. Die deiktischen singulären Termini stehen an und für sich nicht für einen Gegenstand, und die Eigennamen haben keine Bedeutung.

Die in unserem Zusammenhang wichtige Frage ist nun, ob und wie es dem gegenstandstheoretischen Ansatz gelingt, die Rede von einer vom Gegenstand unterschiedenen Bedeutung des Ausdrucks vom gegenständlichen Ansatz her verständlich zu machen. Was ist denn unter der Bedeutung eines ›Namens‹ zu verstehen?

Auf diese Frage hatte bereits Frege eine ansprechende Antwort gegeben. Dabei ist freilich seine andersartige Terminologie zu beachten. Frege gebraucht nicht wie Husserl »Sinn« und »Bedeutung« als Synonyma, sondern verwendet für das, was Husserl primär »Bedeutung« nennt, ausschließlich das Wort »Sinn« und bezeichnet, abweichend vom normalen Sprachgebrauch, den Gegenstand als die Bedeutung des Ausdrucks. Diese terminologische Differenz enthält keine zusätzliche sachliche Problematik, nur muß man sich vorsehen, wenn man über Freges Auffassungen spricht, ob man das Wort »Bedeutung« in seinem oder im üblichen Sinn verwendet. Nach Frege ist nun im Sinn des Ausdrucks die »Art des Gegebenseins« des Gegenstandes enthalten.[8] Es ist offenbar konstitutiv für materielle Gegenstände, daß sie in unbegrenzt vielen Perspektiven, Gegebenheitsweisen, erscheinen können. Freges These ist nun, daß jede Kennzeichnung einen Gegenstand als den so oder so gegebenen bezeichnet. So steht z. B. der Ausdruck »Abendstern« für den Gegenstand, der zu einer bestimmten Zeit an einer bestimmten Himmelsregion erscheint. Derselbe Gegenstand erscheint zu einer anderen Zeit an einer anderen Himmelsregion, und wenn man ihn als den so erscheinenden bezeichnet, nennt man ihn »Morgenstern«.

Das ist nun eine Erklärung, die Husserl gut übernehmen konnte.

In der I. Logischen Untersuchung gibt er allerdings noch eine andere Erklärung. Er geht davon aus, daß Ausdrücke, die denselben Gegenstand bezeichnen, aber eine verschiedene Bedeutung haben, sich unterscheiden durch »die bestimmte Weise des den jeweiligen Gegenstand Meinens« (I. Unters., § 13). Es lag daher nahe, die Bedeutung als Charakteristikum des Aktes zu verstehen. Allerdings hat ein Ausdruck identisch eine Bedeutung, während beliebig viele Akte ihn in derselben Weise auffassen können. So kam Husserl zu der Auffassung, die Bedeutung bestehe im Wesen (der »idealen Spezies«) des betreffenden Aktes (»des den jeweiligen Gegenstand Meinens«). »Die Bedeutung verhält sich also zu den jeweiligen Akten des Bedeutens . . . wie etwa die Röte in specie zu den hier liegenden Papierstreifen, die alle diese selbe Röte ›haben‹« (I. Unters., § 31).

Damit ist immerhin eine erste Möglichkeit aufgezeigt, wie Husserl von seinem intentional-gegenstandstheoretischen Ansatz aus die Bedeutungen irgendwie unterbringen kann. Doch ist es kaum einleuchtend, daß das, was wir verstehen, wenn wir mit einer Kennzeichnung einen Gegenstand meinen, das Wesen dieses Meinens sein soll. Diese Erklärung bleibt auch die Antwort auf die Frage schuldig, wie es dazu kommt, daß es verschiedene Weisen gibt, ein und denselben Gegenstand zu meinen. Entspricht nicht jedem solchen Aktwesen eine bestimmte Gegebenheitsweise des Gegenstandes? In dieser Richtung, die bereits durch Freges Erklärung vorgezeichnet war, hat Husserl seine Auffassung später in den *Ideen* modifiziert (§ 94): Der »Sinn« ist der »Gegenstand im Wie« seiner Gegebenheitsweise (§ 131).

Damit ist eine zweite und für den vorliegenden Fall einigermaßen einleuchtende Möglichkeit aufgezeigt, wie eine vom Gegenstand unterschiedene Bedeutung gleichwohl noch in den gegenstandstheoretischen Ansatz integriert werden kann: die Bedeutung ist nicht der Gegenstand, aber die Gegebenheitsweise des Gegenstandes.

Die Reflexion auf die Gegebenheitsweise der Gegenstände ist charakteristisch für die sogenannte transzendentalphilosophische Wendung der Ontologie (vgl. oben, S. 81). In ihrer transzendentalphilosophischen Variante verfügte also die Gegenstandstheorie über eine Perspektive, in der sie sich die Bedeutungen wenigstens derjenigen Ausdrücke verständlich machen konnte, die außerdem auch Gegenstände bezeichnen. In der Erklärung der Bedeutung des Ausdrucks als der Gegebenheitsweise des Gegenstandes bleibt der Begriff der Bedeutung abhängig vom Begriff des Gegenstandes, und wir müssen wohl von vornherein erwarten, daß es für den gegenstandstheoretischen Ansatz gar nicht möglich ist, einen vom Gegenstandsbegriff unabhängigen Bedeutungsbegriff zu entwikkeln. Auch Husserls erste Erklärung der Bedeutung des ›Namens‹ – die Bedeutung als das Wesen des betreffenden Aktes – ist eine Erklärung, in der die Bedeutung vom Gegenstandsbezug her verstanden wird; denn sie beruht darauf, daß ein Akt vorliegt, und ein Akt ist das Bewußtsein von einem Gegenstand.

Der vom Gegenstandsbezug abhängige Bedeutungsbegriff ist natürlich unproblematisch, solange wir es mit singulären Termini zu tun haben, also mit Ausdrücken, die eben Gegenstände bezeichnen. Wie steht es nun aber mit der Bedeutung der übrigen kategorematischen Ausdrücke, also mit der Bedeutung a) der generellen Termini und b) der ganzen Aussagesätze? Diese Fragen entsprechen der zweiten und der vierten der von mir am Ende der vorigen Stunde genannten vier Fragen.

Wenden wir uns zuerst der 4. Frage zu, der Frage nach der Bedeutung des ganzen Aussagesatzes. Husserl gibt nämlich auf diese Frage schon in der I. Logischen Untersuchung eine Antwort, noch bevor er in der VI. Untersuchung auf die 3. Frage – die Frage nach der prädikativen Struktur – eingeht, und eine solche Reihenfolge ist auch von der Sache her sinnvoll, sofern man durchaus schon etwas darüber sagen kann, wie man die Bedeutung ganzer Aussagesätze – ob sie nun prädikativ sind oder nicht – im allgemeinen aufzufassen hat, noch ehe man auf ihre Struktur eingeht. Wir werden sehen, daß die Erklärung, die Husserl von der Bedeutung des ganzen Aussagesatzes gibt, eine bestimmte Antwort auf die entscheidende 3. Frage nach der prädikativen Struktur präjudiziert.

Seine Erklärung, daß jeder Ausdruck sich sowohl auf einen Gegenstand bezieht als auch eine Bedeutung hat, will Husserl nicht auf singuläre Termini beschränkt wissen. Sie gelte für alle (kategorematischen) Ausdrücke, und insbesondere auch für die ganzen Aussagesätze (§ 12). Was haben wir uns nun aber unter der Bedeutung und dem Gegenstand eines ganzen Aussagesatzes vorzustellen? Auf diese Frage gibt Husserl keine eindeutige Antwort. Einerseits, sagt er, könne man als den Gegenstand des Aussagesatzes den »Subjektgegenstand« ansehen, also dasjenige, »›von‹ dem ausgesagt wird«. Gegenstand der Aussage »a ist größer als b« wäre dann a bzw. a und b. »Es ist aber auch«, heißt es dann, »eine andere Auffassung möglich, welche die ganze, der Aussage zugehörige Sachlage als Analogon des im Namen genannten Gegenstandes faßt und ihn von der Bedeutung des Aussagesatzes unterscheidet. Tut man dies, so wird man Satzpaare der Art, wie ›a ist größer als b‹ und ›b ist kleiner als a‹ als Beispiele heranziehen. Die beiden Sätze sagen offenbar Verschiedenes aus . . . Sie drücken aber dieselbe Sachlage aus . . . Ob wir nun die Rede vom Gegenstand der Aussage in dem einen oder anderen Sinne definieren . . . , immer sind bedeutungsverschiedene Aussagen möglich, die sich auf denselben ›Gegenstand‹ beziehen« (§ 12).

Das klingt so, als ob es wichtiger wäre, Gegenstand und Bedeutung um jeden Preis zu unterscheiden, als anzugeben, was denn nun unter der Bedeutung und was unter dem Gegenstand einer Aussage zu verstehen ist. In Husserls Schwanken zwischen zwei Möglichkeiten, den Unterschied zwischen Bedeutung und Gegenstand bei ganzen Aussagesätzen aufzufassen, zeigt sich eine grundsätzliche Unsicherheit, wie die Rede von Gegenständen mit Bezug auf die sprachlichen Ausdrücke festzulegen ist. Einerseits hat auch Husserl Gegenstand geradezu als das definiert, was Subjekt möglicher Prädikationen ist;[9] andererseits nötigte ihn sein gegenstandstheoretischer Ansatz – die Annahme, daß alles ›bedeutungsverleihende Bewußtsein‹ Bewußtsein von einem Gegenstand ist – zu der Auffassung, daß jeder sprachliche Ausdruck oder mindestens jeder kategorematische Ausdruck für einen Gegenstand steht. Aus der ersten Auffassung ergibt sich für den uns gegenwärtig interessierenden Fall der ganzen Aussagesätze, daß als Gegenstand eines Aussagesatzes nur der oder die Gegenstände angesehen werden können, für die das Subjekt bzw. die Subjekte des Satzes stehen (und man kann dann auch nur bei singulären prädikativen Sätzen überhaupt von einem Gegenstand des Satzes sprechen). Bedeutung und Gegenstand des Satzes sind dann in der Tat scharf unterschieden: der Bedeutung des ganzen Satzes korrespondiert ja nun überhaupt kein Gegenstand. Das ist jedoch ein für den gegenstandstheoretischen Ansatz unakzeptables Ergebnis, denn eine von einem Gegenstandsbewußtsein nicht abgestützte Bedeutung hängt für diesen Ansatz gleichsam rätselhaft im Leeren und ist von ihm aus gesehen unbegreiflich.

So sah sich Husserl durch seinen Ansatz dazu gedrängt, die Unterscheidung von Gegenstand und Bedeutung bei den ganzen Sätzen anders festzulegen. Vom gegenstandstheoretischen Ansatz her war eine Auffassung gefordert, die dem Satz einen der ganzen Bedeutung korrespondierenden Gegenstand zuordnet. Und man kann ja nun, wie wir schon früher gesehen haben (S. 61 f.), in der Tat von einem Gegenstand sprechen, für den ein ganzer Satz »p« steht: es ist der Sachverhalt *daß p*. Eine solche Auffassung widerspricht auch nicht der Definition vom Gegenstand als Subjekt möglicher Prädikationen, weil, wenn auch nicht der Aussagesatz selbst, so doch seine nominalisierte Form »daß p« einen Subjektausdruck (einen singulären Terminus) darstellt.

Läßt sich nun aber von dem so verstandenen Gegenstand des Aussagesatzes noch eine Bedeutung unterscheiden? Das ist es, was Husserl in der Überlegung versucht, die ich vorhin zitiert habe: die beiden Sätze »a ist größer als b« und »b ist kleiner als a« sollen zwar denselben Sachverhalt darstellen, aber eine verschiedene Bedeutung haben. Offenbar will Husserl die Unterscheidung von Bedeutung und Gegenstand beim Aussagesatz möglichst eng an die Unterscheidung angleichen, die sich bei den singulären Termini ergab: die Bedeutungen der beiden Sätze sollen gewissermaßen zwei Gegebenheitsweisen ein und desselben Sachverhaltes darstellen.

Aber die Rede von verschiedenen Gegebenheitsweisen von ein und demselben hat hier nur noch einen metaphorischen Sinn. Was steckt dahinter? Welche Kriterien entscheiden darüber, erstens wann zwei Sätze dieselbe oder eine verschiedene Bedeutung haben und zweitens wann sie für denselben oder einen verschiedenen Sachverhalt stehen? Auf die erste Frage, die die Bedeutung betrifft, läßt sich aus Husserls Beispiel nichts Bestimmtes entnehmen, und es ist zu bezweifeln, daß Husserl überhaupt bestimmte Kriterien und d. h. einen bestimmten Bedeutungsbegriff im Auge hatte. Was die zweite Frage betrifft, so hat sich Husserl wohl an dem auch sonst üblichen Kriterium orientiert, daß zwei Sätze dann für denselben Sachverhalt stehen, wenn sie dieselben Wahrheitsbedingungen haben, d. h. wenn wir a priori (analytisch), aufgrund unseres bloßen Verständnisses der Sätze, feststellen können: wenn der eine (z. B. »a ist größer als b«) wahr ist, ist auch der andere (z. B. »b ist kleiner als a«) wahr, und wenn der eine falsch ist, ist auch der andere falsch.

Der entsprechende Zusammenhang bei Kennzeichnungen ist dann gegeben, wenn wir a priori (analytisch), aufgrund unseres bloßen Verständnisses der Ausdrücke, feststellen können, daß sie denselben Gegenstand bezeichnen. Das ist nun aber gerade nicht das Kriterium, das für alle Kennzeichnungen gilt, die denselben Gegenstand bezeichnen, denn normalerweise können wir dies gerade nicht aufgrund unseres bloßen Verständnisses der Ausdrücke feststellen. Daß »der Sieger von Jena« für denselben Gegenstand steht wie »der Verlierer von Waterloo«, können wir nicht aus dem bloßen Verständnis dieser Ausdrücke entnehmen, sondern nur durch Erfahrung feststellen. Ein Beispiel bei den Kennzeichnungen, das einen analogen Zusammenhang aufweist wie »a ist größer als b« und »b ist kleiner als a« bei den Sätzen, wäre etwa »der Sieger von Jena« und »der Kommandeur der bei Jena siegreichen Armee«. Wir sehen also: das Kriterium, nach dem Husserl bestimmt, welche Aussagesätze für denselben Sachverhalt stehen, ist in Wirklichkeit ein anderes und engeres als das Kriterium für die Zugehörigkeit von Kennzeichnungen zu einem Gegenstand. Ein Klassifikationskriterium, das so weit wäre wie das, das alle Kennzeichnungen verbindet, die denselben Gegenstand bezeichnen, findet man bei den Aussagen erst da, wo nicht nur dieselben Wahrheitsbedingungen gegeben sind, sondern derselbe Wahrheitswert.[10] Dann müßte man aber sagen, daß alle wahren Aussagen ein und denselben Gegenstand bezeichnen, und ebenso alle falschen.

Diese intuitiv unnatürliche, aber formal konsequente These hatte Frege aufgestellt.[11] Schon er vertrat die Auffassung, daß auch bei Aussagen zwischen ›Sinn‹ und ›Bedeutung‹ (Gegenstand) zu unterscheiden sei. Den Gegenstand des Aussagesatzes faßte er jedoch nicht als den Sachverhalt auf, für den er steht, sondern als seinen Wahrheitswert, d. h. als »den Umstand, daß er wahr oder daß er falsch ist«. Diese Auffassung erlaubte im Unterschied zu derjenigen Husserls jedenfalls eine klare Unterscheidung zwischen Sinn und Gegenstand. Die beiden Sätze »Bern ist die Hauptstadt der Schweiz« und »Bonn liegt am Rhein« haben einen verschiedenen Sinn, aber sie stehen für denselben ›Gegenstand‹, nämlich denselben Wahrheitswert, da sie beide wahr sind. Man kann sich diese Auffassung intuitiv in der Weise verständlicher machen, daß man sich den ›Gegenstand‹, für den alle wahren Sätze stehen, als die ›Wirklichkeit‹ oder die ›Welt‹ denkt; die Bedeutungen (Sinne) der wahren Sätze würden dann die verschiedenen Gegebenheitsweisen repräsentieren, in denen sich die Wirklichkeit zeigt (den falschen Sätzen würde dann kein eigener Gegenstand korrespondieren, sondern ihre Bedeutungen würden die Aspekte repräsentieren, in denen sich die Wirklichkeit nicht zeigt).[12] Aber diese durch den substantivischen Ausdruck nahegelegte Vorstellung von ›der‹ Wirklichkeit als eines Gegenstandes muß uns ihrerseits suspekt erscheinen. Der wirkliche Gehalt der Analogie, die Frege zwischen Sinn und Gegenstand der Kennzeichnungen und Sinn und Wahrheitswert der Aussagesätze aufgezeigt hat, liegt in einer anderen Richtung und weist schon über den gegenstandstheoretischen Ansatz hinaus. Ich kann darauf hier nicht eingehen[13] und möchte nur darauf hinweisen, daß Frege offenbar das Wort »Gegenstand« in einem unüblichen Sinn verwendet hat.[14] Versteht man es im gewöhnlichen Sinn – als ›Subjekt möglicher Prädikationen‹ –, so gibt Freges Überlegung, was auch immer ihr positiver Gehalt sein mag, keine mögliche Antwort auf die Frage nach dem Gegenstand der Aussagesätze. Husserl wiederum hat die formalen Zusammenhänge, die Frege im Auge hatte, wohl nicht verstanden, und jedenfalls mußte ihn die intuitive Unnatürlichkeit von Freges Ergebnis abschrecken; so kam er zu seinem eigenen Vorschlag, dem die Analogie zur entsprechenden Unterscheidung bei den Kennzeichnungen fehlt. Er hat ihn auch nicht weiter ausgebaut.

Wir dürfen nun aber dieses negative Ergebnis nicht überbewerten. Es besteht ja nur darin, daß man die Unterscheidung von Bedeutung und Gegenstand bei den Kennzeichnungen kaum in der von Husserl vorgeschlagenen Weise auf Aussagesätze übertragen kann. Husserl konnte aber ohne weiteres auf die bei dieser Gelegenheit eingeführte – und sehr unbestimmte – Vorstellung von der Bedeutung der Aussagesätze verzichten; er konnte gleichwohl daran festhalten, daß jeder Aussagesatz »p« für einen Gegenstand steht, für den Sachverhalt daß p. Nur der Bedeutungsbegriff mußte neu festgelegt und in seinem Verhältnis zum Gegenstand neu bestimmt werden. Es lag nun für Husserl nahe, die zwei in § 12 als Alternativen erwogenen Möglichkeiten, wie man Gegenstand und Bedeutung einer Aussage zu unterscheiden habe, zu kombinieren. Sie erinnern sich (oben, S. 150f.): die erste Möglichkeit bestand darin, daß der Gegenstand eines prädikativen Aussagesatzes der Gegenstand seines Subjekts ist und der ganze Satz als solcher nur eine Bedeutung, nicht außerdem noch einen Gegenstand hat. Gegen diese Auffassung sprach kein sachliches Argument, nur der gegenstandstheoretische Ansatz, demzufolge auch dem ganzen Ausdruck ein Gegenstand entsprechen mußte. Dieses Desiderat wird nun aber erfüllt, sobald man aus der zweiten in § 12 erwogenen

Möglichkeit lediglich den einen und unproblematischen Gedanken in die erste Möglichkeit mit übernimmt, daß jeder nominalisierte Aussagesatz »daß p« für einen Sachverhalt steht.

Es ergibt sich nun in § 34 der I. Logischen Untersuchung folgende für Husserl schließlich maßgebende Konzeption. Der Gegenstand des Satzes »Julius weint« ist das, wovon er etwas aussagt, also Julius. Man *kann* aber auch über die Bedeutung des Satzes sprechen. Dann wird die Bedeutung des Satzes ihrerseits zum Gegenstand-worüber einer weiteren Aussage. Dieser neue Gegenstand, der durch den nominalisierten Ausdruck »daß Julius weint« bezeichnet wird, ist der Sachverhalt. Der grammatischen Modifikation der Nominalisierung entspricht die semantische Modifikation der Vergegenständlichung der Bedeutung.

Die Frage nach dem Verhältnis zwischen Bedeutung und Gegenstand des Aussagesatzes ist jetzt also dadurch komplizierter geworden, daß *zwei* Gegenstände ins Spiel kommen. Der Gegenstand-worüber der Aussage ist der Gegenstand des Satzsubjekts; er ist in der Weise von der Bedeutung unterschieden, wie es Husserl in der ersten Alternative des § 12 dargestellt hatte. Der Sachverhalt hingegen, der Gegenstand, für den der Ausdruck »daß p« steht, ist die –vergegenständlichte – Bedeutung.

Damit wäre jetzt also die Frage, die ich bei der Einführung der Gegenstände *daß p* in der 3. Vorlesung offengelassen hatte, nämlich was wir uns unter diesen Gegenständen – den Sachverhalten oder Propositionen – zu denken haben, in bestimmter Weise beantwortet: der Gegenstand *daß p* ist die Bedeutung des Satzes »p«. Diese Auffassung könnte deswegen plausibel erscheinen, weil es naheliegt zu sagen, daß zwei Sachverhalte *daß p* und *daß q* dann identisch sind, wenn die beiden Sätze »p« und »q« dieselbe Bedeutung haben; vorausgesetzt ist dabei freilich, daß die Sätze »p« und »q« keine deiktischen Ausdrücke enthalten.

Aber selbst wenn wir von den deiktischen Ausdrücken absehen, ist die Identifizierung des Sachverhalts daß p mit der Bedeutung von »p« nicht haltbar. Das zeigt sich in vordergründiger Weise schon am Sprachgebrauch: wir können Aussagen über Sachverhalte nicht in Aussagen über Bedeutungen übersetzen; man kann z. B. nicht statt »der Sachverhalt, daß es gestern schneite, ist erfreulich« sagen »die Bedeutung des Satzes ›es schneite gestern‹ ist erfreulich«. Dieser Umstand, auf den häufig hingewiesen wird,[15] enthält allerdings noch nichts Zwingendes. Man muß vielmehr weiter fragen, was denn der Grund dieser Diskrepanz im Sprachgebrauch ist.

Hier lohnt es sich erneut, einen Blick auf die entsprechende Theorie von Frege zu werfen. Für den oberflächlichen Leser scheint Frege dieselbe Auffassung wie Husserl zu vertreten. Ich erinnere daran, daß Freges Ausdruck für das, was Husserl Sachverhalt nennt, »Gedanke« ist (oben, S. 62). Und nun sagt auch Frege, der Sinn eines Behauptungssatzes sei ein Gedanke.[16] Auch nach Frege ist der Gegenstand des nominalisierten Ausdrucks »daß p« der Sinn von »p«.[17] Man übersieht jedoch leicht, daß, was Frege »Sinn« nennt, ein *terminus technicus* ist und gar nicht dem entspricht, was man gewöhnlich und was auch Husserl unter »Bedeutung« (oder »Sinn«) versteht; insbesondere gilt für Frege nicht die Korrelation zwischen Sinn und Verstehen, von der ich in der vorigen Stunde ausgegangen bin. Für das, was wir verstehen, wenn wir einen sprachlichen Ausdruck verstehen, scheint es bei Frege überhaupt keinen umfassenden Terminus zu geben. Wenn wir daran festhalten, das, was wir verstehen, als Bedeutung zu bezeichnen (und das Wort »Bedeutung« insofern ganz anders verwenden als Frege), muß man sagen, daß für Frege der Sinn eines assertorischen Satzes nur einen Teil seiner Bedeutung ausmacht. Da für Frege der Sinn der Gedanke ist, und der Gedanke dasjenige ist, was wahr oder falsch sein kann,[18] gehört nur dasjenige zum Sinn, was relevant für die Frage der Wahrheit oder Falschheit ist.[19] Damit hat Frege, wie Dummett gezeigt hat, schon die moderne Auffassung vorweggenommen, der Sinn eines Satzes bestehe in seinen Wahrheitsbedingungen. Auf diesen eigentlich entscheidenden Aspekt in Freges Theorie werde ich erst später zurückkommen, und ich sehe jetzt auch von denjenigen weiteren Bestandteilen der Bedeutung[20] ab, in denen nach Frege ein Gefühl zum Ausdruck kommt oder dem Hörer ein »Wink« gegeben wird.[21] Worauf es in unserem Zusammenhang ankommt, ist, daß für Frege ein Behauptungssatz und der entsprechende Fragesatz denselben Sinn haben; das heißt, daß der Behauptungsmodus oder Fragemodus (Frege spricht von »behauptender Kraft«) noch nicht zum Sinn gehören, sondern einen zusätzlichen Bestandteil der Bedeutung darstellen.[22] Diese Auffassung entspricht nun auf das genaueste dem tatsächlichen Sprachgebrauch, wenn wir berücksichtigen, daß der Sinn das sein soll, wofür der Ausdruck »daß p« steht. »daß p« unterscheidet sich eben von »p« dadurch, daß ihm das Behauptungsmoment fehlt (vgl. oben, S. 64).

Jetzt können wir zu Husserls These zurückkommen, der Sachverhalt daß p sei die (»vergegenständlichte«) Bedeutung von »p«. Es ist nun klar, warum diese These falsch ist: die Bedeutung von »p« enthält immer schon mehr als das, wofür der Ausdruck »daß p« steht. So berechtigt und natürlich es ist zu sagen, ein Ausdruck »daß p« stehe für etwas – ob man das nun einen Sachverhalt oder eine Proposition oder einen Gedanken nennt (oben, S. 62) –, so falsch ist es, dies von dem unmodifizierten Ausdruck »p« zu behaupten. Wer »p« sagt, bezeichnet nicht einfach einen Sachverhalt, sondern behauptet zugleich, daß er wahr ist oder ›besteht‹ (vgl. oben, S. 65), und dieser zusätzliche Faktor, der in der Bedeutung von »p« enthalten ist, läßt sich überhaupt nicht mehr gegenständlich fassen.

Husserl hat diesen Faktor des Satzmodus allerdings nicht übersehen, sondern die Auffassung vertreten, eine ›Setzungsqualität‹ gehöre zum Wesen des intentionalen Aktes überhaupt, auch zu jedem ›nominalen‹ Akt.[23] Husserl hat also die Gefahr, die seiner an den Namen und am Vorstellen orientierten Grundposition vom Wesen der Sätze her drohte, dadurch unschädlich zu machen versucht, daß er diesen Aspekt der Sätze kurzerhand in den Gegenstandsbezug mit aufnahm. Das würde nun heißen, daß auch jeder singuläre Terminus nicht nur für einen Gegenstand steht, sondern mit ihm implizit etwas behauptet wird. Aber was soll das sein, was mit einem singulären Terminus implizit behauptet wird? Husserl sagt: die Existenz des Gegenstandes.[24] Diese These ist bei singulären Termini, die für (materielle) Gegenstände stehen, nicht unplausibel, und ich werde später auf sie zurückkommen (26. Vorl.). Schon jetzt läßt sich freilich antizipieren, daß sich, wenn diese These sich als richtig erweist, die entgegengesetzte Konsequenz nahelegt als die, die Husserl aus ihr gezogen hat: Es würde ja folgen, daß diese Namen auf (die von ihnen implizierten mitbehaupteten) Aussagen zurückweisen (vgl. oben, S. 102). Bei denjenigen Nominalausdrücken, mit denen wir es jetzt zu tun haben, bei den Ausdrücken »daß p«, scheint die These jedoch falsch zu sein. Daß, wenn wir »daß p« sagen, das Bestehen des Sachverhalts (bzw. die Wahrheit des Gedankens) implizit mitbehauptet sei, widerspricht der Tatsache, daß wir »daß p . . .« ebensogut durch »ist falsch«, »ist zweifelhaft« usw. wie durch »ist wahr« ergänzen können. Wer erst anhebt zu sagen »daß p . . .«, hat noch nichts darüber implizit präjudiziert, was er ergänzen wird.

Wir kommen also nicht darum herum, Husserls Identifizierung des Sachverhaltes *daß p* mit der Bedeutung von »p« zurückzuweisen. In der Konsequenz von Husserls Ansatz ergibt sich jedoch noch ein weiteres und noch schwerwiegenderes Problem. Ob man nämlich den Sachverhalt *daß p* mit der Bedeutung von »p« identifiziert oder den Zusammenhang anders sieht, in jedem Fall stellt sich die weitere und entscheidende Frage, ob unser Verstehen der Bedeutung von »p« darin gründet, daß wir wissen, für welchen Gegenstand »daß p« steht oder umgekehrt.

Husserl selbst charakterisiert den Zusammenhang zwischen der Bedeutung und dem Sachverhalt in der I. Logischen Untersuchung so, daß der Sachverhalt die vergegenständlichte Bedeutung ist. Das scheint zu implizieren, daß die Identifikation des Sachverhaltes *daß p* das Verstehen der Bedeutung von »p« schon voraussetzt. Das aber würde heißen, daß die Bedeutung ihrerseits auf eine andere als gegenständliche Weise erklärt werden müßte, und wie wir schon vorhin gesehen haben, ist eine von einem Gegenstandsbewußtsein nicht abgestützte Bedeutung für Husserls gegenstandstheoretischen Ansatz ein Unding.

Husserl zieht daher die von seinem Ansatz her einzig mögliche Konsequenz: da der Sachverhalt *daß p* ohnehin mit der Bedeutung von »p« identisch sein soll, fällt es leicht, das Bewußtsein vom Sachverhalt in das Bedeutungsverständnis zurückzuprojizieren. In der V. und in der VI. Logischen Untersuchung spricht Husserl dann konsequenterweise überhaupt nicht mehr von der Bedeutung, sondern nur noch vom Sachverhalt. Auch das Verstehen der noch nicht nominalisierten Aussage wird als »Bewußtsein vom Sachverhalt« aufgefaßt, nur sei der Sachverhalt hier noch nicht »im prägnanten Sinn gegenständlich« (V. Unters. §§ 36, 38).

Husserls Versuch, auch bei den ganzen Aussagesätzen wie bei den Namen zwischen Bedeutung und Gegenstand zu unterscheiden, muß also als gescheitert angesehen werden. Das wäre an und für sich kein Unglück und ist auch nicht das wesentliche Resultat. Wesentlich ist vielmehr, daß Husserl im Ergebnis die Bedeutung des Aussagesatzes *als Gegenstand* auffaßt. Wie läßt sich diese Auffassung auf ihre Stichhaltigkeit prüfen? In der Weise, daß wir fragen: wenn der Sachverhalt nicht in der Bedeutung fundiert ist, wie wird er dann nach dieser Auffassung positiv verstanden? Die einzige Möglichkeit, den ontologischen Status des Sachverhaltes zu erklären, wenn man nicht auf die Bedeutung der Aussage rekurrieren kann, ist die, ihn als einen *zusammengesetzten Gegenstand* zu verstehen. Aus der Auffassung der Bedeutung des Aussagesatzes als eines Gegenstandes ergibt sich zwangsläufig, daß die Art, wie die Bedeutung des ganzen Satzes sich aus den Bedeutungen der Satzteile ergibt, nur noch als Zusammensetzung denkbar ist. Man kann es dabei offenlassen, ob man bei den Satzteilen von Bedeutungen oder Gegenständen spricht. Entscheidend ist, daß es sich um eine Zusammensetzung handelt. Eine Zusammensetzung impliziert als ihre Elemente sowie als ihr Resultat Gegenstände. Auch wenn man die Rede von Gegenständen terminologisch vermeidet und sich die *Bedeutung* des zusammengesetzten Ausdrucks als zusammengesetzt aus den *Bedeutungen* der Teilausdrücke denkt, bedient man sich mit dem Begriff der Zusammensetzung einer gegenstandstheoretischen Kategorie und hat eben dadurch die Bedeutungen als Gegenstände aufgefaßt.

Wir stehen damit vor der entscheidenden dritten der von mir am Ende der letzten Stunde hervorgehobenen vier Fragen: vor der Frage, wie die Zusammensetzung der beiden Satzglieder, des singulären Terminus und des Prädikats, semantisch zu verstehen ist. Durch die Art, wie Husserl die vorweggenommene 4. Frage: wie der Aussagesatz im ganzen verstanden wird, beantwortet hat, nämlich so, daß seine Bedeutung ein Gegenstand (ein Sachverhalt) ist, hat er die 3. Frage schon weitgehend vorentschieden: der Zusammensetzung des Ausdrucks muß eine Zusammensetzung im Gegenstand bzw. in der Bedeutung entsprechen.

Das mag Ihnen zunächst harmlos erscheinen, und Sie werden vielleicht sogar erstaunt zurückfragen: wie anders als zusammengesetzt aus den Bedeutungen der Teilausdrücke soll denn die Bedeutung des ganzen Ausdrucks zu verstehen sein?

Wir werden in der nächsten Stunde zu prüfen haben, wieweit es gelingt, die gegenständliche Auffassung der Bedeutung des prädikativen Satzes durch einen akzeptablen Begriff von Zusammensetzung aufrechtzuerhalten.

1 Die in dieser und der nächsten Vorlesung durchgeführte Kritik von Husserls Bedeutungstheorie findet sich in den Grundzügen bereits in meinem Aufsatz »Phänomenologie und Sprachanalyse«. Der ungeduldigere Leser kann sie überspringen und gleich zur 11. Vorl. übergehen.
2 Vgl. J. St. Mill, *A System of Logic,* I. Buch, 2. Kap. § 2.
3 Frege, »Über Sinn und Bedeutung« (SB), S. 26 f.
4 Ideen § 3: »Jeder mögliche Gegenstand, logisch gesprochen: ›jedes Subjekt möglicher wahrer Prädikationen‹ . . . «. Vgl. auch II. Log. Untersuchung, § 8 (S. 125).
5 So Quine: »every singular term names or purports to name just one object« (*Word and Object,* S. 90, 95 f.).
6 Vgl. z. B. Russell, *Introduction to Mathematical Philosophy,* Kap. 16. In Russells klassischer Erörterung dieser Ausdrücke in dem Aufsatz »On Denoting« findet sich diese Terminologie noch nicht.
7 Vgl. Mill, a.a.O., I. Buch, 2. Kap., § 5.
8 SB S. 26.
9 Vgl. oben Anm. 4.
10 Man erkennt das nach Frege (SB S. 32-35) daran, daß, wenn zwei Kennzeichnungen »a« und »b« denselben Gegenstand bezeichnen, also a = b, ihre wechselseitige Ersetzung in einem beliebigen (allerdings nichtintensionalen) Satz den Wahrheitswert des Satzes unverändert läßt. Die Identität »a = b« wird sogar mittels der Gleichheit des Wahrheitswerts definiert in dem Satz: $a = b =_{Def.} (F) (Fa \equiv Fb)$.
11 SB S. 34.
12 Vgl. C. I. Lewis, *An Analysis of Knowledge and Valuation,* S. 52.
13 Vgl. meinen Aufsatz »The Meaning of ›Bedeutung‹ in Frege«.
14 Freges Definition von »Gegenstand« findet sich in seinem Aufsatz »Funktion und Begriff« S. 18: »Gegenstand ist alles, was nicht Funktion ist, dessen Ausdruck also keine leere Stelle mit sich führt«.
15 Vgl. z. B. Cartwright, »Propositions«, S. 101; Pitcher, *Truth,* S. 8.
16 SB S. 32, »Der Gedanke« (G) S. 61.
17 SB S. 37.
18 G 60 f.
19 Vgl. G 64, SB S. 32.
20 Frege spricht, da ihm dieser weite Begriff von Bedeutung fehlt, merkwürdigerweise von »Bestandteilen des Satzes« (G 63).
21 G 63 f. Vgl. dazu Dummett 1. Kap.
22 G 62 f. Vgl. Dummett S. 295 f.
23 V. Unters., §§ 34 f.
24 a.a.O.

10. Vorlesung

Die Leitfrage unserer Untersuchung ist, was es heißt, einen Satz zu verstehen, wobei wir diese Frage als philosophische Grundfrage betrachten, die an die Stelle der traditionellen Grundfrage treten soll, was das Seiende als Seiendes ist bzw. was es heißt, einen Gegenstand vorzustellen. Wir stellen diese Frage also nicht einfachhin, sondern in der Absicht, einen neuen philosophischen Ansatz zu gewinnen. Mit der im I. Teil der Vorlesungen formulierten Überzeugung, daß die Frage, was es heißt, einen Satz zu verstehen, von entsprechender formaler Universalität ist und gleichwohl umfassender als die Frage nach den Gegenständen als Gegenständen, ist gegenüber dem gegenstandstheoretischen Ansatz ein neuer Ansatz nur anvisiert, nicht erreicht. Ausbilden kann man ihn nur, indem man eine der neuen Thematik angemessene Grundbegrifflichkeit herausarbeitet, und um das zu erreichen, sehen wir zunächst zu, was geschieht, wenn die tradierte Grundbegrifflichkeit auf das Satzverstehen angewandt wird, in der Erwartung, daß sich aus der dabei resultierenden Spannung ein Ansatz zur Entwicklung eines neuen Erklärungshorizontes ergibt.

Wir konnten in der letzten Stunde verfolgen, wie der gegenstandstheoretische Ansatz Husserl nicht daran hindert, die Unterscheidung zwischen Bedeutung und Gegenstand der Namen in plausibler Weise verständlich zu machen, jedoch angesichts der Bedeutung ganzer Sätze in eine Krise gerät. Der zunächst auch von Husserl selbst als nachträgliche Modifikation verstandene Sachverhalt *daß p* muß aufgrund des gegenstandstheoretischen Ansatzes in das ursprüngliche Bewußtsein der Bedeutung von »p« zurückprojiziert werden. Wenn demzufolge das Sachverhaltsbewußtsein nicht im Rekurs auf das Satzverstehen aufzuklären ist, sondern umgekehrt das Verstehen des aus singulärem Terminus und Prädikat zusammengesetzten Ausdrucks ein *ursprünglich* gegenständliches Bewußtsein ist, dann kann die Art, wie die Bedeutung des prädikativen Satzes von der Bedeutung seiner Glieder abhängt, nur mit der hierfür einzig verfügbaren gegenstandstheoretischen Begrifflichkeit verständlich gemacht werden, nämlich als *Zusammensetzung*, als Synthesis.

Wir stehen damit am Beispiel des prädikativen Satzes vor der

Fundamentalfrage der Semantik, wie sich die Bedeutung eines zusammengesetzten Ausdrucks aus der Bedeutung der Teilausdrücke ergibt. Die Bewährung in dieser semantischen Fundamentalfrage ist das entscheidende Kriterium für die Anwendbarkeit einer philosophischen Begrifflichkeit auf die Fragen der Semantik.

Husserl war sich darüber im klaren, daß er die Zusammensetzung, die den Sachverhalt ausmacht, nicht so verstehen durfte, wie es normalerweise der Fall ist, wenn man von zusammengesetzten Gegenständen spricht. Wenn man normalerweise Gegenstände zu einem komplexen Gegenstand zusammensetzt – Perlen zu einer Perlenkette z. B., oder Bausteine zu einem Gebäude –, ist der zusammengesetzte Gegenstand ein ebenso konkreter, raumzeitlicher Gegenstand wie die Teile. Ein Sachverhalt bzw. eine Tatsache ist hingegen kein konkreter, raumzeitlicher Gegenstand. Wenn wir von der Tatsache sprechen, daß Caesar im Jahr 44 v. Chr. in Rom ermordet wurde, so ist Caesar ein konkreter, raumzeitlicher Gegenstand. Ebenso ist das Ereignis seiner Ermordung raumzeitlich lokalisierbar: es ereignete sich dort und damals. Die Tatsache hingegen, daß Caesar dort und damals ermordet wurde, ist nicht ihrerseits lokalisierbar und datierbar. Der Gegenstand, für den ein nominalisierter Satz steht, ist also wie der Gegenstand, für den ein nominalisiertes Prädikat steht (z. B. die Röte), kein konkreter, raumzeitlicher Gegenstand: Sachverhalte sind wie Attribute sog. ›abstrakte‹ Gegenstände. Husserl bezeichnet die konkreten Gegenstände als ›reale‹, die abstrakten als ›ideale‹ Gegenstände; das Kriterium eines ›realen‹ Gegenstandes ist für ihn seine sinnliche Wahrnehmbarkeit (VI. Unters. § 46).

Wenngleich Husserl also durch seinen gegenstandstheoretischen Ansatz dazu gedrängt wurde, die Sachverhalte als zusammengesetzte Gegenstände aufzufassen, so sind sie doch Gegenstände anderer Ordnung als die Gegenstände, aus denen sie zusammengesetzt sind. Das bedeutete nun aber, daß es sich um eine Zusammensetzung besonderer Art handeln muß. Husserl versuchte diese Schwierigkeit durch seine Theorie der kategorialen Synthesis zu lösen, die wohl den weitestgehenden Versuch darstellt, der bisher von einem gegenstandstheoretischen Ansatz aus zur Erklärung der Sachverhalte und der Bedeutung von Sätzen gemacht worden ist.

Bevor ich diese Theorie in ihren Grundzügen darstelle, möchte ich Ihnen kurz eine andere gegenstandstheoretische Position vorführen, in der die Rede von einer Zusammensetzung bei den Sachverhalten naiv verwendet wird, die Position von Wittgensteins *Tractatus*. Der *Tractatus* bezieht zwar insofern bereits eine dezidiert sprachanalytische Position, als er im Unterschied zu Husserl primär am Satz und nicht am Namen orientiert ist: »Nur der Satz hat Sinn; nur im Zusammenhang des Satzes hat ein Name Bedeutung« (3.3). Gleichwohl wird diese Auffassung noch ontologisch gedeutet. Den semantischen Primat des Satzes vor dem Namen begründet der *Tractatus* durch einen ontologischen Primat der Tatsachen vor den Dingen: »Die Welt ist die Gesamtheit der Tatsachen, nicht der Dinge« (1.1). Nun stellt sich die Frage: was ist unter einer Tatsache zu verstehen? Wittgenstein antwortet: »Was der Fall ist, die Tatsache, ist das Bestehen von Sachverhalten« (2). Und was ist ein Sachverhalt? Darauf antwortet Wittgenstein: »Der Sachverhalt ist eine Verbindung von Gegenständen« (2.01).

Diese Auffassung ist der von mir schon angedeuteten Kritik ausgesetzt, daß sie den Sachverhalt wie einen zusammengesetzten konkreten Gegenstand darstellt. Der *Tractatus* leistet dieser Kritik noch dadurch Vorschub, daß er ausdrücklich erklärt: »Im Sachverhalt hängen die Gegenstände ineinander, wie die Glieder einer Kette« (2.03).

Wittgenstein hat diese Auffassung selbst verworfen, als er die gegenstandstheoretische Position des *Tractatus* aufgab. Aus dieser Zeit stammen einige Aufzeichnungen, die unter dem Titel »Komplex und Tatsache« im Anhang der *Philosophischen Bemerkungen* veröffentlicht sind.[1] Wittgenstein schreibt hier:

»Komplex ist nicht gleich Tatsache. Denn von einem Komplex sage ich, z. B., er bewege sich von einem Ort zum andern, aber nicht von einer Tatsache . . . Und Komplex ist ein räumlicher Gegenstand, bestehend aus räumlichen Gegenständen . . . Daß aber dieser Komplex sich jetzt dort befindet, ist eine Tatsache . . . Zu sagen, ein roter Kreis *bestehe aus* Röte und Kreisförmigkeit, oder sei ein Komplex aus diesen Bestandteilen, ist ein Mißbrauch dieser Wörter und irreführend. (Frege wußte dies und sagte es mir.) Ebenso irreführend, zu sagen, die Tatsache, daß dieser Kreis rot ist (daß ich müde bin), sei ein Komplex aus den Bestandteilen Kreis und Röte (dem Ich und der Müdigkeit) . . . Man sagt freilich auch: ›auf eine Tatsache hinweisen‹, aber das heißt immer: ›auf die Tatsache hinweisen, daß . . . .‹ . . . Auf eine Tatsache hinweisen, heißt, etwas behaupten, aussagen. ›Auf eine Blume hinweisen‹ heißt das nicht . . . Die Wurzel dieser Verwechslung ist der verwirrende Gebrauch des Wortes ›Gegenstand‹«.

Was Wittgenstein hier einen Komplex nennt, ist ein zusammengesetzter konkreter Gegenstand. Indem er jetzt so weit geht zu sagen, die Tatsache *bestehe* überhaupt nicht aus irgend etwas, verwirft er schon den gegenstandstheoretischen Ansatz überhaupt. Husserl hat jedoch gezeigt, daß man auf der Basis eines gegenstandstheoretischen Ansatzes durchaus noch zwischen einem Komplex und einer Tatsache unterscheiden kann.

Ich komme damit zu seiner Theorie der kategorialen Synthesis. Die Aufgabe, die sich Husserl stellte, bestand darin, von der realen Zusammensetzung eines Gegenstandes aus Bestandteilen eine besondere, nichtreale Zusammensetzung, die für die Tatsache konstitutiv sein müßte, zu unterscheiden. Versuchen wir uns den Unterschied an einem Beispiel deutlich zu machen. Ein Hammer ist ein realer Gegenstand, der aus zwei Teilen, Stiel und Kopf, zusammengesetzt ist. Wenn wir das konstatieren und sagen, »dieser Hammer ist aus Stiel und Kopf zusammengesetzt«, so entspricht diesem Satz der Sachverhalt, daß dieser Hammer aus Stiel und Kopf zusammengesetzt ist. Der Sachverhalt ist nach Voraussetzung seinerseits ein (idealer) zusammengesetzter Gegenstand. Welches sind nun seine Bestandteile? Soll man sagen: das (reale) Zusammengesetztsein ist einerseits mit dem Hammer, andererseits mit Stiel und Kopf (ideal) zusammengesetzt? Der in Frage stehende Sachverhalt wäre dann zusammengesetzt aus zwei Bestandteilen, (1) dem realen Zusammengesetztsein und (2) dem geordneten Gegenstandstripel {Hammer, Stiel, Kopf}. Husserl zog eine andere Betrachtungsweise vor (VI. Unters. § 48), derzufolge nur die realen Gegenstände, also Hammer, Stiel und Kopf, als Bestandteile des Sachverhalts fungieren und das reale Zusammengesetztsein (die Teil-Ganzes-Relation) die Art und Weise repräsentiert, wie diese Gegenstände sich im Sachverhalt (ideal) zusammensetzen. Ob man nun die Art der Zusammensetzung des Sachverhaltes auf die eine oder andere Weise zu verstehen hat (ich komme darauf zurück), in jedem Fall ist sie offenkundig grundverschieden von der Art der Zusammensetzung des Hammers. Der Hammer geht ja seinerseits als Teil in den Sachverhalt ein, und wenngleich natürlich stets ein real zusammengesetzter Gegenstand seinerseits realer Teil eines größeren Ganzen sein kann, so doch nie in der Weise, daß seine eigenen Teile die komplementären Bestandteile des neuen Ganzen sein können. Der Sachverhalt, daß der Hammer aus Kopf und Stiel besteht, ist im Unterschied zum Hammer nicht ein wahrnehmbarer Gegenstand, und ebenso können wir seine Zusammensetzung nicht wahrnehmen, wie wir die Zusammensetzung des Hammers aus Kopf und Stiel wahrnehmen können. Es liegt daher nahe zu sagen: die ideale Zusammensetzung ist nicht durch Wahrnehmung, sondern nur im *Denken* konstatierbar.

Husserl kann hier auf eine lange Tradition zurückgreifen, wonach das Denken, der ›Verstand‹, ein Vermögen der Synthesis ist, und zwar eben derjenigen Synthesis, die nicht von der Art einer realen Zusammensetzung ist.[2] Lassen Sie mich das noch an einem anderen Beispiel veranschaulichen. Wenn wir den Sachverhalt konstatieren, daß A von B getrennt ist, dann sind A und B sicher nicht real zusammengesetzt, sie sind ja vielmehr getrennt, und doch stehen sie in dem Sachverhalt, daß sie getrennt sind, in einem Zusammenhang. In diesen Zusammenhang, der kein realer Zusammenhang ist, werden sie durch das Denken gebracht, was nicht heißen soll, daß der Zusammenhang nicht wirklich besteht (A und B sind ja wirklich getrennt). Daß die Sachverhalte keine realen Gegenstände (konkreten Gegenstände in Raum und Zeit) sind, daß sie sich erst im Denken ›konstituieren‹, heißt nicht, daß sie nicht wirklich sind.

Auch das Denken wird, wie alles Bewußtsein, von Husserl als gegenständliches Bewußtsein verstanden und d. h. als ›Akt‹.[3] Akte des Denkens bezeichnet Husserl als ›kategoriale‹ Akte, im Unterschied zu den ›sinnlichen‹ Akten, in denen konkrete Gegenstände vorgestellt werden. Das Charakteristische des kategorialen Aktes ist, daß er eine so und so zusammengesetzte Gegenständlichkeit *als* so und so zusammengesetzte vorstellt, was nur möglich ist, indem er gleichzeitig ihre Teilgegenstände vorstellt. Das Vorstellen jedes Teilgegenstandes ist nun (per definitionem) seinerseits ein Akt. Der kategoriale Akt ist daher ein solcher, der als synthetischer wesensmäßig in anderen Akten fundiert ist, (letztlich) in sinnlichen Akten, die die realen Gegenstände vorstellen, die in die synthetische Gegenständlichkeit eingehen. Durch den fundierten, kategorialen Akt kommt die Synthesis der Gegenstände der fundierenden Akte zustande, und in dieser Synthesis konstituiert sich die neue, synthetische Gegenständlichkeit. Diese kann daher grundsätzlich nicht in einem schlichten (sinnlichen) Akt vorstellig werden.

So versucht Husserl, durch die Unterscheidung der entsprechenden *Akte*, also durch die Unterscheidung der Art, wie die jeweiligen Gegenstände zur *Gegebenheit* kommen (mithin durch eine ›transzendentale‹ Erklärung), den Unterschied zwischen idealen und realen Gegenständen und die besondere Zusammensetzung der idealen Gegenstände verständlich zu machen. Die Stufenordnung der Gegenstandstypen gründet in der Stufenordnung der Akte. Die gegebene Erklärung soll für alle idealen Gegenstände gelten, auch für die (sich in Akten der ›ideierenden Abstraktion‹ konstituierenden) Spezies, die Attribute, ebenso wie für Mengen; ich beschränke mich aber auf die Sachverhalte. Die von aller realen Zusammensetzung grundsätzlich unterschiedene Zusammensetzung des Sachverhalts ist jetzt dadurch erklärt, daß diese Synthesis die Synthesis eines kategorialen Aktes ist. So wird verständlich, »daß die kategorialen Funktionen, indem sie den sinnlichen Gegenstand ›formen‹, ihn in seinem realen Wesen unberührt lassen . . . Die kategorialen Formen leimen, knüpfen, fügen die Teile nicht zusammen, daß daraus ein reales, ein sinnlich wahrnehmbares Ganzes würde. Sie formen nicht in dem Sinn, in welchem der Töpfer formt. Sonst würde das ursprünglich Gegebene der sinnlichen Wahrnehmung in seiner eigenen Gegenständlichkeit modifiziert, das beziehende und verknüpfende Denken und Erkennen wäre nicht Denken und Erkennen dessen, was ist, sondern fälschendes Umgestalten in ein Anderes« (VI. Unters. § 61).

Sie werden vielleicht fragen: inwiefern kann man denn sagen, daß bestimmte Sachverhalte *wirklich* bestehen (und die entsprechenden Sätze wahr sind), wenn diese Gegenstände nicht ›real‹ sind und wenn sie sich erst in den synthetischen Akten des Denkens konstituieren? Darauf kann Husserl antworten: der jeweilige Sachverhalt ist dann ein wirklich bestehender (und der entsprechende Satz wahr), wenn die betreffende kategoriale Synthesis auf der Grundlage der in ihn eingehenden realen Gegenstände vollziehbar (möglich) ist. (Der Sachverhalt z. B., daß Stiel und Kopf zusammengesetzt sind, besteht wirklich, wenn die entsprechende Synthesis an diesen realen Stücken vollziehbar ist.)[4]

Bevor ich nun zur Anwendung dieser Theorie der kategorialen Synthesis auf unsere konkrete Frage nach dem semantischen Aufbau der prädikativen Sätze komme, möchte ich noch auf ein besonderes semantisches Problem hinweisen, das Husserl glaubte mit dieser Theorie lösen zu können: das Problem der Semantik der synkategorematischen Ausdrücke. Wie ich schon in der letzten Stunde bemerkte (S. 145), bilden die Synkategorematika eine Klasse von Ausdrücken, die auch für Husserl eine Bedeutung haben, aber gleichwohl nicht für einen Gegenstand stehen. Diese Auffassung läßt sich durch die Theorie der kategorialen Synthesis in die gegenstandstheoretische Konzeption integrieren, die sie auf den ersten

Blick zu sprengen scheint (vgl. IV. Unters. §§ 4 ff.). Die synkategorematischen Ausdrücke sind nach Husserl Verbindungsworte, sie haben eine ›unselbständige‹ Bedeutung; nur Ausdrücke, die für einen Gegenstand stehen (kategorematische Ausdrücke), haben eine ›selbständige‹ Bedeutung. Nun können sich kategorematische Ausdrücke mit anderen kategorematischen Ausdrücken nur dann zu einem komplexen Ausdruck mit einer neuen einheitlichen Bedeutung verbinden, wenn diese Verbindung vermittelt wird durch einen oder mehrere synkategorematische Ausdrücke. Diese semantisch-syntaktische Auffassung entspricht nun unmittelbar der ontologisch-transzendentalen von der kategorialen Synthesis: in den unselbständigen Bedeutungen der Synkategorematika (z. B. des »und«, des prädikativen »ist«, des »=«) drückt sich jeweils die Synthesis eines kategorialen Aktes aus; durch diese Akte werden sie gegenständlich aufgefaßt, nicht indem sie selbst für Gegenstände stehen, sondern so, daß sie die Einheitsform darstellen, in der sich die synthetische Gegenständlichkeit auf der Grundlage der fundierenden Gegenstände konstituiert. Da es wiederum ein *Akt* ist, der auch dem synkategorematischen Ausdruck Bedeutung verleiht, und da die Gesamtbedeutung dieses synthetischen Aktes wieder eine Gegenständlichkeit ist, läßt sich der gegenstandstheoretische Ansatz in eindrucksvoller Weise auch für das Verständnis dieser Ausdrücke durchhalten.

Aber nun müssen wir uns endlich fragen, ob die Theorie der kategorialen Akte wirklich geeignet ist, das Bewußtsein von Sachverhalten bzw. das Verstehen der Bedeutung zusammengesetzter Ausdrücke verständlich zu machen. Wie steht es insbesondere mit der Bedeutung des prädikativen Satzes? Ich habe mit Absicht Husserls Theorie der nichtrealen Zusammensetzung zunächst so abstrakt vorgeführt, wie sie auch von Husserl selbst eingeführt wird, weil die Subsumtion des prädikativen Satzes unter diese Theorie eine zusätzliche Schwierigkeit aufwirft. Nehmen wir irgendeinen einfachen prädikativen Satz, z. B. den Satz »Das Heidelberger Schloß ist rot«, so müssen wir, wenn die Theorie der kategorialen Synthesis zur Anwendung kommen soll, auf der fundierenden Ebene annehmen, daß nicht nur der singuläre Terminus »das Heidelberger Schloß«, sondern auch der Prädikatausdruck »rot« für einen Gegenstand steht, denn wenn wir nicht wenigstens zwei Gegenstände haben, kann nicht von einer Zusammensetzung, einer Synthesis gesprochen werden. Wir stoßen also jetzt auf die bisher zurückgestellte 2. Frage der von mir genannten vier Fragen (S. 139), die Frage, die die Bedeutung des *Prädikats* betrifft.

Eine solche vergegenständlichende Auffassung der Prädikate, wie sie sich schon von der allgemeinen Struktur der Theorie der kategorialen Akte her antizipieren läßt, findet sich bei Husserl tatsächlich. Die Analyse der prädikativen Satzform in § 48 der VI. Log. Untersuchung wird gemeinsam mit einer Analyse derjenigen Sätze durchgeführt, in denen von etwas gesagt wird, daß es ein anderes als Teil enthält. Als einheitliches Schema sowohl für den prädikativen Satz wie für den Ganzes-Teil-Satz gibt Husserl an: *»A ist (hat) a«*. *»A ist a«* stellt die Formalisierung eines prädikativen Satzes mit Kopula dar wie »das Schloß ist rot«, wobei Husserl Wert darauf legte, die Kopula vom Prädikat zu trennen als synkategorematisches Verbindungswort, das die Synthesis repräsentieren soll. *»A hat a«* hingegen ist ein (nicht sehr glücklicher) Versuch einer Formalisierung eines Ganzes-Teil-Satzes, z. B. »das Schloß hat den Festsaal«. Klarer ist die konverse Form, die Husserl sowohl für »A ist a« wie für »A hat a« gibt, nämlich »a ist in A«, z. B. »der Festsaal ist im Schloß«. Wenden wir diese konverse Form auch auf den prädikativen Satz an, so ergibt sich bei unserem Beispiel »(die) Röte ist im Schloß«. Diese Form können wir nun offenbar ihrerseits in die ihr konverse Form bringen »das Schloß hat Röte«, die Husserl gegenüber der Form »das Schloß ist rot« als die Ausdrucksform ansieht, in der die synthetische Struktur ausdrücklich wird.

Diese Angleichung des Subjekt-Prädikat-Satzes an den Ganzes-Teil-Satz finden wir bei Husserl auch sonst. Schon in der III. Logischen Untersuchung, die überschrieben ist »Zur Lehre von den Ganzen und Teilen«, heißt es, daß Prädikate für »unselbständige Teile« stehen. »Den Begriff *Teil* fassen wir in dem weitesten Sinne, der es gestattet, alles und jedes Teil zu nennen, was ›in‹ einem Gegenstande unterscheidbar oder, objektiv zu reden, in ihm ›vorhanden‹ ist . . . Danach weist jedes nicht bezügliche reale Prädikat auf einen Teil des Subjektgegenstandes hin. So z. B. *rot* und *rund* . . . « (§ 2).

Man könnte darüber streiten, ob die Ganzes-Teil-Relation die geeignetste Relation ist, an die die Subjekt-Prädikat-Struktur zu assimilieren ist. Man könnte statt »die Röte ist im Schloß« »die Röte ist am Schloß« vorschlagen, und statt »das Schloß hat Röte« »das Schloß ist mit Röte zusammengesetzt«. Die eigentliche Frage ist jedoch nicht, *welche* Relation vorzuziehen ist, sondern *ob* der prädikative Satz überhaupt als Relationsaussage verstanden werden darf. Das aber folgt notwendig aus der Auffassung, daß das Prädikat für etwas steht, und diese Auffassung ist ihrerseits zwingend, wenn man davon ausgeht, daß der Sachverhalt sich in einer kategorialen Synthesis konstituiert; ja sie hängt nicht einmal von der Besonderheit von Husserls Theorie einer kategorialen Synthesis ab, sondern beruht auf der grundlegenden Voraussetzung, die wir auch im *Tractatus* gefunden haben, daß der Sachverhalt überhaupt etwas Zusammengesetztes ist, denn das setzt ja voraus, daß er aus mindestens zwei Bestandteilen zusammengesetzt ist.

Sie sehen also: die bestimmte Art, wie Husserl die 4. Frage beantwortet hat (die Bedeutung des ganzen Satzes ist der Sachverhalt), präjudiziert zunächst eine bestimmte Antwort auf die 3. Frage, wie die Bedeutung des ganzen Satzes sich aus der Bedeutung der Teilausdrücke ergibt (nämlich durch Zusammensetzung, genauer: durch kategoriale Synthesis), und diese Antwort auf die 3. Frage setzt nun ihrerseits eine bestimmte Antwort auf die 2. Frage, die nach der Bedeutung des Prädikats, voraus, nämlich daß die Bedeutung des Prädikats (z. B. »rot«) der Gegenstand ist, für den seine nominalisierte Modifikation steht (die Röte). Dabei ist zu beachten, daß jeder Schritt in dieser Gedankenreihe (wenn man einmal von den Besonderheiten der Theorie der kategorialen Synthesis absieht) eine notwendige Folge des gegenstandstheoretischen Ansatzes als solchen ist und nicht etwa eine spezielle Eigentümlichkeit von Husserls Philosophie.

Die gegenständliche Auffassung der Prädikate ergibt sich freilich bei Husserl nicht nur in dieser Weise als notwendige Konsequenz aus dem systematischen Zusammenhang, sondern auch einfach aus der Auffassung des Prädikats als ›kategorematischen‹ Ausdrucks oder, grundsätzlicher, einfach deswegen, weil eine andere, nicht gegenständlich abgestützte Bedeutungskonzeption im Horizont des gegenstandstheoretischen Ansatzes überhaupt nicht verfügbar war. Zwar hatte Husserl in § 12 der I. Log. Untersuchung, von dem ich ausgegangen war, die für Namen aufgewiesene Unterscheidung von Gegenstand und Bedeutung auch für die Prädikate in Anspruch genommen; ja er ging dort sogar davon aus, daß ein Prädikat überhaupt nicht einen Gegenstand bezeichnet und man daher bei Prädikaten nicht von einem Gegenstand, sondern nur von einer »gegenständlichen Beziehung« sprechen könne, womit die Gegenstände gemeint sind, auf die ein Prädikat angewandt werden kann. So kann er bei den Prädikaten den Unterschied von Gegenstand und Bedeutung in einer auch aus der neueren Semantik bekannten Weise so erläutern, daß zwei Prädikate – z. B. »ein gleichseitiges Dreieck« und »ein gleichwinkliges Dreieck« – »dieselbe gegenständliche Beziehung, denselben Umfang möglicher Anwendung« haben können und gleichwohl nicht dieselbe Bedeutung. Wenn wir nun aber weiter fragen, wie diese von der gegenständlichen Beziehung unterschiedene Bedeutung ihrerseits zu verstehen ist, ergibt sich in genauer Analogie zu dem, was sich bei der Bedeutung des ganzen Satzes zeigte, erstens, daß es in der Rede von *der Röte* die Bedeutung des Prädikats »rot« ist, wovon gegenständlich gesprochen wird, und zweitens, daß nun – in Ermangelung eines anderweitigen Bedeutungsbegriffs – das gegenständliche Bewußtsein (von der Röte) in das ursprüngliche Bedeutungsbewußtsein des Prädikates (»rot«) zurückprojiziert wird. Obwohl beim Verstehen des Prädikats eines Satzes das Bewußtsein nicht auf die Bedeutung des Prädikats, sondern nur auf den Gegenstand des Satzsubjekts gegenständlich gerichtet ist, *ist* doch die Bedeutung des Prädikats ein Gegenstand, nämlich das entsprechende Attribut.

Die gegenständliche Auffassung der Prädikate ist daher auch nicht zu erschüttern durch den Hinweis darauf, daß doch Husserl selbst »Gegenstand« definiert hat als *Subjekt* möglicher Prädikationen (vgl. oben, S. 160, Anm. 4). Diese Definition widerspricht nicht der Auffassung, daß auch Prädikate für Gegenstände stehen, weil ja jedes Prädikat sich nominalisieren läßt und man nun sagen kann: genauso wie der Sachverhalt *daß p* nicht der Gegenstand-worüber der Aussage »p« ist, die Aussage aber gleichwohl für diesen Sachverhalt steht, so ist man zwar, wenn man das Prädikat »rot« verwendet, nicht auf das Attribut der Röte gegenständlich gerichtet, gleichwohl steht das Prädikat für diesen Gegenstand, und dieser Gegenstand ist seine Bedeutung.

Sind wir jetzt bei den Prädikaten besser gerüstet als in der letzten Stunde bei den Aussagesätzen, dieses Vorgehen Husserls als ein *hysteron-proteron* nachzuweisen? Ich glaube ja. Denn inzwischen haben wir die Frage des Aufbaus der Bedeutung des Gesamtausdrucks aus den Bedeutungen der Teilausdrücke in die Problematik miteinbezogen, und hier, an dem eigentlichen Angelpunkt des ganzen Problems – an meiner ›3. Frage‹ – können wir uns klarmachen, daß der gegenstandstheoretische Ansatz scheitert:

Der gegenständliche Ansatz erforderte es, sich die Art, wie sich die Bedeutung des ganzen Ausdrucks aus den Bedeutungen der Teilausdrücke ergibt, als *Zusammensetzung* zu denken. Daß diese Auffassung unhaltbar ist, wenn man die Zusammensetzung im gewöhnlichen Sinn einer realen Zusammensetzung meint, haben wir uns am Beispiel des *Tractatus* klargemacht. Es war der Sinn der Theorie der kategorialen Synthesis, diese Schwierigkeit zu beheben. Ist ihr das gelungen? Soweit wohl, als die Zusammensetzung des Sachverhalts nunmehr nicht als reale Zusammensetzung gedeutet werden kann. Aber damit ist vorerst nur gesagt, wie die Zusammensetzung *nicht* verstanden werden darf. Was noch fehlt, ist eine positive Charakterisierung dieser Zusammensetzung. Wie wir bei der realen Zusammensetzung bestimmte (in diesem Fall wahrnehmbare) Kriterien haben, anhand derer wir entscheiden können, ob ein Gegenstand A mit einem Gegenstand B (z. B. Stiel und Kopf des Hammers) zusammengesetzt ist oder nicht, und ebenso beim realen Teil-Ganzes-Verhältnis, so müssen wir auch bei der idealen Zusammensetzung, wenn die Rede von einer Zusammensetzung nicht ganz leer sein soll, ein Kriterium haben, anhand dessen wir entscheiden können, ob eine ideale Zusammensetzung jeweils gegeben ist oder nicht. Nun können wir nicht in der Weise feststellen, ob z. B. die Röte im Schloß ist oder mit dem Schloß zusammengesetzt ist, wie wir feststellen können, daß die Schublade im Tisch ist oder mit ihm zusammengesetzt ist. Die Röte ist ja ihrerseits kein realer Gegenstand, sondern ein Attribut, und dieses kann nicht in realer Weise an das Schloß geheftet sein oder als ein realer, trennbarer Teil in ihm vorkommen. Das hat ja auch Husserl selbst betont. Aber was haben wir dann für positive Kriterien?

Mir scheint, wir haben nur ein einziges: daß die Röte im (oder am) Schloß ist, ist genau dann der Fall, wenn das Schloß rot ist. Mit anderen Worten: befragt, welche Relation wir denn meinen, wenn wir von der Relation zwischen dem Attribut und dem Gegenstand sprechen, können wir nur antworten: diejenige Relation, die besteht, wenn das entsprechende Prädikat auf den Gegenstand zutrifft. Wenn das richtig ist – und wir müssen es als richtig akzeptieren, solange keine Alternative angeboten wird, wie diese Relation zu verstehen ist – ist das *hysteron-proteron* der gegenstandstheoretischen Auffassung der Prädikate erwiesen. Was ein Satz wie »die Röte ist im Schloß« oder »die Röte ist mit dem Schloß zusammengesetzt« besagen soll, läßt sich nur im Rekurs auf den Satz »das Schloß ist rot« verständlich machen und nicht umgekehrt. Welche Präposition wir in der gegenständlichen Rede wählen – ob wir sagen, die Röte sei im, am oder auf dem Schloß oder mit diesem zusammengesetzt –, ist deswegen unerheblich, weil das, was wir mit jeder solchen unbeholfenen, weil sich jeweils an eine andere reale Relation anlehnenden Formulierung meinen, dadurch präzisiert werden kann (und nur so präzisiert werden kann), daß wir auf den schlichten prädikativen Satz, in dem keine Relation zum Ausdruck kommt, verweisen.

Wir stehen damit am Wendepunkt der ganzen Erörterung. Denn wenn es so ist, daß wir die Relation zwischen Attribut und Gegenstand nur durch den ursprünglichen prädikativen Satz definieren können, so kann man nicht das Verstehen des prädikativen Satzes seinerseits durch jene Relation verständlich machen wollen. D. h. dann aber: wir brauchen eine ganz neue Erklärung für das Verstehen eines Prädikats, eine Erklärung, die nicht auf seine nominalisierte Form rekurriert und die überhaupt nicht mehr eine Erklärung der Art sein kann, daß das Prädikat für etwas steht, denn jede solche Erklärung müßte wieder von einer Zusammensetzung des Gegenstandes des Subjekts mit dem Gegenstand bzw. der Bedeutung des Prädikats sprechen und, nach dem Kriterium des Bestehens dieser Zusammensetzung gefragt, wieder auf ein bereits anderwärtiges Verständnis des prädikativen Satzes rekurrieren. Wir müssen also auf das gegenstandstheoretische Erklärungsmodell einer Zusammensetzung oder Synthesis ganz verzichten.

Dieses Modell, das darin bestand, eine logische Struktur an eine reale Relation anzugleichen (und Zusammensetzung ist nun einmal – wenn sie nicht besonders definiert wird – eine reale Relation), bietet nur zwei Alternativen: entweder man unterscheidet die Zusammensetzung des Sachverhalts gar nicht von der eines realen Dinges (*Tractatus*), oder man unterscheidet sie, kann sie dann aber nicht positiv charakterisieren (Husserl). Wenn wir jetzt auf die Theorie der kategorialen Synthesis zurückblicken, zeigt sich, daß das, was ihr eine Plausibilität gab, nur in dem negativen Vorteil besteht, daß sie die Ungereimtheiten einer realen Zusammensetzung *vermeidet.* Die Unbestimmtheit im Begriff der idealen Zusammensetzung, durch die dieser Vorteil erkauft wird, wird durch die Abstützung durch die kategorialen Akte nicht überwunden, da die kategorialen Akte ihrerseits nicht direkt aufweisbar sind. Daß ein kategorialer Akt eines bestimmten Typs im Spiel ist, erkennen wir nur daran, daß es sich um einen Ausdruck einer bestimmten semantischen Form handelt.

Bisher habe ich das Scheitern der Theorie der kategorialen Synthesis freilich nur für die einstelligen prädikativen Sätze gezeigt. Bei ihnen ist die Unzulänglichkeit dieser Theorie besonders offenkundig, weil ein einstelliger prädikativer Satz nur *einen* Gegenstand-worüber hat und es daher erst einer Umformung bedurfte, um überhaupt von einer Synthesis zweier Gegenstände sprechen zu können. Man könnte meinen, daß die Theorie wenigstens bei Relationsaussagen, also bei mehrstelligen prädikativen Sätzen, durchzuhalten ist. Als ich die Theorie zuerst im allgemeinen vorstellte, habe ich auch als Beispiele Relationssätze gegeben. Doch sehen wir jetzt genauer zu.

Nehmen wir das Beispiel, das ich schon verwendet habe, den Satz »dieser Hammer ist aus Stiel und Kopf zusammengesetzt«. Bei der Erörterung dieses Beispiels habe ich schon darauf hingewiesen, daß man sich die Zusammensetzung des Sachverhalts auf zwei verschiedene Weisen denken kann. Die mir logisch richtig scheinende ist die, daß im Sachverhalt die Relation des realen Zusammengesetztseins ideal zusammengesetzt ist mit dem Hammer einerseits und dem Gegenstandspaar Stiel und Kopf andererseits. Diese Auffassung behandelt die Relationsaussage als mehrstellige prädikative Aussage; die Relation (in diesem Fall das reale Zusammengesetztsein) ist der Gegenstand, für den die Nominalisierung des mehrstelligen Prädikats (»zusammengesetzt aus«) steht, und entspricht also dem Attribut beim einstelligen prädikativen Satz. Das ideale Zusammengesetztsein der Relation mit den realen Gegenständen (dem Hammer einerseits, dem Gegenstandspaar Stiel und Kopf andererseits) entspricht dann genau der Zusammensetzung des Attributs mit dem einen realen Gegenstand beim einstelligen prädikativen Satz, und gegen diese Auffassung erhebt sich daher genau derselbe Einwand wie dort: gefragt nach einem Kriterium für das Vorliegen dieser idealen Zusammensetzung, kann man nur antworten, sie bestehe dann zwischen der realen Zusammensetzung und den Gegenständen, wenn der ursprüngliche Satz wahr ist, im Beispiel: wenn der Hammer aus Stiel und Kopf zusammengesetzt ist.

Husserl selbst hat, wie ich schon erwähnte, eine andere Auffassung vorgezogen, derzufolge es in einer Relationsaussage nur die realen Gegenstände sind, die im kategorialen Akt zur Synthesis gebracht werden. Die reale Relation hingegen wird gewissermaßen in die kategoriale Synthesis mithineingenommen. So ist der kategoriale Akt ein jeweils anderer, je nachdem, um welchen Typus von Relation es sich handelt. Diese Auffassung scheint mir unhaltbar zu sein. Es besteht kein Anlaß, irgendeine Relation zwischen zwei realen Gegenständen nicht als reale Relation aufzufassen. Husserl aber meint, den verschiedenen realen Relationen entsprechen verschiedene ideale Relationen. Das würde in voller Konsequenz zu einer Verdopplung aller Relationsarten führen. »In der Bildung äußerer Relationen mag die sinnliche Form das Fundament abgeben zur Konstitution einer ihr entsprechenden (!) kategorialen Form; wie wenn wir das in der Anschauung eines umfassenden G gegebene sinnliche Angrenzen der Inhalte A und B in den synthetischen Formen *A grenzt an B* oder *B grenzt an A* auffassen und eventuell ausdrücken. Mit der Konstitution der letzteren Formen sind aber neue Gegenstände erwachsen, zugehörig zur Klasse *Sachverhalt* . . .« (VI. Unters. § 48). Husserl schließt irrtümlich aus dem Umstand, daß der Sachverhalt, daß A an B grenzt, ein idealer Gegenstand ist, daß die in den beiden Sätzen zum Ausdruck kommende Relation des Angrenzens ihrerseits eine ideale Relation ist. Als ideale Relation kommt nur die Relation zwischen der realen Relation des Angrenzens und dem Gegenstandspaar {A, B} in Frage, und damit stünden wir wieder vor der von mir zuerst vorgeführten Auffassung, die in dieselbe Schwierigkeit führt, die sich bei den einstelligen prädikativen Sätzen ergab.

Auf einen weiteren Teilaspekt von Husserls Theorie der kategorialen Synthesis, der die Bedeutung der Worte »und« und »oder« betrifft, werde ich später eingehen (17. Vorl.). Unsere nächste Aufgabe muß jetzt sein, eine neue, nicht mehr gegenständliche Auffassung der Prädikate zu gewinnen.

Anmerkungen

1 S. 301-303. Dieselben Aufzeichnungen sind auch im Anhang der *Philosophischen Grammatik*, S. 199-201 abgedruckt.

2 Vgl. z. B. Aristoteles, *Metaphysik*, VI, 4; *De Anima*, III, 6; Kant, *Kritik*

d. r. V., § 15.

3 Zum folgenden vgl. VI. Log. Unters., § 46 und V. Unters., §§ 17-18.

4 Vgl. VI. Unters., § 62 (S. 190) und dazu mein *Der Wahrheitsbegriff bei Husserl und Heidegger*, S. 131.

11. Vorlesung

Die gegenstandstheoretische Auffassung der Bedeutung der prädikativen Sätze ist gescheitert an der Frage, wie sich die Bedeutung des ganzen Satzes aus den Bedeutungen der Satzteile ergibt. Von der gegenstandstheoretischen Position ließ sich diese Frage nur so beantworten, daß sich die Bedeutung des ganzen Satzes aus dem, wofür der singuläre Terminus steht, und dem, wofür das Prädikat steht, zusammensetzt, und diese Antwort gerät in das Dilemma, daß die Zusammensetzung entweder als reale Zusammensetzung eines komplexen Gegenstandes verstanden werden muß oder nicht angegeben werden kann, was hier unter Zusammensetzung zu verstehen ist, ohne auf das Verständnis des Satzes zurückzugreifen, das doch gerade erst erklärt werden sollte.

Dieses Ergebnis ist insofern nicht rein negativ, als es für einen neuen, nicht mehr gegenstandstheoretischen Erklärungsversuch eine bestimmte Fragerichtung vorzeichnet: Erstens: als das vom gegenstandstheoretischen Ansatz her gesehen kritische Glied im Verstehen des prädikativen Satzes hat sich das Verstehen des Prädikats herausgestellt. Wir werden also zuerst versuchen müssen, eine neue, nicht mehr gegenständliche Auffassung vom Verstehen eines Prädikats zu gewinnen. Zugleich hat sich zweitens gezeigt, daß die Problematik des Verstehens eines Prädikats – die zweite der von mir seinerzeit genannten vier Fragen (oben, S. 139) – unmittelbar verknüpft ist mit der 3. Frage, wie wir die Zusammensetzung des singulären Terminus mit dem Prädikat verstehen. So legt es sich nahe, diese beiden Fragen jetzt von vornherein zu verbinden. Diese Verbindung gibt der Frage nach dem Verstehen des Prädikats einen konkreten Anhaltspunkt. Würden wir nämlich die Frage nach dem Verstehen des Prädikats einfach so formulieren: was heißt es, ein Prädikat zu verstehen, wenn dieses Verstehen nicht im Bewußtsein eines Gegenstandes bestehen kann? – so ließe uns eine solche Formulierung ohne jeden positiven Anhalt. Verbinden wir hingegen die zweite mit der dritten Frage und halten wir daran fest, daß jedenfalls der singuläre Terminus für einen Gegenstand steht, so können wir fragen: wenn die Ergänzung des singulären Terminus durch ein Prädikat nicht die Funktion hat, den Gegenstand des singulären Terminus mit einem anderen Gegenstand (dem des Prädikats) zu verbinden, wie ist sie dann zu verstehen? Natürlich dürfen wir jetzt nicht nach etwas anderem als einem Gegenstand suchen, womit der Gegenstand des singulären Terminus verbunden würde, denn was immer mit etwas verbunden wird, ist etwas, also ein Gegenstand. Was wir aufgeben müssen, ist bereits die Vorstellung einer Verbindung, einer Synthesis. Wir müssen also fragen: wenn die Ergänzung eines singulären Terminus durch ein Prädikat nicht die Funktion hat, den Gegenstand, für den der singuläre Terminus steht, mit etwas zu verbinden, welche Funktion hat sie dann?

Wir können hier an eine Bestimmung anknüpfen, die auch in der traditionellen Prädikatentheorie immer schon gesehen wurde. Ich habe bisher von der traditionellen Theorie nur den Umstand berücksichtigt, daß das Prädikat für einen Gegenstand steht, und bin nicht auf die Frage eingegangen, als was ein solcher Gegenstand aufgefaßt wurde. Nur beiläufig habe ich diese Gegenstände, die durch nominalisierte Prädikate bezeichnet werden, Attribute genannt. Wir finden in der Tradition neben »Attribut« eine Reihe anderer Bezeichnungen, u. a. »Spezies«, »Universalien«, »Begriffe«, »Eigenschaften«. In der Bezeichnung »Universalien« kommt zum Ausdruck, daß es sich um ›allgemeine Gegenstände‹ handelt, die beliebig vielen einzelnen Gegenständen zukommen können. Es ist dieses *Zukommen,* das in der Bezeichnung »Attribut« zum Ausdruck kommt. »Spezies«, die bei Husserl bevorzugte Bezeichnung, ist die lateinische Übersetzung des griechischen *eidos* (»Anblick«, »Aussehen«), und dieses Wort trägt wenig zur Charakteristik der fraglichen Gegenstände bei, es sei denn dies, daß es Gegenstände einer intellektuellen Anschauung sind. Das Wort »Begriff« nimmt eine Sonderstellung ein, denn man zögert, Begriffe als Gegenstände aufzufassen. In der Auskunft, daß Prädikate für Begriffe stehen, scheint also schon in der Tradition ein Ansatz zu liegen, der von der gegenstandstheoretischen Konzeption wegführt; auf diesen Ausdruck müßte daher noch eigens eingegangen werden.[1] Die Bezeichnung der Universalien als Eigenschaften schließlich kann man als eine nähere Bestimmung ihrer Bezeichnung als Attribute verstehen: es ist das Eigentümliche der Universalien, daß ein realer Gegenstand, wenn ihm Universalien zugeschrieben (›attribuiert‹) werden, als im Hinblick auf diese Attribute charakterisiert erscheint: das Attribut ist seine ›Qualität‹ oder ›Eigenschaft‹. Diese Bezeichnung ist jedoch nicht ausreichend umfassend: zwar ist ein

Attribut wie die Röte eine Eigenschaft des Schlosses, aber etwa das Attribut des Schloßseins würden wir nicht als eine Qualität dieses Gebäudes bezeichnen. »Dies ist ein Schloß« antwortet auf die Frage »was ist dies?«, während man nur diejenigen Charakteristiken von Gegenständen als Qualitäten bezeichnet, die Antworten darstellen auf die Frage »von welcher Beschaffenheit ist dies?« Was also gemeint wird, wenn die Universalien als Eigenschaften bezeichnet werden, ist, daß durch sie der Gegenstand überhaupt irgendwie charakterisiert wird, gleichgültig nach welcher Hinsicht. Deswegen erscheint es besser, das Attribut gleich statt als Eigenschaft als *Charakteristik* zu bezeichnen.

Wenn der Gegenstand, für den ein Prädikat steht, als Charakteristik aufgefaßt wird, kommt die gegenstandstheoretische Konzeption der von mir vorhin entwickelten Problemstellung am meisten entgegen. Denn als Charakteristik ist das, wofür das Prädikat steht, *in* seiner Beziehung zum Gegenstand des singulären Terminus gesehen. Ich hatte gefragt: welche Funktion hat die Ergänzung eines singulären Terminus durch ein Prädikat? Darauf läßt sich mit Hilfe des Begriffs der Charakteristik eine Antwort geben, die noch am gegenstandstheoretischen Ansatz festhält. Man kann jetzt nämlich sagen: die Ergänzung des singulären Terminus durch das Prädikat hat die Funktion, den Gegenstand des singulären Terminus zu charakterisieren, und zwar dadurch, daß sie ihn mit einer Charakteristik verbindet. Nun sollten wir den Gesichtspunkt einer Verbindung mit etwas fallenlassen, deswegen hatte ich die Frage so formuliert: wenn die Ergänzung des singulären Terminus durch ein Prädikat *nicht* die Funktion hat, den Gegenstand des singulären Terminus mit etwas zu verbinden, welche Funktion hat sie dann? Eine Antwort auf diese Frage können wir nun unmittelbar aus der eben gegebenen gegenstandstheoretischen Erklärung entnehmen, indem wir den gegenstandstheoretischen Zusatz fallenlassen. Statt zu sagen, die Ergänzung des singulären Terminus durch ein Prädikat hat die Funktion, den Gegenstand mit etwas zu verbinden *und* ihn dadurch zu charakterisieren, können wir sagen: die Ergänzung durch das Prädikat hat *nicht* die Funktion, den Gegenstand des singulären Terminus mit etwas zu verbinden, *sondern* ihn zu charakterisieren.

Damit stehen wir nun vor einer neuen, nicht mehr gegenstandstheoretischen These darüber, was es heißt, ein Prädikat zu verstehen. Die Funktion des Prädikats ist nach dieser Auffassung nicht mehr, *für* etwas *zu stehen*, sondern etwas (den Gegenstand eines singulären Terminus) *zu charakterisieren*, und das Prädikat verstehen heißt dann, seine Charakterisierungsfunktion verstehen. Ein Satz wie »das Schloß ist rot« wird nicht mehr so erklärt, daß das Prädikat für eine Charakteristik steht (die Röte), die mit dem Gegenstand zur Synthesis gebracht wird, sondern so, daß durch das Prädikat »ist rot« der Gegenstand – das Schloß – in bestimmter Weise charakterisiert wird.

Ich sehe inzwischen eine ganze Reihe von grundsätzlichen Einwänden und Fragen auf mich zukommen. Erstens könnten Sie fragen, mit welchem Recht ich auf einmal von einer Funktion des sprachlichen Ausdrucks spreche. Zweitens werden Sie wissen wollen, was denn genauer unter einer Charakterisierungsfunktion zu verstehen sei. Drittens könnten Sie mit Recht fragen, inwiefern denn mein Vorschlag überhaupt eine Alternative zu der gegenstandstheoretischen Erklärung bietet. Daß durch das Prädikat der Gegenstand des singulären Terminus charakterisiert wird, leuchtet, werden Sie sagen, ein und ist fast trivial. Wird dadurch aber nicht lediglich *weniger* gesagt als in der gegenstandstheoretischen Auffassung, die es ja ebenfalls zuläßt, von einer Charakterisierung des Gegenstandes des singulären Terminus durch das Prädikat zu sprechen, aber es nicht einfach dabei bewenden läßt, sondern eine Erklärung dafür gibt, wie diese Charakterisierung erreicht wird, nämlich durch die Verbindung mit einer Charakteristik, für die das Prädikat steht? Erst wenn deutlich würde, wodurch die neue Erklärung dieses Minus, das sie zunächst aufzuweisen scheint, kompensiert, könnte sie wirklich beanspruchen, als eine Alternative zur gegenstandstheoretischen Erklärung angesehen zu werden. – Ich will in dieser Stunde auf diese drei Fragenkomplexe der Reihe nach eingehen.

Also erstens: mit welchem Recht frage ich nach der *Funktion* des sprachlichen Ausdrucks? Damit scheint eine neue Perspektive in die Betrachtung eingeschmuggelt zu werden, die sich nicht aus der kritischen Interpretation des gegenstandstheoretischen Ansatzes ergeben hat. Ich bitte Sie jedoch zu bedenken, daß es sich darum handelt, am speziellen Fall der Prädikate eine Alternative zur gegenstandstheoretischen Auffassung der sprachlichen Ausdrücke zu finden. Wir sehen uns also hier auf den Ausgangspunkt von Husserls Semantik zurückgeworfen und müssen gewissermaßen noch einen Schritt hinter diesen Ausgangspunkt zurück, damit sich überhaupt Alternativmöglichkeiten zeigen können. Den Ausgangspunkt von Husserls Semantik bildete der Ansatz bei der ›Bedeutungsverleihung‹ durch die Zeichenverwendung (oben, S. 143). Wir haben gesehen, wie Husserl diese ›Bedeutungsverleihung‹ sofort als ›Akt‹ und d. h. als gegenständliches Bewußtsein auffaßt. Gehen wir hinter diesen ersten Schritt Husserls zurück, so kommen wir zu dem allgemeineren Gesichtspunkt der Zeichenverwendung. Weil Husserl die Verwendung eines Zeichens von vornherein so aufgefaßt hat, daß ein Zeichen nur dazu verwendet werden kann, für einen Gegenstand zu stehen, konnte sich für ihn der zugrundeliegende Begriff der Zeichenverwendung als solcher überhaupt nicht abheben. Dieser Begriff hat nun als zugrundeliegender den Vorteil, daß er den gegenstandstheoretischen Ansatz noch umfaßt und gleichzeitig Alternativen zu ihm eröffnet. Er erlaubt die Auffassung, daß alle oder aber auch daß einige Zeichen dazu verwendet werden, für einen Gegenstand zu stehen, andererseits können wir jetzt aber auch fragen: wozu werden Zeichen sonst verwendet? Z. B. zur Charakterisierung. Das, wozu etwas verwendet wird, ist nun aber das, was man seine Funktion nennt. Bitte beachten Sie, daß das Zeichen durch die neue Betrachtungsweise ein Gewicht gewinnt, das es bei der gegenstandstheoretischen Auffassung nicht hatte. Für die gegenstandstheoretische Auffassung ist das Zeichen ein bloßes Mittel zwischen Bewußtsein und Gegenstand. Es hat die Funktion, den Gegenstand, für den es steht, dem Bewußtsein zu vergegenwärtigen. Aber das Bewußtsein kann sich desselben Gegenstandes, das ihm durch das Zeichen vergegenwärtigt wird, auch ohne das Zeichen bewußt sein. So läßt sich die ganze Theorie der kategorialen Akte als eine reine Denktheorie durchführen, ohne daß dabei auf die Zeichen Bezug genommen werden muß. Die Situation ist eine völlig andere, sobald man auch andere Funktionen von Zeichen ins Auge faßt. Wenn z. B. die Funktion eines Zeichens im Charakterisieren besteht, so ist diese Funktion des Charakterisierens auf das Zeichen angewiesen. Das Zeichen dient hier nicht als bloßes Mittel für etwas, was auch ohne es geschehen könnte.

Wenn nun die Funktion von etwas das ist, wozu es verwendet wird, so ist die Rede von der *Funktion* des Zeichens eng verbunden mit der Rede von der *Verwendung*, vom *Gebrauch* des Zeichens. Wenn wir nach der Funktion von etwas fragen, setzen wir voraus, daß es in einen zielgerichteten Handlungskontext gehört. Wenn wir fragen, welche Funktion etwas (z. B. ein Hammer) hat, so fragen wir, wozu es normalerweise verwendet wird, und diese Frage verweist ihrerseits auf ein bestimmtes menschliches Tun (z. B. das Einschlagen von Nägeln). Die Frage nach der Funktion eines Zeichens ist daher unmittelbar verbunden mit der nach der normalen Verwendung dieses Zeichens, und diese verweist ihrerseits auf die Frage nach der Handlung, für die diese Zeichenverwendung die (oder eine mögliche) Bedingung ist. Wenn z. B. eine bestimmte Klasse von Zeichen die Funktion hat, etwas zu charakterisieren, so heißt das, daß diese Zeichen normalerweise dazu verwendet werden, etwas zu charakterisieren, und die *Handlung*, die jemand vollzieht, wenn er ein Prädikat verwendet, ist, daß er etwas so oder so charakterisiert. Alles das gilt selbstverständlich auch für den besonderen Fall, den die gegenstandstheoretische Auffassung als einzigen im Auge hatte. Ein Zeichen, das die Funktion hat, für etwas zu stehen, wird dazu verwendet, anzugeben, welchen Gegenstand man meint, und auf die Frage, was derjenige tut, der ein Zeichen so verwendet, lautet die Antwort: er gibt an, welchen Gegenstand er meint.

Als ich Husserls Ausgangspunkt bei der ›Bedeutungsverleihung‹ erörterte, habe ich darauf hingewiesen, daß man die Auffassung eines Zeichens, die diesem Bedeutung ›verleiht‹, eigentlich als *Verstehen* bezeichnen müßte (S. 143), da wir uns früher (S. 138) klargemacht hatten, daß die Frage nach der Bedeutung eines Zeichens die Frage ist, wie das Zeichen zu verstehen ist. Wir haben gesehen, daß Husserl das Verstehen sofort zugunsten des intentionalen Aktes übersprungen hat. Die Rücksicht auf ein Verstehen des Zeichens war für ihn ebenso überflüssig wie die Rücksicht auf die Verwendung des Zeichens, obwohl man die gegenstandstheoretische Auffassung ebenso durch das Verstehen wie durch die Verwendung noch unterbauen kann: das Zeichen verstehen heißt wissen, für welchen Gegenstand es steht.

Wie hängt nun das Verstehen des Zeichens mit seiner Verwendung zusammen? Offenbar so, daß man ein Zeichen genau dann versteht, wenn man weiß, welche Funktion es hat, bzw. wenn man weiß, wie es verwendet wird. Wenn wir nun von etwas wissen, wie es verwendet wird, so heißt das, daß wir seine Gebrauchsregel kennen. Demnach müßte auch das Verstehen der Funktion eines Zeichens darin bestehen, daß man die Regel seiner Verwendung kennt.

So zeigt sich, daß sich mit dem Rückgang auf die Funktion des sprachlichen Ausdrucks eine umfassende neue Erklärungsperspektive anbietet, für die charakteristisch sind die Begriffe: Funktion, Verwendung von etwas, Regel dieser Verwendung, Handlungsregel und ein Verstehen, das ein Regelverstehen ist. Wir werden nach der Erörterung der Prädikate versuchen müssen, dieselbe Begrifflichkeit auch auf die singulären Termini anzuwenden. Auf der Basis der in dieser Weise neu gestellten Fragen nach dem singulären Terminus und dem Prädikat werden wir (freilich erst am Ende der ganzen Vorlesungsreihe [27. Vorl.]) auf die 3. Frage, die Frage, was es heißt, die Zusammensetzung eines singulären Terminus mit einem Prädikat zu verstehen, mit mehr Aussicht auf Erfolg zurückkommen können. Denn wir sehen uns nun nicht mehr veranlaßt, nach einer Zusammensetzung dessen, wofür der singuläre Terminus steht, mit dem, wofür das Prädikat steht, zu fragen, sondern die Frage gewinnt jetzt den Sinn, wie die Verwendungsregel der einen Ausdrucksart mit der Verwendungsregel der anderen Ausdrucksart zusammenhängt. Das Ziel der ganzen Untersuchung ist die (4.) Frage, was es heißt, einen ganzen prädikativen Satz zu verstehen. Und diese Frage müßte jetzt ebenfalls in der Weise zu stellen sein: welches ist die Funktion eines solchen Satzes, bzw. was tun wir, wenn wir einen prädikativen Satz verwenden? Husserls Antwort war: was wir tun, wenn wir einen prädikativen Satz verwenden, ist, daß wir mittels seiner einen Sachverhalt vorstellen. Aber auf der jetzigen Basis ist natürlich zu erwarten, daß wir zu einer ganz andersartigen Antwort kommen werden.

Doch nun zurück zu den Prädikaten. Die zweite Frage, die ich von Ihnen erwartete, betraf die Rede von einem Charakterisieren. Was ist damit gemeint? Da ich meine, daß es sich hier um eine Grundgegebenheit unseres Verstehens handelt, sofern wir eben Prädikate zu gebrauchen verstehen, kann ich dieses Wort nicht definieren, nur erläutern. Ein Prädikat erfüllt seine Charakterisierungsfunktion, indem es als Kriterium fungiert. Ein Kriterium (von griech. *krinein*, trennen) ist etwas, was zum Unterscheiden dient. Indem wir ein Prädikat auf einige Gegenstände anwenden und auf andere nicht, *klassifizieren* wir damit alle diejenigen Gegenstände, auf die wir es anwenden, und *unterscheiden* sie damit zugleich von denjenigen, auf die wir es nicht anwenden. Wenn wir ein Prädikat auf einen Gegenstand anwenden, so deklarieren wir ihn als einen solchen, der so ist wie die anderen Gegenstände, auf die wir das Prädikat anwenden, und nicht so wie die, auf die wir es nicht anwenden, und d. h. wir charakterisieren ihn als einen solchen. Die Charakterisierungsfunktion besteht im Klassifizieren-und-Unterscheiden.

An diese Erläuterung läßt sich nun unmittelbar die dritte Gegenfrage anknüpfen, die ich von Ihnen erwartete. Denn Sie könnten mir nun entgegenhalten: gerade wenn das Charakterisieren ein Klassifizieren ist, müßte doch den Gegenständen, die durch ein Prädikat charakterisiert werden, etwas Gemeinsames zukommen; und müssen wir dann nicht sagen, es sei eigentlich dieses Gemeinsame, was den Gegenstand charakterisiert, und werden wir so nicht doch wieder zu der gegenständlichen Charakteristik zurückgeführt? Nicht das Prädikat selbst, werden Sie sagen, kann als Kriterium fungieren, denn es muß doch für die Anwendung des Prädikats auf gerade diese und nicht andere Gegenstände eine gegenständliche Grundlage geben, ein ›Unterscheidungsmerkmal‹, wie man deswegen die Charakteristik in der Tradition auch genannt hat.

Sollte sich diese Argumentation als zwingend erweisen, so wäre die gegenstandstheoretische Auffassung der Prädikate wiederhergestellt. Es wäre dann gezeigt, daß der funktionale Ansatz gar keine echte Alternative anzubieten hat, da er seinerseits genötigt ist, auf die gegenstandstheoretische Auffassung zurückzugreifen: das Prädikat charakterisiert den Gegenstand nur, indem es für eine Charakteristik steht, die ihrerseits den Gegenstand in einem primären Sinn charakterisiert. Erst jetzt zeigt sich das eigentliche Gewicht, das der gegenstandstheoretischen Auffassung zukommt. Sie ergibt sich nicht einfach aus dem sprachphilosophischen Vorurteil, daß jeder sprachliche Ausdruck für etwas steht, sondern scheint die einzig verständliche erkenntnistheoretische Erklärung für die Verwendungsweise der Prädikate zu sein. Gegenüber meinem früheren Hinweis auf die Priorität der prädikativen Form (»rot«) vor ihrer nominalisierten Modifikation (»Röte«) könnte der Gegenstandstheoretiker jetzt erklären, daß diese Priorität sich als eine bloß grammatische erweist, während erkenntnistheoretisch das Verstehen des Prädikats fundiert ist in der Erkenntnis der entsprechenden Charakteristik. Der von mir erhobene Vorwurf eines *hysteron-proteron* würde auf meine eigene Erklärung zurückfallen.

Wenn also diese funktionale Erklärung gegenüber der gegenstandstheoretischen eine echte Alternative darstellen soll, muß ihr eigentlicher Gehalt tiefer liegen, als durch meine bisherigen Ausführungen erkennbar wurde, und sie müßte von daher die eben vorgeführte gegenstandstheoretische Gegenkritik beantworten können. Methodisch erscheint es sinnvoll, von der Auseinandersetzung mit dieser Kritik auszugehen; sie müßte die eigentliche Substanz der funktionalen Erklärung aufdecken. Ich werde diese Auseinandersetzung in der Weise eines Dialogs zwischen den beiden Positionen durchführen. Ein solcher Dialog müßte uns schrittweise in den eigentlichen Kern der Problematik bringen.

Die funktionale Erklärung fügt sich in die Tradition des sogenannten Nominalismus, demzufolge es keine allgemeinen Wesenheiten gibt, für die die Prädikate stehen, und das einzig Gegenständliche, was uns beim Verstehen dieser Zeichen gegeben ist, die Zeichen selbst sind, die *nomina*. Die entgegengesetzte Position ist teils als Realismus bezeichnet worden, sofern man sie mehr ontologisch verstanden hat (die Prädikate stehen für *wirkliche* Gegenstände), teils als Konzeptualismus, sofern man sie mehr psychologisch-erkenntnistheoretisch verstanden hat (die Prädikate stehen für *conceptus*, Begriffe). Die traditionelle ontologische Kritik des Nominalismus am Realismus ist nicht die, die ich in der letzten Stunde vorgeführt habe, die die Schwierigkeit betrifft, wie der Gegenstand des Prädikats mit dem des Subjekts zusammenhängt; sondern sie bezog sich auf die andere Schwierigkeit, wie ein und derselbe allgemeine Gegenstand gleichzeitig an vielen konkreten Gegenständen sein könne. Diejenige Auseinandersetzung hingegen, in die wir aufgrund der eben erhobenen Gegenkritik eintreten müssen, ist überhaupt nicht eine primär ontologische, sondern eine psychologisch-erkenntnistheoretische.

Die Charakterisierungsfunktion eines Prädikats, so lautete die konzeptualistische These, kann man nur verstehen, wenn die Verwendung des Prädikats mit der Vorstellung von etwas verbunden ist, für das das Prädikat steht; denn sonst hätte ja die Verwendung des Prädikats keine objektive Grundlage, sie wäre willkürlich.

Lassen wir den Nominalisten erst einmal seinerseits zum Gegenangriff übergehen. Er wird in Abrede stellen, daß wir tatsächlich immer etwas vorstellen, wenn wir ein Prädikat sinnvoll verwenden. Nehmen wir z. B. den Satz »das Heidelberger Schloß ist rot«. Machen wir diese Aussage in der Wahrnehmungssituation, also wenn wir das Schloß wahrnehmen und wahrnehmen, daß es rot ist, so tun wir das zweifellos aufgrund einer bestimmten Farbvorstellung. Angenommen hingegen, wir äußern einen solchen Satz z. B. hier im Hörsaal, ohne das Schloß zu sehen, so können wir eine entsprechende Farbvorstellung in der Phantasie haben, aber offenbar können wir den Satz auch verstehen, ohne irgendeine solche Vorstellung zu haben, die dem Wort »rot« entspricht.

Dieser erste Angriff des Nominalisten läßt sich von seinem Gegner leicht abschlagen. Er erweist sich als ein Mißverständnis, da er sich die Vorstellung von etwas, wofür das Prädikat stehen soll, als eine sinnliche Vorstellung dachte. Daß wir ein Prädikat verstehend gebrauchen können, ohne dabei irgendwelche sinnlich-anschaulichen Bilder vorzustellen, wird der Konzeptualist sofort zugeben. Husserl selbst hat das im 2. Kapitel der I. Logischen Untersuchung eindrucksvoll gezeigt. Aber um solche sinnlichen Vorstellungen handle es sich gar nicht, wird er sagen. Das Merkmal der Röte soll doch etwas sein, was vielen gemeinsam ist, Röte im allgemeinen.

Also das war ein Mißverständnis, aber doch kein unproduktives Mißverständnis. Denn es ist jetzt klar, um was für eine Art Vorstellungen es sich einzig handeln kann, nämlich um nichtsinnliche Vorstellungen. Hatte der Nominalist vorher geltend gemacht, daß mit dem Verstehen eines Prädikats *nicht immer* eine sinnliche Vorstellung verbunden sei, so wird er jetzt erklären, daß es Vorstellungen der Art, wie sie vom Konzeptualisten in Anspruch genommen werden, überhaupt nicht gibt. Es erhebt sich der Verdacht, daß das gemeinsame Merkmal zwar nicht Gegenstand der sinnlichen Anschauung sein soll, aber daß diese Vorstellung doch nach dem Modell der sinnlichen Anschauung gedacht wird. Das gemeinsame Merkmal soll, da es etwas Allgemeines ist, nicht sinnlich vorstellbar sein, aber es soll doch vorstellbar sein. Wie dann aber? Daß hier die sinnliche Anschauung als Modell dient, scheint gerade bei Husserl besonders deutlich, denn er sagt: der allgemeine Gegenstand ist uns in einer Wesensanschauung gegeben. Eine entsprechende Tradition, derzufolge wir diese allgemeinen Wesenheiten in einer intellektuellen Anschauung *(nous)* vorstellen, gibt es seit Platon. Der Nominalist kann es offenlassen, wieweit sein Gegner sich diese Vorstellung der allgemeinen Charakteristik nach dem Modell der sinnlichen Anschauung denkt oder nicht (man kann sich freilich fragen: muß er es nicht letztlich?). Sein Angriff wird sich jetzt darauf richten, daß wir eine solche Vorstellung von etwas Allgemeinem, das wir am Gegenstand erkennen, jedenfalls nicht vorfinden. Nehmen wir, wenn wir vom Schloß sagen, es sei rot, den günstigsten Fall der Wahrnehmungssituation an, dann haben wir zwar eine bestimmte sinnliche Farbvorstellung, aber haben wir außer dieser Vorstellung (oder in ihr fundiert) eine weitere, nichtsinnliche Vorstellung, durch die wir jenes gemeinsame Merkmal, die Röte, an dem Gegenstand erkennen?

Diese Frage soll den Gegner genau an dem Punkt treffen, den er selbst als den entscheidenden hervorgehoben hat. Wir können, so hatte er erklärt, einen Gegenstand nicht als einen durch ein Prädikat charakterisierten erkennen, wenn wir nicht an ihm ein Merkmal feststellen, für das das Prädikat steht. Und nun wird ihm entgegnet, daß wir ein solches Vorstellen eines Merkmals gar nicht vorfinden. Dadurch wird jetzt eine Besonderheit seiner Argumentation deutlich, die zu beachten ist: sein Insistieren auf dem Erkennen der Charakteristik, das der Charakterisierungsfunktion des Prädikats zugrundeliegen müsse, war nicht eine Feststellung, sondern ein Postulat. Es wurde nicht darauf hingewiesen, daß es so sei, sondern daß es so sein müsse. Das erweckt den Verdacht, daß hier doch wieder nur das gegenstandstheoretische Vorurteil im Spiel ist, zwar nicht in der simplen Form, daß man von vornherein erklärt, jedes Zeichen müsse für etwas stehen, sondern in der Weise, daß man sich die Charakterisierungsfunktion der Prädikate nicht anders denken kann. Man kann es sich nicht anders denken; also muß es so sein. Wenn man aber nicht feststellen kann, daß es so ist, scheint an den Voraussetzungen etwas nicht zu stimmen.

Noch aber besteht die Stärke des Konzeptualisten gegenüber dem Nominalisten auf der Stufe, die die Auseinandersetzung jetzt erreicht hat, darin, daß er die von ihm postulierte nichtsinnliche Vorstellung zwar nicht aufweisen kann, daß aber der Nominalist seinerseits eine positive Erklärung, wie die Charakterisierungsfunktion der Prädikate zu verstehen ist, noch nicht gegeben hat. Solange keine andere Erklärung vorliegt, ist die konzeptualistische, so hypothetisch sie auch sein mag, immer noch im Vorteil.

Wir müssen also unseren Nominalisten jetzt zu einer eigenen positiven Erklärung drängen. Es war die Schwäche des traditionellen Nominalismus, daß seine Stärke nur in der Kritik der Gegenposition lag. Eine positive Erklärung, wie man die Charakterisierungsfunktion der Prädikate verstehen kann, ohne sie gegenständlich abzustützen, gibt es erst seit Wittgensteins *Philosophischen Untersuchungen.*[2]

Ich gehe von einer allgemeinen Bemerkung über die Bedeutung

sprachlicher Ausdrücke aus, die sich in § 560 der *Philosophischen Untersuchungen* findet: »›Die Bedeutung des Wortes ist das, was die Erklärung der Bedeutung erklärt.‹ D. h.: willst du den Gebrauch des Worts ›Bedeutung‹ verstehen, so sieh nach, was man ›Erklärung der Bedeutung‹ nennt.«

Am Anfang des *Blue Book,* wo sich eine ähnliche Bemerkung findet, erläutert Wittgenstein ihren Sinn dahingehend, daß sie die Frage »was ist die Bedeutung?« »auf die Erde zurückbringen« soll. Sie soll uns von der Zwangsvorstellung befreien, die Bedeutung müsse ein Gegenstand sein. Der Sinn dieser Bemerkung liegt daher auf derselben Linie wie mein früherer Hinweis, daß wir, statt nach der Bedeutung des Ausdrucks zu fragen, fragen sollen, wie wir ihn verstehen.

Wie hängt das *Verstehen* der Bedeutung, von dem ich gesprochen hatte, mit dem *Erklären* der Bedeutung, von dem in dem Zitat aus Wittgenstein die Rede ist, zusammen? Vielfach werden Verstehen und Erklären als Gegenbegriffe verwendet, wie in der bekannten Entgegensetzung von verstehender und erklärender Psychologie. Aber das Wort »Erklären« wird in zwei verschiedenen Bedeutungen verwendet. Man kann sagen »erkläre mir, warum das so und so ist«: Erklären als Angeben von Gründen; und nur dieses Erklären kann man dem Verstehen oder Beschreiben entgegensetzen. Von diesem Erklären-warum unterscheidet sich das Erklären-was oder -wie: »Erkläre mir, wie das funktioniert; erkläre mir, was das heißt; erkläre mir die Bedeutung des Ausdrucks«. Es ist das Erklären in diesem zweiten Sinn, von dem Wittgenstein spricht. Das Verhältnis dieses Erklärens zum Verstehen ist, daß der, der etwas erklärt, zeigt, was er versteht bzw. wie er etwas versteht. Wenn ich jemanden bitte, mir zu erklären, wie eine Maschine funktioniert, setze ich voraus, daß er versteht, wie sie funktioniert und wie man mit ihr umgeht, und die Erklärung ist geglückt, wenn sie zum Ergebnis hat, daß auch ich verstehe, wie man sie verwendet. Entsprechend setze ich, wenn ich jemanden bitte, mir die Bedeutung eines sprachlichen Ausdrucks zu erklären, voraus, daß er den Ausdruck versteht, und die Erklärung ist geglückt, wenn sie bewirkt, daß auch ich den Ausdruck verstehe. Daher kann man sagen: erklären (in diesem Sinn) bedeutet; zeigen, was man versteht; ein Verstehen vermitteln; verständlichmachen.

Wenden wir nun Wittgensteins Bemerkung auf unseren Fall der Prädikate an, so müssen wir sagen: die Bedeutung eines Prädikats ist das, was wir erklären, wenn wir seine Bedeutung erklären. Und wie erklären wir die Bedeutung eines Prädikats? Wenn man ein Prädikat genau dann versteht, wenn man weiß, wie es zur Charakterisierung und d. h. zur Klassifikation und Unterscheidung verwendet wird, dann müßte auch die Erklärung der Bedeutung eines Prädikats darin bestehen, daß erklärt wird, wie es zur Klassifikation und Unterscheidung verwendet wird. Wie kann das geschehen, z. B. bei dem Prädikat »rot«? Offenbar nicht, indem wir auf die allgemeine Charakteristik der Röte zeigen, denn diese sollte ja, wie der Konzeptualist mit Recht hervorgehoben hat, ein allgemeines Wesen sein, also nichts, worauf sich geradezu zeigen läßt. Bei der Erklärung der Bedeutung eines Prädikats kommt dieses allgemeine Wesen gar nicht vor. In Wirklichkeit erklären wir die Bedeutung eines Prädikats – wenn wir sie nicht durch andere Worte, durch eine Definition erklären können – durch Beispiele. Wir führen dem, dem wir die Bedeutung des Wortes »rot« erklären wollen, Gegenstände vor, die wir als rot charakterisieren (»das ist rot«), und andere, denen wir das Prädikat absprechen (»das ist nicht rot«). An den positiven Beispielen zeigt sich, wie das Prädikat klassifiziert, und an den negativen, wovon es das, was es klassifiziert, unterscheidet. Was wir auf diese Weise zeigen, ist, wie das Prädikat verwendet wird. Wir können uns dann versichern, ob der, dem wir die Verwendung des Prädikats erklärt haben, die Erklärung verstanden hat, indem wir ihn seinerseits das Prädikat gebrauchen lassen, und wenn er es dann anders gebraucht, als wir es gemeint hatten, korrigieren wir ihn mittels solcher Ausdrücke wie »richtig« und »nicht richtig«, bis er uns verstanden hat. Was wir ihm durch die Beispiele erklären, ist also die *Verwendungsregel* des Prädikats. Denn eine Tätigkeit, die in jedem ihrer Schritte durch »richtig« und »unrichtig« reguliert ist, ist eine Tätigkeit, die eine Regel befolgt, auch wenn die Regel nicht in Worten formulierbar ist. Die Regel zeigt sich nur in ihrem richtigen Gebrauch, und d. h. in unserem Fall: in der richtigen Anwendung des Prädikats auf Beispiele.

Wir kommen also zu folgendem Ergebnis: wenn die Bedeutung eines Prädikats nichts anderes ist als das, was wir erklären, wenn wir die Bedeutung des Prädikats erklären, dann besteht die Bedeutung des Prädikats nicht in dem gemeinsamen Merkmal; dieses kommt vielmehr in der Erklärung der Bedeutung gar nicht vor. Derjenige Faktor, den die konzeptualistische Auffassung für essentiell gehalten hat, erweist sich in der Erklärung der Bedeutung als entbehrlich. Die Zurückweisung der Vorstellung von einem allgemeinen Wesen ist jetzt nicht nur negativ. An ihre Stelle ist vielmehr eine neue positive Konzeption getreten: Gefragt, inwiefern denn die gegenständlich nicht abgestützte Verwendungsweise des Prädikats keine beliebige ist, kann der Nominalist jetzt auf die durch die Anwendung auf Beispiele erworbene Regel verweisen.

Der Konzeptualist könnte zunächst versuchen, dieses Ergebnis dadurch zu relativieren, daß er die von Wittgenstein übernommene Voraussetzung in Frage stellt, daß die Bedeutung des sprachlichen Ausdrucks nichts anderes ist, als was wir erklären, wenn wir seine Bedeutung erklären. Die Erklärung, so könnte er sagen, bestehe nur in einer intersubjektiven Vermittlung des Verstehens. Daraus folge aber nicht, daß das, was wir verstehen, in dem, was wir erklären können, aufgeht.

In der Tat folgt das nicht notwendig. Doch wird der Nominalist dem Konzeptualisten jetzt folgendes zu bedenken geben: 1. Das sprachliche Zeichen gehöre faktisch in das intersubjektive Sichverständigen. Faktisch eigne sich der einzelne nur auf diese Weise eine Sprache an. Ist es dann nicht überflüssig, neben diesem Verstehen, das man erklären, *verständlich machen* kann, noch ein besonderes innersubjektives Verstehen anzusetzen? 2. Der vorher erreichte Stand der Auseinandersetzung sei doch gewesen, daß der Konzeptualist die von ihm postulierte Vorstellung von einem allgemeinen Wesen nicht nachweisen konnte und nun von ihm, dem Nominalisten, eine alternative positive Erklärungsmöglichkeit verlangte. Diese sei jetzt, wenigstens für *die* Bedeutung, die intersubjektiv vermittelt wird, erbracht. Mit dieser für die intersubjektiv vermittelbare Bedeutung *tatsächlich* gültigen Erklärung sei aber dann eine *mögliche* Erklärung für das Verstehen der Bedeutung überhaupt gefunden. Und da der Konzeptualist keine aufweisbare Alternative für das innersubjektive Verstehen anzubieten hatte, müsse er jetzt diese am intersubjektiven Verständlichmachen aufgezeigte Erklärungsmöglichkeit auch für das innersubjektive Verstehen akzeptieren. Und das sei umso naheliegender, als sich auch jeder einzelne für sich, wenn er sich selbst über sein Verstehen eines Prädikates klarwerden will, nur derselben Methode bedienen könne, die er befolgt, wenn er die Verwendungsregel des Prädikates einem anderen erklärt. Wenn man sich selbst darüber Rechenschaft geben wolle, in welcher Bedeutung man z. B. das Wort »rot« verwendet, wäre es, selbst wenn es jene allgemeine Vorstellung von der Röte gäbe, nutzlos, auf sie zu rekurrieren: auch sich selbst könne man das eigene Verstehen des Prädikats nur verständlich machen (klarmachen), indem man sich an Beispielen verdeutlicht, wie man es verwendet. Man könne zwar nicht sagen, daß wir nur verstehen, was wir erklären können, aber doch wohl, daß wir nur das klar verstehen, was wir erklären können, und daß wir uns auch selbst nur in der Weise über das, was wir verstehen, klar werden können, daß wir es erklären.

Wir werden die Auseinandersetzung zwischen Nominalismus und Konzeptualismus so nicht stehenlassen dürfen. Der Konzeptualist kann auch diese letzte Argumentation des Nominalisten noch einmal unterlaufen. Bevor wir aber die Kontroverse endgültig beurteilen, werden wir uns den methodischen Stellenwert der neuen Gesichtspunkte, die der Nominalist aufbrachte, genauer verdeutlichen müssen.

Anhang über die Rede von Begriffen

Bei der Aufzählung der verschiedenen traditionellen Bezeichnungen für das, wofür Prädikate stehen (S. 177), habe ich auch eine Terminologie erwähnt, von der man meinen könnte, daß sie aus dem gegenstandstheoretischen Rahmen herausweisen könnte: die Terminologie, derzufolge Prädikate für *Begriffe* stehen. Diese Redeweise scheint zwei Schwierigkeiten zu vermeiden, die sich bei Husserls Auffassung ergaben. Erstens scheint es nicht ausgemacht, daß ein Begriff ein Gegenstand ist. Zweitens ist es im Anschluß an die Rede von Begriffen nicht mehr naheliegend, von einer Zusammensetzung zu sprechen. Man sagt nicht, der Gegenstand, für den der singuläre Terminus steht, wird mit einem Begriff *verbunden*, sondern er wird unter ihn *subsumiert*, der Gegenstand *fällt unter* den Begriff.

So könnte der Anschein entstehen, Husserls Auffassung der Prädikate sei gar nicht repräsentativ für die Tradition, ja ich hätte mir in Husserl einen besonders schwachen Vertreter der Tradition herausgesucht, und dann würde natürlich der bloße Nachweis, daß Husserls Auffassung einer kritischen Analyse nicht standhält, keinen Anlaß bieten, die traditionelle Position im ganzen zu verlassen und sich auf eine spezifisch sprachanalytische Auffassung einzulassen.

Wie steht es also mit dieser Rede von Begriffen? Man kann vielleicht die Auffassung Kants als exemplarisch für das traditionelle Verständnis der Rede von Begriffen ansehen. Kant definiert in seiner Logik-Vorlesung § 1 »Begriff« als »allgemeine Vorstellung« und fügt in Klammern hinzu: *repraesentatio per notas communes*. Entsprechend heißt es in der *Kritik der reinen Vernunft,* der Begriff sei eine »Vorstellung«, die sich im Unterschied zur Anschauung nicht unmittelbar, sondern »mittelbar« auf einen Gegenstand bezieht, »vermittelst eines Merkmals, was mehreren Dingen gemeinsam sein kann« (B377, vgl. auch B93f.). Begriff wird also von Kant wie auch in der frühneuzeitlichen Philosophie überhaupt als eine Spezies der Vorstellungen (Engl. *idea,* Lat. *repraesentatio)* verstanden. Zu den grundsätzlichen Schwierigkeiten, mit denen die Rede von Vorstellungen allgemein behaftet ist (S. 86 f.), kommt in der frühneuzeitlichen Philosophie die Zweideutigkeit dieses Ausdrucks zwischen Vorstellen und Vorgestelltem, zwischen dem Bewußtseinszustand und dem von (oder in) diesem gemeinten Gegenständlichen, seinem objektiven Korrelat hinzu. Diese Zweideutigkeit verunklärt auch die Rede vom Begriff *(conceptus).* Die eben angegebenen Definitionen Kants sind allerdings relativ eindeutig: sie entscheiden die Zweideutigkeit zugunsten der subjektiven Bedeutung (*concipere,* Begreifen), da die objektive Bedeutung in der Definition noch einmal als etwas, worauf der Begriff bezogen ist, eigens hervorgehoben wird: *nota communis,* Merkmal. Dieses objektive Korrelat des subjektiv verstandenen Begriffs – das gemeinsame Merkmal – ist nun aber nichts anderes als Husserls ›Spezies‹, das ›Attribut‹ der gegenstandstheoretischen Konzeption. Das subjektive Korrelat des Attributs – das Vorstellen oder Meinen des Attributs – stellt nun gewiß keinen möglichen theoretischen Ersatz für dieses selbst dar. Es erscheint nicht besonders sinnvoll zu sagen, das Prädikat stehe für das Vorstellen des Attributs, und selbst wenn das sinnvoll wäre, hätte man immer noch die unaufgeklärte Rede vom Attribut.

Die so verstandene Rede von Begriffen stellt also gegenüber der gegenstandstheoretischen Konzeption keine Alternative dar, und der Eindruck einer nicht gegenständlichen Auffassung ergibt sich nur durch die Zweideutigkeit dieser Rede.

Im Unterschied zu dieser früheren neuzeitlichen Tradition finden wir nun aber bei Frege eine Theorie der Prädikate, nach der die Prädikate 1) für Begriffe stehen, 2) die Begriffe explizit objektiv verstanden werden und 3) diese gleichwohl scharf von Gegenständen unterschieden sind. Hier muß eine kurze Charakteristik der wesentlichen Aspekte seiner Auffassung genügen:[3]

Für Frege gibt es – von synkategorematischen Ausdrücken abgesehen – zwei Arten sprachlicher Ausdrücke, ›vollständige‹ und ›unvollständige‹. Vollständige Ausdrücke sind 1) Namen (singuläre Termini) und 2) ganze (assertorische) Sätze. Von beiden gilt, daß sie jeweils für einen Gegenstand stehen. Von der Besonderheit in Freges Auffassung, daß auch ein ganzer Satz für einen Gegenstand (einen Wahrheitswert) steht, kann ich jetzt absehen.[4] Unvollständige Ausdrücke sind solche, die eine oder mehrere Leerstellen mit sich führen; sie sind insofern »ergänzungsbedürftig«; Beispiele sind »der Bruder von (   )«, »(   ) ist ein Pferd«. Wird ein unvollständiger Ausdruck durch einen vollständigen (durch einen Namen) ergänzt, so ergibt sich wieder ein vollständiger Ausdruck, sei es ein Name oder ein Satz, z. B. »der Bruder von Karl«, »Catalina ist ein Pferd«. Alle in dieser Weise ergänzungsbedürftigen Ausdrücke nennt Frege Funktionsausdrücke. Die Prädikate – z. B. »( ) ist ein Pferd« – bilden demnach eine Spezies der Funktionsausdrücke; es sind diejenigen, deren Ergänzung nicht zu einem Namen, sondern zu einem Satz führt. Auch von den Funktionsausdrücken gilt nun nach Frege, daß sie etwas bezeichnen; allerdings ist dies nicht ein Gegenstand, denn ›Gegenstand‹ ist definiert als das, was durch einen vollständigen Ausdruck bezeichnet wird. Frege nennt das, was von einem Funktionsausdruck bezeichnet wird, eine Funktion, und wenn der Funktionsausdruck ein Prädikat ist, nennt er die Funktion einen Begriff.

Von den Funktionen im weiteren Sinn kann ich hier absehen. Der in diesem Zusammenhang wichtige Aspekt von Freges Theorie ist, daß auch ein Prädikat für etwas steht, das jedoch kein Gegenstand, sondern ein Begriff ist. Frege betont, daß das für das Prädikat gerade in seiner Eigenschaft als Prädikat gilt. Der Begriff ist »wesentlich prädikativ«.[5] Will man hingegen *über* einen Begriff etwas aussagen, dann muß man den Begriff durch einen ›Namen‹ bezeichnen, der sich aus der Nominalisierung des Prädikats ergibt. Nun kann aber ein Name nur einen Gegenstand bezeichnen. Wenn man daher *von* einem Begriff spricht, *über* ihn etwas aussagt, muß er »erst in einen Gegenstand verwandelt werden«.[6]

Dieser Gegenstand, in den das, wofür das Prädikat steht, verwandelt wird, ist in etwa dasselbe wie Husserls ›Spezies‹, das traditionelle Attribut. Dabei gerät nun Frege in die mißliche Lage, daß er diesen Gegenstand, wenn er jeweils im einzelnen von einem solchen spricht, seinerseits als ›Begriff‹ bezeichnet, obwohl er doch, da es ein Gegenstand ist, kein Begriff sein soll. So kommt es zu der paradoxen Formulierung, »daß in meiner Redeweise Ausdrücke wie ›der Begriff F‹ nicht Begriffe, sondern Gegenstände bezeichnen«; »der Begriff *Pferd* ist kein Begriff«.[7]

Zur Beurteilung von Freges Prädikatentheorie kann man zwei Komponenten unterscheiden, eine syntaktische und eine semantische. Die syntaktische Grundlage von Freges Theorie ist seine Auffassung, daß das Prädikat ein wesensmäßig ergänzungsbedürftiger Ausdruck ist, daß es wesensmäßig als Satzteil, als Aussagebruchstück zu verstehen ist. Mit diesem bahnbrechenden Schritt hat Frege die sprachanalytische Auffassung vorbereitet. Er bricht mit der Vorstellung der logischen Tradition, die Husserl noch übernommen hat, daß der singuläre prädikative Satz sich aus Subjekt, Kopula und Prädikat zusammensetzt, daß das Prädikat ebenso wie das Subjekt selbständige Einheiten sind, daß jede für einen Gegenstand steht und daß es zwischen den beiden Gegenständen, für die sie stehen, ein Verbindungselement geben müsse, das semantische Pendant der Kopula, eine Synthesis zwischen den beiden Gegenständen. Für Frege gibt es die Kopula nicht mehr; was so genannt wurde, ist Teil des Prädikats.

Diese Auffassung der Syntax des prädikativen Satzes erlaubt es nun Frege bei der Frage der Semantik der Prädikate, auch mit der traditionellen Vorstellung, das Prädikat stehe für einen Gegenstand, zu brechen. Das Eigentümliche von Freges Auffassung kommt darin zum Ausdruck, daß er dieselben Bestimmungen, die er für das Prädikat verwendet: daß es ›ergänzungsbedürftig‹, ›ungesättigt‹ sei, auch auf das anwendet, wofür das Prädikat steht und was er als Begriff bezeichnet. Daß der Begriff »wesentlich prädikativ« ist, besagt, daß er seinerseits etwas Ergänzungsbedürftiges, Ungesättigtes ist und eben deswegen kein Gegenstand. Frege bleibt also insofern der Tradition verbunden, als er daran festhält, daß auch das Prädikat für etwas steht, nur daß dies kein Gegenstand sein soll. Die Frage ist also, ob hier zwischen der gegenstandstheoretischen und der sprachanalytischen Auffassung eine echte dritte Möglichkeit besteht. Wenn das Prädikat nicht für einen Gegenstand steht, wäre man die Aporien der gegenstandstheoretischen Auffassung los, und gleichwohl bliebe nun nicht bloß die Auffassung übrig, daß man es nur noch mit dem Zeichen und seiner Verwendungsregel zu tun hat.

Besteht eine solche dritte Möglichkeit wirklich? Zunächst ergibt sich die grundsätzliche Schwierigkeit, daß ein Zeichen für etwas stehen soll, das gleichwohl kein Gegenstand ist. Der Widerspruch, der hier vorzuliegen scheint, zeigt sich darin, daß Frege sich zu solchen Aussagen veranlaßt sieht wie »der Begriff *Pferd* ist kein Begriff«. Ich will auf diese Problematik nicht näher eingehen und verweise auf die aufschlußreiche Interpretation und Kritik bei Searle.[8]

Frege selbst sagt: »Die Sprache befindet sich hier in einer Zwangslage, welche die Abweichung vom Gewöhnlichen rechtfertigt«.[9] Angenommen, man ist gewillt, das hinzunehmen, so bleibt doch zu fragen, 1) was man sich denn positiv unter diesem nicht gegenständlichen Etwas zu denken habe und 2) wie man sich bei einem prädikativen Satz die Beziehung zwischen diesem Etwas und dem, wofür das Satzsubjekt steht, denken soll. Beide Fragen hängen unmittelbar zusammen.

Frege nennt das, wofür ein Prädikat steht, ebenso wie das, wofür ein singulärer Terminus steht, seine ›Bedeutung‹.[10] Ich brauche hier auf die Problematik dieser Terminologie nicht näher einzugehen.[11] Es kann genügen, daß Frege bei Prädikaten ebenso wie bei Namen die Bedeutung vom Sinn unterscheidet und daß die Bedeutung jeweils das ist, was der Ausdruck ›bezeichnet‹, wofür er steht.[12] Deswegen kann Frege den Begriff die Bedeutung eines Prädikats nennen. Die eben genannte Frage, was man sich unter einem Begriff zu denken habe, kann man daher auch so fassen: was heißt es, daß ein Prädikat eine Bedeutung hat? Freges Antwort auf diese Frage läßt sich aus einer Erklärung entnehmen, die er dafür gibt, was es heißt, daß ein Prädikat (ein ›Begriffswort‹) *keine* Bedeutung hat: »Begriffswörter . . ., die keine Bedeutung haben, . . . sind nicht etwa solche, die Widersprechendes vereinigen – denn ein Begriff kann recht wohl leer sein –, sondern solche, bei denen die Umgrenzung verschwommen ist. Es muß von jedem

Gegenstand bestimmt sein, ob er unter den Begriff falle oder nicht; ein Begriffswort, welches dieser Anforderung an seine Bedeutung nicht genügt, ist bedeutungslos«.[13] Aus dieser Erklärung geht hervor, daß ein Begriff für Frege ein Kriterium ist, durch das die Gegenstände in solche unterschieden werden, die unter ihn fallen, und solche, die nicht unter ihn fallen. Daß die Frage, was ein Begriff ist, so unmittelbar zusammenhängt mit der Frage, wie seine Beziehung zu dem, wofür ein Name steht, zu denken ist, ist die Folge von Freges Auffassung des Begriffs als etwas wesensmäßig Ergänzungsbedürftigem. Die Beziehung »des Fallens eines Gegenstandes unter einen Begriff« nennt Frege »die logische Grundbeziehung«.[14]

Diese Antworten, die sich aus Frege auf die zwei vorhin genannten Fragen entnehmen lassen, fordern natürlich sofort zu Rückfragen heraus. 1) Die Rede vom Fallen eines Gegenstandes unter einen Begriff wirkt metaphorisch. Was haben wir uns unter diesem Fallen von etwas unter einen Begriff zu denken? 2) Selbst wenn wir im allgemeinen die Rede von einem Kriterium verstehen mögen, bleibt doch nun die Frage, wie man denn im jeweiligen Fall einen Begriff erkennen kann bzw. wie man entscheiden kann, daß ein Gegenstand unter einen bestimmten Begriff fällt.

Auf diese Fragen findet man bei Frege keine Antwort mehr. Für Frege sind das erkenntnistheoretische Fragen, mit denen sich die Logik nicht abzugeben hat. Im Zusammenhang einer grundsätzlichen philosophischen Fragestellung kann man sich damit nicht zufriedengeben. Angaben darüber, was man sich unter dem Sinn oder der Bedeutung eines Ausdrucks zu denken habe, ohne daß zugleich eine Auskunft darüber gegeben wird, wie man jeweils erkennen kann, welchen Sinn oder welche Bedeutung ein einzelner Ausdruck hat, bleiben leer. Von seiten sowohl Husserls wie der Sprachanalyse wird eine solche Auskunft gegeben: nach Husserl erkennt man das jeweilige Attribut in einem Akt der Wesensanschauung, und dem wurde von der sprachanalytischen Position entgegengehalten, daß man die Anwendungsregel eines Prädikats durch Beispiele erklärt. Freges Begriffstheorie bietet auf dieser Ebene keine dritte Möglichkeit, sondern gibt überhaupt keine Antwort.

Man kann gleichwohl versuchen, sich das, was Frege die ›logische Grundbeziehung‹ nennt, verständlich zu machen. Was ist gemeint, wenn man sagt, ein Gegenstand ›fällt unter‹ einen Begriff? Was bedeutet die entsprechende Rede von der ›Subsumtion‹? Die Metapher des ›Fallens unter‹ geht zurück auf die Terminologie, die Aristoteles für die Subjekt-Prädikat-Beziehung verwendet hat: der Terminus für Prädizieren – *kategorein* – heißt so viel wie »herabsagen auf«; entsprechend die korrelative Bezeichnung »Subjekt« *(hypokeimenon)*, das ›Zugrundeliegende‹. In der Art, wie Aristoteles diese Terminologie verwendet, liegt eine eigentümliche Zweideutigkeit, ob der sprachliche Ausdruck gemeint ist oder etwas, für das der Ausdruck steht. Es war diese Zweideutigkeit, die bei Aristoteles die spätere Alternative zwischen Nominalismus und Konzeptualismus noch verdeckte. Doch stammt die Rede von einem ›Herabgesagtwerden auf‹ aus der Orientierung an der Verwendung des Ausdrucks. Wie man im Griechischen von einem ›Herabsagen auf‹ sprechen konnte, sprechen wir von einem *Anwenden* – des Prädikats! – *auf*. Daß die Rede von einer *Subsumtion* und vom Fallen von Gegenständen *unter* Begriffe gegenüber der gegenstandstheoretischen Rede von einer *Zusammensetzung* des Gegenstandes mit einem Attribut einleuchtender erscheint, liegt also einfach daran, daß sie unmittelbar auf die sprachanalytische Erklärung zurückverweist.

Diese Rückverweisung der Rede vom Fallen eines Gegenstandes unter einen Begriff auf die von der Anwendbarkeit eines Prädikats auf den Gegenstand kann man nun auch genauer zu fassen versuchen. Ich folge dabei P. Lorenzen.[15] Man kann sich zunächst klar machen, daß man anstelle eines bestimmten Prädikatausdrucks, den man nach einer Regel verwendet (die man durch eine Definition oder durch Beispiele erklärt hat), immer auch beliebige andere Ausdrücke nach derselben Regel verwenden kann. Semantisch kommt es nicht auf den Ausdruck an, sondern auf die Verwendungsregel, auf die Charakterisierungsfunktion. Nun kann man von allen Besonderheiten des Zeichengebildes abstrahieren und zwei verschiedene *Prädikatausdrücke* – z. B. »rot« und »rouge« – dann als dasselbe *Prädikat* bezeichnen, wenn sie nach derselben Regel angewandt werden. Zur Vermeidung von Zweideutigkeiten kann man aber das Wort »Prädikat« wie bisher für den Prädikatausdruck reservieren und für die eben eingeführte Abstraktion das Wort »Begriff« verwenden. Dieses Wort wäre dann so definiert, daß alle Prädikate, die nach derselben Regel verwendet werden, denselben Begriff darstellen. Und Freges logische Grundbeziehung des ›Fallens unter‹ wäre dann ihrerseits so definiert, daß ein Gegenstand unter einen Begriff genau dann fällt, wenn ein Prädikat, das diesen Begriff darstellt, auf ihn zutrifft (richtig angewandt werden kann).

So wären jetzt die Fragen, auf die bei Frege keine Antwort mehr zu bekommen war, gerade dadurch beantwortet, daß man die Rede von den Begriffen auf die von den Prädikaten gründet.

Allerdings besteht ein Unterschied zwischen der jetzt im Anschluß an Lorenzen gegebenen Definition von »Begriff« und Freges Konzeption. Die eben gegebene Definition ist eine sogenannte ›intensionale‹: ihr zufolge stellen zwei Prädikate genau dann denselben Begriff dar, wenn sie denselben Sinn haben, nach derselben Anwendungsregel verwendet werden. Frege hingegen hat eine sogenannte ›extensionale‹ Auffassung von »Begriff«. Zwei Begriffswörter stehen für ihn genau dann für denselben Begriff, »wenn die zugehörigen Begriffsumfänge zusammenfallen«.[16] So stellen z. B. die beiden Prädikate »Tier mit Herz« und »Tier mit Nieren« nach der hier gegebenen Definition zwei verschiedene Begriffe dar, während sie aufgrund der eben gegebenen Bestimmung Freges für ein und denselben Begriff stehen. Dieser Unterschied ist jedoch deswegen nicht prinzipiell, weil man bei einer extensionalen Definition von »Begriff« ganz analog vorgehen kann wie bei der intensionalen. Die Identitätskriterien des Begriffs wären auch dann auf die Anwendung von Prädikaten bezogen, nur daß man nun sagen muß: zwei Prädikate stellen denselben Begriff dar, wenn sie auf dieselben Gegenstände zutreffen.

Anmerkungen

1 Vgl. den Anhang zu dieser Vorlesung.
2 Vgl. *Philosophische Untersuchungen*, §§ 65-73, *Philos. Grammatik*, §§ 47 ff. und Lorenzen, *Methodisches Denken*, S. 30.
3 Für das folgende vgl. die Aufsätze »Funktion und Begriff« und »Begriff und Gegenstand« sowie die in Freges *Nachgelassenen Schriften* unter dem Titel »Ausführungen über Sinn und Bedeutung« veröffentlichte Abhandlung.
4 Vgl. oben, S. 153 f.
5 »Begriff und Gegenstand«, S. 201; vgl. auch S. 193.
6 a.a.O., S. 197.
7 a.a.O., S. 198 und S. 197.
8 *Speech Acts*, 5. Kap. § 1.
9 a.a.O., S. 197.
10 a.a.O., S. 198.
11 Vgl. meinen Aufsatz »The meaning of ›Bedeutung‹ in Frege«.
12 Vgl. »Sinn und Bedeutung«, S. 31.
13 *Nachgelassene Schriften*, S. 133.
14 a.a.O., S. 128.
15 Lorenzen, *Methodisches Denken*, S. 35 f.
16 *Nachgelassene Schriften*, S. 133. Über »Extension« und »Intension« vgl. Carnap, *Meaning and Necessity*.

12. Vorlesung

Bevor ich das abgebrochene Streitgespräch zwischen dem Nominalisten und dem Konzeptualisten zu Ende führe, sollten wir uns der methodischen Bedeutung und der Reichweite der zwei entscheidenden Gesichtspunkte, auf der die Argumentation des Nominalisten beruhte, deutlicher vergewissern. Diese Gesichtspunkte bilden ja unsere ersten Schritte in Richtung einer neuen, nicht mehr ontologisch orientierten semantischen Begrifflichkeit. Der erste dieser Gesichtspunkte war in der am Anfang der vorigen Stunde hervorgehobenen Frage nach der Funktion eines sprachlichen Ausdrucks angesprochen, der zweite in dem erst im Verlauf des Streitgesprächs herangezogenen, aber in Wirklichkeit fundamentalen Satz von Wittgenstein: »Die Bedeutung des Wortes ist das, was die Erklärung der Bedeutung erklärt.« In beiden Fällen handelt es sich um Gesichtspunkte, die ich zwar insbesondere auf unsere aktuelle Frage nach der Bedeutung der Prädikate anzuwenden hatte, die aber an und für sich von universaler Reichweite sind, da sie die Frage nach der Bedeutung aller sprachlichen Ausdrücke betreffen und insofern über die spezielle Kontroverse zwischen Nominalismus und Konzeptualismus hinausreichen.

Inwiefern kann ich beanspruchen, daß diese Gesichtspunkte etwas Zwingendes an sich haben und der gegenstandstheoretischen Konzeption nicht einfach als beliebige Alternativauffassungen gegenübergestellt wurden? Man kann von einer neuen Sichtweise nicht verlangen, daß sie an und für sich zwingend ist, sondern nur, daß sie gegenüber der bisherigen grundlegender ist und daher mindestens von ihr aus nicht in Zweifel gezogen werden kann.

Daß es sich für die funktionale Auffassung gegenüber der gegenstandstheoretischen so verhält, habe ich schon in der letzten Stunde gezeigt. Daß Zeichen *verwendet* werden und mit einer bestimmten Funktion verwendet werden, wird von der gegenstandstheoretischen Auffassung nicht geleugnet, sondern als selbstverständlich vorausgesetzt und wird von ihr nur deswegen nicht thematisch gemacht, weil für den Gegenstandstheoretiker von vornherein feststeht, worin diese Funktion besteht, nämlich für einen Gegenstand zu stehen. Sobald man nun aber explizit diesen Schritt zurückgeht, erweist sich die besondere Funktion, für einen Gegenstand zu stehen, nur noch als eine Möglichkeit unter anderen. Natürlich kann der Gegenstandstheoretiker zunächst sagen: eine andere Funktion, als für einen Gegenstand zu stehen, könne man sich bei einem Zeichen gar nicht denken. Aber mindestens im besonderen Fall der Prädikate haben wir schon gesehen, daß es nicht schwer fällt, ihm das Zugeständnis abzuringen, daß ein Prädikat die Funktion hat, den Gegenstand, für den ein singulärer Terminus steht, zu charakterisieren. Freilich mußte er dieses Zugeständnis dahingehend qualifizieren, daß das Prädikat diese Funktion lediglich *auch* hat und daß es sie nur erfüllen kann mittels seiner angeblichen Grundfunktion, für einen Gegenstand zu stehen: es charakterisiere den Gegenstand des Satzsubjekts, indem es für einen Gegenstand – das Attribut – stehe, das den Gegenstand seinerseits in einem primären Sinn charakterisiere. Aber mit welchen wunderbaren Fähigkeiten sieht sich hier der traditionelle Philosoph genötigt, seine Gegenstände auszustatten! Heißt es nicht Mythologie treiben, wenn wir von *Gegenständen* sagen, daß sie andere Gegenstände *charakterisieren*? Und das sollen sie dadurch bewerkstelligen, daß sie den anderen Gegenständen anhaften, mit ihnen zusammengesetzt sind. Bei der Husserl-Kritik zeigte sich schon, daß die Konzeption von der Bedeutung eines prädikativen Satzes als zusammengesetzt oder – das klingt immer besser – als einer ›Synthesis‹ aus zwei Gegenständen ohnehin nicht durchführbar ist. Jetzt zeigt sich: auch wenn sie es wäre, könnte sie die Funktion des Charakterisierens nicht verständlich machen. Die gegenstandstheoretische Konzeption hat hier in Wirklichkeit eine Funktion, die sich nur als Zeichenfunktion verstehen läßt, in diejenige Struktur zurückprojiziert, die die ihr einzig zugängliche war.

Weniger klar blieb in der letzten Stunde der methodische Stellenwert des zweiten Gesichtspunktes, der in dem Satz von Wittgenstein enthalten ist: »Die Bedeutung des Wortes ist das, was die Erklärung der Bedeutung erklärt.« Was mit diesem Satz gemeint ist, ist zunächst einfach dies: wenn wir philosophisch nach der Bedeutung sprachlicher Ausdrücke fragen, so fragen wir, was das im allgemeinen (›als solches‹) ist, wonach wir fragen, wenn wir vorphilosophisch nach der Bedeutung eines einzelnen Ausdrucks fragen. Wittgensteins Satz hat also einen entsprechenden Stellenwert für die analytische Philosophie wie die Frageformel nach dem ›Seienden als Seienden‹ für die Ontologie. Ebenso wie die Ontologie die Rede vom Seienden nicht im Sinn eines metaphysischen Konstrukts meinte, sondern danach fragte, was *das Seiende,* mit dem wir es vorphilosophisch zu tun haben, *als Seiendes* ist, so kann auch für die analytische Philosophie die Rede von der Bedeutung nicht ein metaphysisches oder wissenschaftliches Konstrukt sein, sondern wenn wir philosophisch fragen, wie wir sprachliche Ausdrücke verwenden, so fragen wir nach demselben, wonach wir fragen, wenn wir vorphilosophisch fragen, wie ein einzelner Ausdruck verwendet wird, nur daß es jetzt um die Verwendungsweise als solche geht, in formaler Allgemeinheit. Man könnte daher Wittgensteins Satz als den Grundsatz der analytischen Philosophie bezeichnen, d. h. als den Grundsatz derjenigen Philosophie, die sich als Frage nach dem Verstehen unserer sprachlichen Ausdrücke versteht und die die Begrifflichkeit, in der sie diese Frage stellt, aus dieser Frage selbst gewinnen will.

Wie hängt nun dieser zweite Gesichtspunkt mit dem ersten zusammen, der auf die Funktion der sprachlichen Ausdrücke verwies? Aus dem ersten Gesichtspunkt ergab sich die Maxime: wenn du die Bedeutung einer Form sprachlicher Ausdrücke aufklären willst, frage, *wozu* Ausdrücke dieser Form *verwendet* werden. Aus dem zweiten Gesichtspunkt ergibt sich die Maxime: wenn du die Bedeutung einer Form sprachlicher Ausdrücke aufklären willst, frage, *wie* Ausdrücke dieser Form erklärt bzw. *verwendet* werden. Beide Gesichtspunkte betonen also die Verwendungsweise des Ausdrucks, aber der zweite erweist sich als der grundsätzlichere und allgemeinere; er enthält nicht die in dem ersten Gesichtspunkt enthaltene Voraussetzung, daß das Verstehen eines sprachlichen Ausdrucks in einen teleologischen Kontext, in den Kontext eines intentionalen Handelns gehört.

Ich weiß nicht, mit welchem Argument man Wittgensteins Satz, jedenfalls solange er in dieser grundsätzlichen Allgemeinheit verstanden wird, in Zweifel ziehen könnte, denn man müßte dann den Sinn, den die Rede von der Bedeutung, dem Verstehen usw. in der Sprachtheorie hat, von dem Sinn lösen, den diese Worte in ihrer vortheoretischen Verwendung haben. Es gibt Auffassungen von Sprachtheorie, für die das in Frage kommt. Eine philosophische Semantik würde dadurch ihren Sinn verlieren, weil die Philosophie ja nur das explizit machen will, was wir schon vorphilosophisch verstehen. Durch Wittgensteins Grundsatz sind daher auch die Grenzen einer möglichen philosophischen Semantik vorgezeichnet, und darin liegt auch ein erster Anhalt für die von mir offengelassene Frage, wie sich die philosophische Semantik von sprachwissenschaftlichen Semantiken unterscheiden lassen könnte.

Auch der gegenstandstheoretische Philosoph könnte sich daher Wittgensteins Satz nicht entziehen. Er würde auch sofort – und mit Recht – erklären: wenn er behaupte, daß jeder Ausdruck (oder jeder ›kategorematische‹ Ausdruck) für einen Gegenstand steht, so meine er natürlich auch, daß in jedem Einzelfall, wenn nach der Bedeutung oder der Verwendung oder der Erklärung eines Ausdrucks gefragt wird, auf den Gegenstand zu verweisen ist, für den der Ausdruck steht. Wir haben also methodisch wieder dieselbe Situation wie bei dem ersten Gesichtspunkt: es wird eine Frage genannt, die in der gegenstandstheoretischen Tradition nicht explizit gemacht worden war, die der Gegenstandstheoretiker aber, sobald sie namhaft gemacht wird, sofort akzeptiert, allerdings auch sofort gegenstandstheoretisch beantwortet, als sei das die einzig mögliche Antwort, während wir fragen können: gibt es nicht auch andere Möglichkeiten, das Wie der Verwendung eines Ausdrucks zu erklären? In dem besonderen Fall der Prädikate scheint es offenkundig, daß wir die Verwendung eines Ausdrucks nicht in der vom Gegenstandstheoriker beanspruchten Weise erklären (vgl. S. 188).

Nun könnte man mir entgegenhalten, daß ich Wittgensteins Satz in den Erläuterungen der heutigen Stunde ungebührlich verharmlost habe. Hatten wir nicht schon in der vorigen Stunde gesehen, daß dieser Satz keineswegs nur die philosophische Aufklärung von Bedeutung mit der Beantwortung einzelner Bedeutungsfragen verklammert, sondern mit der Hervorhebung der *Erklärung* der Bedeutung die Bedeutung auf die intersubjektiv zugängliche Verwendungsweise des Ausdrucks reduziert? Und wenn der Satz so verstanden wird, kann er vom Gegenstandstheoretiker natürlich nicht als trivial anerkannt werden. Wittgenstein hat seinen Satz in der Tat in diesem engeren Sinn verstanden und die Möglichkeit einer introspektiven Festlegung von Bedeutungen bestritten. Wittgensteins Leugnung der Möglichkeit einer sogenannten Privatsprache[1] fußt jedoch auf Argumenten, die in der analytischen Philosophie umstritten sind.[2] In dem jetzigen Stadium unserer Überlegungen, in dem wir erst in der analytischen Philosophie überhaupt Fuß fassen, sollten wir Wittgensteins Satz, wenn wir ihn als Grundsatz der analytischen Philosophie auffassen wollen, mit dieser engen Ausdeutung nicht belasten. Wir müssen den Satz in einer Form aufnehmen, in der er ohne weiteres von jedem zugestanden wird. Eine solche undogmatische Auffassung des Satzes erreichen wir, indem wir nicht nur – was selbstverständlich ist – die Möglichkeit einbeziehen, daß jemand die Verwendungsweise eines Ausdrucks sich selbst erklärt, so wie er sie einem anderen erklären würde, sondern als Grenzfall auch die Möglichkeit zulassen, daß es Bedeutungen oder Bedeutungskomponenten von Ausdrücken geben mag, die jemand nur sich selbst erklären kann; das ist natürlich dann der Fall, wenn etwas nur innerlich Zugängliches, eine Empfindung oder Vorstellung, die Bedeutung eines Ausdrucks ausmacht oder mitausmacht.

Jetzt können wir die Kontroverse zwischen dem Nominalisten und dem Konzeptualisten wiederaufnehmen. Der Nominalist hatte zuletzt auf die Aufforderung hin, seinerseits eine positive Konzeption von der Bedeutung eines Prädikats vorzulegen, im Rückgriff auf den Satz von Wittgenstein auf die Verwendungsregel verwiesen, die durch positive und negative Beispiele erklärt werde und nur so erklärt werden könne.

Der Konzeptualist könnte jetzt unter Bezugnahme auf die eben von mir gemachten Differenzierungen so antworten: er habe gegen Wittgensteins Satz nichts einzuwenden, nur müsse man die eigentliche Erklärung und Erfassung der Bedeutung von der intersubjektiven Erklärung unterscheiden. Es sei ganz richtig, daß ein Prädikat intersubjektiv nur so erklärt werden könne, wie es vom Nominalisten dargestellt wurde. Das zeige aber nur, daß die intersubjektive Erklärung für das Erfassen einer Bedeutung niemals ausreichen und dieses immer nur vermitteln könne. Denn eine solche Erklärung der Verwendungsregel durch Beispiele lasse es immer noch offen, was es eigentlich ist, wodurch die Regel bestimmt wird. Die einzelnen Beispiele genügen dafür nicht, denn nur von demjenigen sagen wir, er habe die Erklärung verstanden, der in der Lage ist, das Prädikat nun auch auf weitere, auf neue Beispiele richtig anzuwenden. Das aber lasse sich nur so verstehen, daß der, dem wir das Prädikat an Beispielen erklären, bewußtseinsmäßig eine Korrelation aufbaut zwischen dem Prädikat und etwas, was den positiven Beispielen gemeinsam ist und an den negativen fehlt; und nur so, weil er dieses gemeinsame Merkmal auch an neuen Gegenständen wahrnehmen könne, sei er überhaupt imstande, das Prädikat über die gegebenen Beispiele hinaus auch auf neue Fälle richtig anzuwenden. Auch die vom Nominalisten gegebene positive Erklärung könne sich also nicht als eine echte Alternative gegenüber der gegenstandstheoretischen Erklärung anbieten, sondern müsse ihrerseits letztlich auf sie zurückgreifen.

Es gibt analytische Philosophen, die sich gegen diese Argumentation des Konzeptualisten einfach sperren, und so sieht es dann häufig so aus, daß am Ende doch wieder nur Ansicht gegen Ansicht steht. Dabei dürfen wir es nicht bewenden lassen. Wir müssen die Kontroverse zu einer überzeugenden Entscheidung bringen. Es gibt zwei dogmatische Erklärungen, mit denen die eben vorgetragene konzeptualistische Argumentation von analytischer Seite manchmal abgewehrt wird.

Erstens hört man bisweilen, eine solche Argumentation beziehe sich auf psychologische Bedingungen, mit denen es die Semantik nicht zu tun habe. Wir werden sehen, daß diese Behauptung einen richtigen Kern hat; in dieser Unbestimmtheit ist sie jedoch nicht akzeptabel, weil die Grenzen zwischen Semantik und Psychologie nicht von vornherein feststehen. Man muß sich auf die psychologische Argumentation des Konzeptualisten erst einmal einlassen, um genau feststellen zu können, welcher Aspekt warum nicht mehr in die Semantik gehört.

Zweitens wird manchmal behauptet, es sei überhaupt erst die Sprache – und genauer, eben die Prädikate –, wodurch sich unsere Erfahrung in Gleichartiges gliedere. Die Rückfrage des Konzeptualisten verstoße daher gegen die ›Unhintergehbarkeit‹ der Sprache.[3] Das ist jedoch eine uneinsichtige These, die sich schon dadurch *ad absurdum* führen läßt, daß wir die sprachlichen Zeichen ihrerseits perzeptiv – sei es akustisch, sei es optisch – als gleichartige, typische aufnehmen. Hören wir z. B. den Laut »rot«, so reagieren wir darauf, sofern er eine bestimmte Struktur aufweist; wir reagieren auf den einzelnen Laut, sofern er Repräsentant eines Lauttypus ist. Dasselbe gilt nun aber für alle, und nicht nur die menschliche Wahrnehmung. Jedes Reiz-Reaktions-Schema, ob konditioniert oder unkonditioniert, ist von der Art, daß eine *gleichartige* Reaktion jeweils auf einen *gleichartigen* Reiz bzw. auf eine bestimmte Breite von ähnlichen Reizen erfolgt. Und soweit Wahrnehmungsphänomene introspektiv zugänglich sind, können wir ebenfalls konstatieren, daß unsere Empfindungs- und Vorstellungsinhalte durchgängig typische sind. Eine Farbwahrnehmung z. B. ist ihrem Inhalt nach nie einmalig, sondern ein bestimmter Rot-Ton wird als solcher wahrgenommen, der als derselbe beliebig oft wahrgenommen werden kann.

Man muß hier eine merkwürdige Verdrehtheit konstatieren, die die gesamte Nominalismusdiskussion über die Jahrhunderte hinweg belastet hat. Die traditionelle Philosophie schleppte seit Aristoteles[4] ein Dogma mit sich, wonach die Wahrnehmung – die ›Sinnlichkeit‹ – sich auf *Einzelnes* bezieht. Diese Prämisse lag beiden kontroversen Positionen im Nominalismusstreit zugrunde. Daß es Vorstellungen von einzelnem gebe, erschien beiden Kontrahenten unproblematisch; wenn es also auch Vorstellungen von Allgemeinem oder Gleichartigem gebe, müsse dies eine nicht mehr sinnliche Erkenntnisweise sein. In Wirklichkeit ist die Wahrnehmung weder auf Einzelnes noch Allgemeines bezogen, sondern sie ist gleichartig. Gegenüberzustellen ist also nicht das Einzelne dem Allgemeinen und Gleichartigen, sondern das Gleichartige auf der einen Seite dem Einzelnen und Allgemeinen auf der anderen. Das Allgemeine unterscheidet sich vom Gleichartigen dadurch, daß wir erst das allgemein nennen, was vielen einzelnen gemeinsam ist (ein Attribut) bzw. sich auf viele einzelne anwenden läßt (ein Prädikat). Der Begriff des Allgemeinen ist korrelativ zu dem des Einzelnen, so wie die Prädikate wesensmäßig Ergänzungsausdrücke von singulären Termini sind. Von der Sprachanalyse her gesehen ist das Bewußtsein von Einzelnem ein ebensowenig sinnliches, sondern logisches Phänomen wie das Bewußtsein von Allgemeinem, und wir werden noch sehen, daß die logische – sprachliche – Konstitution der Bezugnahme auf Einzelnes der Analyse viel größere Probleme aufgibt als das Bewußtsein von Allgemeinem, das im Bewußtsein des Gleichartigen eine sinnliche Vorform hat. Wir können andererseits jetzt verstehen, wieso die traditionelle Philosophie den offenkundigen und in der Psychologie auch nie bezweifelten Sachverhalt, daß sich die Wahrnehmung auf Gleichartiges bezieht,[5] übersehen konnte: sie mußte die Kategorie des Einzelnen irgendwo unterbringen, und da sie auf die Satzform nicht reflektierte, blieb nur übrig, das Einzelne der Sinnlichkeit zuzuordnen.

Was folgt aus alledem für die Beurteilung der vom Konzeptualisten gegen den Nominalisten vorgebrachten Argumentation? Die richtige Verwendung des Prädikats auf Beispiele, so lautete seine These, sei nur denkbar aufgrund einer bewußtseinsmäßigen Korrelation mit etwas, das allen Beispielen gemeinsam ist. Heißt das nicht: mit etwas im Bewußtsein gegebenem Gleichartigen? Und wäre dann die Auffassung des Konzeptualisten nicht durch die eben beschriebene Gleichartigkeit der Wahrnehmungen vindiziert? Dann würden jedoch schon die sinnlichen Vorstellungen selbst das leisten, wofür der Konzeptualist es nötig fand, einen abstrakten Gegenstand zu postulieren.

Um hier Klarheit zu gewinnen, müssen wir zwischen der behavioristischen und der introspektiven Betrachtungsweise des psychologischen Tatbestandes der Gleichartigkeit der Wahrnehmungen unterscheiden. Die gleichartige Empfindung oder das gleichartige Vorstellungsbild, das wir introspektiv vorfinden (ein bestimmter Rot-Ton, eine bestimmte Dreiecksform), entspricht nicht der Verwendungsbreite unserer gewöhnlichen Prädikate (»rot«, »Dreieck«). Eben deswegen sah sich der Konzeptualist genötigt, eine nichtsinnliche Vorstellung von etwas zu postulieren, das allen Rottönen, allem, was »rot« genannt wird, bzw. allen Dreiecksformen gemeinsam ist. Die Situation ist eine andere für die behavioristische Betrachtungsweise. Daß ein Organismus gleichartig wahrnimmt, wird ja von ihr in der Weise festgestellt, daß er auf Reize einer bestimmten Art in gleicher Weise reagiert. Dabei kann die Ähnlichkeitsbandbreite der Reize, auf die der Organismus in gleicher Weise reagiert, erweitert oder verengt werden. Der Organismus kann z. B. lernen, auf alle Farbtöne, die man (bei einer bestimmten Festlegung) als rot bezeichnet, in gleicher Weise zu reagieren. Während es in der introspektiven Betrachtungsweise keine sinnliche Vorstellung gibt, die allen Farbtönen entspricht, die nicht nur gleichartig, sondern ähnlich sind, entfällt dieser Unterschied in der verhaltenstheoretischen Betrachtungsweise: ob wir die verschiedenen Reize von einem introspektiven Standpunkt aus als gleichartig oder als nur ähnlich bezeichnen: wenn der Organismus entsprechend konditioniert ist, reagiert er auf sie in gleicher Weise, und darin, in der gleichen Reaktion auf ähnliche Reize, hat die behavioristische Wahrnehmungspsychologie ein vorfindbares Datum, dem die introspektionistische Betrachtungsweise nichts Vorfindbares an die Seite zu stellen hat.

Das Problem der Ähnlichkeit hat in der introspektionistisch geführten traditionellen Nominalismusdiskussion eine große Rolle gespielt. Hume hatte für den Nominalismus erklärt, man brauche nicht die Vorstellung von etwas Identischem, das allen sinnlichen Vorstellungen, die der Verwendung eines Prädikats entsprechen, gemeinsam ist; es genüge, daß die Vorstellungen sich in Ähnlichkeitskreisen gruppieren.[6] Aber dann, so wurde gegen Hume argumentiert,[7] müsse es eine Vorstellung *der Ähnlichkeit* der sinnlichen Vorstellungen geben, denn es kommt ja von einem bewußtseinstheoretischen Standpunkt aus darauf an, daß das Bewußtsein *erkennt*, daß die ähnlichen Vorstellungen ähnlich sind; damit aber sehe sich der Nominalist gezwungen, doch wieder mindestens die Vorstellung *eines* abstrakten Gegenstandes zuzulassen; aber wenn man schon die Vorstellung von der Ähnlichkeit zulasse, warum dann nicht gleich Vorstellungen beliebiger Relationen und Attribute? Diese Schwierigkeit entfällt bei der behavioristischen Betrachtungsweise, die überhaupt nicht von Vorstellungen handelt und die auf das physische Phänomen der gleichen Reaktion verweist, wo die introspektive Betrachtungsweise kein entsprechendes psychisches Phänomen vorfinden kann.

Aber was folgt daraus? Zunächst nur dies: auf die Gleichartigkeit der Wahrnehmung als psychologische Grundlage der Einheitlichkeit in der Verwendung eines Prädikats kann man sich nur berufen, wenn man den behavioristischen Wahrnehmungsbegriff zugrundelegt. Dem Konzeptualisten mag das zunächst nur recht sein; er behauptet ja gerade, daß die psychologische Grundlage der Einheitlichkeit in der Verwendung eines Prädikats keine Wahrnehmung, keine bloß sinnliche Vorstellung ist. Aber: wenn der behavioristisch verstandene Wahrnehmungsmechanismus als psychologische Grundlage der einheitlichen Verwendung von Prädikaten überhaupt in Frage kommt, muß dann nicht der sich nur aus der introspektiven Perspektive aufdrängende Rekurs auf abstrakte Gegenstände suspekt erscheinen (besonders wenn wir uns daran erinnern, daß diese Vorstellungen in der Introspektion gar nicht vorzufinden sind, sondern nur postuliert werden)? Der Konzeptualist mag entgegnen, durch den Hinweis auf das Reiz-Reaktions-Schema und seine Konditionierbarkeit sei doch noch nichts erklärt, vielmehr sei die Lernfähigkeit der intelligenten Organismen ihrerseits ebenso rätselhaft und erklärungsbedürftig wie die spezielle Fähigkeit, Prädikate zu lernen. Das ist richtig. Doch erstens hat sich damit die Problematik auf eine andere Ebene verschoben, auf die der kausalen Erklärung; und zweitens muß man dem Konzeptualisten entgegenhalten, daß, wenn sich das Erlernen von Prädikaten in ein so allgemeines verhaltenstheoretisches Phänomen einordnet, wie es die Lernfähigkeit intelligenter Organismen darstellt, die geforderte Erklärung nur noch als physiologische denkbar ist, es sei denn, man wolle auch Mäusen und Fischen die Fähigkeit zur Vorstellung abstrakter Gegenstände zusprechen, immer vorausgesetzt, daß das Vorstellen abstrakter Gegenstände überhaupt die Fähigkeit einer einheitlichen Reaktion auf ähnliche Reize erklären könnte.[8]

Zu einer definitiven Klärung der Sachlage kommen wir, wenn wir jetzt auf den Satz von Wittgenstein zurückkommen, von dem ich ja annahm, daß er in seiner allgemeinsten Deutung vom Gegenstandstheoretiker akzeptiert werde. Ich hatte dem Gegenstandstheoretiker die Möglichkeit eingeräumt, daß ein sprachlicher Ausdruck so verwendet (und folglich auch erklärt) wird, daß er einer Vorstellung zugeordnet wird bzw. für etwas steht, was nur innerlich zugänglich ist. Wir können jetzt Wittgensteins Satz als Kriterium nehmen, um festzustellen, ob sich der Konzeptualist, als er behauptete, die Erklärung durch Beispiele reiche nicht aus, der Ausdruck müsse für ein Identisches stehen, das wir innerlich vorstellen, überhaupt auf die Bedeutung des Ausdrucks bezogen hat. Offenbar nicht, wenn die Bedeutung das ist, was wir erklären, wenn wir die Bedeutung des Ausdrucks erklären. Denn auch wenn wir von der intersubjektiven Erklärung absehen und auch wenn wir annehmen, daß jemand das Wort »rot« sich selbst introspektiv erklärt, kann er dies offenbar nur so, daß er sich Beispiele vor sein inneres Auge führt, nicht jenes Attribut, von dem es keine sinnliche Vorstellung gibt. So wird jetzt deutlich: was der Konzeptualist an der Erklärung durch Beispiele vermißte, war nicht etwas, was zur Frage nach der Bedeutung gehört, sondern etwas, was die kausale Erklärung des Verstehens betrifft. *Wenn* man Wittgensteins Satz (in seiner weitesten Deutung) akzeptiert, können Hypothesen, die die kausale Erklärung des Verstehens betreffen, so wenig zur philosophischen Aufklärung des Verstehens gehören, wie sie im Einzelfall zum Erklären-wie der Verwendung eines bestimmten Ausdrucks gehören. Wir sehen jetzt auch: wenn man sich bei der Frage nach der Bedeutung an Wittgensteins Satz orientiert, so überschreitet man die spezifisch semantische Fragestellung nicht schon, wenn man psychologische Phänomene heranzieht, sondern genau dann, wenn die Fragestellung den Charakter einer Erklärung-warum annimmt.

Natürlich steht nirgends geschrieben, daß man Wittgensteins Satz annehmen muß. Aber man muß sich, wenn man ihn nicht annimmt, Rechenschaft darüber geben, wonach man eigentlich noch fragt. Und wir haben eben gesehen, daß, wenn das, was uns interessiert, die Frage nach einer kausalen Erklärung ist, physiologische

Hypothesen der introspektionistischen Hypothese vorzuziehen sind. Wenn der Konzeptualist gleichwohl am introspektionistischen Standpunkt festhält, so eben deswegen, weil er sich ursprünglich durchaus in den Grenzen von Wittgensteins Satz bewegte und gar keine Kausalerklärung im Auge hatte. Er war ja davon ausgegangen, daß man sich einen einzelnen Prädikatausdruck dadurch verständlich macht, daß man ihn dem entsprechenden Attribut zuordnet. Aber diese Ausgangsthese mußte schon am Anfang der Auseinandersetzung mit dem Nominalisten preisgegeben werden, weil so ein Gegenstand innerlich nicht vorfindbar ist. Und erst als der Konzeptualist in seiner Kritik am Nominalisten behauptete, es *müsse* so einen Gegenstand geben, geriet er unvermerkt in eine Fragestellung der hypothetischen Kausalerklärung.

Wir können also jetzt die gegenstandstheoretische Auffassung der Prädikate endgültig als erledigt betrachten. Aber haben wir auch schon ein neues Verständnis der Bedeutung der Prädikate gewonnen, das grundsätzlich und bestimmt genug ist, um die gegenständliche Auffassung zu ersetzen? Was wir bisher erreicht haben, sind zwei Bestimmungen: erstens, ein Prädikat bzw. die Bedeutung eines Prädikats erklären (bzw. verstehen), heißt erklären (bzw. verstehen), welche Charakterisierungsfunktion es hat; zweitens, ein Prädikat bzw. die Bedeutung eines Prädikats erklären (bzw. verstehen) wir, wenn wir zeigen (bzw. wissen), wie das Prädikat an Hand von positiven und negativen Beispielen zu verwenden ist. Wie diese beiden Bestimmungen zusammenhängen, ist leicht zu sehen: wir erklären, welche Charakterisierungs- (Unterscheidungs-, Klassifizierungs-) Funktion ein Prädikat hat, *indem* wir seine Verwendungsweise mittels positiver und negativer Beispiele vorführen, bzw. wir verstehen, welche Charakterisierungsfunktion das Prädikat hat, *wenn* wir es positiv und negativ richtig verwenden können. Man kann diese Auffassung der Bedeutung der Prädikate als eine spezifisch sprachanalytische bezeichnen, insofern für sie die Verwendung des sprachlichen Zeichens für die Charakterisierung essentiell ist und diese nicht nur vermittelt. Daß das Prädikat für ein Attribut steht, wird von der neuen Auffassung nicht bestritten; es wird nur behauptet, daß die Existenz bzw. die Erkenntnis des Attributs das Verstehen des Prädikats nicht begründen kann, sondern ihrerseits auf diesem gründet.

Diese Erklärung der Bedeutung der Prädikate kann sich zwar in ihrer Grundsätzlichkeit mit der gegenstandstheoretischen messen, aber noch nicht hinsichtlich ihrer Klarheit und Bestimmtheit. Denn es ist bisher unklar, wie die für die neue Erklärung fundamentale Rede von der Verwendungsweise bzw. der richtigen Anwendung auf Beispiele eigentlich zu verstehen ist. Das läßt sich an folgender Überlegung zeigen. Die Erklärung eines Prädikats soll darin bestehen, daß wir Fälle der richtigen und unrichtigen Verwendung exemplarisch vorführen. Daß derjenige, dem man ein Prädikat erklärt hat, es verstanden hat, zeigt sich daran, daß er es so und nur so verwendet, wie es ihm erklärt wurde. Würde er es anders verwenden, und würden wir dann immer noch sagen, daß er es richtig verwendet, so würde das heißen, daß die Erklärung unvollständig war; wir könnten dann nicht mehr behaupten, daß, was erklärt wurde, die Bedeutung des Ausdrucks war. Müßte sich dann aber nicht eine Verwendung der Prädikate ergeben, die ihrer tatsächlichen Verwendungsweise gar nicht entspricht? Das Prädikat »rot« z. B. wird erklärt, indem es auf entsprechende in der Wahrnehmung gegebene Gegenstände angewandt wird. Folgt dann nicht, daß derjenige und nur derjenige das Wort »rot« richtig verstanden hat, der es dann und nur dann verwendet, wenn sich etwas Rotes in der Wahrnehmungssituation zeigt, und daß derjenige und nur derjenige das Wort »Regen« richtig versteht, der es dann und nur dann verwendet, wenn es gerade regnet?

Wir *können* uns natürlich eine primitive Sprache *denken*, in der Ausdrücke in dieser Weise verwendet werden. Ich werde Ausdrücke, die so verwendet werden, als *Quasiprädikate* bezeichnen. Wahrscheinlich kann man sagen, daß die Charakterisierungsausdrücke, die Kinder im ersten Stadium der Sprachaneignung lernen, diese Verwendungsweise haben. Das Kind lernt »wauwau« sagen, wenn es einen Hund sieht, »mama«, wenn sich das Wahrnehmungsmuster der Mutter zeigt, usw. Es kommt jetzt nicht darauf an, ob es eine richtige entwicklungspsychologische Hypothese ist, daß die Charakterisierungsausdrücke, die Kinder zuerst lernen, Quasiprädikate sind. Ich benütze das Quasiprädikat nur als ein Denkmodell eines dem Prädikat vergleichbaren, aber in seiner Semantik sehr viel einfacheren Ausdrucks, und verweise auf die Kindersprache nur zur besseren Veranschaulichung.

Das Charakteristische der Quasiprädikate ist, daß bei ihnen die Verwendungssituation und die Erklärungssituation von derselben Art sind. Die Erklärung zeigt, in welcher Situation der Ausdruck zu verwenden ist. Demgegenüber ist es für Prädikate offensichtlich charakteristisch, daß ihre normale Verwendungssituation nicht von der Art ihrer Erklärungssituation ist. Wenn wir also daran festhalten wollen, daß, was erklärt wird, wenn ein Ausdruck erklärt wird, seine Verwendungsweise ist (und daran müssen wir festhalten, da dieser Zusammenhang analytisch im Sinn des Wortes »Erklärung« liegt, vgl. S. 187), dann folgt, daß die Erklärung eines Prädikats und dann also auch seine Verwendungsweise komplizierter ist, als das aus der bisherigen Bestimmung zu entnehmen ist. So wie ich die Bedeutung der Prädikate bisher dargestellt habe, bleibt unbestimmt, ob es sich um Prädikate oder Quasiprädikate handelt, oder richtiger: was erklärt wurde, ist überhaupt noch nicht die Bedeutung von Prädikaten, sondern die von Quasiprädikaten.

Die Schwierigkeit, auf die wir hier stoßen, ist keine Detailfrage, sie erfordert nicht nur eine einfache Ergänzung, sondern betrifft das Fundament der zu erarbeitenden Semantik. Es geht um die Frage, wie die Verwendungsweise der Prädikate und dann auch der übrigen Ausdrücke unserer Sprache zu verstehen ist. Die Rede von der Verwendung (oder dem Gebrauch) und den Regeln der Verwendung ist, wie wir gesehen haben, noch ganz unbestimmt. Sie paßt auch noch auf die gegenständliche Auffassung. Und die Frage, die sich jetzt stellt, ist: mit Bezug worauf wird der Gebrauch der sprachlichen Ausdrücke geregelt, wenn es nicht mehr Gegenstände sind? Die nächstliegende Antwort ist: mit Bezug auf die Umstände des Gebrauchs. Es sieht zunächst so aus, als bleibe, wenn man die sprachlichen Ausdrücke nicht – sozusagen aus der Innenperspektive – Vorstellungen von Gegenständen zuordnet, nur noch die Alternative, sie – sozusagen in der Außenperspektive – den Umständen des Gebrauchs zuzuordnen. So lesen wir bei Wittgenstein, man solle sich, wenn man nach der Bedeutung eines sprachlichen Ausdrucks fragt, fragen, unter welchen Umständen man ihn verwendet.[9] Nun ist es aber eben diese Auffassung, die bei den Prädikaten versagt, da sie zu ihrer Erklärung als Quasiprädikate führt. Von den Quasiprädikaten können wir in der Tat sagen: sie erklären heißt erklären, unter welchen Umständen – in welcher Situation – sie zu verwenden sind; und daß ein Sprecher der Quasiprädikatensprache einen solchen Ausdruck versteht, zeigt sich daran, daß er ihn unter den richtigen Umständen verwendet. Wenn Prädikate nicht so verstanden werden können und wenn sich zeigen sollte, daß auch die anderen Ausdrücke unserer Sprache nicht so verstanden werden können, dann stellt sich die Frage: welche andere Möglichkeit gibt es, ihre Verwendungsweise zu verstehen, wenn sie weder auf Vorstellungen von Gegenständen noch auf die Umstände des Gebrauchs bezogen sein soll?

Auf diese Frage hin werden wir unsere weiteren Analysen zur Semantik des prädikativen Satzes orientieren müssen. Es geht um die Ausbildung einer für das Verstehen unserer sprachlichen Ausdrücke adäquaten Begrifflichkeit, zunächst auf dem Teilgebiet des prädikativen Aussagesatzes. Eine neue Begrifflichkeit fällt nicht vom Himmel. Wir können sie nur schrittweise erarbeiten, wobei jeweils bisherige Begrifflichkeiten und die bei dem Versuch ihrer Anwendung sichtbar werdenden Mängel den Ausgangspunkt bilden.

Zur Vorbereitung der nächsten Schritte will ich heute nur noch auf einen weiteren Unterschied zwischen Prädikat und Quasiprädikat aufmerksam machen. Das Quasiprädikat »rot« unterscheidet sich von dem Prädikat »rot« auch dadurch, daß es als ein selbständiger sprachlicher Ausdruck verwendet wird, es ist ein ein-Wort-Satz,[10] während das Prädikat einer Ergänzung bedarf, im einfachsten Fall der Ergänzung durch einen singulären Terminus. Dieser Unterschied zwischen Prädikat und Quasiprädikat ist so charakteristisch, daß wir erwarten dürfen, daß immer da, wo ein Wort analog wie ein Prädikat fungiert (nämlich als Charakterisierungsausdruck), aber selbständig verwendet wird, es sich um ein Quasiprädikat handelt, d. h. um einen Charakterisierungsausdruck, dessen Verwendung situationsbezogen ist. Was folgt daraus für die uns bisher verschlossen gebliebene Bedeutung der Prädikate? Sicher, daß sie sich nur im Zusammenhang der Ergänzbarkeit durch singuläre Termini verstehen lassen wird. Aber da sind zwei entgegengesetzte Hypothesen denkbar. Erstens könnte man annehmen, daß sich die Bedeutung der Prädikate nur deswegen nicht von der Verwendungssituation her verstehen ließ, weil sie überhaupt nicht selbständig verwendet werden können; dieser Annahme würde die Hypothese entsprechen, daß sich die Bedeutung der *ganzen* Sätze, der prädikativen und dann auch der anderen, durchaus aus der Beziehung auf die Umstände der Verwendung verstehen ließe. Die zweite Möglichkeit wäre, daß es gerade die Ergänzung der Prädikate durch die singulären Termini ist, die die Verwendung der Prädikate und damit auch der ganzen prädikativen Sätze *situationsunabhängig* macht; in diesem Fall könnten wir erst, wenn wir die

Frage nach dem Verstehen singulärer Termini in derselben spezifisch sprachanalytischen Weise angehen wie in den letzten beiden Stunden die Frage nach dem Verstehen der Prädikate, ein neues Verständnis der Bedeutung der Prädikate bzw. der ganzen prädikativen Sätze gewinnen, das weder introspektiv auf die Vorstellung von Gegenständen noch behavioristisch auf die Umstände bezogen ist.

Aus der Art, wie ich diese beiden Hypothesen gekennzeichnet habe, werden Sie schon ersehen haben, daß ich die zweite für die richtige halte. Doch will ich zuerst die erste prüfen, und zu der zweiten werde ich erst sehr viel später zurückkommen, weil sich zeigen wird, daß wir zu einer aussichtsreichen Klärung der Verwendungsregeln der beiden Glieder eines prädikativen Satzes einen haltbaren Vorbegriff der Verwendungsregel des ganzen Satzes brauchen, und ein solcher läßt sich nicht auf Anhieb gewinnen.

Anmerkungen

1 *Philos. Untersuchungen,* §§ 243 ff.
2 Vgl. Jones (Hrsg.), *The Private Language Argument.*
3 Vgl. Mittelstraß, »Die Prädikation und die Wiederkehr des Gleichen«.
4 Vgl. *De Anima,* 417b 22.
5 Das ist sogar von Aristoteles selbst gesehen worden, vgl. *Anal. Post.*, A 31, 87b28: »Wenngleich die Wahrnehmung sich auf ein Solches und nicht auf ein Dieses bezieht (!), ist das, was wahrgenommen wird, ein Dieses und an einem Ort und jetzt.«
6 Hume, *Treatise of Human Nature,* I. Bd., I. Buch, I. Teil, VII. Sektion.
7 Vgl. Russell, *The Problems of Philosophy,* 9. Kap.
8 Gegen diese Voraussetzung, daß die Vorstellung von etwas die einheitliche Verwendung eines Zeichens verständlich machen könne, richten sich insbesondere Wittgensteins Argumente, vgl. *Philos. Untersuchungen* §§ 73, 86, *Philos. Grammatik,* I. Teil, IV. Abschnitt.
9 *Philos. Untersuchungen,* § 117.
10 Vgl. Quines Rede von »occasion-sentences« (*Word and Object,* § 9).

13. Vorlesung

Wenn die Bedeutung eines sprachlichen Zeichens nicht so verstanden werden kann, daß es für einen Gegenstand steht, dann ist es am naheliegendsten zu sagen, daß man ein Zeichen versteht, wenn man weiß, unter welchen Umständen es zu verwenden ist. Ich habe am Ende der letzten Stunde zu zeigen versucht, daß diese Auffassung jedenfalls auf die Verwendung der Prädikate nicht paßt, aber am Schluß habe ich die Frage aufgeworfen, ob diese Auffassung nicht doch im Fall aller selbständigen Äußerungen und also auch für die ganzen Aussagesätze richtig sein könnte. Bevor wir die These, daß die Bedeutung in den Umständen der Verwendung liegt, verwerfen, müssen wir sie grundsätzlicher prüfen.

Wittgenstein schreibt in § 117 der *Philosophischen Untersuchungen*: »Wenn z. B. einer sagt, der Satz . . . habe für ihn Sinn, so möge er sich fragen, unter welchen besonderen Umständen man diesen Satz tatsächlich verwendet.« Und dadurch ist der Gebrauch, wie Wittgenstein an anderer Stelle sagt, auch mit unseren anderen Tätigkeiten verbunden. Zur Erläuterung führt Wittgenstein am Anfang der *Philosophischen Untersuchungen* einige Beispiele von »primitiveren Sprachen als der unsern« (§ 2) vor. Ein Beispiel, das er dann in den folgenden Paragraphen weiter ausbaut, wird in § 2 beschrieben: »Denken wir uns eine Sprache . . . , die der Verständigung eines Bauenden A mit einem Gehilfen B dienen (soll). A führt einen Bau auf aus Bausteinen; es sind Würfel, Säulen, Platten und Balken vorhanden. B hat ihm die Bausteine zuzureichen, und zwar nach der Reihe, wie A sie braucht. Zu dem Zweck bedienen sie sich einer Sprache, bestehend aus den Wörtern: ›Würfel‹, ›Platte‹, ›Balken‹. A ruft sie aus; – B bringt den Stein, den er gelernt hat, auf diesen Ruf zu bringen.« Wittgenstein fügt hinzu: »Fasse dies als vollständige primitive Sprache auf.« Etwas später lesen wir: »Wir können uns auch denken, daß der ganze Vorgang des Gebrauchs der Worte in § 2 eines jener Spiele ist, mittels welcher Kinder ihre Muttersprache erlernen. Ich will diese Spiele ›Sprachspiele‹ nennen . . . Ich werde auch das Ganze: der Sprache und der Tätigkeiten, mit denen sie verwoben ist, das ›Sprachspiel‹ nennen« (§ 7).

Die Sprache des § 2 ist ein realistischeres Modell einer situationsbezogenen Sprache als die Quasiprädikatensprache, die ich in der letzten Stunde vorführte, ein realistischeres deswegen, weil dieses Sprachspiel einen verständlichen kommunikativen Zweck erfüllt. Wenn die Verwendungsregel der Ausdrücke nur darin besteht, daß alle Mitglieder der Sprachgemeinschaft unter bestimmten Umständen einen bestimmten Ausdruck äußern, so hätte das keinen sichtbaren kommunikativen Sinn, und man könnte sich nicht verständlich machen, wie es in einer biologischen Spezies zur Ausbildung einer solchen Sprache kommt, es sei denn – wie wir es tatsächlich für die Kindersprache annehmen können – als rudimentäre Vorform einer höherstufigen Sprache. Natürlich ändert das nichts an der Nützlichkeit der Quasiprädikatensprache als Denkmodell. Es ist freilich auch schon für die Kindersprache realistischer, wenn man sich ihre Semantik in der Weise angereichert denkt, daß das Kind einen bestimmten Laut nicht nur dann äußert, wenn eine bestimmte Wahrnehmungssituation gegeben ist, sondern auch dann, wenn es wünscht, daß sie gegeben ist: es lernt »mama« sagen nicht nur, wenn die Mutter da ist, sondern auch, wenn es möchte, daß sie kommt. Das Quasiprädikat wird also sowohl quasi indikativisch als auch quasi imperativisch-optativisch verwendet, und die imperativisch-optativische Verwendungsweise ist offenbar zweckvoll. Das Erklärungsmuster solcher Ausdrücke bleibt im Prinzip dasselbe, und wir können daher weiter von Quasiprädikaten sprechen, die jetzt sowohl indikativisch wie imperativisch verwendet werden. In beiden Fällen hat die Erklärung die Form »wenn die und die Umstände gegeben sind, wird der und der Ausdruck verwendet«, nur daß die Umstände in einem Fall in der perzeptiven Situation bestehen, im anderen Fall in der Bedürfnissituation; im einen Fall sind es äußere Reize, im anderen innere, die aber auf die Herstellung äußerer Reize gerichtet sind.

Allerdings kann man, wie auch Wittgenstein hervorhebt, bei der Kindersprache im ersten Stadium ihre Entwicklung noch kaum von einem »Erklären« sprechen; die Rede von einem »Abrichten« paßt hier besser (§ 5). Die Rede von einem Erklären setzt voraus, daß derjenige, dem ein Ausdruck erklärt wird, schon die Worte »richtig« und »unrichtig« versteht; so lernt er eine Regel, nach der er sich richtet; er lernt die relativ zu einer Handlungsnorm richtige Verwendungsweise des Ausdrucks. (Für die Existenz einer Handlungsnorm ist es nicht notwendig, daß sie formuliert werden kann; ihre Existenz besteht einfach darin, daß bestimmte Handlungen als richtig, andere als unrichtig bezeichnet werden.) Wenn die Verwendungsweise nicht *erklärt* wird, haben wir es einfach mit einem Kausalzusammenhang zu tun, dessen Mechanismus sich ohne weiteres aus der behavioristischen Lerntheorie verstehen läßt. Das Kind lernt durch sogenannte ›instrumentelle Konditionierung‹, daß es unter bestimmten äußeren oder inneren Umständen (der Umwelt oder seines Organismus) durch eine bestimmte Tätigkeit – die Äußerung eines bestimmten Lautes – einen für es positiven Reiz hervorrufen bzw. einen negativen abwenden kann. Der positive Reiz fungiert als sogenannte ›Belohnung‹ bzw. ›Verstärkung‹ *(reinforcement)*, die die konditionierte Reaktion kausal motiviert. Die Belohnung besteht beim imperativisch verwendeten Quasiprädikat in der Hervorrufung des mit dem Ausdruck assoziierten Reizes, bei seiner indikativischen Verwendung in der freudigen Reaktion der Erwachsenen. Wir können aber von der Frage, wodurch die Assoziation zwischen den (inneren oder äußeren) Umständen und der Zeichenverwendung motiviert wird, in unserem Zusammenhang absehen, ja wir können überhaupt davon absehen, ob diese Assoziation *erklärt* oder durch Konditionierung kausal hergestellt wird. Wir können daher auch in unserem Zusammenhang die Frage auf sich beruhen lassen, ob man, wenn die Verwendung eines Zeichens durch Konditionierung gelernt wird, überhaupt von der *Bedeutung* des Zeichens und von einem *Verstehen* sprechen kann (sicher nicht, wenn man nur dort von ›Bedeutung‹ und ›Verstehen‹ sprechen kann, wo man auch von einem ›Erklären‹ sprechen kann, – andererseits sollte man sich bei solchen Wortfragen nie festbeißen und die Möglichkeit z. B. eines weiteren und eines engeren Bedeutungsbegriffs offenlassen). Ich sage, wir können über diesen – in anderen Zusammenhängen freilich fundamentalen – Unterschied in unserem Zusammenhang hinwegsehen, weil der in unserem Zusammenhang wichtige Punkt gegenüber diesem Unterschied indifferent bleibt. Ob es sich nämlich um eine normative Regel handelt, um eine Regel, nach der sich das zeichenverwendende Wesen richtet, oder um eine Kausalregel, also um eine bloße objektive Regelmäßigkeit, die von einem Beobachter zu konstatieren ist, ob also die Regel so zu formulieren ist »wenn die und die Bedingungen gegeben sind, ist dieser Ausdruck zu verwenden« oder so »wenn die und die Bedingungen gegeben sind, wird dieser Ausdruck verwendet«, in beiden Fällen handelt es sich um die Assoziation einer Zeichenverwendung mit einer bestimmten Wahrnehmungssituation, mit bestimmten gegebenen Umständen bzw. Bedingungen; eine solche Regel, ob sie nun als Kausalregel oder als normative Regel zu verstehen ist, will ich, sofern sie die Verwendung des Zeichens bestimmten gegebenen Umständen (Konditionen) zuordnet, als Konditionalregel bezeichnen. Die Frage, ob die Bedeutung unserer sprachlichen Ausdrücke in den Umständen ihrer Verwendung liegt, läßt sich also auch so formulieren, ob die Verwendungsregeln unserer sprachlichen Ausdrücke in diesem Sinn als Konditionalregeln zu verstehen sind.

Das Sprachspiel, das Wittgenstein in § 2 vorführt, unterscheidet sich von der durch die quasi-imperativische Verwendungsform angereicherten Quasiprädikatensprache auch noch dadurch, daß in ihm der *kommunikative* Aspekt aller natürlichen – ob menschlichen oder tierischen – Sprachen berücksichtigt wird: ein Zeichen wird nicht nur von jemandem verwendet, sondern ist auch an jemanden (oder mehrere) gerichtet; man muß also Sprecher und Hörer unterscheiden, bzw. allgemeiner den Emittenten und den (bzw. die) Rezipienten des Zeichens. In Wittgensteins Beispiel läßt sich nur für den Sprecher sagen, daß das Zeichen mit den Umständen der Verwendung assoziiert ist; für den Hörer hingegen, im Beispiel den Gehilfen, gilt, daß sich, ob er das Zeichen versteht oder nicht, darin zeigt, ob er, wenn er das Zeichen wahrnimmt, eine bestimmte Tätigkeit ausführt. Auch die Hörer-Regel ist jedoch eine Konditionalregel, nur daß die Bedingung jetzt das Zeichenereignis selbst ist: wenn das Zeichen gehört wird, wird die und die Tätigkeit ausgeführt. Auch diese Regel läßt sich sowohl normativ wie kausal verstehen.

Erst dieses Modell ist ein realistisches Modell einer primitiven Sprache, weil erst bei ihm ein intersubjektiver Zweck der Zeichenverwendung sichtbar wird. Und tatsächlich wird man sagen können, daß alle wirklichen primitiven Sprachen, die im Unterschied zur Kindersprache nicht Vorformen sind, sondern schon selbst zweckmäßig funktionieren, also alle Tiersprachen, diesem Schema entsprechen. Von diesem Schema geht daher auch die gesamte behavioristische Sprachtheorie aus. Die Funktion des Zeichens besteht nach dieser Auffassung darin, zwischen Reiz und Reaktion zu vermitteln und es auf diese Weise zu ermöglichen, daß der *eine* Kommunikationspartner den Reiz hat oder empfängt und der *andere* die passende Reaktion ausführt.[1] In Wittgensteins Beispiel: A braucht einen bestimmten Baustein, und statt selbst die passende

Handlung auszuführen, vollzieht er eine Ersatzhandlung, die Äußerung des Zeichens, die ihrerseits auf B einen Reiz ausübt, der bewirkt, daß nun dieser jene Handlung ausführt. Das Zeichen ermöglicht es also, daß der eine für den anderen handeln kann, aber auch, daß der eine für den anderen wahrnehmen kann. Das letztere ist z. B. der Fall bei Warn- oder Futteranzeigesignalen: der eine Partner nimmt die Situation wahr und reagiert nicht (oder nicht nur) selbst, sondern führt eine Handlung aus, die für die anderen Partner als Ersatzreiz dient, so daß sie auf die Situation angemessen reagieren können, ohne sie selbst wahrzunehmen.

Wir können Zeichen, die auf diese Weise kommunikativ funktionieren, als Signale bezeichnen. Diese Terminologie ist nicht unumstritten. Es gibt Autoren,[2] die Zeichen dieser Art nur dann als Signale bezeichnen, wenn ihre Verwendung sowohl von seiten des Emittenten wie des Rezipienten nicht erlernt, sondern angeboren ist wie in der Sprache der Bienen. Aber die Unterscheidung zwischen erlernter und angeborener Verwendung solcher Zeichen ist in unserem Zusammenhang ohne Belang, zumal ich auch weiterhin den (sehr viel grundsätzlicheren) Unterschied zwischen solchen Zeichen dieser Art, deren Regeln kausal sind, und solchen, deren Regeln normativ sind und die wir als konventionelle Signale zu verstehen haben, ignorieren werde. Obwohl Wittgenstein schreibt, daß das Sprachspiel, das er beschreibt, durch ›Abrichtung‹ gelernt wird, geht doch aus späteren Partien der *Untersuchungen* deutlich hervor, daß er die Regeln als normativ und die Zeichen als konventionell versteht. Eine ernstere Unsicherheit, die das Verständnis von Wittgensteins Sprachspielen betrifft, ist die Frage, ob er sie als ›primitive Sprachen‹ derjenigen Sprache, die wir sprechen, entgegensetzen will oder ob er sie als einfaches Muster der Art und Weise verstanden wissen will, wie auch unsere Sprache funktioniert. Diese Frage ist für uns nebensächlich, da wir hier nicht an einer Interpretation von Wittgenstein um ihrer selbst willen interessiert sind. Die These, daß unsere Sprache eine Signalsprache ist und daß sie, nur in komplizierterer Weise, nach dem Muster konditionierter Reaktionen zu verstehen ist, wird von der behavioristischen Sprachtheorie vertreten, und ob Wittgenstein eine entsprechende These vertreten hat, nur mit einem normativen statt kausalen Verständnis der Regeln, können wir offen lassen. Jedenfalls ist es diese These, daß unsere sprachlichen Ausdrücke als Signale fungieren bzw. daß ihre Regeln Konditionalregeln sind, die wir zu prüfen haben. Sie ist die allgemeinere und grundsätzlichere Form der These, daß die Bedeutung eines Ausdrucks in den Umständen seines Gebrauchs liegt.

Zunächst möchte ich auf zwei prinzipielle Schwierigkeiten hinweisen, die sofort in die Augen springen, wenn man versucht, die Sätze unserer Sprache als Signalzeichen zu verstehen. Die erste besteht darin, daß die Bedeutung eines Signalzeichens für den Sprecher und für den Hörer nicht dieselbe ist. So lesen wir bei dem behavioristischen Linguisten Leonard Bloomfield, die »Bedeutung« eines Ausdrucks bestehe »in der Situation, in der der Sprecher ihn äußert, *und* in der Reaktion, die er im Hörer hervorruft«.[3] Man hat versucht, diesen Aspekt dadurch abzumildern, daß man darauf hinweist, daß jedes Mitglied einer Sprachgemeinschaft je nach der Situation sowohl die Rolle des Sprechers wie die des Hörers annehmen kann, und man kann dann also sagen, daß jemand den Ausdruck erst dann versteht, wenn er beide Konditionalregeln kennt. Aber auch so paßt diese Auffassung nicht auf die Sätze unserer Sprache. Oder, vorsichtiger ausgedrückt: es entspräche zumindest nicht unserem gewöhnlichen Verständnis, daß ein Satz für Sprecher und Hörer nicht ein und dieselbe Bedeutung haben soll.

Hier zeigt sich ein eigentümlicher Gegensatz zwischen den zwei Bedeutungstheorien, die ich bisher diskutiert habe: die gegenstandstheoretische Bedeutungstheorie hatte über die kommunikative Funktion der Sprache einfach hinweggesehen; da sie darauf, daß ein Ausdruck *verwendet* wird, nicht eigens reflektiert hat, konnte sie auch die Sprecher-Hörer-Beziehung übersehen. Daß ein Ausdruck nur *eine* Bedeutung für Sprecher und Hörer hat, erscheint von dieser Position aus ganz unproblematisch. Die behavioristische Auffassung ist umgekehrt mit Recht von der kommunikativen Situation ausgegangen, aber nun fielen durch die Orientierung an den Signalsprachen Sprecher- und Hörer-Bedeutung auseinander. Eine befriedigende Klärung der Bedeutung unserer sprachlichen Ausdrücke darf weder den kommunikativen Aspekt der Sprache noch die Identität der Bedeutung für Sprecher und Hörer ignorieren, und wir werden daher fragen müssen, wie sich diese Identität der Bedeutung aus der Sprecher-Hörer-Situation heraus konstituiert. Das ist eine Fragestellung, wie sie in ähnlicher Weise schon im ersten Drittel dieses Jahrhunderts von dem amerikanischen Sozialpsychologen George H. Mead formuliert worden ist.[4] Statt wie die gegenstandstheoretische Position die Identität der Bedeutung einfach ungefragt vorauszusetzen, ist von den biologisch primitiveren und theoretisch unproblematischen Signalsprachen auszugehen und zu fragen, was verhaltensmäßig hinzukommen muß, damit sich Sprecher und Hörer auf etwas Identisches beziehen können. Nach Mead wird das erst dadurch möglich, daß der Sprecher die Reaktion des Partners virtuell mitvollzieht und ebenso der Hörer die Aktion des Sprechers. Wenn das richtig sein sollte, würde sich eine von den besonderen Kommunikationsrollen des Sprechers und des Hörers unabhängige, identische Bedeutung gerade erst dadurch konstituieren, daß die Gliederung des Kommunikationsgeschehens in Sprecher- und Hörer-Rolle für Sprecher und Hörer selbst explizit wird, indem jeder im Vollzug seiner Rolle die des anderen mitvollzieht. Diese Erklärung, daß jeder der Partner die Rolle des anderen internalisiert, macht es dann nach Mead auch verständlich, daß jemand mit sich selbst sprechen kann. Die Erklärung Meads ist jedoch programmatisch geblieben. Er hat nicht gezeigt, wie der virtuelle Mitvollzug der Reaktion des Partners in der eigenen Handlung konkret zu denken sei. Wir können aber seine Auffassung als hypothetische Perspektive für die weitere analytische Aufklärung festhalten.

Versuchen wir, trotz dieser offenkundigen ersten Differenz zwischen Sätzen und Signalen – daß die Sätze nur *eine* Bedeutung haben –, die These vom Signalcharakter unserer Sprache an denjenigen Sätzen zu prüfen, mit denen wir es zunächst zu tun haben, an den prädikativen Aussagesätzen, so sehen wir uns gleich mit einer zweiten Schwierigkeit konfrontiert. Denn eine Signalsprache bietet offenbar für Aussagesätze gar keinen Raum. Wenn man die für unsere Sprache charakteristische Unterscheidung zwischen indikativischen und imperativischen Sätzen auf ein Signalzeichen anzuwenden versucht, so kann man das Signal sowohl als Aussage deuten, daß etwas der Fall ist, als auch als Imperativ, daß etwas zu tun ist, aber eben weil beide Deutungen möglich sind, sind beide Deutungen fehl am Platz. Ist ein Bienentanz als Information zu verstehen, daß sich an einer bestimmten Stelle Honig befindet, oder als Aufforderung, dorthin zu fliegen? Ist ein Warnruf als Information zu verstehen, daß Gefahr besteht, oder als Aufforderung wegzulaufen? Eine solche Unterscheidung wäre offenbar erst dann sinnvoll, wenn es zu den Regeln dieses Sprachspiels gehörte, daß der Rezipient nicht nur mit der zu dem Reiz des Emittenten passenden Reaktion reagiert, sondern die Möglichkeit hätte, auf die Zeichengebung des Emittenten als solche zu reagieren. Ohne daß wir jetzt schon erkennen können, welches die Verwendungsregeln sind, die einen Satz zu einem assertorischen oder imperativischen machen, läßt sich doch so viel sehen, daß ein Zeichen nur dann assertorisch oder imperativisch verwendet wird, wenn der Rezipient die Möglichkeit hat, auf die Zeichengebung als eine assertorische oder als eine imperativische zu reagieren. Diese Möglichkeit der Reaktion auf die Zeichengebung selbst ist in unserer Satzsprache gegeben durch das Phänomen der *Stellungnahme*. In einer entsprechenden Situation, in der auch ein Signal gegeben werden könnte (z. B. der Alarmruf »Feuer«), besteht für den Rezipienten gegenüber einem Satz außer derselben Reaktion, die auch gegenüber dem Signal möglich ist, die Möglichkeit, *statt* zu reagieren, auf den Satz zu antworten, zu ihm Stellung nehmen, wobei die einfachste Form der Stellungnahme die Verneinung ist, und je nachdem wie das Wort »Nein« verwendet wird, je nachdem wozu Stellung genommen wird, erweist sich der Satz als Imperativ oder als Indikativ.

Man kann vermuten, daß die beiden genannten Aspekte, durch die sich die Sätze unserer Sprache von Signalen schon auf den ersten Blick zu unterscheiden scheinen, zusammengehören. Es ist jetzt naheliegend, die *Stellungnahme* des Rezipienten als jene von Mead postulierte Reaktion des Partners anzusehen, die vom Emittenten virtuell mitvollzogen werden soll. Denn die verneinende bzw. bejahende Stellungnahme des Rezipienten ist tatsächlich eine Reaktion von der gesuchten Art, die schon in der Zeichenverwendung des Emittenten antizipiert wird. Wenn wir einen Satz aussprechen, ob assertorisch oder imperativisch, so meinen wir ihn als einen solchen, der verneint werden kann. Die zu einem Satz passende Reaktion des Partners ist im Unterschied zu der auf ein Signal nicht mehr die Ausführung einer Handlung, sondern die Bejahung oder Verneinung des Satzes. Im Fall des Imperativs ist die Ausführung der Handlung zwar auch eine mögliche Reaktion, aber diese Ausführung der Handlung ist eben, weil statt ihrer mit einem »Nein« geantwortet werden kann, als Bejahung zu verstehen und wesentlich unterschieden von der schlichten Reaktion.[5] In der Ja/Nein-Stellungnahme sowie in den übrigen Stellungnahmen des Fragens, des Zweifelns usw., die in der Möglichkeit der Ja/Nein-Stellungnahme gründen, bezieht sich der Rezipient offenkundig auf *dasselbe* wie der Emittent, wenn auch in anderer Weise, und wenn sich die Verwendungsregeln des Satzes durch den Emittenten als solche erweisen ließen, die seine Verwendung auf die möglichen Stellungnahmen des Rezipienten beziehen, dann bezieht sich auch der Emittent schon auf dasselbe wie die möglichen Rezipienten, und auf diese Weise wäre die programmatische Hypothese von Mead inhaltlich eingelöst. Natürlich sind diese Überlegungen ihrerseits vorerst noch programmatisch, denn es müßte ja erst gezeigt werden, daß und wie die Ja/Nein-Stellungnahme zur Verwendungsregel der Sätze gehört.

Wir haben es ja zunächst nur mit den assertorischen und im besonderen mit den prädikativen assertorischen Sätzen zu tun, und ich komme jetzt also nach diesen sehr allgemeinen und weit vorgreifenden Erwägungen zu der in Aussicht gestellten Prüfung der These, daß sich die Verwendungsregeln der prädikativen Sätze als Konditionalregeln und speziell nach dem Schema einer Signalsprache verstehen lassen. Die eben genannten allgemeinen Schwierigkeiten machen eine Prüfung im Detail nicht überflüssig, zumal wir – wie schon gegenüber der gegenständlichen Konzeption – nur aus der genauen kritischen Überprüfung vorhandener Theorien hoffen können, neue positive Ansätze zu gewinnen.

Ich will die Erörterung an einem Beispiel durchführen, und ich wähle ein Beispiel, das der zu kritisierenden Theorie möglichst entgegenkommt, da es in einen Handlungskontext paßt, den Satz »das Rathaus brennt«. Man kann sich ja leicht Situationen vorstellen, in denen es ebenso passend wäre, diesen Satz zu verwenden wie den Signalausdruck »Feuer«. Der zu prüfenden Theorie zufolge soll nun die Bedeutung des Satzes in zwei Konditionalregeln bestehen: das richtige Verständnis des Hörers müßte sich darin zeigen, daß er auf den Satz in bestimmter Weise reagiert, und die richtige Verwendung des Sprechers darin, daß er den Satz unter bestimmten Umständen verwendet. Es müßte also, wenn die Theorie stimmen soll, möglich sein, die bestimmte Reaktion des Hörers und die bestimmte Situation des Sprechers namhaft zu machen, die gemeinsam die Bedeutung dieses Satzes ausmachen sollen.

Ich beginne mit dem Hörer. Nehmen Sie an, es kommt jetzt einer hier in den Hörsaal und äußert den Satz »das Rathaus brennt«, wie würden wir reagieren? Wahrscheinlich würden viele von uns gar nicht reagieren, andere würden den Mann bitten, uns in Ruhe zu lassen, andere würden ihn fragen, woher er das wisse, andere würden vielleicht lachen und wieder andere könnten hinauslaufen mit verschiedenen Zielen, kurz, von einem geregelten Zusammenhang zwischen dem Hören des Satzes und bestimmten Handlungen kann keine Rede sein. Um diesen offenkundigen Unsinn, zu dem die Theorie zu führen scheint, zu vermeiden, ist von behavioristischen Theoretikern der Begriff der Handlungsdisposition eingeführt worden.[6] Eine praktische Bedeutung habe ein Satz, so kann man sagen, nur in bestimmten Situationen. Der Satz »das Rathaus brennt« hat z. B. keine praktische Bedeutung, wenn ihn jemand hier im Hörsaal ausspricht, wohl hingegen, wenn jemand die Feuerwehr anruft. Um nun dem Einwand zu entgehen, daß wir gleichwohl den Satz verstehen, wenn er hier im Hörsaal ausgesprochen wird und wenn wir nicht zur Feuerwehr gehören, wird erklärt: die Bedeutung besteht nicht in einer Handlung, sondern in einer Handlungsdisposition: daß wir jetzt hier den Satz »das Rathaus brennt« verstehen, heißt, daß er eine Disposition in uns weckt derart, daß wir, wenn wir die Feuerwehr wären, zum Löschen ausrücken würden. Aber ebensogut könnte man dann sagen, die Bedeutung bestehe vielmehr in der Disposition, auf die Straße zu laufen, wenn man Anwohner des Rathauses wäre. Es gibt unbestimmt viele verschiedene Situationen, in denen dieser Satz praktisch relevant sein kann. Er kann z. B. unter Brandstiftern als Erfolgsmeldung verwendet werden usw. Der Versuch, einen assertorischen Satz als Signal zu verstehen, führt also zu dem Ergebnis, daß ihm nicht nur zwei Bedeutungen zugesprochen werden müssen, sondern unzählige.

Damit aber ist diese Theorie wenigstens für die Hörerseite disqualifiziert, denn wenn es unbestimmt viele Bedeutungen eines sprachlichen Ausdrucks gibt, kann die Bedeutung des Ausdrucks nicht mehr etwas sein, was man nach einer Regel oder mehreren Regeln lernen kann. Ich möchte auch noch einmal darauf hinweisen, daß ich ein für die Theorie besonders günstiges Beispiel gewählt habe. Bei den meisten assertorischen Sätzen fällt es von vornherein schwer, sich überhaupt zugehörige Reaktionen irgendeiner Art zu denken. Welches wären z. B. die passenden Reaktionen zu dem Satz »das Rathaus ist rot« oder »das Rathaus stammt aus dem 18. Jahrhundert«? Wir werden also annehmen müssen, daß das, womit der Hörer den Satz gemäß einer Regel verbindet, etwas anderes ist als eine Handlung, eine Handlungsdisposition oder ein Bündel von Handlungsdispositionen, und zu der ohnehin viel natürlicheren Auffassung zurückkehren, daß die jeweilige Handlung oder Handlungsdisposition, die das Hören eines Ausdrucks bewirkt, erst ein Ergebnis des Zusammenwirkens des Verstehens des Ausdrucks *und* der Handlungsmotivationen der betreffenden Person ist.

Worin besteht dann aber die Bedeutung für den Hörer? Man könnte vielleicht meinen, diejenige Regel, die bei Signalsprachen die Hörer-Regel ist, passe bei Sätzen zwar nicht auf die Aussagesätze, wohl aber auf die Imperative, und umgekehrt hätten wir uns für die Aussagesätze an diejenige Regel zu halten, die bei der Signalsprache die Sprecherregel ist. Das ist sicher ein ansprechender Vorschlag, zumal die behavioristische Theorie in dieser abgeschwächten Form auch den beiden Schwierigkeiten Rechnung tragen würde, die ich am Anfang nannte: im Unterschied zu Signalen wären Sätze entweder indikativisch oder imperativisch, und die Bedeutung des indikativischen Satzes wäre auch für den Hörer durch die Sprecher-Regel bestimmt, die Bedeutung des imperativischen Satzes auch für den Sprecher durch die Hörer-Regel; in beiden Fällen wäre also die Bedeutung für Sprecher und Hörer dieselbe.

Dann kommt jetzt also für diejenigen Sätze, mit denen wir es zunächst zu tun haben, für die assertorischen Sätze, alles darauf an, ob wenigstens die Sprecherseite des Signalschemas auf sie paßt. Kann man sagen, die Bedeutung eines assertorischen Satzes bestehe in den Umständen, in denen er verwendet wird?

Diese These läßt ihrerseits zwei Deutungen zu. Erstens könnte man versuchen, die Umstände praktisch zu verstehen. Dann wäre die Bedeutung des Satzes »das Rathaus brennt« durch die Umstände bestimmt, die es zweckmäßig erscheinen lassen, den Satz auszusprechen, also z. B. daß Hilfe nötig ist, um das Feuer zu löschen. Diese Erklärung liefe jedoch auf eine Wiederholung der Erklärung hinaus, die vorher für den Hörer gegeben wurde, und sie wäre mit denselben Unzuträglichkeiten behaftet. Außerdem wollten wir ja gerade die Hörer-Regel an die Sprecher-Regel assimilieren und nicht umgekehrt. Diese Deutung scheidet also aus.

Die zweite und eigentlich naheliegende Deutung der Rede von den Umständen bzw. der Verwendungssituation ist diejenige, die der Rede vom Reiz im behavioristischen Modell entspricht: die Umstände, an die die Bedeutungsregel den Gebrauch des Satzes bindet, bestimmen sich durch die perzeptive Situation des Sprechers. Diese Auffassung läßt sich ihrerseits in einer simplen und in einer revidierten Version vertreten. Die simple Version würde für unseren Beispielsatz lauten: immer (oder meistens) wenn wahrgenommen wird, daß das Rathaus brennt, wird gesagt »das Rathaus brennt«, oder normativ formuliert: immer wenn wahrgenommen wird, daß das Rathaus brennt, ist zu sagen »das Rathaus brennt«. Man könnte diese Regel für die Verwendung des prädikativen *Satzes* auch als Spezifikation einer Regel für die Verwendung des *Prädikats* auffassen, die dann lauten würde: immer wenn wahrgenommen wird, daß etwas brennt, ist zu sagen, daß es brennt. Diese Erklärung würde das Prädikat als Quasiprädikat erklären. Es ist offenkundig, daß diese Erklärung unzureichend ist, da wir weder Prädikate noch prädikative Sätze normalerweise in der entsprechenden Wahrnehmungssituation verwenden.

Auch Signale werden freilich mitunter gespeichert und nicht schon in der Wahrnehmungssituation, sondern erst dann gesendet, wenn sie für einen Partner relevant sein können. Die Bienen z. B. führen ihren Sprachtanz nicht in der Gegenwart, sondern in unmittelbarer Nachwirkung bestimmter perzeptiv aufgenommener Faktoren aus, und erst die informationsbedürftigen Partner lösen den Sprachtanz aus. Diese Komplikation läßt sich durch folgende Ergänzungen in die behavioristische Theorie noch leicht einbauen: 1. die Rede von den perzeptiven Umständen läßt sich so erweitern, daß auch die erinnerungsmäßig nachwirkenden Wahrnehmungen miteinbezogen sind. 2. läßt sich auch hier der Dispositionsbegriff einführen und sagen: vom Moment der betreffenden Wahrnehmung an befindet sich der Sprecher in einer entsprechenden Disposition, die erst aktualisiert wird, wenn er einem informationsbedürftigen Partner begegnet; der Partner ist dann seinerseits ein Faktor, der zu den Umständen gehört. Die Konditionalregel ist jetzt eine erweiterte Situationsregel und läßt sich etwa so formulieren: wenn xy wahrgenommen wurde und ein Partner P wahrgenommen wird, wird (oder in der normativen Formulierung: werde) S geäußert.

Diese revidierte Version des behavioristischen Erklärungsschemas verleitet leicht zu der Annahme, daß die für die Verwendung des prädikativen Satzes charakteristische mangelnde Situationsbezogenheit im Prinzip nichts anderes ist als der schon für die Bienensprache geltende *erweiterte Situationsbezug*, nur eben viel komplizierter. Der Sprecher braucht ja nicht wahrgenommen zu haben, daß das Rathaus brennt, er kann dies erschlossen oder durch jemand anderen erfahren haben. Alle diese Möglichkeiten müßten jetzt in die erweiterte Situationsregel mitaufgenommen werden. Wieder droht, wie schon bei der Hörerregel, die Verwendungsregel so kompliziert zu werden, daß sie ins Unbestimmte entgleitet, und das bei einem so einfachen Satz wie »das Rathaus brennt«. Sie könnten fragen: warum soll nicht ein für unser Verständnis einfacher Satz gleichwohl auf einem komplizierten Mechanismus aufruhen? Doch wir fragen nicht nach irgendeinem der Verwendung zugrundeliegenden Mechanismus, sondern nach den Regeln der Verwendung, die man jemandem erklären können muß, sonst fragen wir nicht nach der Bedeutung.

Wir brauchen uns jedoch mit diesem Unbestimmtheitsargument nicht aufzuhalten. Die These, daß die Bedeutung eines prädikativen Satzes durch den wie immer erweiterten Situationsbezug seiner Verwendung bestimmt sein kann, scheitert aus prinzipiellen Gründen. Um das zu zeigen, möchte ich auf zwei Aspekte der Verwendung prädikativer Sätze aufmerksam machen, die der Erklärung, die die Verwendung auf die Umstände bezieht, widersprechen. Ich kann diese zwei Aspekte in der Weise herausstellen, daß ich sie gegen die zwei in der revidierten behavioristischen Version erfolgten Ergänzungen abhebe. Diese Ergänzungen bestanden darin, daß zu den gegenwärtigen Umständen auch die erinnerungsmäßig nachwirkenden vergangenen Umstände hinzukamen und daß der gegenwärtige Umstand, der die tatsächliche Verwendung auslöst, die Anwesenheit eines informationsbedürftigen Partners ist.

1. Ich beginne mit dem zuletzt genannten Punkt. Er ist für die Auffassung, daß die Verwendung durch die Umstände bestimmt wird, essentiell, denn wenn es keinen gegenwärtigen Faktor gibt, der die tatsächliche Verwendung auslöst, wäre die tatsächliche Verwendung zu einer bestimmten Zeit und an einem bestimmten Ort überhaupt nicht durch die Umstände geregelt. Ein assertorischer Satz ist nun aber nicht an eine Regel gebunden, die seine Verwendung an eine spezifizierte Partnersituation bindet. Auch wenn man davon absieht, daß man einen Satz auch sinnvoll aussprechen kann, ohne daß ein Adressat gegenwärtig ist, gilt jedenfalls, daß man ihn gegenüber einem beliebigen Partner zu einer beliebigen Zeit an einem beliebigen Ort äußern kann, ohne daß sich seine Bedeutung ändert. (Das gilt allerdings nicht für Sätze mit deiktischen Ausdrücken; auf diese Ausdrücke, denen gerade für diesen Zusammenhang eine besondere Bedeutung zukommt,

komme ich erst später zu sprechen.) D. h. dann aber, daß die Verwendung des Satzes nicht nur weniger situationsbezogen ist als ein Signal, sondern positiv situationsunabhängig. Daß das Heidelberger Rathaus brennt, kann z. B. über den Rundfunk verbreitet werden, und eine beliebige Person kann dann irgendwo in Alaska oder in Afghanistan beliebigen Leuten, die das interessieren mag oder auch nicht, sagen »das Heidelberger Rathaus brennt«. Wenn der Mann in Alaska diesen Satz verwendet, so werden ihn natürlich irgendwelche Umstände in seiner Situation dazu veranlassen, diesen Satz weiterzusagen, aber diese Umstände sind irgendwelche Motive und Interessen und haben nichts mit der Bedeutung des Satzes zu tun. Als Verwendungsregel, die die Bedeutung des prädikativen Satzes bestimmt, kommt also überhaupt keine Konditionalregel irgendeines Inhalts in Frage, überhaupt keine Regel, die die Form hat »wenn . . . , verwende den Satz p«. – Die Situationsunabhängigkeit eines prädikativen Satzes konstatieren, heißt aber noch nicht, sie verstehen. Der Aufklärung dieser Eigentümlichkeit der prädikativen Sätze kommt nach meiner Meinung für das Verständnis der Verwendung prädikativer Sätze und der assertorischen Sprache überhaupt entscheidende Bedeutung zu, und ich werde auf dieses Problem später ausführlich eingehen. Für den Moment kann ich höchstens Plausibilität für die These beanspruchen, daß es die singulären Termini in den prädikativen Sätzen sind, die diese Situationsunabhängigkeit ermöglichen. Was den Satz »das Heidelberger Rathaus brennt« von dem Quasiprädikat »Feuer« unterscheidet, ist, daß der singuläre Terminus die Wahrnehmungssituation oder etwas in ihr als identisches festhält und es so ermöglicht, sich *auf* die Wahrnehmungssituation aus jeder beliebigen anderen Situation zu beziehen. Dieses Sichbeziehen *auf* die Situation aus einer anderen Situation ist etwas prinzipiell anderes als ein erweiterter Situationsbezug im Sinn einer Situationsabhängigkeit.

2. Es gibt bei der Verwendung eines prädikativen Satzes nicht nur keine gegenwärtigen Umstände, die zu seiner Bedeutung gehören, sondern auch keine vergangenen. Zunächst könnte es so scheinen, daß für die sinnvolle Verwendung des Satzes »das Heidelberger Rathaus brennt« durch den Mann in Alaska zwar kein auslösender Faktor nötig war, der zur Bedeutung gehört, aber doch der Umstand, daß er diesen Satz im Rundfunk gehört hat. Irgendeine Erfahrungsgrundlage, wenn auch keine wahrnehmungsmäßige, scheint für die sinnvolle Verwendung des Satzes erforderlich zu

sein. Man kann sich jedoch leicht klarmachen, daß diese Annahme irrig ist. Der Mann kann aus welchen Motiven auch immer auf die Idee gekommen sein, ein falsches Gerücht in Umlauf zu bringen. Dieses Beispiel mag zunächst etwas konstruiert erscheinen, und Sie könnten sogar dazu neigen zu sagen: wenn einer den Satz so verwendet, verwendet er ihn eben regelwidrig, und regelwidrige Verwendungen brauchen, ja dürfen natürlich nicht in die Verwendungsregel miteinbezogen werden. Aber denken Sie jetzt noch einmal an den Mann, der hier hereinkommt und ruft »das Rathaus brennt«. Wir verstehen diese Aussage sofort, obwohl wir nicht wissen, welche Erfahrungsgrundlage der Mann für sie hat und ob er überhaupt eine Erfahrungsgrundlage für sie hat. Natürlich werden wir seine Aussage nur in dem Maße *ernst* nehmen, als wir annehmen, daß sie wohlbegründet ist. Aber unser Verstehen der Aussage ist davon unabhängig, ob wir sie ernst nehmen oder nicht. Wenn wir uns oder ihn fragen, welches die Umstände sind, die ihn dazu veranlaßt haben, diesen Satz auszusprechen, oder welche Gründe er für ihn hat, setzen wir immer schon voraus, daß die Bedeutung des Satzes für ihn wie für uns schon unabhängig von diesen Umständen oder Gründen feststeht. Die Folgerung ist also unausweichlich, daß nicht nur die gegenwärtigen, sondern auch die vergangenen Umstände der Verwendung eines Satzes für die Bedeutung des Satzes vollkommen irrelevant sind. Vorhin, bei der Situationsunabhängigkeit der Verwendung des prädikativen Satzes, konnte man noch annehmen, daß eine Konditionalregel, die die Bedeutung fixiert, lediglich nicht *hinreichend* für die aktuelle Verwendung eines prädikativen Satzes ist. Es blieb noch denkbar, daß es eine Konditionalregel, die die Bedeutung fixiert, gibt, die die vergangenen Umstände des Sprechers betrifft und wenigstens eine *notwendige* Bedingung für die Verwendung des prädikativen Satzes darstellt. Jetzt ist erwiesen, daß die Bedeutung in gar keiner Konditionalregel enthalten sein kann.

Dieses negative Ergebnis stellt uns erneut vor die Frage, in welcher Richtung wir dann überhaupt noch nach der Bedeutung eines prädikativen Satzes fragen können. Wenn wir die Bedeutung nicht gegenständlich verstehen dürfen und wenn sie auch nicht in den Umständen der Verwendung liegen kann, was bleibt dann noch übrig? Insbesondere könnten Sie fragen: wenn die Umstände der Verwendung für die Bedeutung irrelevant sein sollen, müssen wir dann nicht auch die Voraussetzung aufgeben, einen sprachlichen

Ausdruck verstehen heiße, seine Verwendungsregel kennen? Damit würden Sie jedoch voraussetzen, daß etwas durch seine Verwendungsregel nur auf die Umstände seiner Verwendung bezogen sein kann, und das wäre ein Irrtum. Als ich die Frage nach der Verwendung zuerst einführte, zeigte sich, daß es sich, wenn wir von der Verwendung von etwas sprechen, normalerweise um etwas handelt, das eine Funktion hat (S. 180 f.). Und wenn wir nach der Verwendungsregel von etwas fragen, das eine Funktion hat, fragen wir nicht, unter welchen Umständen es zu verwenden ist, sondern wie es zu verwenden ist, wenn man das erreichen will, wozu es da ist. Da sich bereits bei den Prädikaten zeigte, daß sie eine Funktion haben, die Funktion zu charakterisieren, liegt es nahe zu erwarten, daß man auch beim ganzen Satz von einer Funktion sprechen kann. Aber worin soll die Funktion eines Satzes bestehen? Hat die Verwendung eines Satzes einen Zweck? Verwenden wir einen Satz mit der Absicht, eine Wirkung zu erreichen? So ließe sich die Rede von einer Funktion am einfachsten verstehen. Die Verwendungsregeln des Satzes wären dann als Regeln zu verstehen, wie der Satz zu verwenden ist, um die beabsichtigte Wirkung zu erreichen; man kann Regeln dieser Art als *instrumentelle Regeln* bezeichnen. Wir werden also die Hypothese prüfen müssen, ob sich die Verwendungsregeln der assertorischen Sätze, wenn sie schon keine Konditionalregeln sind, als instrumentelle Regeln verstehen lassen.

Anmerkungen

1 Vgl. Bloomfield, *Language*, S. 24.
2 Vgl. Brown und Dulaney, »A Stimulus-Response Analysis of Language and Meaning«, S. 85 f.
3 Bloomfield S. 139 (von mir hervorgehoben).
4 G. H. Mead, *Mind, Self and Society*, besonders §§ 7-10.
5 Vgl. Hare, *The Language of Morals*, I, 1.7.
6 Stevenson, *Ethics and Language*, 3. Kapitel; Morris, *Signs, Language and Behavior*, S. 12.

14. Vorlesung

»Die Bedeutung des Wortes ist das, was die Erklärung der Bedeutung erklärt.« Ich habe diesen Satz von Wittgenstein als Grundsatz der analytischen Philosophie bezeichnet, und wir haben bisher keinen Anlaß, an ihm nicht weiterhin festzuhalten. (In der letzten Stunde ist er insofern in den Hintergrund getreten, als er der behavioristischen Version der These, daß die Bedeutung eines Ausdrucks durch eine Konditionalregel bestimmt wird, nicht zugrundeliegen konnte. Eben deswegen habe ich jedoch Wert darauf gelegt, daß man die Konditionalregel nicht nur als Kausalregel, sondern immer auch als eine Regel verstehen konnte, nach der sich der, der das Zeichen verwendet, richtet und die man insofern erklären kann. Meine Kritik an der Konditionalregeltheorie richtete sich nicht speziell gegen ihre kausaltheoretische Form und kann daher zumindest auch als eine Kritik an einer Theorie verstanden werden, die Wittgensteins Satz zugrundelegt.)

Es erscheint ferner nach wie vor trivial, daß die Erklärung der Bedeutung eines Ausdrucks nur in der Erklärung seiner Verwendungsregel bestehen kann.

Ich habe die Aufklärung der Bedeutung von prädikativen Sätzen auf dieser Grundlage mit der Frage nach der Bedeutung der Prädikate begonnen. Diese Reihenfolge: bei der Analyse des prädikativen Satzes zunächst mit den Prädikaten zu beginnen, legte sich deswegen nahe, weil es dieser Teil des prädikativen Satzes war, an dem die gegenstandstheoretische Auffassung der Bedeutung der prädikativen Sätze scheiterte. Inzwischen ist ein weiterer, sachbezogenerer Grund für diese Reihenfolge sichtbar geworden. Geht man nämlich nicht wie der gegenstandstheoretische Ansatz von Vorstellungen aus, sondern von Verhaltensweisen, und berücksichtigt man außerdem primitivere Sprachen als die Satzsprache, nämlich Signalsprachen, so zeigt sich, daß Charakterisierungsausdrücke die am einfachsten zu verstehenden sprachlichen Ausdrücke sind. Die Prädikate haben eine Vorform, die ich als Quasiprädikate bezeichnet habe und die bereits als selbständige Ausdrücke fungieren, also keiner Ergänzung durch singuläre Termini bedürfen, und deren Erklärung unproblematisch ist, da sie anhand von Beispielen durch einfache Zuordnung zu bestimmten (der Zeichenverwendung vorgegebenen oder vom Rezipienten zu bewirkenden) Umständen erfolgt. Die Signale habe ich in der letzten Stunde nicht direkt als Quasiprädikate bezeichnet, um bei der Prüfung, ob prädikative Sätze wie Signale verstanden werden können, keine Konfusion aufkommen zu lassen, aber nachträglich besteht kein Grund, nicht auch die Signale als Quasiprädikate zu bezeichnen.

Man kann sich also die prädikativen Sätze als entstehend aus Quasiprädikaten durch Hinzutreten von singulären Termini denken. Die Aufklärung der singulären Termini, die vom gegenstandstheoretischen Ansatz aus so unproblematisch erscheinen, bilden für die am Verhalten orientierte Betrachtung die eigentliche Crux in der Aufklärung der Semantik prädikativer Sätze. Sie sind es ja, wie ich bisher allerdings nur andeuten konnte, wodurch die Verwendung der prädikativen Sätze situationsunabhängig wird.

Weil nun die Prädikate den Quasiprädikaten zwar nahestehen, aber eben keine Quasiprädikate sind, da sie wesensmäßig ergänzungsbedürftige Ausdrücke sind und dies auch in ihre Verwendungsregel eingehen müßte, ist meine erste Darstellung der Art, wie Prädikate erklärt werden, gescheitert (S. 209). Diese Darstellung erfolgte eben nach dem für Quasiprädikate passenden Modell, einen Ausdruck erklären heiße zeigen, unter welchen Umständen er zu verwenden sei. Dieses Modell erforderte jedoch eine grundsätzliche Kritik. Es mußte gezeigt werden, daß es für die Erklärung nicht nur der Prädikate, sondern auch der ganzen Sätze unbrauchbar ist. Nachdem das in der letzten Stunde geschehen ist, könnten wir jetzt zur Erörterung der Prädikate zurückkehren, und nach dem eben Gesagten müßte eine befriedigende Aufklärung der Erklärung der Prädikate jetzt gleichzeitig die Erklärung der singulären Termini mit einbeziehen. Nun ist die gemeinsame Aufklärung der Verwendungsregel von Prädikaten und singulären Termini nichts anderes als die Aufklärung der Verwendungsregel des prädikativen Satzes in seiner prädikativen Gliederung. Wenn Prädikate und singuläre Termini wesensmäßig sich ergänzende Ausdrücke sind, so kann ihre Bedeutung nur in dem Beitrag bestehen, den jeder dieser Ausdruckstypen zur Bedeutung eines ganzen Satzes leistet. Dann empfiehlt es sich aber, daß wir, bevor wir mit der Erörterung der beiden Satzglieder beginnen, wenigstens einen Vorbegriff der Verwendungsregel des ganzen Satzes gewinnen. Nachdem sowohl der gegenständliche Ansatz, der sich aus einer einseitigen Orientierung an den singulären Termini ergab, als nun auch die These von den Umständen der Verwendung, die sich aus einer einseitigen Orientierung an den wie verselbständigte Prädikate fungierenden Signalzeichen ergab, als gescheitert anzusehen ist, verfügen wir gegenwärtig über keine positive Perspektive, die eine Aufklärung der Prädikate und der singulären Termini leiten könnte. Und da es jetzt im Gegenzug zu jenen einseitigen Ansätzen darauf ankommt, sowohl die Prädikate wie die singulären Termini in ihrer sich gegenseitig ergänzenden Funktion zu verstehen, können wir eine solche Leitperspektive nur von der Verwendungsregel des ganzen Satzes erwarten. Wenn wir allerdings *vor* der Aufklärung der Glieder und d. h. der Gliederung des prädikativen Satzes schon etwas über seine Verwendung als Satz sollen erkennen können, so kann das offenbar nur den Satz als assertorischen Satz überhaupt, noch nicht als prädikativen Satz betreffen. Und wenn die prädikative Satzform die elementarste Satzform ist, auf die alle anderen als höherstufige zurückweisen, so kann, was wir vor der Aufklärung der prädikativen Struktur über die Verwendung des assertorischen Satzes überhaupt finden können, nur eine vorläufige Bestimmung sein, die ihrerseits erst später durch die Aufklärung der prädikativen Struktur voll verständlich werden kann. Ein solches Hin- und Hergehen ist bei einer Untersuchung wie der gegenwärtigen, in der ein Gebiet erst erschlossen, nicht ein schon erkanntes nur dargestellt werden soll, kaum zu vermeiden.

Die Frage, wie die Verwendungsregel eines assertorischen Satzes positiv zu verstehen ist, habe ich bereits am Ende der letzten Stunde aufgeworfen, nachdem wir zu dem negativen Ergebnis gekommen waren, daß sie sich nicht als Konditionalregel verstehen läßt. Die einzige sichere Orientierungshilfe, die wir haben, ist der Grundsatz, daß wir nur das als Bedeutung eines Satzes gelten lassen dürfen, wovon es sinnvoll ist zu sagen, daß wir es erklären, wenn wir jemandem erklären, wie der Satz zu verwenden ist. Die Erklärung, so hatten wir gesehen, erfolgt nicht durch exemplarische Verwendung des Satzes unter bestimmten Umständen. Wenn nun die gegenwärtigen Umstände mit der Bedeutung des Aussagesatzes nichts zu tun haben, so ist der Adressat der Mitteilung das einzige in der Situation Gegenwärtige, das etwas mit der Bedeutung des Satzes zu tun haben könnte. Könnten die Verwendungsregeln, die wir suchen, Regeln sein, die die Verwendung irgendwie auf den Adressaten beziehen? Wenn ja, so natürlich nicht in der

Weise, daß der Adressat lediglich als Auslösungsfaktor verstanden wird, da er, wie wir gesehen haben, in dieser Funktion nur ein weiterer Faktor unter den Umständen wäre.

Wie dann aber sonst? Wenn die Verwendungsregel, in der die Bedeutung liegen soll, den Gebrauch eines assertorischen Satzes nicht auf etwas *Vorgegebenes* (die gegenwärtigen und vergangenen Umstände) bezieht und wenn wir es uns weiterhin versagen wollen, sie auf etwas innerlich Vorgestelltes zu beziehen, so bleibt nur übrig, sie auf irgendwelche *Konsequenzen* der Verwendung zu beziehen. Und das ließe sich zunächst am einfachsten so verstehen, daß die Verwendungsregel des Satzes auf einen *Zweck* bezogen ist, auf eine *beabsichtigte Wirkung*. Die Verwendungsregel wäre dann in der Weise auf den Partner bezogen, daß wir, wenn wir jemandem etwas sagen, damit beabsichtigen, bei ihm etwas zu bewirken. Ich nehme damit also den am Schluß der letzten Stunde genannten Vorschlag auf, davon auszugehen, daß sprachliche Ausdrücke eine Funktion haben, und zu untersuchen, ob man die Verwendungsregel, die wir erklären, wenn wir die Bedeutung erklären, als *instrumentelle Regel* auffassen könnte.

Zunächst ist ein naheliegendes Mißverständnis auszuräumen. Die Frage, ob die Verwendungsregel eines assertorischen Satzes auf einen Zweck bezogen ist, darf nicht verwechselt werden mit der trivialen Frage, ob wir Sätze verwenden, um Zwecke zu erreichen. Es ist trivial, daß wir mit dem Aussprechen eines Satzes normalerweise beabsichtigen, etwas zu bewirken, aber das kann verschiedenerlei sein und kann schon deswegen nicht beanspruchen, die Bedeutung des Satzes zu bestimmen. Wir können z. B. auch einen Hammer außer zu dem, wozu er da ist, zu verschiedenen anderen Zwecken verwenden, und auch wenn wir ihn zu dem verwenden, wozu er da ist, in seiner ihm eigenen Funktion, tun wir das, um verschiedene weiterreichende Zwecke zu erreichen; und wir können auch einen Stein zu allerlei Zwecken verwenden, obwohl er an sich keine Funktion hat. Wenn wir also fragen, ob die Verwendungsregel der Sätze zweckbezogen ist, so fragen wir nicht, ob wir sie zu Zwecken verwenden, sondern ob ein Satz einen Standardzweck hat, wie ihn ein Hammer hat und ein Stein nicht, und ob dieser Standardzweck das ist, was wir erklären, wenn wir seine Bedeutung erklären.

Eine erste Möglichkeit, die Bedeutung eines Satzes auf eine Wirkung am Adressaten zu beziehen, die der, der den Satz verwendet, beabsichtigt, wäre die, daß der Satz dazu verwendet wird, eine bestimmte Handlung oder Handlungsdisposition des Partners zu bewirken. Diese Auffassung käme der in der letzten Stunde widerlegten Auffassung sehr nahe, daß der Hörer den Satz dann versteht, wenn er mit einer bestimmten Handlung auf ihn reagiert. Der jetzige Vorschlag ist – jedenfalls für assertorische Sätze – aus denselben Gründen unhaltbar wie der damalige. Die Handlungen, die wir mit einem assertorischen Satz bei einem Partner zu bewirken beabsichtigen können, sind so vielfältig, daß sie seine Bedeutung nicht bestimmen können.

Diese Möglichkeit scheidet also aus. Wenn überhaupt eine intendierte Wirkung am Partner als bedeutungsbestimmend in Frage kommt, dann nur eine solche Disposition, die dem indikativischen Sinn des assertorischen Satzes entspricht. Man könnte sagen, die Verwendung eines assertorischen Satzes – und d. h. eine Aussage – habe die Funktion einer Mitteilung, daß etwas der Fall ist, und man könnte das in der Weise präzisieren, daß man sagt: wenn jemand einem Partner gegenüber einen assertorischen Satz »p« verwendet, beabsichtigt er zu bewirken, daß der Partner »p« für wahr hält, oder anders formuliert: daß er meint, daß p. Aufbauend auf dieser These und einer entsprechenden für die Imperative hat H. P. Grice in einem einflußreichen Aufsatz[1] eine Theorie darüber entwickelt, was es allgemein heißt, etwas mit einem Zeichen zu *meinen*. Wir müssen die zwei Bedeutungen des deutschen Wortes »meinen«, die in der Theorie von Grice eine Rolle spielen und für die es im Englischen zwei verschiedene Worte gibt, scharf unterscheiden: 1) etwas mit einem Zeichen meinen, Engl. *mean,* Franz. *vouloir dire* (auch im Deutschen können wir ebensogut fragen »was willst du damit sagen?« wie »was meinst du damit?«), 2) meinen, daß etwas der Fall ist, glauben, für wahr halten, Engl. *believe*. Die für die Semantik fundamentale Bedeutung der Rede vom Meinen im Sinn von Sagenwollen wird deutlich, wenn man sich klarmacht, daß die Handlung, die jemand vollzieht, wenn er einen Satz verwendet, darin besteht, mit dem Satz etwas zu meinen, und man kann nun auch die Rede vom *Verstehen* des Hörers als einen korrelativen Begriff zu diesem Meinen verstehen: der Hörer versteht, was der Sprecher meint. In diesem Sinn ist das, was verstanden wird, nicht das Zeichen, sondern die Handlung des Sprechers, oder besser gesagt: das, was mit dem Zeichen getan wird; und das Programm von Grice besteht nun darin, den Begriff der Bedeutung bzw. des Verstehens der sprachlichen Ausdrücke aufzubauen auf den des Meinens.

Ich hatte vorhin gesagt, man könne die Funktion des assertorischen Satzes als Mitteilung verstehen, und man könnte nun den Begriff der Mitteilung in die Grice'sche Begrifflichkeit so einbauen, daß man sagt: die Mitteilung ist ein spezieller Fall des Meinens, nämlich dasjenige Meinen, das in der Verwendung eines assertorischen Satzes besteht. Grice zeigt nun, daß nicht immer, wenn man etwas mit der Absicht tut zu bewirken, daß der Partner etwas meint (glaubt), dies als Mitteilung bzw. als Meinen (im Sinn von *vouloir dire*) verstanden werden kann. Man kann z. B., um zu bewirken, daß jemand etwas meint, jemanden in die entsprechende Wahrnehmungssituation bringen, oder man kann dafür Sorge tragen, daß er ein Anzeichen dafür wahrnimmt, daß es der Fall ist. Ein Anzeichen ist ein sogenanntes natürliches Zeichen, ein Sachverhalt, dessen Bestehen auf das Bestehen eines anderen Sachverhaltes schließen läßt. Wenn ich jemanden auf eine Bärenspur hinweise, so kann das den Sinn haben, daß ich beabsichtige zu bewirken, daß er meint, daß ein Bär in der Nähe ist, aber ein solches Tun ist nicht eine Mitteilung. Grice zeigt, daß man von einer Mitteilung oder allgemeiner einem Meinen nur sprechen kann, wenn man in einer bestimmten Weise zu bewirken beabsichtigt, daß der Partner meint, daß p, nämlich so, daß der Partner 1) die Absicht erkennt und 2) das Erkennen der Absicht für ihn der Grund ist für die Bildung der Meinung. Wir können jedoch von diesen Präzisierungen in unserem Zusammenhang absehen, da es zunächst darauf ankommt zu prüfen, ob es überhaupt richtig ist, daß der, der einem Partner gegenüber einen assertorischen Satz »p« verwendet, damit immer beabsichtigt – auf welche näher zu präzisierende Weise auch immer – zu bewirken, daß der Partner meint, daß p.

Obwohl das gewiß meistens der Fall ist, ist es doch nicht immer der Fall. Ein Schüler z. B., der auf eine Frage des Lehrers antwortet, beabsichtigt damit nicht, den Lehrer zu informieren. Oder wenn A gegenüber B einen Aussagesatz »p« äußert, wissend, daß B vom Gegenteil überzeugt ist, tut er es sicher nicht, um damit zu bewirken, daß B meint, daß p. Grice selbst hat aus solchen Erwägungen seine Erklärung in einem späteren Aufsatz[2] fallengelassen; er hat jedoch daran festgehalten, daß die Verwendungsregel eines assertorischen Satzes darin besteht, daß er dazu dient zu bewirken, daß ein Partner etwas meint. Die neue Erklärung lautet: wenn A gegenüber B einen assertorischen Satz »p« verwendet, so beabsichtigt er (in der präzisierten Weise) zu bewirken, daß B meint, daß A meint, daß p.[3]

Dieser Satz scheint mir zutreffend zu sein. Wenn ich jemandem gegenüber einen assertorischen Satz »p« äußere, so brauche ich nicht zu beabsichtigen zu bewirken, daß er meint, daß p, wohl aber, daß er meint, daß ich meine, daß p. (Auch wenn ich lüge, beabsichtige ich zu bewirken, daß er *meint,* daß ich meine, daß p.)

Aus der Richtigkeit dieses Satzes folgt aber noch nicht, daß die in ihm genannte Absicht die Primärabsicht ist, die mit der Verwendung eines assertorischen Satzes verbunden ist, bzw. daß das die Funktion des Satzes ist; es ist denkbar, daß diese Absicht nur eine Folge der Primärabsicht ist, mit der ein assertorischer Satz verwendet wird und von der her seine Funktion zu verstehen ist. Vor allem aber folgt aus der Richtigkeit jenes Satzes nicht, daß in der Funktion eines assertorischen Satzes, so wie sie in ihm bestimmt wird, die Bedeutung des Satzes enthalten ist. Ich gehe jetzt nur auf diesen letzten Punkt ein, der ja für uns der Hauptpunkt ist.

Wenn wir auf den Vorschlag von Grice Wittgensteins Grundsatz anwenden, so würden wir jemandem die Bedeutung eines assertorischen Satzes »p« in der Weise erklären, daß wir ihm sagen, er werde so verwendet, daß man mittels seiner bewirkt, daß ein Hörer meint, daß der Sprecher meint, daß p. Man würde also die Bedeutung eines Satzes »p« mittels eines längeren Satzes »q« erklären, der den Ausdruck »daß p« als einen Teil enthält. Dagegen ist einzuwenden erstens, daß »q« offenkundig nicht synonym mit »p« ist; zweitens, daß man eine solche Erklärung nicht verstehen kann, wenn man nicht schon die Bedeutung von »daß p« und d. h. von »p« versteht.

Aber selbst wenn wir im Einzelfall die Bedeutung eines Satzes in dieser Weise erklären würden oder könnten, wäre das kein möglicher Ansatz für eine Bedeutungstheorie, jedenfalls dann nicht, wenn diese sich prinzipiell versteht und d. h. sich nicht damit begnügt, bei der Erklärung der Bedeutung der Sätze das Verständnis von entsprechenden Sätzen in einer anderen Sprache, einer sog. Metasprache, schon vorauszusetzen. Es gibt verschiedene Typen solcher zirkulären metasprachlichen Bedeutungstheorien. Was die Grice'sche Theorie von den anderen unterscheidet, ist, daß sie nicht nur voraussetzt, daß der Theoretiker metasprachliche Sätze versteht, sondern daß er schon weiß, was es heißt zu *meinen, daß p*. Damit aber wäre alles vorausgesetzt, was gerade erst aufzuklären ist. Statt daß gegenüber dem auf Vorstellungen rekurrierenden und gegenüber dem behavioristischen Ansatz ein neuer Weg gezeigt würde, wird das Problem einfach offengelassen.

Damit möchte ich nicht sagen, daß der Vorschlag von Grice wertlos ist, aber das Wesentliche seines Beitrags liegt anderswo. Grice versucht einen umfassenden Begriff des Meinens (im Sinn von *vouloir dire)* zu präzisieren, der über das Meinen in Sätzen hinausreicht und auch Signale mitumfaßt, nämlich diejenigen, die nicht kausal zu verstehen sind und bei denen man sagen kann, es werde mit ihnen etwas zu verstehen gegeben. Ich nehme an, daß eine solche Verwendung von Signalen nur da vorkommt, wo die Grundsprache derer, die die Signale verwenden, schon eine Satzsprache ist. Bei solchen Signalen ist es dann in der Tat so, daß sie auch im Einzelfall in der von Grice ins Auge gefaßten Weise erklärt werden. Bei der Erklärung eines Signals x auf einen Satz »q« zu rekurrieren, der das Verstehen eines Satzes »p« voraussetzt, ist nicht zirkulär. Aber gerade weil Grice's Begriff des Meinens so umfassend ist, kann er, wie wir noch sehen werden, das Spezifische der assertorischen Rede nicht erfassen.

Schließlich möchte ich noch folgende Schwierigkeit erwähnen. Auch wenn wir die intersubjektive Verwendung der Sätze als diejenige ansehen, von der auszugehen ist, so kann doch keine Bedeutungstheorie befriedigen, die dem Umstand nicht Rechnung trägt, daß wir assertorische Sätze ebensogut und natürlich mit derselben Bedeutung im Selbstgespräch verwenden können. Wenn also mein Vorschlag, die Verwendungsregel als irgendwie auf den Adressaten bezogen zu verstehen, überhaupt durchführbar ist, dann nur so, daß die Rolle des Adressaten auch ohne weiteres internalisierbar ist. Das aber ist in Grice's Theorie nicht der Fall. Es wäre absurd anzunehmen, daß ich, wenn ich mir selbst etwas sage, zu bewirken beabsichtige, daß ich meine, daß ich meine, daß etwas der Fall ist. Wenn man zu sich selbst spricht, versucht man offenbar überhaupt nicht, etwas zu bewirken. Gleichwohl scheint es, daß man das sprachliche Zeichen zu etwas verwendet; daß es eine Funktion hat.

Das würde dafür sprechen, daß wir uns zwar weiterhin an der Vorstellung zu orientieren hätten, daß der Satz einen Standardzweck und d. h. eine Funktion hat, daß die Funktion jedoch nicht auf das Hervorbringen einer Wirkung bezogen ist. Ist das denkbar? Jedenfalls scheint alles dafür zu sprechen, den Vorschlag, die Bedeutung der assertorischen Sätze auf eine beabsichtigte Wirkung zu beziehen und die Verwendungsregeln als instrumentelle Regeln zu verstehen, wieder fallenzulassen. Vielleicht gibt es noch eine andere Möglichkeit, die Funktion des Satzes zu verstehen; und vielleicht gibt es noch eine andere Möglichkeit, die Verwendungsregeln auf den Adressaten zu beziehen, als die, daß der Adressat Objekt einer beabsichtigten Wirkung ist.

Vor allen Dingen müssen wir wieder viel niedriger ansetzen und nicht von vornherein mit so hochstufigen Worten wie »meinen« (»glauben«) und dergl. operieren. Daß die primäre Wirkung eines assertorischen Satzes auf einen Adressaten nicht eine Handlung, sondern eine Meinung ist, ist, wenn es richtig ist, seinerseits erst verständlich zu machen. Wenn wir nicht für das Verständnis des Wortes »meinen« wieder auf innere Vorstellungen ausweichen wollen, müssen wir uns klar darüber sein, daß es außerhalb der Verwendung von Sätzen gar keine Handlungen oder Handlungsdispositionen gibt, die man geradezu als Ausdruck eines Meinens bezeichnen kann. Handlungen intelligenter Tiere werden zwar so beschrieben, daß sie durch Meinungen und Absichten bestimmt sind. Die Katze läuft dorthin, weil sie *glaubt* (meint), daß dort etwas ist, das die von ihr perzipierbaren Eigenschaften xy hat, *und* weil sie Dinge, die diese Eigenschaften haben, *begehrt*. Die intentionale Handlung ist Indiz eines Glaubens *und* eines Begehrens, es gibt aber keine Handlungen außerhalb der Verwendung assertorischer Sätze, in der sich eine Glaubensdisposition *für sich* und nicht als bloße Komponente zeigen könnte. Daß sich überhaupt der kognitive und der voluntative Faktor *im Verhalten* voneinander abheben, scheint also erst eine Folge der Verwendung von einerseits assertorischen und andererseits imperativischen und Absichtssätzen zu sein; dann aber können wir nicht zur Erklärung der Verwendungsweise eines assertorischen Satzes schon vom Begriff des Meinens Gebrauch machen.

Statt vorauszusetzen, daß einem assertorischen Satz nur ein Meinen – in welcher näher zu präzisierenden Weise auch immer – entsprechen könne, sollten wir von den tatsächlichen Verhaltensweisen ausgehen, mit denen ein Adressat auf die Äußerung eines assertorischen Satzes reagiert. Die Reaktion des Partners auf einen assertorischen Satz unterscheidet sich von der Reaktion auf ein Signal nicht dadurch, daß der Partner nicht reagiert – sondern nur etwas meint –, sondern dadurch, daß die einzigen Handlungen des Hörers, die in einer geregelten Weise auf die Aussage des Sprechers bezogen sind, ihrerseits Sprechhandlungen sind, in der Verwendung eines sprachlichen Ausdrucks bestehen. Zwei immer mögliche sprachliche Reaktionen auf eine Aussage sind die Äußerungen »Ja« und »Nein«. Mit ihnen äquivalent ist die Wiederholung bzw. die Verneinung der Aussage, ebenso die Äußerungen »daß p, ist wahr« und »daß p, ist falsch«. Natürlich sind »Nein« und »Ja« nicht nur zwei mögliche Reaktionen, sondern sie gehören zusammen: der Hörer kann mit »Ja« *oder* mit »Nein« antworten, und in diesem Kann gründet jede andere sprachliche Reaktion auf die Äußerung des Sprechers, erstens in der Weise, daß es auch andere Stellungnahmen gibt ebenso wie die Möglichkeit, sich der Stellungnahme zu enthalten; und diese möglichen Reaktionen gründen alle im Verstehen der Ja/Nein-Alternative; und zweitens in der Weise, daß jede andere sprachliche Reaktion, die als Antwort auf die Äußerung des Sprechers anzusehen ist, eine der Stellungnahmen explizit oder implizit voraussetzt. Aber wenn Sie finden, daß ich damit schon zu viel behaupte, macht es nichts; es genügt, wenn Sie zugeben, daß der Hörer *immer* mit »Nein« oder »Ja« antworten kann.

Wie kann diesem Tatbestand von einer Theorie wie der von Grice Rechnung getragen werden? Die Reaktion durch »ja« wäre relativ leicht unterzubringen: der Hörer gibt damit, so könnte man sagen, zu verstehen, daß er die Meinung des Sprechers übernimmt. Aber das »nein«? Man darf natürlich nicht sagen, der Hörer bringe damit zum Ausdruck, daß er die Meinung des Sprechers nicht übernimmt. Wenn er »nein« sagt, heißt das ja nicht, daß er nicht meint, daß etwas der Fall sei, sondern daß er positiv meint, daß etwas nicht der Fall sei. Sollen wir also sagen, wer mit »nein« antwortet, bringt damit zum Ausdruck, daß er das Gegenteil von dem meint, was der Sprecher meint? Aber dann würden Hörer und Sprecher sich nicht widersprechen. Die beiden Sätze »A meint, daß p« und »B meint, daß nicht-p« widersprechen sich nicht, und ebensowenig widersprechen sich natürlich die zwei Sätze »A beabsichtigt zu bewirken, daß B meint, daß A meint, daß p« und »B beabsichtigt zu bewirken, daß A meint, daß B meint, daß nicht-p«.

Wir haben jetzt einen ersten wichtigen Anhaltspunkt für die Verwendungsregel eines assertorischen Satzes. Wir müssen zuerst klären, was es ist, was derjenige tut, der einen assertorischen Satz verwendet, *wenn* der, zu dem er spricht, darauf mit »nein« reagieren kann und diese Äußerung so zu verstehen ist, daß der Hörer dem Sprecher widerspricht. Wenn das, was der Sprecher tut, so zu verstehen ist, daß er etwas zu bewirken versucht, bleibt unverständlich, was es ist, dem der Hörer widerspricht, bzw. was es ist, was vom Hörer verneint oder bejaht wird. Wenn wir uns unvoreingenommen fragen, was es denn ist, was vom Hörer verneint wird, so ist es offenbar das, was der Sprecher behauptet hat.

Damit hätten wir jetzt eine neue Hypothese, worin die Handlung des Sprechers und die Funktion des Satzes bestehen: was der Sprecher tut, wenn er einen assertorischen Satz verwendet, ist, daß er etwas *behauptet,* und die Funktion des Satzes ist, daß er dazu verwendet wird, etwas zu behaupten bzw. eine Behauptung zu machen.

Aber nun fragt sich natürlich sofort: was heißt es, etwas zu behaupten? Bei der vorläufigen Kennzeichnung der assertorischen Sätze in der Einleitung haben wir schon gesehen, daß in der Behauptung eines Satzes »p« ein Wahrheitsanspruch liegt; daß behauptet wird, daß es wahr ist daß p. Aber mit solchen Erläuterungen können wir uns jetzt nicht begnügen. Die Frage ist: wie sind, wenn die Funktion des Satzes so bestimmt wird, die Verwendungsregeln des Satzes zu verstehen? Negativ läßt sich zunächst sagen, daß, wenn A behauptet, daß p, dies eine Handlung ist, ein Tun, daß aber diese Handlung im Gegensatz zu der Art, wie Grice die Sprechhandlung – die Verwendung des Zeichens – definiert hat, nicht eine Handlung ist, die dadurch definiert ist, daß sie etwas bewirkt oder zu bewirken versucht. Entsprechend gilt dann auch für das Zeichen, den assertorischen Satz, daß der Zweck, zu dem der Satz verwendet wird, lediglich die Handlung selbst ist, die Behauptung.

Bei einer Handlung, die auf eine Wirkung ausgerichtet ist, ist zunächst die beabsichtigte Wirkung zu bestimmen; durch sie ist dann die Handlung definiert, und dann kann man nach der Regel fragen, nach der sich die Handlung – bzw. die Verwendung des Mittels – richten muß, um den Zweck zu erreichen. Bei einer Handlung, deren Zweck in ihr selbst liegt, entfällt diese Aufgliederung in zwei Stufen. Da die Behauptungshandlung nicht durch eine beabsichtigte Wirkung definiert ist, kann sie in dem, was sie ist, nur durch die Handlungsregel selbst (die natürlich immer als Verwendungsregel des Zeichens zu verstehen ist) definiert sein, und d. h. wiederum für die Verwendungsregeln, daß sie nicht als instrumentelle Regeln zu verstehen sind. Die Regeln müßten, wie Searle gezeigt hat,[4] Regeln sein, die für eine Handlung konstitutiv sind. Aber was für Regeln sollen das nun sein?

Die These, daß die eigentliche Sprechhandlung, die Handlung, die Grice als Meinen (im Sinn von *vouloir dire)* bezeichnet hat, nicht durch die Absicht einer Wirkung zu definieren ist, stammt von J. L. Austin. Austin unterscheidet drei Handlungen, die bei der Verwendung eines Satzes vollzogen werden.[5] Die Rede von verschiedenen Handlungen, die ineinander fundiert sind, ist eine handlungstheoretisch übliche und entspricht unserer normalen Redeweise. Sie ergibt sich daraus, daß eine Handlung definiert ist durch die sie leitende Absicht, durch ihren Zweck, und daß körperliche Handlungen vollzogen werden, um etwas zu erreichen, um etwas weiteres zu erreichen usw., also Zwecke verfolgt werden, die ihrerseits als Mittel für weitere Zwecke intendiert werden. Ich vollziehe z. B. eine bestimmte Handbewegung am Fenstergriff, um das Fenster zu öffnen, um Frischluft hereinzulassen, und d. h. dann: ich lasse Frischluft herein (Handlung C), *indem* ich das Fenster öffne (Handlung B) und tue dies, *indem* ich die Hand in bestimmter Weise bewege (Handlung A). Ob es freilich richtig ist, hier von mehreren Handlungen zu sprechen und nicht vielmehr von mehreren Beschreibungsmöglichkeiten ein und derselben Handlung, ist in der Handlungstheorie umstritten,[6] aber wir brauchen uns darum hier nicht zu kümmern.

Zurück nun zu den Sprechhandlungen. Zu unterscheiden ist nach Austin 1) der *locutionary act,* die Äußerung bestimmter strukturierter Laute, 2) der *illocutionary act,* das Meinen (im Sinn von *vouloir dire),* also in unserem Fall das Behaupten; diese beiden Handlungen verhalten sich so zueinander, daß man sagen kann: er äußert den Satz »p«, um zu behaupten, daß p, oder auch: er behauptet, daß p, indem er den Satz »p« äußert oder verwendet; und nun 3) der *perlocutionary act,* diejenige Handlung oder Handlungen, die Wirkungen intendieren und die man durch den *illocutionary act* zu erreichen versucht, z. B.: »er behauptet, daß p, um den Partner zu überzeugen« (um zu erreichen, daß der Partner meint, daß p); oder umgekehrt: »er versucht, den Partner zu überzeugen, indem er behauptet, daß p«.[7]

Das Verdienst Austins besteht also darin, den *illocutionary act* als etwas Eigenes, als eine eigene Handlung oder Handlungsbeschreibung und als die semantisch relevante gegen den *perlocutionary act*, an dem sich Grice orientiert, herausgehoben zu haben. Austins Ansatz, der eigentlich einen anderen Schwerpunkt hatte – worauf ich hier nicht einzugehen brauche –, ist dann durch Alston und Searle bedeutungstheoretisch ausgebaut worden,[8] aber bei keinem dieser Autoren finden wir eine befriedigende Charakterisierung der Verwendungsregeln dieser Handlung.[9] Searle hat zwar mit großem Aufwand ein ganzes Regelsystem aufgebaut, und unterwegs auch einige wegweisende Ansätze gemacht, die aber dann nicht recht zum Zuge kommen. So führt er als Regeln für den *illocutionary act* der Behauptung, also für die Verwendung eines assertorischen Satzes an, 1) daß ein assertorischer Satz »p« nur zu verwenden ist, wenn der Sprecher meint, daß p, und 2) daß die Verwendung dieses Satzes »*counts an an undertaking to the effect that p represents an actual state of affairs*«.[10] Ich zitiere das auf Englisch, weil unklar ist und Searle nicht erklärt, was er unter einem ›*undertaking to the effect that*‹ versteht. Wie diese beiden Regeln – die Searle als ›*sincerity rule*‹ und ›*essential rule*‹ bezeichnet – zusammenhängen, wird nirgends gezeigt.[11] So wird nicht klar, ob es sich um zwei unabhängige Bedingungen handelt, die beide erfüllt sein müssen, oder ob die eine die Konsequenz der anderen sein soll. Ich werde auf diese Schwierigkeit später zurückkommen (S. 273 f.) und mich jetzt auf die Regel beschränken, die Searle offenbar für die grundlegende hält: die ›*essential rule*‹. Ich komme auf den ersten Teil von Searles Formulierung dieser Regel – »*an undertaking to the effect that* . . .« – noch später zurück (S. 254); in ihm müßte ja irgendwie der Handlungscharakter der Behauptung angesprochen sein.

Entscheidend ist der zweite Teil der Formulierung (»*that p represents an actual state of affairs*«). Sie sehen, daß diese Erklärung völlig leer bleibt, da in ihr alles vorausgesetzt ist, was gerade zu erklären wäre; außerdem würde sie mit der Rede von wirklichen und unwirklichen Sachverhalten geradewegs wieder in den gegenstandstheoretischen Ansatz zurückführen. Es ist offensichtlich, daß man niemandem die Verwendung eines Satzes in der Weise erklären könnte, daß man sagt, wer »p« verwende, wolle damit sagen, daß »p« einen wirklichen Sachverhalt darstelle (»*represents*«). Die unweigerliche Rückfrage ist natürlich: was sind Sachverhalte, und wie erkennt man, ob sie ›wirklich‹ sind. Da nun Searle »p« nicht für den assertorischen Satz, sondern für den propositionalen

Gehalt verwendet – also so, wie ich »*p*« verwendet habe –, müssen wir in unserem Kontext Searles Erklärung so umformulieren, daß, wer »p« verwendet, damit sagen will, daß der Sachverhalt, daß p, wirklich besteht. Aber der Sachverhalt, daß p, besteht wirklich, wenn es wahr ist, daß p (oben S. 64). Und da wir auch den Ausdruck »sagen will« (»meinen«) in der Erklärung der Verwendung weglassen müssen, können wir noch einfacher sagen: wenn ein Sprecher einen assertorischen Satz »p« verwendet, behauptet er, daß p, und wenn er behauptet, daß p, behauptet er, daß es wahr ist, daß p.

Sie werden diesen Versuch, Searles *essential rule* zu vereinfachen, vielleicht als lächerlich empfinden und sagen, damit werde nur erreicht, daß diese Regel jeden Erklärungswert verliert. Was nützt es uns, könnten Sie fragen, wenn wir wissen, daß, wer behauptet, daß p, behauptet, daß es wahr ist, daß p? Erstens kehre das Wort »behauptet« in der Erklärung wieder, zweitens sei jetzt mir vorzuwerfen, was ich immer den anderen vorwerfe, daß ich in die Erklärung ein Wort einschmuggle, das seinerseits erst erklärt werden müßte, das Wort »wahr«.

Darauf ist zu antworten: 1. In der Tat verliert Searles Satz durch diese Vereinfachung seinen scheinbaren Erklärungswert, aber wir müssen eben Pseudoerklärungen abbauen, um den Weg für wirkliche Erklärungen freizumachen. 2. Daß das Wort »behaupten« in der gegebenen Erläuterung wiederkehrt, zeigt, daß dieser Satz höchstens einen ersten Schritt zu einer Erklärung darstellen kann. 3. – und das ist nun das Entscheidende – das Wort »wahr« habe nicht ich hier eingeschmuggelt, sondern dieses Wort gehört in die assertorische Rede selbst. Weder Searles komplizierter Satz noch seine vereinfachte Form haben ja irgendeinen Selbstwert; seine vereinfachte Form ist jedoch deswegen für uns interessant, weil sie unmittelbar in den Kontext der Verhaltensweisen gehört, aus dem sich uns ergeben hat, daß die Verwendung eines assertorischen Satzes als Behauptung aufzufassen ist. Es sind diese Verhaltensweisen selbst, aus denen wir uns vorgeben lassen müssen, was eine Behauptung ist, da ja die Frage, was eine Behauptung ist, nichts anderes sein kann als die Frage, nach welchen Regeln diese Handlung vollzogen wird.

Erinnern wir uns: daß die Verwendung eines assertorischen Satzes als Behauptung aufzufassen ist, ergab sich daraus, daß der Hörer auf die Äußerung des Sprechers mit »Ja« (bzw. »das ist wahr«)

oder »Nein« (bzw. »das ist falsch«) antworten kann und daß die Äußerung »Nein« so zu verstehen ist, daß der Hörer dem Sprecher widerspricht. Das Wort »wahr« hat in der wichtigsten Tradition der modernen philosophischen Semantik, einer Tradition, die von Frege über Wittgensteins *Tractatus* zu Tarski, Carnap und Davidson reicht und an die ich noch anknüpfen werde, eine zentrale Stellung, jedoch nur als ein Wort, das der semantische Theoretiker verwendet, und in der semantischen Theorie kann das Wort »wahr« auch dann nützlich sein, wenn eine Sprache thematisiert wird, in der das Wort »wahr« nicht vorkommt (z. B. eine Signalsprache).[12] Hingegen ist der Umstand, daß die assertorische Rede eine Rede ist, zu der die Verwendung des Wortes »wahr« selbst konstitutiv gehört, bisher so gut wie nicht beachtet worden, mit der bemerkenswerten Ausnahme des kürzlich erschienenen Frege-Buches von Michael Dummett.

Wie es zu verstehen ist, daß zur assertorischen Rede die Verwendung des Wortes »wahr« gehört, wird uns noch lange beschäftigen, ja wir werden sehen, daß die Aufklärung der Verwendung des Wortes »wahr« mit der Aufklärung der Verwendung assertorischer Sätze zusammenfällt. Was wir ohne weiteres sofort konstatieren können, ist:

1) Die Antworten mittels »nein«, der Verneinung des Behaupteten und »das ist falsch« sind offenbar bedeutungsgleich, ebenso die Antworten mittels »ja«, der Wiederholung der Behauptung und »das ist wahr«. Man wird daher sagen können, daß, obwohl die Ja/Nein-Antwort einen weiteren Anwendungsbereich hat als die assertorischen Sätze, die Aufklärung von »Ja« und »Nein«, *soweit* sie im Kontext der assertorischen Rede verwendet werden, identisch ist mit der Aufklärung der Worte »wahr« und »falsch«.

2) Nicht nur der Hörer kann sagen »das ist wahr«, auch der Sprecher kann, statt einfach zu behaupten, daß p, behaupten, daß es wahr ist, daß p. (Eben dies war es ja, was der von mir vereinfachte Satz von Searle zum Ausdruck brachte). Damit aber verneint er seinerseits die mögliche negative Antwort des Hörers. Und da »es ist wahr, daß p« bedeutungsgleich ist mit der ursprünglichen Aussage »p«, gehört zur Aussage des Sprechers immer schon, daß sie die mögliche Verneinung des Hörers ihrerseits verneint (vgl. auch schon S. 68 f.).

Das erlaubt nun noch nicht geradezu eine Aufklärung der Verwendungsregeln einer Behauptung, aber doch einen ersten Schritt in ihrer Richtung. Denn jetzt läßt sich zumindest folgendes sagen: 1. Nicht nur die Sprechhandlungen, mit denen der Hörer auf den Sprecher reagiert – und vor allen weiteren Sprechhandlungen die Ja- oder Nein-Reaktion –, sind in einer geregelten Weise auf die Äußerung des Sprechers bezogen, sondern auch die ursprüngliche Verwendung des assertorischen Satzes durch den Sprecher ist in einer geregelten Weise auf die Ja/Nein-Reaktion des Hörers bezogen. D. h. dann aber: da die Verwendung des assertorischen Satzes weder durch die Umstände noch durch eine beabsichtigte Wirkung geregelt ist, läßt sich jetzt erwarten, daß die gesuchten Verwendungsregeln irgendwie durch den möglichen Widerspruch des Hörers vermittelt sind. 2. Die Reaktion des Hörers ist, jedenfalls in ihren Grundmöglichkeiten des »Ja« und »Nein«, ihrerseits eine Behauptung. Dadurch unterscheidet sich die Reaktion des Hörers wesentlich von dem, was man sonst als Reaktion bezeichnen würde. Nicht nur, daß der Hörer, was den geregelten Bezug zur Äußerung des Sprechers betrifft, ebensogut mit »Ja« wie mit »Nein« wie mit einer Enthaltung reagieren kann und insofern hier ein spezifischer Freiheitsspielraum zu konstatieren ist; sondern das Charakteristische jedenfalls der Verneinung ist, daß sie auf die Äußerung des Sprechers zurückbezogen ist, und zwar ist diese Gegenäußerung des Hörers in genau derselben Weise auf die Äußerung des Sprechers bezogen wie umgekehrt; in genau derselben Weise deswegen, weil es, wie wir früher gesehen haben (S. 66f.), keine absolute Unterscheidung von bejahenden und verneinenden Aussagen gibt; wir können nur sagen, daß die zweite die Verneinung der ersten ist, und dann ist die erste ebenso die Verneinung der zweiten. Dadurch entsteht eine weitgehende Relativierung in der Unterscheidung zwischen Sprecher und Hörer. Reagiert der Hörer mit »Nein«, so reduziert sich der Unterschied darauf, daß der ursprüngliche Sprecher als erster sozusagen ›zieht‹. Die Beziehung zwischen Sprecher und Adressat entspricht also insofern nicht dem Reiz-Reaktions-Schema, aber auch nicht der Grice'schen Konzeption von einer zweckbezogenen Handlung, als es sich nicht um eine Einbahnstraße handelt. Es ist nicht nur so, daß die Handlung des Hörers auf den Sprecher oder seine Handlung zurückwirkt, sondern beide Handlungen beziehen sich offenbar – freilich in einer noch ungeklärten Weise – auf dasselbe: der eine verneint *das, was* der andere bejaht. Und da nun auch die bejahende und ebenso die fragende, zweifelnde usw. Reaktion des Hörers im Umkreis der Möglichkeit der Verneinung erfolgen, also alle die Verneinung als Möglichkeit voraussetzen, sind auch diese Äußerungen in prinzipiell derselben Weise auf die Äußerung des Sprechers zurückbezogen wie die Verneinung, eben als verschiedene *Stellungnahmen* zu demselben, dessen Negation in der Verneinung behauptet wird. Und da auch alle weiteren möglichen Reaktionen durch Sprechhandlungen eine dieser Stellungnahmen voraussetzen, sind auch sie insofern keine einfachen Reaktionen auf die Äußerung des Sprechers. Man kann alle diese im Umkreis der Verneinung stehenden Sprechreaktionen mit Einschluß der Verneinung selbst als *Antworten* statt Reaktionen bezeichnen.

Was haben wir damit erreicht? Noch sehr wenig. Wenn wir uns an die Antwort mit »Ja« *oder* »Nein« als die Grundmöglichkeit halten, so ergibt sich als Charakteristikum der Verwendung eines assertorischen Satzes bisher nur, daß sie – als Behauptung – eine Verneinung antizipiert bzw. ihrerseits die Verneinung einer anderen Behauptung darstellt. Darauf hatte ich auch schon in der Einleitung hingewiesen (S. 68), und das ist natürlich noch keine Verwendungsregel, doch ist es denkbar, daß diese Konfrontation zweier entgegengesetzter Behauptungen die Ausgangsbasis darstellt für die Regeln, die die Verwendung einer Behauptung bestimmen. Da die beiden Behauptungen sich so zueinander verhalten, daß die eine das als falsch bezeichnet, was die andere als wahr bezeichnet, betrifft die Konfrontation offenbar die Wahrheit der Aussage. Aber was heißt »Wahrheit«, und wie kann der Bezug auf sie sich in Verwendungsregeln niederschlagen?

Anmerkungen

1 H. P. Grice, »Meaning«.
2 »Utterer's Meaning, Sentence-Meaning and Word-Meaning«.
3 a.a.O., S. 59.
4 *Speech Acts,* 2. Kap. § 5.
5 *How to do Things with Words,* 8. Vorlesung.
6 Vgl. A. Goldman, *A Theory of Human Action,* S. 1 ff.
7 Die Unterscheidung zwischen *locutionary* und *illocutionary act,* wie ich sie beschrieben habe, entspricht nicht genau Austins eigener Beschreibung, sondern der revidierten Version von Searle, vgl. Searle a.a.O. 2.

Kap. § 1 und zur Abhebung von Austin vor allem Searle, »Austin on Locutionary and Illocutionary Acts«.

8 W. Alston, *Philosophy of Language*, 2. Kap. und Searle a.a.O.

9 Vielleicht ist das der Grund, warum Grice seinen Ansatz, der an einer Konzeption orientiert ist, von der man meinen könnte, daß sie durch Austin überwunden worden war, zu einer Zeit entwickelte, als Austins Theorie schon bekannt war.

10 S. 64, 66.

11 Vgl. die relevanten Stellen auf S. 60 (Übergang von 6 zu 7) und S. 63. – Man könnte meine Kritik an Searle als unfair bezeichnen, weil er seine Theorie nur nebenbei auch auf Behauptungen anwendet und primär an der Sprechhandlung des Versprechengebens darstellt. Es wird sich jedoch im folgenden zeigen, daß meine Bedenken keineswegs nur Zufälligkeiten von Formulierungen betreffen, sondern prinzipiell sind.

12 Vgl. Lewis, *Convention*, S. 147 ff.

15. Vorlesung

Ich war in der letzten Stunde davon ausgegangen, daß wir, bevor wir die Verwendungsregeln der Prädikate und der die Prädikate zu elementaren assertorischen Sätzen ergänzenden singulären Termini bestimmen können, erst einmal über einen Vorbegriff der Verwendungsregeln und d. h. der Bedeutung der ganzen assertorischen Sätze verfügen müssen. Wir brauchen eine einigermaßen tragfähige begriffliche Basis für die Frage nach dem Verstehen der Glieder eines elementaren assertorischen Satzes, auch wenn diese Basis dann ihrerseits erst durch die Aufklärung des Verstehens der Glieder des prädikativen Satzes konsolidiert werden kann.

Schon diese Frage nach einem auch nur provisorischen Verständnis der Verwendungsregeln assertorischer Sätze erweist sich als überaus mühsam. Ich fasse die bisherigen Ergebnisse zusammen:

1. Ausschließen konnten wir bereits in der vorletzten Stunde die behavioristische oder quasi-behavioristische Auffassung, derzufolge die Verwendungsregel auf die Umstände, die Verwendungssituation bezogen ist.

2. Ebenfalls ausgeschlossen ist die gegenstandstheoretische Auffassung, die die Verwendung des Satzes auf eine wie immer näher zu verstehende Darstellung oder Vorstellung eines Sachverhaltes oder wirklichen Sachverhaltes bezieht, da eine solche Erklärung auf jeden Fall ein *hysteron-proteron* wäre, weil sich der Sachverhalt immer nur seinerseits durch Sätze identifizieren läßt.

3. Es lag nun nahe, die Verwendungsregeln als Funktionsregeln zu verstehen und sie einerseits auf den Adressaten zu beziehen, andererseits mit den Konsequenzen der Sprechhandlung in Beziehung zu bringen, aber die Frage war, wie. Am nächstliegenden schien es, die Handlung als definiert durch eine beabsichtigte Wirkung und die Regeln als instrumentelle Regeln zu verstehen, und diese Auffassung führte zu der Bestimmung der Sprechhandlung als Mitteilung. Aber auch die richtige Feststellung, daß jemand, der einem Partner gegenüber einen assertorischen Satz »p« äußert, ihm damit mitteilt, daß er meint, daß p, und daß das heißt, daß er in bestimmter Weise beabsichtigt zu bewirken, daß der Partner meint, daß er meint, daß p, erwies sich als ungeeignete Basis zur Gewinnung der Verwendungsregeln des Satzes.

4. Ich habe dann in Anlehnung an die *illocutionary-act*-Theorie vorgeschlagen, die semantisch relevante Handlung der Verwendung eines assertorischen Satzes nicht als Mitteilung, sondern als Behauptung zu verstehen. Aber auf die Frage nach den Verwendungsregeln einer Behauptung konnten wir bei Searle keine befriedigende Antwort finden.

5. Wenn die Verwendungsregeln nur auf den Partner und auf die Konsequenzen der Handlung bezogen sein können, erschien es als einzig adäquates Vorgehen, sich zu fragen, welches die durch eine Regel auf die Äußerung des Sprechers bezogenen möglichen Reaktionen des Adressaten sind. Es zeigte sich, daß diese Reaktionen ihrerseits Sprechhandlungen sind, und daß ihnen allen die Antworten mit »Nein« oder »Ja« oder einer dazwischenliegenden Stellungnahme bzw. einer Enthaltung zu einer Stellungnahme zugrundeliegen, wobei wiederum der Möglichkeit des »Nein« eine für alle anderen Stellungnahmen grundlegende Bedeutung zukommt, eines »Nein«, das offenbar gleichbedeutend verwendet wird mit dem Ausdruck »das ist falsch«. Es ist erst dieser Umstand, der es erlaubt, die Verwendung eines assertorischen Satzes als Behauptung zu bezeichnen, und zugleich wurde deutlich, daß im »Nein« seinerseits eine Behauptung zum Ausdruck kommt. Zum Sinn einer Behauptung gehört der Bezug auf eine ihr widersprechende Behauptung.

Soweit waren wir gekommen, und es stellt sich jetzt die Frage, ob das eine mögliche Ausgangsbasis ist, um die Verwendungsregeln assertorischer Sätze zu finden, deren Erklärung als die Erklärung ihrer Bedeutung in Anspruch genommen werden könnte. Erst der Sinn dieser Verwendungsregeln könnte dann auch bestimmen, was es überhaupt heißt, daß diese Sprechhandlung als Behauptung zu bezeichnen ist – eine Bezeichnung, die ich bisher nur als Faktum aus der gewöhnlichen Redeweise aufgenommen habe.

Zuvor möchte ich noch auf zwei naheliegende Bedenken eingehen, die mein Vorgehen am Schluß der letzten Stunde betreffen, das sich ganz auf die *eine* Antwort mit dem Wort »nein« konzentrierte.

1) Nachdem ich selbst die Wichtigkeit der Tatsache betont habe, daß in der assertorischen Rede das Wort »wahr« auftritt, scheint es für die weitere Aufklärung erforderlich zu sein, sich nicht nur am »nein« zu orientieren, sondern dem Umstand Rechnung zu tragen, daß das »nein« der assertorischen Rede den spezifischen Sinn von

»das ist falsch« hat; und müßte man dann nicht wenigstens eine vorläufige Erklärung der Worte »wahr« und »falsch« vorausschikken?

2) Inwiefern ist es überhaupt berechtigt, der negativen Antwort eine so ausgezeichnete Stellung einzuräumen? Wenn es auch einleuchtet, daß alle anderen Stellungnahmen auf dem Hintergrund der Möglichkeit der Verneinung erfolgen, so könnte man doch geltend machen, daß für den Adressaten vor jeder Stellungnahme, auch vor der Enthaltung von jeder Stellungnahme, das *Verstehen* der erfolgten Sprechhandlung liegt. Sicher werden wir annehmen müssen, daß auch schon dieses Verstehen der Behauptung bereits im Umkreis möglicher Stellungnahmen zu der Behauptung steht, und doch fällt es mit keiner Stellungnahme zusammen, gleichwohl scheint es das primäre Hörer-Korrelat zur Sprechhandlung zu sein. Wenn wir die durch Grice eingeführte Rede von einem Meinen im Sinn von *vouloir dire* von Grice's eigener Interpretation, daß es sich um eine Mitteilung handelt, freimachen und auf die jetzige Auffassung, daß es sich um eine Behauptung handelt, übertragen, so können wir auch und gerade jetzt sagen: der Hörer versteht, was der Sprecher meint, er versteht, was er sagen will, er versteht die Behauptung. Und dieses Verstehen ist nicht nur eine theoretische Annahme, die wir machen können, um uns in der Theorie den Übergang vom Hören einer Behauptung zu einer eigenen Stellungnahme des Hörers verständlich machen zu können; vielmehr gibt es im Verhalten des Hörers eben auch solche Reaktionen, in denen sich das pure Verstehen der Behauptung ausdrückt. Der Hörer sagt etwa: »(Ich verstehe was er sagt:) Er behauptet, daß p.« Die Aufklärung der Verwendungsregeln eines assertorischen Satzes wird insbesondere dieses Verstehen des Hörers mitberücksichtigen müssen, da wir ja doch, wenn wir nach der Bedeutung eines sprachlichen Ausdrucks fragen, fragen, was es heißt, ihn zu verstehen, und in der Tat können wir jetzt sagen: was der Hörer versteht, wenn er die Behauptung des Sprechers versteht, sind eben die Regeln der Verwendung des assertorischen Satzes. Zwar ist zu unterscheiden zwischen dem Verstehen des sprachlichen Ausdrucks und dem Verstehen der Sprechhandlung, aber wenn das, was verstanden wird, wenn der sprachliche Ausdruck verstanden wird, seine Funktion ist, gehört beides zusammen: einen assertorischen Satz verstehen, heißt eben verstehen, zu welcher Behauptung er verwendet werden kann, von der man dann ihrerseits sagen kann, daß

sie verstanden wird. Durch diese Miteinbeziehung des Verstehens des Hörers wird jedoch die Bezugnahme auf die mögliche Verneinung des Hörers nicht relativiert, nur ergänzt. Derjenige, der eine Behauptung versteht, versteht sie eben als eine solche, der eine sie verneinende Behauptung entgegengesetzt werden kann. Und wie wir gesehen haben, heißt das: die Behauptung wird so verstanden, daß mit einer anderen Behauptung gesagt werden kann, daß das, was sie behauptet, falsch ist, oder eben auch: daß es wahr ist. D. h. dann aber: wer die Behauptung versteht, versteht sie als eine solche, die wahr oder falsch sein kann.

Was meinen wir aber mit diesen Worten »wahr« und »falsch«? Damit komme ich zu dem anderen Punkt, der vorhin zur Ergänzung angemahnt wurde. Müssen wir nicht, bevor wir versuchen, auf der jetzt erreichten Basis nach der Verwendungsregel eines assertorischen Satzes zu fragen, die Verwendung der Worte »wahr« und »falsch« erklären? Nun könnte man sagen, das sei bereits geschehen, indem ich darauf hingewiesen habe, daß »daß p ist falsch« äquivalent verwendet wird mit der Verneinung des Satzes und »daß p ist wahr« äquivalent mit der Verneinung dieser Verneinung, also mit dem ursprünglichen Satz. Die Bedeutung des Wortes »wahr« wäre dann festgelegt durch die Äquivalenz:

daß p ist wahr $\equiv$ *p*.

Man pflegt die Theorie, daß der Sinn des Wortes »wahr« durch diese Äquivalenz bestimmt ist, als Redundanztheorie zu bezeichnen,[1] weil es so aussieht, als ob durch sie das Wort »wahr« überflüssig würde; wir können ja stets, statt zu sagen »daß p ist wahr«, einfach die ursprüngliche Aussage »p« selbst verwenden.

Fast jeder, der mit dieser Theorie zum ersten Mal konfrontiert wird, hat das Gefühl, daß sie etwas Wesentliches unterschlägt, und man möchte das vielleicht als den Wirklichkeitsbezug der Aussage bezeichnen. Wir müssen versuchen, was diesem Gefühl zugrundeliegt, deutlicher zu fassen. Wir gehen zu diesem Zweck am besten aus von der Art und Weise, in der dieser Wirklichkeitsbezug in der Wahrheitsbestimmung der philosophischen Tradition angesprochen wurde. Die traditionelle Wahrheitsbestimmung geht zurück auf eine Erklärung des Aristoteles: »Denn zu sagen, daß, was der Fall ist, nicht der Fall ist, oder daß, was nicht der Fall ist, der Fall ist, ist falsch; daß aber das, was der Fall ist, der Fall ist und das, was nicht der Fall ist, nicht der Fall ist, wahr.«[2] Da Aristoteles meinte, daß es in einem absoluten Sinn negative und positive Aussagen gibt, hat er die Wahrheit und Falschheit von beiden getrennt bestimmt. Wenn wir von dieser Besonderheit seiner Erklärung absehen, erweist sie sich als identisch mit der Redundanztheorie: eine Aussage, daß etwas der Fall ist, ist wahr, wenn es der Fall ist.

Gleichwohl hat schon Aristoteles seine Erklärung auch in der Weise erläutert, daß es sich um eine Entsprechung zwischen Aussage und Sache handelt,[3] und diese Erklärung führte dann zu der überlieferten Formel von der *adaequatio intellectus et rei*,[4] der Übereinstimmung des Gedankens mit der Sache. Die Unbestimmtheit der in dieser Formel verwendeten Ausdrücke führte in der Tradition, die meist nur noch von dieser Formel und nicht mehr von der tatsächlichen Verwendung des Wortes »wahr« ausging, zu den phantastischsten Theorien, wie z. B.: wahr sei das Zusammentreffen von Denken und Wirklichkeit, die Einheit von Subjekt und Objekt;[5] die Dinge würden dadurch wahr, daß sie gedacht würden; und es war dann auch naheliegend zu meinen, eine Aussage werde erst dadurch wahr, daß sie verifiziert wird, denn nur dann würde ja das Denken mit der Sache selbst in Berührung kommen. Hemmungslose Spekulationen dieser Art, die nur an einer unverstandenen tradierten Formel fortspinnen und den Kontakt mit der Sache selbst – dem tatsächlichen Wortverständnis – verloren haben, lohnen natürlich keine Auseinandersetzung.

Wenn die traditionelle Formel überhaupt eine sinnvolle Interpretation zuläßt, dann nur die, daß, da das, womit der Gedanke übereinstimmen soll, gegenständlich verstanden wird (als »Sache«), auch »der Gedanke« gegenständlich und nicht im Sinn von »Denken« zu verstehen ist. Diskutabel ist nur die Version der Formel, die die Übereinstimmung als eine solche zwischen Gemeintem (oder Behauptetem) und Wirklichem versteht, in der Weise, daß das Gemeinte das gegenständliche Korrelat der faktischen Aussage ist und das Wirkliche das gegenständliche Korrelat der wahren Aussage. Da nun das gegenständliche Korrelat einer Aussage ein Sachverhalt ist, ergäbe sich folgende Erklärung:

(1) *der behauptete Sachverhalt, daß p, ist wahr dann und nur dann, wenn er übereinstimmt mit dem entsprechenden wirklichen Sachverhalt, der entsprechenden Tatsache.*

Diese Auffassung von zwei Sachverhalten, einem gemeinten oder behaupteten auf der einen Seite, einem wirklichen auf der anderen, die sich auf jeden Fall irgendwie ›entsprechen‹ und im Fall der Wahrheit überdies ›übereinstimmen‹ sollen, scheitert an der Uneinlösbarkeit der von ihr in Anspruch genommenen Vorstellungen einer Entsprechung und einer Übereinstimmung. Es läßt sich insbesondere nicht angeben, welches denn der dem behaupteten Sachverhalt ›entsprechende‹ wirkliche Sachverhalt sein soll, wenn es sich um eine falsche Behauptung handelt, und worin die Relation der Übereinstimmung bestehen soll. Wir können jedoch (1) in einer Weise umformulieren, daß die Rede von einer Entsprechung und einer Übereinstimmung wegfällt und das mit der Formulierung Gemeinte gleichwohl erhalten bleibt:

(2) *der behauptete Sachverhalt, daß p, ist wahr dann und nur dann, wenn er ein wirklicher Sachverhalt (eine Tatsache) ist.*

Jetzt ist nicht mehr von zwei Sachverhalten die Rede; es ist derselbe Sachverhalt, der behauptet wurde, der im Fall der Wahrheit wirklich ist und den wir dann deswegen als Tatsache bezeichnen. Man kann (2) immer noch als eine Formulierung der Übereinstimmungstheorie der Wahrheit bezeichnen, obwohl das Wort »Übereinstimmung« in der Erklärung selbst nicht mehr vorkommt. Nur stellt sich jetzt die Frage, ob wir diese Äquivalenz sozusagen von links nach rechts oder von rechts nach links lesen sollen. Was soll wodurch erklärt werden? Der Anspruch der gegenstandstheoretischen Übereinstimmungstheorie ist, daß das Wort »wahr« erklärt wird durch die Wirklichkeit des Sachverhaltes. Aber das setzt voraus, 1) daß wir schon verstehen, was mit einem Sachverhalt, daß p, gemeint ist, bevor wir den Satz verstehen, und 2) daß es eine Sachverhaltseigenschaft W gibt, die entweder geradezu als Wirklichkeit zu bezeichnen oder als Kriterium der Wirklichkeit eines Sachverhaltes aufzufassen wäre, und auf diese Eigenschaft hin hätten wir Sachverhalte zu untersuchen, um zu entscheiden, ob die Behauptung, daß p, wahr ist. Offenbar verhält es sich jedoch umgekehrt: wenn wir jemandem erklären sollen, um welche Eigenschaft es sich hier handelt, können wir nur sagen: der mittels eines Satzes »p« behauptete Sachverhalt ist dann wirklich (eine Tatsache), wenn es wahr ist, daß p.

Wenn wir nun die gegenstandstheoretischen Komponenten von (2) fallen lassen, können wir den gesuchten Wirklichkeitsbezug, auf den das Wort »wahr« verweisen soll, statt als eine gegenständliche Eigenschaft adverbial zu fassen versuchen und kommen so zu der Formulierung

(3) *daß p ist wahr ≡ wirklich p,*

zum Beispiel: »(die Behauptung) daß es regnet, ist wahr genau dann, wenn es wirklich regnet«. Nun ist aber offensichtlich, daß wir genau dann sagen können »es regnet wirklich«, wenn wir auch einfach sagen können »es regnet«. Damit aber reduziert sich die letztgenannte Formulierung der Übereinstimmungstheorie auf die Formel der Redundanztheorie. Durch das Wort »wirklich« wird nur ein Kontrast unterstrichen, der offenbar schon zur Verwendung des assertorischen Satzes selbst gehört. Um welchen Kontrast handelt es sich dabei?

Hier hilft nun der andere Aspekt weiter, den ich heute zur Ergänzung angeführt habe: das jeder Stellungnahme zur Behauptung des Sprechers voraufgehende Verstehen des Hörers. Wenn S sagt »das Rathaus brennt«, so ist diejenige Reaktion des Hörers, in der sich sein der eigenen Stellungnahme vorausgehendes Verstehen ausdrückt, der Satz »es wird behauptet, daß das Rathaus brennt«. Und er kann hinzufügen: »brennt es wirklich?«, oder auch »ist es wahr, daß es brennt?«. Wir haben also in einer assertorischen Verständigungssituation immer dieses Doppelte, den Satz des Sprechers »p« und den Satz des Hörers (der nicht ausgesprochen zu werden braucht, aber immer ausgesprochen werden kann): »es wird behauptet, daß p«. Indem das, was der Sprecher tut, nämlich mittels des assertorischen Ausdrucks »p« etwas zu behaupten, von dem Hörer verstanden und gegebenenfalls ausgesagt wird (»es wird behauptet . . .«), verliert der nun modifizierte Ausdruck »daß p« gerade sein Behauptungsmoment und kann so für den Hörer als Basis für eine eigene Stellungnahme dienen, indem »daß p . . .« nun so oder so ergänzt wird, durch »ist wahr«, »ist falsch«, »wird von mir bezweifelt« usw. Das Wort »wahr« ist wie auch das Wort »wirklich« ein Kontrastwort. Es verstehen lernen heißt den Kontrast verstehen lernen zwischen »p« und »es wird behauptet, daß p«, oder noch allgemeiner: den Kontrast zwischen »p« und »daß p«. In dem Ausdruck »p« liegt gegenüber dem unvollständigen Ausdruck »daß p« ein Plus, und es ist dieses Plus, das in der Ergänzung durch »ist wahr« zum Ausdruck kommt: der Ausdruck »ist wahr« ist derjenige Ausdruck, mittels dessen wir den reduzierten Ausdruck »daß p« so ergänzen können, daß wir einen Ausdruck erhalten, der mit dem ursprünglichen assertorischen Ausdruck »p« wieder äquivalent ist. Genau das ist es, was die Formel der Redundanztheorie aussagt. Sie erscheint nur dann trivial, wenn man übersieht, wie wesentlich der Unterschied zwischen »p« und »daß p« ist. Die Bedeutung des Wortes »wahr« aufklären, heißt, den für die Verwendung assertorischer Sätze konstitutiven Unterschied im Verstehen von »p« und »daß p« aufklären. Wer von »(es wird behauptet) daß p« zu »p« übergeht, geht vom bloßen Verstehen von »p« zum Behaupten, daß p, über, und daher ist die Aufklärung des Wortes »wahr« identisch mit der Aufklärung der Handlung des Behauptens, und deswegen ist das Verständnis des Wortes »wahr«, so wie es in der Formel der Redundanztheorie angegeben wird, nur dann trivial, *wenn* man schon voraussetzt, daß man die Verwendung assertorischer Sätze bereits versteht.

Was haben wir mit all dem gewonnen? Wir hatten schon früher gesehen, daß die »Wahr«/»Falsch«-Reaktion der »Ja«/»Nein«-Reaktion bzw. der Bejahung oder Verneinung entspricht. Jetzt hat sich darüber hinaus gezeigt, daß zum Sinn von »Wahr«/»Falsch« nicht nur der durch die Bejahung und Verneinung des betreffenden Satzes wiederzugebende Gegensatz zwischen diesen Worten selbst gehört, sondern zugleich das, wodurch sich der Satz »p« von dem reduzierten Ausdruck »daß p« abhebt: dieses Kontrastmoment, das sich ausdrücklich an dem Wortpaar »wahr«/»falsch« zeigt, gehört folglich auch bereits zum assertorisch verwendeten Ja/Nein und muß bei der Aufklärung der Behauptungshandlung mitberücksichtigt werden.

Kehren wir nun zu dem Punkt zurück, der bereits am Ende der letzten Stunde erreicht war. Wenn die Behauptung wesentlich die Möglichkeit einer Verneinung – einer Gegenbehauptung – vorwegnimmt, so kann man sie als eine *Herausforderung* verstehen, in dem Sinn, in dem man jemanden herausfordert, die Gegenposition in einem Spiel, z. B. in einer Wette zu übernehmen. Daß die Verwendungsregeln der assertorischen Sätze als *Spielregeln* zu verstehen sind, ist eine Idee, die von Wittgenstein stammt, die auch Searle aufgenommen, aber nicht eigentlich ausgewertet hat und die vor allem von Dummett ausgebaut wurde.[6] Von Dummett stammt der nähere Hinweis, daß die assertorische Rede mit einem solchen Typ Spiel vergleichbar ist, wo zwei Partner gegeneinander spielen und das Spiel so geregelt ist, daß das Befolgen der Regeln zu einer Endstellung führt, die darin besteht, daß der eine gewonnen und der andere verloren hat.

Machen wir uns zunächst klar, daß die Züge in einem Spiel Handlungen sind, wie wir sie für die Sprechhandlung suchen, nämlich Handlungen, die nicht geregelt sind mit Bezug auf die Umstände ihrer Verwendung, sondern mit Bezug auf ihre Konsequenzen, aber das sind nun nicht Konsequenzen im Sinn von beabsichtigten Wirkungen, sondern im Sinn von Folgen, die sich durch die Spielregeln hinsichtlich des Spielausgangs ergeben; wobei die Regeln die Handlungen zugleich auf einen Partner beziehen, jedoch so, daß der Partner nicht Objekt einer beabsichtigten Wirkung ist, sondern der für das Spiel konstitutive Gegenspieler. Die Art, wie die Züge der beiden Partner durch die Spielregeln auf den Spielausgang bezogen sind, definiert das Spiel.

Wie sieht nun also das Spiel der assertorischen Rede aus? Die Behauptungshandlung, die in der Verwendung eines assertorischen Satzes »p« besteht, ist der Eröffnungszug. Das Spiel ist so geregelt, daß durch ihn auch schon der Gegenzug des Partners festgelegt wird; er besteht in der Äußerung von »nicht p«. Denken Sie zur Analogie an Wettspiele, wobei die Rede von einer Analogie hier eigentlich irreführend ist, da eine Wette ihrerseits nur zu verstehen ist als eine Modifikation des assertorischen Spiels, doch kann der Hinweis auf eine Wette zur Veranschaulichung dienen. Wie ist nun der Eröffnungszug zu verstehen?

Ich kann jetzt auf den bisher zurückgestellten Teil der von Searle aufgestellten Regel zurückkommen. Er hatte als *essential rule* für die Verwendung eines assertorischen Satzes angegeben: die Verwendung »*counts as an undertaking to the effect that p represents an actual state of affairs*« (oben, S. 240). Daß der 2. Teil dieser Formulierung schon voraussetzt, was eigentlich erst zu erklären ist, und daher unbrauchbar ist, habe ich schon gezeigt. Wie aber ist der 1. Teil zu verstehen? Was heißt »*counts as an undertaking to the effect that* . . .«? Das blieb unklar. Es wird aber dann sinnvoll, wenn wir es so interpretieren: »steht für eine Garantie daß . . .«. Daß der, der einen assertorischen Satz »p« verwendet, etwas *behauptet,* heißt – so können wir sagen –, daß er eine Garantie dafür übernimmt, daß es wahr ist, daß p. Sein Gegenspieler garantiert dagegen, daß es wahr ist, daß nicht p. Was heißt das? Wer eine Garantie übernimmt, verbürgt sich dafür, daß gewisse von ihm angegebene Bedingungen erfüllt sind. Welches wären diese Bedingungen im Fall der Verwendung eines assertorischen Satzes? Können wir die These aufstellen: wer einen assertorischen Satz verwendet, garantiert dafür, daß die Wahrheitsbedingungen seiner Behauptung erfüllt sind?

Aber was soll nun, so werden Sie fragen, diese neue Rede von Wahrheitsbedingungen? Eine Bedingung wird in einem Wennsatz zum Ausdruck gebracht. Wenn also das, was einer behauptet, eine Wahrheitsbedingung haben soll, müßten wir eine Formulierung folgender Art ins Auge fassen: »daß p ist wahr, wenn . . .«, und die eben genannte These würde also besagen: wenn jemand einen assertorischen Satz »p« verwendet (wenn er dafür garantiert, daß es wahr ist, daß p), dann garantiert er dafür, daß die in der Apodosis der eben genannten Formel genannte Bedingung erfüllt ist. Um den Stellenwert dieses Vorschlags richtig verstehen zu können, empfiehlt es sich, ihn mit jener seinerzeit zurückgewiesenen Auffassung zu vergleichen, derzufolge die Verwendungsregel die Verwendung auf die Umstände der Verwendung bezieht. Dort hatten wir es mit einer Konditionalregel zu tun; die Regel hatte die Form: »wenn . . ., ist die Verwendung des Ausdrucks x richtig«. Jetzt tritt das »wenn . . .« auf der anderen Seite auf: »die Verwendung des Ausdrucks x ist richtig (wahr), wenn . . .«. Dort wurde gesagt, unter welchen Bedingungen es richtig ist, den Ausdruck zu verwenden. Jetzt wird gesagt: wenn (aus welchen Gründen auch immer) der Ausdruck verwendet wird, welches dann die Bedingungen sind, unter denen er richtig ist. Dieser umgekehrte Bezug auf Bedingungen setzt voraus, 1) daß *die* Bedingungen, *in* denen der Ausdruck verwendet wird (die Verwendungssituation), für die Richtigkeit der Verwendung gleichgültig sind – die von mir schon früher erwähnte, aber erst später aufzuklärende Situationsunabhängigkeit der Verwendung –, und 2) daß *die* Bedingungen, von denen die Richtigkeit der Verwendung des Ausdrucks abhängt, solche sind, deren Erfülltsein von der Verwendung des Ausdrucks selbst garantiert wird. Was der Ausdruck garantiert, ist, daß die Bedingungen seiner Richtigkeit (Wahrheit) erfüllt sind. Das ist es also, was mit der Rede von den Wahrheitsbedingungen gemeint ist. Die Sprechhandlung Behauptung besteht darin, für ihre eigenen Wahrheitsbedingungen zu garantieren.

Jetzt beginnt auch verständlich zu werden, was wir zunächst nur konstatieren konnten, wieso derjenige, der einen assertorischen Satz »p« verwendet, ebensogut auch sagen kann »daß p ist wahr«. Die Äquivalenz »p ≡ daß p ist wahr« gründet darin, daß derjenige, der etwas behauptet, immer auch schon die Richtigkeit (Wahrheit) seiner Behauptung mitbehauptet, und daß dies so ist, liegt im Wesen der Behauptung als Garantiehandlung.

Ich habe bei der voraufgehenden vorläufigen Erörterung des Wortes »wahr« darauf hingewiesen, daß in diesem Wort der Kontrast zwischen »p« und »es wird behauptet, daß p« zum Ausdruck kommt und daß dieser Kontrast erst im Verstehen des Hörers zur Abhebung kommt. Warum das so ist, kann jetzt verständlich werden. Wer eine Garantie abgibt, muß immer zweierlei tun: 1) er gibt die Bedingungen an, für deren Vorhandensein er garantiert, und 2) er garantiert für ihr Vorhandensein. Wer eine Garantie gibt, tut dies beides, aber es wäre keine Garantiehandlung, wenn er nicht beides auf einmal täte. Derjenige nun, dem die Garantie gegeben wird, versteht die Garantie seinerseits nur, wenn er ebenfalls beides versteht, aber er verstünde die Garantie nicht als Garantie, wenn in seinem Verständnis nicht beides – das, *wofür* garantiert wird, und *daß garantiert* wird – auseinandergehalten würde.

Auf das Verstehen einer Behauptung angewandt, heißt das: die mittels eines assertorischen Satzes gemachte Behauptung versteht jemand, wenn er erstens die Wahrheitsbedingungen der Behauptung kennt und wenn er zweitens weiß, daß der Sprecher dafür garantiert, daß diese Bedingungen erfüllt sind. Was er nicht weiß, was für ihn offen ist, ist, ob die Bedingungen tatsächlich erfüllt sind, m.a.W. ob die Behauptung wahr ist. Dies, daß es für den, der die Behauptung *versteht, offen* ist, ob sie wahr ist, gehört zu seinem Verstehen ebenso konstitutiv, wie daß er weiß, daß der, der die Behauptung *macht,* behauptet, *daß* sie wahr ist.

Die Einsicht, daß man einen assertorischen Satz genau dann versteht, wenn man seine Wahrheitsbedingungen kennt, ist zuerst in Wittgensteins *Tractatus* formuliert worden: »Einen Satz verstehen, heißt, wissen was der Fall ist, wenn er wahr ist« (4.024). Allerdings ist diese Erklärung unvollständig, weil zum Verstehen einer Behauptung immer auch der eben genannte zweite Punkt hinzukommt, daß auch verstanden wird, daß der, der den Satz verwendet, garantiert, *daß* er wahr ist.[7] Da aber dieser zweite Aspekt bei jedem assertorischen Satz gleichbleibt, kann man, wenn es nur darum geht, jemandem die Bedeutung eines einzelnen Satzes zu erklären, und man voraussetzen kann, daß er weiß, daß es überhaupt ein assertorischer Satz ist, auch einfach sagen: die Bedeutung des Satzes wird erklärt, indem seine Wahrheitsbedingungen angegeben werden.

Das bisherige Ergebnis erscheint aus zwei Gründen unbefriedigend. *Erstens* ist bisher nichts darüber gesagt worden, wie man *erklären* kann, welches die Wahrheitsbedingungen einer Behauptung bzw. eines Satzes sind. *Eine* Möglichkeit wäre, daß man, wie es ja auch die Rede von einem Wennsatz nahelegt, die Wahrheitsbedingung eines Satzes ihrerseits durch einen Satz angibt. Auf dieser Möglichkeit gründet diejenige Tradition semantischer Theorien, die von Tarski inauguriert wurde.[8] Sie setzt natürlich voraus, daß für die Erklärung eines Satzes immer schon ein anderer Satz zur Verfügung steht, der bereits verstanden wird, bzw., wenn es sich um die Bedeutung eines ganzen Systems von Sätzen handelt, eine andere Sprache, eine sogenannte Metasprache. Ich habe schon bei der Auseinandersetzung mit Grice darauf hingewiesen, daß eine solche metasprachliche Theorie für unsere prinzipielle Frage, wie sprachliche Ausdrücke verstanden werden, nicht ausreicht (S. 234). Ich erinnere auch daran, daß wir bisher keinen Grund haben, nicht daran festzuhalten, daß die Erklärung eines sprachlichen Ausdrucks in der Erklärung seiner Verwendungsregel und d. h. seiner Verwendungsweise besteht. Wenn wir die Wahrheitsbedingung eines Satzes durch einen anderen Satz angeben, so kann das nur den Sinn haben, daß der erste Satz so verwendet wird wie der zweite, statt daß die Verwendungsweise selbst gezeigt wird. Auch die These, die Bedeutung werde in einer Konditionalregel angegeben, hatten wir ja nicht so verstanden, daß die Konditionalregel in Worten formuliert wird, sondern daß *gezeigt* wird, unter welchen Bedingungen der Satz verwendet wird; und an demselben theoretischen Anspruch haben wir natürlich auch jetzt festzuhalten.

Zweitens darf die Rede von einer Garantie wie auch die Rede von einer Wette nur dazu dienen, den Blick in die richtige Richtung zu lenken, und muß jetzt wieder abgestoßen werden, aus zwei Gründen: erstens setzt jedes Übernehmen einer Garantie, jedes Sichverbürgen für etwas seinerseits die Verwendung eines assertorischen Satzes voraus; die Erklärung mit Hilfe des Terminus »Garantie« wäre also eine Pseudoerklärung; wir würden wieder einmal ein *hysteron-proteron* begehen. Zweitens enthält die Rede von einer Garantie gegenüber derjenigen Antizipation, die in einer Behauptung liegt, ein Plus, da es wesentlich zum Begriff des Garantierens gehört, daß der Garantierende für den Fall, daß sich die antizipierte Bedingung nicht erfüllt, mit irgendwelchen negativen Konsequenzen von seiten der Partner rechnen muß. Dasselbe gilt für die Rede vom Wetten. Auch wer ›nur um die Ehre‹ wettet, verliert eben diejenige Ehre, die ihm zukäme, wenn er die Wette gewinnen würde.

Die zwei genannten Mängel gehören zusammen. Ich hatte das

Wort »Garantie« verwendet, um die Handlung des Behauptens als Eröffnungszug in einem Spiel zu beschreiben. Aber wenn wir den Eröffnungszug eines Spiels nicht nur benennen, sondern definieren wollen, kann dies natürlich nur in der Weise geschehen, daß wir angeben, welche Konsequenzen er in dem Spiel hat und d. h. wie er durch die Regeln des Spiels auf den Spielausgang bezogen ist. Und nur indem wir die Behauptung durch die Regeln der auf sie folgenden Spielzüge definieren, können wir auch erwarten, die von der Behauptung garantierten Wahrheitsbedingungen durch Verwendungsregeln erklären zu können.

Jetzt erst wird der entscheidende Mangel des von Searle vorgeschlagenen Regelsystems deutlich. Dieses Regelsystem endet dort, wo es anfangen müßte, nämlich bei der bloßen Benennung des Eröffnungszugs des Spiels. Das ist keine von außen kommende Kritik, denn Searle hatte selbst in seinen allgemeinen Vorüberlegungen die Sprechhandlungen mit Spielhandlungen verglichen und darauf hingewiesen, daß eine Spielhandlung durch ihre Konsequenzen im Spiel geregelt ist.[9]

Durch welche Regeln ist also das Spiel der assertorischen Rede definiert? Auch wenn ich die Rede von einer Garantie fallenlassen möchte, können wir uns noch einmal von ihr leiten lassen. Zu einer Garantie gehören Entscheidungskriterien ihrer Erfüllung. Wer eine Garantie versteht, kennt die Kriterien, durch die entschieden wird, ob sie erfüllt ist oder nicht. Entsprechend gilt: wer eine Behauptung versteht, weiß zwar nicht, ob sie wahr ist, aber er weiß, wie sich feststellen läßt, ob sie oder die ihr entgegengesetzte Behauptung wahr ist; m.a.W. er weiß, wie darüber zu entscheiden wäre, ob die behaupteten Wahrheitsbedingungen erfüllt sind oder nicht. Die Feststellung, ob eine Behauptung wahr ist, nennt man ihre Ausweisung oder Verifikation. So kommen wir von einem ganz anderen Ansatz her zu einem im logischen Positivismus berühmt gewordenen Satz, daß man eine Behauptung genau dann versteht, wenn man weiß, wie sie zu verifizieren ist, und d. h. wenn man ihre Verifikationsregel kennt. Wenn nun derjenige, der die Behauptung versteht, weiß, wie festzustellen ist, *ob* sie wahr ist, muß auch die Behauptung bereits in der Garantie bestehen, daß, wenn sie auf ihre Wahrheit geprüft wird, festzustellen ist, *daß* sie wahr ist, und d. h., daß die Befolgung ihrer Verifikationsregel zum Erfolg führt. Man könnte diesen Sachverhalt zunächst in der komplizierten Formulierung darstellen, daß derjenige, der behauptet, daß p, *indem* er dafür garantiert, daß die Wahrheitsbedingungen erfüllt sind, dafür garantiert, daß das Erfülltsein der Wahrheitsbedingungen und damit die Wahrheit der Behauptung verifizierbar ist. Aber der Zwischensatz wird jetzt überflüssig, und es besteht kein Grund, die Verifizierbarkeit der Behauptung nicht schon selbst *als* ihre Wahrheitsbedingung anzusehen. Dieser Schritt ist entscheidend, da er die bisherige Unklarheit darüber behebt, was man sich unter den Wahrheitsbedingungen einer Behauptung zu denken habe und wie man sie jemandem erklären könne. Wenn die Wahrheitsbedingung darin besteht, daß die Befolgung der Verifikationsregel zum Erfolg führt, so besteht die Angabe der Wahrheitsbedingung einer Behauptung in der Vorführung ihrer Verifikationsregel, oder einfacher formuliert: darin, daß gezeigt wird, wie sie verifiziert wird.

Und jetzt wird es auch möglich, die Rede von der Garantie wegzulassen, indem wir *statt dessen* die Regeln des Spiels angeben, dessen Eröffnungszug die Verwendung eines assertorischen Satzes ist. Das Spiel sieht so aus: Ein Sprecher äußert einen assertorischen Satz »p«. Dem Hörer steht es frei, sich als bloßer Zuschauer zu verstehen oder als Spielpartner. In letzterem Fall übernimmt er die Gegenpartie, indem er die Negation von »p« äußert. Es genügt aber auch, daß Sprecher und Hörer wissen, daß der Hörer (oder irgendjemand) den Gegenpart übernehmen *könnte.* Die *Spielregel* besteht nun in der Befolgung der Verifikationsregel. Die Verifikationsregel ist so beschaffen, daß ihre Befolgung entweder für den Sprecher oder für seinen Gegner zu einem positiven Ergebnis führt, mit der den *Spielausgang* definierenden Konsequenz, daß es zu einer Übereinstimmung zwischen Sprecher und Gegner kommt, und zwar so, daß entweder der Sprecher der ursprünglichen Behauptung des Gegners zustimmt oder umgekehrt.

Jetzt läßt sich die Handlung des Behauptens definieren. Ich erinnere daran, daß ich mich auf die Rede vom Behaupten ihrerseits nur berufen habe, um die Verwendung eines assertorischen Satzes neu zu bestimmen, nachdem sich gezeigt hatte, daß die Verwendung eines solchen Satzes sich weder durch die Umstände noch durch eine beabsichtigte Wirkung bestimmen läßt. Worauf es von vornherein ankam, war, die Verwendungsregeln zu finden, die wir erklären bzw. verstehen, wenn wir die Bedeutung eines assertorischen Satzes erklären bzw. verstehen. Und nun können wir sagen: einen assertorischen Satz versteht man, wenn man weiß, welche

Funktion er hat, nämlich die Funktion, zu einer bestimmten Behauptungshandlung verwendet zu werden, und diese Handlung bzw. die Verwendung des Satzes ist definiert als Eröffnungszug des vorhin beschriebenen Spiels und *das heißt* dadurch, daß die Befolgung einer bestimmten Regel – der Verifikationsregel – zu einem Ergebnis führt, das die Konsequenz hat, daß der Gegner dem Sprecher zustimmt oder umgekehrt. Damit ist jetzt durch Angabe des Regel- und Handlungszusammenhangs (des ›Spiels‹), in das die Verwendung des assertorischen Satzes gehört, das ausgeführt, was vorher nur angezeigt wurde durch die Beschreibung, daß derjenige, der einen assertorischen Satz verwendet, dafür garantiert, daß seine Wahrheitsbedingungen erfüllt sind, und nachher so, daß er dafür garantiert, daß seine Behauptung verifizierbar ist bzw. daß die Anwendung der Verifikationsregel für ihn positiv ausgeht. Was das heißt, für den positiven Ausgang zu garantieren, zeigt sich in der Art und Weise, wie die Konsequenz des Spielausgangs mit dem Eröffnungszug durch die Verifikationsregel verbunden ist. Die Konsequenz des Spielausgangs hat nicht den Charakter einer Wirkung, sondern ist eine Konsequenz, die von den Spielern gemäß den Spielregeln gezogen wird, dergestalt, daß wir, wenn sich jemand weigern würde, die Konsequenz zu ziehen, die sich für ihn aus der Befolgung der Verifikationsregel ergibt, sagen würden, er verstehe nicht, was eine Behauptung ist, bzw. es zeige sich nachträglich, daß er zwar einen Satz geäußert, aber seine Bedeutung nicht verstanden habe.

Man könnte an meiner Erklärung aussetzen, daß ich die Behauptung als Eröffnungszug eines Spiels definiert habe, an dessen Ende wiederum Behauptungen stehen, nämlich die übereinstimmenden Aussagen der beiden Gegner. Ist das nicht zirkulär? Wir müssen zunächst versuchen, den Zusammenhang zwischen dem Ergebnis der Befolgung der Verifikationsregel und dem Spielausgang deutlicher zu fassen, als das bisher geschehen ist. Die Befolgung der Verifikationsregel führt offenbar in eine Situation, in der es jedem, der die Behauptung überhaupt versteht, nicht mehr freisteht, sie zu bejahen *oder* zu verneinen. Ich sage, *offenbar* führt sie in eine solche Situation, denn anders läßt sich der Umstand nicht deuten, daß sogar der, der sie verneinte, sie nun bejahen muß. Daß es tatsächlich solche Regeln gibt, deren Befolgung ein Ergebnis hat, das man so charakterisieren kann, daß sich die Behauptung als wahr bzw. als falsch *erweist,* wäre freilich erst noch durch die tatsächliche Erklärung dieser Verifikationsregeln zu zeigen, und das habe ich bisher nicht getan. Bisher können wir nur sagen: daß die Befolgung der Verifikationsregel in eine solche Situation führt, zeigt sich daran, daß das Durchspielen der Verifikationsregel zur Folge hat, daß einer der beiden Kontrahenten sich gezwungen sieht, der Behauptung des anderen zuzustimmen. Die am Spielausgang stehende Behauptung hat also insofern einen ausgezeichneten Charakter, als man ihr in dieser Situation – am Spielausgang – nicht widersprechen kann, ohne sich dem Vorwurf auszusetzen, sie nicht zu verstehen. Ist es gleichwohl noch möglich, die am Spielausgang stehende Verwendung des assertorischen Satzes ihrerseits als Behauptung zu verstehen, wenn ich die Behauptung als Garantiehandlung bzw. als Eröffnungszug des Spiels definiere? Ich meine ja. Wir müssen den Grenzfall einer trivialen Garantiehandlung gelten lassen, bzw. den trivialen Fall, wo Eröffnungszug und Ergebniszug zusammenfallen.

Den Spielausgang weiterhin dadurch zu charakterisieren, daß man sagt, der Sprecher habe, wenn der Gegner ihm zustimmen muß, gewonnen und im anderen Fall verloren, scheint zunächst überflüssig zu sein, und wir werden erst in einem späteren Zusammenhang sehen, inwiefern diese Charakterisierung doch erforderlich ist. Zunächst können wir sagen, daß die Regeln dieses Spiels nicht so beschaffen sind, daß sie zu einem Spielausgang führen, der so charakterisiert ist, daß ein *Spieler gewonnen* oder *verloren* hat, sondern daß eine *Behauptung* sich als *wahr* oder *falsch* erweist. Genau so wird der Spielausgang im Spiel selbst von den Kontrahenten formuliert. Die durch die Spielregeln erzwungene Zustimmung des Gegners kommt zum Ausdruck in dem Satz »deine Behauptung hat sich als wahr, meine als falsch erwiesen«.

Dadurch sind eben die Verifikationsregeln von anderen Spielregeln unterschieden, und das macht ihren einzigartigen Charakter aus, daß es Rechtfertigungsregeln sind; das soll heißen: Regeln, deren Befolgung darüber entscheidet, ob die Äußerung des Sprechers oder die des Gegners richtig ist, wobei hier das Wort »richtig« eben den Sinn von »wahr« annimmt. Im Unterschied zu allen Regeln, von denen bisher die Rede war – Konditionalregeln, instrumentelle Regeln und Spielregeln anderer Art – ist es das Charakteristische der Rechtfertigungsregeln, daß die Richtigkeit der Handlung nicht einfach darin besteht, daß sie die Regel befolgt, sondern daß das richtige Befolgen der Regeln seinerseits erst zu einer Entscheidung darüber führt, ob die ursprüngliche Handlung richtig ist in dem absoluten, nicht mehr regelrelativen Sinn von »wahr«.

Als ich die Verwendung eines assertorischen Satzes in vorläufiger Weise so charakterisierte, daß diese Handlung darin besteht, die Garantie zu übernehmen für das Erfülltsein ihrer eigenen Wahrheitsbedingungen (eine Charakterisierung, die natürlich weiterhin gültig bleibt, nur unzureichend war), habe ich darauf hingewiesen, daß man, wenn es nur darum geht, jemandem die Bedeutung eines einzelnen Satzes zu erklären, und man voraussetzen kann, daß er weiß, daß es überhaupt ein assertorischer Satz ist, auch einfach sagen kann: die Bedeutung des Satzes wird erklärt, indem seine Wahrheitsbedingungen angegeben werden. Entsprechend kann ich auch jetzt sagen: da alle übrigen Aspekte des Ausweisungsspiels für alle assertorischen Sätze gleich sind, kann man, wenn es nur um die Erklärung der Bedeutung eines einzelnen Satzes geht und man voraussetzen kann, daß gewußt wird, daß es sich überhaupt um einen assertorischen Satz handelt, einfach sagen: die Bedeutung des Satzes wird erklärt, indem gezeigt wird, wie er verifiziert wird; einen assertorischen Satz verstehen, heißt, seine Verifikationsregel kennen.

Aber gerade dieser offenbar zentrale und für die Einzelerklärung maßgebende Aspekt der jetzt entwickelten Theorie ist bisher unausgeführt geblieben. Ich habe noch nicht gezeigt, wie eine Verifikationsregel erklärt wird. Doch darüber läßt sich nichts im allgemeinen sagen. Wie ein assertorischer Satz verifiziert wird, muß man für jede Form assertorischer Sätze getrennt zeigen. Weiter als bis zu dem bisherigen Ergebnis ist nicht zu kommen, solange man über assertorische Sätze im allgemeinen spricht. Ich wollte ja auch zunächst nur einen – notgedrungen hypothetischen – Vorbegriff der Verwendungsregeln assertorischer Sätze gewinnen als Grundlage für die anstehende Frage nach der Verwendungsregel der Glieder eines prädikativen Satzes als der elementarsten Form assertorischer Sätze (S. 230).

So würde es naheliegen, als nächstes die zurückgestellte Aufgabe der Klärung der Verwendungsregeln der Prädikate und singulären Termini in Angriff zu nehmen. Wenn die jetzt gewonnene Konzeption richtig ist, müßten die Verwendungsregel des singulären Terminus und die Verwendungsregel des Prädikats zusammen die Verifikationsregel des prädikativen Satzes ausmachen. Schon an diesem Umstand, daß die Verifikationsregel des prädikativen Satzes in zwei anderen Regeln fundiert ist, ist jedoch zu ersehen, daß die Aufklärung der Verifikationsregel gerade der prädikativen Satzform mit besonderen Schwierigkeiten behaftet sein wird. Bedenken Sie auch folgendes: wir sind bei der Widerlegung der These, daß die Verwendungsregel der assertorischen Sätze auf die Umstände bezogen ist, auf die eigentümliche Situationsunabhängigkeit der Verwendungsregel assertorischer Sätze gestoßen; es ist diese Situationsunabhängigkeit der Verwendung, die es ermöglicht, daß die Verwendung durch Regeln anderer Art, wie wir sie jetzt kennengelernt haben, bestimmt wird, und im besonderen ist diese Situationsunabhängigkeit offenbar konstitutiv dafür, daß man nicht nur das Wort »richtig«, sondern das Wort »wahr« verwenden kann: eine Behauptung ist ein für allemal wahr oder falsch. Diesen Aspekt in der Verwendung des Wortes »wahr« (bzw. der Verwendung assertorischer Sätze) habe ich bisher vorausgesetzt, nicht aufgeklärt. Wie sich diese Situationsunabhängigkeit konstituiert, müßte sich gerade bei der Aufklärung der Verwendungsregel der elementarsten Satzform zeigen, und ich habe auch schon angedeutet, daß es die Funktion der singulären Termini ist, diese Situationsunabhängigkeit zu ermöglichen (S. 210). Damit wird also die Aufklärung der Verifikationsregel der prädikativen Sätze noch zusätzlich belastet. Ich werde deswegen die Behandlung der Prädikate und singulären Termini erneut aufschieben, um zuerst an einfachen Fällen zu zeigen, wie die Bedeutung eines Satzes durch Angabe seiner Wahrheitsbedingungen und diese durch Vorführen der Verifikationsweise erklärt werden kann. Diese einfachen Fälle sind jene, wo die Wahrheit oder Falschheit einer Behauptung lediglich von der Wahrheit bzw. Falschheit anderer Behauptungen abhängt. Sätze, die so verwendet werden, sind die durch »und« und »oder« gebildeten komplexen Sätze sowie die sogenannten generellen Sätze. Die Erörterung dieser Satzformen wird zugleich Gelegenheit geben, die Unzulänglichkeiten der gegenstandstheoretischen Semantik noch von einer anderen Seite unter Beweis zu stellen.

Anmerkungen

1 Die Redundanztheorie wird gewöhnlich auf Ramsey zurückgeführt, vgl. Ramsey, »Facts and Propositions« (1927), in: Ramsey, *The Foundations*

of Mathematics, S. 142 f. Die Stelle ist auch abgedruckt in G. Pitcher (Hrsg.), *Truth*, ein Band, in dem mehrere Aufsätze der sich an Ramsey anschließenden Diskussion gesammelt sind.

2 *Metaph.*, IV 7, 1011 b 26 f.

3 Vgl. *Metaph.*, IX 10, 1051 b 2-5.

4 Vgl. Thomas v. Aquin, *Quaestiones Disputatae de Veritate,* quaestio 1, art. 1.

5 Vgl. z. B. Schelling, *System des Transzendentalen Idealismus,* § 1.

6 Searle, *Speech Acts,* 2. Kap. § 5. Dummett, *Frege,* 10. Kapitel; vgl. auch schon seinen Aufsatz »Truth«.

7 Vgl. auch *Tractatus,* 4.022.

8 Vgl. Tarski, *Der Wahrheitsbegriff in den formalisierten Sprachen.*

9 Vgl. 2. Kap. § 5.

16. Vorlesung

Die Vielzahl der semantischen Theorien, die ich auf dem Weg zur Gewinnung eines mir haltbar scheinenden Vorbegriffs von der Bedeutung eines assertorischen Satzes in den letzten beiden Stunden gestreift habe, mag eine gewisse Verwirrung hinterlassen haben, und es scheint mir erforderlich, bevor ich die Problematik, in die der Gedankengang der letzten Stunde ausmündete, aufnehme, eine Stunde der Rückbesinnung einzuschieben, um einige Bemerkungen über die Zusammenhänge und eine für das folgende wichtige Ergänzung nachzutragen.

I.

Ich habe die verschiedenen Thesen über die Bedeutung assertorischer Sätze (a.S.), die vorgekommen sind, zur Übersicht auf der Tafel angeschrieben.

(1) Einen a.S. versteht man, wenn man weiß, für welchen Sachverhalt er steht.

(2) Einen a.S. versteht man, wenn man weiß, unter welchen Umständen er zu verwenden ist.

(3) Einen a.S. versteht man, wenn man weiß, welches seine Wahrheitsbedingungen sind.

(4) Einen a.S. versteht man, wenn man weiß, welches seine Verifikationsregeln sind.

(5) Einen a.S. versteht man, wenn man weiß, welche Meinung der, der ihn verwendet, einem Hörer mitteilt.

(6) Einen a.S. versteht man, wenn man weiß, welche Behauptungshandlung ein Sprecher mit ihm vollziehen kann (illocutionary act theory).

(7) Einen a.S. versteht man, wenn man das Ausweisungsspiel kennt, dessen Eröffnungszug mit ihm vollzogen wird.

Das Auffallendste, sowohl an dem Gedankengang, wie er sich uns ergeben hat, als auch an fast allen wichtigen neueren Theorien, ist die zentrale Stellung, die auf einmal der Wahrheitsbegriff gewinnt. Sie könnten sagen: daß Aussagen wahr oder falsch sein können, hat man schon immer gewußt. Gleichwohl ist vor Frege niemand auf den Gedanken gekommen, die Bedeutung – den Sinn – eines Satzes durch seine Wahrheitsbedingungen zu bestimmen. Zwar wurde der ›Wirklichkeitsbezug‹ der Aussagen auch in der Tradition als Wahrheit verstanden, aber dieser Bezug blieb immer vorbestimmt als ein Bezug zu Dingen *(res)*, zu Seiendem. Erst wenn man sich primär an den Sätzen und nicht mehr an Namen orientiert, legt es sich nahe, vom möglichen Wahrsein des Satzes als dem primären Datum *auszugehen* und von ihm her sogar seine Bedeutung zu verstehen. Aber wie ist dieses nicht mehr gegenstandstheoretisch fundierte Wahrsein zu verstehen? Die Versuchung ist groß, den Wahrheitsbegriff jetzt einfach wieder als ungeklärten Grundbegriff vorauszusetzen wie in der Tradition den des Gegenstandes, und bei den meisten analytischen Philosophen geschieht das, sowohl bei denjenigen, die die Formel der Redundanztheorie bereits als Antwort statt als Ausgangspunkt der Frage nach dem Sinn von »wahr« aufgefaßt haben, wie auch bei denjenigen, die sich bei der Frage nach der Bedeutung eines assertorischen Satzes mit der auf der Tafel angeführten These (3) begnügt haben; diese beiden Auffassungen, die oft gemeinsam vertreten werden, widersprechen sich, denn daß das Wort »wahr« gemäß der Redundanztheorie eliminierbar sein soll, verträgt sich nicht mit der Auffassung, daß es für die Bestimmung der Bedeutung eines Satzes unentbehrlich ist.

Fragt man sich, ob es außer dem gegenstandstheoretischen Ansatz – der These (1) – und der Orientierung am Wahrheitsbegriff noch irgendwelche Alternativen gibt, so bietet der handlungstheoretische Ansatz gemäß (5) oder (6) sicher keine Alternative, da er entweder seinerseits auf den Wahrheitsbegriff rekurrieren muß oder in den gegenstandstheoretischen Ansatz zurückfällt. Die einzige Alternative scheint die Auffassung gemäß (2) zu sein, den Satz auf die Umstände der Verwendung zu beziehen. Die drei großen konzeptionellen Alternativen für das Verständnis des Wirklichkeitsbezugs eines Zeichens scheinen also zu sein 1) der Bezug auf einen Gegenstand, 2) der Bezug auf die Umstände der Verwendung, 3) der Bezug auf Wahrheit. Es ist freilich eine grobe Vereinfachung, hier von Alternativen zu sprechen. Wir werden noch sehen, daß ebenso, wie der gegenstandstheoretische Ansatz dem Wahrheitsbezug schon immer irgendwie Rechnung trug, auch der wahrheitstheoretische Ansatz den Bezug auf Gegenstände als eine notwendige Komponente in sich schließt.

Daß die These (2) hoffnungslos inadäquat ist, haben wir gesehen, und jetzt, nachdem wir den wahrheitstheoretischen Ansatz erreicht haben, können wir auch sehen, warum sie es ist. Trotz einer nicht ungefährlichen Zweideutigkeit, die das Wort »Umstände« dabei gewinnt, können wir die Thesen (2) und (3) in der Weise gegenüberstellen, daß nach (2) einen Satz verstehen, heißt, wissen, *unter welchen Umständen er zu verwenden ist,* nach (3) hingegen, wissen, *unter welchen Umständen er wahr ist.* Der Vertreter der These (2) sah sich genötigt, das, was wir jetzt als die Gründe für die Wahrheit einer Aussage erkennen können, als die Bedingungen umzudeuten, unter denen die Aussage verwendet wird. Warum das hoffnungslos war, läßt sich jetzt leicht sehen: Verwendungsgründe und Wahrheitsgründe sind etwas gänzlich Verschiedenes, und die Bedingung dafür, daß wir eine Aussage sinnvoll verwenden, ist nicht, daß wir Gründe für ihre Wahrheit *haben,* sondern nur, daß wir sie *kennen,* und das ist eben damit gemeint, daß wir wissen, welches ihre Wahrheitsbedingungen sind.

Gleichwohl hat die These (2), die falsch ist, der These (3), die richtig ist, methodisch etwas voraus. Sie entspricht der Forderung, der die These (3) nicht entspricht, daß die Bedeutung eines Ausdrucks in der Weise erklärt werden muß, daß seine Verwendungsweise erklärt wird. Der Satz von Wittgenstein, den ich als Grundsatz der analytischen Philosophie bezeichnet hatte, geht zwar nicht ganz so weit: er sagt nur, die Bedeutung sei das, was die Erklärung der Bedeutung erklärt; und man kann sagen, daß wir die Bedeutung eines Satzes erklären, indem wir seine Wahrheitsbedingungen angeben. Aber eine solche Erklärung kann doch solange nur zirkulär sein (S. 257), als man die Wahrheitsbedingungen nicht ihrerseits erklären kann, und das kann nur in der Weise geschehen, daß man zeigt, was man zu tun hat, um den Satz zu begründen, oder anders gesagt: indem man zeigt, wie man die Aussage verifiziert. Darin liegt gegenüber der These (3) der Vorzug der These (4), ein Vorzug, den man auch so beschreiben kann, daß die Rede von »wahr« sowohl im allgemeinen wie mit Bezug auf eine einzelne Aussage solange nichtssagend bleibt, als man das Wort »wahr« nicht seinerseits erklärt, und das kann man nur, indem man zeigt, wie man *erkennt,* daß eine Aussage wahr ist.

These (4) hat zwar gegenüber (3) den Vorzug, daß sie die Wahrheitsbedingungen durch eine Handlungsregel erklärt, aber sie zeigt noch nicht, inwiefern diese Handlungsregel die Verwendungsregel des Satzes selbst ist. Außerdem würde die Erklärung, die sie gibt, für den reduzierten Ausdruck »daß p« genauso gelten wie für den assertorischen Satz selbst, »p«. Für beide Ausdrücke gelten dieselben Wahrheitsbedingungen bzw. dieselbe Verifikationsregel, aber während man es, solange man nur »daß p« sagt, offenläßt, ob die Wahrheitsbedingungen erfüllt sind, ob die Befolgung der Verifikationsregel zum Erfolg führt, wird von dem, der den Satz »p« verwendet, behauptet, daß die Wahrheitsbedingungen erfüllt sind bzw. daß die Befolgung der Verifikationsregel zum Erfolg führt. Diesem Bedeutungsaspekt des Satzes wird erst die These (7) gerecht, in der ich die – an und für sich unbestimmte – These (6), daß ein assertorischer Satz die Funktion hat, zu einer Behauptung verwendet zu werden, so ausgeführt habe, daß sie ihren präzisen Sinn aus der Verbindung mit (4) und damit zugleich mit (3) gewinnt.

Erst auf der Grundlage von (7) wird verständlich, wieso mit der Verifikationsregel die Verwendungsregel des Satzes erklärt wird. Die Verwendungsregel geht zwar nicht in der Verifikationsregel auf – die Verwendungsregel ist die Regel, die die Verwendung über die Verifikationsregel auf den Spielausgang bezieht –, aber die Verifikationsregel ist doch diejenige Komponente der Verwendungsregel eines assertorischen Satzes, durch die sie sich von der Verwendungsregel eines anderen assertorischen Satzes unterscheidet. Vielleicht finden Sie es immer noch merkwürdig, daß die Regel, die die Ausweisung des Satzes betrifft, geradezu seine eigene Verwendungsregel sein soll. Was die Verwendung eines Satzes bestimmt, so könnten Sie sagen, ist doch nicht seine Verifikationsregel. Gewiß nicht. Aber die Verwendungsregel von etwas, was eine Funktion hat, ist eben nicht das, was seine Verwendung ›bestimmt‹, wenn das heißen soll, was die Verwendung motiviert oder sonstwie verursacht oder was bedingt, unter welchen Umständen es verwendet wird. Was wir unter dem Titel Verwendungsregel suchen, ist das, was wir jemandem erklären, wenn wir ihm die Verwendung eines sprachlichen Ausdrucks erklären; und wenn wir jemandem die Verwendung eines assertorischen Satzes erklären, erklären wir nicht, was die Anlässe, Umstände oder Motive der Verwendung dieses Satzes sind, sondern wir zeigen ihm, wofür der, der ihn verwendet, garantiert, und wie er das tut.

Ich fasse zusammen. These (1) begeht ein hysteron-proteron; (2) ist falsch, enthält aber einen wichtigen methodischen Ansatz; (3) und (4) sind richtig, aber unzureichend; (6) ist richtig, aber unbestimmt, und alle drei gehen in meiner These (7) auf. Bleibt (5), die These, die mit (7) insofern übereinstimmt, als auch sie davon ausgeht, daß die Verwendungsregel des assertorischen Satzes seine Funktion betrifft, diese Funktion jedoch als Mitteilungsfunktion versteht.

II.

Daß die These (5) unrichtig ist, weil sie bereits an Wittgensteins Grundsatz scheitert, haben wir schon gesehen (S. 234). Andererseits ist der Satz, daß A, wenn er gegenüber B »p« äußert, zu bewirken beabsichtigt, daß B meint, daß A meint, daß p, richtig; er müßte demnach, wenn (7) eine richtige Erklärung der Verwendungsregel von »p« ist, eine Konsequenz aus (7) sein, und ich muß daher die damalige Kritik an (5) von der inzwischen vorgelegten eigenen Auffassung her ergänzen, indem ich die beiden Auffassungen in ein positives Verhältnis zueinander setze.

Zunächst zur Terminologie: ich habe, was Grice's Rede vom Meinen *(vouloir dire)* betrifft, zwei Möglichkeiten: *Entweder* man versteht die Rede vom Meinen korrelativ zu der vom Verstehen (so daß man sagen kann, der Hörer versteht bzw. versteht nicht, was der Sprecher ›meint‹) – und das scheint der tatsächliche Sinn von »meinen« bzw. *»vouloir dire«* (und Engl. *»mean«*) im gewöhnlichen Sprachgebrauch zu sein –; dann ist es falsch, daß das, was ein Sprecher mit »p« sagen will, ist, daß er bewirken möchte usw.; das würde er vielmehr sagen wollen, wenn er sagte »ich möchte bewirken usw.«; was er mit »p« sagen will, ist behaupten, daß p. Das ist es, was der andere versteht. *Oder* ich schenke Grice sozusagen seine Terminologie; dann muß ich sagen, daß die Funktion eines assertorischen Satzes, bzw. die Absicht, mit der ein solcher verwendet wird, nicht die ist, mit ihm etwas zu meinen, sondern die, mit ihm etwas zu behaupten.

Nun zur Sache. Sowohl bei Grice wie bei meiner Deutung wird die Verwendung des Satzes intersubjektiv verstanden, aber bei Grice ist der Adressat Objekt einer beabsichtigten Wirkung, bei mir ist er Spielpartner. Das bedeutet 1) daß die Kommunikationshandlung bei Grice einseitig ist, während sie bei mir in sich wechselseitig ist: der Sprecher wendet sich an den Adressaten als an jemanden, der zu dem, was er sagt, Stellung nehmen kann, und diese Antizipation der Stellungnahme gehört zur Bedeutung des assertorischen Satzes (vgl. S. 243). Daraus folgt nun aber 2) daß bei meiner Deutung der Sprecher die Rolle des Adressaten in der für die

Durchführung des Ausweisungsspiels allein entscheidenden Funktion des Nein-Sagers ohne weiteres mitübernehmen kann; das Phänomen des mit sich selbst Sprechens bietet bei dieser Auffassung keine Schwierigkeit; auch wenn wir mit uns selbst sprechen, besteht die Verwendung eines assertorischen Satzes in einer Behauptung in dem beschriebenen Sinn. Nur diese Auffassung ermöglicht es, einerseits dem intersubjektiven Charakter der Rede Rechnung zu tragen und andererseits die absurde Konsequenz zu vermeiden, daß ein Satz im Selbstgespräch nicht dieselbe Bedeutung haben soll wie im Gespräch mit einem anderen.[1]

Andererseits muß nun wiederum ich zugeben, daß bei meiner Erklärung eine wesentliche Funktion der intersubjektiven assertorischen Rede bisher ausgefallen ist, eben ihre Mitteilungsfunktion. Wenn ich jemandem gegenüber einen Satz »p« äußere, tue ich das normalerweise nicht mit der Intention, ihn zu einem Ausweisungsspiel herauszufordern, sondern mit der Intention, ihm mittels meiner Behauptung *mitzuteilen* (in bestimmter Weise zu bewirken, daß er glaubt), daß p, oder mindestens, daß ich glaube, daß p. Auch wenn meine These richtig ist, daß die Mitteilungsfunktion nicht zur Bedeutung des Satzes gehört, muß ich diese Funktion doch verständlich machen können. Da in der Formulierung der Mitteilungsfunktion offenbar die Rede von einem Meinen oder Glauben, daß p, wesentlich ist, müssen wir uns zuerst fragen, was unter Glauben zu verstehen ist und in welcher Beziehung es zum Behaupten steht.

Ich bin nicht in der Lage, eine Definition von »Glauben« zu geben, und ich wüßte auch nicht, daß es eine befriedigende Erklärung dieses Wortes gibt. Eine Hauptschwierigkeit besteht darin, daß wir auch bei Wesen, die nicht sprechen, und auch bei uns selbst in Zusammenhängen, in denen wir nicht sprechen, also einen Ausdruck »p« oder »daß p« nicht verwenden, von einem Glauben, daß p, sprechen. Mit »Glauben« wird – wie zuerst von Peirce hervorgehoben wurde[2] – eine Handlungsdisposition angesprochen; wir sagen von einem Wesen, daß es glaubt, daß p, wenn es in seinen Handlungen dem Umstand Rechnung trägt, daß p. Man kann das auch so umschreiben, daß man sagt, es baut darauf oder verläßt sich darauf, daß p, es geht in seinen Handlungen davon aus, daß p. Das Glauben ist die kognitive Disposition, die zusammen mit den voluntativen oder triebhaften Dispositionen das intentionale Handeln bestimmt, wobei ich schon darauf hingewiesen habe (S. 236), daß es vor der Verwendung von Sätzen keine Handlung gibt, in denen sich diese Disposition für sich zeigt (und deswegen bleibt es natürlich auch immer eine Beschreibung von außen, wenn wir mittels des auf einen Satz verweisenden Ausdrucks »daß p« von einem Glauben eines Tieres sprechen).

Gegenüber diesem weiten Begriff des Glaubens läßt sich ein engerer Glaubensbegriff, bei dem wir zur terminologischen Abhebung von einem *Meinen* sprechen können,[3] etwa so definieren: A meint, daß p = Def. wenn A vor die Frage »p oder nicht-p?« gestellt wird und wenn er keine über den Spielausgang hinausgehenden Absichten hat, behauptet er, daß p. Mit diesem Begriff ist also die Tendenz oder Bereitschaft einer Person angesprochen, für die Wahrheit der Behauptung, daß p, zu garantieren, *sofern* sie keine über den Spielausgang hinausgehenden Absichten hat. Diese einschränkende Klausel kann man auch so formulieren: »sofern die Sprechhandlung der Person nur von der Absicht bestimmt ist, daß das Spiel für sie positiv ausgeht, d. h. also von der Absicht, das Spiel zu gewinnen«. Hier also sehen wir uns nun doch genötigt, vom Verlieren und Gewinnen des Spiels zu sprechen, und zwar deswegen, weil es um die Frage der Motivation geht, die eine oder andere Partie zu übernehmen bzw. sich zu enthalten. Von dieser Frage habe ich in der vorigen Stunde bei der Beschreibung des Ausweisungsspiels abgesehen und konnte das auch tun, weil man jemandem das Spiel erklären kann, ohne auf die Frage der Motivation, auf der einen oder anderen Seite mitzuspielen, Bezug zu nehmen. Ich habe in der letzten Stunde gesagt, daß der Spielausgang nicht dadurch charakterisiert ist, daß ein Spieler gewinnt oder verliert, *sondern* dadurch, daß eine Behauptung sich als wahr oder falsch erweist (S. 261). Das bedeutet aber, daß, *wenn* wir jetzt das Spiel aus der Perspektive der Absichten der Spieler bzw. ihrer Bereitschaft, den einen oder anderen Part zu übernehmen, betrachten, die Absicht, das Spiel zu gewinnen, ebensogut bestimmt werden kann als Wahrheitsintention, d. h. der Sprecher beabsichtigt, einer Behauptung zuzustimmen, die wahr ist.[4] Man kann diese Absicht bei der Verwendung eines assertorischen Satzes, die nur auf den positiven Ausgang des Ausweisungsspiels geht, als rein theoretische Absicht bezeichnen, und es ist diese rein theoretische Absicht, die durch die einschränkende Klausel »wenn er keine über den Spielausgang hinausgehenden Absichten hat« in die vorhin angegebene Definition des Meinens eingeht. Das Meinen ist ebenso wie vorher das Glauben als eine bestimmte Handlungsdisposition definiert, aber die Handlung besteht jetzt nur in der Verwendung eines assertorischen Satzes in der vorhin charakterisierten rein theoretischen Absicht, und man kann diese Handlung insofern als eine rein theoretische Handlung bezeichnen. Auf diese Bezeichnungen kommt es natürlich nicht an; worauf es aber ankommt, ist, daß mit dem so definierten Meinen eine Glaubensdisposition gegeben ist, die eine für sich isolierbare kognitive Disposition darstellt; während der vorher erörterte weite Glaubensbegriff für eine kognitive Disposition steht, die nur extrapolierbar ist als eine Komponente neben voluntativen Dispositionen zur Erklärung von absichtlichen Handlungen, kann man bei der Disposition des Meinens insofern von einer rein kognitiven Disposition sprechen, als die Handlungen, in denen sie sich manifestiert, nur von der Intention auf Wahrheit bestimmt sind.

Gleichwohl läßt sich nun das so definierte Meinen – also das assertorische Glauben – unter den vorhin beschriebenen weiten Glaubensbegriff subsumieren: wer unter gegebenen Umständen ohne Rücksicht auf weitere Absichten eine Tendenz hat zu behaupten, daß p, wird auch in seinen Handlungen damit rechnen, daß p. Hingegen gilt nicht, daß A, immer wenn er glaubt, daß p, auch meint, daß p. Doch gilt natürlich die Kontraposition des vorigen Satzes: wenn er nicht glaubt, daß p, dann meint er auch nicht, daß p, und deswegen kann man jemanden aufgrund seiner Handlungen der Unwahrhaftigkeit seiner assertorisch geäußerten Meinungen überführen.

Doch wäre es falsch, Handlungen und sprachliche Äußerungen ununterschieden als Manifestationen *einer* Glaubensdisposition anzusehen. Die durch die vorhin versuchte Definition umrissene rein kognitive Disposition des Meinens ist eine eigenständige Disposition, deren Definition den Begriff des Behauptens enthält und die durch den dadurch gegebenen Zusammenhang mit dem Ausweisungsspiel bestimmte differenzierende und kontrastive Aspekte gewinnt, die zum nichtassertorischen Glauben nicht gehören. 1) Während man bei jedem Glauben von seinen Ursachen sprechen kann, haben Meinungen auch Gründe. Man könnte sogar versucht sein, die von mir gegebene Definition durch folgende zu ersetzen: A meint, daß p = Def. A erwartet, daß sich die Behauptung, daß p, als wahr erweisen läßt. Das von mir gegebene Definiens wäre dann die Folge des jetzt gegebenen Definiens. Als Definition wäre dieser Vorschlag jedoch zirkulär, da »erwartet« nur ein anderes Wort für »meint« ist. 2) Die Bereitschaft, zu behaupten, daß p, gründet in einer expliziten oder impliziten Entscheidung zwischen der Behauptung, daß p, und der Behauptung, daß nicht p; zur Meinung gehört daher im Unterschied zum nichtassertorischen Glauben der Kontrast zu der Möglichkeit der Unentschiedenheit bzw. des Zweifels, ob die Behauptung, daß p, wahr oder falsch ist. Auch der Zweifel betrifft die Begründbarkeit der Behauptung. 3) Verbindet sich auf der anderen Seite der Skala die Meinung mit dem Bewußtsein der Unbezweifelbarkeit und d. h. der vollständigen Ausgewiesenheit des Fürwahrgehaltenen, so sagt der Betreffende von sich nicht nur, daß er meint, daß p, sondern daß er weiß, daß p. Wir machen zwar auch beim nichtassertorischen Glauben (z. B. von Tieren) einen Unterschied zwischen Glauben und Wissen. Das ist dann aber wiederum ein weiterer Begriff von Wissen, wonach Wissen ein richtiger Glaube ist; die klassische Bestimmung des Wissens als eine Meinung, die nicht nur wahr, sondern auch ausreichend begründet ist,[5] paßt natürlich nur auf den assertorischen Glauben.

Wenn wir nun zu der Frage nach dem Verhältnis zwischen Behaupten, Glauben, Mitteilen und der Bedeutung eines assertorischen Satzes zurückkommen, so können wir uns offenbar, was das Glauben betrifft, auf den engeren Begriff des assertorischen Glaubens, also des Meinens beschränken.

Ich beginne mit dem Zusammenhang zwischen Meinen und Behaupten. Durch die Definition von »Meinen«, die ich gegeben habe, ist dieser Zusammenhang in bestimmter Weise festgelegt, und wir können nun die Angemessenheit dieser Definition an der Art und Weise prüfen, wie sich die assertorische Rede selbst ausspricht. Offenbar kann der Hörer die Behauptung des Sprechers so aufnehmen, daß er sagt: »Er behauptet, daß p, aber er meint nicht, daß p«, andererseits kann der Sprecher selbst nicht sagen »p; aber ich meine nicht, daß p«. Searle hat versucht, diesen Zusammenhang, daß es nicht möglich ist, zu behaupten, daß p, und gleichzeitig offen zuzugeben, daß man nicht meint, daß p, als eine der Regeln des Behauptens bzw. der Verwendung eines assertorischen Satzes aufzufassen. Aber der Zusammenhang dieser Regel – die er als *sincerity-rule* bezeichnet – mit der bei ihm ohnehin unbefriedigend ausgeführten Hauptregel *(essential rule)*, an deren Stelle ich die These (7) gesetzt habe, bleibt unklar, und dieser Zusammenhang muß natürlich unklar bleiben, solange man nicht eine klare Entscheidung vornimmt, das Meinen im Rekurs auf das Behaupten zu definieren oder umgekehrt. Der Synkretismus von Searles Theorie erreicht hier seinen Höhepunkt. Einerseits wird die Sprechhandlung, die in der Verwendung des assertorischen Satzes besteht, als Behauptung charakterisiert und durch die *essential rule* bestimmt, andererseits soll die Verwendung eines Satzes »p« darin bestehen, daß der Sprecher die ›Verantwortung‹ dafür übernimmt, daß er meint, daß p, *ohne* daß Searle über den Sinn von »meinen« weiter ein Wort verliert.

In Wirklichkeit gibt es hier ein klares Entweder-Oder. *Entweder* man definiert das Behaupten – die Verwendung eines assertorischen Satzes – im Rekurs auf das Meinen, etwa so: »ein Satz ›p‹ wird verwendet, um der Meinung, daß p, Ausdruck zu geben«, eine Definition, gegen die nichts einzuwenden wäre, wenn es nur möglich wäre, nun eine Erklärung des Wortes »meinen« *und* der Bedeutung des Ausdrucks »daß p« zu geben, die nicht auf die durch das Ausweisungsspiel definierte Verwendungsregel des Satzes »p« zurückgreifen müßte. *Oder* man geht davon aus, daß dies nicht möglich ist, und definiert, wie ich es getan habe, umgekehrt das Meinen im Rekurs auf das Behaupten. Daß man, wenn man den Satz »p« verwendet, zum Ausdruck bringt, daß man meint, daß p, oder anders formuliert: nicht offen zugeben kann, daß man nicht meint, daß p, gründet nun nicht in der Verwendungsregel von »p«, sondern müßte sich aus der Bedeutung von »meinen« ergeben, so wie dieses Wort vorhin von mir definiert wurde, und daß es sich aus dieser Definition in der Tat ergibt, ist leicht zu sehen. Wenn nämlich jemand behauptet, daß p, also dafür garantiert, daß es wahr ist, daß p, kann er nicht gleichzeitig offen zugeben, daß es dabei nicht seine Absicht ist, etwas zu behaupten, was wahr ist. Wer behauptet, daß p, ohne zu meinen, daß p, vollzieht den Eröffnungszug des Ausweisungsspiels ohne die Absicht, das Spiel zu gewinnen; sein Eröffnungszug ist der Eröffnungszug desjenigen, der diesen Eröffnungszug mit der Absicht, das Spiel zu gewinnen, gewählt hätte, und das können wir aufgrund der Definition des Meinens auch so formulieren: er bringt mit seiner Behauptung eine Meinung zum Ausdruck, die nicht die seine, sondern die desjenigen ist, der dasselbe behauptet mit der Absicht, etwas Wahres zu behaupten, und d. h. er täuscht sein Gegenüber (über seine Spielabsicht und d. h.) über seine Meinung.

Aber was bedeutet das nun für die Behauptungshandlung? Sehen wir uns die Sache aus der Perspektive des Hörers an. Wenn dieser merkt, daß der Sprecher nicht meint, was er behauptet, so heißt das für den Hörer, daß der Spieler seinen Zug ohne Gewinnabsicht vollzogen hat, gleichwohl hat er einen Zug getan, der seinen Stellenwert mit Bezug auf den Spielausgang hat unabhängig von der Gewinnabsicht des Spielers; anders formuliert: es heißt für den Hörer, daß der Sprecher nicht hinter seiner Behauptung steht, gleichwohl hat er die Behauptung aufgestellt; der Hörer wird nun zwar den Sprecher nicht ernst nehmen, kann aber gleichwohl die Behauptung ernst nehmen. Ob der Sprecher hinter seiner Behauptung steht oder nicht, ist zwar für den Hörer für die Frage wichtig, welches Gewicht er der Äußerung des Sprechers gibt, dieser Umstand gehört aber nicht zur Verwendungsregel des Satzes, die durch den Spielausgang definiert ist.

Hier zeigt sich eine eigentümliche Unabhängigkeit des Spiels von den Spielern, die ich schon in der vorigen Stunde dadurch gekennzeichnet habe, daß der Spielausgang nicht so charakterisiert ist, daß ein Spieler gewonnen oder verloren hat, sondern so, daß eine Behauptung sich als wahr oder falsch erweist. Entsprechendes gilt für den Eröffnungszug. Ein und derselbe Zug kann in diesem Spiel von mehreren Personen vollzogen werden, ein und dieselbe Garantie von mehreren übernommen werden. Wenn einer von Ihnen mir sagt »draußen wartet ein Mann auf Sie« und wenn gleich darauf ein anderer denselben Satz verwendet, so werde ich sagen »ich habe es schon gehört; warum sagen Sie es noch einmal?« Hingegen würden mir natürlich nicht beide dasselbe zu verstehen geben, wenn der eine sagen würde »ich glaube, draußen wartet ein Mann« und der andere hinzufügen würde »auch ich glaube es«. Die *eine Behauptung* würde dadurch für mich an Gewicht gewinnen. Was durchstrichen wird, wenn jemand offen zugibt, daß er nicht meint, was er behauptet, ist nicht die Behauptung, die Garantie, sondern die dispositionelle Partizipation dieses Individuums an der Garantie.

Nachdem jetzt der Zusammenhang zwischen Behaupten und Meinen geklärt ist und klargestellt ist, daß der Rekurs auf das Meinen für die Erklärung der Bedeutung eines assertorischen Satzes nicht erforderlich ist, sondern die umgekehrte Abhängigkeit besteht, müssen wir uns nun fragen, wie sich von hier aus die von Grice hervorgehobene Mitteilungsfunktion verstehen läßt. Was ich bisher über den Zusammenhang zwischen Behaupten und Meinen gesagt habe, gilt ohne weiteres auch für das Sprechen zu sich selbst, wobei dann trivialerweise die Möglichkeit entfällt, daß jemand etwas behauptet, was er nicht für wahr hält. In jeder monologischen Verwendung eines assertorischen Satzes äußert sich eine Meinung der Person, und in dem Umstand, daß alles Meinen immer auch ein Glauben im weiten Sinn dieses Wortes ist, gründet die praktische Bedeutung des assertorischen Selbstgesprächs.

Es mag merkwürdig scheinen, daß meine Beschreibung der Verwendungsregeln der Sätze, obwohl sie von der intersubjektiven Verwendungssituation ausging, den Mitteilungsaspekt bisher noch nicht enthält. Es ist wichtig sich klarzumachen, woran das liegt. Wenn man jemandem erklärt, wie ein assertorischer Satz verwendet wird, wird vorausgesetzt, daß der Partner eine *beliebige* Person ist, sofern sie nur dieselben Verwendungsregeln kennt. Genauso wird, wenn jemandem die Regeln des Schachspiels erklärt werden, vorausgesetzt, daß sein Partner eine beliebige Person ist, die dieselben Spielregeln kennt. Diese Beliebigkeit des Partners ist ein (nicht der einzige) Grund dafür, daß man das Ausweisungsspiel auch mit sich alleine spielen kann (Schach kann man nicht mit sich alleine spielen). Zu verstehen, wie ein Satz zu einer *Mitteilung* zu verwenden ist, enthält insofern mehr als das Kennen der Verwendungsregeln, als die Mitteilung immer eine Mitteilung an *bestimmte*, nicht beliebige Personen ist. Wenn ich von einer bestimmten Person bei einer bestimmten Gelegenheit verstanden werden will, muß ich zusätzlich zu der Absicht, zu behaupten, daß p, auch beabsichtigen zu bewirken, daß diese Person merkt, daß ich behaupte, daß p. Genauso muß ich, wenn ich mit einer Person Schach spiele und einen bestimmten Zug tue, zusätzlich zu der den Zug leitenden und auf den Spielausgang bezogenen Absicht beabsichtigen zu bewirken, daß der Partner merkt, daß ich diesen bestimmten Zug getan habe. Diese Hilfsabsicht wird – im assertorischen Spiel wie im Schachspiel – erreicht, indem der Spieler a) dafür sorgt, daß der Partner wahrnimmt, welches Zeichen er verwendet, und b) – unter der Voraussetzung, daß es mehrere Zeichen oder Zeichensysteme für dieselbe Spielhandlung gibt – ein Zeichen oder Zeichensystem (eine Sprache) wählt, das (d. h. dessen Regeln) dem Partner bekannt ist. Diese kommunikativen Voraussetzungen: daß die Partner von sich wechselseitig wissen, daß sie dieselben Zeichen nach denselben Regeln verwenden, und daß sie die Zeichen so verwenden, daß jeder merkt, welches Zeichen der andere verwendet, gehören aber bei den sprachlichen Zeichen ebensowenig zu den Verwendungsregeln, die wir erklären, wenn wir ihre Bedeutung erklären, wie bei sonstigen Spielzeichen.

Wenn ich im Wahrnehmungsbereich von jemandem einen assertorischen Satz »p« verwende, dessen Regeln er kennt, *weiß* er, daß ich behaupte, daß p. Wenn ich jedoch Anlaß habe zu beabsichtigen, daß der andere weiß, daß ich behaupte, daß p, habe ich immer auch Anlaß zu beabsichtigen, daß er meint, daß ich ernsthaft behaupte, daß p, und d. h. daß ich meine, daß p. Ich kann freilich nicht erreichen, daß er weiß, daß ich meine, daß p; da jedoch meistens jemand, der behauptet, daß p, auch meint, daß p, hat mein Partner, wenn er weiß, daß ich behaupte, daß p, auch einen Grund zu meinen (wenn auch keinen ausreichenden Grund zu wissen), daß ich meine, daß p. Und da wiederum meistens, wenn jemand meint, daß p, seine Meinung mehr oder weniger gut begründet ist, hat mein Partner, wenn er weiß, daß ich behaupte, daß p, auch einen Grund, seinerseits zu meinen, daß p, und so kann man jemandem dadurch, daß man dafür sorgt, daß er merkt, daß man behauptet, daß p, *mitteilen, daß p.* Es ist jedoch für das, was hier Mitteilung heißt, nicht nur konstitutiv, daß – worauf im wesentlichen die Erklärung von Grice hinausläuft – beabsichtigt wird, mittels *konventioneller Regeln* zu bewirken, daß der Hörer etwas glaubt, sondern daß beabsichtigt wird, mittels einer *Behauptung* zu bewirken, daß er etwas meint, und d. h. daß die Mitteilung ihrem Sinn nach der Möglichkeit der Verneinung und damit des Zweifels ausgesetzt ist und also in ein potentielles Wechselgespräch gehört; die Wirkung wird nur dadurch und in dem Maß erreicht, als der Partner die Behauptung des anderen für begründet hält.

III.

Ich schließe damit die Auseinandersetzung mit der These (5) ab und möchte jetzt noch auf eine Schwierigkeit hinweisen, die Ihnen wahrscheinlich schon seit langem störend aufgefallen ist und die mir die Gelegenheit zu einigen Ergänzungen bietet. Schon als ich auf die Ja/Nein-Reaktion des Hörers aufmerksam machte, erschien es unvermeidlich zu sagen: es ist da *etwas,* was bejaht oder verneint wird, und noch eindeutiger war das, als dieselbe Reaktion in der Äußerung »*das* ist wahr/falsch« zum Ausdruck kam. Zu demselben verhalten sich auch die übrigen Stellungnahmen, und das war es auch, von dessen Wahrheitsbedingungen nachher die Rede war. Zeigt sich hier nicht, so werden Sie sich gefragt haben, eine gegenständliche Komponente in meiner eigenen Auffassung? Zweifellos ist das der Fall. Wir müssen uns fragen, 1) wie wir dieses Gegenständliche aufzufassen haben und 2) inwiefern ich gleichwohl beanspruchen kann, daß der Rekurs darauf nicht einen Rückfall in den gegenstandstheoretischen Ansatz darstellt.

Ich habe das, *was* wahr oder falsch ist, in Anlehnung an den üblichen Sprachgebrauch als ›die Behauptung‹ bezeichnet. Man könnte daher zunächst meinen, das Gegenständliche, auf das wir hier gestoßen sind, das, was wahr oder falsch ist, sei die Sprechhandlung – die Verwendung des assertorischen Satzes –, denn diese habe ich ja als Behauptung bezeichnet. Nun können wir uns aber leicht klarmachen, daß der Ausdruck »die Behauptung« mehrdeutig ist und daß ich ihn auch tatsächlich mehrdeutig verwendet habe:[6] 1) können wir eine einzelne Behauptungshandlung als *eine Behauptung* bezeichnen, 2) sprechen wir gewöhnlich so, daß wir sagen, jemand hat *eine Behauptung* wiederholt bzw. mehrere Leute haben *dieselbe* Behauptung gemacht. Wir haben schon vorhin gesehen, daß das Ausweisungsspiel von solcher Art ist, daß derselbe Eröffnungszug von mehreren Personen vollzogen werden kann. Sowohl mit (1) wie mit (2) ist die *Behauptungshandlung* gemeint, aber wir müssen offensichtlich unterscheiden zwischen dem Handlungsereignis und dem Handlungstyp. Dieser Unterscheidung entspricht eine analoge Unterscheidung auf seiten des Zeichens: wenn ein assertorisches Zeichen »p« – oder irgendein anderes Zeichen – mehrmals vorkommt oder mehrmals verwendet wird, können wir sagen, es sind mehrere Zeichen (Sätze), nämlich mehrere physikalische Vorkommnisse derselben Struktur; wir können aber auch sagen (und das ist die normalere Redeweise), daß es *ein* Zeichen ist, das mehrmals vorkommt, mehrmals verwendet wird. Im Anschluß an Peirce wird im Englischen das Zeichenvorkommnis *sign-token* genannt, und das eine Zeichen, das mehrmals vorkommt, *sign-type.* Es ist klar, daß wir, wenn wir nach der *Regel* der Verwendung eines Zeichens fragen, immer das Zeichen im Sinn des Zeichentyps meinen. Die vorhin genannte Zweideutigkeit in der Rede von der Behauptungshandlung entspricht ziemlich genau dieser Zweideutigkeit in der Rede vom Zeichen.

Nun müssen wir aber noch eine weitere Zweideutigkeit in der Rede von ›der Behauptung‹ unterscheiden. Wir hatten gesehen, daß man den Satz »diese Behauptung ist wahr« ohne weiteres so ergänzen kann »die(se) Behauptung, daß p, ist wahr«. Dürfen wir dann noch sagen, daß das, was mit »der Behauptung, daß p« gemeint ist, die Behauptungshandlung (im Sinn des Handlungstyps) ist? Wir müssen offenbar unterscheiden zwischen *der Behauptung* im Sinn des *Behauptens* (der Behauptungshandlung, sei es als Handlungstyp, sei es als Handlungsereignis) und *der Behauptung* im Sinn dessen, was behauptet wird, und es ist erst die Behauptung in diesem dritten Sinn – im Sinn des Behaupteten –, die dasjenige ist, was wir als wahr oder falsch bezeichnen. Die eben angezeigte Unterscheidung entspricht nicht nur dem Sprachgebrauch (wir sagen nicht von der Sprechhandlung, daß sie wahr oder falsch sei), sondern sie entspricht einer Unterscheidung, die sich uns bei der Beschreibung der Behauptung als Garantiehandlung ergeben hat: Wer einen Satz »p« verwendet, gibt mit der Verwendung dieses Zeichens 1) an, wofür er garantiert, und 2) garantiert er dafür. Diese Unterscheidung ist eine notwendige, weil es möglich ist, zu dem, *was* der, der den Satz »p« verwendet, behauptet – also zu dem, wofür er garantiert – auch anders Stellung zu nehmen als so, daß man dafür garantiert; man kann behaupten, daß es – dasselbe, was er behauptet – falsch ist oder zweifelhaft usw. Die Behauptungshandlung, die jemand vollzieht, wenn er den Satz »p« verwendet, besteht also darin, daß sie *etwas* behauptet und d. h. zu demselben in einer Weise Stellung nimmt, zu dem man auch anders Stellung nehmen kann, zu dem man aber auch genauso Stellung nehmen kann.

Darin liegt: zur assertorischen Rede gehört, weil das Ja/Nein auf Wahrheit bezogen ist, eine ursprüngliche Beziehung auf Identifizierbares und d. h. eben auf Gegenstände. Betrachtet man die assertorische Rede in Abhebung zu einer primitiveren, umstandsbezogenen Sprache, so ist es das Charakteristische der assertorischen Rede, daß sie auf Wahrheit bezogen ist und *deswegen* gegenstandsbezogen ist, und deswegen muß man sagen, daß die primären Gegenstände der assertorischen Rede – diejenigen, auf die sie qua assertorische Rede bezogen ist – die sind, von denen prädiziert werden kann, daß sie wahr oder falsch sind.

Die Gegenstände, auf die wir hier unter dem Titel »das, was behauptet wird« stoßen, sind natürlich dieselben, denen wir schon früher mit der Bezeichnung »Sachverhalte« bzw. »Gedanken« oder »Propositionen« begegnet sind (S. 62). Man behandelt gewöhnlich die Problematik dieser Gegenstände, die wahr oder falsch sein können, in Abhebung gegen die als unproblematisch vorausgesetzten raumzeitlichen Gegenstände. Ein solches Vorgehen ist innerhalb einer begrenzten Problemstellung insofern berechtigt, als raumzeitliche Gegenstände in Raum und Zeit identifizierbar sind, während ein Sachverhalt daß p nur in der Weise identifizierbar ist, daß wir sagen: es ist dasjenige, was behauptet wird, wenn man den Satz »p« verwendet. Obwohl – wie sich bei der Analyse der Verwendungsregel der assertorischen Sätze in der letzten Stunde gezeigt hat – die Rede über Gegenstände, die wahr oder falsch sein können, mit der Verwendung assertorischer Sätze gleichursprünglich ist, setzt also die Identifizierung eines solchen Gegenstandes *daß p* das Verstehen der Verwendungsregel des entsprechenden Satzes »p« voraus, und darin liegt die Differenz zur gegenstandstheoretischen Position. (Für die Erklärung der Verwendungsregel des Satzes braucht auf den Gegenstand daß p nicht Bezug genommen zu werden, vgl. oben, S. 259).

Die eben gegebene Erklärung des ontologischen Status eines Sachverhaltes: daß ein Gegenstand daß p identifiziert wird als dasjenige, was behauptet wird, wenn der Satz »p« verwendet wird, kann freilich noch nicht befriedigen, sondern nur die Richtung anzeigen, in der wir zu fragen haben. Denn die Erklärung, so wie sie dasteht, ist eigentümlich ungreifbar und lädt zu der weiteren Frage ein: was ist das denn, was behauptet wird, wenn der Satz »p« verwendet wird? Ich nehme damit eine Frage auf, die ich in den einleitenden Überlegungen zur formalen Semantik offengelassen habe (S. 63).

Die einfachste und greifbarste Antwort auf diese Frage wäre: es ist der Satz selbst, natürlich im Sinn des Satz-Typus. In diesem Fall wäre also dasjenige, was als wahr oder falsch bezeichnet wird und worauf sich die Stellungnahmen beziehen, der Satz. Diese Auffassung wäre nicht nur einfach, sie scheint auch von einer verbreiteten semantischen These, auf die auch ich zurückgegriffen habe, vorausgesetzt zu werden. Ich meine die an der Tafel stehende These (3) (oben, S. 265). Wenn wir die Bedeutung eines Satzes nur erklären können, indem wir seine Wahrheitsbedingung angeben, so heißt das ja, daß es die Sätze sind, die Wahrheitsbedingungen haben, daß also die Sätze es sind, die wahr oder falsch sein können. Diese Auffassung, daß der sogenannte Wahrheitsträger der Satz ist, müßte freilich mindestens dahingehend eingeschränkt werden, daß es der

Satztypus ist, *sofern* er in einer bestimmten Weise verwendet wird. Wenn derselbe Satz (z. B. als Satz einer anderen Sprache) anders verwendet würde, hätte er ja andere Wahrheitsbedingungen. Der Sachverhalt wäre also der Satz-in-einer-bestimmten-Verwendungsweise; daher würde, was ich vorhin allgemein behauptet habe, auch nach dieser Auffassung gelten: die Identifizierung des Sachverhaltes setzt das Verstehen der Verwendungsregel voraus, gründet also im Verstehen der Bedeutung.

Gleichwohl ist diese Auffassung, der Sachverhalt sei der Satz, auch mit der angegebenen Einschränkung nicht zu halten. An der Oberfläche spricht gegen diese Identifizierung von Satz und Sachverhalt natürlich schon der Sprachgebrauch. Wir verwenden zwar im Deutschen im Unterschied zu anderen Sprachen das Wort »Satz« in beiden Bedeutungen, sowohl für den Satztyp wie für das mittels eines Satztyps Behauptete; daß es sich dabei aber um zwei Bedeutungen handelt, zeigt sich daran, daß wir verschieden ergänzen: auf der einen Seite sprechen wir vom Satz »p«, auf der anderen vom Satz, daß p. Was steckt hinter dieser Oberflächendifferenz?

Zunächst kann man sich leicht klar machen, daß nicht nur – worauf ich vorhin aufmerksam machte – derselbe Satz für verschiedene Sachverhalte stehen kann, wenn er nämlich nach verschiedenen Regeln verwendet wird, sondern daß auch verschiedene Sätze für denselben Sachverhalt stehen, wenn sie nach derselben Regel verwendet werden, also dieselbe Bedeutung haben. Wenn wir sagen »Kopernikus behauptete, daß die Erde sich um die Sonne dreht«, so meinen wir nicht, daß er den deutschen Satz »die Erde dreht sich um die Sonne« verwendete, sondern irgendeinen Satz, der mit diesem Satz bedeutungsgleich ist. Die Identitätskriterien für den Sachverhalt daß p und für den Satz »p« überschneiden sich also. Gleichwohl könnte man, wenn das alles wäre, noch daran festhalten, daß auch der Sachverhalt daß p – wie der Satztypus »p« – etwas ist, mit Bezug worauf wir viele Satzvorkommnisse als *einen Satz* identifizieren: beim Satztypus ist das vereinheitlichende Prinzip die Form des Laut- oder Schriftgebildes, beim Satz daß p ist es die Verwendungsregel. Diese Auffassung liefe darauf hinaus, die Identitätskriterien für Sachverhalte mit den Identitätskriterien der Verwendungsregeln und d. h. der Bedeutungen der Sätze gleichzusetzen. Und das heißt: der Sachverhalt daß p wäre die Bedeutung von »p«. Nun haben wir schon früher gesehen (S. 157), daß diese Auffassung nicht stimmen kann, weil dem Sachverhalt daß p der

Behauptungsmodus fehlt, der zur Bedeutung von »p« gehört und der bei dem Ausdruck »daß p« gerade erst durch die Ergänzung »ist wahr« hinzukommt.

Außerdem scheitert die Auffassung, daß der Sachverhalt daß p die Bedeutung des Satzes »p« ist, an den Sätzen, die deiktische Ausdrücke enthalten. Hier können wir nicht mehr sagen, daß alle Satzvorkommnisse, die dieselbe Bedeutung haben, für einen Satz daß p stehen, weil Satzvorkommnisse mit ein und derselben Bedeutung, je nachdem, in welcher Situation (von welchem Sprecher, zu welcher Zeit) sie verwendet werden, verschiedene Wahrheitsbedingungen haben und Satzvorkommnisse mit verschiedenen Bedeutungen je nach der Verwendungssituation dieselben Wahrheitsbedingungen. Die beiden Satzvorkommnisse »ich habe jetzt Hunger« und »Sie haben gestern Hunger gehabt« haben nicht dieselbe Bedeutung, aber haben dieselben Wahrheitsbedingungen bzw. stehen für denselben Sachverhalt, daß ich jetzt Hunger habe, *wenn* der erste Satz jetzt von mir und der zweite morgen von Ihnen verwendet wird.

Die Berücksichtigung der deiktischen Ausdrücke stellt nicht nur den Versuch in Frage, den Wahrheitsträger in irgendeiner Weise als Satz oder als ein Klassifikationsprinzip der Satzvorkommnisse aufzufassen; wo gar nicht von den Wahrheitsbedingungen eines Satzes gesprochen werden kann, ist natürlich auch die Erklärung der Bedeutung eines Satzes, wie ich sie in der letzten Stunde durch Angabe von Wahrheitsbedingungen bzw. die Vorführung der Verifikationsregel gegeben habe, hinfällig.

Beide Schwierigkeiten lassen sich jedoch durch eine entsprechende Ergänzung beheben. Als die elementare Einheit, die die Basis für den Wahrheitsträger abgibt, haben wir nicht das Satzvorkommnis anzusehen, sondern das Sprechereignis. Wir kommen so wieder zurück zum Anfang der gegenwärtigen Überlegung, wo ich davon ausgegangen war, daß der Gegenstand daß p die Behauptung – in einem bestimmten Sinn dieses Wortes – ist und ein abstraktes Moment der Behauptung im Sinn der Sprechhandlung darstellt. Und die Sprechhandlung, so können wir jetzt sagen, ist nicht lediglich durch die Bedeutung des Satzes, den sie verwendet, identifiziert, sondern durch die Bedeutung des Satzes zusammen mit der Situation, in der sie ihn verwendet. Erst durch die Verbindung des nach einer bestimmten Regel verwendeten Satzes mit einer bestimmten Verwendungssituation kommt, wenn der Satz deiktische

Ausdrücke enthält, etwas zustande, das wahr oder falsch sein kann. Für die Bedeutung des Satzes folgt daraus, daß einen Satz »p«, der deiktische Ausdrücke enthält, verstehen, nicht heißen kann, seine Wahrheitsbedingungen kennen, sondern wissen, welches die Wahrheitsbedingungen der Sprechhandlung sind, die ihn in der Situation x verwendet, wobei »x« eine Variable ist. Man kann das in etwas technischer Terminologie auch so ausdrücken: die Bedeutung des Satzes ist eine Funktion, deren Argumente die Verwendungssituationen des Satzes sind und deren Werte Behauptungen sind – d. h. Gegenstände, die bestimmte Wahrheitswerte haben bzw. für den, der sie aufgrund der Bedeutung des verwendeten Satzes und der Verwendungssituation identifiziert hat, bestimmte Wahrheitsbedingungen haben.

Wir müssen jedoch noch einen Schritt weitergehen. Nicht nur die Verwendung eines Satzes mit ein und derselben Bedeutung hat, je nach der Verwendungssituation, verschiedene Wahrheitsbedingungen. Es gilt auch umgekehrt, daß – wie sich schon an dem Beispiel »ich habe Hunger« und »Sie hatten Hunger« zeigte – Sätze mit verschiedenen Bedeutungen, in verschiedenen Situationen verwendet, für ein und dieselbe Behauptung mit denselben Wahrheitsbedingungen stehen. Deswegen muß man, was ich vorhin sagte: erst durch die Verbindung eines nach einer bestimmten Regel verwendeten Satzes mit einer bestimmten Verwendungssituation ergäbe sich etwas, das wahr oder falsch sein könne, erst noch entsprechend ergänzen. Durch die eben bezeichnete Verbindung wäre nur erst ein einzelnes Sprechereignis charakterisiert, und ein solches flüchtiges Ereignis ist noch nicht das identifizierbare situationsunabhängige Etwas, das wahr oder falsch sein kann. *Die Behauptung* – sowohl im Sinn des Sprechhandlungstyps wie im Sinn des Behaupteten (des Sachverhalts daß p) – ist vielmehr erst jenes Identische, wodurch alle Sprechereignisse, die durch die Verwendung verschiedener Sätze in verschiedenen Situationen dieselben Wahrheitsbedingungen haben, zu einer Klasse verbunden sind. Die eine Behauptung ist also in derselben Weise das vereinheitlichende Prinzip relativ zu den vielen durch die Bedeutungen der verwendeten Sätze und die Situationen bestimmten Sprechereignissen, wie vorher der Satztyp und der Satz daß p in je verschiedener Weise die vereinheitlichenden Prinzipien relativ zu den vielen Satzvorkommnissen waren. Mit »vereinheitlichendem Prinzip« ist dabei jeweils gemeint, daß wir die vielen Vorkommnisse bzw. Ereignisse als *einen* Satztyp, als *einen* Satz daß p, bzw. als *eine* Behauptung daß p zählen, wenn sie eine bestimmte Bedingung erfüllen. Diese Bedingung war beim Satztyp die Form des Laut- oder Schriftgebildes, beim Satz daß p die Verwendungsregel. Bei der Behauptung hingegen ist zunächst nicht klar, was es ist, wodurch die vielen Sprechereignisse, denen weder die Bedeutung des verwendeten Satzes noch die Situation gemeinsam ist, als *eine* Behauptung gezählt werden. Die Auskunft, daß sie dieselben Wahrheitsbedingungen haben, wäre richtig, aber damit würde das, was gerade erst zu erklären ist, als Erklärungsgrund in Anspruch genommen; es ist ja doch eben die Frage, wie es kommt, daß wir verschiedene Sprechereignisse so auffassen können, daß sie dieselben Wahrheitsbedingungen haben.

Folgende Vermutung, die wir später prüfen müssen, bietet sich an: wenn die Bedeutungen der Sätze Funktionen sind, deren Argumente die Verwendungssituationen sind und deren Werte Wahrheitsbedingungen sein sollen, so läßt sich das nur so verstehen, daß die Verwendungsregeln der verschiedenen Sätze, die in ihren jeweiligen Situationen dieselben Wahrheitsbedingungen darstellen sollen, wechselseitig aufeinander verweisen; diese systematische Beziehung zwischen den Ausdrücken müßte mit zu deren Verwendungsregel gehören. Diese systematische Wechselbeziehung, wodurch sich dann also überhaupt erst das für die assertorische Rede erforderliche Identische – Gegenstände, die wahr oder falsch sein können – konstituieren würde, müßte die spezifische Leistung der Verwendungsregel derjenigen Satzkomponenten sein, die die Verwendung der Sätze auf die Situation beziehen, also der deiktischen Ausdrücke. Sie mögen diese Vermutung, daß es ausgerechnet die Leistung der situationsbezüglichen Ausdrücke sein soll, die Verwendung sprachlicher Ausdrücke situationsunabhängig zu machen, vielleicht merkwürdig finden. Aber merkwürdig kann sie eigentlich nur dann erscheinen, wenn man die Situationsunabhängigkeit der assertorischen Rede schon als eine Selbstverständlichkeit voraussetzt. Wenn wir die assertorische Rede auf dem Hintergrund primitiverer, situationsabhängiger Sprachen betrachten, so müssen wir uns fragen, welches die sprachlichen Mittel sind, die Verwendung von Ausdrücken in der Weise situationsunabhängig zu machen, wie sie in der Rede von »wahr« und »falsch« vorausgesetzt ist, und was ist dann naheliegender, als daß diese Situationsunabhängigkeit durch die Ausdrücke ermöglicht wird, die sich ausdrücklich auf die Situation beziehen?

Daß diese positive Funktion der deiktischen Ausdrücke für die Konstitution von Identifizierbarkeit bisher nicht gesehen worden ist, hängt damit zusammen, daß man sich im Kontext der üblichen metasprachlichen semantischen Theorien keine Gedanken darüber machen mußte, wie man die Ausdrücke, die Situationen bezeichnen und die, wie von allen zugegeben wird, bei der Angabe der Wahrheitsbedingungen von Sätzen mit deiktischen Ausdrücken vorkommen müssen, ihrerseits erklärt. In der Metasprache kann die Verwendungssituation mit Ausdrücken bezeichnet werden, die die Situation in ein bereits vorausgesetztes objektives System von Gegenständen in Raum und Zeit einordnet. Unsere Fragestellung verbietet es natürlich, das Verstehen irgendwelcher metasprachlicher Ausdrücke vorauszusetzen, und wir werden uns fragen müssen, wie sich die Verwendung solcher Ausdrücke, die die Situation in ein objektives System von Gegenständen einordnen, ihrerseits erklären läßt. Dabei wird sich zeigen – auch das kann ich jetzt nur als These antizipieren – daß die Verwendung der situationsbezüglichen deiktischen Ausdrücke sich so wenig durch solche objektiven Ausdrücke erklären läßt, daß umgekehrt die Verwendung dieser objektiven Ausdrücke und mit ihr die Verwendung aller auf raumzeitliche Gegenstände sich beziehenden singulären Termini nur im Rekurs auf die deiktischen Ausdrücke erklärt werden kann.

Damit deutet sich zugleich eine ganz neue Perspektive für die Problematik der Gegenstände daß p und der raumzeitlichen Gegenstände an. In der bisherigen analytischen Philosophie wird diese Problematik lediglich als eine solche der Identifizierbarkeit aufgefaßt und die beiden Arten von Gegenständen insofern nur im Kontrast zueinander erörtert. Im Zuge einer grundsätzlichen Erörterung der Bedeutung assertorischer Sätze ist aber die Grundfrage, inwiefern für die assertorische Rede im Gegensatz zu primitiveren, situationsabhängigen Sprachen überhaupt so etwas wie ein Bezug auf Gegenstände wesentlich wird. Und der primäre Gegenstandsbezug, ohne den es eine assertorische Rede gar nicht geben könnte, betrifft die Gegenstände, die wahr oder falsch sein können. Wenn nun die Identifizierbarkeit dieser Gegenstände in der Verwendung deiktischer Ausdrücke gründet und wenn die deiktischen Ausdrücke die für diese Identifizierbarkeit konstitutive Situationsunabhängigkeit dadurch ermöglichen, daß sie durch ihre Wechselbeziehung eine primäre Ebene von Identifizierbarkeit in

Raum und Zeit herstellen, dann kommt man zu dem Ergebnis, daß eine Bezugnahme auf Gegenstände in Raum und Zeit die Bedingung der Möglichkeit für die Verwendung der Ausdrücke »wahr« und »falsch« ist.

Sie sehen, daß die Frontstellung zur gegenstandstheoretischen Tradition nicht so verstanden werden darf, als sollte ein Bezug auf Gegenstände für die Sprache nicht mehr wesentlich sein. Vielmehr zeigt sich, daß mit dem Verstehen assertorischer Sätze ein Gegenstandsbezug gleichursprünglich ist. Die Differenz zu dem, was ich die gegenstandstheoretische Position nenne, besteht nur darin, daß diese den Gegenstandsbezug als etwas Selbstverständliches voraussetzt bzw. die Gegenstände als Korrelate zu dem Pseudobegriff des Vorstellens auffaßt und sie dann an die Stelle der Bedeutungen der sprachlichen Ausdrücke setzt, während es umgekehrt darauf ankommen wird zu zeigen, wie sich so etwas wie ein Gegenstandsbezug erst in der geregelten Verwendung sprachlicher Ausdrücke – und d. h. im Verstehen ihrer Bedeutung – konstituiert.

Stimmt die Hypothese bezüglich der positiven Funktion der deiktischen Ausdrücke für die Identifizierbarkeit von Sachverhalten und d. h. für die Verwendungsmöglichkeit der Worte »wahr« und »falsch«, dann können wir natürlich die Sätze mit deiktischen Ausdrücken nicht mehr, wie das in der metasprachlichen Semantik üblich ist, als einen Sonderfall bzw. als eine vermeidbare Komplikation der sogenannten natürlichen Sprachen auffassen. Bei den Sätzen, die keine deiktischen Ausdrücke enthalten, kann man zwar von den Wahrheitsbedingungen des Satzes sprechen und sagen, die Bedeutung des Satzes verstehen, heiße, seine Wahrheitsbedingungen bzw. seine Verifikationsregel kennen; und entsprechend können wir bei diesen Sätzen den Sachverhalt daß p auch als ein Klassifikationsprinzip der Satzvorkommnisse auffassen (als den »Satz daß p«).

Aber *erstens* empfiehlt es sich jetzt, diesen Fall als den Sonderfall anzusehen und den Sachverhalt daß p in *allen* Fällen als ein Klassifikationsprinzip der Sprechereignisse aufzufassen, wobei die Sprechereignisse eben in dem besonderen Fall, daß die Situationskomponente für die Wahrheitsbedingung entfällt, schon durch die Regel des verwendeten Satzes identifiziert werden und die Wahrheitsbedingungen der Sprechereignisse sich daher trivialerweise auf die Wahrheitsbedingungen der Satzvorkommnisse reduzieren.

Zweitens können wir, wenn die genannte Hypothese richtig ist, natürlich nicht mehr annehmen, daß die beiden Fälle der deiktischen und der anderen Sätze gleichwertig nebeneinander stehen. Wenn erst durch die deiktischen Ausdrücke sich die für die Verwendung des Wortes »wahr« erforderliche Identität konstituiert, ist die Verwendung eines assertorischen Satzes – eines Satzes mit Wahrheitsanspruch –, der sich nicht auf die eine oder andere Art auf deiktische Sätze zurückbezieht, gar nicht denkbar. Sehen wir von komplizierteren Sätzen – etwa solchen, die sich auf abstrakte Gegenstände beziehen – ab, so müssen wir zwei Formen eines solchen Rückbezugs ins Auge fassen:

Wenn es richtig ist, daß die Verwendung aller singulären Termini auf deiktische Ausdrücke zurückweist, dann heißt das, daß bei allen Elementarsätzen – bei allen prädikativen Sätzen, in denen auf konkrete (wahrnehmbare) Gegenstände Bezug genommen wird, – schon die Wahrheitsbedingung und d. h. die Verifikationsregel des Satzes selbst nicht erklärt werden kann ohne die Verwendung deiktischer Ausdrücke. M. a. W.: die Verwendung eines Elementarsatzes ist eine Sprechhandlung, die, auch wenn sie einen Satz ohne deiktische Ausdrücke verwendet, für eine bestimmte Behauptung daß p nur dann steht, wenn sie zu einer Klasse von Sprechhandlungen gehört, die alle dieselben Wahrheitsbedingungen haben und von denen einige Sätze mit deiktischen Ausdrücken verwenden. Bei solchen Sätzen ist es also nur ein Schein, daß man ihre Wahrheitsbedingungen angeben kann ohne deiktische Ausdrücke, ein Schein, der sich nur solange erhalten kann, als man die Wahrheitsbedingungen durch eine Metasprache angibt, und der sich, wie wir sehen werden, auflöst, sobald man versucht, die Verwendungsregel zu erklären.

Sehr viel einfacher ist es bei einer zweiten Form des Rückbezugs. Es gibt Sätze, bei denen die Wahrheit oder Falschheit der Behauptung lediglich von der Wahrheit und Falschheit anderer Behauptungen abhängt. In die Wahrheitsbedingungen dieser sog. wahrheitsfunktionalen Sätze bzw. Behauptungen geht daher keine Situationskomponente ein, aber nur deswegen nicht, weil sie bereits eine situationsunabhängige Schicht von Behauptungen, die wahr oder falsch sein können, zur Grundlage haben. Weil es deswegen wesentlich einfacher ist, die Verifikationsregeln dieser höherstufigen, wahrheitsfunktionalen Sätze als die der prädikativen Sätze zu erklären, habe ich schon in der vorigen Stunde in Aussicht gestellt, daß ich die konkrete Darstellung der Verwendungsregeln der assertorischen Sätze mit diesem einfachsten Fall beginnen und erst dann zu den prädikativen Sätzen zurückkommen werde. Zugleich ist jetzt deutlicher geworden, warum wir vor der Erörterung der prädikativen Sätze nur erst einen Vorbegriff vom allgemeinen Wesen der assertorischen Sätze gewinnen konnten (vgl. S. 230). Die für die Verwendung aller assertorischen Sätze grundlegende Situationsunabhängigkeit und Identität und damit ein wesentlicher Aspekt im Sinn der Worte »wahr« und »falsch« konstituiert sich auf der Ebene der Elementarsätze.

Anmerkungen

1 Grice hat diese Schwierigkeit gesehen, aber nicht gelöst, vgl. »Utterer's Meaning and Intentions«, S. 174-176.
2 Vgl. den Aufsatz »How to make our Ideas clear«, *Collected Papers*, Bd. V, S. 248-71.
3 Diese Unterscheidung zwischen »Glauben« und »Meinen« führe ich hier nur zur terminologischen Vereinfachung meiner Exposition ein; sie entspricht nicht dem deutschen Sprachgebrauch.
4 Vgl. Dummett, S. 298 ff.
5 Vgl. oben, S. 27.
6 Für die Unterscheidungen in den nächsten Absätzen vgl. R. Cartwright, »Propositions«, S. 84-86.

17. Vorlesung

Wir sind in der vorletzten Stunde mit der Frage nach der Bedeutung assertorischer Sätze zu einem ersten, vorläufigen Ergebnis gekommen, das ich in der letzten Stunde zu anderen möglichen Auffassungen in Beziehung gesetzt und dann nach einer wesentlichen Hinsicht ergänzt habe. Ich war davon ausgegangen, daß einen sprachlichen Ausdruck verstehen, heißt, seine Verwendungsregel verstehen. Es zeigte sich, daß das Verstehen der Verwendungsregel eines assertorischen Satzes nicht darin besteht, daß man weiß, unter welchen Umständen er verwendet wird, sondern in welcher Funktion er verwendet wird, und daß diese darin besteht, etwas zu behaupten. Was das seinerseits heißt, konnten wir bisher nur im allgemeinen feststellen: etwas behaupten heißt, den Eröffnungszug in einem Ausweisungsspiel vollziehen, und ein solches Spiel, so sahen wir, ist dadurch definiert, daß es zwei sich gegenseitig verneinende Ausgangspositionen gibt, daß die Spielregeln Verifikationsregeln sind und daß der Spielausgang dadurch bestimmt ist, daß sich aufgrund des Durchspielens der Verifikationsregel die eine Behauptung als wahr und die andere als falsch erweist bzw. daß die eine Behauptung zugunsten der anderen zurückgenommen werden muß. Aus dieser allgemeinen Charakterisierung der Verwendungsregeln der assertorischen Sätze ergab sich, daß die jeweilige Erklärung der Verwendung eines solchen Satzes in der Erklärung seiner Verifikationsregel bestehen muß. Es ist diese Frage, die noch offen blieb und der wir uns jetzt zuzuwenden haben. Sie mußte noch offen bleiben, weil sich über die Verifikationsregeln assertorischer Sätze nichts im allgemeinen sagen läßt. Sie müssen für die verschiedenen Satzformen getrennt gezeigt werden, oder besser gesagt: eben dadurch unterscheiden sich verschiedene Satzformen, daß sie verschiedene Arten von Verifikationsregeln haben. (Wenn sich das als richtig erweisen sollte, hätten wir nunmehr einen Ansatz zur Präzisierung des bisher unbestimmt gebliebenen Begriffs der semantischen Form.)

Die bisherige Erklärung ist also nicht nur abstrakt, sondern in sich unvollständig, solange nicht gezeigt ist, wie die Verifikationsregeln bestimmter Satzformen erklärt werden können. Und dabei müßte auch erst sichtbar werden, inwiefern diese Konzeption wirklich eine Basis abgibt für die Erklärung der Bedeutung einzelner Sätze und Satzteile.

Wir haben allerdings am Ende der letzten Stunde gesehen, daß die Meinung, die Verwendungsregel (Bedeutung) eines Satzes bestünde in seiner Verifikationsregel, korrigiert werden muß. Dasjenige, von dessen Wahrheitsbedingungen oder Verifikationsregel gesprochen werden kann, ist im allgemeinen nicht der Satz, sondern das Behauptete. Der Satz als solcher hat im allgemeinen gar keine bestimmte Wahrheitsbedingung oder Verifikationsregel, und seine Verwendungsregel kennen, heißt nicht, seine Verifikationsregel kennen, sondern die Verifikationsregel der Behauptung kennen, die ihn in der Situation x verwendet. Von dieser Komplikation können wir aber vorerst absehen, da ich mit einfacheren, wenngleich höherstufigen Formen von Sätzen beginnen wollte, die nicht notwendig deiktische Ausdrücke enthalten, deren Verwendungsregel also keinen Situationsbezug enthält. Bei diesen Sätzen kann man daher sagen, daß die Wahrheitsbedingung bzw. Verifikationsregel der Behauptung zugleich die Wahrheitsbedingung bzw. Verifikationsregel des Satzes ist, und dann reduziert sich auch die Erklärung der Bedeutung des Satzes auf die Erklärung dieser Verifikationsregel.

Der einfachste Typ solcher Satzformen sind die sogenannten wahrheitsfunktionalen Sätze, d. h. Sätze, deren Wahrheit oder Falschheit von der Wahrheit oder Falschheit anderer Sätze abhängt. Sätze dieser Art sind erstens einige Formen komplexer Sätze, insbesondere die Sätze der Formen »p und q« und »p oder q«, und zweitens die in der Tradition sogenannten generellen Sätze, in denen Worte wie »alle« und »einige« vorkommen. In beiden Fällen handelt es sich um Ausdrücke bzw. Satzformen, die auch schon in der Tradition berücksichtigt, aber in ihr natürlich gegenstandstheoretisch aufgefaßt worden waren. Da diese Formen neben der der einfachen prädikativen Aussage nicht erst in der modernen Logik, sondern auch schon in der traditionellen eine wesentliche Rolle spielten – die ganze aristotelische Syllogistik hat es ausschließlich mit generellen Sätzen zu tun –, und da aus diesem Grund die traditionelle Vorstellung vom Denken neben der prädikativen Form auch diese Formen miteinbezogen hat, erscheint es mir lohnend, nicht unmittelbar mit der wahrheitstheoretischen Analyse dieser Satzformen zu beginnen, sondern erneut von der traditionellen gegenstandstheoretischen Auffassung auszugehen.

Auf diese Weise können wir der Konfrontation des sprachanalytischen Ansatzes mit der traditionellen Position eine breitere Basis verschaffen.

Wie konnte von einer gegenstandstheoretischen Position aus die Bedeutung des Wortes »und« erklärt werden? Offenbar wäre es absurd zu behaupten, daß dieses Wort für einen Gegenstand steht. Dazu besteht aber auch für die traditionelle Semantik keine Notwendigkeit. Sie verfügte ja über den Begriff des synkategorematischen Ausdrucks (vgl. S. 145). Charakteristisch für die traditionelle Auffassung ist vielmehr, daß das »und« für ein Zusammen von Gegenständen steht. Allerdings kann es sich dabei kaum um eine reale Zusammensetzung handeln. Wenn wir sagen »Peter und Paul und Simon«, so meinen wir ja nicht, daß die drei nun aneinandergefügt oder sonst irgendwie real verbunden sind. Was aber meinen wir dann? Wenn es sich überhaupt um eine Zusammensetzung handelt, dann jedenfalls um eine des bloßen ›Denkens‹, wie sie in Husserls Begriff der kategorialen Synthesis enthalten ist. Gibt es also überhaupt eine Möglichkeit, die Bedeutung des Wortes »und« gegenstandstheoretisch zu verstehen, so scheint Husserls Theorie der kategorialen Synthesis wie geschaffen dafür, und Husserl hatte tatsächlich bei der Ausbildung seiner Theorie der kategorialen Synthesis diesen Fall von vornherein mit im Auge.

Die thematische Erörterung von »und« und »oder« erfolgt in § 51 der VI. Logischen Untersuchung unter dem Titel »Kollektiva und Disjunktiva«. Die Analyse wird dann allerdings nur für »und« durchgeführt. Wahrscheinlich ist das kein Zufall, da man nicht recht sieht, wie eine gegenstandstheoretische Interpretation von »oder« aussehen könnte. Beim »und« nun spricht Husserl von der »konjunktiven Verbindung von Namen, bzw. Aussagen«, d. h. er faßt den Fall, in dem das Wort »und« zwischen Namen vorkommt, und den, in dem es zwischen Aussagesätzen steht, als analog auf. Das ergibt sich konsequent aus seiner Auffassung, daß auch Aussagesätze für Gegenstände stehen – Sachverhalte – (oben, S. 158). Daraus folgt, daß das »und«, das zwischen Aussagesätzen steht, in derselben Weise eine Zusammenfassung von Sachverhalten repräsentiert, wie das »und«, das zwischen Namen steht, eine Zusammenfassung von Gegenständen repräsentiert. Das hat dazu geführt, daß Husserl die ›konjunktive Verbindung‹ nur für die Namen erklärte, da sich ja bei seiner Auffassung die Übertragung auf den anderen Fall von selbst ergibt.

Er gibt nun folgende Erklärung: »Das, was den Worten *und* und *oder* . . . entspricht, das läßt sich . . . nicht mit Händen greifen, mit irgendeinem Sinn erfassen; wie es sich ja auch nicht eigentlich im Bilde darstellen, etwa malen läßt . . . Hier gibt es nur die eine und jederzeit offenstehende Möglichkeit, daß wir aufgrund der beiden einzelnen Anschauungsakte den neuen Akt des Konjungierens (Kolligierens) vollziehen und hierdurch das *Zusammen* der Objekte *A und B meinen*«. In dem ersten Satz wehrt Husserl eine Auffassung des »und« als Repräsentanten einer realen Verbindung ab; im zweiten gibt er seine positive Erklärung, die die Synthesis in einem ›neuen‹ (kategorialen) Akt besonderer Art, einem Akt des Konjungierens gründen läßt; und diesem Akt entspricht »ein einheitlicher Gegenstand, der sich nur in dieser Aktverknüpfung konstituieren kann«. Diesen Gegenstand nennt Husserl ein ›Kollektivum‹ oder auch einen ›Inbegriff‹, und damit scheint er denselben abstrakten Gegenstand zu meinen, der in der Logik üblicherweise als ›Menge‹ bezeichnet wird.

Sollen wir das als eine verständliche Erklärung des Wortes »und«, jedenfalls sofern es zwischen Namen vorkommt, gelten lassen, daß die Gegenstände, die von den Namen bezeichnet werden, die durch das Wort »und« verbunden sind, zusammen eine Menge bilden? Lassen wir uns nicht durch die wissenschaftliche Respektabilität des Wortes »Menge« beeindrucken! Die Erklärung, durch das Wort »und« werden mehrere Gegenstände zu einer Menge zusammengenommen, erklärt gar nichts, solange wir nicht wissen, was eine Menge ist. Husserl setzt das auch gar nicht voraus, sondern er versucht umgekehrt das, was eine Menge – ein ›Inbegriff‹ – ist, zu erklären, indem er auf den synthetischen Akt verweist, in dem sich, wie er meint, das Wort »und« ausdrückt. Wie wird nun dieser Akt bestimmt? Als ein solcher, so hörten wir, der »das Zusammen der Objekte« »meint«. Diese Bestimmung enthält Husserls Erklärung der Bedeutung des Wortes »und«.

Nun ist die Frage: ist diese Bestimmung verständlich? Verstehen wir, was es heißt, das ›Zusammen‹ mehrerer Objekte zu meinen? Was ist mit diesem ›Zusammen‹ gemeint? Am ehesten denken wir bei diesem Wort an irgendeine Art räumlicher Nähe. Aber diese hat Husserl mit der Zurückweisung einer ›realen‹ Verbindung mit Recht ausgeschaltet. Wenn wir sagen »Peter und Paul«, so ist keine räumliche Nähe impliziert. Der eine mag in Australien, der andere in Costa Rica oder gar nicht mehr am Leben sein. Was ist dann aber mit dem »Zusammen« positiv gemeint? Husserl würde sicherlich antworten: es handle sich eben um etwas ganz Eigenes, was nur verständlich wird im Vollzug eines solchen Aktes. »Wollen wir uns die Bedeutung des Wortes *und* klarmachen, so müssen wir irgendeinen Kollektionsakt wirklich vollziehen und in dem so zu eigentlicher Vorstellung kommenden Inbegriff eine Bedeutung der Form *a und b* zur Erfüllung bringen« (IV. Unters., § 9b). Aber nun stellt sich wieder die Frage: wodurch ist ein Kollektionsakt charakterisiert? Woran erkenne ich, daß ich gerade einen solchen und nicht einen anderen synthetischen Akt vollziehe? Offenbar dreht sich Husserl hier im Kreise: ein Kollektionsakt ist ein solcher, der das Zusammen von Objekten meint, und dieses Zusammen soll eben das sein, was sich in einem solchen Akt konstituiert. Sie werden vielleicht sagen: das, woran man erkennen kann, daß es sich gerade um einen Kollektionsakt handelt, ist der Umstand, daß dieser sich in dem Wort »und« ausdrückt. Aber das würde ja nun heißen, daß das, was wir uns unter dem ›Zusammen‹ zu denken haben, durch »und« erklärt wird, während Husserl doch die Bedeutung von »und« durch das ›Zusammen‹ erklären wollte. Wenn wir aber das ›Zusammen‹ nur durch »und« erklären können, müssen wir dieses seinerseits irgendwie verstehen.

Wie aber verstehen wir es? Nachdem sich die gegenstandstheoretische Interpretation als ein Spiel mit leeren Worten erwiesen hat, werden wir versuchen müssen, den Schritt zurück zu finden, den wir schon bei den Prädikaten vollzogen haben. Wir müssen die Frage nach der Bedeutung des Wortes »und« als Frage nach der Erklärung seiner Verwendung verstehen. Dann stellt sich allerdings sofort die Vorfrage, ob wir denn die Verwendung des Wortes »und« überhaupt in der Form erklären können, wie es sich die gegenstandstheoretische Auffassung zurechtgelegt hat, nämlich indem wir es einfach zwischen Namen stehen haben – »Peter und Paul« – ohne daß diese Wortreihe durch ein Prädikat ergänzt wird. Ich glaube, daß man sich klarmachen kann, daß auf diese Weise eine Erklärung des Wortes »und« gar nicht denkbar ist. Denn wie könnten wir die Verwendung eines solchen Teilausdrucks »a und b und c« an Beispielen erklären? Nehmen wir an, wir versuchen es, indem wir die Gegenstände irgendwie zusammenstellen oder indem wir einen Kreis zeichnen und sie in diesen Kreis stellen. Was wir dann erklärt hätten, würde schon ein bestimmtes Prädikat miteinschließen, z. B. »a und b und c befinden sich in diesem Kreis«.

Und damit hätten wir eine reale Relation miteinbezogen, die schon Husserl mit Recht ausgeschaltet hat. Vielleicht meinen Sie, man könnte die drei Gegenstände immer wieder anders gruppieren, bis verstanden wird, daß von der Art der Zusammenstellung zu abstrahieren sei. Aber es ist eine Täuschung zu meinen, daß wir jemandem auf diese Weise zu verstehen geben könnten, daß wir »und« meinen, man wird uns dann vielmehr so verstehen, daß wir meinen, daß die Gegenstände irgendwie zusammenstehen. Aber in »a und b« ist gar kein solches Zusammenstehen, keine räumliche Nähe mitgemeint.

So erweist sich die Erwartung, man könnte die Verwendung des Wortes »und« im isolierten Zusammenhang mit Namen erklären, als eine Illusion. Und eine entsprechende Illusion wäre es zu meinen, man könnte erklären, was unter einer Menge zu verstehen ist, ohne schon von Prädikaten Gebrauch zu machen. Mengen lassen sich erst mit Hilfe von Prädikaten bestimmen, indem wir von allen Gegenständen, auf die ein Prädikat anwendbar ist, sagen, daß sie Elemente einer Menge sind. Führen wir den Begriff der Menge in dieser Weise ein, so ist allerdings auch zu beachten, daß entgegen Husserls Meinung ein Ausdruck der Form »a und b« gar nicht eine Menge darstellt. Solange wir nur den Ausdruck »a und b« verwenden, können wir zwar sagen, daß a und b Elemente einer Menge sind, aber nicht, daß sie zusammen eine Menge bilden; denn der Ausdruck »a und b« läßt es ja offen, daß die Menge auch noch andere Elemente enthält. Sie könnten fragen: warum soll man denn nicht auch eine Menge bilden können, die nur aus den Elementen a und b besteht? Natürlich kann man das, nur kann man es nicht mittels des bloßen Ausdrucks »a und b«. Wenn wir von der Menge sprechen wollen, die nur aus a und b besteht, so müssen wir in der Formulierung zum Ausdruck bringen, daß alle anderen Gegenstände aus dieser Menge ausgeschlossen sind. Wir müssen dann sagen: die Elemente dieser Menge sind a und b und kein Gegenstand, der nicht identisch ist mit a oder b; und das läßt sich einfacher wieder durch ein nun freilich komplexeres Prädikat ausdrücken, indem wir sagen: alle Gegenstände, auf die das Prädikat »mit a oder b identisch« anwendbar ist, bilden die gemeinte Menge. Beachten Sie, daß zur Einführung einer solchen Menge, die nur aus a und b besteht, gerade nicht das Wort »und«, sondern das Wort »oder« verwendet werden muß.

Sie könnten mir entgegenhalten: aus dem Umstand, daß »a und b«

nicht für eine Menge im Sinn der Mengentheorie steht, folgt doch noch nicht, daß Husserls Vorstellung eines ›Zusammen‹, für das der Ausdruck »a und b« stehen soll, nicht sinnvoll ist. Das ist richtig. Aber welcher mögliche Sinn mit diesem ›Zusammen‹ zu verbinden ist, können wir jetzt vielleicht gerade auf der Grundlage dieses mengentheoretischen Exkurses besser erkennen. Wir haben gesehen, daß man den Ausdruck »a und b« nicht so verstehen kann, daß a und b eine Menge bilden, sondern nur so, daß sie Elemente einer Menge sind; aber Elemente *welcher* Menge, da diese Menge ja nun nicht durch diese beiden Elemente schon bestimmt ist? Offenbar eben *der* Menge, die durch das Prädikat bestimmt wird, das auf den Satzteil »a und b« folgt. Ich glaube, daß dies der einzige Sinn ist, der für Husserls Vorstellung eines ›Zusammen‹ übrigbleibt. Was a und b, wenn man so will, ›verbindet‹, ist, daß sowohl das eine wie das andere Element einer noch offen gelassenen, noch anzugebenden Menge ist. Wenn das richtig ist, können wir uns aber den ganzen mengentheoretischen Umweg ersparen und sehr viel einfacher sagen: der Sinn jenes ›Zusammen‹ besteht darin, daß sowohl auf das eine wie auf das andere ein noch anzugebendes Prädikat zutrifft. Der Ausdruck »Peter und Paul« ist nur als Satzbruchstück zu verstehen, er weist vor auf ein Prädikat F, und der so ergänzte Satz – »Peter und Paul sind F« – hat offenbar denselben Sinn wie der zusammengesetzte Satz »Peter ist F, und Paul ist F«. Damit hätten wir jetzt ein wichtiges Zwischenergebnis erreicht: nicht nur verweisen Ausdrücke der Form »a und b« in dem Sinn auf Sätze, daß sie als Satzbruchstücke zu verstehen sind, sondern die Ergänzung zum ganzen Satz zeigt, daß das »und«, so wie es zwischen Namen vorkommt, zurückweist auf das »und«, so wie es zwischen ganzen Sätzen vorkommt. Das aber eröffnet eine neue Aussicht auf die Möglichkeit, die Verwendung des Ausdrucks »und« an Beispielen zu erklären.

Dieses Ergebnis erfordert allerdings eine Einschränkung. Nicht jeder Satz der Form »a und b sind F« hat denselben Sinn wie »a ist F, und b ist F«. Einen Satz wie »Peter und Paul stehen nebeneinander« können wir nicht umformen in »Peter steht nebeneinander, und Paul steht nebeneinander«. Wir müssen diese Satzform als einen Sonderfall für sich betrachten. Es handelt sich bei ihm um symmetrische Relationen. Eine Relation heißt symmetrisch, wenn sie immer, wenn sie zwischen a und b besteht, auch zwischen b und a besteht. Wenn der Satz »Peter steht neben Paul« wahr ist,

ist auch der Satz »Paul steht neben Peter« wahr. Nur bei nichtsymmetrischen Relationen (wie z. B. »Peter schlägt Paul«) ist in der Sprache eine syntaktische Indikation erforderlich, die die Ordnung zwischen den beiden Relationsgliedern anzeigt. Die natürlichen Sprachen bewerkstelligen dies durch zwei Mittel, Flexion und Satzanordnung. Bei symmetrischen Relationen entfällt nun dieses Erfordernis. Daher im Deutschen die Satzform, in der die Namen beider Relationsglieder in beliebiger Reihenfolge vor dem Prädikat stehen. Daß zwischen den beiden Namen noch das Wort »und« steht, hat keine zusätzliche semantische Bedeutung. »Peter Paul stehen nebeneinander« hätte denselben Sinn. Die Verwendungsweise dieses »und« erfordert daher keine besondere Erklärung.

Wir können also von diesem Sonderfall absehen und uns der Verwendung des Wortes »und« zuwenden, wie es zwischen Sätzen vorkommt. Wir können jetzt auch das Wort »oder« in die Betrachtung miteinbeziehen. Bei »oder« ist es wohl ohnehin klar, daß, wenn es zwischen Namen vorkommt – »Peter oder Paul« –, der Ausdruck ergänzungsbedürftig ist durch ein Prädikat und daß sich der Sinn des »oder«, das zwischen Namen steht, auf das »oder« zwischen Sätzen reduziert. Ich weiß nicht, wie Husserl sich bei »oder« die zum ›Zusammen‹ des »und« analoge Beziehung zwischen den Gegenständen gedacht haben mag. Eine Disjunktion zwischen Gegenständen? Was könnte das sein?

Gesetzt, Husserl wäre mir bis hierher gefolgt und würde zugeben, daß die Worte »und« und »oder« primär in der Rolle verstanden werden müssen, in der sie Sätze zu komplexen Sätzen verbinden, so müßte er von seinem gegenstandstheoretischen Ansatz her sagen, daß das »und« und das »oder« für bestimmte kategoriale Synthesen zwischen Sachverhalten stehen. Damit aber wäre nur das Interpretationsschema, das Husserl auf das »und« der Namen anwandte, auf die neue Ebene übertragen, und es ergäben sich dieselben Schwierigkeiten wie vorher. Wenn es sich hier wirklich um eine Synthesis zwischen Sachverhalten handelte, müßten wir auf der Seite der Zeichen nicht den Ausdruck »p und q« erwarten, sondern den Ausdruck »daß p und daß q«; solche Ausdrücke kommen wirklich vor, und sie sind in der Tat analog zu »a und b«; sie sind ebenfalls ergänzungsbedürftig durch ein Prädikat, z. B. »daß es regnet und daß es warm ist, ist erfreulich«; aber bei diesem Ausdruck müßten wir nun wiederum sagen, daß er äquivalent ist der komplexen Aussage höherer Stufe »daß es regnet, ist erfreulich, und daß es warm ist, ist erfreulich«, und so kämen wir in einen infiniten Regreß.

Husserl hätte also bereits das bisherige Zwischenergebnis nicht zugeben können. Es zugeben, heißt schon, die gegenstandstheoretische Auffassung von »und« und »oder« preisgeben.

Welche andere Auffassung ist denkbar? Wer aus der gegenstandstheoretischen Tradition kommt, wird jetzt geneigt sein, die Frage so zu stellen: wenn das Wort »und« nicht Gegenstände und auch nicht Sachverhalte verbindet, was verbindet es dann? Doch haben wir schon bei den Prädikaten gesehen, daß das Fehlerhafte der gegenstandstheoretischen Konzeption nicht in der Auffassung dessen bestand, *was* dieser Konzeption zufolge durch das Prädikat mit dem Gegenstand des Satzsubjekts verbunden wird, sondern der Fehler lag tiefer, er bestand in der Annahme, daß überhaupt etwas mit etwas verbunden wird. Dasselbe gilt für »und« und »oder«. Wir müssen uns ganz von der Voraussetzung lösen, daß die Bedeutung dieser Worte darin besteht, etwas mit etwas in irgendeiner Weise zu verbinden. Der Fehler der gegenstandstheoretischen Auffassung des »und« besteht nicht darin, daß sie von Sachverhalten spricht (natürlich entspricht dem zusammengesetzten Satz »p und q« ein Sachverhalt *daß p und q* und ebenso den Teilsätzen »p« und »q« die Sachverhalte *daß p* und *daß q*); sondern der Fehler besteht in der Meinung, daß der Sachverhalt *daß p und q* sich aus den anderen beiden Sachverhalten irgendwie zusammensetzt, so ähnlich wie sich der Satz »p und q« aus dem Satz »p«, dem Wort »und« und dem Satz »p« zusammensetzt.

Wieder, wie damals bei den Prädikaten, benötigen wir einen allgemeineren Begriff, der die Möglichkeit der Zusammensetzung zwar auch umgreift, aber auch andere Möglichkeiten offenläßt. Damals, bei den Prädikaten, hatte ich den Begriff der Funktion und dann den der Verwendungsweise eingeführt: wenn das Prädikat nicht die Funktion hat zu verbinden, wenn das nicht seine Verwendungsweise ist, welche Funktion hat es dann, wie wird es dann verwendet? Entsprechend könnten wir auch jetzt fragen: welche andere Funktion oder Verwendungsweise hat das Wort »und«? Aber es bringt uns theoretisch weiter, wenn wir die Frage jetzt nicht vom Satzteil, sondern vom Satzganzen bzw. von dem entsprechenden Sachverhalt her stellen. Und da muß dann wohl die Frage so lauten: wenn der Sachverhalt *daß p und q* von den Sachverhalten *daß p* und *daß q* nicht in der Weise abhängt, daß er aus ihnen zusammengesetzt ist, wie hängt er dann von ihnen ab? Der Schritt vom Begriff der *Zusammensetzung* zu dem allgemeineren der *Abhängigkeit* ist, wie auch seinerzeit der Schritt zu den allgemeineren Begriffen der Funktion und der Verwendungsweise, noch ganz unkontrovers, und der Gegenstandstheoretiker hätte keinen Grund, sich gegen ihn zu sperren. Es ist unkontrovers, daß das, was jemand behauptet, wenn er den Satz »p und q« verwendet, irgendwie abhängen muß von dem, was er behauptet, wenn er den Satz »p« verwendet, und von dem, was er behauptet, wenn er den Satz »q« verwendet. Wenn wir uns nun fragen, worin diese Abhängigkeit sonst bestehen kann, wenn nicht darin, daß der eine Sachverhalt aus den anderen zusammengesetzt ist, so ist es am naheliegendsten anzunehmen, daß der Sachverhalt *daß p und q* irgendeine Eigenschaft hat in Abhängigkeit von irgendwelchen Eigenschaften der Sachverhalte *daß p* und *daß q*. Nun erinnern wir uns, daß derjenige, der einen assertorischen Satz »r« verwendet, nicht nur irgendwie auf einen Sachverhalt bezugnimmt, sondern behauptet, daß ihm die Eigenschaft der Wahrheit zukommt. Wer den Satz »p und q« verwendet, sagt dasselbe wie der, der den Satz »daß p und q, ist wahr« verwendet. Es ist also mindestens sehr naheliegend anzunehmen, daß die Eigenschaft des Sachverhaltes *daß p und q*, die von irgendwelchen Eigenschaften der Sachverhalte *daß p* und *daß q* abhängt, seine Wahrheit ist. Die Frage, wovon die Wahrheit seiner Behauptung abhängt, ist natürlich nur eine andere Formulierung für die Frage nach ihren Wahrheitsbedingungen.

Daß nun auch die Eigenschaften der Sachverhalte *daß p* und *daß q*, von denen die Wahrheit von *daß p und q* abhängen soll, ebenfalls deren Wahrheit bzw. Falschheit ist, ist nicht selbstverständlich, aber das wäre jedenfalls die einfachste Hypothese.

Bevor wir sie prüfen, will ich, unter der Voraussetzung, daß sie stimmt, erst noch einen Schritt weitergehen. Die Worte »und« und »oder« sind offensichtlich keine deiktischen Ausdrücke. Nun haben wir in der letzten Stunde gesehen, daß man, wenn ein Satz keine deiktischen Ausdrücke enthält, ebensowohl auch von der Wahrheit und den Wahrheitsbedingungen des Satzes sprechen kann wie der Behauptung, die mit ihm gemacht werden kann, und daß in diesem Fall die Bedeutung des Satzes verstehen, heißt, seine Wahrheitsbedingungen kennen. Nehmen wir nun zunächst an, auch die Teilsätze »p« und »q« enthalten keine deiktischen Ausdrücke. In diesem Fall ist der Wahrheitswert der Behauptungen, die mittels »p« und »q« gemacht werden können, also der Wahrheitswert von *daß p* und von *daß q,* zugleich der Wahrheitswert von »p« und »q«; und da dann auch der Wahrheitswert des Sachverhaltes *daß p und q* der Wahrheitswert des Satzes »p und q« ist, ergibt sich aus der vorhin hypothetisch angenommenen Abhängigkeit des Wahrheitswertes des Sachverhaltes bzw. der Behauptung *daß p und q* von den Wahrheitswerten von *daß p* und *daß q* eine entsprechende Abhängigkeit des Wahrheitswertes des Satzes »p und q« von den Wahrheitswerten der Sätze »p« und »q«, und wir können nun sagen: die Bedeutung des Satzes »p und q« verstehen wir, wenn wir die Bedeutung von »p« verstehen und die Bedeutung von »q« verstehen *und* wenn wir wissen, daß der Wahrheitswert von »p und q« in bestimmter Weise von den Wahrheitswerten von »p« und von »q« abhängt. Oder, wenn wir »p« und »q« als bloße Variable verstehen, wenn wir also »p und q« im Sinn von ». . . und ---« verstehen (wobei ». . .« und »---« Leerstellen für beliebige assertorische Sätze sind), dann können wir jetzt einfach sagen: die Bedeutung von »p und q« – und d. h. eben die Bedeutung des Wortes »und« – verstehen, heißt wissen, wie der Wahrheitswert von »p und q« von den Wahrheitswerten von »p« und »q« abhängt. Ich sagte vorhin, dies alles gilt, wenn »p« und »q« ihrerseits keine deiktischen Ausdrücke enthalten. Aber die Bedeutung von » . . . und ---« ist natürlich dieselbe, ob die Sätze, die wir für » . . . « und »---« einsetzen, deiktische Ausdrücke enthalten oder nicht. Wir können daher sagen: die Bedeutung von » . . . und ---« verstehen, heißt ganz allgemein wissen, wie der Wahrheitswert einer Behauptung *daß p und q* von den Wahrheitswerten der Behauptungen *daß p* und *daß q* abhängt; und in dem besonderen Fall, daß »p« und »q« keine deiktischen Ausdrücke enthalten, ist diese Abhängigkeit von den Wahrheitswerten der Behauptungen ebensowohl eine Abhängigkeit von den Wahrheitswerten der Sätze.

In der Logik wird von Sätzen mit deiktischen Ausdrücken abstrahiert. Deswegen lautet die Erklärung der Worte »und« und »oder«, die wir in der modernen Logik finden, so, daß es sich um eine Abhängigkeit des Wahrheitswertes des komplexen Satzes von den Wahrheitswerten der Teilsätze handelt. Die metasprachliche Semantik hat diese Erklärung in der Logik als allgemeine Erklärung der Worte »und« und »oder« übernommen. Diese Substitution des besonderen Falles für den allgemeinen ist harmlos, eben weil die Bedeutung von »und« und »oder« selbst situationsunabhängig ist und die Art der Wahrheitsabhängigkeit dieselbe bleibt, ob man nun als den Wahrheitsträger die Behauptung oder den Satz ansieht.

Anhand der konkreten Erklärungen, die in der Logik bzw. der metasprachlichen Semantik für die Worte »und« und »oder« gegeben werden, können wir nun die Hypothese prüfen, daß die gesuchte Abhängigkeit des Sachverhaltes *daß p und q* von den Sachverhalten *daß p* und *daß q* eine Abhängigkeit des Wahrheitswertes von den Wahrheitswerten ist. Die Erklärung lautet: der Satz »p und q« ist wahr genau dann, wenn »p« wahr ist und »q« wahr ist; und er ist falsch in den drei anderen Fällen, also wenn »p« oder »q« oder beide falsch sind. Bei »oder« unterscheidet man, ob das Wort im ausschließenden Sinn des Lat. *aut* oder im Sinn von »und/oder« (Lat. *vel*) verstanden wird. Im ersteren Fall ist »p oder q« wahr, wenn nur »p« wahr ist oder nur »q« wahr ist; es ist falsch, wenn beide falsch sind oder beide wahr sind. Im zweiten Fall ist »p oder q« wahr, wenn eines von beiden oder beide wahr sind, und falsch nur, wenn beide falsch sind. Und es ist nun also die These, daß die Bedeutung von »und« bzw. »oder« erklärt wird, indem in dieser Weise die Wahrheitsbedingungen der durch »und« bzw. »oder« gebildeten komplexen Sätze angegeben werden.

Entspricht diese Erklärung nicht tatsächlich unserem Verständnis dieser Worte? Wenn einer sagt »es regnet und ist warm«, so stellt sich der, der diese Behauptung versteht, nicht irgendein ›Zusammen‹ der beiden Sachverhalte vor, sondern er weiß, daß die Behauptung wahr ist, wenn es sowohl wahr ist, daß es regnet, als auch, daß es warm ist. Wenn Sie mich jetzt fragen, wie ich denn beweisen könne, daß es so ist, daß also die gegenstandstheoretische Auffassung falsch und die wahrheitstheoretische richtig ist, muß ich auf die Grundlage der ganzen Betrachtung zurückgreifen, auf Wittgensteins Satz: »Die Bedeutung des Wortes ist das, was die Erklärung der Bedeutung erklärt.« Daß wir jenes vermeintliche Zusammen nicht erklären können, haben wir gesehen; andererseits können wir die Bedeutung dieser Worte offenkundig in der eben angegebenen Weise erklären.

Darauf werden Sie erwidern, 1) daß noch nicht gezeigt ist, daß mit dieser Erklärung die tatsächliche Verwendungsweise dieser Worte erklärt wird, und 2) daß die gegebene Erklärung zirkulär ist. Beide Einwände sind berechtigt, und sie hängen zusammen.

Ich beginne mit dem zweiten. Der Einwand der Zirkularität weist darauf hin, daß bei der Angabe, unter welchen Bedingungen »p und q« wahr ist, von dem Wort »und« erneut Gebrauch gemacht wird, und bei der Angabe, unter welchen Bedingungen »p und q« falsch ist, das Wort »oder« verwendet wird: »p und q« ist wahr genau dann, wenn »p« wahr ist *und* »q« wahr ist; »p und q« ist falsch genau dann, wenn »p« falsch ist *oder* (und/oder) »q« falsch ist. Und analog ist es bei der Angabe der Wahrheitsbedingungen von »oder«. Diese Zirkularität ist nicht so sichtbar, wenn man die Wahrheitsbedingungen der komplexen Aussagen in sogenannten ›Wahrheitstafeln‹ angibt, wie sie seit Wittgensteins *Tractatus* geläufig sind,[1] aber das ist natürlich nur ein Schein; die Worte »und« und »oder« stehen zwar nicht da, aber die Tafeln sind so angelegt, daß wir diese Worte ergänzen müssen, wenn wir die Tafeln lesen.

Dieser Umstand, daß das zu erklärende Wort in der Erklärung vorkommt, macht die Erklärung aber nicht wertlos. Die Erklärung zeigt, daß und wie die Wahrheit des komplexen Satzes bzw. des mit ihm Behaupteten von der Wahrheit und Falschheit der Teilsätze bzw. des mit ihnen Behaupteten abhängt. Und die These, daß wir, wenn wir diese Abhängigkeit des Wahrheitswertes von den Wahrheitswerten der Teilsätze verstehen, die Bedeutung des Wortes »und« verstehen, verliert dadurch nicht ihren Gehalt, daß das Wort »und« bei der Angabe der Wahrheitsbedingungen wiederkehrt. Denn wenn Sie nun fragen: »Was bedeutet denn *dieses* ›und‹?«, so lautet die Antwort: natürlich dasselbe. Auch für den Satz »daß p ist wahr und daß q ist wahr« gilt, daß er genau dann wahr ist, wenn es wahr ist, daß es wahr ist, daß p, und wenn es wahr ist, daß es wahr ist, daß q. Allerdings ergibt sich hier ein Regreß, aber dieser Regreß ändert nichts an dem Gehalt der ursprünglichen Aussage, daß wir das Wort »und« genau dann verstehen, wenn wir wissen, in welcher Weise der Wahrheitswert des mit ihm gebildeten komplexen Satzes (bzw. des mit ihm Behaupteten) von den Wahrheitswerten der Teilsätze (bzw. des mit ihnen Behaupteten) abhängt.

Sie könnten darauf hinweisen, daß sich die gegebene Erklärung auch durch bloße Substitution im Rückgriff auf die Äquivalenz »daß p ist wahr ≡ p« (W) gewinnen läßt und sich somit als tautologisch erweist. Die gegebene Erklärung lautet: *daß p und q* ist wahr ≡ *daß p* ist wahr und *daß q* ist wahr. Nun kann man die linke Seite dieser Äquivalenz aufgrund von W ersetzen durch »p und q«, und in diesem Ausdruck können wir wiederum aufgrund von W »p« durch »daß p ist wahr« und »q« durch »daß q ist wahr« ersetzen, mit dem Ergebnis, daß wir nun auf der linken Seite der Äquivalenz genau dasselbe stehen haben wie auf der rechten Seite. Aber daß sich die gegebene Erklärung als tautologisch erweist, ist genau das, was wir erwarten mußten. Die verbale Erklärung der Bedeutung eines Wortes muß ja analytisch sein, sonst wäre sie falsch, und wenn es sich wie bei dem Wort »und« um ein Grundwort handelt, d. h. um ein Wort, das nicht durch andere Worte definierbar ist, kann eine verbale Erklärung dieses Wortes nur mittels dieses Wortes und d. h. tautologisch erfolgen. (Es gibt zwar eine Möglichkeit, das Wort »und« mit Hilfe von »oder« und »nicht« zu definieren und ebenso das Wort »oder« mit Hilfe von »und« und »nicht«, aber dann verbleibt uns immer noch einer der beiden Ausdrücke.) Daß die gegebene Erklärung von »p und q« tautologisch ist, heißt nicht, daß mit ihr nichts gewonnen ist. Man muß erhellende und nichtssagende Tautologien unterscheiden. Die Tautologie »›p und q‹ ist wahr genau dann, wenn ›p und q‹ wahr ist«, ist nichtssagend. Die Tautologie »›p und q‹ ist wahr genau dann, wenn ›p‹ wahr ist und ›q‹ wahr ist« erklärt die Bedeutung von »--- und . . . «, weil sie die Wahrheitsbedingung der Sätze dieser Form angibt und damit angibt, was es heißt, dieses Wort zu verstehen.

Ich möchte damit deutlich machen, daß mit einer Semantik, die sich darauf beschränkt, Wahrheitsbedingungen anzugeben, und nicht darüberhinaus nach den Verwendungsregeln der Sätze fragt, zwar noch nicht viel gewonnen ist, aber gleichwohl nicht nichts. Eine Konzeption, derzufolge es die Aufgabe der Semantik (bzw. zunächst die der Semantik der assertorischen Sätze) ist, für alle Satzformen derartige ›Tarskische Wahrheitsdefinitionen‹ anzugeben, wie wir sie für den einfachsten Fall jetzt kennengelernt haben – Wahrheitsdefinitionen, die nicht in einer anderen Sprache, sondern in derselben Sprache, deren Semantik erklärt wird, formuliert werden können –, ist neuerdings von Donald Davidson entwickelt worden.[2] Davidson geht von der heute allgemein anerkannten Forderung aus, daß eine befriedigende Semantik zeigen können muß, wie die Bedeutung der Sätze von der Bedeutung der Satzteile abhängt. Es ist diese Forderung, an der, wie wir gesehen haben, der gegenstandstheoretische Ansatz scheitert. Daß die Abhängigkeit der Bedeutung eines Satzes von der seiner Teile als eine Abhängigkeit seines Wahrheitswertes aufzufassen ist und sich demgemäß für die jeweilige Satzform in einer Wahrheitsdefinition darstellen läßt, ist eine naheliegende Hypothese, wenn man einmal erkannt hat, daß einen Satz verstehen, heißt, (wenn wir der Einfachheit halber jetzt nur an den Fall ohne deiktische Ausdrücke denken) seine Wahrheitsbedingungen kennen, und jedenfalls ist das die These Davidsons. Dabei sieht er es als den besonderen Vorzug dieser Wahrheitsdefinitionsmethode an, daß durch sie die semantische Struktur der Sätze aufgeklärt wird, ohne Worte zu verwenden, die nicht in diesen Sätzen selbst enthalten sind.[3] Es entspricht Wittgensteins Satz, die Bedeutung sei das, was wir erklären, wenn wir die Bedeutung des Satzes erklären, wenn Davidson sagt, es könne nicht Aufgabe einer Semantik sein, unsere sprachlichen Ausdrücke mit Mitteln zu erklären, die nicht in diesen selbst enthalten sind. Seine Konzeption richtet sich gegen Versuche, die Bedeutung von Worten und die Art, wie sie sich zu komplexeren Ausdrücken zusammensetzen – also die Formen –, durch andere verbale Mittel zu erklären, Versuche, die dann eben z. B. dazu führen zu sagen, das Wort »und« stehe für ein Zusammen oder einen Kollektionsakt oder eine Konjunktion, oder: die Prädikate stehen für Attribute. Es ist das Einzigartige der Wahrheitsdefinition, daß sie ein solches Formwort wie »und« zwar in der einzig möglichen Weise erklärt, wie ein solches Wort durch Worte erklärt werden kann, nämlich mittels dieses Wortes selbst, und daß die Erklärung gleichwohl einen Erkenntniswert hat, indem sie die mit diesem Wort bezeichnete semantische Form aufklärt.

Trotzdem ist natürlich der Einwand der Zirkularität berechtigt, da nur derjenige die durch die Wahrheitsdefinition des Wortes »und« gegebene Aufklärung seiner Bedeutung verstehen kann, der das Wort »und« schon versteht. Und wenn wir uns fragen, wie wir die Bedeutung eines Wortes erklären, wollen wir natürlich wissen, wie wir sie jemandem erklären können, der dieses Wort oder ein entsprechendes einer anderen Sprache noch nicht kennt. Nur ist jetzt klar, daß eine derartige Erklärung des Wortes »und« nicht mehr durch Worte erfolgen kann. Es kann sich nur noch um eine Erklärung handeln, in der wir die Verwendungsweise des Wortes an Beispielen vorführen, so wie wir früher auch bei den Prädikaten gesehen haben, daß ihre Verwendungsweise durch Beispiele erklärt wird, nur daß wir damals nachträglich feststellen mußten, daß das, was erklärt wurde, noch gar nicht Prädikate, sondern Quasiprädikate waren. Inzwischen haben wir gesehen, daß die Erklärung der Verwendung eines assertorischen Satzes nur in der Erklärung seiner Verwendung zu einer Behauptung und d. h. seiner Verwendung als Anfangszug eines Ausweisungsspiels bestehen kann, und d. h. daß die Verwendungsregel, die erklärt wird, als Verifikationsregel zu verstehen ist.

Sie sehen: wir exerzieren jetzt am Beispiel der »und«- und »oder«-Sätze die verschiedenen Theorien durch, die ich in den letzten Stunden in abstracto erörtert habe. Anhand der Wahrheitsdefinition der »und«- und »oder«-Sätze haben wir jetzt exemplarisch sehen können, was eine Semantik, die sich bei der Erklärung der Bedeutung von (nichtdeiktischen) Sätzen auf die Angabe ihrer Wahrheitsbedingungen beschränkt, leisten kann, aber auch was sie nicht leistet. Was sie nicht leistet, ist eine Erklärung des Ausdrucks, ohne den Ausdruck selbst oder einen entsprechenden in einer Metasprache zu verwenden, und was sie ebenfalls nicht leistet, ist eine Erklärung der Verwendungsweise des Ausdrucks. Die beiden vorhin gegen die Erklärung des Wortes »und« mittels Wahrheitsbedingungen erhobenen Einwände gehören also zusammen, weil ein Ausdruck, wenn er nicht mehr durch einen anderen Ausdruck erklärt wird, nur noch so erklärt werden kann, daß seine Verwendungsweise vorgeführt wird.

Doch will ich nicht die damaligen abstrakten Thesen über die Bedeutung assertorischer Sätze auf den Fall der »und«- und »oder«-Sätze einfach anwenden; sie sollen sich vielmehr umgekehrt an ihm bewähren. Deshalb will ich es nicht schon als ausgemacht ansehen, daß die Verwendungsregeln dieser Sätze nur Verifikationsregeln sein können. Könnten es nicht auch Konditionalregeln sein, die die Verwendung auf die Umstände beziehen? Jedenfalls beim »und« scheint ein solcher Vorschlag zunächst recht ansprechend zu sein. Könnte man nicht sagen, man erkläre jemandem die Verwendung des Wortes »und«, indem man ihn lehrt, immer dann den Satz »p und q« zu verwenden, wenn p und wenn q, und ihn immer dann zu verneinen, wenn nicht-p oder nicht-q? Der Einwand der Zirkularität entfällt jetzt, weil ich zwar die Erklärung der Verwendung nur so beschreiben kann, daß ich dabei wieder die Worte »und« und »oder« verwende; in der Erklärung selbst würden sie jedoch nicht verwendet werden. Denken wir uns z. B. eine Person A, die das Wort »und« einer Person B, die es noch nicht kennt, erklären will. Es ist z. B. warm und es regnet; diese Beschreibung der Situation mache ich jetzt, sie wird von A nicht gemacht. A sagt vielmehr nur in der entsprechenden Situation »es ist warm und es regnet«. Er darf dabei voraussetzen, daß B die verwendeten Teilsätze »es ist warm« und »es regnet« schon versteht. In einer anderen Situation, in der es warm ist, aber nicht regnet, verneint A den Satz »es ist warm und es regnet«. So spielt er die vier Möglichkeiten an diesem und an anderen Beispielen durch, und dann wird es ihm B bald an anderen Beispielen nachmachen können, d. h. er hat die Verwendungsregel, die ihm erklärt wurde, verstanden.

Aber entspricht die Verwendungsregel, die ihm auf diese Weise erklärt wurde, der Verwendungsweise unseres Wortes »und«? Ich habe vorhin, was erklärt wird, so beschrieben, daß A den B lehrt, den Satz »p und q« immer dann zu verwenden, wenn p und wenn q. Aber dieses »wenn p und wenn q« kann, wenn sich die Verwendung auf die Umstände beziehen soll, nur den Sinn haben: »wenn B wahrnimmt, daß p, und er wahrnimmt, daß q«, und genau das war ja offenbar auch in dem Beispiel vorausgesetzt, das ich gegeben habe. Dann ist aber klar, daß hier eine Verwendungsweise des Wortes »und« erklärt würde, die der tatsächlichen Verwendungsweise dieses Wortes nicht entspricht. Weder verwenden wir den Satz »p und q« nur dann, noch verwenden wir ihn immer dann, wenn wir wahrnehmen, daß p und daß q.

Es scheint nahezuliegen, die vorgeschlagene Erklärung so zu erweitern, daß A den B lehrt, den Satz »p und q« immer dann zu verwenden, wenn er nicht nur wahrnimmt, sondern überhaupt meint, daß p, und meint, daß q. Diese Erklärung scheint sich auch bereits enger an die Erklärung mit den Wahrheitsbedingungen anzuschließen, da »meinen« dasselbe heißt wie »fürwahrhalten«. Aber erstens würde auch das nicht der Verwendung des Wortes »und« entsprechen, weil wir nicht immer, wenn wir meinen, daß p, und meinen, daß q, »p und q« sagen, und außerdem ist nicht klar, wie die einer solchen Auffassung entsprechende Erklärung anhand von Beispielen aussehen sollte.

Wir kommen der tatsächlichen Verwendung mindestens näher, wenn wir, statt zu sagen »immer wenn wir meinen«, sagen »nur wenn wir meinen«. Dieser Schritt entspricht dem entscheidenden Schritt, den wir bei der allgemeinen Erörterung der Verwendungsregeln der assertorischen Sätze machten, als sich zeigte, daß die Verwendungsregeln keine Konditionalregeln sind. Die Regeln sind nicht von der Art, daß sie bestimmen, unter welchen – sei es situativen, sei es kognitiven – Bedingungen die Verwendung des

Ausdrucks erfolgt; sondern von solcher Art, daß sie, *wenn* der Ausdruck (aus welchen Gründen oder Ursachen auch immer) verwendet wird, fixieren, was die Verwendung impliziert.

Nun ist es aber offenbar auch falsch, daß der, der behauptet, daß p und q, impliziert, daß er meint, daß q, und meint, daß p. Er impliziert nur, daß er bereit ist, sowohl zu behaupten, daß p, als auch zu behaupten, daß q. Es ist jedoch nicht auf den ersten Blick klar, wie die entsprechende Erklärung für die Behauptung, daß p oder q, lauten würde. Wer das behauptet, impliziert jedenfalls nicht, daß er bereit ist zu behaupten, daß p, oder zu behaupten, daß q. Er ist gerade nicht bereit, das eine oder das andere für sich zu behaupten, sondern nur, daß das eine oder das andere wahr ist.

Ich habe in der bisherigen Betrachtung das »oder« vernachlässigt. Bei diesem Wort hätten wir gar nicht auf die Idee kommen können, daß man seine Verwendungsregel auf die Umstände beziehen könnte. Beim »und« konnte auf diese Weise mindestens die Verwendungsweise eines Wortes erklärt werden, das wir in Analogie zu den Quasiprädikaten als quasi-»und« bezeichnen können. Aber wie hätte eine entsprechende Verwendungsweise des Wortes »oder« aussehen sollen? Etwa so, daß man »p oder q« immer dann sagen kann, wenn man wahrnimmt, daß p, oder wahrnimmt, daß q? Mit dem Satz »p oder q« wird aber immer weniger gesagt als mit einem der beiden Sätze »p« oder »q«, und es bestünde also bei dieser Erklärung nie ein Anlaß, das Wort »oder« überhaupt zu verwenden. Die Verwendung des »oder« ist offensichtlich prospektiv, nicht retrospektiv. Aber prospektiv woraufhin? Bleibt noch ein anderer Ausweg als zuzugeben, daß es sich um die Verifikation handelt?

Dann ergäbe sich folgende Erklärung: wer »p und q« sagt, behauptet, daß beide Behauptungen – *daß p* und *daß q* – wahr und d. h. verifizierbar sind; wer »p oder q« sagt, behauptet, daß eine der beiden Behauptungen wahr und d. h. verifizierbar ist. Was das heißt, läßt sich an Beispielen erklären, indem gezeigt wird, nicht unter welchen Umständen die Sätze verwendet werden, sondern unter welchen Umständen die Behauptungen, die mit ihnen gemacht werden, gegenüber den sie verneinenden Behauptungen aufrechterhalten werden können bzw. zurückgenommen werden müssen.

Die Verwendung der Satzform und die ihrer Verneinung werden gleichzeitig erklärt. Die Erklärung erfolgt in der Weise, daß gezeigt wird, wie sich jeder der beiden Sprecher – der bejahende und der verneinende – zu seiner Behauptung und der des anderen verhält, wenn sie sich aufgrund der Verifikation der beiden Teilsätze über deren Wahrheit und Falschheit geeinigt haben. Nehmen wir als Beispiel den Satz »vor der Haustür sitzt ein Nilpferd oder im Hof liegt ein Löwe«. Herr und Frau X wollen ihrem kleinen Jungen, der (nehmen wir an) die beiden Teilsätze versteht, aber das Wort »oder« noch nicht, anhand dieses Beispiels die Verwendung dieses Wortes erklären. Herr X bejaht den Satz, Frau X verneint ihn. Sie gehen gemeinsam mit dem Jungen hinaus und sehen nach. Es gibt nun, was die Verifikation und Falsifikation der Teilsätze betrifft, vier Möglichkeiten – natürlich dieselben, die schon bei der Angabe der Wahrheitsbedingungen unterschieden wurden. Es wird nicht schwer sein, daß Vater, Mutter und Sohn sich über die Wahrheit bzw. Falschheit der beiden Teilsätze einigen. Dabei wird weder das Wort »oder« noch das Wort »und« verwendet. Der Junge aber wird feststellen, daß je nach dem Ergebnis der Verifikation der Teilsätze entweder der Vater oder die Mutter ihre vorher aufgestellte Behauptung zugunsten der des anderen zurücknehmen werden. Sobald er verstanden hat, wovon die Rücknahme der jeweiligen Behauptung abhängt, sobald er also verstanden hat, von welchen Verifikationsregeln der Spielausgang abhängt, hat er die Verwendungsregel von »--- oder . . . « bzw. »--- und . . . « verstanden. Dieses Verstehen aber drückt sich nicht in irgendeiner Metasprache aus – welche sollte das denn sein? – sondern einzig darin, daß der Junge nun seinerseits die »und«- und »oder«-Sätze in derselben Weise verwendet.

Damit hat sich jetzt die in der vorletzten Stunde abstrakt entwikkelte Konzeption an einem einfachsten Fall konkret bewährt, indem für einen bestimmten Typus von Satzformen die Wahrheitsbedingungen angegeben werden konnten und diese dann durch die Abhängigkeit von Rücknahme bzw. Aufrechterhaltung der bejahenden bzw. verneinenden Behauptung von der Wahrheit bzw. Falschheit der Teilbehauptungen erklärt wurden. Die Wahrheitsbedingungen in dieser Weise erklären, heißt erklären, wie der Wahrheitswert von Sätzen bzw. Behauptungen dieser Form festgestellt und d. h. wie sie verifiziert werden; und mit dieser Erklärung ist zugleich die Verwendungsweise der Sätze dieser Form ohne erneuten Gebrauch der diese Form bestimmenden Worte erklärt.

Wenn wir die Auffassung der Worte »und« und »oder«, die sich ergeben hat, mit der gegenstandstheoretischen vergleichen, so können wir wieder, wie schon bei den Prädikaten (S. 207), sagen, daß es eine spezifisch ›sprachanalytische‹ in dem Sinn ist, daß das Zeichen nun nicht mehr als bloßes Mittel erscheint, durch das etwas im ›Denken‹ repräsentiert wird, das auch ohne Sprache vollzogen werden könnte. Die Worte »und« und »oder« verstehen, heißt, eine bestimmte Zeichenverwendung beherrschen; die Vorstellung, daß diese Worte für etwas anderes stehen, erweist sich als absurd, sobald man sich verdeutlicht hat, wie die Bedeutung dieser Worte erklärt wird.

Anmerkungen

1 *Tractatus*, 4.31 ff. Eine einfache Darstellung findet man zu Beginn der meisten modernen Lehrbücher der Logik.

2 Vgl. seine Aufsätze »Truth and Meaning«, und »Semantics for natural languages«.

3 Vgl. den zweiten Aufsatz, S. 178 f.

18. Vorlesung

Die zwei Formen komplexer Sätze, die ich in der vorigen Stunde behandelt habe, gehören zu der besonders einfachen, in ihrer Semantik besonders leicht durchschaubaren Gattung komplexer Sätze, deren Wahrheitswert durch die Wahrheitswerte ihrer Teilsätze bestimmt ist, die also – oder die Behauptungen, die mit ihnen gemacht werden – Wahrheitsfunktionen ihrer Teilsätze (bzw. der mit ihnen gemachten Behauptungen) sind. Es gibt andere Formen komplexer Sätze, deren Wahrheitswert bzw. der Wahrheitswert der entsprechenden Behauptungen nicht oder nicht nur von dem Wahrheitswert ihrer Teilsätze (bzw. Teilbehauptungen) abhängt. So z. B. die Formen »q, weil p« und »wenn p, so q«. Z. B. »der Bus ist verunglückt, weil der Fahrer betrunken war«. Offenbar kann ein solcher Satz nur wahr sein, wenn seine beiden Teilsätze wahr sind, aber das genügt nicht. Es kann wahr sein, daß der Bus verunglückt ist und daß der Fahrer betrunken war, und es kann gleichwohl falsch sein, daß der Bus verunglückt ist, *weil* der Fahrer betrunken war. Die Wahrheit einer solchen Behauptung hängt also nicht nur von dem Wahrheitswert der Teilbehauptungen ab. In diesem Fall besteht offenbar außerdem ein bestimmtes Begründungsverhältnis zwischen den beiden Teilbehauptungen. Ähnlich verhält es sich bei den Formen »wenn der Fahrer betrunken gewesen wäre, wäre der Bus verunglückt« und »wenn der Fahrer betrunken ist, wird der Bus verunglücken«. Auch in Aussagen der Wenn-so-Form wird ein Zusammenhang von Grund und Folge behauptet, nur daß jetzt – beim Irrealis – vorausgesetzt ist, daß die Teilsätze falsch sind, oder aber der Wahrheitswert wird – beim Potentialis – offengelassen.

Die Unterscheidung zwischen den wahrheitsfunktionalen (den sogenannten extensionalen) und den nicht wahrheitsfunktionalen (den sogenannten intensionalen) komplexen Aussagen stammt von Frege, und die Erörterung der verschiedenen Formen der intensionalen komplexen Aussagen in Freges Abhandlung »Über Sinn und Bedeutung« kann wohl immer noch als die umfassendste gelten. Die Semantik der intensionalen komplexen Aussageformen ist auch heute noch umstritten. Ich werde auf sie nicht eingehen. Im Moment kommt es mir nur darauf an, daß Sie aus dem Umstand, daß die intensionalen komplexen Aussagen nicht wahrheitsfunktional sind, nicht zu weitgehende Folgerungen ziehen. Aus dem Umstand, daß der Wahrheitswert der Sätze dieser Formen nicht bzw. nicht nur vom Wahrheitswert der Teilsätze abhängt, folgt nämlich nicht, daß nicht auch für diese Satzformen gilt, daß sie verstanden werden, wenn man weiß, welches die Wahrheitsbedingungen der Behauptungen sind, die mittels der Sätze dieser Form gemacht werden. Wir haben keinen Grund zu bezweifeln, daß diese allgemeinste Bestimmung der Bedeutung assertorischer Sätze für die intensionalen komplexen Sätze nicht gelten sollte. Damit ist freilich noch wenig gewonnen, denn nun fragt sich ja erst, was es denn ist, wovon der Wahrheitswert dieser komplexen Sätze abhängt, wenn es nicht der Wahrheitswert der Teilsätze ist. Ist es die Bedeutung der Teilsätze? Ist es deren Bedeutung zusammen mit ihrem Wahrheitswert? Ist es der Wahrheitswert anderer Behauptungen, die nicht in den Teilsätzen des komplexen Satzes zum Ausdruck kommen, aber von ihm impliziert sind? Mit der Hypothese, daß auch für die intensionalen komplexen Sätze gilt, daß sie verstanden werden, wenn man weiß, welches ihre Wahrheitsbedingungen sind, ist also noch keine Antwort gegeben, wohl aber die Richtung vorgezeichnet, in der allein gefragt werden kann. Die Alternative wäre auch hier eine gegenstandstheoretische Auffassung, derzufolge man sich die Bedeutung des »weil«, des »wenn . . . so« usw. in einer bestimmten Zusammensetzung der Sachverhalte denken müßte, für die die Teilsätze stehen. Ob es irgendwo einen konkreten Versuch zur Durchführung einer gegenstandstheoretischen Erklärung der intensionalen komplexen Aussagen gibt, weiß ich nicht, aber nachdem sich am Beispiel der extensionalen komplexen Sätze die Unsinnigkeit der Vorstellung von einem Zusammengesetztsein eines Sachverhaltes gezeigt hat, sollte jetzt die Absurdität eines solchen Versuches von vornherein erkennbar sein.

Ich wollte noch auf die Aussagen eingehen, die in der logischen Tradition als generelle Aussagen bezeichnet wurden, in Abhebung zu den singulären prädikativen Aussagen. Man hat zwei Arten von generellen Aussagen unterschieden, die ›universalen‹ (z. B. »alle Ameisen sind giftig«) und die ›partikularen‹ (z. B. »einige Ameisen sind violett«). Diese Unterscheidung ist problematisch, weil die Verneinung einer universalen Aussage eine partikulare Aussage ist (»es ist nicht der Fall, daß alle« = »einige sind nicht«) und umgekehrt (»es ist nicht der Fall, daß einige« = »keine« = »alle sind nicht«), und weil die sogenannten Quantoren (»alle«, »einige«) in einer Aussage mehrmals auftreten können (z. B. »alle Ameisen haben einige Vorfahren«), gleichwohl kann man sagen, daß die positive universale Aussage und die positive partikulare Aussage die beiden einfachsten Formen der generellen Aussagen darstellen.

Wie haben wir uns die Semantik solcher Aussagesätze zu denken? Was heißt es, einen Satz dieser Form zu verstehen? Die traditionelle Auffassung war, daß es sich um eine Art prädikativer Sätze handelt. Das heißt: die Ausdrücke »einige Ameisen« und »alle Ameisen« wurden als Subjektausdrücke aufgefaßt. Sofern man einen rein grammatischen, syntaktischen Begriff von »Satzsubjekt« hat, wäre dagegen nichts einzuwenden. Die Rede vom Satzsubjekt war jedoch in der Tradition eine ungeschieden syntaktisch-semantische. Daher hat man Ausdrücke der Form »einige F«, »alle F« nicht nur in der Grammatik, sondern auch in der Logik als Subjekte und d. h. als Glieder von prädikativen Urteilen aufgefaßt. In den traditionellen Logikbüchern[1] wurde gewöhnlich zuerst ›das‹ prädikative Urteil im allgemeinen eingeführt, als bestehend aus Subjekt, Kopula und Prädikat, und dann wurden als drei Spezies das singuläre, das universale und das partikulare Urteil unterschieden, ja gelegentlich wurde das singuläre unter das universale Urteil subsumiert, weil in beiden Fällen und im Gegensatz zum partikularen Urteil das Prädikat von der »ganzen Bedeutung« des Subjektterminus gelte.[2] Man dachte sich also das generelle Urteil nach dem Modell des singulären; die Beziehung zwischen Prädikat bzw. Begriff und dem, wofür ein singulärer Terminus steht, wurde zum Modell für die Beziehung zwischen Prädikat und dem, wofür der Ausdruck »alle F« bzw. »einige F« steht.

Die traditionelle Auffassung setzt also voraus, daß die Ausdrücke »alle F«, »einige F« jeweils für etwas stehen, für einen Gegenstand.[3] Was kann das jedoch für ein Gegenstand sein? Bei »alle Ameisen« könnte man sagen, es sei die Klasse der Ameisen, aber wenn wir sagen »alle Ameisen sind giftig«, meinen wir nicht, daß die Klasse der Ameisen giftig ist – eine Klasse kann nicht giftig sein –, sondern daß die Ameisen – alle Ameisen – giftig sind. Noch schwieriger wird es bei »einige Ameisen«. Man pflegte zu sagen, dieser Ausdruck stehe für eine Teilmenge der Klasse der Ameisen. Aber ist damit eine bestimmte Teilmenge gemeint? Wenn z. B. die Aussage »einige Ameisen sind violett« falsch ist, heißt das, daß es dann eine bestimmte Teilmenge der Ameisen gibt, die nicht violett sind? Natürlich nicht; falsch ist der Satz, wenn es unter allen beliebigen Teilmengen der Ameisen keine gibt, deren Elemente violett sind. »Es gibt eine beliebige Teilmenge der Ameisen . . . « ist aber nur eine umständliche Formulierung für »es gibt einige (irgendwelche) Ameisen . . . «. Der Ausdruck »eine (unbestimmte) Teilmenge der F« steht nicht für eine (bestimmte) Teilmenge der F und steht also überhaupt nicht für etwas.

Was meinen wir dann aber mit dem Ausdruck »einige Ameisen«? Wenn wir uns frei machen von der Vorstellung, ein solcher Ausdruck müsse irgendwie analog zu einem singulären Terminus (»diese Ameise«) verstanden werden, so besteht keine Notwendigkeit mehr, den Satz semantisch nach dem Modell eines singulären prädikativen Satzes zu gliedern: »einige Ameisen / (sind) violett«. »Einige Ameisen sind violett« besagt offenbar dasselbe wie »es gibt violette Ameisen«. Diese Äquivalenz legt es nahe, so zu gliedern: »einige // Ameisen / violett«. Entsprechend müßten wir auch den universalen Aussagesatz gliedern: »alle // Ameisen / giftig«. Hilft das weiter? Wenn wir die Worte »einige« und »alle« isolieren, scheint ihre Bedeutung nur noch unfaßlicher zu werden. So ist es, solange wir fragen, wofür die Ausdrücke stehen. Doch indem die so gestellte Frage bei der jetzt vorgeschlagenen Gliederung vollends ins Leere stößt, werden wir dahin gedrängt, die Frage anders zu stellen.

Statt »alle« können wir auch sagen »jedes«. Notieren wir »Jede // Ameise / giftig«, so fällt auf, daß es auch einen grammatisch entsprechend gegliederten Satz gibt: »Jedes, das eine Ameise ist, ist giftig«. Das besagt offenbar soviel wie: »jedes: ist es eine Ameise, so ist es giftig«. Das Wort »jedes« steht nicht für etwas, sondern verweist auf *andere Sätze*, nämlich auf alle singulären prädikativen Sätze »dies ist eine Ameise«. Damit eröffnet sich jetzt eine Möglichkeit, das Verstehen des Wortes »jedes« und d. h. das Verstehen des partikularen Satzes als ein Verstehen der Wahrheitsbedingungen dieses Satzes aufzufassen, in der Weise, daß der Satz »jede Ameise ist giftig« wahr ist genau dann, wenn man in jedem Fall, in dem man von etwas sagen kann, daß es eine Ameise ist, auch sagen kann, daß es giftig ist. Das Wort »jedes« steht nicht für etwas, sondern es enthält eine Handlungsanweisung: »man nehme der Reihe nach jedes«; und an diese Handlungsanweisung schließt sich die Behauptung an: »ist es F, so ist es G«.

Ganz entsprechend können wir die partikulare Aussage verstehen: »(man nehme der Reihe nach) jedes: (dann wird man feststellen) eines oder einige von ihnen, die F sind, sind G«. Die Behauptung verweist auch hier auf singuläre prädikative Behauptungen, jetzt aber so, daß die Behauptung wahr ist, wenn nur irgendein singulärer Satz »dies ist F und es ist G« wahr ist. Es mag überraschen, daß der Bezug auf alle (»man nehme der Reihe nach *jedes*«) jetzt auch in der Paraphrase der partikularen Aussage aufgenommen ist, aber man kann sich leicht klarmachen, daß in unserem Verständnis von »einige« in der Tat eine Bezugnahme auf alle enthalten ist. »Einige« heißt »irgendwelche von allen«. Um Kontrast und Parallele zwischen den universalen und den partikularen Aussagen deutlich zu machen, könnten wir so paraphrasieren: »von allen jedes: . . . «, »von allen einige (irgendeines): . . . «.

Diese Auffassung der generellen Aussagen stammt von Frege.[4] Mit ihr ist es Frege gelungen, die engen Grenzen der traditionellen Prädikatenlogik – der aristotelischen Syllogistik – zu durchbrechen und den allgemeinen Prädikatenkalkül der modernen Logik zu entwickeln. Die Syntax dieses Kalküls wirkt nur daher auf den ersten Anschein künstlich, weil sie von der *Syntax* der natürlichen Sprache her gesehen ungewohnt ist, dies aber nur deswegen, weil ihre Gliederung gerade die *semantische* Struktur der generellen Aussagen der natürlichen Sprache zum Ausdruck bringt, die in deren eigener syntaktischer Gliederung nicht sichtbar wird.

Nur in einem Detail scheint die semantische Auffassung der modernen Logik der Semantik der natürlichen Sprache nicht zu entsprechen.[5] Die Allaussage wird in der modernen Logik so geschrieben: »(x) (Fx → Gx)«, in Worten: »für alle x: wenn x F ist, ist es G«. Das ist nur eine andere Formulierung des vorhin von mir vorgeschlagenen Satzes: »jedes: ist es F, so ist es G«. Es erscheint nun sehr viel natürlicher, eine Aussage wie »alle Ameisen sind giftig« nicht, wie ich es vorhin getan habe, als äquivalent aufzufassen mit »jedes, das eine Ameise ist, ist giftig«, sondern so: »jede Ameise: sie ist giftig«, und entsprechend die partikulare Aussage so: »von allen F irgendeines: es ist G«. Der Unterschied besteht darin, daß die singulären Termini der prädikativen Aussagen, auf die die generelle Aussage in Freges Interpretation verweist, für alle Gegenstände eines zugrundeliegenden Gegenstandsbereiches stehen, während sie nach der anderen Auffassung nur für die Gegenstände stehen, die F sind. Die Verifikation der Aussage »alle Ameisen sind giftig« bestünde nach der ersten Auffassung darin, alle realen Gegenstände daraufhin zu prüfen, ob sie, *wenn* sie Ameisen sind, auch giftig sind; nach der zweiten Auffassung beschränkt sich die Handlungsanweisung von vornherein auf die Totalität der Ameisen. Die erste Auffassung hat zur Folge, daß die Allaussage, wenn es keine Ameisen gibt, auf jeden Fall wahr ist, während es der Semantik der natürlichen Sprache eher entspricht, daß, wenn es keine Ameisen gibt, die Frage, ob alle Ameisen giftig sind oder nicht, gar nicht sinnvoll gestellt werden kann und eine entsprechende Aussage weder wahr noch falsch ist.

An dieser Stelle hat also Frege zugunsten der logischen Systematik eine Differenz zur Semantik der natürlichen Sprache in Kauf genommen. Ich habe jedoch diese Differenz nur erwähnt, um deutlich machen zu können, daß das in unserem Zusammenhang Entscheidende beiden Auffassungen gemeinsam ist, daß nämlich das Verstehen dieser Satzformen darin besteht, zu wissen, wie der Wahrheitswert der Sätze dieser Formen vom Wahrheitswert anderer Sätze abhängt. Wir kommen also bei den generellen Sätzen zu einem analogen Ergebnis wie bei den wahrheitsfunktionalen komplexen Sätzen. Der Unterschied besteht nur darin, daß die Behauptungen, von deren Wahrheitswert der Wahrheitswert des generellen Satzes abhängt, nicht in Teilen dieses Satzes zum Ausdruck kommen. Und damit hängt ein weiterer Unterschied zusammen: die Behauptungen, von deren Wahrheitswert der Wahrheitswert des generellen Satzes abhängt, können unbegrenzt viele sein, und in diesem Fall können wir den Allsatz nicht endgültig verifizieren. In den Fällen, wo wir es nur mit endlich vielen Gegenständen zu tun haben, können wir die universale Aussage in eine Und-Aussage und die partikulare Aussage in eine Oder-Aussage umformen. Der Satz »alle Ameisen in dieser Schachtel sind giftig« ist, wenn die Zahl der Ameisen in dieser Schachtel = n ist, äquivalent mit dem Satz »Ameise Nr. 1 ist giftig und Ameise Nr. 2 ist giftig und . . . und Ameise Nr. n ist giftig«. Ich habe bisher schon mehrfach von der ›Äquivalenz‹ von Aussagen gesprochen, ohne daß ich diesen Ausdruck definiert habe. Jetzt können wir sagen: zwei Aussagesätze sollen dann äquivalent heißen, wenn sie dieselbe Bedeutung und *d. h.* dieselben Wahrheitsbedingungen haben. In unserem Fall ist ohne weiteres zu sehen, daß der Wahrheitswert der beiden Sätze in derselben Weise vom Wahrheitswert derselben Sätze »Ameise Nr. 1 ist giftig« usw. abhängt.

Natürlich ist die Erklärung mittels Wahrheitsbedingungen, die ich von den Formen der generellen Sätze gegeben habe, in derselben Weise zirkulär, wie es die entsprechende Erklärung der »und«- und »oder«-Sätze war. Die universale Aussage ist wahr, wenn *jede* Einsetzung eines singulären Terminus eine wahre prädikative Aussage ergibt; die partikulare ist wahr, wenn *irgendeine* solche Einsetzung eine wahre Aussage ergibt. Da die Quantoren sich jetzt nicht mehr auf die Gegenstände, sondern auf die Einsetzungen bzw. die sich aus diesen ergebenden Sätze beziehen, handelt es sich wieder nicht um einen bloßen Zirkel; die Wahrheitsdefinition zeigt, wie der Wahrheitswert des Satzes vom Wahrheitswert anderer Sätze abhängt.

Und nun können wir auch hier den weiteren Schritt vornehmen und den Zirkel vermeiden, indem wir jemandem die Verwendung solcher Satzformen an Beispielen erklären. Wittgenstein schreibt in den *Bemerkungen über die Grundlagen der Mathematik*: »Man lernt die Bedeutung von ›alle‹, indem man lernt, daß aus ›(x)Fx‹ ›Fa‹ folgt«. (Und d. h. eben, daß, wenn irgendeine Aussage ›dies ist F‹ falsch ist, auch die universale Aussage falsch ist). »Die Übungen, die den Gebrauch dieses Wortes einüben, seine Bedeutung lehren, zielen immer dahin, daß eine Ausnahme nicht gemacht werden darf« (§ 10). Wie können wir dies – »daß eine Ausnahme nicht gemacht werden darf« – jemandem, der es noch nicht versteht, erklären? Wir haben z. B. Bohnen in einem Sack und behaupten, daß alle schwarz sind, und je nachdem, was sich dann zeigt, werden wir an der Aussage festhalten oder sie zurücknehmen bzw. werden sagen, sie habe sich als wahr oder falsch erwiesen.

Ich schließe damit die Erörterung der Semantik der wahrheitsfunktionalen Satzformen ab und kann nun zu der bereits zweimal aufgeschobenen Behandlung der Form der Elementarsätze – der prädikativen Satzform – übergehen. Ich hatte die Erörterung der prädikativen Satzform ein erstes Mal aufgeschoben (S. 229 f.), als sich gezeigt hatte, daß sich die Bedeutung weder der Prädikate noch der ganzen prädikativen Sätze so verstehen ließ, daß sie durch ihre Verwendungsregel auf die Umstände der Verwendung bezogen werden. Nachdem deutlich geworden ist, daß die isolierte Erörterung der Prädikate ebenso in eine Sackgasse führt wie die Orientierung an den Namen, lag es nahe, die Bedeutung der beiden Glieder der prädikativen Satzform in ihrem Beitrag für die Bedeutung des ganzen prädikativen Satzes zu suchen; dafür aber war es erforderlich, vor der Wiederaufnahme der Erörterung der Prädikate und der Behandlung der singulären Termini einen Vorbegriff von der Bedeutung assertorischer Sätze zu gewinnen. Ein solcher wurde erreicht mit der Erklärung, einen assertorischen Satz verwenden, heiße behaupten, daß seine Wahrheitsbedingungen erfüllt sind bzw. die Befolgung seiner Verifikationsregel zur Bestätigung der Behauptung führt.

Damit war eine Basis gewonnen zur Aufklärung der Semantik der prädikativen Satzform. Einen Satz dieser Form verstehen, müßte heißen, seine Wahrheitsbedingungen bzw. seine Verifikationsregel kennen. An dieser Stelle habe ich die Erörterung der prädikativen Satzform erneut aufgeschoben (S. 262 f.), um die abstrakte Rede von den Wahrheitsbedingungen bzw. der Verifikationsregel einer Behauptung zuerst an dem einfacheren Fall der wahrheitsfunktionalen Satzformen zu konkretisieren. Was diesen Fall so einfach macht, ist nicht nur, daß wir bei ihm von den deiktischen Ausdrücken und damit von dem Unterschied zwischen Satz und Behauptung absehen konnten und damit von dem ganzen Problem der Konstitution der für die Rede von »wahr« und »falsch« grundlegenden Identifizierbarkeit von Behauptetem. Die besondere Einfachheit der Erklärung der wahrheitsfunktionalen Satzformen gründet darin, daß sie die Wahrheit dieser Behauptungen lediglich von der Wahrheit und Falschheit anderer Behauptungen abhängig sein läßt, was in der Wahrheitsdefinition dadurch zum Ausdruck kam, daß das Wort »wahr« im Definiens – in der Angabe der Wahrheitsbedingungen – wiederkehrte, und bei der Erklärung der Verwendungsweise dadurch, daß die Rücknahme bzw. Aufrechterhaltung der Behauptung von der Rücknahme bzw. Aufrechterhaltung anderer Behauptungen abhing. Die Wahrheit und Verifizierbarkeit der wahrheitsfunktionalen Sätze verweist auf die Wahrheit bzw. Verifizierbarkeit anderer Sätze und damit letztlich auf die Wahrheit bzw. Verifizierbarkeit der mittels elementarer prädikativer Sätze gemachten Behauptungen. Die Verwendung der wahrheitsfunktionalen Sätze wird so erklärt, daß in der Erklärung vorausgesetzt wird, daß das Wort »wahr« bzw. die Verwendung von anderen Sätzen schon verstanden ist. D. h. dann aber: die Exemplifizierung der abstrakten Erklärung, die ich von der Verwendungsregel assertorischer Sätze gegeben habe, sowie der Rede von Wahrheitsbedingungen und Verifikationsregel anhand der wahrheitsfunktionalen Satzformen steht nicht auf eigenen Füßen. Man kann letztlich jene abstrakte Erklärung der Verwendung assertorischer Sätze und die Rede von »wahr« und »falsch«, von Wahrheitsbedingungen und Verifikationsregeln nur anhand der Verwendung elementarer prädikativer Sätze konkretisieren. So wird jetzt, was ich früher antizipierte (S. 230), verständlich, daß das, was sich vor der Aufklärung der Semantik der prädikativen Satzform über die Bedeutung assertorischer Sätze überhaupt sagen läßt, nur als eine vorläufige Bestimmung aufgefaßt werden kann.

Am schärfsten läßt sich das verdeutlichen anhand des Wortes »wahr«. Von diesem Wort habe ich zwar schon reichlichen Gebrauch gemacht. Gleichwohl ist es noch unerklärt. Wenn jemand einwenden möchte, es sei doch vielmehr durch die Redundanzformel erklärt, so erinnere ich noch einmal daran, daß die Redundanzformel ihrerseits voraussetzt, daß man schon den Unterschied versteht zwischen »(es wird behauptet) daß p« und »p«, und dieser Unterschied wird nur verstanden, wenn schon das Ausweisungsspiel verstanden ist, dessen Spielregeln Verifikationsregeln sind. Man kann also das Wort »wahr« nur dann als durch die Redundanzformel erklärt ansehen, wenn man voraussetzt, daß man schon versteht, wie Behauptungen verifiziert werden können und d. h. wie ihre Wahrheit erkannt werden kann, wobei das Wort »wahr« allerdings nicht verwendet werden muß, aber – eben zusammen mit dem Ausdruck »daß p« – natürlicherweise verwendet wird. Man könnte also auf eine über die Redundanzformel hinausreichende Erklärung des Wortes »wahr« nur verzichten, wenn man sich den ersten Erklärungsschritt: eine Behauptung verstehen, heiße ihre Wahrheitsbedingungen kennen, versagt und gleich zum nächsten übergeht: eine Behauptung verstehen, heiße wissen, wie sie verifiziert wird.

Wenn wir zuerst wieder – wie schon bei den Formen der wahrheitsfunktionalen Aussagen – auf der Ebene des ersten Erklärungsschritts einsetzen, sehen wir sofort, wie weit wir von einem Verständnis des Wortes »wahr« noch entfernt sind. Denn während die Erklärung dessen, was es für eine wahrheitsfunktionale Behauptung heißt, wahr zu sein, so aussah, daß in der Erklärung das Wort »wahr« wiederkehrte, kann in der Erklärung dessen, was es für eine prädikative Behauptung heißt, wahr zu sein, das Wort »wahr« nicht mehr vorkommen, und eben deswegen müssen wir hier die bisher fehlende Erklärung des Wortes »wahr« erwarten. Das darf allerdings nicht so verstanden werden, als würde damit eine allgemeine Bedeutung des Wortes »wahr« gewonnen, die sich dann auch auf die Wahrheit der wahrheitsfunktionalen Behauptungen übertrüge. Was es für die wahrheitsfunktionalen Behauptungen heißt, wahr zu sein, ist ja schon durch ihre jeweiligen Wahrheitsdefinitionen fixiert. Diese lassen sich nur in der Weise ergänzen, daß das im Definiens dieser Definitionen vorkommende Wort »wahr« durch eine Wahrheitsdefinition der prädikativen Behauptungen erklärt wird. Was sich so ergibt, ist eine sogenannte rekursive Wahrheitsdefinition, wie sie zum ersten Mal von Tarski entwickelt wurde: das Prädikat »wahr« ist so definiert, daß es zuerst für die Klasse der Elementarbehauptungen definiert ist und daß es für die anderen – jedenfalls diejenigen, die wir bisher kennengelernt haben – als eine Funktion seiner Anwendung auf die Elementarbehauptungen definiert ist.

Wie sollen wir die Frage nach der Wahrheitsbedingung einer prädikativen Behauptung angehen? Befinden wir uns hier nicht wieder an einer jener gefährlichen Stellen unseres Weges, an der uns gar keine bestimmte Fragerichtung vorgezeichnet ist und an der ich nur irgendeinen Vorschlag machen könnte, der dann mehr oder weniger willkürlich erscheinen muß? Ich glaube nicht. Wenn nicht das ganze bisherige Vorgehen ein Irrweg gewesen sein soll, müßte sich der nächste Schritt jetzt von selbst ergeben, sobald wir die verschiedenen für die anstehende Frage relevanten teils durchgeführten, teils abgebrochenen Gedankengänge zusammenbringen:

Die Frage nach der Semantik des prädikativen Satzes konnte von vornherein nur verstanden werden als Frage nach der prädikativen Form und d. h. als Frage, wie sich die Bedeutung des ganzen Satzes aus der Bedeutung seiner beiden Glieder ergibt. So hatte natürlich auch die gegenstandstheoretische Position die Frage verstanden. Sie war aber daran gescheitert, daß sie die Art, wie sich die Bedeutung des Satzganzen aus der der Satzglieder ergibt, als Zusammensetzung verstand. Da dieses Verständnis durch die gegenständliche Auffassung der Prädikate bedingt war, habe ich damals versucht, zuerst ein neues Verständnis der Prädikate zu erarbeiten. Dieser Versuch blieb, wegen der isolierten Thematisierung der Prädikate, in der Zweideutigkeit zwischen Prädikaten und Quasiprädikaten stecken. Dadurch wurde klar, daß die Bedeutung des Prädikats nur von der Bedeutung des Satzganzen her verstanden werden konnte. Und nachdem sich inzwischen das Verstehen assertorischer Sätze (wenn wir von deiktischen Ausdrücken absehen) als Kennen ihrer Wahrheitsbedingungen erwiesen hat, sind wir jetzt in der Lage, die

Alternative zur gegenstandstheoretischen Auffassung des prädikativen Satzes vom Satzganzen her zu fassen. Versuchen wir diese Alternative in analoger Weise zu formulieren wie bei den wahrheitsfunktionalen Sätzen (und sehen wir der Einfachheit halber vorläufig weiterhin von den deiktischen Ausdrücken ab), so können wir zunächst wieder sagen: der Fehler der gegenstandstheoretischen Auffassung ist nicht, daß sie von Gegenständen spricht, die wahr oder falsch sein können – Sachverhalten bzw. Behauptungen –, sondern daß sie sich einen prädikativen Sachverhalt, daß a F ist, als zusammengesetzt denkt aus a und dem, wofür der Ausdruck »F« steht, und weiterhin können wir auch jetzt wieder sagen: die Abhängigkeit des Behaupteten ist nicht als eine Zusammensetzung zu denken, sondern als eine Abhängigkeit des Wahrheitswertes.

Aber wenn wir zu formulieren versuchen, wovon der Wahrheitswert abhängig ist, geraten wir in Schwierigkeiten. Würden wir sagen, der Wahrheitswert der prädikativen Behauptung ist abhängig von dem Gegenstand, für den der singuläre Terminus »a« steht, und von dem Attribut oder der Klasse, für die das Prädikat »F« steht, so wäre das im Unterschied zu der unhaltbaren Synthesistheorie zwar richtig, aber erstens wissen wir nach unserer Erörterung des Nominalismusproblems, daß eine solche Erklärung höchstens sekundär berechtigt sein kann und die primäre Erklärung des fraglichen Zusammenhangs durch Rückgriff auf das Attribut oder die Klasse ein *hysteron-proteron* darstellen würde; und zweitens genügt es natürlich nicht zu sagen, der Wahrheitswert der prädikativen Behauptung hänge von dem und jenem ab, sondern wir brauchen eine vollständige Formulierung der Form »die Behauptung, daß a F ist, ist wahr genau dann, wenn –«. Auch der Wahrheitswert der wahrheitsfunktionalen Behauptungen hing ja nicht einfach von Behauptungen ab, sondern von einer Eigenschaft dieser Behauptungen. Diese Eigenschaft war dort die Wahrheit. Das kommt jetzt nicht in Frage, aber auch jetzt werden wir erwarten müssen, daß die Wahrheit der prädikativen Behauptung von irgendwelchen Eigenschaften der betreffenden Gegenstände oder von einer Relation zwischen ihnen abhängt, und eine Relation wird es wohl sein müssen, wenn der eben offen gelassene Wennsatz – also die Wahrheitsbedingung – eine zusammenhängende Formulierung ergeben soll. Wenn jedoch das vorhin in Erinnerung gebrachte *hysteron-proteron* vermieden werden soll, kann der Gegenstand, um den es sich dabei handelt, jedenfalls beim Prädikat nur das Zeichen selbst sein.

So legt es sich jetzt nahe zu fragen: gibt es eine Relation zwischen dem Prädikat »F« und dem Gegenstand, für den »a« steht, derart, daß man sagen kann, die Behauptung, daß a F ist, ist wahr genau dann, wenn diese Relation besteht? Hier nun können wir auf das zurückgreifen, was sich uns seinerzeit über die Funktion und die Verwendungsweise der Prädikate ergeben hat (S. 178 f.), und indem wir darauf jetzt aus der Perspektive der Frage nach der Wahrheitsbedingung der Behauptung zurückkommen, verliert das damalige Resultat die Zweideutigkeit, die uns in die Sackgasse der Quasiprädikate führte. Das, wozu ein Prädikat verwendet wird, hat sich damals als seine Charakterisierungsfunktion erwiesen, und schon als ich diese Charakterisierungsfunktion einführte, war es ganz selbstverständlich zu sagen: das, was mittels des Prädikats charakterisiert wird – oder, abstrakter formuliert, worauf das Prädikat angewandt wird –, ist bei der Verwendung eines prädikativen Satzes der Gegenstand, für den der das Prädikat zum Satz ergänzende singuläre Terminus steht. Es war dann die Problematik der Erklärung der Verwendung des Prädikats, die den Bezug des Prädikats auf die Verwendungssituation gleichsam an die Stelle des Bezugs auf den Gegenstand treten ließ und so die Zweideutigkeit mit den Quasiprädikaten verursachte. Wie aus der jetzigen Perspektive die freilich grundlegende Problematik der Erklärung der Verwendung neu zu fassen ist, lasse ich vorerst offen und kann das zunächst noch tun, da ich mich methodisch an dieselbe Reihenfolge halten wollte, die sich schon bei der abstrakten Beschreibung der Bedeutung assertorischer Sätze ergab und die ich dann auch bei der Erklärung der Bedeutung der wahrheitsfunktionalen Sätze befolgte: zuerst nur eine Erklärung mittels der Wahrheitsbedingungen zu geben und erst danach zu der entscheidenden Frage der Erklärung der Verwendungsregeln überzugehen. Wenn wir also vorerst diese weitere Problematik abblenden, können wir jetzt ungestört von ihr uns auf die Frage einlassen, wie die Charakterisierungsbeziehung des Prädikats relativ auf den Gegenstand zu verstehen ist, wenn sie als Wahrheitsbedingung verstanden werden soll. Die uneingeschränkte Rede von einer Charakterisierung des Gegenstandes durch das Prädikat oder einer Anwendung des Prädikats auf den Gegenstand reicht natürlich nicht aus. Eine Behauptung, daß a F ist, ist wahr, nicht wenn das Prädikat »F« auf den Gegenstand, für den »a« steht, nur überhaupt angewendet wird oder anwendbar ist, sondern wenn das Prädikat auf ihn *zu Recht* anwendbar ist. Diese Relation der rechtmäßigen Anwendbarkeit eines Prädikats auf einen Gegenstand ist das, was mit dem Wort »Zutreffen« bezeichnet wird, und so kommen wir zu folgender Wahrheitsdefinition für prädikative Behauptungen: *die Behauptung, daß a F ist, ist wahr genau dann, wenn das Prädikat »F« auf den Gegenstand zutrifft, für den der singuläre Terminus »a« steht.*

Sie werden dieses Ergebnis vielleicht lächerlich finden, weil es so trivial erscheint. Es handelt sich jedoch um diejenige Trivialität, die wir von jeder Wahrheitsdefinition einer Satzform erwarten müssen. Es wird jetzt darauf ankommen, sich genau darüber Rechenschaft zu geben, was mit dieser Definition immerhin schon erreicht ist, und dann freilich auch darüber, was uns an ihr gleichwohl unbefriedigt läßt.

Den positiven Ertrag dieser Wahrheitsdefinition kann ich von zwei Seiten kenntlich machen.

Erstens. Die Wahrheitsdefinition des prädikativen Satzes ermöglicht eine erste nicht mehr gegenstandstheoretische Antwort auf die Frage, was es heißt, einen prädikativen Satz zu verstehen. Indem wir weiterhin zunächst noch von den deiktischen Ausdrücken absehen, können wir sagen: einen prädikativen Satz verstehen, heißt nicht, wie es die Meinung der gegenstandstheoretischen Tradition war, eine Synthesis zwischen zwei Gegenständen vorstellen, die den beiden Satzgliedern entsprechen und für die diese stehen, sondern es heißt, wissen, daß der Satz bzw. die mit ihm gemachte Behauptung wahr ist genau dann, wenn das Prädikat auf den Gegenstand zutrifft, für den das Satzsubjekt steht. Das ist ein nicht zu verachtendes Ergebnis der jetzigen Ebene von semantischer Theorie, wie sie der Konzeption von Davidson entspricht.

Zweitens. Es ist ein bedeutsames Ergebnis, daß es gelungen ist, für die Form elementarer Sätze eine Definition des Wortes »wahr« zu geben, in deren Definiens das Wort »wahr« nicht mehr vorkommt. Sie werden mich darauf hinweisen, daß dafür das ungeklärte Wort »zutrifft« eingehandelt wurde. Ich gebe das natürlich zu, ja schlimmer noch: ich glaube nicht, daß es eine Möglichkeit gibt, das Wort »zutrifft« seinerseits verbal anders zu definieren als mittels des Wortes »wahr«, indem man die eben gegebene Wahrheitsdefinition in umgekehrter Richtung von rechts nach links liest; was mit dem Wort »zutrifft« gemeint ist, läßt sich nur so definitorisch fixieren, daß man sagt: ein Prädikat »F« trifft auf einen

Gegenstand a zu genau dann, wenn die Behauptung, daß a F ist, wahr ist. Wir bewegen uns also auf der Ebene der prädikativen Behauptungen zwischen den beiden Worten »wahr« und »zutreffen« in einem Zirkel. Gleichwohl ist damit ein erster Schritt getan zur Aufklärung der Bedingung der Möglichkeit der Wahrheit von Elementaraussagen. In der Wahrheitsdefinition deutet sich an, daß das von einem Elementarsatz Behauptete nur deswegen wahr oder falsch sein kann, weil der Elementarsatz nicht nur überhaupt gegliedert ist, sondern so gegliedert ist, daß die beiden Glieder unterschiedliche und sich gegenseitig ergänzende Funktionen haben, derart, daß erst dadurch so etwas wie eine Wahrheitsbedingung zustandekommt: eine Behauptung ist wahr, wenn das Prädikat auf einen Gegenstand *zutrifft, für* den der Subjektausdruck *steht.*

Historisch ist hier anzumerken, daß es Platon war, der zum ersten Mal gezeigt hat, daß der Umstand, daß Sätze wahr oder falsch sein können, in ihrer prädikativ gegliederten Struktur gründet.[6] Dabei bestand jedoch das Problem für Platon nur darin, die Möglichkeit des Falschen zu erklären (wie es möglich ist, etwas zu behaupten und zu meinen, was gleichwohl nicht ist), und dieses Problem konnte er dadurch lösen, daß er die gegliederte Struktur der (prädikativen) Aussage herausstellte. Der Umstand, daß den beiden Gliedern dabei eine unterschiedliche Funktion zukommt, konnte für diese Frage außer acht bleiben; er konnte aber auch in der Tradition gar nicht gesehen werden, weil als selbstverständlich vorausgesetzt war, daß beide Satzglieder die Funktion haben, für Gegenstände zu stehen. In dieser nivellierten Form, daß die Bedingung der Möglichkeit, wahr oder falsch zu sein, die synthetische Form der Aussage ist, wurde Platons Erkenntnis durch Aristoteles[7] ein fester Bestandteil der philosophischen Tradition. (Andere als prädikative Aussagen wurden dabei nicht berücksichtigt.) Die Folie, gegen die Platon und Aristoteles das Problem des Falschen stellten, war die Idee eines Vorstellens von Gegenständen, das nur wahr sein konnte.[8] Der Wahrheitsbezug sowohl wie der Gegenstandsbezug wurden also als selbstverständlich und unproblematisch vorausgesetzt, und die radikalere Frage, welches die Bedingungen dafür sind, daß es in einem Verhalten überhaupt zu einem Wahrheitsbezug kommt – bzw. in einer Sprache zur Verwendung des Wortes »wahr« –, konnte gar nicht gestellt werden. Sie ist freilich auch in der analytischen Philosophie bisher nicht gesehen worden, einfach deswegen nicht, weil man sich – und zwar gerade wegen mangelnder Reflexion auf das Verhältnis der eigenen Position zur Tradition – inhaltlich an die tradierten Probleme hielt.

Wie Platons Frage stellt sich auch diese Frage gegen die Folie einer primitiveren Sprache, der die spezifische prädikative Gliederung fehlt, nur daß dies für Platon die Fiktion einer aus bloßen Namen bestehenden Sprache war, während es in der jetzigen Fragestellung eine aus primitiveren Charakterisierungsausdrücken (Quasiprädikaten) bestehende Sprache ist, wie wir sie tatsächlich in den Signalsprachen und im ersten Spracherwerb der Kinder vorfinden. Die Charakterisierungsausdrücke müssen erst durch singuläre Termini, die die Funktion haben, *für* Gegenstände zu *stehen*, zu prädikativ gegliederten Ausdrücken ergänzt werden, damit der Charakterisierungsausdruck auf etwas *zutreffen* kann.

Wodurch also in einer Sprache ein *Wahrheitsbezug* ermöglicht wird, ist das Hinzutreten von Ausdrücken, die einen *Gegenstandsbezug* ermöglichen, und darin zeigt sich erneut, warum die Frage nach der Bedingung der Möglichkeit eines Wahrheitsbezugs außerhalb des Horizonts der traditionellen Philosophie liegt: weil sie den Gegenstandsbezug als selbstverständlich voraussetzte und von ihrem Ansatz her gar nicht problematisieren konnte. Damit ist zugleich deutlich geworden, daß das einstellige semantische Prädikat »wahr« in der Wahrheitsdefinition der prädikativen Sätze nicht nur auf das zweistellige semantische Prädikat »zutrifft«, sondern auch auf das zweistellige semantische Prädikat »steht für« verweist. Man kann zwar in der Wahrheitsdefinition diesen letzteren Ausdruck weglassen, indem man einfach sagt » . . . wenn das Prädikat ›F‹ auf a zutrifft«, aber daß ein Prädikat auf einen Gegenstand zutrifft, *heißt* ja, daß die Behauptung wahr ist, die mittels eines Satzes gemacht wird, der so gebildet ist, daß das Prädikat durch einen Ausdruck ergänzt wird, der für den Gegenstand steht.

Jetzt läßt sich auch angeben, was an der Erklärung der Bedeutung der prädikativen Sätze mittels der Wahrheitsdefinition noch unbefriedigend bleibt. Ich erinnere noch einmal daran, daß ich von deiktischen Ausdrücken bisher abgesehen habe und man deswegen auch von der Wahrheitsbedingung des Satzes sprechen und daher auch einfachhin sagen konnte: einen prädikativen Satz verstehen, heißt, die Wahrheitsbedingung kennen, die in der Wahrheitsdefinition angegeben ist. Wenn wir uns nun an Wittgensteins Satz erinnern »Die Bedeutung ist das, was die Erklärung der Bedeutung erklärt«, so ist klar, daß wir, wenn wir jemandem die Bedeutung eines prädikativen Satzes mittels dieser Wahrheitsdefinition erklären wollten, voraussetzen müßten, daß er schon die Ausdrücke »zutreffen« und »steht für« versteht. Da aber eine verbale Erklärung jedenfalls des Wortes »zutreffen« nur mittels der in umgekehrter Richtung gelesenen Wahrheitsdefinition möglich ist, heißt das, daß die Erklärung entweder zirkulär bleibt oder auf eine andere als verbale Erklärung dessen, was mit dem »Zutreffen« eines Prädikats gemeint ist, angewiesen ist. Und da, wie wir eben gesehen haben, die Rede vom Zutreffen eines Prädikats nicht verständlich ist ohne gleichzeitiges Verständnis dessen, was damit gemeint ist, daß ein Ausdruck, den man deswegen als singulären Terminus bezeichnet, »für« einen Gegenstand »steht«, ist die Wahrheitsdefinition, wenn sie eine Erklärung der Bedeutung sein soll, ebenfalls auf eine nicht-verbale Erklärung dessen angewiesen, was damit gemeint ist, daß ein Ausdruck für einen Gegenstand steht.

Es wäre irrig zu meinen, ich würde jetzt die Forderung der Erklärung der Bedeutung auf einmal von der Primärebene der Ausdrücke der natürlichen Sprache auf eine Metaebene der Ausdrücke der semantischen Theorie übertragen. Eine solche Trennung, die in den üblichen metasprachlichen Semantiken gemacht wird, ist im jetzigen Gedankengang nicht möglich. Erinnern Sie sich, daß ich ausgegangen war von der Frage, wie man ein Prädikat erklärt. In dieser (philosophischen) Frage wird nur danach gefragt, was im allgemeinen geschieht, wenn die Bedeutung eines bestimmten Prädikats (vorphilosophisch) erklärt wird (S. 198). Von der Frage, wie ein Prädikat erklärt wird, wurden wir aber verwiesen auf die Frage, wie ein prädikativer Satz erklärt wird. Und wenn die Antwort auf diese Frage lautet: durch Angabe der Wahrheitsbedingung, und wenn diese die Worte »zutrifft« und »steht für« enthält, dann bleibt gar nichts anderes übrig, als diese Worte ihrerseits zu erklären, wenn die Erklärung nicht in der Luft bleiben soll.

Wir sehen uns hier, wenn die Erklärung nicht zirkulär bleiben soll, genauso von der Ebene der Angabe der Wahrheitsbedingungen auf die Ebene der Erklärung der Verwendungsweise verwiesen wie schon bei den wahrheitsfunktionalen Sätzen. Nun haben wir aber schon bei dem semantischen Prädikat »wahr« in dem bisherigen Teil seiner rekursiven Definition gesehen, daß man ein solches Wort nicht in abstracto erklären kann; sondern was erklärt wird, ist, wie man feststellt, daß eine Behauptung wahr ist, und damit in eins erklärt man die Verwendungsweise der entsprechenden Satzform. Ebenso werden wir erwarten müssen, daß man das Wort »zutreffen« nur so erklären kann, daß man erklärt, wie man feststellt, daß ein Prädikat zutrifft, und damit in eins erklärt man die Verwendungsregel der Prädikate. Und genauso wird man erwarten müssen, daß man das Wort »steht für« nur so erklären kann, daß man erklärt, wie man feststellt, für welchen Gegenstand ein Ausdruck steht, und damit erklärt man die Verwendungsregel der singulären Termini. Wenn es nun aber richtig ist, daß singuläre Termini und Prädikate komplementäre Ausdrücke sind, derart, daß das Zutreffen eines Prädikats auf den Gegenstand, für den ein singulärer Terminus steht, die Wahrheitsbedingung einer Elementaraussage ausmacht, dann müssen wir auch erwarten, daß 1) die Erklärung der Verwendungsregel der Prädikate immer schon ein Verständnis der Verwendungsregel der singulären Termini voraussetzt und umgekehrt, und 2) daß mit der Erklärung der Verwendungsregel der Prädikate zusammen mit der der singulären Termini die Verwendung prädikativer Sätze erklärt wird, oder anders ausgedrückt: daß mit der Erklärung des *Zutreffens* der Prädikate zusammen mit der des *Stehens* von singulären Termini *für* Gegenstände verständlich wird, was es für eine Elementaraussage heißt, *wahr* zu sein.

Anmerkungen

1 Vgl. z. B. Pfänder, *Logik*, I, 9.
2 Kant, *Kritik der reinen Vernunft*, B 96.
3 Zur Kritik an der traditionellen Auffassung vgl. Geach, *Reference and Generality*, besonders das 1. Kapitel.
4 Vgl. seine *Begriffschrift*, §§ 11 f; »Funktion und Begriff«, S. 23 ff.
5 Vgl. Strawson, *Introduction to Logical Theory*, 6. Kapitel, § 7.
6 Platon, *Sophistes*, 262-263.
7 Vgl. *De Anima*, III, 6.
8 Vgl. Oehler, *Die Lehre vom noetischen und dianoetischen Denken bei Platon und Aristoteles*, besonders 1. Teil, 2. Abschn.

19. Vorlesung

»Die Behauptung, daß a F ist, ist wahr genau dann, wenn das Prädikat ›F‹ auf den Gegenstand zutrifft, für den der singuläre Terminus ›a‹ steht.« Mit dieser Wahrheitsdefinition ist ein Anfang gemacht für die Aufklärung der Bedeutung prädikativer Sätze, aber auch nur ein Anfang. Da der Übergang von dieser ersten Stufe der semantischen Analyse zu der entscheidenden zweiten, die in der Erklärung der Verwendung besteht, sich bei den prädikativen Sätzen als sehr viel mühsamer erweisen wird als bei den wahrheitsfunktionalen Sätzen, werden Sie nicht bereit sein, sich auf die langwierigen Analysen einzulassen, die jetzt erforderlich werden, wenn es mir nicht gelingt, Sie davon zu überzeugen, daß diese erste Stufe der Erklärung der Bedeutung für die hier intendierte grundsätzliche Aufklärung der Bedeutung prädikativer Sätze nicht ausreicht.

In der letzten Stunde habe ich das Unzureichende dieser Erklärung damit begründet, daß sie voraussetzt, daß wir schon verstehen, was es heißt, daß ein Prädikat auf einen Gegenstand zutrifft, und was es heißt, daß ein Ausdruck für einen Gegenstand steht. Wir können uns aber das Unzureichende dieser Erklärung auch von einer anderen Seite verdeutlichen. Die Wahrheitsdefinition mit variablen »F« und »a« hat natürlich den Sinn, daß sie einen Rahmen abgibt für die Angabe der Wahrheitsbedingung beliebiger Behauptungen durch Einsetzung eines bestimmten Prädikats und eines bestimmten singulären Terminus. Das heißt dann aber, daß sie auch den Rahmen abgeben müßte für die Erklärung der Bedeutung der Prädikate und ebenso für die Erklärung der Bedeutung der singulären Termini, beides wieder sowohl im allgemeinen wie für die Erklärung einzelner Prädikate und einzelner singulärer Termini. Daß jedoch die Wahrheitsdefinition, so wie sie bisher dasteht, eine Erklärung auch der Satzglieder erlaubt, ließe sich höchstens für den singulären Terminus behaupten. Bei ihm könnte man sagen, man verstehe ihn, wenn man weiß, für welchen Gegenstand er steht. Was soll es hingegen, im Rahmen dieser Wahrheitsdefinition, heißen, das Prädikat verstehen? Das Beste, was mir dazu einfällt, ist: ein Prädikat »F« verstehen, heißt wissen, was es heißt, daß es auf einen Gegenstand zutrifft. Aber damit ist natürlich nichts gesagt, solange man nicht erklärt, *was* es denn also heißt, und das Unzulängliche einer solchen Erklärung wird sofort klar, wenn man sich überlegt, wie man im Rahmen dieser allgemeinen Erklärung die Bedeutung einzelner Prädikate erklären wollte.

Nun gibt es eine Möglichkeit, die Wahrheitsdefinition in einer Weise zu modifizieren, daß diese Schwierigkeit entfällt. In den üblichen metasprachlichen Semantiken lautet die Wahrheitsdefinition für eine prädikative Behauptung ungefähr so: »die Behauptung, daß a F ist, ist wahr genau dann, wenn der singuläre Terminus ›a‹ für einen Gegenstand steht, der ein Element der Klasse ist, für die das Prädikat ›F‹ steht«. Diese Definition läßt sich dann ohne weiteres ergänzen durch eine in einer Metasprache erfolgende Bezeichnung des Gegenstandes, dem der Ausdruck »a« zugeordnet ist, und eine ebensolche Bezeichnung der Klasse, der das Prädikat »F« zugeordnet ist. Diese Wahrheitsdefinition erlaubt es, wenn man eine Liste hat, auf der alle singulären Termini und Prädikate einer Sprache bestimmten Gegenständen bzw. Klassen zugeordnet sind, die Wahrheitsbedingungen sämtlicher Sätze zu bestimmen, die durch alle Kombinationen der aufgeführten singulären Termini und Prädikate gebildet werden können. Damit ist aber auch schon deutlich, welches die begrenzten theoretischen Interessen sind, innerhalb derer eine solche Wahrheitsdefinition einen Wert hat. Es ist wichtig, daß wir uns klarmachen, inwiefern im Kontext unseres Gedankengangs diese Wahrheitsdefinition noch unbefriedigender ist als die vorige.

Erstens. Die bei der vorigen Wahrheitsdefinition fehlende Erklärung der Prädikate wird in der jetzigen erkauft durch einen Rückfall in die gegenstandstheoretische Position, indem an die Stelle des Zutreffens des Prädikats das Enthaltensein eines Gegenstandes in einer Klasse tritt. Eine Variante dafür wäre gewesen zu sagen, die Behauptung sei wahr, wenn das Attribut, für das das Prädikat steht, dem Gegenstand zukommt. Da jedoch zwei Prädikate, die für verschiedene Attribute stehen bzw. verschiedene Bedeutungen haben, dann, wenn sie auf dieselben Gegenstände zutreffen, dieselbe Klasse bestimmen, hängt der Wahrheitswert der Behauptung, wenn er vom Zutreffen des Prädikats auf den Gegenstand abhängt, nur davon ab, welche Klasse das Prädikat bestimmt, und daher wird, wenn man schon für das Prädikat etwas Gegenständliches einsetzt, der Zusammenhang klarer, wenn man von der Klasse spricht, als wenn man vom Attribut spricht.

Zweitens. Wie die vorige Definition die Rede vom Zutreffen als schon verstanden voraussetzte, so setzt die jetzige Definition voraus, daß man schon versteht, was es heißt, daß ein Gegenstand Element einer Klasse ist. An diesem Punkt hat also keine der beiden Definitionen etwas vor der anderen voraus, außer daß wir schon bei früherer Gelegenheit gesehen haben (S. 294), daß sich das Enthaltensein eines Gegenstandes in einer Klasse durch das Zutreffen eines Prädikats definieren läßt, ein Vorteil freilich, der nur dann wirksam werden wird, wenn es uns gelingt, eine von der Wahrheitsdefinition unabhängige Erklärung für das Zutreffen eines Prädikats zu finden.

Drittens. Was die neue Wahrheitsdefinition innerhalb unseres Gedankengangs vollends unakzeptabel macht, ist, daß sie dem singulären Terminus einen Gegenstand und dem Prädikat eine Klasse mittels eines metasprachlichen Ausdrucks zuordnet. Die Zuordnung ist in Wirklichkeit lediglich eine Zuordnung des objektsprachlichen Ausdrucks zu dem metasprachlichen *Ausdruck*, und dabei wird also vorausgesetzt, daß der, dem auf diese Weise ein singulärer Terminus bzw. ein Prädikat erklärt wird, bereits den entsprechenden Ausdruck in der anderen Sprache versteht.

Viertens weise ich noch darauf hin, daß so, wie die Prädikate und die singulären Termini in dieser zweiten Wahrheitsdefinition erklärt werden, sie nicht als Komplementärausdrücke und nicht so erklärt werden, daß sie wesensmäßig Glieder des prädikativen Satzes sind. Dieser Punkt ist freilich eine bloße Folge des ersten, des Rückfalls in die gegenstandstheoretische Position.

Zusammenfassend ist zu den zwei Wahrheitsdefinitionen zu sagen, daß die erste nur in dem Sinn unbefriedigend war, daß sie nicht weit genug ging und die Erklärung sowohl der im Definiens enthaltenen semantischen Ausdrücke als auch – was damit unmittelbar zusammenhängt – der Satzglieder selbst noch offenließ, während die zweite Wahrheitsdefinition in dem ganz anderen Sinn unbefriedigend ist, daß sie, was die erste offenließ, durch eine Pseudoerklärung mittels einer Metasprache beantwortet und auf diese Weise die hier anstehende Problematik verdeckt. Demgegenüber ist es der Vorzug der ersten Wahrheitsdefinition, daß sie zwar noch keine Antwort gibt, aber die Frage nach der Verwendungsweise der Prädikate wie die nach der Verwendungsweise der singulären Termini in die richtige Bahn lenkt, indem sie sie von vornherein wechselseitig aufeinander und beide auf die Wahrheit der mit ihnen gemachten Behauptungen bezieht, so daß wir erwarten können, daß mit der Aufklärung der Verwendungsweise der Prädikate und der der singulären Termini zugleich die Verwendungsweise der ganzen prädikativen Sätze und damit auch der Sinn des Wortes »wahr« in seiner elementaren Verwendungsweise seine Aufklärung finden müßte.

Wir wissen schon im allgemeinen, daß der Übergang von der ersten Stufe der semantischen Erklärung der Form einer Behauptung mittels einer Wahrheitsdefinition zur zweiten, auf der die Verwendungsweise der Sätze dieser Form erklärt wird, so aussehen muß, daß das Ausweisungsspiel zwischen einer Behauptung dieser Form und ihrer Verneinung vorgeführt wird, und d. h. im wesentlichen: daß gezeigt wird, wie die Behauptung verifiziert wird. Das kann nun aber im Fall der prädikativen Behauptungen nur heißen, daß die Verifikationsregel des Satzes fundiert ist in den Verwendungsregeln der beiden Satzglieder. Für die Verwendungsregeln der beiden Satzglieder heißt das, daß sie so beschaffen sein müssen, daß man, wenn man die Verwendungsregel eines bestimmten singulären Terminus und die eines bestimmten Prädikats kennt, die Verifikationsregel des Satzes kennt, der sich aus diesem singulären Terminus und diesem Prädikat zusammensetzt, d. h. die Verwendungsregeln der beiden Glieder müssen in ihrem Beitrag zur Verifikationsregel des Satzes bestehen. Wir verstehen also jedes der beiden Satzglieder nicht unabhängig davon, daß es Glied eines prädikativen Satzes ist, gleichwohl verstehen wir es unabhängig davon, daß es gerade mit diesem bestimmten Ausdruck der komplementären semantischen Klasse in einem Satz verbunden ist. Da nun das Kennen der Verifikationsregel eines Satzes darin besteht zu wissen, wie seine Wahrheit festgestellt wird – das ist einfach eine Worterklärung –, folgt aus der Wahrheitsdefinition, daß die Verifikationsregel der mittels eines prädikativen Satzes »Fa« gemachten Behauptung darin gründet, daß a) gewußt wird, wie festgestellt wird, für welchen Gegenstand beliebiger Prädikationen der singuläre Terminus »---a« steht, und b) gewußt wird, wie festgestellt wird, daß das Prädikat »F---« auf einen beliebigen Gegenstand zutrifft.

Damit haben wir jetzt auf der Ebene der Erklärung der Verwendungsweise das erreicht, was bei der Wahrheitsdefinition, jedenfalls in ihrer ersten und für uns allein maßgebenden Form, noch fehlte, nämlich eine in die Frage nach der Erklärung des prädikativen Satzes integrierte Frage nach der Erklärung der beiden Satzglieder. Sie könnten mir vorhalten, daß ich zu diesem Ergebnis doch auch schon bei der Wahrheitsdefinition hätte kommen können. Ich hatte dort gesagt, es sei im Rahmen der Wahrheitsdefinition nicht verständlich, worin die Erklärung bzw. das Verstehen des Prädikats bestehen soll. Bestenfalls könne man sagen, das Prädikat verstehen, heiße wissen, was es heißt, daß es auf einen Gegenstand zutrifft. Wäre es nicht ein leichtes gewesen, auch schon dort zu ergänzen: ein Prädikat verstehen, heißt wissen, wie festgestellt wird, daß es auf einen Gegenstand zutrifft? Die Frage ist jedoch nicht, ob eine solche Ergänzung leicht gewesen wäre oder nicht, sondern welches ihr methodischer Stellenwert ist, und die Rede vom Feststellen des Zutreffens gehört bereits in den Kontext des Feststellens der Wahrheit und d. h. der Verifikation.

Wir werden noch sehen, daß auch beim singulären Terminus durch die Frage, wie festgestellt wird, für welchen Gegenstand der Ausdruck steht, eine Perspektive eröffnet wird, die in der Wahrheitsdefinition in ihrer ersten Form noch nicht enthalten ist und die in der zweiten Form der Wahrheitsdefinition durch die Rede von einer Zuordnung verschüttet wird. Es erscheint jedoch methodisch richtig, die Analyse mit der Aufklärung der Verwendungsregel der Prädikate zu beginnen, nicht nur weil sie geringere Schwierigkeiten bereitet, sondern vor allem weil wir bei den Prädikaten auf die schon durchgeführte Beschreibung der Erklärung ihrer Verwendungsweise zurückgreifen können, die ich wegen der sich ergebenden Zweideutigkeit mit den Quasiprädikaten abgebrochen habe. Es wird jetzt darauf ankommen zu sehen, ob durch Berücksichtigung des Umstandes, daß Prädikate Klassifikationsausdrücke sind, die ihrem Sinn nach durch singuläre Termini zu ergänzen sind und d. h. für die es charakteristisch ist, auf Gegenstände zuzutreffen und nicht zuzutreffen, die Zweideutigkeit mit den Quasiprädikaten vermieden wird. Zugleich müßten wir von einer Erklärung des Feststellens des Zutreffens von Prädikaten auch erwarten, daß sie das Wort »zutreffen«, das verbal nur mittels des Wortes »wahr« definierbar ist, seinerseits erklärt und auf diese Weise ein erster Schritt zur Aufklärung der Bedeutung des Wortes »wahr« geleistet wird. Und da wir schließlich gar nicht umhin kommen, bei der Beschreibung der Verwendungsregel des Prädikats dem Umstand Rechnung zu tragen, daß das Prädikat ein durch einen singulären Terminus ergänzungsbedürftiger Ausdruck ist, müßte die Klärung der Verwendungsweise der Prädikate auch schon eine Perspektive vorgeben, wie die Frage nach der Verwendungsweise der singulären Termini anzugehen sein wird.

Man bezeichnet die Prozedur der Feststellung, ob eine Behauptung wahr ist oder nicht, als die Verifikation dieser Behauptung. Eine entsprechende Bezeichnung der Prozedur der Feststellung, ob ein Prädikat auf einen Gegenstand zutrifft, gibt es nicht, doch scheint es harmlos, das Wort »Verifikation« auch darauf anzuwenden. Diese Übertragung legt sich deswegen nahe, weil die Prozedur der Feststellung, ob eine prädikative Behauptung, daß a F ist, wahr ist, gemäß der Wahrheitsdefinition identisch ist mit der Prozedur der Feststellung, ob das Prädikat »F« auf den Gegenstand a zutrifft. Mit dieser Übertragung ist über das hinaus, was in der Wahrheitsdefinition ausgesprochen ist, nichts präjudiziert. Was mit der übertragenen Terminologie gewonnen wird, ist lediglich ein handlicher Terminus für die jetzt erforderliche Rede einer Regel der Feststellung des Zutreffens eines Prädikats: diese Regel können wir nun als die Verifikationsregel des Prädikats bezeichnen. Ein Prädikat verstehen heißt demnach seine Verifikationsregel kennen, d. h. wissen, wie festgestellt wird, ob es auf einen (beliebigen) Gegenstand zutrifft oder nicht. Und ein Prädikat erklären, müßte entsprechend heißen: seine Verifikationsregel erklären.

Wie kann das geschehen? Hier können wir auf die Beschreibung zurückgreifen, die ich seinerzeit von der Erklärung der Verwendungsweise eines Klassifikationsausdrucks gegeben habe (S. 188). (Der Begriff ›Klassifikationsausdruck‹ bietet sich als Gattungsbegriff für Prädikate und Quasiprädikate an.) Ein Klassifikationsausdruck, so hatten wir gesehen, wird, wenn er nicht durch andere Worte erklärt wird, so erklärt, daß seine Klassifikationsweise anhand von positiven und negativen Beispielen in der Wahrnehmung erklärt wird, oder anders gesagt: daß er in entsprechenden Wahrnehmungssituationen exemplarisch positiv und negativ verwendet wird. Wir haben damals (S. 208) gesehen: wenn das, was auf diese Weise erklärt wird, unmittelbar die Verwendungsweise des Ausdrucks ist, mit anderen Worten: wenn der Klassifikationsausdruck in derselben Weise verwendet wird, in der er erklärt wird, ist er ein Quasiprädikat und kein Prädikat (bzw. eben dadurch ist ein Quasiprädikat definiert). Was hingegen durch die exemplarische positive und negative Verwendung in der Wahrnehmungssituation erklärt wird, wenn es sich um ein Prädikat handelt, ist, so können wir jetzt sehen, nicht die Verwendungsregel des Ausdrucks, sondern seine Verifikationsregel. Ich verdeutliche das an einem Beispiel: Wenn die Erklärung des Wortes »rot« durch exemplarische Verwendung in passenden Wahrnehmungssituationen so verstanden wird, daß derjenige, dem es erklärt wurde, es nun seinerseits in denselben Wahrnehmungssituationen und nur in ihnen verwendet, also dann und nur dann, wenn er etwas Rotes wahrnimmt, dann hat er das Wort als Quasiprädikat verstanden; hingegen hat er dieselbe Erklärung des Wortes durch exemplarische Verwendung in passenden Wahrnehmungssituationen als Erklärung des Prädikates »rot« verstanden, wenn er es auch außerhalb der Wahrnehmungssituation in einer Weise verwendet, daß er verstanden hat, daß das, was ihm erklärt wurde, nicht die Verwendungsregel, sondern die Verifikationsregel des Prädikats ist.

Diese Beschreibung des Unterschieds zwischen Prädikat und Quasiprädikat ist natürlich noch unbefriedigend. Es stellen sich zwei Fragen: 1. Wie wird denn ein Prädikat außerhalb der Wahrnehmungssituation verwendet, wenn man seine Verifikationsregel verstanden hat, und in welcher Beziehung steht diese Verwendung zu der Verwendung in der Wahrnehmungssituation? 2. Kann man wirklich sagen, *derselbe* Ausdruck – also z. B. das Wort »rot« – werde, je nachdem, wie die Erklärung verstanden wird, einmal als Quasiprädikat und einmal als Prädikat verstanden? Ist es nicht vielmehr charakteristisch für die Erklärung des Prädikats, daß sie immer schon in Satzform erfolgen muß, derart, daß wir etwa das Wort »rot« als Prädikat nur durch Sätze der Form »dies ist rot / nicht rot« erklären können?

Ich beginne mit der 2. Frage. Sie weist mit Recht darauf hin, daß ein Prädikat nur als Ergänzungsausdruck eines singulären Terminus erklärt werden kann, und natürlich kommt dabei insbesondere der singuläre Terminus »dies« in Frage, für den es charakteristisch ist, so verwendet zu werden, daß er für einen in der Wahrnehmungssituation gegenwärtigen Gegenstand steht. Gleichwohl wäre es irrig, wenn man die Ergänzung des Klassifikationsausdrucks durch »dies ist . . . « in der Erklärungssituation schon als sicheres Indiz dafür ansehen würde, daß der Ausdruck als Prädikat verstanden wird. Vielmehr ist eine Verwendungsweise des Ausdrucks »dies ist rot« denkbar, in der »rot« durchaus noch als Quasiprädikat fungiert, und das Wesentliche kann also nicht schon in der äußerlichen Ergänzung durch »dies ist . . . « liegen, sondern nur in der besonderen Verwendungsweise von »dies«. Indem wir dieser Frage nachgehen, gewinnen wir einen ersten Einblick in das Wesen der Ausdrücke, die Prädikate zu Sätzen ergänzen, der singulären Termini.

Zur besseren Verdeutlichung des Unterschiedes, auf den es hier ankommt, gehe ich aus von dem einfacheren Ausdruck »rot da«. Dabei kann ich, wie schon bei der damaligen Einführung der Rede von Quasiprädikaten (S. 208), wieder daran anknüpfen, wie wohl Kinder in einem frühen Stadium des Spracherwerbs reden, wobei das aber wieder nur der Veranschaulichung dienen soll; es ist für unsere Zwecke gleichgültig, ob es empirisch stimmt oder nicht. Wenn ein Kind nicht einfach »wauwau« sagt, sondern »wauwau da« und gleichzeitig mit dem Finger an eine bestimmte Stelle oder in eine bestimmte Richtung zeigt, fungiert der Ausdruck »wauwau« nach dem angegebenen Kriterium als Quasiprädikat und nicht als Prädikat. Denn die Verwendung eines solchen Ausdrucks wird so erklärt, daß, wenn sich etwas Wauwauartiges an einer bestimmten Stelle in der Wahrnehmungssituation zeigt, an diese Stelle gezeigt und »wauwau da« gesagt wird; das Kind hat die Erklärung richtig verstanden, wenn es den Ausdruck in derselben Weise verwendet, in der er in der Erklärungssituation verwendet wurde, und das war das Kriterium dafür, daß der Klassifikationsausdruck ein Quasiprädikat ist. Die Verwendungsregel des ganzen Ausdrucks »F da« (verbunden mit der entsprechenden Geste) ist eine Konditionalregel; ihn verstehen, heißt wissen, unter welchen Umständen er zu verwenden ist.

Auch der Ausdruck »dies ist F« wird, wie »F da«, so verwendet, daß gleichzeitig an eine bestimmte Stelle der Wahrnehmungssituation gezeigt wird. Und nun können wir uns ohne weiteres ein Sprachspiel denken, in dem »dies ist F« nach derselben Verwendungsregel wie »F da« gebraucht wird. In diesem Sinn wäre es denkbar, daß wir einem Kind das Wort »rot« erklären durch exemplarische Verwendung des Ausdrucks »dies ist rot«; wenn unser Kriterium dafür, daß es die Erklärung verstanden hat, darin besteht, daß es seinerseits »dies ist rot« in entsprechenden Situationen verwendet, fungiert das Wort »rot« als Quasiprädikat.

So wie wir in unserer Sprache den Ausdruck »dies ist F« verwenden, ist jedoch »F« kein Quasiprädikat, weil wir den Klassifikationsausdruck »F« zwar auch, aber nicht nur in Verbindung mit dem Wort »dies« verwenden. Entscheidend dafür, daß es sich um ein Prädikat und nicht ein Quasiprädikat handelt, ist, daß wir es auch in Verbindung mit anderen Ergänzungsausdrücken verwenden, in Verbindung mit welchen es uns nicht erklärt wurde, und das heißt, daß es, wenn es mit diesen anderen Ergänzungsausdrükken verbunden wird, in einer Weise verwendet wird, die nicht der Erklärungssituation entspricht. Wieso soll aber, so könnten Sie fragen, die Möglichkeit der Verwendung von »F« auch mit anderen Ergänzungsausdrücken zur Folge haben, daß »F« auch schon bei der Verwendung von »dies ist F« nicht als Quasiprädikat fungiert? Weil wir den Klassifikationsausdruck »F« nicht nur mit anderen Ergänzungsausdrücken verbinden können, um etwas *anderes* zu sagen als mit »dies ist F«, sondern um aus einer anderen Situation heraus *dasselbe* zu sagen. Was wir in der Wahrnehmungssituation mit »dies (worauf ich jetzt zeige) ist F« zum Ausdruck bringen, können wir als dasselbe außerhalb der Wahrnehmungssituation durch »jenes (worauf ich damals zeigte) ist F« wiederaufnehmen.

Wir berühren damit schon den entscheidenden Zusammenhang, den ich vor einigen Stunden ankündigte (S. 285f.): durch die Substituierbarkeit der (zunächst situationsbezüglichen) singulären Termini füreinander in der Weise, daß wir sagen können, wir meinen in den verschiedenen Situationen etwas Identisches, denselben konkreten Gegenstand, wird es überhaupt erst möglich, daß wir mittels der in den verschiedenen Situationen geäußerten Sätze etwas Identisches sagen, und so kommt es erst dazu, daß die Verwendung des Satzes eine Behauptung wird. Das Kriterium dafür, daß das Wort »dies« in »dies ist F« ein singulärer Terminus ist, ist, daß es mit einem anderen Ausdruck mittels des zweistelligen Prädikats »ist dasselbe wie« (»=«) verbindbar ist (vgl. schon S. 38). Erst in dieser zweiten Verwendungsweise des Wortes »dies« wird, im Unterschied zu der ersten Verwendungsweise von »dies« (analog zu »da«), der Situationsteil, auf den gezeigt wird, als etwas Identifizierbares und d. h. als etwas, als ein Gegenstand gemeint. Und wenn nun Prädikate Ausdrücke sind, die durch singuläre Termini zu Elementarsätzen ergänzbar sind, dann ist »F« nicht schon dann ein Prädikat, wenn es in der Erklärungssituation durch »dies ist . . . « ergänzt wird, sondern nur dann, wenn es durch »dies ist . . . « so ergänzt wird, daß »dies« durch andere Ausdrücke mittels Verwendung des Identitätszeichens ersetzt werden kann.

Wir haben damit schon einen Ansatz für die Frage nach der Verwendungsweise der singulären Termini gewonnen, auf dem wir nachher werden aufbauen können. Vorerst war auf die singulären Termini nur so weit einzugehen, als es für das Verständnis der Verwendungsweise der Prädikate unerläßlich ist. Daß ein Klassifikationsausdruck, den wir in der Wahrnehmungssituation exemplarisch erklären, nur dann als Prädikat fungiert, wenn er durch einen Ausdruck ergänzt wird, der durch andere Ausdrücke mittels Verwendung des Identitätszeichens ersetzt werden kann, ergibt sich insbesondere auch aus der Wahrheitsdefinition. Denn nur wenn wir das Wort »dies« so verwenden, daß es für einen Gegenstand, für etwas Identifizierbares steht, kann man sagen, daß das Prädikat auf einen Gegenstand – eben den, für den das so verwendete Wort »dies« steht – zutrifft oder nicht.

Jetzt sind wir auch gerüstet, um die erste der vorhin aufgeworfenen Fragen zu beantworten: in welcher Beziehung die normale Verwendung eines Prädikats zu seiner Verwendung in der Erklärungssituation steht, in der gezeigt wird, wie das Prädikat verifiziert wird. Wie das Prädikat verifiziert wird, wird erklärt durch die Verwendung des Satzes »dies ist F (bzw. nicht F)« in verschiedenen passenden Situationen, wobei also das Wort »dies« jeweils für einen verschiedenen Gegenstand steht, aber immer für einen in der Wahrnehmung gegebenen. Auf diese Weise wird gezeigt, wie bei einem beliebigen Gegenstand festgestellt werden kann, ob das Prädikat zutrifft, und das ist es eben, was es heißt, seine Verifikationsregel erklären. Die normale Verwendung des Prädikats hingegen ist die, wo es nicht gerade mit dem Wort »dies«, sondern mit einem beliebigen singulären Terminus »a« verbunden ist, wobei »a« für einen Gegenstand steht, der nicht in der Wahrnehmungssituation gegeben zu sein braucht. Welches ist dann aber die Verwendungsregel dieser *allgemeinen* Verwendung von »F« in »Fa«, wenn diejenige Verwendung, die erklärt wurde, die *besondere* Verwendung von »F« in Sätzen »dies ist F« war? Diese Frage wäre unbeantwortbar, wenn die Verwendungsregel durch die Verwendungssituation bestimmt wäre. Die Antwort ergibt sich jedoch von selbst, wenn das Prädikat verstehen, heißt, seine Verifikationsregel kennen. Wir können jetzt nämlich ohne weiteres die allgemeinen Bestimmungen zur Anwendung bringen, die sich uns bei der abstrakten Analyse der Verwendung assertorischer Sätze ergeben haben: ein Prädikat »F« in Verbindung mit einem singulären Terminus »a« verwenden, heißt behaupten, daß sich feststellen läßt, daß das Prädikat gemäß derjenigen Verifikationsregel, die anhand von Sätzen der Form »dies ist F« erklärt wurde, auf den mit »a« gemeinten Gegenstand zutrifft; das aber heißt, behaupten, daß ein bestimmter Satz »dies ist F«, nämlich derjenige, den wir in der Situation, in der wir a wahrnehmen, verwenden können, wenn wir also gleichzeitig sagen können »dies = a«, nach der erklärten Verifikationsregel von »F« richtig verwendbar ist.

Damit haben wir ein Doppeltes erreicht: Erstens ist jetzt klar, daß die Verwendungsweise von »F«, die in der *besonderen* Verwendung mittels der Satzform »dies ist F« erklärt wird, gerade schon die *allgemeine* Verwendungsweise von »F« in beliebigen Sätzen »Fa« ist; denn was erklärt wird, wenn die Verifikationsregel anhand von Sätzen der Form »dies ist F« erklärt wird, ist, was behauptet wird, wenn das Prädikat in einem beliebigen prädikativen Satz verwendet wird. Zweitens: mit der gegebenen Beschreibung, wie die Verwendung von Prädikaten erklärt wird, haben wir zugleich das Wort »zutrifft« erklärt; ich konnte auf das Wort in der zuletzt gegebenen Erklärung verzichten, und d. h. wir haben jetzt eine Angabe der Wahrheitsbedingung einer prädikativen Behauptung, daß a F ist, in der das Wort »zutrifft« nicht mehr vorkommt: die Behauptung, daß a F ist, ist wahr, wenn man den Satz »dies ist F« in der Situation, in der man das Wort »dies« für »a« ersetzen kann (sagen kann »a ist dies«), richtig verwenden kann, »richtig« gemäß der vorausgesetzten Erklärung der Verifikationsregel von »F«.

Hier besteht nicht etwa ein Zirkel zwischen dem Wort »wahr« im Definiendum und dem Wort »richtig« im Definiens. Denn dieses »richtig« hat noch nicht den Sinn von »wahr«, sondern bedeutet lediglich so viel wie »Regel-entsprechend«. Die richtige Verwendung des Prädikats »F« in der Verifikationssituation wird genauso erklärt wie die richtige Verwendung des Quasiprädikats »F«, und daß diese richtige Verwendung nun als Feststellen des Zutreffens des Prädikats auf einen Gegenstand bzw. als Feststellen der Wahrheit einer Behauptung verstanden wird, liegt daran, daß der ergänzende Ausdruck »dies« so verstanden wird, daß er durch andere Ausdrücke mittels des Identitätszeichens ersetzbar ist. Daß die Erklärung des Klassifikationsausdrucks als Erklärung eines Prädikats und d. h. als Erklärung, wie das Zutreffen dieses Ausdrucks festzustellen ist, verstanden wird, liegt daran, daß in der Erklärung vorausgesetzt wird, daß das Wort »dies« als singulärer Terminus verstanden ist. Und so viel ist jetzt schon deutlich geworden, daß der Umstand, daß »dies« als singulärer Terminus verstanden ist, nicht mehr mit der Auskunft abgetan werden kann, daß das heißt, daß dieser Ausdruck ›für‹ einen Gegenstand ›steht‹. Vielmehr wird jetzt zu fragen sein, was das denn heißt, daß ein Ausdruck ›für‹ einen Gegenstand ›steht‹. Und wenn das Kriterium dafür, daß ein Ausdruck ein singulärer Terminus ist, darin liegt, daß er mittels des Identitätszeichens durch andere Ausdrücke, die dann ebenfalls singuläre Termini sind, ersetzbar ist, wird zu fragen sein, welches die Regeln sind, nach denen solche Ersetzungen erfolgen, und diese Frage stellen, heißt, nach der Verwendungsregel der singulären Termini fragen bzw. fragen, wie sie erklärt werden. Erst wenn das geklärt ist, wird die eben gegebene Erklärung von der Feststellung des Zutreffens und damit dann auch die Rede von der Wahrheit der prädikativen Behauptungen verständlich.

Wir sind jetzt also so weit, daß wir mit der Frage nach der Semantik der singulären Termini beginnen können. Damit tragen wir die sprachanalytische Auseinandersetzung mit der gegenstandstheoretischen Position in deren eigene Ausgangsbasis. Bisher betraf die Kritik an der gegenstandstheoretischen Position nur deren Tendenz, die einzige formale Kategorie, über die sie verfügte, die des Gegenstandes, von den singulären Termini auch auf die anderen sprachlichen Ausdrücke zu übertragen. Bei dieser Kategorie selbst hingegen und bei den singulären Termini scheint auf den ersten Blick an der traditionellen Auffassung nichts auszusetzen zu sein. Inwiefern soll denn, so könnte man fragen, die traditionelle Auffassung, daß singuläre Termini – und im besonderen Eigennamen – für Gegenstände stehen, unrichtig sein? Ist denn nicht ein singulärer Terminus eben dadurch definiert, daß es ein Ausdruck ist, der für einen Gegenstand steht? Gewiß, und daher kann man sicher nicht sagen, daß die traditionelle Auffassung, so weit sie reicht, nicht richtig ist. Der Verdacht liegt jedoch nahe, daß sie nicht weit genug reicht. Damit meine ich, daß der gegenstandstheoretische Ansatz wahrscheinlich – wir werden das prüfen müssen – nicht in der Lage ist, verständlich zu machen, was es denn heißt, daß ein Ausdruck für einen Gegenstand steht, und in diesem Fall ist auch zu vermuten, daß der gegenstandstheoretische Ansatz seinen eigenen Grundbegriff – den des Gegenstandes – nicht verständlich machen kann. Daß eine philosophische Position nicht in der Lage sein soll, gerade ihren eigenen Grundbegriff zu klären, könnte paradox erscheinen und ist es doch gerade nicht, wenn Sie bedenken, daß eine philosophische Position, wenn sie von einem bestimmten Begriff *ausgeht,* keine Rückgangsdimension hat, von der her sie ihn selbst noch verständlich machen kann.

Demgegenüber verfügt der sprachanalytische Ansatz über eine Verständnisdimension, die den Bezug auf Gegenstände umgreift. Diese Gegenposition drückt sich, zunächst ganz allgemein gesprochen, in der Auffassung aus, daß singuläre Termini unselbständige Ausdrücke sind und die primäre semantische Einheit nicht der Name, sondern der Satz ist. Wenn singuläre Termini wesensmäßig durch Prädikate ergänzungsbedürftige Ausdrücke sind, so heißt das, daß ein Gegenstand wesensmäßig etwas Klassifizierbares ist und der Bezug auf Gegenstände in einer noch aufzuklärenden Weise verstanden werden muß aus dem Zusammenhang des Wahrheitsbezugs von Behauptungen.

Dafür, daß die Funktion singulärer Termini, für Gegenstände zu stehen, in die Funktion von Prädikaten, Gegenstände zu klassifizieren, und damit in den Kontext von Wahrheit und Falschheit prädikativer Behauptungen eingebettet ist, haben wir schon eine Formel in der Wahrheitsdefinition prädikativer Behauptungen, von der ich auch schon bei der Erklärung der Semantik der Prädikate ausgegangen war: »Die Behauptung, daß a F ist, ist wahr genau dann, wenn das Prädikat ›F‹ auf den Gegenstand zutrifft, für den der singuläre Terminus ›a‹ steht.« Gleichwohl kann diese Formel einen Wesenszusammenhang zwischen dem ›Stehen für‹ der singulären Termini mit dem Zutreffen der Prädikate und der Wahrheit der Behauptungen höchstens nahelegen; es ist aus ihr an und für sich noch nicht zu ersehen, daß man nicht unabhängig von dieser Formel verständlich machen kann, was es heißt, daß ein singulärer Terminus für einen Gegenstand steht.

Ja, Sie könnten mir sogar entgegenhalten, daß diese Formel vielmehr das Gegenteil nahezulegen scheint: während die Frage, ob die Aussage wahr ist, und die Frage, ob das Prädikat zutrifft, wechselseitig voneinander abhängen (S. 321 f.), gilt nichts Entsprechendes für die Frage, für welchen Gegenstand der singuläre Terminus steht. Beim Prädikat konnten wir die Wahrheitsdefinition umkehren, indem wir sagten: das Prädikat »F« trifft auf den Gegenstand, für den der singuläre Terminus »a« steht, genau dann zu, wenn die Behauptung »Fa« wahr ist. Wir können offenbar nicht analog sagen: der singuläre Terminus »a« steht für denjenigen Gegenstand, der, wenn das Prädikat »F« auf ihn zutrifft, die Behauptung »Fa«

wahr macht; denn dann wäre der Gegenstand a nicht von allen anderen Gegenständen unterschieden, auf die das Prädikat »F« ebenfalls zutrifft.

Hier stoßen wir also auf eine Asymmetrie der Rollen, die dem Prädikat und dem singulären Terminus im prädikativen Satz zukommen.[1] Man kann zwar sagen, die Wahrheit der Behauptung hänge sowohl davon ab, für welchen Gegenstand der singuläre Terminus steht, als auch davon, ob das Prädikat auf diesen Gegenstand zutrifft: aber dann muß man sich darüber klar sein, daß von diesen zwei Bedingungen die erste unabhängig von der zweiten formuliert werden kann, aber die zweite nicht unabhängig von der ersten: die Frage des Zutreffens des Prädikats setzt schon voraus, daß wir wissen, um welchen Gegenstand es sich handelt, welches also der Gegenstand ist, für den der singuläre Terminus steht. Man muß nicht, aber kann diesen Sachverhalt so zum Ausdruck bringen (das ist Strawsons Auffassung):[2] die Wahrheit der Behauptung hängt nicht davon ab, für welchen Gegenstand der singuläre Terminus steht, *und* davon, ob das Prädikat auf ihn zutrifft, sondern: die Frage nach der Wahrheit oder Falschheit der Behauptung *setzt voraus,* daß wir wissen, für welchen Gegenstand der singuläre Terminus steht, und die Wahrheit der Behauptung hängt (dann nur) davon ab, ob das Prädikat auf diesen Gegenstand zutrifft. Ob man den Sachverhalt so formulieren soll, ist umstritten; *wenn* man ihn so formuliert, hat das zur Folge, daß die Behauptung, wenn es keinen oder nicht nur einen Gegenstand gibt, für den der singuläre Terminus steht, nicht als falsch gilt und wir dann entweder sagen müssen, daß sie weder wahr noch falsch ist oder daß derjenige, der einen solchen Satz ausgesprochen hat, gar nichts behauptet hat. Obwohl diese Frage, ob man es so oder so sehen soll, durch Strawson und im Anschluß an Strawson hochgespielt worden ist, kommt ihr nur ein begrenztes Gewicht zu; es ist eine konventionelle Entscheidung und mag von Sprache zu Sprache variieren, ob man in solchen Fällen die Behauptung als falsch bezeichnet oder als weder wahr noch falsch. Ich werde auf diese Frage noch zurückkommen (22. Vorl.). Hingegen steht die vorhin bezeichnete Asymmetrie zwischen Prädikat und singulärem Terminus, von der diese Frage ausgeht, für eine nicht konventionelle, sachliche Differenz: die Frage, ob das Prädikat »F« auf den Gegenstand a zutrifft, hängt davon ab, daß wir wissen, für welchen Gegenstand der singuläre Terminus »a« steht, während das Umgekehrte nicht gilt: die Frage, für welchen Gegenstand der singuläre Terminus »a« steht, muß schon unabhängig davon geklärt sein und ist die Bedingung dafür, feststellen zu können, ob das Prädikat »F« auf ihn zutrifft.

Nun dürfen wir aber dieses Ergebnis auch nicht überinterpretieren. Aus ihm folgt nur, daß bei der Frage nach der Wahrheit einer bestimmten einzelnen Behauptung »Fa« die Frage, für welchen Gegenstand der singuläre Terminus »a« steht, schon unabhängig von der Frage der Wahrheit dieser Behauptung bzw. von der des Zutreffens dieses Prädikats auf diesen Gegenstand entschieden sein muß. Nicht hingegen folgt daraus, daß, was es im allgemeinen heißt, daß ein singulärer Terminus ›für‹ einen Gegenstand ›steht‹, unabhängig davon erklärt werden kann, daß er etwas ist, worauf Prädikate zutreffen bzw. nicht zutreffen können. Aus der Wahrheitsdefinition prädikativer Behauptungen läßt sich also weder eine positive noch eine negative Entscheidung über die Frage gewinnen, ob, was es heißt, daß ein singulärer Terminus für einen Gegenstand steht, unabhängig vom Prädikationskontext verstanden werden kann. Unser bisheriger Gedankengang legt es nahe, daß sich der Gegenstandsbezug nicht unabhängig vom Wahrheitsbezug verstehen läßt. Andererseits mahnt uns die eben beschriebene Asymmetrie zur Vorsicht; wir können nicht erwarten, daß sich, was sich für Prädikate gezeigt hat, einfach auf die singulären Termini übertragen läßt. Entschieden werden kann die Frage nur, indem auf die singulären Termini dieselbe Grundfrage angewandt wird, die uns bei den Prädikaten geleitet hat: die Frage nach der Verwendungsweise dieser Ausdrücke und d. h. die Frage, wie wir die Verwendung von Ausdrücken dieses Typs erklären können.

Anmerkungen

1 Vgl. Strawson, *Logico-Linguistic Papers*, S. 56 f.
2 a.a.O., S. 11 ff.

20. Vorlesung

Wir haben bei der Frage nach der Semantik singulärer Termini keinen Anlaß, die Beziehung zwischen dem singulären Terminus und dem Gegenstand nicht mit dem traditionellen Philosophen so zu bezeichnen, daß wir sagen, der singuläre Terminus *steht für* den Gegenstand, aber wir sollten diesen Ausdruck »steht für« zunächst als Chiffre auffassen, als einen Ausdruck, dessen Sinn erst noch anzugeben ist.

Ich habe früher (S. 199) Wittgensteins Satz »Die Bedeutung des Wortes ist das, was die Erklärung der Bedeutung erklärt« als Grundsatz der analytischen Philosophie bezeichnet, weil er die Anweisung enthält, die philosophische Frage nach der Bedeutung sprachlicher Ausdrücke so zu stellen, daß sie der vorphilosophischen genau entspricht und diese lediglich formalisiert: die philosophische Frage nach dem Verstehen einer Form von Ausdrücken haben wir diesem Satz zufolge als die Frage zu verstehen, wie wir vorphilosophisch Ausdrücke dieser Form erklären. Im Fall der singulären Termini haben wir es nun allerdings mit Ausdrücken zu tun, die nicht nur eine Bedeutung haben, sondern auch für einen Gegenstand stehen sollen. Wie immer diese beiden Aspekte zusammenhängen mögen: wenn der Ausdruck überhaupt für einen Gegenstand steht, dann muß die Frage nach der Verwendungsweise des Ausdrucks neben der Frage, wie seine Bedeutung erklärt wird, auch die Frage umfassen, wie erklärt wird, für welchen Gegenstand er steht, und wir können die philosophische Frage, was es heißt, daß ein Ausdruck für einen Gegenstand steht, nur klären, indem wir klären, wie vorphilosophisch im Einzelfall erklärt wird, für welchen Gegenstand ein Ausdruck steht. So wie wir bei den Prädikaten, um zu klären, was es heißt, daß ein Prädikat auf einen Gegenstand *zutrifft,* fragten, wie wir bei einem Prädikat erklären würden, wie festzustellen ist, daß es auf einen beliebigen Gegenstand zutrifft, so können wir auch nur erklären, was es heißt, daß ein singulärer Terminus *für* einen Gegenstand *steht,* wenn wir fragen, wie wir bei einem singulären Terminus erklären würden, wie festzustellen ist, für welchen Gegenstand er steht.

Die Frage »wie stellen wir es fest?« ist durchaus unumgänglich. Ohne sie müßte jede Erklärung eines Ausdrucks in der Luft bleiben. Innerhalb der *Semantik* entspricht dieser Rekurs auf das Feststellen dem Schritt, den wir bei der Frage der Semantik der ganzen assertorischen Sätze von den Wahrheitsbedingungen zu den Verifikationsregeln gemacht haben, und genauso konnten wir uns bei den Prädikaten klarmachen, daß der Sinn von »zutrifft« nur verständlich gemacht werden kann, indem gefragt wird, wie festgestellt wird, daß ein Prädikat auf einen Gegenstand zutrifft. Innerhalb der *Ontologie* entspricht dieser Schritt der erkenntnistheoretischen (›transzendentalen‹) Wendung, die die Ontologie in der Neuzeit nahm, und deswegen kann auch der traditionelle neuzeitliche Philosoph ohne weiteres mitgehen, wenn die Frage nach dem Sinn des »steht für« diese Form annimmt. Wer sich weigert, die Frage in dieser Form zu stellen, weigert sich damit auch, überhaupt nach dem Sinn der Beziehung zwischen Namen und Gegenstand zu fragen, wie immer sie bezeichnet wird.

Eine solche Einstellung ist nicht charakteristisch für die traditionelle Position, sondern für einen bestimmten Typus moderner semantischer Theorien, derjenigen nämlich, die bei der Angabe der Bedeutung assertorischer Sätze auf der Ebene der Wahrheitsbedingungen stehen bleiben und diese in einer Metasprache angeben. In diesen Theorien wird die Beziehung Name-Gegenstand so gefaßt, daß jeder singuläre Terminus einem Gegenstand ›zugeordnet‹ wird. Dieser Ausdruck »Zuordnung« ist nur ein anderes Wort für das »Stehen für« und bleibt ebenso wie dieses nichtssagend, solange nicht gezeigt wird, wie festgestellt werden kann, welchem Gegenstand ein singulärer Terminus zugeordnet wird. Was tatsächlich in Theorien dieser Art geschieht, ist ja dann auch nur, daß der singuläre Terminus einem anderen *Namen*, einem Namen in der Metasprache zugeordnet wird. Diese Theorien sind lediglich logische bzw. linguistische Techniken und stellen überhaupt keine philosophische Position dar. Indem einfach vorausgesetzt und nicht verständlich gemacht wird, wie wir einen singulären Terminus einem Gegenstand zuordnen können, wird in diesen Techniken auch einfach vorausgesetzt und nicht verständlich gemacht, daß und wie wir uns auf Gegenstände beziehen können und was überhaupt die Rede von einem Gegenstand besagt. Demgegenüber ist es für die erkenntnistheoretisch fundierte neuzeitliche Gegenstandstheorie – die Transzendentalphilosophie – ebenso wie für die sprachanalytische Gegenstandstheorie charakteristisch, daß beide den Gegenstandsbezug und den Sinn der Rede von Gegenständen aufklären wollen im Rekurs auf die Frage, wie uns Gegenstände *gegeben* sein können, nur daß die traditionelle Theorie diese Frage unabhängig von der Funktion der entsprechenden Zeichen stellte, während die sprachanalytische Theorie den Gegenstandsbezug als eine Bezugnahme versteht, die wesensmäßig nur mittels eines Zeichens erfolgen kann.

Daß wir auf Gegenstände *nur* mittels sprachlicher Ausdrücke bezugnehmen können, dürfen wir aber vorerst nicht voraussetzen, wenn wir nicht gegenüber dem traditionellen Philosophen eine *petitio principii* begehen wollen. Wieder kommt es darauf an, die Frage so anzusetzen, daß der traditionelle Philosoph sich ohne weiteres auf sie einlassen kann. Und er kann und muß sich darauf einlassen, die Frage, was es heißt, daß ein Zeichen ›für‹ einen Gegenstand ›steht‹, in der Weise zu klären, daß gefragt wird, wie wir im Einzelfall erklären bzw. feststellen würden, für welchen Gegenstand ein singulärer Terminus steht. Er muß sich darauf einlassen, weil nicht zu sehen ist, auf welchem anderen Weg der Sinn der Rede vom ›Stehen für‹ zu klären sein könnte, und er kann sich darauf einlassen, weil es ja nicht kontrovers ist, daß es Zeichen gibt, die für Gegenstände stehen. Worauf der traditionelle Philosoph Wert legt, ist lediglich, daß die Bezugnahme mittels sprachlicher Ausdrücke nicht unsere einzige und nicht unsere primäre Bezugnahme auf Gegenstände ist. Der traditionelle Philosoph würde also die Frage nach dem Gegenstandsbezug als solchen nicht von der Zeichenbeziehung her angehen. Gleichwohl muß auch er diese Zeichenbeziehung verständlich machen können, und wir können erwarten, daß er es gerade bei der Frage, wie wir feststellen können, für welchen Gegenstand ein Zeichen steht, natürlich finden wird, daß auf die von ihm vorausgesetzte vorsprachliche Bezugnahme zu rekurrieren ist. Und ich nehme an, daß auch Sie es, wenn Sie sich mit dieser Frage zum ersten Mal konfrontieren, natürlich finden werden, daß wir auf einen Gegenstand auf nichtsprachliche Weise bezugnehmen können müssen. Denn wie anders, so könnte man fragen, soll man erklären können, für welchen Gegenstand das Zeichen steht, als indem man auf den Gegenstand irgendwie direkt hinweisen kann?

Aber wie ist dieser vorsprachliche Gegenstandsbezug zu verstehen? Wir wollen uns die Antwort auf diese Frage von der traditionellen Philosophie selbst vorgeben lassen, indem wir von einer traditionellen Theorie der singulären Termini ausgehen, die als repräsentativ gelten kann. Eine solche Theorie finden wir bei John Stuart Mill. Im Anschluß an seine Theorie werden wir uns klarmachen können, was von einer voranalytischen Gegenstandstheorie bei der Frage, wie wir erklären bzw. feststellen können, für welchen Gegenstand ein singulärer Terminus steht, vorausgesetzt werden muß. Wie im bisherigen können wir uns auch hier, wenn wir nicht dogmatisch ansetzen wollen, nur von den Schwierigkeiten, in die die traditionelle Problemstellung selbst gerät, den weiteren Weg vorzeichnen lassen. Und die Auseinandersetzung gerade mit Mills Theorie empfiehlt sich auch deswegen, weil sie, nachdem sie in der Sprachanalyse lange als erledigt galt, neuerdings wieder Anhänger findet.[1]

Bevor ich mit der systematischen Durchführung der Frage nach der Erklärung der Verwendung von singulären Termini in dieser Weise, von der traditionellen Auffassung ausgehend, beginne, sollten wir uns noch der Hinweise vergewissern, die sich für das Verständnis der singulären Termini bei der Aufklärung der Verwendungsweise der Prädikate ergeben haben. Diese Hinweise können für die jetzt zu unternehmende Untersuchung der singulären Termini keine Begründungsfunktion haben. Sie können aber, durchaus noch hypothetisch und auch vage, eine Richtung vorzeichnen, die wir von der Erklärung der singulären Termini erwarten müssen, *wenn* die gegebene Erklärung der Verwendungsweise der Prädikate festgehalten werden können soll.

Die Unterscheidung der Prädikate von den von mir so genannten Quasiprädikaten enthielt keine empirisch-genetische Hypothese; sie diente auch nur nebenher der Abhebung der Prädikatensprache von primitiveren Sprachen; der unumgängliche Sinn dieser Unterscheidung ergab sich immanent aus den Erfordernissen der Erklärung der Verwendungsweise der Prädikate. Diese erweist sich, wie sich in der letzten Stunde zeigte, als relativ komplex, und durch die Erklärung des Quasiprädikats ließ sich eine erste Stufe isolieren, auf der wir einen Klassifikationsausdruck erklären, indem wir noch nicht Worte wie »wahr« und »zutreffen« verwenden, sondern lediglich das Wort »richtig«, im Sinn von »regelkonform«. Könnten wir davon absehen, daß das Prädikat außerhalb seiner Verifikationssituation verwendet wird, wäre es ein Quasiprädikat. Da nun ein Ausdruck, der sonst ein Quasiprädikat wäre, durch seine Ergänzungsbedürftigkeit durch einen singulären Terminus zu einem Prädikat wird, lag es nahe zu erwarten, daß es die Funktion des singulären Terminus sein müßte, die – nunmehr zu Sätzen ergänzten – Klassifikationsausdrücke a) situationsunabhängig zu machen und b) aus der beliebigen Verwendungssituation auf die Verifikationssituation zu verweisen. Das, was klassifiziert wird, ergibt sich nicht mehr wie beim Quasiprädikat von selbst aus der Verwendungssituation, sondern wird in den sprachlichen Ausdruck mit aufgenommen, indem es durch den singulären Terminus vertreten wird, und dadurch konstituiert sich eine Sprechhandlung, die zu einer Klasse von Sprechhandlungen in anderen Situationen gehört, die alle ›dasselbe sagen‹ und deren Richtigkeit von der Verwendungssituation unabhängig ist und auf eine besondere Situation der Feststellung der Richtigkeit vorweist, einer Richtigkeit, die wir als Wahrheit bezeichnen. Ich habe dann auch schon angedeutet, daß es naheliegt anzunehmen, daß den situationsbezüglichen singulären Termini, den deiktischen Ausdrücken, eine besondere Rolle bei der Konstitution der Situationsunabhängigkeit zukommt; und in der letzten Stunde haben wir außerdem gesehen, daß den deiktischen Ausdrücken auch insofern eine besondere Rolle zukommt, als die Verweisung des singulären Terminus auf die Verifikationssituation als Verweisung auf einen in dieser Situation zu verwendenden deiktischen Ausdruck zu verstehen ist.

Diese Zusammenhänge, die sich für die singulären Termini aus der Erklärung der Verwendungsweise der Prädikate abzeichneten, entsprechen nicht der gewöhnlichen, auch nicht der gewöhnlichen sprachanalytischen Auffassung, die von dem Bezug der singulären Termini auf Gegenstände als einer unhinterfragbaren Selbstverständlichkeit ausgeht. Da andererseits nicht bezweifelt werden soll, daß singuläre Termini für Gegenstände stehen, müßte sich, wenn sich die genannten Perspektiven für das Verständnis der singulären Termini als richtig erweisen sollen, erstens zeigen lassen: so etwas wie ein Gegenstandsbezug wird erst ermöglicht durch die mittels der deiktischen Ausdrücke zustandekommende Situationsunabhängigkeit der Rede, wodurch gleichzeitig auch erst ein Wahrheitsbezug ermöglicht wird. Zweitens müßten wir erwarten, daß die ursprünglichsten Gegenstände, von denen her alle anderen Gegenstände in ihrer Gegenständlichkeit zu verstehen sind, die Redesituationen selbst sind.

Die bisher genannten Perspektiven für die Semantik der singulären Termini, die sich bei der Erörterung der Prädikate ergeben haben, sind relativ vage. Der Zusammenhang zwischen der Semantik der singulären Termini und der der Prädikate erhielt dann jedoch eine bestimmtere Form durch die Wahrheitsdefinition. Als Ziel der Untersuchung nannte ich hier eine nicht-verbale Erklärung der Verwendung des Wortes »wahr« bei prädikativen Behauptungen (und das konnte nur heißen: eine Erklärung, wie man feststellt, daß Behauptungen dieser Art wahr sind) *auf dem Wege* einer nichtverbalen Erklärung, 1) wie man feststellt, daß ein Prädikat auf einen Gegenstand zutrifft (d. h. der Verwendungsregel der Prädikate), und 2) wie man feststellt, für welchen Gegenstand ein singulärer Terminus steht (d. h. der Verwendungsregel der singulären Termini). Es sollte also eine Erklärung der Verwendung (elementarer) prädikativer Sätze gefunden werden, in der nicht nur das Wort »wahr«, sondern auch die Worte »zutrifft« und »steht für« nicht mehr vorkommen (und auf diese Weise alle drei Worte – bzw. die Verwendung der entsprechenden semantischen Klassen von Ausdrücken – *erklärt* wären). Für die Prädikate habe ich nun in der letzten Stunde eine Erklärung des Feststellens des Zutreffens gegeben, die nicht mehr auf ein Verständnis des Wortes »wahr« angewiesen ist, sondern sich nur noch a) auf ein Verständnis des Wortes »richtig« (im Sinn von »regelkonform«) stützt und freilich gleichzeitig b) ein Verständnis der Verwendung der singulären Termini voraussetzt. Dabei ist jedoch weder der erklärungsbedürftige Ausdruck »steht für« oder ein entsprechender Ausdruck wie »zugeordnet« oder dergleichen vorgekommen noch der seinerseits erklärungsbedürftige Ausdruck »Gegenstand«, sondern Gebrauch wurde lediglich gemacht vom Verständnis des zweistelligen Prädikats »ist identisch mit« (»=«).

Für unsere Frage nach der Verwendungsregel der singulären Termini ergeben sich daraus folgende zusätzliche Perspektiven: 1. Der enge Zusammenhang zwischen Gegenständlichkeit und Identität – daß Gegenstände wesensmäßig Identifizierbares sind – ist von mir in der letzten Stunde einfach als plausibel vorausgesetzt worden; das war ein Vorgriff, der erst im Zusammenhang der systematischen Erörterung der singulären Termini ausgewiesen werden müßte. 2. Die Rede vom Zutreffen von Prädikaten läßt sich nicht verstehen ohne ein gleichzeitiges Verständnis der Rede von *Gegenständen*, bzw. dessen, was es heißt, daß ein singulärer Terminus *für* einen Gegenstand *steht*. Nachdem es sich nun als möglich erwiesen hat, diesen in der Rede vom Zutreffen implizierten Gegenstandsbezug auf eine Weise zu *erklären*, daß anstelle der

Rede vom Stehen eines singulären Terminus für einen Gegenstand nur noch auf ein Verständnis des Identitätszeichens im Zusammenhang mit singulären Termini und insbesondere deiktischen singulären Termini rekurriert wird, ist es naheliegend zu erwarten, daß sich das Stehen-für der singulären Termini, auch wo es für sich erklärt wird, in ein entsprechendes Verständnis des Identitätszeichens auflösen läßt. Identität würde dann nicht nur – wie allgemein anerkannt ist – zur Gegenständlichkeit wesensmäßig gehören, sondern der Sinn von Gegenständlichkeit wäre restlos von der Identifizierbarkeit her zu verstehen. Für den Wahrheitsbegriff würde daraus folgen, daß, da das Verstehen des Wortes »wahr« in seiner Anwendung auf prädikative Behauptungen auf dem Verstehen von »zutrifft« einerseits und »steht für« andererseits aufruht, das Wort in seiner elementaren (den übrigen Verwendungen rekursiv zugrundeliegenden) Verwendung erklärt werden könnte, sofern nur ein Verständnis von »richtig« *und* des Identitätszeichens vorausgesetzt wird.

Nach diesen hypothetischen Perspektiven auf eine mögliche sprachanalytische Erklärung des ›Stehens für‹, wie sie sich aus der Erörterung der Prädikate nahelegen, beginne ich die systematische Erörterung der Frage, wie man mittels singulärer Termini auf Gegenstände bezugnehmen kann, mit einer kritischen Bestandsaufnahme der traditionellen Auffassung. Ich werde von singulären Termini, die für abstrakte Gegenstände – wie Eigenschaften oder Sachverhalte – stehen, im wesentlichen absehen und mich auf singuläre Termini, die für konkrete (und das soll heißen: wahrnehmbare) Gegenstände stehen, konzentrieren. Ich habe seinerzeit im Zusammenhang der Interpretation von Husserls Bedeutungstheorie (S. 197) darauf hingewiesen, daß man von einer groben Unterscheidung der konkreten singulären Termini in deiktische Ausdrücke, Eigennamen und Kennzeichnungen ausgehen kann. In der traditionellen Theorie haben außer den Eigennamen nur die Kennzeichnungen eine Rolle gespielt, und in erster Linie war die traditionelle Theorie an den Eigennamen orientiert, weil diese das Stehen eines sprachlichen Ausdrucks für einen Gegenstand in schlichtester und direkter Weise darzustellen schienen. Husserl wich hier, schon von Frege beeinflußt, von der üblichen Auffassung ab, indem er sich wie auch Frege primär an den Kennzeichnungen orientierte, weil man bei diesen zwischen Gegenstand und Bedeutung des Ausdrucks unterscheiden muß. Da die klassische traditionelle

Auffassung mit einer Bedeutung, die nicht gleich als Gegenstand aufzufassen war, gar nichts anfangen konnte, war für sie der Eigenname der Prototyp aller sprachlichen Ausdrücke. Noch für Russell war die Bedeutung eines Ausdrucks dasselbe wie sein Gegenstand.[2]

Eine Kennzeichnung – »der so-und-so« – scheint sich irgendwie indirekt auf einen Gegenstand zu beziehen. Sie steht nicht einfach und direkt für den Gegenstand, sondern bezieht sich auf ihn – ob man nun hier von einer Bedeutung sprechen will oder nicht – mittels eines Attributs, von dem durch Verwendung des bestimmten Artikels »der« impliziert wird, daß es nur *einem* Gegenstand zukommt. Sobald man Kennzeichnungen *und* Eigennamen berücksichtigt, stellt sich die Frage ihres wechselseitigen Verhältnisses. Bei Husserl findet sich keine ausdrückliche Theorie der Eigennamen, während Frege die revolutionäre und für die anschließende Tradition maßgebende Wendung vollzog, daß die Eigennamen nicht die elementareren, sondern die höherstufigen Ausdrücke sind: um festzustellen, für welchen Gegenstand ein Eigenname steht, müssen wir auf Kennzeichnungen rekurrieren.[3] Wenn wir z. B. den Eigennamen »Aristoteles« verwenden und wenn wir nun gefragt werden, für welchen Gegenstand, für welche Person dieser Name steht, so können wir nur Kennzeichnungen angeben: Aristoteles, das ist der, der dort und dort dann und dann geboren wurde, der Schüler Platons, der Lehrer Alexanders des Großen, der Philosoph, der die meisten unter seinem Namen überlieferten Schriften verfaßte und in Athen im Jahre 322 v. Chr. starb. Alle diese Kennzeichnungen stehen für denselben Gegenstand, und ihre verschiedenen Bedeutungen entsprechen seinen verschiedenen ›Gegebenheitsweisen‹. Dem von Frege vertretenen Primat der Kennzeichnungen vor den Eigennamen liegt also die ontologisch-erkenntnistheoretische Auffassung zugrunde, daß es so etwas wie einen Gegenstand ›als solchen‹ hinter seinen Gegebenheitsweisen, den man irgendwie mittels eines Eigennamens direkt bezeichnen könnte, nicht gibt. So wesentlich diese auch von Husserl übernommene Einsicht ist, so liegt doch in ihr als solcher noch keine Erklärung, was es heißt, daß ein singulärer Terminus – und das heißt für Frege: eine Kennzeichnung – ›für‹ einen Gegenstand ›steht‹.

Gehen wir jetzt von dieser Auffassung zurück zu einer Auffassung, die auch bereits Eigennamen und Kennzeichnungen unterscheidet, aber, wie es für die klassische traditionelle Auffassung selbstverständlich ist, den Gegenstandsbezug der Eigennamen als den elementareren ansieht. Eine solche Auffassung finden wir bei Mill.[4] Mill bezeichnet alle kategorematischen Ausdrücke, also alle sogenannten ›Termini‹ der traditionellen Logik, als Namen und unterscheidet generelle und individuelle Namen. Die für uns wichtige Unterscheidung von konnotativen und nicht-konnotativen Namen bezieht er auch auf die generellen, sie ist jedoch für uns nur für die individuellen Namen, die singulären Termini, wichtig. Alle individuellen Namen sind nach Mill ›denotativ‹, d. h. stehen für einen Gegenstand. Aber nur die Kennzeichnungen sind außerdem ›konnotativ‹, das soll heißen: sie stehen für ihren Gegenstand mittels eines Attributs, das sie ›mitbezeichnen‹. Die Eigennamen hingegen sind nicht-konnotativ; sie beziehen sich auf ihre Gegenstände nicht als auf die alleinigen Träger eines Attributs, sondern werden »den Gegenständen selbst beigelegt«.

Man fragt sich natürlich sofort: wie soll man sich eine solche direkte Zuordnung denken? Im Unterschied zu den metasprachlichen Semantiken weicht Mill dieser Frage nicht aus. Wie der Räuber im Märchen von Alibaba ein Haus mit einem Kreidezeichen versehe, um es künftig als dasselbe wiederzuerkennen und von anderen unterscheiden zu können, so habe man sich auch die Funktion der Eigennamen zu denken. Aber, so wird man entgegnen, ein Name wird doch nicht so verwendet, daß er dem Gegenstand, für den er steht, angeheftet wird. (Für bestimmte Zwecke kann das freilich geschehen, z. B. bei Ortschaften, bei Schiffen, bei Kongreßteilnehmern, aber man wird kaum von diesen besonderen Fällen her die allgemeine Namensrelation verstehen wollen, sondern wird umgekehrt erst auf der Basis eines Verständnisses der allgemeinen Namensrelation auch jene besonderen Fälle aufklären können.) Diesem Einwand stellt sich Mill selbst, und er beantwortet ihn so: was wir »markieren«, ist beim Namen nicht der Gegenstand selbst, sondern die Vorstellung des Gegenstandes *(the idea of the object)*.

Ich glaube nicht, daß wir diese Auffassung als einen besonderen Lapsus von Mill abtun können. Ich habe schon in den einleitenden Erörterungen darauf hingewiesen, daß es für die gegenstandstheoretische Tradition charakteristisch ist, daß sie den Gegenstandsbezug als Vorstellung auffaßt (S. 86 f.). Dabei habe ich unterschieden zwischen einer engeren Version der Vorstellungstheorie, die für die frühe Neuzeit charakteristisch ist und derzufolge das, worauf wir uns direkt beziehen, nicht der Gegenstand ist, sondern die Vorstellung als sein Repräsentant, und einer weiteren Version, an der auch die Kritiker dieser Theorie festgehalten haben und die – wenn auch nicht unter diesem Terminus – auch schon für die antike und für die mittelalterliche Auffassung charakteristisch ist: daß die – jetzt als direkt verstandene – Beziehung auf den Gegenstand als Vorstellungsbeziehung verstanden wird: der Gegenstand wird vorgestellt; ein Gegenstand ist wesensmäßig etwas Vorstellbares.

Fragt man sich, was hier »Vorstellung« besagt, so können wir auf diese Frage in der traditionellen Philosophie keine Antwort finden, weil der Begriff der ›Vorstellung‹ für die neuzeitliche traditionelle Philosophie ein Grundbegriff ist,[5] und für die Antike kann man rückläufig behaupten, daß ihrer Unterscheidung von *aisthesis* und *nous*, für die es keinen zusammenfassenden Gattungsbegriff gab, der Begriff der Vorstellung unausgesprochen zugrunde lag.[6] Man kann aber auch von außen diesen Begriff nicht klar fassen, weil er auf einer uneinlösbaren Metapher beruht. Das einzige, was wir tun können, ist, uns diese Metapher klarmachen. Der Ausgangspunkt der Metapher ist die Vorstellung im Sinn eines anschaulichen bzw. phantasiemäßigen (optischen) Bildes bzw. Bildbewußtseins. Indem das als Grundmodell für die bewußtseinsmäßige Beziehung überhaupt aufgefaßt wurde, wurde die Beziehung auf Gegenstände wie ein Vorsichhaben eines optischen Bildes aufgefaßt, nur daß dieses jetzt eben nicht mehr als sinnliche Anschauung verstanden werden sollte; und wie es positiv zu verstehen sei, mußte offenbleiben, einfach weil die Metapher ins Leere führt: eine nichtsinnliche Vorstellung, eine quasi-Vorstellung ist ein Unding. Entsprechend folgte für den Begriff des Gegenstandes selbst, daß er wesensmäßig als Korrelat einer solchen nichtsinnlichen quasi-Vorstellung gedacht werden mußte. Jeder Vertreter der traditionellen Philosophie wird sich gegen diese scheinbar böswillige Deutung wehren, aber dann fragen Sie ihn, wie er die Beziehung Bewußtsein-Gegenstand positiv verstehe. Sie können die Geschichte der voranalytischen Philosophie von Parmenides an von hinten nach vorne und von vorne nach hinten lesen, und Sie werden keine Antwort finden, es sei denn eine solche, wo man uns, um die Verlegenheit zu verbergen, zusätzlichen Sand in die Augen streut, indem man etwa, wie im deutschen Idealismus, sagt, die Beziehung sei als Subjekt-Objekt-Beziehung zu verstehen, und wenn wir fragen, was das denn sei, antwortet: die Identität des Unterschiedenen (oder: die Identität der Identität und der Nichtidentität) und dergleichen. Es ist natürlich einfach sinnwidrig zu sagen, daß a = b und gleichwohl a ≠ b; und selbst wenn das nicht sinnwidrig wäre, ist nicht zu sehen, wie aus dieser formal ontologischen Beziehung der Identität, lediglich indem man sie in sich verdreht, so etwas wie eine Bewußtseinsbeziehung hervorgehen soll, auch wenn man diese Verdrehung – wie in Hegels *Logik* – noch so oft ›reflektiert‹ und iteriert. Der Verfechter solcher Theorien wird sich freilich darauf berufen, daß er hier nur vom ›Verstand‹ her kritisiert wird, aber dann ist er zu fragen, wie er uns denn seinen besonderen (›Vernunft‹-) Begriff von Identität, Nichtidentität usw. erklären kann, ohne ihn vorauszusetzen. Und daß er überhaupt glaubt, auf eine solche besondere, dem gemeinen Menschenverstand unzugängliche Einsicht oder Struktur zurückgreifen zu müssen, können wir uns unsererseits als einen verzweifelten Versuch verständlich machen, aus dem Dilemma der gegenstandstheoretischen Philosophie herauszukommen, ohne ihre wesentliche Voraussetzung preiszugeben, die darin besteht, nicht zu beachten, daß wir auf Gegenstände mittels sprachlicher Zeichen bezugnehmen, die wir zu diesem Zweck in bestimmter Weise verwenden müssen. Es war nicht ein vermeidbarer Betriebsunfall, sondern durchaus unvermeidbar, daß die traditionelle Philosophie von dem metaphorischen Begriff der Vorstellung ausging: denn wenn man vom Logischen, vom Sprachlichen absieht, ist uns bewußtseinsmäßig nichts anderes gegeben als Sinnliches. Daher bestand, wenn man sich nicht an der Sprache orientieren wollte, gar keine andere Möglichkeit, die Bezugnahme auf Gegenstände verständlich zu machen, als mittels einer an sinnlich-anschaulichen Bildern orientierten Metapher.

Daß nun Mill den Gegenstandsbezug der Namen so versteht, daß das, was unmittelbar bezeichnet wird, nicht der Gegenstand, sondern die Vorstellung ist, gehört in die engere Version der Vorstellungstheorie. Von dieser Besonderheit können wir absehen, und erst dann, wenn wir Mills Auffassung als repräsentativ für die weite Version der Vorstellungstheorie ansehen, wird ihre grundsätzliche, für die gesamte Tradition repräsentative Bedeutung sichtbar. Mills Erklärung läßt sich ohne weiteres von der engen Version der Vorstellungstheorie, an die er sich hält, lösen, indem wir, statt zu sagen, der Name stehe nicht direkt für den Gegenstand, sondern für seine Vorstellung, sagen: er steht für den vorgestellten Gegenstand, also für einen Gegenstand als Gegenstand eines Vorstellens. Die besondere Auffassung von Mill ist nur eine Variante dieser Konzeption, die als die traditionelle Auffassung schlechthin gelten kann.

Was folgt aus dieser allgemeinen Orientierung am Begriff der Vorstellung für die Beziehung Name-Gegenstand? Vorstellungen im noch nicht metaphorischen Sinn, also anschauliche Bilder, sind schlichte Gegebenheiten, die in einem Blick erfaßbar sind. Es ist dieser Aspekt, der bei der metaphorischen Erweiterung des Vorstellungsbegriffs auf den Gegenstandsbezug mitgenommen wird oder jedenfalls mitgenommen werden kann. So wird es, weil die Gegenstände als Vorstellbares verstanden werden, möglich, sie als schlichte Gegebenheiten wie anschauliche Bilder zu verstehen, und dadurch wird es möglich, sich den Gegenstandsbezug des Namens als bloße Assoziation oder Zuordnung zu denken. Und nur so, indem der Gegenstand als eine schlichte Gegebenheit aufgefaßt wird, ist es möglich, eine direkte Beziehung eines ›nichtkonnotativen‹ Namens, eines Eigennamens, zu ›dem‹ Gegenstand anzunehmen, eine Beziehung, die nicht, wie es nach Freges Auffassung der Fall sein müßte, auf Kennzeichnungen zurückweist. Freges Auffassung setzt demgegenüber voraus, daß ein Gegenstand nicht etwas Vorstellbares, eine schlichte Gegebenheit ist, sondern etwas, zu dem es wesensmäßig gehört, sich in mannigfachen Gegebenheitsweisen zu zeigen.

Die Auffassung, daß der Gegenstandsbezug der Eigennamen irgendwie ursprünglicher oder mindestens unabhängig von dem der Kennzeichnungen ist, impliziert, daß es eine Beziehung zwischen Zeichen und Gegenstand geben kann, die sich als schlichte Zuordnung verstehen läßt. Und diese Auffassung kann nur entweder eine schiere Gedankenlosigkeit sein – und eine solche müssen wir wohl für die modernen metasprachlichen Zuordnungstheorien annehmen – oder, wenn sie philosophisch begründet sein soll, impliziert sie ihrerseits, daß die Gegenstände schlicht gegeben sein können, ebenso schlicht wie die Zeichen, denen sie zugeordnet werden, und d. h.: sie gründet sich auf eine Vorstellungstheorie der Gegenstände. Jedenfalls wüßte ich nicht, welche andere Möglichkeit es geben soll, sich Gegenstände als etwas schlicht Gegebenes zu denken, wie es für die Zuordnungstheorie erforderlich ist.

Hier sollte ich einen möglichen Einwand streifen. Sie könnten fragen: setze ich bei einer solchen Darstellung nicht voraus, daß mindestens die Zeichen selbst vorstellbar sind, und sind nicht auch die Zeichen Gegenstände? Die Frage ist zu bejahen. In der Tat, die Zeichentypen sind vorstellbar, und zwar – das ist entscheidend – in einem nichtmetaphorischen Sinn. Und natürlich müssen wir sie auch als Gegenstände ansehen. Aber sie sind – als Zeichentypen – abstrakte Gegenstände, während die Gegenstände, ›für‹ die diejenigen Zeichen, die (konkrete) singuläre Termini sind, stehen sollen, konkrete Gegenstände sein sollen. Mein Widerstand gegen die traditionelle Auffassung, die Bezugnahme auf Gegenstände wesensmäßig als Vorstellung zu verstehen, wobei dann »Vorstellung« einen uneinlösbaren metaphorischen Sinn hat, schließt nicht aus, daß es unter anderen Gegenständen auch solche Gegenstände gibt, die tatsächlich – und zwar in einem harmlosen, nichtmetaphorischen Sinn – vorstellbar sind.

Lassen Sie mich noch darauf hinweisen, daß Mills Theorie, ob nun in der engen von ihm selbst vertretenen Variante oder in der von mir vorgenommenen Verallgemeinerung, eine Theorie des Gegenstandsbezugs der Namen ist, die impliziert, daß unser Gegenstandsbezug als solcher kein sprachlicher ist. Auch hier scheint mir: die Vorstellungstheorie ist die einzige (jedenfalls die einzige bekannte) Möglichkeit, den Gegenstandsbezug und den Sinn der Rede von Gegenständen nicht von der Verwendung einer Art von Zeichen her zu verstehen. Obwohl Mill an anderer Stelle (im selben § 5 des 2. Kapitels seiner Logik) sagt, es sei die Funktion der Namen, die Gegenstände zu unterscheiden, beschränkt er an der Stelle, wo er von der Vorstellungsbeziehung der Namen spricht, die Funktion der Namen konsequenterweise darauf, daß sie dazu dienen, im Geist diejenigen gegenständlichen Vorstellungen zu wekken, mit denen sie assoziiert sind. Und das ist es offenbar, was es für die traditionelle Position heißt, daß ein Name ›für‹ einen Gegenstand ›steht‹. Es heißt, daß er ›für‹ eine *Gegenstandsvorstellung* ›steht‹, in dem Sinn, daß er mit ihr assoziiert ist. Jetzt ist auch klar, warum für die traditionelle Auffassung die Semantik der singulären Termini selbständig ist, nicht auf einen Satzkontext verweist. Denn eine Vorstellung im nichtmetaphorischen Sinn gehört nicht in einen solchen Kontext, also braucht auch die Vorstellung im metaphorischen Sinn und somit das, was unter einem Gegenstand zu verstehen ist, nicht in einen solchen Kontext zu gehören.

Sie könnten mir vorhalten: was ich bisher wirklich gezeigt habe, ist bestenfalls, daß die Zuordnungstheorie von Name und Gegenstand und die Auffassung vom Primat der Eigennamen auf der Vorstellungstheorie gründet. Hingegen sei unklar geblieben, worauf genau sich mein Widerwille gegen diese Theorie selbst gründet. Welches sind die Kriterien, die über ihre Unrichtigkeit oder gar Unmöglichkeit entscheiden? Wir müssen hier unterscheiden zwischen der Fragwürdigkeit des erweiterten Vorstellungsbegriffs als solchen und der Fragwürdigkeit der Auffassung, das, was wir mit *Gegenständen* meinen, als Vorstellungen bzw. Vorstellbares zu verstehen.

Was den erweiterten, metaphorischen Vorstellungsbegriff als solchen betrifft, kann ich dem bisherigen nichts Wesentliches hinzufügen. Meine These ist, daß die Metapher nicht einlösbar ist; daß die Rede von einer nicht sinnlichen, einer irgendwie intellektuellen Vorstellung keinen Sinn gibt. Dieser erste Schritt meiner Kritik ist nicht zwingend, denn eine solche Behauptung, daß ein Wort sinnlos ist, daß eine Metapher nicht einlösbar, nicht erklärbar ist, kann immer an der Borniertheit dessen liegen, der das behauptet. Prinzipiell muß ich also offenlassen, daß es jemandem gelingt, dieser weiten Rede von Vorstellungen noch einen guten Sinn zu geben.

Zweitens: einmal vorausgesetzt, die Rede von Vorstellungen habe einen guten Sinn, können wir von hier aus unsere Rede von Gegenständen und der Bezugnahme auf Gegenstände verstehen? Lassen Sie mich damit beginnen, daß ich erst einmal zeige, daß diese These vom Vorstellungsbezug auf Gegenstände keineswegs nur ein Traditionsbestand ist, sondern auch für uns naheliegt; ich lasse es dabei offen, ob das darin gründet, daß wir nun einmal in dieser Tradition stehen. Ich bleibe hier am besten ganz subjektiv und erzähle Ihnen, wie es mir selbst gegangen ist, als ich auf dieses Problem aufmerksam wurde; ich nehme an, daß es vielen von Ihnen ähnlich gehen könnte. Gewöhnlich denkt man ja nicht darüber nach, was man meint, wenn man von Gegenständen spricht. Als ich darauf reflektierte, merkte ich, wie stark meine Tendenz war, mir unter einem Gegenstand so etwas wie ein Gegenüber zu denken. Das scheint ja auch schon in den Worten »Gegenstand«, »Ob-jekt« impliziert. Ich überlegte weiter, daß das, was am unzweifelbarsten als ein Gegenüber angesprochen werden kann, die optische, bildliche Ansicht ist, in der sich uns die Dinge zeigen (besonders dann, wenn wir still sitzen). Und da merkte ich, daß ich mir nach diesem Modell die Bezugnahme auf Gegenstände dachte. Natürlich sagte ich mir dann gleich: es ist selbstverständlich nicht diese optische Ansicht des Gegenstandes, z. B. dieses Pultes hier, die ich meine, wenn ich den Gegenstand meine. Ich kann ja um das Pult herumgehen, ich kann es auch mit anderen Sinnen wahrnehmen, und ich kann auch darüber reden – oder, wenn Sie jetzt über das Reden nichts hören wollen, daran denken –, wenn ich nicht hier im Saal bin, und zweifellos meine ich auch dann denselben Gegenstand, eben dieses Pult. Ich kann also die naive Idee eines optischen Gegenüber selbstverständlich nicht aufrechterhalten, aber die Idee des Gegenüber scheint doch auch dann so naheliegend, daß ich sage: nun, der Gegenstand ist schon ein Gegenüber, nur eben kein bildliches. Und damit hätten wir die These, daß die Art, wie wir uns auf Gegenstände beziehen, Vorstellungen in dem metaphorisch erweiterten Sinn sind, als eine sich ganz natürlich ergebende nachvollzogen.

Der Zweifel, ob dieser metaphorische Sinn überhaupt noch einen Inhalt hat, soll uns jetzt nicht stören. Wir lassen diese Frage offen, tun so, als ob ein solcher Sinn gegeben wäre, und fragen: könnte es wirklich das sein, was wir mit der Rede von einem Gegenstand meinen? Wie können wir an eine solche Frage herangehen? Natürlich nur so, daß wir schon irgendeinen Vorbegriff von dem haben, was wir mit »Gegenstand« meinen: Und wie gewinnen wir den? Wohl kaum durch eine bloße Analyse der Verwendung des Wortes »Gegenstand«. Ich werde auf diese Frage zurückkommen (vgl. auch schon S. 36). Wir brauchen sie jetzt nicht zu beantworten, weil es für den gegenwärtigen Zweck genügt, auf *einen* Aspekt zurückzugreifen, der zwischen dem traditionellen Philosophen und seinem analytischen Kritiker nicht kontrovers ist: auf den, daß es bestimmte sprachliche Ausdrücke gibt – singuläre Termini –, die irgendwie ›für‹ Gegenstände ›stehen‹. Freilich dürfen wir jetzt nicht von der Verwendung dieser Ausdrücke her verstehen, was es überhaupt heißt, sich auf Gegenstände zu beziehen; das wäre eine *petitio principii* zugunsten des sprachanalytischen Ansatzes. Soviel aber dürfen wir, auch im Sinn der traditionellen Position, voraussetzen, daß es verständlich gemacht werden können muß, daß und wie diese Ausdrücke für Gegenstände stehen, auch wenn das für den Sinn des Gegenstandsbezugs nicht wesentlich sein sollte. Und nun können wir jenen Grundsatz der analytischen Philosophie auf unser Problem anwenden, von dem wir gesehen haben, daß er auch vom traditionellen Philosophen akzeptiert werden muß: daß wir erklären können müssen, wie wir einen sprachlichen Ausdruck verwenden.

Es ist dieser Grundsatz, an dem die Vorstellungstheorie selbst dann zu scheitern scheint, wenn es so etwas wie Vorstellungen in dem erweiterten metaphorischen Sinn gäbe. Denn aus der Vorstellungstheorie würde folgen, daß, wenn wir erklären sollen, für welchen Gegenstand ein Name steht, die Frage darauf zielt, was wir uns bei der Verwendung dieses Namens vorstellen. Und daß die Frage nicht so verstanden werden kann, scheint mindestens für die intersubjektive Rede klar. Zwar ist es bei Vorstellbarem im nichtmetaphorischen Sinn – Bildern – verständlich, was es heißen kann, sie intersubjektiv vorzuzeigen; die Vorstellungen im metaphorischen Sinn hingegen sind von der traditionellen Philosophie nicht intersubjektiv verstanden worden, und es ist auch nicht zu sehen, wie sie intersubjektiv verstanden werden *könnten*.

Dieses Ergebnis ist freilich wiederum nicht zwingend. Wenn wir danach fragen, wie ein singulärer Terminus verwendet wird, wenn wir also nach seiner Erklärung fragen, fragen wir allerdings nicht, was (welchen Gegenstand) der, der ihn verwendet, *vorstellt*, sondern was (welchen Gegenstand) er *meint*, das (den) auch wir meinen können (vgl. oben S. 88). Der sprachliche Gegenstandsbezug ist als Meinen zu verstehen, wobei dieses Wort nicht in dem Sinn verstanden ist, in dem es durch einen Nominalsatz ergänzt wird (»ich meine, daß p«), sondern durch einen singulären Terminus (»ich meine N«). Wie dieses Meinen zu verstehen ist, ist freilich erst noch aufzuklären. Wir haben mit diesem Wort keine neue Antwort; wir wissen lediglich, wie wir zu fragen haben, wenn wir nach der Erklärung singulärer Termini fragen. Und hier könnte nun der traditionelle Philosoph versuchen, auch diese Frage auf seine Auffassung zurückzubiegen: er könnte behaupten: man kann nur erklären, welchen Gegenstand man mit einem singulären Terminus meint, indem man auf die entsprechende Vorstellung rekurriert.

Es scheint also, daß wir keine Möglichkeit haben, die traditionelle Antwort zwingend zu verwerfen, bevor wir eine neue positive Erklärung geben, was es heißt zu erklären, welchen Gegenstand man mit einem singulären Terminus meint; diese Frage aber muß sich daran orientieren, wie man tatsächlich im einzelnen auf die Frage antwortet »wen oder was meinst du damit?«. Und auf diese Frage antwortet in der Tat niemand mit dem Hinweis auf Vorstellungen.

Wir werden sehen, daß die so gestellte Frage uns zu einem ganz neuen Verständnis dessen führt, wie wir auf Gegenstände bezugnehmen und was unter Gegenständen zu verstehen ist.

Dem traditionellen Philosophen steht freilich auch dann noch folgendes Manöver offen: er könnte bei der nun zu erbringenden Erklärung, wie festgestellt wird, was oder wen wir mit einem Ausdruck meinen, sagen: genau das sei es, was er mit der metaphorisch erweiterten Rede vom Vorstellen eines Gegenstandes gemeint habe. Dieses Manöver würde jedoch eine Preisgabe der traditionellen Position darstellen. Denn es würde das Eingeständnis implizieren, daß nicht durch Rekurs auf ein Vorstellen verständlich gemacht werden kann, was es heißt, einen Gegenstand zu meinen, sondern daß umgekehrt die Rede vom Vorstellen durch die Erklärung dessen verständlich gemacht würde, was es heißt, einen Gegenstand zu meinen. Das *Wort* »Vorstellen«, wenn es neu erklärt wird, ist natürlich harmlos, wie jedes Wort.

Anmerkungen

1 Vgl. S. Kripke, »Naming and Necessity«, S. 322.
2 Z. B. *Logic and Knowledge*, S. 186 f., 201.
3 Vgl. die Aufsätze »Über Sinn und Bedeutung« und »Der Gedanke«.
4 *A System of Logic*, I. Buch, II. Kap., § 5.
5 Vgl. Kant, *Kritik der reinen Vernunft*, B 376.
6 Vgl. meinen Aufsatz »Das Sein und das Nichts«, S. 140-142.

21. Vorlesung

Am Ende der letzten Stunde hat sich wieder gezeigt, wie begrenzt die Möglichkeiten sind, eine philosophische Grundauffassung immanent zu widerlegen. Man kann, wenn man bereit ist, die uneingelöste Metaphorik des Vorstellungsbegriffs hinzunehmen, nicht zeigen, daß eine Vorstellungstheorie *unmöglich* ist. Schwammige Gedanken haben den Vorteil, daß sie nicht zertrümmert werden können. Mit der Forderung einer immanenten Widerlegung wäre aber auch ein unrealistisch hoher Anspruch für die Außerkraftsetzung obsoleter philosophischer Auffassungen vorausgesetzt. Es genügt zu zeigen, daß der Gegenstandsbezug, auf den wir dabei stoßen, wenn wir nachsehen, wie wir tatsächlich feststellen, für welchen Gegenstand ein Zeichen steht, nicht ein Vorstellungsbezug ist und der Sinn von Gegenständlichkeit, der sich dabei ergibt, sich nicht vom Vorstellen her verstehen läßt. Die eigentliche Widerlegung der traditionellen Auffassung kann nicht immanent erfolgen, sondern nur auf dem Weg der positiven Durchführung einer neuen Auffassung, die allerdings schon im Ansatz den Vorzug für sich in Anspruch nehmen kann, daß sie von einer – ich lasse es zunächst offen, ob es die einzige ist – *tatsächlichen* Bezugnahme auf Gegenstände ausgeht, derjenigen mittels sprachlicher Ausdrücke. Die traditionelle Auffassung wird also nicht als *unmöglich* erwiesen, sondern nur – abgesehen von der Unklarheit ihres Grundbegriffes – als *unzutreffend*.

Bevor ich mit der positiven Durchführung beginne, ist noch eine Ergänzung zu den Ausführungen zur Vorstellungstheorie nachzutragen. Ich habe gezeigt, daß die Lehre vom Primat der Eigennamen gegenüber den Kennzeichnungen, die zugleich impliziert, daß das Stehen-für als einfache Zuordnung oder Assoziation zu verstehen ist, wenn sie überhaupt philosophisch fundiert ist, auf der Vorstellungstheorie gründet. Es wäre jedoch falsch anzunehmen, daß auch das Umgekehrte gilt: daß die Vorstellungstheorie notwendig zu dieser Auffassung der Namensbeziehung und zu einem solchen simplistischen Gegenstandsbegriff führt. Daß es nicht so sein muß, können wir insbesondere an Husserl sehen. Husserls Gegenstandstheorie ist einerseits eine Vorstellungstheorie: was Husserl Intentionalität nennt, ist der nicht sprachlich, sondern vorstellungsmäßig verstandene Gegenstandsbezug des Bewußtseins. Andererseits haben wir schon gesehen, daß Husserl Frege in der Auffassung folgt, daß Kennzeichnungen gegenüber Eigennamen semantisch fundamentaler sind, und damit hängt bei Husserl die ontologisch-erkenntnistheoretische Auffassung zusammen, daß – jedenfalls räumliche – Gegenstände uns nur in einer Mannigfalt von Gegebenheitsweisen zugänglich sind und daß sie sich auch nur in solchen Gegebenheitsweisen als Gegenstände konstituieren. Wenn, wie wir sehen werden, eine Darstellung des Gegenstandes in einer Mannigfalt von so etwas wie Gegebenheitsweisen sich auch für die sprachanalytische Gegenstandstheorie als charakteristisch erweisen wird, dann müßte sich die sprachanalytische Auffassung von der traditionellen Auffassung, sofern diese den Gegenstand auch bereits als Einheit von Gegebenheitsweisen sehen kann, durch die Art und Weise unterscheiden, was jeweils unter »Gegebenheitsweisen« verstanden wird. Wir werden sehen, daß die Gegebenheitsweisen, auf die uns die Frage nach der Verwendung singulärer Termini führt, als Regeln verstanden werden müssen, einen Gegenstand zu identifizieren. Hingegen werden bei Husserl die Gegebenheitsweisen des Gegenstandes als ›Abschattungen‹ verstanden, als die mannigfaltigen perzeptiven Perspektiven, in denen sich ein Gegenstand einem Beobachter je nach seinem Standort und den Umgebungsumständen zeigt. Diese Abschattungen sind also ihrerseits Vorstellungen, und zwar Vorstellungen im nichtmetaphorischen Sinn. Für Husserl stellt sich alles räumlich Gegenständliche in einer geregelten Synthesis von schlichten Gegebenheiten – perzeptiven Vorstellungen – dar, und dieses synthetische Gegenstandsbewußtsein wird als intentionales seinerseits als ein Vorstellen – nunmehr im metaphorisch erweiterten Sinn – verstanden.[1]

Zweifellos steht hier Husserl in der Tradition Kants, der zum ersten Mal eine Theorie dieser Art entwickelt hat. Zur Vorstellung eines Objekts kommt es nach Kant erst durch eine ›Regel‹, die eine ›Verbindung‹ von mannigfaltigen ›Vorstellungen‹ ›notwendig‹ macht.[2] Kants Rede von dem ›Gegenstand‹ oder ›Objekt‹ ist jedoch mißverständlich, und er hätte sein Problem klarer bezeichnet, wenn er statt von ›Objekten‹ von ›objektiv‹, von ›objektiven Zusammenhängen‹ gesprochen hätte. Seine Frage ist nicht, wie es dazu kommt, daß wir uns auf Dinge beziehen, auf solches, was jeweils etwas (ein Gegenstand) ist, sondern inwiefern die Zusammenhänge unserer Vorstellungen nicht bloß subjektiv, sondern objektiv sind. Man sieht das besonders klar daran, daß es in dem Text, aus dem ich eben zitiert habe, um die Begründung des Kausalitätsgesetzes geht, um die Frage, woran es liegt, daß wir die Abfolge von Ereignissen als nicht bloß subjektiv, sondern objektiv ansehen müssen. Hier handelt es sich also in Wirklichkeit um ein ganz anderes Problem. Wir würden uns wieder einmal von einer sprachlichen Zufälligkeit zum Narren halten lassen, wollten wir meinen, das Problem, was eine Beziehung auf Objekte (Gegenstände) möglich macht, sei ungefähr dasselbe wie das Problem, wodurch das, worauf wir uns beziehen, einen Anspruch auf Objektivität erheben kann. Für die Rede von »objektiv« ist der Gegensatz zu »subjektiv« konstitutiv, während zur Rede von Gegenständen kein solcher Kontrast gehört. Die zwei Probleme sind zwar nicht ganz unabhängig voneinander, aber es ist weniger schädlich, sie erst einmal überscharf zu trennen und zu sagen, daß sie sich *kreuzen*: so ist es durchaus sinnvoll, von bloß subjektiven Gegenständen zu sprechen – z. B. Gegenstände, von denen wir träumen –, und auf der anderen Seite ist nicht nur die Existenz von Gegenständen objektiv (bzw. subjektiv), sondern objektiv (bzw. subjektiv) sind insbesondere gegenständliche Bestimmungen (Prädikationen) und gegenständliche Zusammenhänge (wie z. B. die Abfolge von Ereignissen). Es liegt wieder an dem Mangel an sprachlich-logischer Reflexion in der Tradition, daß nicht gesehen wurde – trotz gewissen Ansätzen bei Kant –,[3] daß »objektiv« ein Satzadverb ist, in dem es um eine Qualifikation des veritativen Seins geht, deren Gegensatz etwa durch das Wort »scheinbar« zum Ausdruck gebracht wird. Auch wenn wir die Rede von »objektiv« auf Gegenstände beziehen, meinen wir ihre Existenz, und d. h. die Rede von »objektiv« bezieht sich auch in diesem Fall nicht auf den Gegenstand, sondern auf die Proposition, den Sachverhalt.

Wenn also Kant sagt, eine Beziehung auf Objekte werde möglich durch die unter einer notwendigen Regel stehende Synthesis von Vorstellungen, so meint er eigentlich nicht Objekte, sondern Objektives; sein Problem ist nicht das, das uns hier beschäftigt, wie wir uns auf etwas beziehen können, und d. h. auf etwas, wofür ein singulärer Terminus stehen kann. Bei Husserl hingegen ist die Sachlage komplizierter. Sofern er »Gegenstand« definiert als »Subjekt möglicher wahrer Prädikationen«,[4] entspricht das, was er mit »Gegenstand« meint, genau dem, worum es uns hier geht, also solches, wofür bestimmte sprachliche Ausdrücke (die durch Prädikate ergänzt werden können) stehen können. Die eben genannte Definition, die auf die Funktion singulärer Termini rekurriert, legt Husserl nicht etwa auf eine sprachanalytische Auffassung des Gegenstandsbezugs fest, da er ja vielmehr die These vertritt, daß die Beziehung auf Gegenstände, für die die genannte Definition nur als Erkennungsmerkmal dient, in der Intentionalität gründet, und diese habe ich interpretierend als Vorstellen im metaphorisch erweiterten Sinn gekennzeichnet. Gerade wenn ich Husserl als Vertreter der traditionellen Auffassung der Rede von Gegenständen bezeichnen kann, muß ich ja voraussetzen können, daß er tatsächlich die Rede von Gegenständen meint und nicht, wie Kant, etwas anderes, und dafür ist die angegebene Definition ein klares Indiz. Wo nun Husserl von einer Synthesis von Gegebenheitsweisen spricht, meint er nicht Gegenstände überhaupt, sondern speziell räumliche Gegenstände. Wenn man genauer hinsieht, ist aber das Problem, das er unter dem Titel »Synthesis der Gegebenheitsweisen« behandelt, nicht ein Problem, das den räumlichen Gegenstand als solchen betrifft (als Subjekt möglicher wahrer Prädikationen), sondern die verschiedenen prädikativen Bestimmungen dieses Gegenstandes: jede Bestimmung eines solchen Gegenstandes – seine Form, seine Farbe, seine übrigen sinnlichen Qualitäten – konstituiert sich in einer geregelten Synthesis von Abschattungen. Wenn wir z. B. dieses Pult als braun bezeichnen, so steht diese Bezeichnung nicht für eine schlichte Empfindungsqualität, sondern für eine je nach Beleuchtung und Stellung des Wahrnehmenden nach einer Regel variierende Mannigfalt von Empfindungsqualitäten. Diese Problematik aber liegt nun durchaus auf der Linie der Kantischen Problematik, die nicht den Gegenstand als Gegenstand, sondern die Objektivität gegenständlicher Bestimmungen betrifft: die bestimmte objektive Farbqualität z. B. steht ihren mannigfaltigen subjektiven Erscheinungsweisen gegenüber. Dabei setzt Husserl das Problem niedriger an als Kant: auch etwa die Bestimmungen von räumlich Phantasiertem oder Geträumtem sind objektive Einheiten, unterschieden von subjektiven Gegebenheitsweisen und sich in deren geregeltem Ablauf konstituierend. Aber das Objektive in Kants prägnantem Sinn stellt für Husserl lediglich eine Regel derselben Art, nur höherer Stufe dar.[5] Daß die Gegebenheitsweisen, die Husserl behandelt, gar nicht Gegebenheitsweisen des Gegenstandes als solchen sind, sondern seiner prädikativen Bestimmungen, wird bei Husserl dadurch verdeckt, daß er ununterschieden von Ding und dinglicher Bestimmung spricht. Daß er das tut, können wir uns wieder von seiner prinzipiellen, traditionalistischen Position her verständlich machen: indem er den Gegenstandsbezug als Vorstellen auffaßt, reduziert sich ihm der Gegenstand, wie er in der Wahrnehmung gegeben ist, auf das, was an ihm vorstellungsmäßig im unmetaphorischen Sinn gegeben ist; und obwohl Husserl gelegentlich unterscheidet zwischen dem Gegenstand als solchen und seinen prädikativen Bestimmungen, so bezeichnet er den Gegenstand als solchen doch nur als »das pure X in Abstraktion von allen Prädikaten«.[6] Mit anderen Worten: Husserl ist nicht in der Lage, über das, wofür der singuläre Terminus als solcher steht, mehr zu sagen, als daß es ein pures X ist, das den prädikativen Bestimmungen zugrundeliegt. Die mannigfaltigen Gegebenheitsweisen des Gegenstandes, die Husserl ins Auge faßt, sind also nicht mannigfaltige Gegebenheitsweisen, die die Beziehung des singulären Terminus zum Gegenstand betreffen, oder anders formuliert: es sind nicht Gegebenheitsweisen, denen eine Vielzahl von singulären Termini (Kennzeichnungen) entspricht, die irgendwie alle denselben Gegenstand bezeichnen. Und daß Husserl sich nicht an *solchen* Gegebenheitsweisen bei der Frage der Konstitution des Gegenstandsbezugs orientiert hat, ist nicht verwunderlich, da er Gegenstände zwar definiert hat als Subjekte möglicher Prädikationen, also als solches, wofür ein singulärer Terminus steht, aber sich für die Klärung des Gegenstandsbezugs nicht an einer Analyse der Verwendung der singulären Termini orientiert hat. Nur in der I. Logischen Untersuchung, wo Husserl im Anschluß an Frege ausdrücklich auf die Unterscheidung von Bedeutung und Gegenstand von ›Namen‹ (worunter er wie Frege neben den Eigennamen auch Kennzeichnungen versteht) eingeht, stößt er auf solche unterschiedlichen Gegebenheitsweisen eines Gegenstandes, denen verschiedene singuläre Termini entsprechen; wo er hingegen den Gegenstandsbezug als solchen und die Konstitution räumlicher Gegenstände untersucht, ist er überhaupt nicht mehr an der Verwendung sprachlicher Ausdrücke orientiert. Frege wiederum hat die Frage, wie die verschiedenen Gegebenheitsweisen des Gegenstandes, die den Kennzeichnungen entsprechen, zu verstehen sind, offengelassen, geschweige denn, daß er versucht hätte, der Frage nachzugehen, was es heißt, daß ein sprachlicher Ausdruck ›für‹ einen Gegenstand ›steht‹, und wie wir uns mittels solcher Ausdrücke auf Gegenstände beziehen und was daraus für die Rede von Gegenständen als solche folgt.[7]

Frege hat durch seine Frage nach dem Sinn singulärer Termini eine neue Problemstellung vorbereitet, aber an der philosophischen Frage, wie sich in der Verwendung solcher Ausdrücke so etwas wie ein Gegenstandsbezug konstituiert, war er nicht interessiert, er hat sie als psychologisch-erkenntnistheoretische abgetan. Mill und Husserl hingegen hatten einen philosophischen Begriff für den Gegenstandsbezug, den der Vorstellung, eine Konzeption, die Frege verworfen hat, ohne sie durch eine andere zu ersetzen. Mill hat freilich wie Frege und wie auch der Großteil der analytischen Philosophen die Rede von Gegenständen als solche einfach vorausgesetzt. Demgegenüber hat Husserl einen Versuch gemacht, die Bezugnahme auf Gegenstände und mit ihr den Sinn der Rede von Gegenständen analytisch aufzuklären, jedoch auf einer vorsprachlichen Basis, vom Vorstellungsbegriff her. Obwohl also Husserl keinen simplen Gegenstandsbegriff hat wie Mill und obwohl er einen Gegenstandsbezug und ein Universum von Gegenständen nicht einfach als vorhanden voraussetzte, ist sein Ansatz genauso traditionalistisch wie derjenige Mills.

Wenn wir uns jetzt der Frage nach der tatsächlichen Verwendungsweise der singulären Termini zuwenden, möchte ich noch einmal (vgl. S. 343) daran erinnern, daß in dieser Frage als solcher noch kein Präjudiz für eine sprachanalytische Auffassung des Gegenstandsbezugs impliziert ist. Es ist vielmehr unkontrovers, daß diese Ausdrücke für Gegenstände stehen. Eine Aufklärung, wie man feststellt, für welchen Gegenstand ein solcher Ausdruck steht, ist auf jeden Fall erforderlich, gleichgültig, welche Position man vertritt. Für die traditionelle Position war es freilich naheliegend, daß sie bei der Klärung des Gegenstandsbezugs nicht gerade von der Zeichenfunktion *ausging.* Sie kann aber gegen ein solches Vorgehen nichts einwenden, da, wie immer der Gegenstandsbezug letztlich verstanden wird, das Stehen von Zeichen für Gegenstände von ihm aus verständlich werden muß. Es kann sich jetzt immer noch zeigen, daß gerade die Erklärung der singulären Termini auf einen nichtsprachlichen Gegenstandsbezug verweist. Nur wenn sich zeigen sollte, daß der Gegenstandsbezug, auf den die Erklärung der singulären Termini verweist, gar nicht losgelöst von einer bestimmten Verwendung von Zeichen verstanden werden kann, wäre eine spezifisch sprachanalytische Gegenstandstheorie erreicht.

Wenn wir die Frage, für welchen Gegenstand ein Ausdruck steht, von der *Verwendung* dieses Ausdrucks und d. h. von seiner Verwendung durch jemanden her verstehen, so lautet die Frage, welchen Gegenstand jemand mit dem Ausdruck *meint* (oben S. 356). Es ist freilich denkbar, daß jemand im Einzelfall mit einem singulären Terminus nicht den Gegenstand meint, für den er steht, z. B. wenn er irrtümlich glaubt, daß der Ausdruck für einen anderen Gegenstand steht als den, für den er in Wirklichkeit steht. Aber da es keine Beziehung Zeichen-Gegenstand außerhalb einer Verwendung durch Personen geben kann, läßt sich diese Diskrepanz nur so verstehen, daß im Einzelfall jemand mit dem Ausdruck einen anderen Gegenstand meint als den, der *normalerweise* (oder *ursprünglich*) mit ihm *gemeint* ist (oder war). Nur das kann es heißen, daß ein Ausdruck in Wirklichkeit für einen bestimmten Gegenstand steht. Die Frage, für welchen Gegenstand ein singulärer Terminus steht, läßt sich also nur als Frage verstehen, welcher Gegenstand mit ihm – wenn nicht von einem Einzelnen, dann von einer Sprachgemeinschaft – gemeint ist.

Diese Frage nun – »wer oder was ist mit ›a‹ gemeint?« – gehört offenkundig in den Kontext ganzer Sätze. Wir können uns das klarmachen, indem wir neben der Frage nach der Verwendungsweise auch die andere Frage, die ich seinerzeit (S. 178) schon bei den Prädikaten ins Spiel brachte, auch auf die singulären Termini anwenden: die Frage nach ihrer *Funktion*. Die Frage nach der Funktion drängt sich auf, sobald die Zeichenrelation in Zusammenhang gebracht wird mit einer Verwendung des Zeichens durch Personen und d. h. mit einem Handeln von Personen. Jedes Handeln ist durch eine Absicht, eine Intention bestimmt, und wenn zu einer Handlung die Verwendung eines Dings – in unserem Fall eben eines Zeichens – gehört, bestimmt die Handlungsintention das, was wir die Funktion des Dings nennen (das, wozu es verwendet wird). Als ich damals die Funktion der Prädikate von der der singulären Termini abhob, habe ich die Funktion der singulären Termini so gekennzeichnet, wie sie von der traditionellen Theorie charakterisiert wird: die Funktion eines singulären Terminus ist es, für einen Gegenstand zu stehen. Aber gerade wenn wir auf den Aspekt der Funktion reflektieren, sehen wir, wie erklärungsbedürftig diese Charakterisierung ihrerseits ist. Denn es bleibt unklar, was damit, daß etwas so verwendet wird, daß es für einen Gegenstand steht, erreicht werden soll, welches die Standardintention ist, die eine

Handlung bestimmt, die in der Verwendung von etwas mit dieser Funktion besteht.

Während die traditionelle Theorie auf diese Frage überhaupt keine Antwort gibt, sollten wir uns noch klarmachen, daß die Antwort, die eine pragmatisch-behavioristische Tradition gegeben hat, unzutreffend ist, die Antwort nämlich, daß die Funktion des Zeichens darin besteht, daß es in dem Sinn den Gegenstand, für den es steht, *vertritt*, daß es im Hörer dieselbe oder eine ähnliche Reaktion hervorrufen soll, wie sie der Gegenstand selbst hervorrufen würde.[8] Eine Zeichentheorie dieser Art ist orientiert an sogenannten natürlichen Zeichen, also Anzeichen (vgl. S. 233), die dadurch definiert sind, daß ein Sachverhalt dann als Anzeichen für einen anderen Sachverhalt fungiert, wenn die Meinung, daß der erste besteht (z. B. daß es jetzt blitzt) dazu führt zu meinen, daß der zweite besteht oder bevorsteht (z. B. daß es gleich donnern wird); man reagiert dann gegebenenfalls auf die Wahrnehmung des ersten so, wie man auf den zweiten reagieren würde. Man kann diese Anzeichenrelation so beschreiben, daß man sagt, daß der eine Sachverhalt in bestimmter Weise den anderen vertritt, und man kann diese Beziehung in dem gekennzeichneten Sinn pragmatisch verstehen. Wir haben früher (13. Vorl.) gesehen, daß man zwar Quasiprädikate, die dann als Signale fungieren, etwa in diesem Sinn verstehen kann, nicht hingegen ganze Sätze. Daß man nun aber gar singuläre Termini in dieser Weise verstehen könnte, ist von vornherein dadurch ausgeschlossen, daß die Gegenstände, auf die Anzeichen verweisen, Sachverhalte sind und nicht konkrete Gegenstände. Auch von der anderen Seite, von der pragmatisch-behavioristischen Deutung, kann man sich klarmachen, daß hier nur Sachverhalte in Frage kommen. Auf einen konkreten Gegenstand kann man nicht reagieren; worauf man reagiert, ist gegebenenfalls die Anwesenheit dieses Gegenstandes, und die Anwesenheit eines Gegenstandes (daß er jetzt hier ist) ist ein Sachverhalt. Diejenigen Theoretiker, die das Stehen eines Zeichens für einen Gegenstand als Vertretung deuteten und diese pragmatisch zu interpretieren versuchten, haben den scharfen Unterschied zwischen konkreten Gegenständen und Sachverhalten übersehen.

Erst wenn wir uns dies beides gleichzeitig vor Augen halten, daß die traditionelle Bezeichnung der Relation Zeichen-Gegenstand als Stehen-für nichtssagend ist und daß die behavioristisch-pragmatische Stellvertretertheorie auf sie unanwendbar ist, werden wir uns dessen bewußt, wie unverständlich uns in Wirklichkeit diese scheinbar so selbstverständliche Zeichenbeziehung ist. Wie die traditionelle psychologische Stellvertretertheorie, wonach das Zeichen eine Vorstellung vertritt, so setzt auch die pragmatisch-behavioristische Stellvertretertheorie voraus, daß das, was die Zeichen nur vertreten sollen, uns auch unabhängig von den Zeichen gegeben sein könnte. Das trifft in der Tat sowohl auf Vorstellungen als auch auf Sachverhalte zu. Aber Gegenstände? Wie können wir uns überhaupt auf sie beziehen?

So beginnt sich abzuzeichnen, daß wir die Rede von Gegenständen und was es heißt, sich auf Gegenstände zu beziehen, erst in eins mit der Aufklärung des entsprechenden Zeichenbezugs verstehen werden. Aber wie soll denn, werden Sie fragen, die Relation des Zeichens auf den Gegenstand verstanden werden, wenn sie in gar keiner Weise als Stellvertretung aufgefaßt werden kann? Gehört so etwas wie eine Stellvertreterrelation nicht zum Wesen jeder Zeichenbeziehung? Sicher nicht. Denn wir haben schon bei den Prädikaten gesehen, daß ihre Funktion – die Funktion des Charakterisierens – mit einer Stellvertreterrelation nichts zu tun hat.

Der singuläre Terminus soll die Funktion haben, für einen bestimmten Gegenstand zu stehen. Aber wenn wir den singulären Terminus isoliert betrachten, bleibt es unverständlich, was der Sinn dieser Funktion sein soll. Die Funktion der singulären Termini, für etwas zu stehen, scheint also eine wesensmäßig unselbständige Funktion zu sein. Das würde heißen: man braucht Zeichen mit dieser Funktion, *damit* andere Zeichen *ihre* Funktion ausüben können. Die Handlung, die in der Verwendung eines solchen Ausdrucks besteht, scheint keine selbständige Intention zu haben und insofern also auch noch keine selbständige Handlung zu sein. Wir erkennen das daran, daß jemand, der einen singulären Terminus, also etwa einen Namen, isoliert äußert, auf der Ebene sinnvoller Rede noch nichts *getan* hat. Er hat natürlich auf der Ebene der Äußerung etwas getan: er hat dieses Zeichen geäußert. Aber mit welcher Intention? Wenn jemand anhebt »der so-und-so« und nicht fortfährt, werden wir zurückfragen: »ja, was ist mit ihm; was willst du über ihn sagen?« Wer also lediglich einen Namen äußert, hat noch nichts *gesagt*. Gesagt hat er erst etwas, wenn er den Namen zu einem ganzen Satz ergänzt, und das heißt auf der Ebene der assertorischen Sätze, auf die ja die ganze Betrachtung vorläufig beschränkt bleiben soll: wenn er den Namen durch ein Prädikat ergänzt. (Eine scheinbare Ausnahme bildet die Verwendung von Namen im Vokativ; diese Verwendung ist aber immer schon mehr als ein bloßes Benennen; wenn wir einen Namen im Vokativ isoliert verwenden, soll der Name nicht nur für den Gegenstand stehen, er fungiert nicht als singulärer Terminus, sondern enthält eine Aufforderung an den Genannten, sich zu melden oder zu kommen.)

Diese wesensmäßige Ergänzungsbedürftigkeit der Funktion des singulären Terminus wird deutlich, wenn wir die Funktion, für einen Gegenstand zu stehen, als die Funktion charakterisieren, anzugeben, welcher Gegenstand gemeint ist. Wenn eine Handlung darin besteht, daß sie angibt, welcher Gegenstand gemeint ist, verweist sie wesentlich auf eine komplementäre Handlung, die etwas zu verstehen gibt, was sich auf einen bestimmten Gegenstand bezieht, und die deswegen ihrerseits eine Angabe erfordert, auf welchen Gegenstand sich das, was sie zu verstehen gibt, bezieht. Auf der elementarsten Ebene ist eine solche Handlung, die etwas zu verstehen gibt, was sich auf einen bestimmten Gegenstand bezieht, die mittels eines Prädikats vollzogene Charakterisierungshandlung. Ein Prädikat ist, wie wir gesehen haben, ein Klassifikationsausdruck, bei dessen Verwendung sich nicht schon aus der Verwendungssituation von selbst versteht, worauf er sich bezieht. Es bedarf also eines Ergänzungsausdrucks, mit dem angegeben wird, was es ist (welcher Gegenstand), und d. h. welches von allen, was durch das Prädikat klassifiziert wird.

Ich habe bei dieser Überlegung neben der Formulierung »welcher Gegenstand gemeint ist« auch einfach gesagt »was (welches) gemeint ist« und zuletzt auch die Wendung gebraucht »welches von allen«. Was ist darin impliziert? Was zunächst den Übergang von »welcher Gegenstand« zu »was« betrifft, so ist dieser Schritt offenbar unproblematisch. Die Frage- bzw. Relativpronomina »was« bzw. »wer« sind für unsere Fragestellung sogar ein besserer Leitfaden als das Wort »Gegenstand«, weil nur durch sie gesichert ist, daß wir die Frage in der beabsichtigten formalen Allgemeinheit durchführen. Der Ausdruck »was« oder »welches« läßt sich immer ersetzen durch »welcher Gegenstand«; indem wir aber nur den Ausdruck »was« oder »welches« verwenden, stellen wir sicher, daß über das hinaus, daß nur überhaupt formal von *etwas* die Rede ist, durch das hinzugefügte Substantiv »Gegenstand« nicht eine zusätzliche materiale Konnotation hereinkommt. Wir gewinnen damit wieder Anschluß an meine ursprüngliche Einführung der Rede von Gegenständen in der 3. Vorlesung. Ich ging damals von dem Satz aus: alles und jedes ist ein Gegenstand. Darin liegt: wir können den vollen Umfang, den die Rede von Gegenständen haben soll, nicht erreichen, indem wir sagen: Gegenstand ist alles, was . . ., und dies dann durch ein Prädikat ergänzen, denn dadurch würden wir anderes, was . . ., also anderes, was auch etwas ist, vom Umfang der Rede von Gegenständen ausschließen. Das »was«, als Relativpronomen verstanden, impliziert bereits, daß von Gegenständen gesprochen wird. Da also die Rede von Gegenständen nicht durch ein Prädikat ausgrenzbar ist, müssen wir folgern, daß auch das Wort »Gegenstand« selbst, da es grammatisch als Prädikat fungiert, ein Pseudoprädikat ist, eben weil es nicht dazu dient, eine Klasse von Gegenständen von anderen abzugrenzen (und es war diese Funktion, durch die semantisch Prädikate definiert wurden). Das heißt dann aber, daß der Ausdruck »Gegenstand« für das, was hier in Frage steht, überhaupt unangemessen ist und nur dasjenige Prädikat ist, das am ehesten an das herankommt, was mit Worten gemeint ist, die eben nie Prädikate sind, weil sie wesensmäßig Ergänzungsausdrücke von Prädikaten sind: singuläre Termini und die entsprechenden Pronomina: »welches« (»was«), »etwas«, »dies«. Hier liegt der Grund, warum ich in der letzten Stunde sagte, daß wir unseren Vorbegriff von dem, was wir mit Gegenständen meinen, nicht dadurch klären können, daß wir die Verwendung des Wortes »Gegenstand« untersuchen. Die Worte der natürlichen Sprache, an denen wir uns zu orientieren haben, sind vielmehr die genannten Pronomina und die singulären Termini. Sie könnten meinen, damit schmuggle ich nun doch nachträglich einen sprachanalytischen Ansatz ein. Aber das ist nicht der Fall. Die philosophische Tradition ist orientiert an der Gleichung *ens = unum = res = aliquid*, eine Gleichung, die nicht unproblematisch ist, aber die wir jedenfalls bei dem Ausdruck *»aliquid«* (»etwas«) beim Wort nehmen dürfen. Ebensogut könnten wir, wie schon am Ende der letzten Stunde, von dem traditionellen Zugeständnis ausgehen, daß jeder singuläre Terminus für einen Gegenstand – und d. h. eben: für etwas – steht.

Die eben durchgeführte Überlegung macht es wahrscheinlich, daß zur Aufklärung dessen, was es heißt, daß ein singulärer Terminus für einen Gegenstand – für etwas – steht, wesentlich eine Aufklärung gehört, wie die Verwendung singulärer Termini mit der

Verwendung der entsprechenden – bestimmten und unbestimmten – Pronomina zusammenhängt. Die weitere Charakterisierung der Funktion der singulären Termini, die ich gegeben habe: daß mit einem singulären Terminus angegeben wird, welcher *von allen* gemeint ist, führt in diesen Zusammenhang unmittelbar hinein.

Aber war es berechtigt, die Charakterisierung der Funktion des singulären Terminus in dieser Weise zu ergänzen, daß nicht nur gesagt wird »welcher«, sondern »welcher von allen«? Mir scheint, daß diese Ergänzung in der Frage »welcher ist gemeint?« schon unausgesprochen mitenthalten ist und daß nur, wenn wir diese Ergänzung explizit machen, der Sinn dieser Frage und damit auch der der Funktion des singulären Terminus deutlich wird. Denn das Bedürfnis anzugeben, welcher Gegenstand gemeint ist, also welcher Gegenstand es ist, der von einem Klassifikationsausdruck klassifiziert wird, besteht ja nur, wenn schon eine Pluralität von Gegenständen im Blick steht. Die Funktion des singulären Terminus ist anzugeben, welcher von allen Gegenständen, die in Frage kommen könnten, gemeint ist. Die Funktion des singulären Terminus ist es also, aus einer Vielzahl eines als das Gemeinte – und d. h. als das, worauf das Prädikat zutreffen soll – herauszustellen. Ich werde die so beschriebene Funktion dieser Zeichen, die wir singuläre Termini nennen, aus der vorausgesetzten Vielzahl eines herauszustellen, terminologisch als *Spezifizierung*[9] bezeichnen. Wir können nun, was in einer prädikativen Behauptung geschieht, so beschreiben: mittels des Prädikats wird das, was durch den singulären Terminus spezifiziert wird, charakterisiert.

Das soll natürlich noch keine Antwort sein. Was mit dieser Erklärung erreicht ist, ist lediglich eine Beschreibung der Funktion der singulären Termini, die – im Unterschied zu der nicht unrichtigen, aber leeren Rede vom Stehen-für – angibt, was diese Ausdrücke wirklich leisten, und nun wird es darauf ankommen zu fragen: wie leisten sie es? Die Frage nach der Verwendungsweise dieser Zeichen hat jetzt durch die Feststellung ihrer Funktion eine bestimmte Richtung bekommen: die Klärung der Verwendungsweise müßte zeigen, welches die Verwendungsregeln dieser Zeichen sind, die es möglich machen, daß durch sie ein Gegenstand spezifiziert wird (herausgestellt wird, welches von einer vorausgesetzten Vielzahl gemeint ist). Die Horizonterweiterung, die die Frage damit gegenüber der bloßen Rede vom ›Stehen-für‹ gewonnen hat, mag nicht sofort klar sein. Sie besteht darin, daß – während es nahelag, das Stehen-für als eine Relation lediglich zwischen dem Zeichen und seinem Gegenstand aufzufassen –, sobald die Funktion des singulären Terminus als Spezifizierung verstanden ist, eine Beziehung des singulären Terminus auf alle Gegenstände (eines Bereichs) vorausgesetzt ist. Das ist impliziert in der Formulierung »angeben (herausstellen), welcher von allen«. Die Beziehung des singulären Terminus zu *dem* Gegenstand, für den er steht, läuft also *über* über eine Beziehung auf *alle* Gegenstände der vorausgesetzten Vielzahl, und das zeigt, daß es sich in Wirklichkeit überhaupt nicht um eine Beziehung (Relation) handelt. Ein Zeichen hat diese ›Beziehung‹ zu einem Gegenstand, sofern jemand, der es verwendet, durch es auf diesen Gegenstand bezugnehmen kann. Und diese Bezugnahme setzt – als Spezifizierung – voraus, daß der, der einen solchen Ausdruck verwendet, wie auch der, der ihn versteht, die vorausgesetzte Vielzahl in seinem Bewußtsein irgendwie präsent hat. Wäre es nicht so, so bestünde kein Bedürfnis, anzugeben, welcher von allen gemeint ist. Das Erfordernis einer solchen Angabe setzt voraus, daß es zunächst offen ist, welcher von allen gemeint ist, und das heißt, daß es irgendeiner von allen sein könnte. Wenn also einen Gegenstand mittels eines Zeichens meinen heißt: einen einzelnen Gegenstand meinen; und wenn das heißt: angeben, welcher von allen es ist; dann impliziert ein Gegenstandsbezug einen gleichzeitigen Bezug auf eine Mannigfalt von Gegenständen. Wir werden also die Funktion singulärer Termini nicht erklären können ohne gleichzeitige Aufklärung dieses Mannigfaltigkeitsbewußtseins; und es wird sich die Frage stellen, ob nicht auch dieses sich gerade in einer bestimmten Verwendung sprachlicher Ausdrücke konstituiert. Wenn also die Funktion eines singulären Terminus darin besteht, anzugeben, welcher von allen gemeint ist, dann ist das Verstehen des Wortes »alle« gleichursprünglich mit der Verwendung von singulären Termini.

Aber es gibt auf der jetzigen Stufe der Betrachtung – auf der Grundlage der bloßen abstrakten Kennzeichnung der Funktion der singulären Termini, ohne daß schon klar ist, wie sie diese Funktion ausführen können – noch mehr, was als gleichursprünglich mit der Verwendung singulärer Termini zugestanden werden muß. Wir haben eine Pluralität, und dann soll von allen eines als das Gemeinte herausgestellt werden können. Wie immer das konkret geleistet wird, setzt doch schon die Idee eines solchen Spezifizierens voraus, daß wir eines von anderen unterscheiden können müssen, und zwar nicht nur, sofern ihm andere Prädikate zukommen – wenn das alles wäre, könnten wir nie sicher sein, daß es nicht auch ein anderes gibt, dem genau dieselben Prädikate zukommen und genau dieselben Prädikate nicht zukommen –, sondern sofern es ein anderer Gegenstand ist; vorausgesetzt ist, daß sich jedes von jedem anderen als *Einzelnes* unterscheiden läßt. Eines von anderen unterscheiden, heißt aber, feststellen, daß das eine von den anderen unterschieden ist und d. h. – damit drücke ich nur dasselbe in anderen Worten aus – daß es nicht dasselbe ist wie die anderen. Die Verwendung singulärer Termini impliziert also auch bereits ein Verständnis des Ausdrucks »ist dasselbe wie« bzw. »ist identisch mit« (»=«). Wenn zu dem, was wir mit einem Gegenstand meinen, wesentlich gehört, daß er ein Einzelnes ist – von der Funktion der singulären Termini her gesprochen: wenn die Angabe, welches gemeint ist, impliziert, daß angegeben wird, welches einzelne gemeint ist –, dann gehört also zum Verständnis der Rede von Gegenständen bzw. zum Verständnis von singulären Termini wesentlich ein Verständnis von Identität und Nichtidentität und daß man über Identitätskriterien verfügt.

Die Möglichkeit, Gegenstände voneinander unterscheiden zu können, ist ihrerseits die Bedingung der Möglichkeit dafür, daß wir sie zählen können. Gegenstände sind wesentlich zählbar. Das Verstehen von »alle« und »einige«, das Verstehen von »ist identisch mit« und »ist nicht identisch mit« und das Zählenkönnen liegen alle untereinander und mit der Verwendungsmöglichkeit von singulären Termini auf ein und derselben Ebene.

Diese Zusammenhänge sind ganz allgemein und gelten für alle singulären Termini, ob sie sich nun auf konkrete oder abstrakte Gegenstände beziehen. Denn alles bisher Ausgeführte ergab sich ganz allgemein aus der Funktion, die singuläre Termini als Ergänzungsausdrücke von Prädikaten haben, und dabei wurde noch nicht vorausgesetzt, daß die Gegenstände, die mittels der singulären Termini spezifiziert werden, wahrnehmbare Gegenstände sind. Auch die Rede von *Einzelnem* impliziert also noch nicht, daß es sich um konkrete, wahrnehmbare Gegenstände handelt, ebensowenig wie die Zählbarkeit. Die Rede von Einzelnem versteht sich relativ zu der von Allgemeinem, ebenso wie die singulären Termini komplementär zu Prädikaten sind. Es gibt Klassifikationsausdrücke, die so verwendet werden, daß keine komplementäre Verwendung singulärer Termini zu ihnen gehört. Das sind

Quasiprädikate, und da deren Verwendung situationsbezüglich ist, werden diejenigen singulären Termini, die solche Klassifikationsausdrücke ergänzen, die inhaltlich analog zu Quasiprädikaten sind (und d. h. solche, die analog zu Quasiprädikaten erklärt werden, wie wir das in der vorletzten Stunde gesehen haben), nur solche Gegenstände bezeichnen, die durch eine Situationsangabe spezifiziert werden und die insofern raumzeitliche Gegenstände sind. Die Quasiprädikate haben also nur Analoga unter den Prädikaten, die konkrete Gegenstände klassifizieren; zu Prädikaten höherer Stufe – die abstrakte Gegenstände klassifizieren – gibt es auf der Ebene der Quasiprädikate keine Analoga. Aber natürlich gibt es solche Prädikate höherer Stufe, und d. h. auch singuläre Termini höherer Stufe. Man wird zwar wohl sagen können, daß die Bezugnahme auf abstrakte Gegenstände die Bezugnahme auf konkrete Gegenstände voraussetzt, und nur mit dieser haben wir es zunächst zu tun. Andererseits hat sich bereits angedeutet, daß die Bezugnahme auf mindestens eine Art abstrakter Gegenstände – Sachverhalte – gleichursprünglich ist mit der Bezugnahme auf konkrete Gegenstände (S. 285 f.). Wie immer es damit stehen mag, jedenfalls können und müssen wir von vornherein diejenigen Aspekte in der Verwendung singulärer Termini, die sie überhaupt als singuläre Termini auszeichnen – als Ausdrücke, die die Funktion haben anzugeben, welcher von allen gemeint wird –, unterscheiden von denjenigen Aspekten, die speziell diejenigen singulären Termini auszeichnen, die konkrete Gegenstände spezifizieren. Und wenn nun (erstens) die Unterscheidung von konkreten und abstrakten Gegenständen eine Unterscheidung ist, die sie *als* Gegenstände betrifft, und wenn (zweitens) die spezifizierende Bezugnahme auf Gegenstände mittels singulärer Termini für die Rede von Gegenständen wesentlich ist, dann müssen wir auch erwarten, daß sich die Spezies derjenigen singulären Termini, die konkrete Gegenstände spezifizieren, innerhalb der allgemeinen Gattung der singulären Termini gerade durch die besondere Form, die bei ihnen die allgemeine Funktion des Spezifizierens annimmt, unterscheidet, und auch die konkreten Gegenstände selbst wären dann von den abstrakten durch die Art ihrer Spezifizierbarkeit unterschieden. Unsere Frage, wie diejenigen Ausdrücke verwendet werden, durch die sich, indem sie wesensmäßig durch sie ergänzbar sind, Prädikate von Quasiprädikaten unterscheiden, können wir jetzt, nachdem die allgemeine Funktion solcher Ausdrücke feststeht, in der Weise verfolgen, daß wir fragen, wie diese Ausdrücke die Gegenstände, für die sie stehen, spezifizieren.

Anmerkungen

1 Eine ausführliche Darstellung von Husserls Auffassung findet sich in meinem *Wahrheitsbegriff*, § 4. Dort sind auch die für diese Problematik wichtigsten Texte zitiert.

2 *Kritik der reinen Vernunft* B 236. Die wichtigsten anderen Textstellen sind A 104 und B 137.

3 Vgl. insbesondere den §19 der 2. Aufl. der *Kritik der reinen Vernunft*.

4 *Ideen*, I § 3, vgl. auch *Log. Unters.*, II, 1, 125.

5 Vgl. *Ideen*, II §§ 15, 18.

6 *Ideen*, I §131.

7 Diese Aussage muß insofern erheblich eingeschränkt werden, als Frege bei der Erörterung *abstrakter* Gegenstände den für eine analytische Gegenstandstheorie entscheidenden Gesichtspunkt des Identitätskriteriums entdeckt hat. »Wenn uns das Zeichen a einen Gegenstand bezeichnen soll, so müssen wir ein Kennzeichen haben, welches überall entscheidet, ob b dasselbe sei wie a, wenn es auch nicht immer in unserer Macht steht, dies Kennzeichen anzuwenden.« (*Grundl. d. Arithm.* § 62.) Im selben Zusammenhang wird auch der Vorstellungsbegriff als mögliche Orientierung für die Rede von Gegenständen scharf zurückgewiesen (§ 60).

8 Vgl. Charles Morris, *Foundations of the Theory of Signs*, S. 3f; ders., *Signs, Language and Behavior*, S. 12; und Brown und Dulaney, »A Stimulus-Response Analysis of Language and Meaning«, S. 75 ff.

9 Auch in der englischen Literatur wird für die hier beschriebene Funktion gelegentlich der Ausdruck *»to specify«* verwendet, so von Quine, *Word and Object*, S. 177. Vgl. dazu Strawson, *Papers*, S. 60. Der beste mir bekannte Ausdruck für das, was ich hier meine, ist der englische Ausdruck *»to single out«* (vgl. Strawson, »Singular Terms, Ontology and Identity«, S. 438), für den es jedoch kein genaues deutsches Äquivalent gibt.

22. Vorlesung

Wenn wir die Frage, was die Rede von Gegenständen besagt und wie eine Bezugnahme auf Gegenstände möglich ist, in der Weise angehen, daß wir fragen, wie wir mittels Zeichen auf Gegenstände bezugnehmen können, so ist das bereits ein sprachanalytischer Ansatz. Wir haben jedoch gesehen (S. 363), daß ein solcher Ansatz es noch offenläßt, ob die Antwort auf diese Frage ihrerseits in eine spezifisch sprachanalytische Position ausmündet, die darin bestehen würde, daß die Bezugnahme auf Gegenstände, auf die die Erklärung solcher Zeichen verweist, gar nicht unabhängig von der Verwendung eben solcher Zeichen verstanden werden kann.

Wie bei allen Ausdrücken kann auch bei diesen Zeichen die Frage nach ihrer Verwendungsweise nur so angegangen werden, daß wir fragen, wie sie erklärt werden können, und d. h. in diesem Fall: wie erklärt bzw. festgestellt werden kann, für welchen Gegenstand der Ausdruck steht (S. 341). Zur Vorbereitung dieser Frage bin ich in der letzten Stunde auf die Frage nach der Funktion dieser Ausdrücke eingegangen. Was sich dabei für den Verwendungssinn singulärer Termini und für die Rede von Gegenständen ergeben hat, gilt allgemein für alle singulären Termini und alle Gegenstände. Wir wissen jetzt, was es im allgemeinen ist, wonach gefragt wird, wenn gefragt wird, wie festgestellt werden kann, für welchen Gegenstand ein singulärer Terminus steht: es wird danach gefragt, welcher Gegenstand durch den singulären Terminus spezifiziert wird, wobei »spezifiziert« heißen soll: aus einer vorausgesetzten Vielzahl eines als das Gemeinte herausstellen.

Wenn wir jetzt nicht mehr nach der Funktion, sondern nach der Erklärung bzw. Verwendungsweise fragen, kann, gerade aufgrund dessen, was wir über die Funktion dieser Ausdrücke gesehen haben, die Frage gar nicht mehr formal allgemein gestellt werden, sondern es wird ein bestimmter Gegenstandstypus, eine bestimmte Vielzahl – die der wahrnehmbaren Gegenstände oder der Sachverhalte oder der Attribute usw. – vorausgesetzt und gefragt, wie es möglich ist, unter allen Gegenständen dieses Typus einen als den gemeinten herauszustellen. Wir können also die in der letzten Stunde noch offengebliebene Frage, wie ein singulärer Terminus einen Gegenstand spezifizieren kann, nur getrennt für einen jeweiligen Gegenstandstypus stellen (und zwar deswegen, weil sich die verschiedenen Gegenstandstypen – das habe ich freilich nicht gezeigt – gerade durch die Art unterscheiden, wie sie spezifiziert werden), und diese Frage ist identisch mit der Frage nach der Verwendungs- oder Erklärungsweise des jeweiligen Typs singulärer Termini.

Mit dem Rückgang auf die Funktionsweise der Ausdrücke, die für Gegenstände stehen, ist also sowohl für die Aufklärung der Rede von Gegenständen überhaupt wie für die Unterscheidung der von Husserl so genannten ›Gegenstandsregionen‹ (vgl. oben, S. 36) ein neuer, spezifisch sprachanalytischer Ansatz gewonnen. Dieser Ansatz geht im wesentlichen auf P. F. Strawson zurück, der ihn zuerst in seinem Aufsatz »On Referring« (1950) in einer Auseinandersetzung mit Russells Theorie der Kennzeichnungen gewonnen und dann insbesondere in seinem Buch *Individuals* (1958) ausgebaut hat. Singuläre Termini haben nach Strawson die Funktion, daß jemand, der sie verwendet, mittels ihrer auf einen Gegenstand bezugnehmen kann *(to refer)*. Und diese Bezugnahme erfolgt in der Weise, daß der singuläre Terminus den Gegenstand ›identifiziert‹, von dem der übrige Teil des Satzes handelt.[1] Diese Rede vom Identifizieren entspricht in etwa dem, was ich Spezifizieren genannt habe, doch werden wir noch sehen, daß hier zusätzliche Differenzierungen erforderlich werden. Da Strawson der nicht unumstrittene, aber gleichwohl maßgebliche Autor für diese Problematik ist, empfiehlt es sich, bei der Frage nach der Verwendungsweise der konkreten singulären Termini von seiner Auffassung, wie mittels solcher Ausdrücke Gegenstände identifiziert werden können, auszugehen. Und da Strawson seine Auffassung in Auseinandersetzung mit Russells Theorie der Kennzeichnungen gewonnen hat und diese Theorie ihrerseits von der gesamten neueren Literatur zu unserem Thema positiv oder negativ vorausgesetzt wird, beginne ich mit einer kurzen Darstellung von Russells Theorie.[2]

Sie nennt sich *theory of definite descriptions*, und unter *definite descriptions* versteht Russell Ausdrücke, die die Form »der so-und-so« haben, also die Ausdrücke, die ich als Kennzeichnungen bezeichnet habe. Russell ging von der traditionellen Auffassung, daß jeder singuläre Terminus für einen Gegenstand steht, als nicht weiter hinterfragter Prämisse aus, und die Frage, wie diese Relation zu verstehen ist, hat er nicht gestellt. Wenn es sich jedoch um eine Relation handelt, schien es unmöglich zu sein, daß der Gegenstand, für den ein Ausdruck steht, nicht existiert. Nun werden aber doch singuläre Termini und insbesondere Kennzeichnungen verwendet, die keinen Gegenstand haben. Z. B. wenn jemand im Jahr 1905, als Russell seinen Aufsatz schrieb, den Satz verwendet »der König von Frankreich ist kahl«, erhebt er zwar den Anspruch, daß der singuläre Terminus »der König von Frankreich« für einen Gegenstand steht, in Wirklichkeit gibt es jedoch diesen Gegenstand nicht. Und wenn ihn jemand korrigiert, indem er sagt »den König von Frankreich gibt es gar nicht«, gebraucht er den singulären Terminus nicht einmal mit dem Anspruch, daß er für einen Gegenstand steht. Meinong, von dem Russell ausgegangen war, hatte versucht, diese Schwierigkeit dadurch zu überwinden, daß er sagte: der Ausdruck steht zwar für einen Gegenstand, aber ein Gegenstand braucht nicht zu existieren. Russell hat kein zwingendes Argument geliefert, warum Meinongs Auffassung nicht möglich sein soll, und wir werden das noch klären müssen. Jedenfalls fand Russell Meinongs Auffassung unbefriedigend, und so stellte sich die Frage, wie singuläre Termini, bei denen es möglich ist, daß sie nicht für einen Gegenstand stehen, verstanden werden sollen.

Russell hielt an der traditionellen Auffassung fest, daß ein Eigenname in einem eigentlicheren Sinn für einen Gegenstand steht als eine Kennzeichnung, weil er den Gegenstand ›direkt‹ bezeichnet[3] und nicht wie eine Kennzeichnung als denjenigen, dem als einzigem ein bestimmtes Attribut zukommt, wie z. B. das Attribut, gegenwärtiger König von Frankreich zu sein. Russell folgerte daraus, daß bei Ausdrücken, die rechtens als Eigenname bezeichnet werden können, der Fall, daß sie keinen Gegenstand haben, nicht aufkommen kann. Was daraus für Sätze der Art wie »Homer existierte gar nicht« folgt, werden wir gleich sehen müssen. Jedenfalls führte diese Auffassung Russell dazu, daß sich für ihn das Problem, wie Ausdrücke zu verstehen sind, bei denen es möglich ist, daß sie nicht für einen Gegenstand stehen, auf das Problem reduzierte, wie Kennzeichnungen zu verstehen sind.

Russells Antwort auf diese Frage lautet: Kennzeichnungen sind in Wirklichkeit überhaupt keine singulären Termini. Ein Satz vom Typus »der so-und-so ist F« erscheint nur aufgrund seiner grammatischen Form wie ein singulärer prädikativer Satz. Wenn wir ihn logisch analysieren, zeigt sich, daß er ein genereller Satz ist und die logische Form hat »es gibt einen einzigen Gegenstand, welcher so-und-so ist, und dieser ist F«. Was Russell mit logischer Form im Gegensatz zu grammatischer meint, entspricht etwa dem, was ich als semantische Form bezeichne; und seine Redewendung »wenn wir den Satz logisch analysieren« können wir im Kontext unserer Fragestellung ersetzen durch »wenn wir nach der Verwendungsweise des Satzes fragen«.

Die semantische Struktur eines Satzes wie »der König von Frankreich ist kahl« wird also nach dieser Auffassung erst sichtbar an dem Satz »es gibt einen einzigen Gegenstand, welcher König von Frankreich ist, und dieser ist kahl«. In dieser Formulierung erscheint überhaupt keine Kennzeichnung mehr; der bestimmte Artikel »der« ist in ihr nicht mehr enthalten, und übrig bleibt nur noch die prädikative Komponente der Kennzeichnung (»König von Frankreich«). Der Fall, daß es den Gegenstand nicht gibt, bietet nun keine Schwierigkeiten mehr. Wir haben ja keinen Ausdruck mehr, der für einen Gegenstand steht, und der Fall, daß es den Gegenstand nicht gibt, reduziert sich jetzt auf den, daß es nicht einen einzigen derartigen Gegenstand gibt. Da in dem Satz selbst, so wie er jetzt formuliert ist, behauptet wird, daß es einen einzigen derartigen Gegenstand gibt, ist der Satz, wenn es nicht einen einzigen derartigen Gegenstand gibt, einfach falsch. Der Satz ist also nicht nur dann falsch, wenn der einzige so-und-so nicht F ist, sondern ebenso, wenn es keinen oder mehr als einen Gegenstand gibt, der so-und-so ist. Und allemal leicht verständlich ist jetzt der Satz »den König von Frankreich gibt es nicht«; er stellt einfach die Negation des ersten Teils des vorhergehenden Satzes dar, also die Negation des Satzes »es gibt einen einzigen Gegenstand, der König von Frankreich ist«.

Russells Lösung des Problems besteht also darin, daß er die singuläre prädikative Aussage als Existenzaussage interpretiert und diese als generelle Aussage versteht, und diese ihrerseits in der von Frege aufgezeigten semantischen Struktur auffaßt, die wir seinerzeit kennengelernt haben (S. 313). Eine Voraussetzung von Russells Theorie der Kennzeichnungen ist somit die moderne, zum ersten Mal von Frege entwickelte, aber auch schon von Kant antizipierte Theorie genereller Existenzsätze, d. h. solcher Sätze wie »Einhörner existieren«.[4] Die Rede von Existenz ist bei einem solchen Satz nicht nur, wie Kant lehrte, kein reales Prädikat, sondern das Wort »existieren« fungiert hier semantisch überhaupt nicht als Prädikat (Klassifikationsausdruck). Der Satz ist vielmehr genau so zu verstehen wie der Satz »es gibt Einhörner«, und dieser hat, wie wir gesehen haben (S. 312), den Sinn eines partikularen Satzes; er besagt: »einige von allen Gegenständen sind Einhörner«. Diese Auffassung erscheint zwingend, weil nur sie es erlaubt, das Verstehen des Satzes auf eine Wahrheitsbedingung zu beziehen, die der Art und Weise entspricht, wie wir solche Sätze verifizieren. Gemäß der traditionellen Auffassung würde in einem Satz »Einhörner existieren« von den als möglich gedachten Einhörnern gesagt, daß sie existieren. Aber um festzustellen, ob Einhörner existieren, untersuchen wir nicht die möglichen Einhörner darauf hin, ob das Prädikat der Existenz auf sie zutrifft, sondern wir untersuchen die Gegenstände der raumzeitlichen Welt darauf hin, ob auf einige von ihnen das Prädikat »Einhörner« zutrifft.

Dieses Ergebnis überträgt sich nun ohne weiteres von den generellen auf die sogenannten singulären Existenzsätze, auf Sätze der Form »der so-und-so existiert«, mit dem Unterschied, daß mit einem solchen Satz nicht nur gesagt wird, daß mindestens ein Gegenstand (»einige«) so-und-so ist, sondern auch, daß höchstens ein Gegenstand so-und-so ist, womit dann eben gesagt ist, daß ein und nur ein (ein einziger) Gegenstand so-und-so ist. Auch beim singulären Existenzsatz erscheint diese Auffassung deswegen zwingend, weil wieder nur diese Auffassung die semantische Struktur des Satzes so erklärt, daß sie der Art entspricht, wie wir einen solchen Satz verifizieren. Das hat nun freilich zur Folge, daß auch die sogenannten singulären Existenzaussagen entgegen dem Anschein nicht Aussagen über Einzelnes sind, sondern stets generelle Aussagen. Wir haben damit auch das meiner Ansicht nach entscheidende Argument gewonnen, das gegen Meinongs Auffassung spricht. Diese Auffassung, daß wir uns auf Gegenstände beziehen können, die lediglich Gegenstände sind und bei denen es offen ist, ob sie existieren oder nicht, und von denen wir dann Existenz oder Nichtexistenz aussagen können, scheitert daran, daß sie der Art und Weise widerspricht, wie wir Existenz oder Nichtexistenz feststellen.

Man braucht also gar nicht von der für Russell maßgebenden Prämisse auszugehen, wonach es unmöglich sein soll, daß der Gegenstand, für den ein singulärer Terminus steht, nicht existiert, um Russells Theorie der Kennzeichnungen plausibel zu finden. Ihre Plausibilität beruht vielmehr darauf, daß es (erstens) bei Sätzen der Form »der so-und-so ist F« immer möglich ist, daß ein einziger derartiger Gegenstand nicht existiert, daß deswegen (zweitens) die

Existenz dieses Gegenstandes in einem solchen Satz impliziert sein muß und daß (drittens) die Existenzaussage, in der sich dieses Implikat artikulieren würde, nur als generelle Aussage verstanden werden kann. Ja man könnte sogar sagen, daß das Ergebnis von Russells Theorie der Prämisse, von der er ausgegangen war, widerspricht, da sich ja nun gezeigt hat, daß die Rede von Existenz immer schon voraussetzt, daß man von allen Gegenständen spricht, und man daher von einem einzelnen Gegenstand gar nicht sagen kann, daß er existiert.[5]

Wie sind dann aber nach Russell die Eigennamen zu verstehen, bei denen es ausgeschlossen sein sollte, daß sie nicht für einen Gegenstand stehen? Russells Antwort lautet: was wir in der natürlichen Sprache Eigennamen nennen, sind gar keine Eigennamen, denn bei diesen Ausdrücken – z. B. »Homer« – ist es ja durchaus möglich, daß wir feststellen, daß es einen Gegenstand, für den sie stehen sollen, gar nicht gibt. Russell erklärt das, indem er für die Eigennamen der natürlichen Sprache Freges Theorie der Eigennamen übernimmt: die Eigennamen der natürlichen Sprache haben gar nicht die direkte Beziehung auf den Gegenstand als solchen, die sie zu haben scheinen, sondern ruhen auf Kennzeichnungen auf; sie stellen »in Wirklichkeit eine Abkürzung für Kennzeichnungen« dar.[6] Z. B. Romulus, das ist der, »der das und das tat, Remus tötete, Rom gründete, usw.«.[7] Diese Fregesche Auffassung der Eigennamen[8] hat sich, wenn auch in Varianten,[9] in der analytischen Philosophie lange unangefochten durchgehalten und ist erst vor kurzem durch Kripke und Donnellan in Frage gestellt worden.[10]

Wenn sich also nach Russell die Eigennamen der natürlichen Sprache gar nicht in der direkten Weise auf Gegenstände beziehen, wie man es nach seiner und der traditionellen Auffassung hätte erwarten müssen, müßte man dann nicht folgern, daß die Idee einer solchen direkten Beziehung überhaupt eine Fiktion ist? Ein solcher Schritt kam jedoch für Russell deswegen nicht in Frage, weil seine Theorie der Kennzeichnungen zu dem Ergebnis führte, daß das, was wie eine singuläre prädikative Aussage aussieht, wenn der Subjektausdruck eine Kennzeichnung ist, in Wirklichkeit eine generelle Aussage ist, und wenn sich nun auch die Eigennamen der natürlichen Sprache auf Kennzeichnungen reduzieren, sind auch die Aussagen, deren Subjektausdruck ein solcher Eigenname ist, in Wirklichkeit generelle Aussagen, und so würde sich ergeben, daß es überhaupt keine singulären Aussagen gibt. Wenn wir aber immer nur von allen Gegenständen sagen können, daß einer von ihnen so-und-so ist, dann scheint es, daß wir überhaupt nicht geradezu auf einen einzelnen Gegenstand bezugnehmen können. Quine, der Russells Theorie radikalisiert hat, hat dieses Ergebnis akzeptiert: die Grundaussagen sind generelle Aussagen, und es gibt gar keine singulären Aussagen.[11] Russell erschien ein solches Ergebnis jedoch unakzeptabel, aus demselben Grund, den später Strawson gegen Quine geltend machte[12]: es sind gerade die generellen Aussagen selbst, die – wie wir seinerzeit gesehen haben (S. 312) – bei der Angabe ihrer Wahrheitsbedingungen auf singuläre Aussagen verweisen. Man kann – so hat es zwar Russell nicht formuliert – jemandem die Verwendungsweise eines generellen Satzes nicht erklären, wenn man nicht voraussetzt, daß er bereits die Verwendungsweise singulärer Sätze kennt.

Also muß es nach Russell irgendwelche echten singulären Sätze geben, und das konnte für ihn nur heißen: Sätze, deren Subjektausdruck in der direkten Weise für einen Gegenstand steht, wie es die Tradition für Eigennamen vorausgesetzt hatte. Nun scheint die geforderte direkte signitive Beziehung eine direkte erkenntnistheoretische Beziehung vorauszusetzen: damit wir ein Zeichen einem einzelnen Gegenstand direkt zuordnen können, muß uns dieser Gegenstand direkt – in der Wahrnehmung – gegeben sein. Wo das der Fall ist, können wir offenbar den deiktischen Ausdruck »dies« verwenden. Nun ist es für normale Gegenstände, die uns in der Wahrnehmung gegeben sein können, charakteristisch, daß sie auch außerhalb der Wahrnehmungssituation fortbestehen; wenn wir uns dann noch auf sie beziehen, können wir nicht mehr mit dem Wort »dies« auf sie bezugnehmen. Es erschiene naheliegend zu sagen: wir können den Gegenstand, wenn er uns in der Wahrnehmung gegeben ist, nicht nur mit »dies« bezeichnen, sondern wir können ihm gleichzeitig einen gewöhnlichen Eigennamen zuordnen, und wenn er dann nicht mehr wahrgenommen wird, können wir zwar nicht mehr mittels des Ausdrucks »dies«, wohl aber noch mittels des Eigennamens auf ihn bezugnehmen. So geschieht es wohl irgendwie tatsächlich, aber wie das möglich ist, ist zunächst gar nicht klar. Denn wie wissen wir, wenn wir den Eigennamen zunächst nur in der Wahrnehmungssituation und also insofern als Äquivalent des Ausdrucks »dies« eingeführt haben, daß wir uns, wenn der Gegenstand uns nicht mehr gegenwärtig ist, mittels des Eigennamens immer noch auf ihn beziehen, auf denselben Gegenstand? Als welchen meinen wir denn den Gegenstand mit dem Eigennamen, wenn er nicht mehr dieser jetzt gegenwärtige ist? Müßten wir nicht, um diese Frage zu beantworten, auf irgendwelche Kennzeichnungen zurückgreifen? Dann aber würde der so eingeführte Eigenname doch wieder Kennzeichnungen voraussetzen, und deswegen kommt er für Russell nicht in Frage. Es bleibt daher nur ein Eigenname übrig, dessen Bezeichnungsfunktion erlischt, sobald der Gegenstand nicht mehr gegenwärtig ist, also ein Eigenname, dessen Bezeichnungsfunktion nicht weiter reicht als die des deiktischen Ausdrucks. So kommt Russell zu der Auffassung, daß »dies« der einzige logische Eigenname ist,[13] d. h. der einzige, der im Unterschied zu den nur scheinbaren Eigennamen der Umgangssprache semantisch so funktioniert, wie nach Russells Auffassung Eigennamen funktionieren müßten, und zwar ist es ein mehrdeutiger Eigenname. Das Wort »dies«, als *deiktischer* Ausdruck verstanden, wäre natürlich nicht mehrdeutig, aber wenn man es als *Eigenname* versteht, muß man es als mehrdeutig bezeichnen, wobei diese Mehrdeutigkeit gegebenenfalls durch Indices behoben werden könnte. Russell hat diese Auffassung noch mit einer erkenntnistheoretischen These verbunden, derzufolge die einzigen Gegenstände, die uns direkt gegeben sein können, Sinnesdata sind. Da das kurzlebige Gegenstände sind, wird auf diese Weise erreicht, daß der logische Eigenname nicht nur einen Gegenstand bezeichnet, sofern er gerade gegenwärtig ist, sondern diesen Gegenstand schlichtweg.

Es ist wichtig, daß mit Russells Theorie der logischen Eigennamen neben Kennzeichnungen und Eigennamen die dritte Klasse von konkreten singulären Termini, die deiktischen Pronomina, in die Frage, wie ein Ausdruck für einen Gegenstand stehen kann, miteinbezogen wird und gegenüber den anderen beiden Klassen die Führung übernimmt. Allerdings faßt Russell das Wort »dies« nicht *als* deiktischen Ausdruck auf, sondern als mehrdeutigen Eigennamen; die Funktionsweise von »dies« als deiktischer Ausdruck bleibt ungeklärt und wird abgeblendet. Aber es wird doch ein wichtiger Aspekt der deiktischen Ausdrücke, daß sie sich auf einen in der Wahrnehmungssituation gegenwärtigen Gegenstand beziehen, festgehalten.

Wir werden sehen, daß Strawson in seiner positiven Konzeption an dieser deiktischen Komponente von Russells Auffassung anknüpft, freilich mit dem Unterschied, daß er die deiktischen Ausdrücke nun als solche aufnimmt und sie nicht als Eigennamen uminterpretiert. Strawson hat diese positive Anknüpfung an Russell jedoch nicht hervorgehoben, und da er sich mit Russells Theorie der logischen Eigennamen überhaupt nicht auseinandersetzt, sondern nur mit dessen Theorie der Kennzeichnungen, sollten wir uns, bevor ich zu Strawsons Kritik übergehe, fragen, wie wir Russells Theorie der logischen Eigennamen beurteilen sollen. Diese Frage gibt uns eine erste Gelegenheit, das in der vorigen Stunde über die Funktion singulärer Termini Gewonnene auf seine Ergiebigkeit zu prüfen, zunächst freilich nur in der Kritik. Können Russells logische Eigennamen überhaupt das leisten, was sie leisten sollen, nämlich als singuläre Termini fungieren, wenn es für einen singulären Terminus konstitutiv ist, daß er einen Gegenstand spezifiziert? Diese Frage können wir sofort negativ beantworten, wenn Sie sich daran erinnern, daß »spezifizieren« heißen soll »angeben welcher von allen«. In dem Gegenstandsbezug des logischen Eigennamens liegt keinerlei auch nur implizite Beziehung auf eine Pluralität anderer Gegenstände. Das Bewußtsein ist jeweils nur auf das gerade gegenwärtige Sinnesdatum bezogen, und es gibt keine Möglichkeit, diese Gegenstände, wenn sie nicht gerade gegenwärtig sind, durch eine Zeichenverwendung festzuhalten, auch nicht in dem Sinn, daß man sich auf sie als vergangene Sinnesdata zurückbeziehen könnte. Und das hat nun zur Folge, daß der Ausdruck »dies«, da er nicht etwas gegenüber anderen auszeichnet, gar keine Funktion erfüllt und genauso gut wegbleiben könnte.

Es ist instruktiv, diese Sprache der logischen Eigennamen mit jener Variante der Quasiprädikatensprache zu vergleichen, wo auch schon das Wort »dies« verwendet wurde, jedoch so, daß es nicht durch andere Ausdrücke ersetzbar sein sollte (oben, S. 333). Auch bei jener Sprache habe ich behauptet, daß das Wort »dies« noch nicht als singulärer Terminus fungiert, und wir können jetzt, nach der Klärung der Funktion der singulären Termini, besser verstehen, warum das so gesehen werden muß. Die prädikativen Sätze, die sich mit Russells logischen Eigennamen bilden lassen, stellen eine Sprache dar, die ein auf der Basis einer introspektionistischen Betrachtungsweise genaues Pendant zu dem ist, was jene erweiterte Quasiprädikatensprache auf der Basis einer behavioristischen Betrachtungsweise ist. In beiden Fällen bleibt der Sprecher seiner jeweiligen Wahrnehmungssituation verhaftet, und die Perspektive seiner Rede reicht nicht über diese Situation hinaus. Das Wort

»dies« läuft leer, da es nicht als Kontrastwort verstanden wird zu anderen Worten, die an seiner Stelle stehen könnten. (Es hat – wie wir bei der Quasiprädikatensprache gesehen haben – gegebenenfalls die minimale Funktion, auf eine bestimmte Stelle der Situation zu zeigen, und entsprechendes ließe sich für Russells Theorie bezüglich einer Stelle im Wahrnehmungsraum durchführen.) Russell glaubte, durch die direkte Beziehung der logischen Eigennamen auf perzeptiv Gegebenes diejenige Beziehung zu einem Einzelnen erreicht zu haben, die für singuläre Termini charakteristisch ist. Aber singuläre Termini haben nicht einfach eine *Relation* zu einem Einzelnen – eine solche hat jeder Gegenstand zu jedem anderen Gegenstand, zu dem er in irgendeiner Relation steht –; vielmehr ist es für singuläre Termini charakteristisch, daß wir mittels ihrer auf ein Einzelnes *als Einzelnes* bezugnehmen, indem durch sie angegeben wird, welches es ist, und das können sie nur leisten, indem sie sich zugleich auf alle beziehen. Damit bestätigt sich jetzt aus einer anderen Perspektive, was ich bereits im Zusammenhang der Abhebung der Prädikate von den Quasiprädikaten antizipiert hatte: daß es die Funktion der singulären Termini sein müßte, die Verwendung von Prädikaten von der Wahrnehmungssituation unabhängig zu machen; sogar der deiktische Ausdruck »dies« fungiert als singulärer Terminus nur, wenn er auf das Gegenwärtige so bezugnimmt, daß dieses als das Gemeinte im Kontrast zu allen anderen erscheint, und wie er das tun kann, wird erst noch zu fragen sein.

Wir können jetzt sehen, in welches eigentümliche Dilemma Russells Theorie der singulären Termini im ganzen führt. Weil Russell von der unreflektierten traditionellen Auffassung ausgegangen ist, daß ein singulärer Terminus sich direkt auf einen Gegenstand bezieht, hat er denjenigen Ausdrücken, die man für singuläre Termini hielt – Kennzeichnungen und umgangssprachliche Eigennamen – den Status, singuläre Termini zu sein, abgesprochen, da er richtig erkannte, daß sie einen Bezug auf alle implizieren. Als solche können sie sich seiner Meinung nach nicht auf einzelnes beziehen. Aber diejenigen Ausdrücke, denen Russell, eben damit sie sich auf einzelnes beziehen können, jede Beziehung auf eine Pluralität nahm, können sich aus eben diesem Grund ebenfalls nicht auf einzelnes beziehen. Es ist richtig, daß die Verwendung der generellen Sätze nur erklärt werden kann, wenn die Verwendungsweise singulärer Sätze schon als bekannt vorausgesetzt werden kann. Andererseits scheint zum singulären Terminus und damit zum singulären Satz auch bereits eine eigentümliche Generalität zu gehören. Das ist ein Dilemma, das, wie wir sehen werden, auch Strawson nicht durchschaut hat und das bis heute ungelöst ist.

Wie sieht nun Strawsons Kritik an Russells Theorie der Kennzeichnungen aus? Der Aufsatz »On Referring« ist in fünf Teile gegliedert. Die ersten drei dienen der Kritik an Russell. In den letzten beiden deutet Strawson seine eigene positive Auffassung an.

Der 1. Teil des Aufsatzes soll die Prämissen und die Fragestellung, von der Russell ausgegangen ist, beschreiben. Strawson weist darauf hin, daß Russell nicht zwischen der Bedeutung eines Ausdrucks und dem Gegenstand, für den er steht, unterschieden hat. Daraus mußte folgen, daß ein singulärer Terminus, der keinen Gegenstand hat, auch keine Bedeutung hat. Russell habe seine Theorie der Kennzeichnungen entwickelt, um diese absurde Konsequenz zu vermeiden.

Nun ist richtig, daß Russell nicht zwischen Bedeutung und Gegenstand unterschieden hat.[14] Aber es ist unfruchtbar, Russells Problemansatz auf diese leicht zu widerlegende Prämisse zu reduzieren. Quine z. B. hat sie, obwohl er an Russells Theorie festgehalten und sie weiter ausgebaut hat, mit Emphase verworfen.[15] Russells eigentliches Problem war das Problem nichtexistenter Gegenstände, und dieses Problem bleibt bestehen, auch wenn man die Bedeutung eines singulären Terminus nicht mit seinem Gegenstand verwechselt. Strawson hat sich, indem er eine Schwäche von Russells Auffassung, die für seine Theorie nicht wesentlich ist, als deren Fundament hinstellt, die Auseinandersetzung mit ihr unerlaubt leicht gemacht.

Zur Widerlegung von Russells Theorie bringt Strawson im 2. und 3. Teil seines Aufsatzes zwei Argumente, die scheinbar auf einer Linie liegen, in Wirklichkeit unabhängig voneinander sind.

Das erste Argument lautet, man müsse bei einem Ausdruck wie »der König von Frankreich« zwischen dem Ausdruck und einer Verwendung des Ausdrucks unterscheiden. Der Ausdruck als solcher hat eine Bedeutung, steht aber nicht für einen bestimmten Gegenstand. Für einen bestimmten Gegenstand steht der Ausdruck erst, wenn er in einer bestimmten Situation, in diesem Fall speziell: zu einer bestimmten Zeit verwendet wird, und je nach dem, zu welcher Zeit er verwendet wird, steht er für einen anderen Gegenstand (den jeweiligen König von Frankreich), oder für keinen. Entsprechend sei auch beim ganzen Satz zu unterscheiden. Der Satz

»der König von Frankreich ist kahl« hat eine Bedeutung, aber an und für sich keinen Wahrheitswert; erst wenn er zu einer bestimmten Zeit verwendet wird, kann er einen Wahrheitswert haben. Sobald man zwischen dem Ausdruck und seiner Verwendung unterscheide, könne es daher nicht mehr zu der Konfusion zwischen Bedeutung und Gegenstand kommen, die Russells Theorie zugrundeliege.

Gegen dieses Argument hat Russell selbst in seiner Replik »Mr. Strawson on Referring« darauf hingewiesen, daß die Unterscheidung, die Strawson hier macht und die speziell deiktische Ausdrücke betrifft und die er, Russell, gar nicht leugne, mit dem eigentlichen Problem nichts zu tun habe. Man könne ja den in dem Ausdruck »der (gegenwärtige) König von Frankreich« impliziten Situationsbezug durch eine objektive Angabe ersetzen, indem man etwa sagt »der König von Frankreich im Jahr 1905«, und sehe sofort, daß das eigentliche Problem, das eben nicht eine Konfusion von Bedeutung und Gegenstand betrifft, sondern die Rede von nichtexistenten Gegenständen, von der speziellen Problematik deiktischer Ausdrücke unabhängig ist. Bei den deiktischen Ausdrücken stellt sich Russells Problem in der Tat erst auf der Ebene der Verwendung des Satzes ein, aber es stellt sich auf dieser Ebene genauso ein wie vorher.

Oder vielleicht doch nicht? Das versucht Strawson im 3. Teil des Aufsatzes zu zeigen. Die These dieses Teils lautet: wenn jemand einen Satz wie »der so-und-so ist F« verwendet, setze er zwar voraus, daß ein und nur ein Gegenstand existiert, der so-und-so ist, aber er behaupte das nicht. Worin liegt der Unterschied? Strawson antwortet: wenn jemand der Meinung ist, daß die Existenzvoraussetzung, die ein anderer bei der Verwendung eines solchen Satzes macht, irrig ist, wird er nicht sagen, daß seine Aussage falsch sei, sondern daß »die Frage, ob seine Aussage wahr oder falsch ist«, gar nicht aufkomme.[16] Die Kritik an Russell läuft also einfach darauf hinaus, daß nach Strawson die Aussage, wenn es einen solchen Gegenstand nicht gibt, nicht falsch ist, sondern weder wahr noch falsch.

Auch auf diese Kritik hat Russell mit Recht scharf reagiert. Erstens könne es nicht darauf ankommen, ob man in der Umgangssprache eher das eine oder das andere sagt, und außerdem könne man Beispiele geben, daß auch in der Umgangssprache in so einem Fall eher gesagt wird, die Aussage sei falsch, als daß die Frage ihrer Wahrheit oder Falschheit gar nicht aufkomme.

Diese Kritik muß man noch verschärfen. Erstens schreibt Strawson so, als hänge dieser zweite Punkt seiner Kritik mit dem ersten zusammen, während er in Wirklichkeit unabhängig von ihm ist. Zweitens ist der zweite Punkt für das eigentliche Problem ebenso irrelevant wie der erste. Strawson scheint nicht zu bemerken, daß er mit der Alternative, die er Russells Auffassung entgegenstellt, das Wesentliche von Russells Theorie bereits akzeptiert hat. Die Existenzaussage, ob sie nun bloß vorausgesetzt oder mitbehauptet wird, faßt Strawson genauso auf wie Russell;[17] folglich kann auch, wenn der Ausdruck keinen Gegenstand hat, die Nichtexistenz des Gegenstandes von Strawson nicht anders verstanden werden als von Russell. Ob das nun für die ursprüngliche Aussage zur Folge hat, daß die Existenz behauptet oder nur vorausgesetzt wird, ist eine Nuance, deren Relevanz nicht einzusehen ist.

Strawsons Berufung auf den faktischen Sprachgebrauch in der Umgangssprache und Russells Antwort, daß es darauf nicht ankommen könne, hat dazu geführt, daß man die Kontroverse zwischen Russell und Strawson glaubte auf den Nenner bringen zu können, daß es dem einen um die Konstruktion einer logischen Idealsprache gehe und dem anderen um die Besonderheiten unserer faktischen Umgangssprache. Diese Kontrastierung, die in Darstellungen der analytischen Philosophie geradezu als Raster benützt wird, um die *ordinary language philosophy* von Wittgenstein und der Oxforder Schule mit den mehr an der Logik orientierten und in Freges Tradition stehenden Semantikern von der Richtung Russells, Quines und Carnaps zu unterscheiden, ist unsinnig, wenn sie so verstanden wird. Der Rekurs von Wittgenstein und anderen, auch von Strawson, auf die gewöhnliche Sprache hat nicht den Sinn gehabt, den semantischen Nuancenreichtum der Umgangssprache zur Geltung zu bringen, ein Unternehmen, dem mit Recht entgegengehalten werden konnte, daß es von der empirischen Sprachwissenschaft besser durchgeführt werden könnte.[18] Der Philosophie, auch der *philosophy of ordinary language*, kann es so wenig um bloß faktische Nuancen der Umgangssprache gehen, wie noch nie das bloß Faktische Gegenstand der Philosophie war, sondern immer nur das Mögliche. Der Rekurs auf die natürliche Sprache hat bei Wittgenstein und bei denen, die ihn verstanden haben, einen prinzipiellen Sinn gehabt. Der Rückgang auf die natürliche Sprache steht nicht der Idee einer Idealsprache an und für sich entgegen, sondern nur der Idee einer in den luftleeren Raum gebauten Idealsprache. Es war die Einsicht, daß die Idealsprache selbst semantisch unaufgeklärt bleibt bzw. nur durch eine umgangssprachliche Metasprache erklärt wird, die es erforderlich machte, auf die natürliche Sprache zurückzugehen, und dieser Rückgang ist nicht von einem Interesse an faktischen Nuancen getragen, sondern von methodischen Vorstellungen über den Sinn einer semantischen Letztaufklärung, wie wir sie im Zusammenhang mit dem sprachanalytischen Grundsatz kennengelernt haben.

In unserem Fall folgt, daß es gleichgültig ist, ob die Auffassung, daß die Existenzaussage bei der Verwendung des singulären Terminus nur vorausgesetzt wird, für die uns bekannteren natürlichen Sprachen empirisch besser bezeugt ist als die Auffassung, daß der Existenzsatz mitbehauptet ist. Wenn beides möglich ist, aber der Existenzsatz mindestens vorausgesetzt sein muß, ist Russells Theorie vindiziert.

Zusammenfassend muß man also feststellen, daß die Russellkritik in Strawsons »On Referring« in jeder Hinsicht mißglückt ist. Schon Russells Problemstellung ist falsch dargestellt, derart, daß nicht deutlich wird, was bei der Entscheidung über die Richtigkeit oder Unrichtigkeit von Russells Theorie eigentlich auf dem Spiel steht. Und die zwei Einwände, die Strawson dann vorbringt, erweisen sich beide als irrelevant. Erst im Schlußteil von Strawsons Aufsatz, in dem er seinen eigenen Ansatz skizziert, wird deutlich, worum es eigentlich geht. Hier kommt Strawson auf die Funktion (*task*) der singulären Termini zu sprechen. Wenn über einzelnes gesprochen wird, brauche man Ausdrücke, mittels derer man auf einzelnes bezugnehmen könne (*uniquely to refer*); diese Funktion können Ausdrücke nur erfüllen, wenn sie so funktionieren, daß ein Sprecher durch sie einen Hörer instandsetzt »das, wovon die Rede ist, zu identifizieren«. Das aber könne nur erreicht werden durch eine bestimmte Bezugnahme auf die Redesituation (*the context of utterance*); um den gemeinten Gegenstand zu identifizieren, muß der Gegenstand »in einer bestimmten Beziehung zum Sprecher und zur Redesituation stehen«.[19]

Wir werden in der nächsten Stunde sehen müssen, wie Strawson diesen Ansatz in seinem Buch ausführt. Jetzt ist aber noch zu fragen, ob wir uns von Strawsons positivem Ansatz her verständlich machen können, worin die eigentliche Differenz zwischen ihm und Russell besteht.

Strawson hält Russells logische Eigennamen mit Recht für fiktiv.

Mit diesem Aspekt von Russells Auffassung setzt er sich jedoch nur am Rande auseinander. Er glaubt ihn mit dem Hinweis darauf abtun zu können, daß die Auffassung von »dies« als mehrdeutigem Eigennamen wiederum auf der Vermischung von Bedeutung und Gegenstand des Ausdrucks beruhe. Strawson hat natürlich recht, daß das Wort »dies«, wie es faktisch in der natürlichen Sprache verwendet wird, kein mehrdeutiger Eigenname ist, sondern als deiktischer Ausdruck eine einheitliche Bedeutung hat und je nach der Verwendungssituation einen anderen Gegenstand bezeichnet. Aber Russell hat weder beansprucht noch kann man ihn dazu verpflichten, dieses Wort so zu verwenden, wie es in der natürlichen Sprache verwendet wird. Woran wir Russells Theorie messen müssen, ist nicht, ob sie der umgangssprachlichen Verwendung der Worte entspricht, sondern daran, ob sie verständlich machen kann, wie wir auf einzelnes bezugnehmen können. Daß sie daran scheitert, ist aber nicht darin begründet, daß Russell übersieht, daß ein deiktischer Ausdruck, obwohl er je nach der Verwendungssituation für einen anderen Gegenstand steht, eine einheitliche Bedeutung hat, sondern, wie sich schon angedeutet hat, darin, daß Russell eine andere Eigentümlichkeit nicht berücksichtigt, die deiktische Ausdrücke haben: daß nämlich derselbe Gegenstand, für den in der Wahrnehmungssituation ein deiktischer Ausdruck verwendet wird, außerhalb der Wahrnehmungssituation mittels eines anderen deiktischen Ausdrucks und dann auch mittels anderer singulärer Termini bezeichnet werden kann. Es ist diese Ersetzbarkeit der deiktischen Ausdrücke, die es möglich macht, auf denselben Gegenstand bezugzunehmen, wenn er nicht mehr wahrgenommen wird. Auf diesen für die Spezifizierung von Gegenständen entscheidenden Aspekt in der Verwendung deiktischer Ausdrücke ist aber auch Strawson nicht eingegangen, obwohl es sein Verdienst ist, daß er die Frage nach der Funktion der singulären Termini und insbesondere der deiktischen Ausdrücke überhaupt aufgeworfen hat. Es ist aber philosophisch irrelevant, Russell vorzuwerfen, er habe irgendwelche Aspekte nicht berücksichtigt, die zur Verwendung deiktischer Ausdrücke gehören. Das kann ihn nicht treffen, da er »dies« gar nicht als deiktischen Ausdruck auffaßt. Treffen kann es ihn erst, und philosophisch relevant wird es erst, wenn es sich um einen Aspekt in der Verwendung deiktischer Ausdrücke handelt, von dem sich gegebenenfalls zeigen läßt, daß es ohne ihn unmöglich ist, überhaupt auf einzelne

Gegenstände bezugzunehmen.

Nun wollte Strawson seine Kritik an den logischen Eigennamen ohnehin mehr indirekt führen. Er wollte die Unnötigkeit, solche Ausdrücke zu postulieren, dadurch dartun, daß er die singulären Termini der natürlichen Sprache, die in Russells Theorie der Kennzeichnungen weginterpretiert werden, rehabilitiert. Und das sollte erstens negativ erfolgen durch die Kritik der Russellschen Theorie und zweitens positiv durch den Rückgang auf die Funktion der singulären Termini. Man müsse die Verwendung dieser Ausdrücke, deren Sinn es ist, auf einzelnes bezugzunehmen, als die »harmlose, notwendige Sache« erkennen, die sie ist.[20] Aber ist sie wirklich so harmlos? Und ist es Strawson wirklich gelungen, die singulären Termini als solche zu rehabilitieren, wenn das, wie Strawson glaubte, eine Widerlegung von Russells Theorie erfordert? Liefert der negativ-kritische Teil des Aufsatzes überhaupt *die* Kritik, die der positive voraussetzt? Strawson hält wie selbstverständlich an derselben Voraussetzung fest, von der auch Russell ausgegangen war, daß ein Ausdruck, wenn man mittels seiner wirklich auf einzelnes bezugnehmen können soll, nicht eine generelle Aussage implizieren kann. Aber zu diesem Zweck hätte Strawson Russells Theorie in ihren Grundlagen erschüttern müssen und nicht einfach mit der These, die generelle Aussage werde nur vorausgesetzt, nicht mitbehauptet, eine bloße Variante anbieten dürfen. Kritisiert man Russell nur so, wie Strawson es tut, bleibt gerade derjenige Aspekt von Russells Theorie, an dem Strawson Anstoß nahm, erhalten. Strawson selbst gesteht sogar für den deiktischen Ausdruck »dies« zu, daß seine Verwendung jeweils eine generelle Aussage voraussetzt: wenn jemand irgendwohin zeigt und sagt »dies so-und-so . . .«, so wird, sei es behauptet, sei es vorausgesetzt, daß es an dieser Stelle ein und nur ein so-und-so gibt.[21] Die von Strawson hervorgehobene Funktion der singulären Termini, besonders der deiktischen Ausdrücke, steht also gar nicht in einem Widerspruch zu Russells Theorie, sondern scheint sie sogar vorauszusetzen. Aber dann ist diese Funktion weder in dem Sinn harmlos, in dem Strawson das meint: daß sie Russells Theorie entbehrlich mache, noch ist sie es in dem Sinn, daß sie ohne weiteres verständlich wäre, und wir werden fragen müssen: wie können singuläre Aussagen verstanden werden, wenn sie schon eine Bezugnahme auf eine Allheit und eine Existenzaussage, die eine generelle Aussage ist, voraussetzen?

Anmerkungen

1 »On Referring«, S. 17-19.
2 Die ursprüngliche und maßgebliche Darstellung findet sich in dem Aufsatz »On Denoting«. Eine einfachere Darstellung findet man in den Vorlesungen »The Philosophy of Logical Atomism«, in *Logic and Knowledge,* S. 241 ff.
3 Vgl. den Aufsatz »Knowledge by Acquaintance and Knowledge by Description«, in *Mysticism and Logic,* S. 203.
4 Russell selbst handelt von generellen Existenzsätzen in *The Philosophy of Logical Atomism,* V. Vorlesung. Für Frege vgl. *Grundlagen der Arithmetik,* § 53. Kants klassische Erörterung der Problematik in der *Kritik d.r.V.* B 620 ff reicht weniger weit als seine Behandlung des Existenzbegriffs in der früheren Schrift »Der einzig mögliche Beweisgrund zu einer Demonstration des Daseins Gottes« (1763) (*Werke,* II, S. 72 f). In der *Kritik d.r.V.* behauptet Kant nur, die Existenz sei kein ›reales‹ Prädikat, während er in der Frühschrift die These vertritt, sie sei überhaupt kein Prädikat, und die Existenzsätze bereits so interpretiert wie Frege.
5 Das sagt Russell selbst, *Logic and Knowledge* S. 252. Er kann aber seine ursprüngliche Prämisse in der Weise aufrechterhalten, daß er sagt: wenn etwas »wirklich ein Name ist, kann die Frage der Existenz gar nicht gestellt werden, weil ein Name etwas benennen muß oder es ist kein Name« (S. 243).
6 *Mysticism and Logic,* S. 203, *Logic and Knowledge,* S. 200 f.
7 *Logic and Knowledge,* S. 243.
8 »Über Sinn und Bedeutung« Anm. 2, »Der Gedanke«, S. 38 ff.
9 Wittgenstein, *Philosoph. Unters.,* § 79; Searle »Proper Names«.
10 Kripke, »Naming and Necessity«; Donnellan, »Proper Names and Identifying Descriptions«.
11 *From a Logical Point of View,* S. 5-8.
12 *Individuals,* S. 196 f.
13 *Logic and Knowledge,* S. 201, *Mysticism and Logic,* S. 211.
14 Vgl. oben S. 357, Anm. 2
15 *From a Logical Point of View,* S. 9 u.ö.
16 *Logico-Linguistic Papers,* S. 12.
17 a.a.O., S. 11.
18 Vgl. z. B. die Einleitung von Fodor und Katz zu ihrem Sammelband *The Structure of Language.*
19 *Papers,* S. 17-19.
20 a.a.O., S. 16.
21 a.a.O., S. 15.

23. Vorlesung

Am Ende der vorletzten Stunde hatte sich ergeben, daß die Funktion singulärer Termini als Spezifizierung zu verstehen sei, wobei mit »Spezifizieren« gemeint war: angeben, welches von allen es ist, was durch den übrigen Satzteil klassifiziert wird. Es ist noch unentschieden, ob in dem so charakterisierten Gegenstandsbezug, der durch die Verwendung einer Art sprachlicher Zeichen ermöglicht wird, sich der Sinn unserer Bezugnahme auf Gegenstände überhaupt erschöpft und ob auch der Sinn der Rede von Gegenständen von daher zu verstehen ist. Aber es blieb insbesondere auch noch ungeklärt, wie diese sprachlichen Ausdrücke – die singulären Termini – verwendet werden, daß sie die so beschriebene Funktion des Spezifizierens erfüllen können.

Um diese Frage, wie die Spezifizierungsfunktion der singulären Termini konkret aussieht, vorzubereiten, orientieren wir uns zunächst über die Konzeption von Strawson, der diese Problematik als erster in Angriff genommen hat. Wir haben in der letzten Stunde gesehen, daß die Art, wie Strawson in seinem frühen Aufsatz »On Referring« sich kritisch von Russell abzuheben versucht, nicht befriedigen kann. Seine eigene positive Konzeption hingegen – daß die singulären Termini eine sogenannte Identifizierungsfunktion haben – wird in diesem Aufsatz nur im Umriß sichtbar; sie wird erst in seinem Buch *Individuals* (1958) und in dem Aufsatz »Singular Terms and Predication« (1961), in dem er sich mit Quine auseinandersetzt, ausgearbeitet. An diesen Schriften werden wir uns also orientieren müssen, in der Hoffnung, durch Strawsons Rede von *Identifizierung* zu einem konkreten Verständnis dessen zu gelangen, was ich als die Funktion des *Spezifizierens* bezeichnet habe.

In dem Aufsatz von 1961 erklärt Strawson, zum Wesen des singulären Terminus gehöre es, daß er »verwendet wird mit dem Zweck, den Gegenstand zu identifizieren«. Und diese Identifizierungsfunktion bestehe darin, »zu erreichen, daß der Hörer weiß, welcher Gegenstand es ist, von allen Gegenständen im Bereich seines Wissens oder seiner Annahme, auf den der andere Terminus« (das Prädikat) »angewandt wird«.[1] Diese Erklärung, was mit »Identifizieren« gemeint sein soll, kommt der Erklärung sehr nahe, die ich vom »Spezifizieren« gegeben habe, und man könnte daher annehmen, daß es sich um denselben Begriff handelt. Wir werden jedoch sehen, daß die Sache komplizierter ist. Bemerkenswert ist zunächst, daß Strawson hier auch dem von mir betonten und von ihm sonst nicht berücksichtigten Umstand Rechnung trägt, daß die Bezugnahme auf einen Gegenstand eine Bezugnahme auf alle Gegenstände eines Bereichs impliziert.

Der einzige Aspekt, in dem sich Strawsons Erklärung von derjenigen, die ich gegeben habe, unterscheidet, ist die explizite Erwähnung eines Hörers. In *Individuals* wird das Problem der Identifizierung von vornherein als ein solches eingeführt, das die Verständigung zwischen einem Sprecher und einem Hörer betrifft. So kommt es, daß für Strawson derjenige, der in erster Linie einen Gegenstand identifiziert, der Hörer ist, nämlich dann, wenn er weiß, welchen Gegenstand der Sprecher meint; und beim Sprecher spricht Strawson nur in einem abgeleiteten Sinn von einem Identifizieren: daß er einen Gegenstand identifiziert, soll heißen, daß der Hörer den Gegenstand identifiziert, den er meint.[2]

Von daher können wir verstehen, warum Strawson für die in Frage stehende Funktion singulärer Termini den Ausdruck »Identifizieren« gewählt hat; der Hörer weiß, welcher Gegenstand vom Sprecher gemeint ist, wenn er weiß, daß der Gegenstand, den der Sprecher meint, identisch ist mit einem ihm, dem Hörer, zugänglichen Gegenstand so-und-so.[3] Auf den ersten Blick könnte es als ein besonderer Vorzug von Strawsons Konzeption erscheinen, daß er die Bezugnahme auf Gegenstände von vornherein in dieser Weise aus der Kommunikationssituation zu verstehen versucht. Wir haben andererseits schon bei der Semantik der ganzen assertorischen Sätze in der Auseinandersetzung mit Grice gesehen, daß sprachliche Ausdrücke zwar so erklärt werden müssen, wie sie in der intersubjektiven Verständigung verwendet werden, daß aber keine Erklärung annehmbar ist, die wesentlich voraussetzt, daß es sich um zwei getrennte Gesprächspartner handelt, da dann die Verwendung des Ausdrucks im Selbstgespräch nicht nach denselben Regeln erfolgen könnte. Durch die Beschreibung der Funktion der singulären Termini, die ich gegeben habe: daß sie dazu dienen, herauszustellen bzw. anzugeben, welcher Gegenstand gemeint ist, wird die Verwendung dieser Ausdrücke von der Funktion her verstanden, die sie im Gespräch haben, das nun aber ebenso gut ein Selbstgespräch sein kann. Die heute z. T. übertriebene und unreflektierte Tendenz zu einer kommunikationstheoretischen Semantik um jeden Preis kann nur zu einer Semantik führen, die die Sprache wieder nur als bloßes Kommunikationsmittel versteht und die aufklärungsbedürftigen erkenntnistheoretischen Strukturen, wie schon in der traditionellen Philosophie, als vorsprachliche voraussetzt; sie werden dann also gerade nicht aus der Gesprächssituation verstanden. Der scheinbar radikalere gesprächstheoretische Ansatz, radikaler, weil für ihn die Trennung von Sprecher und Hörer essentiell ist, führt zu einer geringeren Radikalität in der Durchführung, weil er notgedrungen an der Oberfläche bleibt. So haben wir gesehen, daß eine bloß kommunikationstheoretische Auffassung der Verwendung assertorischer Sätze wie die von Grice das Urteil bzw. Meinen und damit alle logischen Strukturen der Semantik voraussetzen muß und also gerade nicht aus dem Gespräch verständlich machen kann. Ebenso müßte eine Theorie der singulären Termini, die deren Funktion nur darin sieht, daß durch sie ein Gesprächspartner einem anderen vermittelt, auf welchen Gegenstand er bezugnimmt, die Bezugnahme auf Gegenstände als solche als etwas, was selbst nicht erst aus der Sprache und dem Gespräch verständlich zu machen ist, schon voraussetzen. Eine solche Theorie der singulären Termini könnte also für die grundsätzliche Frage nach dem Gegenstandsbezug und dem Begriff des Gegenstandes nichts beitragen.

Sie könnten sagen: und wenn schon; eine Auffassung ist doch nicht dadurch zu widerlegen, daß man darauf hinweist, daß mit ihr ein bestimmtes Ziel nicht zu erreichen ist; es könnte ja sein, daß dieses Ziel überzogen ist. Richtig. Man kann jedoch zeigen, daß Strawsons Erklärung genau das, was sie erklären soll, voraussetzt. Der Hörer identifiziert, so hieß es, den vom Sprecher gemeinten Gegenstand, wenn er weiß, daß der vom Sprecher gemeinte Gegenstand identisch ist mit dem so-und-so. Das zweite Glied dieses Identitätssatzes ist ein singulärer Terminus, von dem bei dieser Erklärung vorausgesetzt wird, daß der Hörer ihn versteht. Also kann der so verstandene Begriff des Identifizierens zur Erklärung der singulären Termini nichts beitragen. Auf diese Schwäche in Strawsons Konzeption hat insbesondere B. A. O. Williams in einer Besprechung von Strawsons Buch aufmerksam gemacht,[4] und die Autoren, die in der von Strawson eröffneten Problemstellung weitergearbeitet haben, haben daher die Rede vom Identifizieren nicht mehr in dem kommunikationstheoretischen Sinn verwendet, in dem Strawson sie zunächst eingeführt hat.[5] Und auch Strawson selbst sieht sich gezwungen, von Identifizieren in einem anderen als dem zunächst eingeführten Sinn zu reden: der Hörer, sagt er, müsse den gemeinten Gegenstand ›für sich selbst‹ *(for himself)* identifizieren können,[6] und man darf wohl ergänzen: auch der Sprecher muß den gemeinten Gegenstand schon ›für sich selbst‹ identifizieren können. An einer späteren Stelle in seinem Buch schreibt Strawson: »Denn jeder von uns kann identifizierend über konkrete Gegenstände *(particulars)* denken, ohne über sie zu reden.«[7] Es ist offenkundig, daß die Rede vom Identifizieren hier in einem völlig anderen Sinn verwendet wird als dem, in dem sie am Anfang des Buches eingeführt wurde. Denn ob nun das identifizierende Denken, von dem Strawson hier spricht, als ein Selbstgespräch oder vorsprachlich verstanden wird, auf keinen Fall kann es als ein inneres Pendant zu jenem Identifizieren aufgefaßt werden, das Strawson am Anfang des Buches eingeführt hat. Denn jenes Identifizieren hatte, wenn es sich artikulierte, die Form eines Identitätssatzes, dessen erstes Glied lautete »der Gegenstand, den der Sprecher meint«. Für eine solche Bezugnahme gibt es im Selbstgespräch trivialerweise keinen Raum. Wenn also auch im Selbstgespräch von einem Identifizieren die Rede ist, scheint es sich nicht mehr um eine Bezugnahme zu handeln, die sich in einem Identitätssatz artikuliert. In einem Identitätssatz werden zwei singuläre Termini verwendet. Wenn nun die Bezugnahme auf einen Gegenstand, die sowohl der Sprecher wie der Hörer bei der Verwendung *eines* singulären Terminus vollzieht, als Identifizierung bezeichnet wird, kann Identifizierung hier nicht heißen »etwas mit etwas für identisch halten«.

Was heißt es aber dann? Auf diese Frage finden wir bei Strawson keine richtige Antwort, und ich werde Ihre Geduld in dieser und der nächsten Stunde auf eine harte Probe stellen müssen in dem Versuch, aufbauend auf den geringen Ansätzen, die wir bei Strawson und anderen finden, zu einem klaren Begriff des Identifizierens zu gelangen, der sich als ein ausgezeichneter Sonderfall des Spezifizierens, das ich in der vorletzten Stunde als allgemeine Funktion der singulären Termini herausgestellt habe, erweisen wird. Und wenn Sie, bevor Sie sich auf dieses Unternehmen einlassen, wissen wollen, warum Sie so viel Geduld aufbringen sollen, antworte ich, daß ich glaube, daß nur mittels dieses engeren Begriffs des Identifizierens, den Strawson nicht geklärt, aber anvisiert hat, die allgemeine Funktion des Spezifizierens und damit der Sinn der Bezugnahme auf Gegenstände überhaupt verstanden werden kann. Von Strawson wird nicht erklärt, was er mit »Identifizieren« in dem nicht kommunikationstheoretischen Sinn meint, sondern das Wort wird lediglich paraphrasiert, zunächst durch den Ausdruck »*to pick out*«, und Searle und andere sind ihm darin gefolgt.[8]

Was ist mit »*to pick out*« gemeint? Im Deutschen gibt es kein genaues Äquivalent für dieses englische Wort. Es wird nicht nur verwendet für die Handlung eines materiellen Herausgreifens eines einzelnen Gegenstandes aus einer Menge, z. B. einer Beere aus einem Korb von Beeren, sondern auch für das bloß bezeichnende Herausgreifen eines Einzelnen als des gemeinten; z. B. ein Offizier, der vor seiner Kompanie steht, stellt einen einzelnen heraus (*picks him out*) als denjenigen, der eine bestimmte Aufgabe erfüllen soll, indem er auf ihn zeigt. Und es ist dieses Herausgreifen im Sinn von Herausstellen, das Strawson meint, wenn er »*to pick out*« als Paraphrase für »*to identify*« verwendet; man kann das auch daran erkennen, daß er einmal »*to pick out*« seinerseits durch den Ausdruck »*to single out*« paraphrasiert,[9] für den es ebenfalls kein deutsches Äquivalent gibt; er besagt ungefähr: etwas als das einzelne, das gemeint ist, hervorheben.

So scheint jetzt klar, 1) daß Strawson das Wort »Identifizieren« in zwei vollkommen verschiedenen Bedeutungen verwendet, 2) daß das, was mit der ersten Bedeutung gemeint ist – die »Sprecher-Hörer-Identifizierung«[10] – sowohl beim Sprecher wie beim Hörer das Identifizieren in der zweiten Bedeutung voraussetzt, diese also die grundlegende ist und 3) daß das, was mit dieser zweiten durch »*to pick out*« und »*to single out*« paraphrasierten Bedeutung von »Identifizieren« gemeint ist, ungefähr dem zu entsprechen scheint, was ich als Spezifizieren bezeichnet habe: die Handlung des Herausstellens oder Angebens, welches von allen es ist, was durch den ergänzenden prädikativen Ausdruck klassifiziert wird.

Strawson hat den Ausdruck »*to specify*«, der auch von Quine verwendet worden ist, selbst erwogen, aber als zu vage verworfen.[11] Es scheint, daß er dabei folgende Zweideutigkeit ausschalten wollte:[12] Man könnte das, was gemeint ist, lediglich in der Weise *spezifizieren*, daß man sagt: es ist derjenige Gegenstand, dem die und die Eigenschaften zukommen. Offenbar gibt es singuläre Termini, die den Gegenstand, für den sie stehen, in dieser Weise spezifizieren, nämlich Kennzeichnungen. Jedenfalls wird man das für alle diejenigen Kennzeichnungen behaupten können, die nicht einen deiktischen Ausdruck oder eine Raumzeitangabe enthalten. Ein deiktischer Ausdruck dient der subjektiven Lokalisierung, eine Raumzeitangabe der objektiven Lokalisierung. Darauf wird noch ausführlich zurückzukommen sein. Kennzeichnungen nun, die nicht auf die eine oder andere Weise lokalisierend sind, können wir als rein deskriptive Kennzeichnungen bezeichnen. Man kann zweifeln, ob man durch bloße Anhäufung von bloß deskriptiven Ausdrücken, also von Prädikaten, überhaupt einen einzelnen Gegenstand von allen anderen unterscheiden kann. Diese Möglichkeit ist aber z. B. relativ einsichtig bei ›ordinalen‹ Eigenschaften, d. h. bei Eigenschaften, mit Bezug auf die Gegenstände in einer Reihe geordnet werden können.[13] Beispiele für singuläre Termini dieser Art wären etwa die Ausdrücke »der höchste Berg«, »der zweithöchste Berg«. Daß ein Gegenstand durch eine solche Angabe von allen anderen unterschieden und somit spezifiziert wird, kann daran scheitern, daß es zwei oder mehr Gegenstände gibt, denen die fragliche Eigenschaft im selben Ausmaß zukommt, daß es also z. B. zwei genau gleich hohe Berge gibt. Aber der Umstand, daß die Spezifizierung scheitert, schließt nicht aus, daß ein Ausdruck in dieser Weise – mit dieser Intention – verwendet wird. Auch die von vielen Autoren und auch von Strawson als eindeutigste Form der Identifizierung angesehene Verwendung eines demonstrativen Ausdrucks – »dies so-und-so« – kann scheitern, wenn sich herausstellt, daß sich an der Stelle, auf die gezeigt wird, kein so-und-so oder mehrere so-und so's befinden.

Daß Strawson diese Form von Spezifizierung nicht als Identifizierung anerkennt, kann also nicht daran liegen, daß sie gegebenenfalls scheitert, sondern muß andere Gründe haben. Wenn daher Strawson seine zweite Verwendung des Wortes »Identifizierung« so paraphrasiert, daß sie dem zu entsprechen scheint, was ich Spezifizierung genannt habe, und wenn er gleichwohl Fälle, die offenkundig die Funktion der Spezifizierung erfüllen, nicht als Identifizierung gelten läßt, dann müssen wir annehmen, daß diese Rede von »Identifizierung« noch eine verborgene Zweideutigkeit enthält. Was Strawson mit »Identifizieren« im Sinn von »*to pick out*« meint, muß einen besonderen, einen ausgezeichneten Fall der allgemeinen Funktion des Herausstellens-welcher-von-allen darstellen. Das Problem hängt sichtlich mit der in der letzten Stunde erörterten Frontstellung Strawsons gegen Russells Theorie der Kennzeichnungen zusammen. Denn es ist die eben erwähnte Möglichkeit der bloß deskriptiven Spezifizierung, auf die offenkundig Russells Theorie der Kennzeichnungen paßt. Während Strawson in »On Referring« diese Theorie allgemein verworfen hat, scheint er sie jetzt wenigstens für einen Typ Kennzeichnungen gelten zu lassen, so daß der Vorwurf nur noch lauten würde, Russell habe, was für diesen Typ gilt, zu Unrecht verallgemeinert und auf diese Weise insbesondere jene Verwendung singulärer Termini übersehen, durch die ein Gegenstand ›identifiziert‹ werden soll.

Jetzt müßten wir in der Lage sein, auf der einen Seite besser zu verstehen, was es ist, was Strawson an Russell auszusetzen hatte, und auf der anderen Seite von daher eine Anzeige zu gewinnen, was es ist, was er mit »Identifizierung« meint. Obwohl Russell selbst natürlich nicht von Spezifizierung spricht und obwohl auf der anderen Seite auch Strawson dies nicht als Spezifizierung bezeichnet, kann man doch sagen: es gibt eine Art der Spezifizierung durch einen singulären Terminus, in der gesagt wird: »es gibt einen Gegenstand, der so-und-so ist« oder – wenn wir die von Strawson hochgespielte, an sich gleichgültige explizite Existenzbehauptung ins Implizite schieben – »derjenige, der so-und-so ist«.

Wir können nun leicht sehen, was es ist, was Strawson an einem solchen Ausdruck noch vermißt und warum er ihm noch nicht die Funktion der Identifizierung zugesteht. Wenn wir einen solchen Ausdruck durch ein Prädikat zu einem ganzen Satz ergänzen und sagen »derjenige, der so-und-so ist, ist F«, haben wir ja, so könnte man sagen, gar nicht angegeben, von *welchem* Gegenstand behauptet wird, daß er F sei; wir haben nur gesagt, daß der einzige, der so-und-so ist, *welcher auch immer das sein mag*, F ist. Diese Erklärung ist freilich noch unklar, denn man könnte dem, der so argumentiert, antworten: doch, wir haben angegeben, *welcher* es ist, eben dadurch, daß wir sagten »der einzige, der so-und-so ist«. Aber der andere könnte entgegnen, damit sei der Gegenstand nur mittelbar als einziger Träger einer Eigenschaft bezeichnet; *identifiziert* werde ein Gegenstand nur, wenn er unmittelbar selbst bezeichnet werde. Diese Gegenüberstellung von einer mittelbaren und einer unmittelbaren Bezugnahme auf einen Gegenstand ist freilich immer noch unklar. Aber man kann diese Gegenüberstellung zunächst am Beispiel verdeutlichen: wenn jemand etwas über den höchsten Berg der Erde sagt, ist noch nicht klar, von welchem Gegenstand, von welchem Berg er spricht; man kann zurückfragen: »und welcher Berg ist denn der höchste?«, und erst, wenn darauf geantwortet würde, hätten wir einen bestimmten Berg ›identifiziert‹. Es bleibt immer noch unklar, wodurch diese weitere Angabe, welcher es ist, erfolgen soll, aber wir können jetzt sagen: wodurch auch immer sie erfolgen mag, erst sie soll als Identifizierung bezeichnet werden. Eine solche Erklärung des Wortes »Identifizieren« findet sich bei Searle. Er sagt: »Mit ›Identifizieren‹ meine ich hier, daß es keinen Zweifel und keine Zweideutigkeit mehr darüber geben soll, worüber genau gesprochen wird. Fragen wie ›wer?‹, ›was?‹ oder ›welcher?‹ sind auf der *untersten Ebene* beantwortet«.[14]

Sie werden das immer noch unklar finden und fragen: wie kommt es zu dieser Unterscheidung von Ebenen bei der Frage »welcher von allen ist gemeint?«, und wodurch ist die unterste Ebene ausgezeichnet? Die bisherige Literatur gibt, soweit ich sehe, keine Handhabe, diese Frage systematisch anzugehen. Nun haben wir vom Grundsatz der analytischen Philosophie her einen natürlichen Leitfaden für die Frage nach der Semantik der singulären Termini, den ich schon am Anfang genannt habe, aber den wir bisher nicht eingesetzt haben. Die Frage, was es heißt, daß ein singulärer Terminus für einen Gegenstand steht, so sahen wir damals (S. 341), läßt sich nur in der Weise beantworten, daß wir fragen, wie festgestellt wird, für welchen Gegenstand ein singulärer Terminus steht. Und da wir inzwischen gesehen haben, daß die Funktion des singulären Terminus darin besteht, einen Gegenstand zu spezifizieren, daß also das Stehen-für als Spezifizieren zu verstehen sei, lautet die Frage offenbar so: wie wird festgestellt, welchen Gegenstand ein singulärer Terminus spezifiziert? Und wenn es nun verschiedene Arten von singulären Termini und verschiedene Ebenen der Spezifizierung geben soll, so können wir erwarten, daß diese sich durch die verschiedene Art und Weise unterscheiden lassen, wie festgestellt wird, welchen Gegenstand der Ausdruck spezifiziert. Und so müßte auch verständlich werden, wie jener engere Begriff des Spezifizierens zu verstehen ist, den Strawson als Identifizieren bezeichnet und dessen Sinn er nicht erklärt, sondern nur durch Paraphrasen angedeutet hat.

Zur Vorbereitung einer solchen systematischen Analyse sollten wir aber erst einmal klären, wie weit überhaupt im Anschluß an Strawson zu kommen ist. Bisher habe ich nur die Frage erörtert, was Strawson allgemein unter ›Identifizierung‹ versteht. Wir müssen uns jetzt noch darüber ins Bild setzen, welche tatsächlichen Möglichkeiten der Identifizierung von wahrnehmbaren Gegenständen durch singuläre Termini er ins Auge faßt. Auf diese Weise können wir die systematische Klärung, wodurch sich der engere Begriff der Identifizierung von dem umfassenderen der Spezifizierung unterscheidet, vorbereiten.

Strawson unterscheidet zwei Arten der Identifizierung, die direkte (demonstrative) und die indirekte (nichtdemonstrative) Identifizierung. Als einfachsten Fall einer Identifizierung sieht Strawson, wie zu erwarten war, die Identifizierung mittels des deiktischen Ausdrucks »dies«. Die Frage »welches ist denn der höchste Berg?« kann, so scheint es, definitiv beantwortet werden, indem man den Fragenden zu einem bestimmten Berg hinführt und ihm sagt »es ist dieser da«. Diese »demonstrative Identifizierung« besteht darin, daß »der Hörer den gemeinten einzelnen Gegenstand wahrnehmungsmäßig unterscheiden« und so »herausgreifen« *(pick out)* kann. Dadurch ist er in der Lage, das Gemeinte »direkt zu lokalisieren« *(directly to locate)*.[15]

Ein Gegenstand könne nun aber auch indirekt, auf nichtdemonstrative Weise, identifiziert werden. Das sei nur möglich, indem er mit der Situation der demonstrativen Identifizierung, also der jeweiligen Wahrnehmungssituation von Sprecher und Hörer, in Verbindung gesetzt wird. Eine solche Identifizierung erfolge daher durch »eine Kennzeichnung, die das Gemeinte in eine eindeutige Relation zu einem anderen Einzelnen setzt, das demonstrativ identifiziert werden kann«.[16] Nun gebe es ein umfassendes System von eineindeutigen Relationen, in das alle raumzeitlichen Gegenstände gehören, nämlich das System der raumzeitlichen Relationen; jeder wahrnehmbare Gegenstand hat eine Stelle innerhalb dieses Systems und steht insofern in einer eineindeutigen raumzeitlichen Relation zu jedem anderen wahrnehmbaren Gegenstand. Da das System der raumzeitlichen Relationen ein einziges, einheitliches und umfassendes ist, könne jeder wahrnehmbare Gegenstand, wenn nicht durch eine andere eindeutige Relation, auf jeden Fall durch seine raumzeitliche Relation zu einem direkt identifizierbaren Gegenstand identifiziert werden.[17]

Wenn wir diese zwei Möglichkeiten der Identifizierung konkreter Gegenstände, die Strawson ins Auge faßt, an der – von Strawson selbst freilich nicht formulierten – Idee messen, daß nur eine solche Spezifizierung mittels eines singulären Terminus »x« als

Identifizierung gelten soll, die nicht mehr zu der weiteren Frage »und welcher Gegenstand ist denn x?« Anlaß gibt, so wird man folgende Bedenken geltend machen müssen:

1. Wenn wir jemanden, der wissen möchte, welches der höchste Berg ist, mit verbundenen Augen vor oder auf den Mt. Everest bringen, ihm dann die Binde abnehmen und ihm sagen »es ist dieser da«, so ist es durchaus naheliegend, daß er antwortet »aber welcher Berg ist es denn, den ich da sehe?« Auf eine solche Frage wird üblicherweise mit dem Namen des Berges geantwortet. Aber daß die Antwort »der höchste Berg – oder: der Berg, den du da siehst – ist der Mt. Everest«, gewöhnlich als definitiv hingenommen wird, hängt nur daran, daß vorausgesetzt wird, daß feststeht, *welcher* Berg der ist, der so genannt wird, und hier meinen wir mit der Frage, welcher es ist: wo er sich befindet, in welchen räumlichen Relationen zu anderen Gegenständen, zu anderen geographischen Data. Erst auf eine Antwort dieser Art erscheint eine weitere Rückfrage »und welcher ist der Berg, der an der und der Stelle ist?« sinnlos. Man wird also Strawson nur insofern darin zustimmen können, daß die demonstrative Spezifizierung eine Spezifizierung auf der untersten Ebene, eine ›Identifizierung‹ ist, als wir normalerweise, wenn wir das Demonstrativpronomen »dies« oder die entsprechenden raumzeitlichen Ausdrücke »hier« und »jetzt« verwenden, voraussetzen, daß wir diese Ausdrücke ohne weiteres ersetzen können durch andere Ausdrücke, durch die die objektive raumzeitliche Stelle, an der der Gegenstand sich befindet, bezeichnet wird, diejenige Stelle also, die dem Gegenstand nicht nur subjektiv, vom Standort des Sprechers, zukommt, sondern die Stelle, die ihm relativ zu allen anderen möglichen Standorten zukommt. Dann ist es aber nicht möglich, sich die Identifizierung von wahrnehmbaren Gegenständen in der Weise in zwei Stufen zu denken, wie Strawson es tut: die demonstrative Identifizierung setzt ihrerseits, wenn sie eine eigentliche Identifizierung sein soll, die raumzeitliche, nichtdemonstrative Identifizierung voraus; was Strawson die ›direkte Lokalisierung‹ nennt (oben, S. 399), setzt die Möglichkeit einer objektiven Lokalisierung voraus. Daß Strawson das übersehen hat, liegt daran, daß er noch die in Russells Theorie der logischen Eigennamen enthaltene traditionelle Voraussetzung übernahm, daß das Stehen eines Ausdrucks für einen Gegenstand als direkte Relation zu verstehen ist; mit Russell dachte sich Strawson diese Relation als demonstrative Relation, in der auf etwas in

der Wahrnehmung Gegenwärtiges schlicht gezeigt wird, und übersah, daß ein Einzelnes spezifizieren von vornherein heißt: herausstellen, welches *von allen*. Darin liegt zwar noch nicht von vornherein, daß man die Relationen des Gemeinten zu allem anderen angeben können muß – das gilt z. B. nicht bei den meisten Typen abstrakter Gegenstände –; wohl hingegen liegt allgemein darin, daß durch die Angabe-welcher das Gemeinte unterscheidbar sein muß von allem, was nicht identisch mit ihm selbst ist. Und in dem besonderen Fall der Spezifizierung von wahrnehmbaren Gegenständen hat das zur Folge, daß die Angabe-welcher durch ein bloßes Demonstrativum zur Spezifizierung nicht ausreicht; man muß das Gemeinte auch von allen übrigen unterscheiden können, und warum das nur möglich ist, indem man angibt, in welcher raumzeitlichen Relation es zu allen übrigen steht, werden wir uns noch fragen müssen.

2. Wir haben gesehen, daß Strawson zwei Arten der nichtdemonstrativen Identifizierung unterscheidet. Bei beiden Arten wird das Gemeinte identifiziert durch eine eindeutige Relation zu etwas demonstrativ Identifiziertem, bei der ersten Art durch seine raumzeitliche Relation, bei der zweiten durch eine andere Relation. Wir haben jetzt gesehen, daß die demonstrative Identifizierung ihrerseits die erste Art der nichtdemonstrativen Identifizierung voraussetzt. Freilich ist die Voraussetzung eine wechselseitige; jede Lokalisierung von etwas durch Angabe seiner raumzeitlichen Relationen zu anderen Gegenständen ist eine Identifizierung nur, wenn die raumzeitlichen Relationen dieser anderen Gegenstände zu der Wahrnehmungssituation bekannt sind; darauf werde ich noch zurückkommen. Wie steht es nun aber mit der anderen Art der nichtdemonstrativen Identifizierung, derjenigen mittels anderer als raumzeitlicher Relationen? Man kann sich diese Art der Identifizierung nicht beschränkt denken auf solche Fälle, wo etwas geradezu zu etwas Wahrgenommenem in einer eindeutigen Relation steht; offensichtlich zur selben Klasse gehört jede Spezifizierung durch eine eindeutige Relation zu etwas bereits Identifiziertem, und so kann die Beziehung zur Wahrnehmungssituation beliebig indirekt sein. Beispiele sind »der Mörder dieses Mannes«, »die Frau von Herrn Maier«, »der Präsident von Frankreich«, »der Erstbesteiger des Mt. Everest«. Nun kann man leicht sehen, daß die Spezifizierung eines Gegenstandes mittels einer solchen eindeutigen Relation zu etwas schon Identifiziertem sich gar nicht un-

terscheidet von der Spezifizierung mittels eines bloß deskriptiven Ausdrucks, der Strawson den Status einer ›Identifizierung‹ abgesprochen hat. Eine Spezifizierung der Form »der einzige, der in der Relation R zu diesem da steht« unterscheidet sich qua Spezifizierung nicht von einer Spezifizierung der Form »der einzige, der F ist«. In beiden Fällen wird etwas nur in der Weise als einzelnes herausgestellt, daß es dasjenige sein soll, das als einziges eine bestimmte Eigenschaft oder eine bestimmte Relation zu etwas Identifiziertem haben soll, und in beiden Fällen bleibt die Frage offen, welches es denn nun ist, das diese Eigenschaft oder Relation hat. Z. B. »der Mörder von Herrn X – –« und nun stellt sich die Frage: »wer ist das, wer hat Herrn X ermordet?« Diese Frage kann wie die Frage »welches ist der höchste Berg?« zunächst mit einem Eigennamen beantwortet werden, eine Antwort, die aber wiederum nur als Identifizierung gelten kann, wenn vorausgesetzt wird, daß man weiß, *welche* Person es ist, die so genannt wird, und das kann auch hier wieder nur heißen: wenn man die Person raumzeitlich identifizieren kann.

Es ist schwer zu sehen, warum Strawson geglaubt hat, daß sich die Spezifizierung mittels einer eindeutigen Relation von der Spezifizierung mittels einer einzigen Eigenschaft wesentlich unterscheidet. Wahrscheinlich meinte er, daß nur durch eine eindeutige Relation gesichert ist, daß das, was spezifiziert wird, wirklich nur eines ist. Aber dann dürfte man nicht alle Relationskennzeichnungen zulassen, die ihrem Sinn nach voraussetzen, daß nur ein Gegenstand in dieser Relation steht (wie »der Mörder von . . .«), sondern nur solche, die nicht mehr als ein Gegenstand zu einem bestimmten Gegenstand haben *kann* (wie »die Mutter von . . .«). Bei diesen Relationen wäre zwar im Unterschied zu den Spezifizierungen mittels einer einzigen Eigenschaft gesichert, daß die Spezifizierung nicht in *dem* Sinn scheitern kann, daß sich herausstellen könnte, daß die Beschreibung auf mehr als einen Gegenstand zutrifft. Aber es ist nicht ohne weitere Erläuterung verständlich, warum eine Spezifizierung nur deswegen keine Identifizierung sein soll, weil sie scheitern kann; und außerdem können sämtliche Identifizierungsarten, die Strawson unterschieden hat, in dem anderen Sinn scheitern, daß sich herausstellt, daß es keinen solchen Gegenstand gibt; so kann sich bei der demonstrativen Identifizierung herausstellen, daß es, wenn man sagt »dieser Käfer«, an der Stelle, auf die gezeigt wird, keinen Käfer gibt, und dasselbe gilt natürlich auch für die Identifizierung durch objektive Angabe der Raumzeitstelle, an der sich der Gegenstand befinden soll.

Da Strawson seinen Begriff der Identifizierung nicht scharf bestimmt hat, da er nicht, wie ich es hier getan habe, einen engeren Begriff der Identifizierung von einem weiteren der Spezifizierung unterschieden hat und also auch nicht klar ist, welches das relevante Kriterium ist, durch das sich eine Spezifizierung im engeren Sinn von einer solchen im weiten Sinn für ihn unterscheidet, ist meine Behauptung, daß die Spezifizierung mittels einer eindeutigen Relation sich in dem für die Identifizierung relevanten Sinn von der Spezifizierung mittels einer einzigen Eigenschaft nicht unterscheidet, gegen Strawson nicht unbedingt schlüssig. Gegen eine unscharfe Position läßt sich nicht definitiv argumentieren. Diese Behauptung von mir ist aber schlüssig, wenn, wie ich im Anschluß an das Zitat von Searle vorausgesetzt habe, das relevante Kriterium, wodurch sich die Identifizierung von der bloßen Spezifizierung unterscheidet, darin liegt, daß die Frage »welches von allen ist gemeint?« auf der untersten Ebene beantwortet ist, m. a. W. daß diese Frage nicht mehr wiederholt werden kann.

Fassen wir jetzt die Einwände, die ich gegen die zwei von Strawson unterschiedenen Formen der Identifizierung erhoben habe, gemeinsam ins Auge, so scheinen sie von zwei verschiedenen Seiten auf ein und dasselbe zu verweisen: daß nämlich Strawson, dem das Verdienst zukommt, auf die besondere Signifikanz des Systems raumzeitlicher Relationen für die Identifizierung wahrnehmbarer Gegenstände aufmerksam gemacht zu haben, diese Signifikanz noch unterschätzt hat. Für Strawson besteht diese Signifikanz nur darin, daß die raumzeitlichen Relationen zwischen den Gegenständen ein umfassendes und einheitliches System von Relationen ausmachen und es dadurch möglich machen, einen Gegenstand, sofern er nicht demonstrativ identifizierbar ist, wenn nicht durch andere eindeutige Relationen, allemal durch seine raumzeitlichen Relationen identifizieren zu können. Demgegenüber hat sich jetzt erstens gezeigt, daß die demonstrative Identifizierung eine Identifizierung nur ist, wenn vorausgesetzt wird, daß sie durch raumzeitliche Relationen ersetzt werden kann, durch die die objektive raumzeitliche Stelle, an der der Gegenstand sich befindet, bezeichnet wird; und zweitens, daß die Spezifizierung mittels anderer eindeutiger Relationen überhaupt keine Identifizierung ist. Es ergibt sich also, daß das System raumzeitlicher Relationen für die Identifizierung wahrnehmbarer Gegenstände nicht nur besonders signifikant ist, sondern daß es nur eine einzige Art der Identifizierung wahrnehmbarer Gegenstände gibt: wenn von einem einzelnen wahrnehmbaren Gegenstand so geredet werden soll, daß die Rückfrage »und welcher ist das?« nicht mehr möglich ist, muß er in Raum und Zeit lokalisiert werden.

Wo stehen wir? Das Ergebnis, zu dem wir jetzt gekommen sind, hat seine Grundlage in einer immanenten kritischen Interpretation von Strawson und gleichzeitig in dem Versuch, die Frage, »welcher ist gemeint?« in den verschiedenen Stufen, die sich an ihr zeigten, bis zu der letzten zu verfolgen, auf der sie sich nicht mehr wiederholen läßt. Damit habe ich meine eigene Fragestellung und ihre weitere systematische Ausführung in den Kontext des Problemstandes in der heutigen analytischen Philosophie gestellt, der, soweit ich sehen kann, nicht wesentlich über Strawsons Ansätze hinausreicht. Als wichtigste Korrektur an Strawsons Auffassung ist die Widerlegung seiner Konzeption einer isolierten demonstrativen Identifizierung festzuhalten; diese Konzeption ist ein Residuum der traditionellen Theorie vom Gegenstandsbezug als einer schlichten Beziehung auf etwas unmittelbar Vorgegebenes und widerspricht der Einsicht, daß die Bezugnahme auf einen Gegenstand als Spezifizieren zu verstehen ist, als Herausstellen, welcher von allen gemeint ist.

Aber was nun als positives Ergebnis der immanenten Interpretation von Strawson übriggeblieben ist, werden Sie kaum als transparent empfinden. Daß alle Spezifizierung wahrnehmbarer Gegenstände auf der letzten Stufe eine Lokalisierung durch ihre raumzeitlichen Relationen sein soll, ist ein Ergebnis, das offenbar nach mehreren Hinsichten erst noch verständlich gemacht werden müßte.

1. Bisher ist nicht klar geworden, wieso es überhaupt mehrere und im wesentlichen offenbar zwei Stufen der Spezifizierung wahrnehmbarer Gegenstände gibt und worin, allgemein gesehen, die Auszeichnung der letzten Stufe besteht. Von Strawson konnten wir auf diese Frage keine Antwort bekommen, weil seine Rede von ›Identifizierung‹ zu unklar ist. Ich habe mich dann an das bloße Faktum gehalten, daß sich solche Stufen in der Art, wie wir einen Gegenstand spezifizieren, zeigen. Wenn aber die Bezugnahme auf einen Gegenstand wesentlich als Spezifizieren zu verstehen ist und sich im Spezifizieren eine solche Differenzierung zeigt, so ist deren

Aufklärung offenbar essentiell für das Verständnis unserer Bezugnahme auf Gegenstände.

2. Wenn sich auch die Spezifizierung wahrnehmbarer Gegenstände auf der untersten Ebene als raumzeitliche Lokalisierung erwiesen hat, so ist doch bisher ungeklärt geblieben, wie diese Spezifizierung im Zusammenspiel demonstrativer und objektiv lokalisierender Ausdrücke wirklich funktioniert.

3. Sollen wir es als bloßes Faktum hinnehmen, daß die Spezifizierung wahrnehmbarer Gegenstände auf dieser untersten Ebene sich gerade als raumzeitliche Lokalisierung erweist? Für Strawson brauchte sich diese Frage nicht zu stellen, weil ihm die raumzeitliche Lokalisierung nur als eine Art der Identifizierung unter anderen erschien. Wenn aber dieses Faktum noch irgendwie verständlich werden soll, müßte es im Rekurs auf den Begriff der Identifizierung – der Spezifizierung auf der untersten Ebene – aufzuklären sein, und einen solchen Begriff haben wir nocht nicht.

Um diese Frage zu beantworten und auf diesem Wege unsere Ausgangsfrage nach der Verwendungsweise singulärer Termini und nach der Bezugnahme auf Gegenstände weiterzubringen, werden wir jetzt die methodisch-systematischen Hilfsmittel einsetzen müssen, die uns vom Ansatz der Fragestellung her zur Verfügung stehen:

1. Ich habe schon darauf hingewiesen, daß es von Wittgensteins Grundsatz her von vornherein selbstverständlich gewesen wäre, die Frage nach der Verwendungsweise der verschiedenen Arten der singulären Termini und d. h. nach der bestimmten Form, die jeweils die Spezifizierungsfunktion annimmt, so zu stellen, daß man fragt, wie jeweils festgestellt wird, für welchen Gegenstand der Ausdruck steht (S. 398). Außerdem werden wir jetzt auch die Frage nach der Bedeutung miteinbeziehen müssen, und wir wissen schon, daß die philosophische Frage nach der Bedeutung einer Ausdrucksform die Frage ist, wie einzelne Ausdrücke dieser Form erklärt werden und d. h., wie ihre Bedeutung festgestellt wird.

2. Ich hatte es bei der Einführung der Problematik singulärer Termini offengelassen, ob das ›Stehen‹ eines singulären Terminus ›für‹ einen Gegenstand nur aus dem Prädikationskontext verstanden werden kann, da sich diese Frage von der Wahrheitsdefinition der prädikativen Satzform her nicht entscheiden ließ (S. 340). Als sich dann jedoch zeigte, daß man das Stehen-für als Spezifizieren verstehen muß, wurde gleichzeitig klar, daß die singulären Termini

in ihrem Gegenstandsbezug wesensmäßig ergänzungsbedürftige Ausdrücke sind – ergänzungsbedürftig durch etwas, was über das Gemeinte gesagt wird, und d. h. durch ein Prädikat (S. 367). Die Klärung der Verwendungsweise der singulären Termini kann also gestützt werden, indem wir auch von der anderen Seite vorgehen und fragen, wie wahrnehmbare Gegenstände spezifiziert werden müssen, wenn sie durch entsprechende Prädikate charakterisiert werden können sollen, und d. h. durch Prädikate, die in Wahrnehmungssituationen erklärt werden.

Mit diesem zweiten hängt unmittelbar ein 3. methodischer Gesichtspunkt zusammen. Wenn die Spezifizierungsfunktion der singulären Termini aus dem Zusammenhang der Ergänzungsbedürftigkeit durch Prädikate zu verstehen ist, heißt das, daß das Feststellen, für welchen Gegenstand der singuläre Terminus steht, aus dem Zusammenhang des Feststellens, ob die prädikativen Aussagen, in die der singuläre Terminus als unselbständiger Teil eingeht, wahr oder falsch sind, verstanden werden muß.

Anmerkungen

1 *Logico-Linguistic Papers,* S. 59.
2 *Individuals,* S. 16.
3 *Individuals,* S. 31 f., *Papers,* S. 63.
4 B. A. O. Williams, »Mr. Strawson on Individuals«, S. 312 ff.
5 Explizit Wiggins, »The Individuation of Things and Places«, S. 183; implizit Searle, *Speech Acts,* S. 85.
6 *Papers,* S. 63.
7 *Individuals,* S. 61.
8 Strawson, *Papers,* S. 63, Searle S. 81, Wiggins a.a.O., S. 183, Donnellan, »Reference and Definite Descriptions«, S. 285.
9 »Singular Terms, Ontology and Identity«, S. 438.
10 *Individuals,* S. 61.
11 *Papers,* S. 60 f.
12 Vgl. *Papers,* S. 62, 63 f., *Individuals,* S. 26 f.
13 Vgl. Quinton, *The Nature of Things,* S. 15; Strawson, *Individuals,* S. 26 f.
14 *Speech Acts,* S. 85; Hervorh. v. m.
15 *Individuals,* S. 18 f.
16 a.a.O., S. 21.
17 a.a.O., S. 22–25.

24. Vorlesung

Der Versuch, Strawsons vage Rede von ›Identifizierung‹ zu klären, die zunächst dem zu entsprechen schien, was ich die Spezifizierungsfunktion singulärer Termini genannt hatte, führte zu dem Ergebnis, daß damit gar nicht der allgemeine Begriff der Spezifizierung, sondern ein ausgezeichneter Sonderfall dieser Funktion intendiert ist, durch den auf einer untersten Ebene angegeben wird, welcher Gegenstand gemeint ist, d. h. so, daß die Frage »und welcher Gegenstand ist der so spezifizierte?« nicht mehr wiederholt werden kann; und es zeigte sich, daß dieser Sonderfall der Spezifizierung bei wahrnehmbaren Gegenständen nur dann gegeben ist, wenn der Gegenstand durch den singulären Terminus raumzeitlich lokalisiert wird. Es ist aber bisher nicht gelungen, diesen sich abzeichnenden Sonderfall der Spezifizierung so zu fassen, daß man von einem klaren *Begriff* der *Identifizierung* sprechen könnte, und so blieb auch ungeklärt, welche Relevanz diesem Sonderfall für die Spezifizierung im allgemeinen und damit für die Möglichkeit, überhaupt auf Gegenstände bezugnehmen zu können, zukommt; und ebenso blieb ungeklärt, wie diese Identifizierung – die Spezifizierung durch raumzeitliche Lokalisierung – tatsächlich funktioniert und inwiefern gerade der raumzeitlichen Lokalisierung für die letzte Spezifizierung eines wahrnehmbaren Gegenstandes eine solche Auszeichnung zukommt.

Ich habe zuletzt drei methodische Gesichtspunkte genannt, die uns bei der Beantwortung dieser noch offengebliebenen Fragen leiten können: 1. die Orientierung an der tatsächlichen Verwendungsweise der singulären Termini und insbesondere an der Frage, wie festzustellen ist, für welchen Gegenstand der Ausdruck steht. 2. die Berücksichtigung des Umstandes, daß die singulären Termini Ergänzungsausdrücke von Prädikaten sind. 3. die Berücksichtigung der Funktion, die das Feststellen, für welchen Gegenstand der Ausdruck steht, für das Feststellen der Wahrheit oder Falschheit der Sätze hat, die mit ihm gebildet werden können.

Von diesen drei Gesichtspunkten ist der erste der konkreteste, und er ist auch entscheidend, weil wir natürlich den singulären Termini nicht durch die Ausdrücke, die sie ergänzen, oder durch die, zu denen sie ergänzt werden, einen Gegenstandsbezug zudiktieren können, den sie von sich aus nicht hergeben. Wenn andererseits die Spezifizierungsfunktion der singulären Termini wesensmäßig eine Teilfunktion ist, die die Funktion von Charakterisierungsausdrücken so ergänzt, daß sich Ausdrücke mit einer Behauptungsfunktion ergeben, dann müßten von den zwei anderen Gesichtspunkten jedenfalls für diejenigen der noch offenen Fragen Aufschlüsse zu gewinnen sein, die nicht so sehr die deskriptiven Tatbestände selbst betreffen als ihre Verständlichkeit. Und der dritte Gesichtspunkt ist für uns insofern von besonderer Bedeutung, als wir ja die ganze Untersuchung der singulären Termini nur unternehmen, um am Ende zu einer Erklärung der Verwendung der prädikativen Satzform bzw. des Wortes »wahr« auf dieser untersten Stufe seiner rekursiven Definition zu kommen. Wir gehen daher jetzt am besten von einer globalen Berücksichtigung des dritten Gesichtspunktes als dem umfassendsten aus. Die Perspektive, die sich aus ihm für das Verständnis der singulären Termini ergeben wird, wird uns von selbst zur Detailuntersuchung der singulären Termini führen, und zwar gerade unter dem genannten methodischen Gesichtspunkt, sich an der Frage zu orientieren, wie festzustellen ist, welcher Gegenstand durch einen singulären Terminus spezifiziert wird. Da wir auf diese Weise nur einen Teil der offenen Fragen werden beantworten können, will ich dann in der nächsten Stunde auf den zweiten methodischen Gesichtspunkt zurückgreifen, auf den Umstand, daß die singulären Termini Ergänzungsausdrücke von Prädikaten sind – und zwar von solchen, die, wenn sie nicht so ergänzt würden, Quasiprädikate wären –, und diese Perspektive wird zu einer Vertiefung des Verständnisses der Verwendung der singulären Termini überleiten, die schließlich zu einem vollen Verständnis der singulären Termini aus der Perspektive des dritten Gesichtspunkts führen müßte mit dem Ziel, daß die Rede vom »Stehen-für« in der Wahrheitsdefinition prädikativer Aussagen entbehrlich und die prädikative Satzform verständlich wird.

Mit dem dritten Gesichtspunkt zu beginnen, legt sich auch deswegen nahe, weil er von den drei Gesichtspunkten der einzige ist, der in der bisherigen analytischen Philosophie bei einigen Autoren wenigstens im Ansatz berücksichtigt worden ist. Der unbefriedigende Zustand, in dem sich überhaupt die Semantik der singulären Termini trotz der umfangreichen Literatur befindet, hat seinen Grund darin, daß die Erörterung der singulären Termini nur dort in den allgemeineren Zusammenhang der Semantik assertorischer Sätze gestellt wurde, wo man sie metatheoretisch durchführte und also nicht nach der Verwendungsweise der Ausdrücke fragte; und wo andererseits nach der Verwendungsweise der singulären Termini gefragt wurde, geschah das ohne eine Orientierung an allgemeineren semantischen Prinzipien und im wesentlichen auch ohne Berücksichtigung der Funktion der singulären Termini im Satzganzen. Das gilt für Strawson und gilt auch für andere wichtige neuere Untersuchungen zu einzelnen Typen von singulären Termini, die gegensätzliche Auffassungen zu Strawson vertreten, wie insbesondere diejenigen von Kripke und Donnellan. Lediglich bei Dummett finden wir eine klare Orientierung an dem dritten der von mir genannten Gesichtspunkte, indem er in seinem Frege-Buch die Auffassung vertritt, daß die Bedeutung eines singulären Terminus, die von ihm als Direktive verstanden wird zur Feststellung, welches der Gegenstand ist, für den der Ausdruck steht, als Beitrag zu verstehen ist zu der Bedeutung der assertorischen Sätze, in die er als Bestandteil eingeht, und die Bedeutung eines assertorischen Satzes verstehen, heißt auch für Dummett wissen, wie seine Wahrheit oder Falschheit festzustellen ist; aber Dummett hat die Semantik der singulären Termini nicht im einzelnen ausgeführt. Eine ähnliche Auffassung findet sich noch bei Wiggins, der sie allerdings nicht zum Tragen brachte, sondern sich in seinen Detailuntersuchungen in dem von Strawson abgesteckten Rahmen gehalten hat.[1]

Die Formulierung bei Wiggins ist so prägnant, daß wir von ihr ausgehen können, zumal sie sich als ein wenn auch »grober und unbefriedigender« Versuch vorstellt, die Rede vom »Identifizieren« zu definieren. »Ich identifiziere a, wenn ich für jedes φ, von dem ich voll verstehe, was es für etwas heißt, daß es φ ist (i) weiß, was es heißt, daß ›φ-a‹ wahr ist, und (ii) ohne Präliminarien weiß, wie zu untersuchen ist, ob ›φ-a‹ wahr ist.«[2]

Was Wiggins mit der Einschränkung meint, daß die angegebenen zwei Bedingungen nur bei solchen Prädikaten »φ« gelten, von denen man weiß, was es für etwas heißt, daß es φ ist, läßt sich so erläutern: sie gelten nur für Prädikate, bei denen man weiß, wie festzustellen ist, daß sie auf einen Gegenstand zutreffen, m. a. W. nur für Prädikate, deren Verifikationsregel man kennt. Von den zwei Bedingungen, die Wiggins dann nennt, betrifft die erste das Kennen der Wahrheitsbedingung von »φ-a«, die zweite das Kennen der Verifikationsregel, und da, wie wir gesehen haben, die Verifikationsregel eine weitergehende Formulierung der Wahrheitsbedingung ist (S. 259), kann die erste Bedingung entfallen. Wir können demnach Wiggins' Erklärung in der folgenden Form zusammenfassen: mit einem singulären Terminus »a« wird der Gegenstand a identifiziert, wenn man – vorausgesetzt, daß man die Verifikationsregel des Prädikats »φ« kennt (daß man weiß, wie festzustellen ist, ob »φ-x« wahr ist) – ohne Präliminarien weiß, wie festzustellen ist, ob »φ-a« wahr ist.

Machen wir uns zunächst klar, was an dieser Erklärung ohne weiteres plausibel ist. Wenn wir einen Satz haben, der aus den zwei Bestandteilen »φ« und »a« besteht, und wenn vorausgesetzt ist, daß einen Satz verstehen, heißt, wissen, wie festzustellen ist, ob er wahr ist, und wenn wir »φ« verstehen und d. h. den Beitrag kennen, den dieser Satzteil für die Feststellung der Wahrheit des Satzes liefert, dann müßte »a« verstehen, heißen, den Beitrag des anderen Satzteils für die Feststellung der Wahrheit des Satzes kennen. Ich glaube, das leuchtet ein, so weit es reicht. Die Erklärung bleibt aber insofern abstrakt, als aus ihr die Unterschiedlichkeit der Rollen, die der singuläre Terminus und die das Prädikat für die Feststellung der Wahrheit des prädikativen Satzes haben, nicht ersichtlich wird. Außerdem will Wiggins mit seiner Definition nicht erklären, was es heißt, einen singulären Terminus zu verstehen, sondern was es heißt, daß ein singulärer Terminus einen Gegenstand identifiziert. Nun kann man hier leicht eine Brücke bauen und sagen: einen singulären Terminus verstehen, heißt wissen, wie festzustellen ist, welchen Gegenstand er identifiziert. Damit wäre die Verbindung hergestellt zwischen der Bedeutung des singulären Terminus und seiner Identifizierungs- oder Spezifizierungsfunktion. Und Sie könnten meinen, daß damit auch schon eine Antwort auf die eben aufgeworfene Frage gegeben ist, die die besondere Rolle des singulären Terminus für die Feststellung der Wahrheit des Satzes betraf. Aber das ist nicht der Fall. Denn erstens wird zwar durch die Rede von der Spezifizierung oder Identifizierung eine Besonderheit des singulären Terminus hervorgehoben, aber es bleibt zunächst unklar, inwiefern damit seine Rolle für die Feststellung der Wahrheit der mit ihm gebildeten prädikativen Sätze bezeichnet ist. Und zweitens ist ja das Wort »Identifizieren« das Wort, das Wiggins in seiner Erklärung definiert; welches die Rolle des singulären Terminus für die Feststellung der Wahrheit der mit ihm gebildeten prädikativen Sätze ist, kann also nicht durch ein Vorverständnis des Wortes »Identifizieren« vorausgesetzt werden, sondern müßte aus der Definition – dem Definiens – zu erkennen sein.

Das wichtigste Problem, das sich stellt, ist aber das folgende: aus dem Kontext geht klar hervor, daß Wiggins seine Definition nicht als eine allgemeine Definition der Funktion singulärer Termini verstanden wissen will, sondern durch das Kriterium des Identifizierens, so wie er es definiert, soll eine ausgezeichnete Unterklasse der singulären Termini ausgegrenzt werden. Was Wiggins im Auge hat, ist der von Strawson anvisierte, aber unklar gelassene enge Begriff des Identifizierens und nicht etwa der weite Begriff des Spezifizierens. Wir haben am Ende der vorigen Stunde ein mögliches äußeres Kriterium für diese enge Rede vom Identifizieren darin gefunden, daß die Frage »und welches ist das?« nicht mehr wiederholt werden kann, aber es war eine der offengebliebenen Fragen, wie diese Stufung zu verstehen sei und worin es begründet sei, daß sie bei den lokalisierenden Kennzeichnungen ein Ende findet. Es fehlt uns also bisher ein Begriff des Identifizierens. Könnte er in Wiggins' Definition enthalten sein?

Sicher hat Wiggins dies mit seiner Definition intendiert. Aber daß diese Definition das tatsächlich leistet, daß sie wirklich nur für die Spezifizierungsfunktion einer besonderen Klasse von singulären Termini zutreffen soll, muß uns sofort zweifelhaft erscheinen, wenn wir uns überlegen, wie denn dann die Bedeutung und die Spezifizierungsfunktion der übrigen singulären Termini verstanden werden soll. Es schien sich doch eben ganz zwanglos zu ergeben, daß man einen singulären Terminus – einen beliebigen singulären Terminus – versteht, wenn man weiß, wie die Wahrheit der prädikativen Sätze, in die er als Bestandteil eingeht, festzustellen ist, vorausgesetzt, daß man auch die Prädikate dieser Sätze versteht; und wenn es nicht so sein soll, fragt man sich, wie denn dann überhaupt noch die Bedeutung derjenigen prädikativen Sätze verstanden werden könnte, die singuläre Termini enthalten, die nicht in dem engen Sinn identifizierend sind. So scheint es also, daß man die Definition von Wiggins eher für den allgemeinen Begriff der Spezifizierungsfunktion als für den gesuchten engen Begriff der Identifizierungsfunktion in Anspruch nehmen kann. Obwohl also der Ansatz von Wiggins prinzipieller ist als der von Strawson, scheint sein Versuch, den intendierten engen Begriff des Identifizierens zu umgrenzen, ebenso wie der von Strawson daran zu scheitern, daß auch er den weiten Begriff des Spezifizierens gar nicht ins Auge gefaßt und daher für die nötige Abgrenzung gegen ihn keine Vorsorge getroffen hat.

Immerhin enthält Wiggins' Definition noch eine einschränkende Qualifikation, die uns vielleicht aus der gegenwärtigen Sackgasse herausführen könnte. Er sagt, a werde identifiziert, wenn man »ohne Präliminarien« wisse, wie festzustellen ist, daß »φ-a« wahr ist. Hilft das weiter? Wir könnten nun sagen: man *verstehe* einen singulären Terminus »a«, bzw. mit »a« wird ein Gegenstand *spezifiziert,* wenn man weiß, wie festzustellen ist, ob »φ-a« wahr ist; und darüber hinaus werde ein Gegenstand mit »a« *identifiziert,* wenn wir *ohne Präliminarien* wissen, wie festzustellen ist, ob »φ-a« wahr ist; wobei in beiden Fällen vorausgesetzt ist, daß wir wissen, wie das Prädikat zu verifizieren ist.

Aber, so werden Sie natürlich fragen, was heißt es denn, so etwas mit oder ohne ›Präliminarien‹ zu wissen? Darüber sagt Wiggins nichts, und ich glaube nicht, daß wir jetzt in der Weise weiterkommen, daß wir ins Blaue hinein darüber zu spekulieren versuchen, was man sich in diesem Zusammenhang unter »Präliminarien« denken könnte. Die bei Wiggins unklar bleibende Einschränkung könnte uns gleichwohl einen Weg aus der Sackgasse weisen, indem wir sie einfach als Anzeige werten, daß es *verschiedene Weisen* geben könnte, wie man weiß, daß festzustellen ist (bei schon bekannter Verifikationsregel von »φ«), ob »φ-a« wahr ist, und damit wäre eine Perspektive vorgegeben, nicht nur den Begriff des Identifizierens, sondern auch sein Verhältnis zu dem allgemeinen Begriff des Spezifizierens und den Grund jener Stufenfolge in der Frage »welcher ist es?« verständlich zu machen, indem sich zeigen könnte, daß es, je nach der Art des singulären Terminus »a«, verschiedene Weisen gibt, wie festzustellen ist, daß die mit ihm gebildeten prädikativen Sätze »φ-a« wahr sind.

Sie könnten fragen: welche Basis haben wir, nach so viel Irrwegen, uns gerade auf diese Perspektive, die sich aus einer in sich unklaren einschränkenden Klausel in Wiggins' Definition ergeben hat, einzulassen und sie als aussichtsreich für die Beantwortung unserer Frage anzusehen? Nun, die verschiedenen Überlegungen, die ich im Anschluß an Wiggins' Definition angestellt habe, waren ja nicht einfach erratisch, sondern von der Absicht geleitet, die besondere Intention von Wiggins, eine Definition des Identifizierens zu gewinnen, in einen Zusammenhang zu bringen mit der grundsätzlichen These, die sich aus unserem 3. methodischen Gesichtspunkt ergab, daß einen singulären Terminus verstehen, heißen müßte, seinen Beitrag zur Feststellung der Wahrheit prädikativer Sätze kennen. Die Perspektive, die sich jetzt zur Klärung der Stufendifferenzierung in der Spezifizierungsfrage ergeben hat, ist einfach diejenige, zu der wir kommen, wenn wir eine Differenzierung ins Auge fassen, die sich aus der Perspektive des 3. methodischen Gesichtspunkts ergibt.

Angenommen, Sie akzeptieren das, so werden Sie weiterfragen: wie sollen wir aber nun vorgehen? Wie können wir die Frage angehen, welches möglicherweise die verschiedenen Weisen sind, wie man bei einer schon bekannten Verifikationsregel des Prädikats feststellen kann, ob eine prädikative Aussage wahr ist? Da es sich um denjenigen Aspekt des Feststellens der Wahrheit der Aussage handelt, der nicht die Verifikationsregel des Prädikats betrifft, sondern das, mit Bezug worauf die Verifikationsregel des Prädikats zur Anwendung gebracht werden soll, geht es um die Frage, wie festzustellen ist, welches es ist, mit Bezug worauf die Verifikationsregel des Prädikats zur Anwendung gebracht werden soll. D. h. aber: es geht um die Frage, wie festzustellen ist, für welchen Gegenstand der singuläre Terminus steht, und das ist nun nichts anderes als der erste der von mir genannten drei methodischen Gesichtspunkte.

Die konkrete Durchführung der vom dritten Gesichtspunkt eröffneten Perspektive erzwingt also offensichtlich von selbst den Übergang zum ersten Gesichtspunkt. Aber die vom ersten Gesichtspunkt vorgegebene Frage hat jetzt durch den dritten Gesichtspunkt eine Richtung erhalten, die nicht von vornherein selbstverständlich war: die Frage »wie ist festzustellen, welcher?« hat, wenn sie in die Frage, wie festzustellen ist, ob die entsprechenden prädikativen Aussagen wahr sind, eingebaut ist, nicht nur den Sinn »wie ist festzustellen, welches es ist, das klassifiziert wird?«, sondern »wie ist festzustellen, mit Bezug worauf die Verifikationsregel des Klassifikationsausdrucks zur Anwendung zu bringen ist?« Mit anderen Worten: die Frage »wie ist festzustellen, für welchen Gegenstand der singuläre Terminus steht = welcher Gegenstand mit ihm spezifiziert wird?« gehört nicht nur wesentlich in den Kontext, daß das, wonach hier gefragt wird, etwas ist, das durch Prädikate klassifizierbar ist, sondern sie gehört in diesen Kontext so, daß sie die Verifizierbarkeit dieser Klassifizierbarkeit betrifft. Ist das nun eine Hypothese, werden Sie fragen, oder ist es zwingend? Es ist wohl zwingend, wenn zwei Dinge zugestanden sind: 1. daß wir einen assertorischen Satz dann und nur dann verstehen, wenn wir wissen, wie seine Wahrheit festzustellen ist, und 2. daß die Bedeutung der Teilausdrücke prädikativer Sätze in ihrem Beitrag zu der Bedeutung der Sätze besteht. Da wir aber der Bedeutung der singulären Termini nichts zudiktieren wollten, was sich nicht aus ihrer eigenen Erklärung ergibt, empfiehlt es sich, bei der Anwendung des ersten methodischen Gesichtspunkts zunächst von der Perspektive des dritten abzusehen und sie erst nachträglich miteinzubeziehen.

Wenn wir uns nur an diejenigen singulären Termini halten, die auch eine Bedeutung haben und d. h. von den Eigennamen absehen, haben wir es in der vorigen Stunde mit 4 Arten zu tun gehabt, wie ein wahrnehmbarer Gegenstand durch einen singulären Terminus spezifiziert werden kann: 1) durch einen demonstrativen Ausdruck (»dieser Berg«, »dieser Käfer«), 2) durch eine Kennzeichnung mittels raumzeitlicher Relationen (»der Berg, der sich an der Kreuzung von dem und dem Breitenkreis mit dem und dem Längenkreis befindet«), 3) durch andere eindeutige Relationen zu etwas Identifiziertem (»der Mörder von Herrn Maier«), 4) durch eine einzige Eigenschaft (»der höchste Berg«). Wir haben gesehen, daß Strawson zwischen 2) und 3) keinen strukturellen Unterschied sieht, hingegen zwischen 3) und 4) scharf trennt und 1) für unabhängig von 2) hält. Demgegenüber zeigte sich bei der Orientierung an der Möglichkeit, die Frage »und welcher ist das?« zu wiederholen, daß zwischen 3) und 4) kein Unterschied besteht, daß 1) und 2) eng zusammengehören und daß zwischen 3) und 4) einerseits und 1) und 2) andererseits eine scharfe Trennung besteht.

Indem wir nun die Frage »wie ist festzustellen, welcher gemeint ist?« zur Anwendung bringen, müßte sich die Richtigkeit dieser zunächst tentativen Umklassifizierung erweisen, und außerdem müßte, bei gleichzeitiger Berücksichtigung auch des 3. methodischen Gesichtspunkts, der Grund der Stufung in der Frage »welcher ist es« verständlich werden.

Der erste Fall, die Verwendung eines demonstrativen singulären Terminus, ist offenbar dadurch ausgezeichnet, daß die Feststellung, welcher gemeint ist, unmittelbar durch die Wahrnehmung erfolgen kann. Durch die Wahrnehmung entscheidet es sich, ob die Spezifizierung glückt oder scheitert, indem festgestellt wird, ob an der betreffenden Stelle, auf die der demonstrative Ausdruck verweist, sich wirklich ein und nur ein Gegenstand der betreffenden Art befindet.

Beim 2. Fall, bei einer lokalisierenden Kennzeichnung, wird offenbar die *Wahrnehmungssituation* bezeichnet, in der der gemeinte Gegenstand durch Wahrnehmung festzustellen *wäre,* und auch hier würde die Wahrnehmung darüber entscheiden, ob wirklich ein (und nur ein) Gegenstand spezifiziert wurde.

Wenn die Überlegungen der vorigen Stunde zur Abhängigkeit der demonstrativen Spezifizierung von der lokalisierenden richtig waren, wird man freilich auch das jetzt zum 1. Fall Gesagte vom 2. Fall her ergänzen müssen. Es genügt beim 1. Fall nicht zu sagen, welcher Gegenstand gemeint ist, werde durch Wahrnehmung festgestellt. Es stimmt zwar, daß da in einer Wahrnehmungssituation ein und nur ein Gegenstand einer bestimmten Art festgestellt wird, aber welcher es ist und d. h. welcher von allen, wird festgestellt, indem angegeben wird, welches die Wahrnehmungssituation ist relativ zu allen anderen Wahrnehmungssituationen.

Jetzt beginnt verständlich zu werden, warum – was wir in der vorigen Stunde nur als Faktum konstatieren konnten – den lokalisierenden Kennzeichnungen bei der Frage »welcher ist es?« die Rolle einer letzten Antwort zukommt. Das Besondere der raumzeitlichen Relationen für die Spezifizierungsproblematik liegt nicht nur, wie Strawson meinte, in ihrer Universalität, sondern darin, daß es nicht nur gegenständliche Relationen sind, sondern jede Raumzeitstelle eine Wahrnehmungssituation darstellt. Strawson hatte wie Russell angenommen, daß alle Bezugnahme auf wahrnehmbare Gegenstände demonstrativ-perzeptiv begründet sein muß; und während für Russell der Gegenstandsbezug überhaupt nicht über den jeweiligen demonstrativen Akt hinausreichte, faßte Strawson zwar ein Identifizierungs*system* ins Auge, stellte es aber so dar, als ob es aus rein gegenständlichen Relationen bestünde und nur an *einer* Stelle demonstrativ verankert wäre. In Wahrheit könnte sich auf diese Weise nie ein Spezifizierungssystem wahrnehmbarer Gegenstände ergeben. Was Strawson übersehen hat, ist, daß das System raumzeitlicher Relationen nicht nur demonstrativ-perzeptiv *verankert* ist, sondern ein *System möglicher Wahrnehmungspositionen* und d. h. ein *System von demonstrativen Spezifizierungen* ist.

Das Besondere der raumzeitlichen Kennzeichnungen ist also,

daß sie die wahrnehmbaren Gegenstände *als* wahrnehmbare Gegenstände spezifizieren, daß sie sie als Gegenstände möglicher Wahrnehmungen spezifizieren. Aber damit ist das Wesentliche des Sachverhalts noch nicht gefaßt. Ich rede so, als sei es selbstverständlich, daß es wahrnehmbare Gegenstände gibt, während es doch erst aus dem Zusammenhang der jetzigen Aufklärung der Verwendung der singulären Termini verständlich werden müßte, was es heißt, daß wir in der Wahrnehmung auf Gegenstände bezugnehmen können. Das ist die Stelle, an der es unvermeidlich wird, das in Anlehnung an den ersten methodischen Gesichtspunkt Herausgestellte durch Rückgriff auf den dritten Gesichtspunkt in seinem eigentlichen Sinn verständlich zu machen. Was ist denn ein wahrnehmbarer Gegenstand? Was immer er sonst sein mag, er ist ein Gegenstand, dem zwar auch andere Prädikate, dem aber in erster Linie Wahrnehmungsprädikate – Prädikate, deren Verwendung durch Beispiele in der Wahrnehmung erklärt werden kann – zukommen, und dadurch konstituiert er sich als wahrnehmbarer Gegenstand. Bei einem prädikativen Satz nun, dessen Prädikat ein Wahrnehmungsprädikat ist, liegt die Auszeichnung der demonstrativen und der lokalisierenden singulären Termini darin, daß sie einen Wahrnehmungsgegenstand als solchen spezifizieren, von dem so, wie er da spezifiziert ist, festgestellt werden kann, ob das Prädikat auf ihn zutrifft. Man kann also zwar sagen: singuläre Termini dieser Art sind solche, die die Wahrnehmungssituation angeben, in der durch Wahrnehmung festgestellt werden kann, welches der Gegenstand ist, den sie spezifizieren; aber der Sinn davon besteht darin, daß damit die Verifikationssituation spezifiziert wird, in der festgestellt werden kann, ob die von einem Gegenstand behaupteten Wahrnehmungsprädikate auf ihn zutreffen. Das also wäre, mindestens bei den singulären Termini der ersten beiden Typen, die besondere Rolle, die ihnen für die Feststellung der Wahrheit prädikativer Sätze zukommt: sie geben die Verifikationssituation an, an der die Verifikationsregel des Prädikats zur Anwendung zu bringen ist.

Es ist also zwar ganz angemessen zu sagen: durch die raumzeitlichen Kennzeichnungen wird ein wahrnehmbarer Gegenstand *als wahrnehmbarer* spezifiziert, aber man kann das Gewicht dieser Aussage leicht unterschätzen, weil sie sich dahingehend mißverstehen läßt, daß durch diese Spezifizierung ein Gegenstand, der schon unabhängig von dieser Spezifizierung der Gegenstand ist, der er ist, nach einer bestimmten Hinsicht – eben als wahrnehmbarer – spezifiziert wird, wie er auch nach anderen Hinsichten – z. B. hinsichtlich seiner Ursachen oder Wirkungen oder ordinalen Eigenschaften – spezifiziert werden kann. Aber ein Gegenstand, der wesensmäßig ein wahrnehmbarer Gegenstand ist, kann eben nicht schon der Gegenstand sein, der er ist, unabhängig von seiner Spezifizierung als wahrnehmbarer. Und deswegen kommt der Sachverhalt angemessener zum Ausdruck, wenn wir ihn so formulieren, daß das Wort »Gegenstand« zunächst gar nicht vorkommt: mit der Spezifizierung eines Gegenstandes durch raumzeitliche Kennzeichnungen wird eine Verifikationssituation der Anwendung von Wahrnehmungsprädikaten spezifiziert; auf einen wahrnehmbaren Gegenstand bezugnehmen heißt, eine Verifikationssituation von Wahrnehmungsprädikaten spezifizieren, und da man eine solche Wahrnehmungssituation *als solche* nur durch ihre raumzeitliche Lokalisierung spezifizieren kann, wird der wahrnehmbare Gegenstand *als solcher* nur spezifiziert, wenn er raumzeitlich lokalisiert wird. Mit dieser Bestimmung der Spezifizierung des Gegenstandes als solchen haben wir den gesuchten engen Begriff der Identifizierung erreicht.

Damit haben wir jetzt eine Grundlage, um Wiggins' Definition so zu präzisieren, daß sie wirklich als Definition des intendierten engen Begriffs von Identifizieren verstanden werden kann. Um dazu jedoch den richtigen Hintergrund zu gewinnen, möchte ich zuerst die noch ausstehende Frage behandeln, wie bei den anderen beiden vorhin genannten Typen singulärer Termini festgestellt wird, welcher Gegenstand spezifiziert wird. Auch die singulären Termini der 3. und der 4. Art enthalten wie die der ersten beiden Arten eine Anweisung, wie festzustellen ist, welcher gemeint ist, aber die Anweisung erfolgt jetzt nicht durch Angabe der Wahrnehmungssituation, in der der Gegenstand wahrzunehmen wäre, sondern durch Angabe eines Merkmals – im 3. Fall eines relativen, im 4. Fall eines absoluten Merkmals –, woran der gemeinte Gegenstand zu erkennen wäre. Mit dem Merkmal ist also zugleich eine Anweisung enthalten, alle Gegenstände einer Art daraufhin zu untersuchen, welchem als einzigem das genannte Merkmal zukommt.

Die Art und Weise, wie alle daraufhin untersucht werden, welchem das Merkmal zukommt, kann sehr verschieden sein und unterscheidet sich je nach dem Merkmal, um das es sich handelt.

Um festzustellen, wer der Mörder ist, sind andersartige Verfahren erforderlich als um festzustellen, welches der höchste Berg ist. In keinem Fall ist die Feststellung von dem einfachen Typ, den wir bei den Wahrnehmungsprädikaten kennengelernt haben, daß durch schlichte Wahrnehmung festgestellt werden könnte, ob einem vorgegebenen Gegenstand das Merkmal zukommt. Auch die ordinalen Eigenschaften sind implizit relational. Hier geht der Feststellung, welcher es ist, eine Untersuchung voraus, die die Gegenstände der genannten Art (z. B. die Berge) hinsichtlich der in Frage stehenden ordinalen Eigenschaft (z. B. der Höhe) vergleicht. Bei den relationalen Eigenschaften handelt es sich meist um kausale Eigenschaften (z. B. »die Mutter von–«, »der Mörder von–«) oder um institutionelle Eigenschaften (»die Frau von–«, »der Präsident von–«), und je nachdem, um welche es sich handelt, gibt es verschiedene, z. T. komplizierte Entscheidungsverfahren, um festzustellen, ob einem vorgegebenen Gegenstand diese Relation zu anderem zukommt. Worauf es aber in unserem Zusammenhang allein ankommt, ist, daß in allen Fällen dieser beiden Spezifizierungstypen alle Gegenstände einer bestimmten Art einzeln – direkt oder indirekt – daraufhin untersucht werden müssen, welcher es ist, der in dieser Relation steht.

Das heißt aber: feststellen, welcher Gegenstand derjenige ist, der mittels eines singulären Terminus des 3. oder 4. Typs spezifiziert wird, heißt feststellen, welcher der wahrnehmbaren und als wahrnehmbare mittels lokalisierender Kennzeichnungen spezifizierbaren Gegenstände derjenige ist, der als einziger das angegebene Kriterium – der so-und-so zu sein – erfüllt. Mit anderen Worten: die Spezifizierung gemäß dem 3. und 4. Typ setzt die lokalisierende Spezifizierung gemäß dem 1. und 2. Typ voraus, und das nicht nur tatsächlich, sondern ihrem eigenen Sinn nach. Die Bedeutung eines Ausdrucks der Form »der so-und-so« wird verstanden, wenn erstens seine Form verstanden wird und d. h. wenn man weiß, wie im allgemeinen Aussagen der Form »es gibt unter allen einen und nur einen, der so-und-so ist« verifiziert werden, und wenn zweitens der prädikative bzw. relationale Ausdruck »so-und-so« verstanden wird, d. h. wenn man weiß, wie festgestellt wird, ob dieses Prädikat auf einen Gegenstand zutrifft.

Wir können jetzt verstehen, warum Strawson 1) nicht sehen konnte, wo die relevante Trennungslinie zwischen den Typen singulärer Termini verläuft, und warum es ihm 2) nicht geglückt ist, dem Unbehagen, das er gegenüber Russells Theorie der Kennzeichnungen mit Recht empfunden hat, angemessenen Ausdruck zu verleihen: beides gründet darin, daß er nicht gefragt hat, wie die Bedeutung der singulären Termini erklärt bzw. wie festgestellt wird, welchen Gegenstand ein singulärer Terminus spezifiziert. Erst wenn diese Frage gestellt wird, wird deutlich, daß die lokalisierenden Kennzeichnungen und die Kennzeichnungen mittels anderer eindeutiger Relationen, obwohl sie grammatisch dieselbe Form haben – »der so-und-so« –, semantisch völlig anders funktionieren: die gewöhnliche relationale Kennzeichnung gibt ein relationales Merkmal an, mit der Feststellungsanweisung, alle Gegenstände daraufhin zu untersuchen, welchem als einzigem das Merkmal zukommt; die lokalisierende Kennzeichnung gibt hingegen die Situation an, an der ein und nur ein Gegenstand einer Art wahrgenommen werden können soll. Obwohl auch die lokalisierende Kennzeichnung die Form hat »unter allen Gegenständen gibt es einen, der dann und dann dort und dort ist«, liegt darin nicht eine Anweisung, alle Gegenstände einzeln zu durchlaufen und zu prüfen, welchem das Merkmal zukommt, sich dann und dann dort und dort zu befinden, und zwar deswegen nicht, weil das Durchlaufen der einzelnen Gegenstände sich selbst schon so vollzieht, daß man die verschiedenen Raumzeitstellen (Wahrnehmungssituationen) durchläuft, weil also die einzelnen wahrnehmbaren Gegenstände sich als einzelne gerade durch die Raumzeitstellen, an denen sie sich befinden, konstituieren. Die letzte Erklärung geht aus dem Bisherigen noch nicht klar hervor, und ich werde auf diesen Aspekt noch zurückkommen. Hingegen ist bereits klar, daß, obwohl in beiden Arten der Kennzeichnung eine Allaussage impliziert ist, nur in dem einen Fall nur durch ein Durchlaufen von allen festgestellt werden kann, welches gemeint ist, während in dem anderen Fall für die Feststellung, welches es ist, kein solcher Umweg über alle erforderlich ist. Das liegt erstens daran, daß das, worauf verwiesen wird, eine Wahrnehmungssituation ist, zweitens aber auch daran, daß die Angabe einer einzelnen Raum- und Zeitstelle in anderer Weise einen Bezug auf alle Raum- und Zeitstellen impliziert, als die Angabe eines einzelnen Gegenstandes einen Bezug auf alle Gegenstände impliziert; aber auch darauf werde ich noch zurückkommen (S. 467).

Jetzt sind wir in der Lage, Wiggins' Definition einen klaren Sinn zu geben, und zwar läßt sie sich jetzt sowohl wie vermutet als Definition für die Spezifizierungsfunktion im allgemeinen, für das, was es bei einem beliebigen singulären Terminus heißt, daß er einen Gegenstand spezifiziert, in Anspruch nehmen, als auch, indem wir sie in passender Weise qualifizieren, für den von Wiggins intendierten engen Begriff des Identifizierens, dessen Sinn freilich dann auch erst auf diese Weise verständlich wird.

Wir können zunächst leicht sehen, daß die Definition durchaus auch auf die singulären Termini des 3. und 4. Typs paßt, jedenfalls wenn wir von der letztlich wegen ihrer Unklarheit doch nichtssagenden Einschränkung »ohne Präliminarien« absehen. Man ist natürlich, wenn man von »dem Mörder von Hans« spricht, nicht ohne weiteres in der Lage zu verifizieren, ob ein Prädikat, insbesondere ein Wahrnehmungsprädikat, z. B. daß er blaue Augen hat, auf ihn zutrifft. Aber ohne weiteres ist man auch nicht in der Lage, so etwas von einem Menschen zu verifizieren, den man durch eine lokalisierende Kennzeichnung spezifiziert. Wollte man also Wiggins' Einschränkung »ohne Präliminarien« ganz eng verstehen, so würde seine Definition nur auf die demonstrative Spezifizierung zutreffen, die aber, wie wir gesehen haben, für sich alleine gar keine Spezifizierung ist. Hingegen weiß natürlich der, der den Ausdruck »der Mörder von Hans« versteht, sehr wohl, was er zu tun hat, um festzustellen, ob die so gekennzeichnete Person blaue Augen hat; nur ist das, was er zu tun hat, um das festzustellen, etwas anderes, als was er zu tun hat, wenn er feststellen soll, ob die Person, die dort und dort dann und dann geboren wurde, blaue Augen hat. Es geht nicht darum, was leichter oder komplizierter festzustellen ist; das hängt u. a. davon ab, wer es ist, der das feststellen möchte. Wer dabei war, als Hans ermordet wurde, kann gegebenenfalls leichter und sicherer feststellen, ob der Mörder blaue Augen hat, als wenn ihm die Person durch ihre Geburtsdaten spezifiziert wird und er nicht zur unmittelbaren Familie des Betreffenden gehört. Vielmehr handelt es sich um einen prinzipiellen Unterschied in der Methode der Verifikation eines Wahrnehmungsprädikats. Durch eine lokalisierende Kennzeichnung wird ein Gegenstand als Wahrnehmungsgegenstand direkt spezifiziert und d. h. so, daß die Situation angegeben wird, in der festgestellt werden kann, ob ein von diesem Gegenstand behauptetes Wahrnehmungsprädikat auf ihn zutrifft. Bei Gegenständen, die dauern und ihren Ort wechseln und auf die zu verschiedenen Zeiten verschiedene Wahrnehmungsprädikate zutreffen, wird durch die Lokalisierung, wenn durch sie nicht der ganze Lebensweg des Gegenstandes angegeben wird, sondern z. B. nur seine Geburt, nicht ohne weiteres die Wahrnehmungssituation bezeichnet, in der über das Zutreffen jedes Wahrnehmungsprädikates, das ihm zu irgendeiner Zeit zukommt, entschieden werden kann, wohl aber kann dann der Lebensweg des Gegenstandes von Wahrnehmungssituation zu Wahrnehmungssituation bis zu jener Zeit verfolgt werden, an der das Prädikat auf ihn zutreffen soll. Diese Problematik der Dauer von Gegenständen, auf die ebenfalls noch zurückzukommen sein wird, bringt also eine Komplikation, aber keine prinzipielle Differenz in den Zusammenhang zwischen lokalisierender Spezifizierung und der Verifikation von Wahrnehmungsprädikaten. Demgegenüber haben wir eine prinzipiell andere Sachlage, wenn der Gegenstand nicht, indem er raumzeitlich lokalisiert wird, *als* Wahrnehmungsgegenstand spezifiziert wird, sondern durch ein Merkmal; denn nun muß, ehe man wissen kann, welches die Wahrnehmungssituation wäre, in der festzustellen ist, ob ein Wahrnehmungsprädikat auf diesen Gegenstand zutrifft, erst festgestellt werden, welchem von allen Wahrnehmungsgegenständen als einzigem das betreffende Merkmal zukommt. Es ist diese Zwischenprozedur, die bei den lokalisierenden Kennzeichnungen entfällt, und in diesem Sinn also kann man mit Wiggins sagen, daß man in ihrem Fall ›ohne Präliminarien‹ weiß, wie festzustellen ist, ob der betreffende Satz wahr ist.

Was in Wiggins' Definition fehlt, sofern sie jenen engen Begriff definieren soll, der mit »Identifizieren« gemeint ist, ist also erstens die eben gegebene Erläuterung seiner Einschränkung »ohne Präliminarien« und zweitens die Beschränkung auf Wahrnehmungsprädikate. Daß man Wiggins' Definition, wenn sie als Definition des Identifizierens gemeint ist, auf Wahrnehmungsprädikate einschränken muß, ist darin begründet, daß, wenn der besondere Vorrang, der den lokalisierenden Ausdrücken für die Feststellung der Wahrheit prädikativer Aussagen zukommt, darauf beruht, daß sie Wahrnehmungssituationen bezeichnen, ihre besondere Rolle für die Feststellung der Wahrheit prädikativer Sätze nur bei solchen Prädikaten zum Tragen kommt, deren Zutreffen durch Wahrnehmung zu verifizieren ist.

Verdeutlichen wir uns das an einem Beispiel![3] Um festzustellen, ob die Aussage wahr ist, daß der Verfasser der *Divina Commedia* ein großer Dichter war, würde es offenbar einen Umweg darstellen, zuerst zu klären, welche von allen raumzeitlich lokalisierbaren Personen es war, die die *Divina Commedia* geschrieben hat, denn um festzustellen, ob es wahr ist, daß der Verfasser ein großer Dichter war, ist nur dies, daß er der Verfasser dieses und evtl. anderer Gedichte war, von Relevanz und nichts, was an einer lokalisierbaren Person durch Wahrnehmung festzustellen wäre. Und auch, wenn wir wissen wollen, ob Dante – die Person, die dort und dort geboren wurde und den und den Lebensweg hatte – ein großer Dichter war, ist für die Entscheidung, ob dieses Prädikat auf ihn zutrifft, die Wahrnehmung dieser Person nur insofern von Belang, als wir nur durch die Wahrnehmung bzw. entsprechende Rückschlüsse auf wahrnehmbare Handlungen entscheiden können, ob diese Person der Verfasser der *Divina Commedia* und anderer Gedichte ist. Wenn wir also in einem letzten Sinn wissen wollen, wer dieser große Dichter war, müssen wir freilich auf lokalisierende singuläre Termini und Wahrnehmungsprädikate zurückgreifen; »wer in einem letzten Sinn«: wir wissen jetzt, was das heißt: wenn wir nämlich den betreffenden Gegenstand *als wahrnehmbaren* Gegenstand *spezifizieren* und *das heißt identifizieren* wollen. Aber wir können einen Gegenstand, wie wir gesehen haben, auch auf andere Weise spezifizieren, und wir können durchaus auch von dem so spezifizierten Gegenstand verifizieren, daß ihm die und die Eigenschaften zukommen (wenn es keine wahrnehmbaren Eigenschaften sind), nur daß wir dann meinen: der so-und-so, wer immer das sein mag, ist so-und-so.[4] Wir wissen jetzt, was mit dem Nebensatz »wer immer das sein mag« gemeint ist, nämlich: »welcher von allen, die als einzelne Gegenstände der Wahrnehmung durch ihre raumzeitlichen Relationen lokalisierbar und unterscheidbar sind«.

Damit ist jetzt die eine der am Ende der vorigen Stunde offengebliebenen Fragen geklärt: wieso es zwei Stufen der Spezifizierung wahrnehmbarer Gegenstände gibt und wodurch sich ein erforderlicher enger Begriff des Spezifizierens – den man als Identifizieren bezeichnen kann – vom allgemeinen Begriff des Spezifizierens unterscheidet: Daß es überhaupt zu einer Unterscheidung einzelner wahrnehmbarer Gegenstände kommt, ergibt sich durch die Mannigfalt von Verwendungssituationen von elementaren (Wahrnehmungs-) Prädikaten. Daß es wahrnehmbare einzelne Gegenstände gibt – d. h. wahrnehmbares Klassifizierbares so, daß jeweils eines von allen herausgegriffen werden kann – hängt in einer noch aufzuklärenden Weise mit der Tatsache zusammen, daß es eine Mannigfalt von Wahrnehmungssituationen gibt, dergestalt, daß man sich aus jeder Wahrnehmungssituation auf jede andere beziehen kann und so von jeder angeben kann, welche von allen es ist. Auf diese Weise wird es möglich, einzelnes Wahrnehmbares als Wahrnehmbares zu spezifizieren, und d. h. zu identifizieren. Damit zugleich ist es dann aber auch möglich, generelle Einzigkeitsaussagen zu machen und d. h. etwas als solches zu spezifizieren, dem als einzigem ein relatives oder absolutes Merkmal zukommt. Und wenn etwas in dieser Weise spezifiziert wird, kann dann auch immer, braucht aber nicht, gefragt werden, wie es zu identifizieren ist.

Sie könnten fragen: ist diese Konzeption zweier Stufen, wie auf einzelnes Wahrnehmbares bezuggenommen werden kann, derjenigen von Russell nicht sehr ähnlich? Allerdings; nur unterscheidet sie sich von Russells Auffassung durch eine gewisse Annäherung der beiden Stufen, und darin ist ein neuer Begriff des Gegenstandsbezugs impliziert. Auch auf der fundamentalen Stufe, auf der man direkt auf einzelnes Wahrnehmbares bezugnimmt, nimmt man – im Gegensatz zu Russells Meinung und der traditionellen Meinung überhaupt – darauf so Bezug, daß man es *als eines von allen* herausstellt, und das scheint für das Verständnis dessen, was es heißt, einen Gegenstand zu meinen, wesentlich zu sein. Und weil auch auf der anderen Stufe eines von allen herausgestellt wird, erscheint es notwendig, einen einheitlichen Begriff der Spezifizierungsfunktion herauszustellen, von dem die Identifizierungsfunktion sich als eine freilich grundlegende Sonderform erweist.

Die zweite Frage, die am Ende der letzten Stunde offenblieb, war: wie ist es zu verstehen, daß die Spezifizierung wahrnehmbarer Gegenstände auf der untersten Stufe durch raumzeitliche Lokalisierung erfolgt? Diese Frage, die man auch so stellen kann: wie ist es zu verstehen, daß die Gegenstände unserer Wahrnehmung wesentlich raumzeitliche Gegenstände sind, scheint jetzt ebenfalls, wenigstens im Ansatz, beantwortet, aber doch nur im Ansatz: die Verwendungssituationen von elementaren Klassifikationsausdrücken, von Wahrnehmungsprädikaten, unterscheiden sich voneinander durch ihre raumzeitlichen Relationen, und daraus scheint sich zu ergeben, daß, wenn wir, was diese Klassifikationsausdrücke klassifizieren, als Mannigfaltiges auseinanderhalten, unterscheiden und identifizieren können, wenn wir also auf das von ihnen Klassifizierte gegenständlich bezugnehmen können, die sich so ergebenden Elementargegenstände Wahrnehmungssituationen und d. h. Raumzeitstellen sein müßten. Diese Antwort kann freilich schon deswegen nicht befriedigen, weil sie weitergeht als die Frage und damit zugleich den Tatsachen widerspricht, indem sie, statt zu erklären, warum unsere elementaren Gegenstände durch raumzeitliche Relationen identifiziert werden, zu der Auffassung führen würde, unsere elementaren Gegenstände seien geradezu Raumzeitstellen. Wir sehen uns jetzt also mit der Frage konfrontiert: wie hängen die Identifizierung von raumzeitlichen Gegenständen und die Identifizierung von Raumzeitstellen zusammen? Und diese Frage steht offenbar ihrerseits in engem Zusammenhang mit der dritten am Ende der letzten Stunde offengebliebenen Frage: wie funktioniert denn überhaupt die raumzeitliche Identifizierung?

Anmerkungen

1 Seine Unterscheidung zwischen direkter und indirekter Identifizierung (»The Individuation of Things and Places«, S. 183) entspricht genau Strawsons Unterscheidung zwischen demonstrativer und nichtdemonstrativer Identifizierung. Die Auszeichnung der lokalisierenden Identifizierung wird zwar anerkannt (vgl. besonders »Identity-Statements«, S. 44), aber nicht begründet.

2 »The Individuation of Things and Places«, S. 184.

3 Ich folge hier Dummett S. 232-239.

4 Die Unterscheidung von K. Donnellan in seinem wichtigen Aufsatz »Reference and Definite Descriptions« zwischen einer ›attributiven‹ und einer ›bezugnehmenden‹ Verwendung von Kennzeichnungen (*attributive and referential use*, S. 285) deckt sich nicht, aber hängt zusammen mit meiner Unterscheidung zwischen einer identifizierenden und einer nichtidentifizierenden Spezifizierung. Man verwendet häufig nichtlokalisierende Kennzeichnungen im Kontext in einer Weise, daß der Sprecher erwartet, daß verstanden wird, welchen Gegenstand er mit dem Ausdruck identifiziert; man sagt z. B. »der Mörder von Hans« und meint diesen (lokalisierbaren) Mann da. Wird der Ausdruck »der Mörder von Hans« so verwendet, wird er nach D. ›*referentially*‹ verwendet. Dadurch ergeben sich Zweideutigkeiten, auf die D. mit Recht aufmerksam macht. Wenn ich den Ausdruck »der Mörder von Hans« verwende unter der stillschweigenden Voraussetzung, daß damit der (lokalisierbare) Herr XY gemeint ist, und ich sage z. B. »der Mörder von Hans ist

wahnsinnig«, so kann, wenn Hans gar nicht ermordet wurde, der Satz gleichwohl wahr sein, wenn nur Herr XY wirklich wahnsinnig ist. Verwende ich hingegen den Ausdruck »der Mörder von Hans« in ›attributiver‹ Weise, so meine ich mit dem Satz »der Mörder von Hans ist wahnsinnig«: derjenige von allen, der Hans ermordet hat, ist, wer immer (welche lokalisierbare Person auch immer) er sein mag, wahnsinnig; und in diesem Fall kann natürlich der Satz, wenn Hans nicht ermordet wurde, nicht wahr sein. – So richtig diese Unterscheidungen sind und so vernichtend sie zunächst gegenüber Strawsons Auffassungen mit ihrem unklaren Identifizierungsbegriff erscheinen, so hat es D. andererseits versäumt, sie in den von Strawson intendierten Zusammenhang der Frage zu stellen, wie man überhaupt auf wahrnehmbare Gegenstände bezugnehmen kann. Die besondere Rolle der lokalisierenden Kennzeichnungen bleibt daher bei ihm unberücksichtigt, und so wird bei ihm nicht klar, 1) daß die nicht lokalisierenden Kennzeichnungen nur dadurch eine identifizierende Funktion gewinnen, daß sie mit lokalisierenden Kennzeichnungen verknüpft werden, 2) daß sich seine Unterscheidung zwischen einer attributiven und einer referentiellen Verwendung bei den lokalisierenden Kennzeichnungen nicht mehr anwenden läßt und 3) daß auch die sogenannte ›attributive‹ Verwendung einer Kennzeichnung in einem weiten Sinn des Wortes ›referentiell‹ ist, indem sie nämlich einen Gegenstand zwar nicht identifiziert, aber spezifiziert. Dem letzten Punkt kommt D. nahe, wenn er sagt, man könne auch bei der »attributiven Verwendung« von »*reference in a very weak sense*« sprechen (303).

25. Vorlesung

Was wir in der letzten Stunde erreicht haben, war eine vorläufige Klärung des gesuchten Begriffs des Identifizierung, die ausreichte, um die Stufung in der Spezifizierungsfrage verständlich zu machen und die scharfe Trennung zwischen lokalisierenden und nichtlokalisierenden Kennzeichnungen zu bestätigen. Wir können jetzt von den nichtlokalisierenden Kennzeichnungen absehen und uns auf das Problem der Identifizierung beschränken, nachdem sich gezeigt hat, daß die Frage, wie die Rede von Wahrnehmungsgegenständen zu verstehen ist und wie wir auf solche Gegenstände bezugnehmen können, sich auf dieses Problem konzentriert.

Dazu müssen wir die Frage, wie singuläre Termini verwendet werden und wie festzustellen ist, für welchen Gegenstand sie stehen, erneut aufnehmen; während es in der vorigen Stunde darum ging, in der Orientierung an diesem methodischen Gesichtspunkt die Verwendung der demonstrativen und lokalisierenden singulären Termini von der der nichtlokalisierenden *abzuheben*, wird es jetzt darauf ankommen, unter demselben methodischen Gesichtspunkt die *Interdependenz* zwischen den demonstrativen und den objektiv lokalisierenden singulären Termini in ihrer Funktion für die Identifizierung wahrnehmbarer Gegenstände aufzuklären. Diese Problematik werden wir so angehen müssen, daß wir gleichzeitig auf eine Klärung der Schwierigkeit zusteuern, auf die wir am Ende der letzten Stunde gestoßen sind, als sich aus grundsätzlichen Erwägungen die Hypothese ergab, daß vielleicht Raum- und Zeitstellen und nicht Gegenstände, die *im* Raum sind und *an* Zeitstellen vorkommen, als die elementarsten Gegenstände anzusehen sind. Wir müssen also die Frage nach der Identifizierung von Raumzeitlichem so stellen, daß wir es zunächst offenlassen, ob die Identifizierung von räumlichen (ausgedehnten) Gegenständen und von zeitlichen Gegenständen (Ereignissen) von der Identifizierung von Örtern und Zeitstellen abhängt oder ob das Umgekehrte gilt oder ob hier eine wechselseitige Abhängigkeit besteht.

Freilich kann von Örtern und Zeitstellen als Gegenständen nur dann die Rede sein, wenn es entsprechende singuläre Termini gibt. Aber solche gibt es natürlich. Insbesondere sind die Demonstrativa

»hier« und »jetzt« solche Ausdrücke. Sie erfüllen trotz ihrer syntaktischen Verschiedenheit von den üblichen singulären Termini alle semantischen Bedingungen, die wir für singuläre Termini kennengelernt haben: mittels der Worte »hier« und »jetzt« wird, wenn sie in einer bestimmten Situation verwendet werden, jeweils etwas spezifiziert und sogar identifiziert: eine einzelne Raumzeitstelle wird aus allen Raumzeitstellen als diejenige herausgestellt, die durch ein nachfolgendes Prädikat (wenn wir etwa sagen »hier und jetzt ist es heiß«) klassifiziert werden kann, und diese Spezifizierung ist eine Identifizierung, weil das Gemeinte so spezifiziert ist, daß, wenn das Prädikat ein Wahrnehmungsprädikat ist, mit der Ort- und Zeitangabe die Wahrnehmungssituation für die Verifikation dieses Prädikats angegeben ist. Was für »hier« und »jetzt« gilt, gilt aber ebenso für alle Ausdrücke, die einen Ort oder eine Zeitstelle durch ihre Relationen zu anderen Örtern und Zeiten bzw. zu räumlichen und zeitlichen Gegenständen angeben. Und genauso wie bei sonstigen Gegenstandstypen können wir bei Örtern und Zeiten auch die sogenannten Quantoren zur Anwendung bringen; wir können etwas von allen oder von einigen Raum- und Zeitstellen sagen. Wieder war es Frege, der zuerst erkannte, daß »Örter, Zeitpunkte, Zeiträume . . ., logisch betrachtet, Gegenstände« sind, »mithin . . . die sprachliche Bezeichnung eines bestimmten Ortes, eines bestimmten Augenblicks oder Zeitraums« als singulärer Terminus (›Eigenname‹) aufzufassen ist.[1]

Also ob Örter und Zeiten überhaupt in dem für uns allein relevanten formalen Sinn als Gegenstände anzusehen sind, ist nicht fraglich; fraglich ist nur, ob diese Gegenstände, da sie als solche nicht wahrnehmbar sind, nicht ihrerseits erst durch Gegenstände identifizierbar werden, die durch ihre raumzeitlichen Relationen Örter und Zeiten markieren. Wie hier die Abhängigkeiten liegen, werden wir erst entscheiden können, nachdem wir den tatsächlichen Mechanismus der raumzeitlichen Identifizierung geklärt haben, und die singulären Termini, an denen wir uns bei dieser Frage zu orientieren haben, sind also nicht mehr nur diejenigen demonstrativen und lokalisierenden Ausdrücke, die ausgedehnte Gegenstände und Ereignisse lokalisieren, sondern auch diejenigen, die Örter und Zeiten lokalisieren.

Ich habe die Überlegungen in der vorigen Stunde so eingeführt, daß ich mit der Frage, wie man feststellt, für welchen Gegenstand ein singulärer Terminus steht, einen weiteren methodischen Gesichtspunkt verbunden habe, die Frage nach dem Beitrag des singulären Terminus zur Feststellung der Wahrheit der prädikativen Sätze, in die er als Teil eingeht. Nun hatte ich, bevor wir in diese Analysen eingestiegen sind, noch einen dritten methodischen Gesichtspunkt genannt (S. 405 f.), an dem wir uns orientieren können, nämlich die Frage, wie die singulären Termini funktionieren müßten, wenn sie Prädikate und speziell Wahrnehmungsprädikate ergänzen können sollen. Diese beiden Gesichtspunkte – die Erörterung der singulären Termini aus der Perspektive der prädikativen Sätze, in die sie als Teile eingehen, und ihre Erörterung aus der Perspektive der Prädikate, die sie ergänzen – sind natürlich nicht unabhängig voneinander, und sie sind es umso weniger, wenn, wie sich gezeigt hat, bei der Unterscheidung verschiedener Typen singulärer Termini aufgrund der Funktion, die sie für die Verifikation prädikativer Sätze haben, berücksichtigt werden muß, um welche Art von Prädikaten es sich handelt. Und deswegen ist dieser weitere methodische Gesichtspunkt in die Überlegungen der vorigen Stunde bereits mit eingegangen. Er blieb jedoch am Rande, und die weiteren Fragen, zu denen er Anlaß gab, habe ich aufgeschoben. Jetzt, wo sich die Analyse auf diejenigen singulären Termini konzentrieren soll, deren besondere Auszeichnung als identifizierender Ausdrücke darin gründet, daß sie auf die Verifikationssituationen von Wahrnehmungsprädikaten verweisen, ist es naheliegend, daß wir ausdrücklich diesen methodischen Gesichtspunkt miteinbeziehen, umso mehr, als er es ist, der uns das zusätzliche Problem aufgebürdet hat, ob nicht vielleicht die Raum- und Zeitstellen selbst als die primären Gegenstände anzusehen sind.

Sie müssen, um die Art, wie die verschiedenen Problemfäden zusammenhängen, richtig zu verstehen, auch sehen, daß wir mit diesem methodischen Gesichtspunkt – der Frage, wie die singulären Termini funktionieren müssen, wenn sie Wahrnehmungsprädikate ergänzen sollen – nichts anderes tun, als daß wir jetzt die Erörterung der singulären Termini an unsere frühere Erörterung der Prädikate anschließen. Aus der damaligen Perspektive lautet das Problem so: wie müssen Ausdrücke funktionieren, wenn sie Klassifikationsausdrücke, die, wenn sie selbständig verwendet würden, als Quasiprädikate (situationsrelativ) fungieren, so ergänzen sollen, daß die Klassifikationsausdrücke den Charakter von Prädikaten erhalten, m. a. W., daß sie zu Ausdrücken ergänzt werden, die wahr und falsch sein können (bzw. zu wahren und falschen Behauptungen verwendet werden können). Sie sehen also, wir können die veritative Funktion der singulären Termini – bzw. den Wahrheitskontext, in den die Rede von Gegenständen gehört – von zwei Seiten einkreisen:

Einerseits können wir, wie in der vorigen Stunde, von dem Faktum ausgehen, daß die Aussagen, auf die uns die rekursive Definition des Wortes »wahr« führt, Aussagen sind, in denen jeweils etwas von einem einzelnen Gegenstand behauptet wird, und wir konnten bei diesem Vorgehen erkennen, wie der Gegenstandsbezug funktional in den Wahrheitsbezug einbezogen ist, indem sich zeigte, daß wir dann und nur dann wissen, für welchen Gegenstand der singuläre Terminus steht, wenn wir wissen, wie – wenn wir die Verifikationsregel des Prädikats schon kennen – die Wahrheit der Aussage festzustellen ist.

Andererseits können wir statt vom Faktum von einer hypothetischen Notwendigkeitsfrage ausgehen, indem wir fragen, wie derjenige Teil des prädikativen Satzes, der auch schon eine mögliche isolierte Verwendungsweise hat, ergänzt werden *müßte*, wenn sich daraus ein wahrheitsfähiges Gebilde ergeben soll. Der Vorzug dieser zweiten Zugangsweise ist, daß sie den Gegenstandsbezug noch nicht als Faktum voraussetzt und deswegen etwas zu seiner Verständlichkeit beitragen kann. Andererseits hat diese Zugangsweise eben deswegen einen konstruktiven Charakter und kann daher nur eine Hypothese liefern, über die nur die tatsächliche Verwendung der sprachlichen Ausdrücke entscheiden kann.

Das »Einerseits-Andererseits« betrifft aber nicht nur die Methode des Vorgehens, sondern man muß sehen, daß die beiden Betrachtungsweisen das einheitliche Phänomen von den zwei entgegengesetzten Enden aus angehen und sich auch in diesem Sinn treffen müßten. Die Ebene, auf der sie sich treffen, ist die der Verifikationssituation. Kommt man gewissermaßen von oben her, von den prädikativen Sätzen bzw. den singulären Termini, so haben wir gesehen, daß die übrigen singulären Termini bei der Frage nach der Verifikation auf diejenigen verweisen, die die Gegenstände als wahrnehmbare spezifizieren, die sie also mit Bezug auf die Wahrnehmungssituationen spezifizieren, in denen man verifizieren kann erstens, ob es sie gibt, und zweitens, ob die Wahrnehmungsprädikate, die von ihnen behauptet werden, auf sie zutreffen. Kommt man andererseits sozusagen von unten her, von der Verwendung eines Prädikats in einer Wahrnehmungssituation, so stellt sich die Frage: was muß hinzukommen, daß eine Wahrnehmungssituation nicht eine bloße Wahrnehmungssituation, sondern eine Verifikationssituation ist? Und diese Frage ist identisch mit der: was muß zu der Verwendung eines Klassifikationsausdrucks in einer Wahrnehmungssituation hinzukommen, daß der Klassifikationsausdruck auf einen Gegenstand bezogen wird? Die Betrachtungsweise von unten her erlaubt es also, sich in Abhebung zu einer primitiveren Sprache, die noch keine Bezugnahme auf Gegenstände enthält und deswegen auch keinen Wahrheitsbezug, verständlich zu machen, wodurch sich sprachlich eine Bezugnahme auf Gegenstände konstituiert (ich sage noch: wodurch sie sich sprachlich konstituiert; wir werden uns am Ende der Betrachtung zu fragen haben, ob eine nichtsprachliche Bezugnahme auf Gegenstände überhaupt noch denkbar ist).

Die Ebene, an der sich die beiden Betrachtungsweisen, die ich etwas unbeholfen als die von oben und die von unten bezeichnet habe, treffen, ist markiert durch die demonstrativen singulären Termini »dies«, »hier«, »jetzt«. Von deren richtigem Verständnis hängt letztlich das Verständnis davon ab, was es heißt, auf einen wahrnehmbaren Gegenstand bezugzunehmen. Die demonstrativen Ausdrücke sind, von ›oben‹ her gesehen, diejenigen, auf deren Verwendung die Verwendung aller anderen singulären Termini verweist, und die anderen singulären Termini verstehen, heißt, diese Verweisung verstehen; und andererseits liegt, von ›unten‹ her gesehen, in der Verwendung der demonstrativen Ausdrücke, *wenn* sie so verwendet werden, daß durch sie die Verifikationssituation für das Zutreffen eines Prädikats bezeichnet wird, ein Rückverweis auf andere singuläre Termini, die auf sie verweisen. Diese Verweisung und Rückverweisung ist nicht eine Interpretation, sondern wird in der Verwendung dieser Ausdrücke selbst faßbar: daß sie nämlich so verwendet werden, daß sie mit den jeweils anderen Ausdrücken durch das Identitätszeichen verbunden werden können, ein Verfahren, durch das zum Ausdruck gebracht wird, daß sie, je nach der Situation, in der sie verwendet werden, für einander so ersetzt werden können, daß das eine Sprechereignis dann und nur dann als richtig bezeichnet wird, wenn auch das andere als richtig bezeichnet wird, und wenn das Wort »richtig« *so* verwendet wird, hat es den Sinn von »wahr«. Diese Ersetzbarkeit, die in der Verwendung des Identitätszeichens zum Ausdruck kommt und in der sich die Bezugnahme auf Gegenstände konstituiert, ist also die

Bedingung der Möglichkeit dafür, daß Ausdrücke so verwendet werden, daß sie – im Gegensatz zu den Ausdrücken einer Quasiprädikatensprache – in der Sprache selbst als wahr und falsch bezeichnet werden können. Dieser Bedingungszusammenhang kann nun leichter aus der Perspektive der Betrachtung von ›unten‹ aufgeklärt werden, weil aus der Perspektive von ›oben‹ schon vorausgesetzt ist, daß es sich um Aussagesätze handelt, um wahrheitsfähige Gebilde, und daß diese sich auf Gegenstände beziehen, während wir aus der Perspektive von ›unten‹ die Konstitution des Gegenstandsbezugs in Abhebung zu einer noch vorgegenständlichen Sprache, der Quasiprädikatensprache, aufklären können.

Ich beginne also mit der Beantwortung der am Anfang der Stunde genannten Frage, wie der Mechanismus der Identifizierung wahrnehmbarer Gegenstände funktioniert und d. h. wie diejenigen singulären Termini, durch die wir wahrnehmbare Gegenstände nicht nur spezifizieren, sondern identifizieren, verwendet werden. Bitte beachten Sie, daß diese Frage eine rein deskriptive Frage nach der Verwendungsweise bestimmter Typen singulärer Termini ist; der konstruktive Aspekt, auf den ich vorhin hingewiesen habe, wird sich dabei nur insofern auswirken, als ich bei dieser Frage mit den sich an die Quasiprädikatensprache am engsten anschließenden singulären Termini, den demonstrativen, beginne und erst danach zu den objektiv lokalisierenden Ausdrücken übergehe. Erst in der nächsten Stunde werde ich die konstruktive Fragestellung ›von unten‹ thematisch angehen.

Nachdem wir gesehen haben, daß auch die Worte »hier« und »jetzt« singuläre Termini sind und sie offenbar, was den demonstrativen Charakter betrifft, mit dem Wort »dies« eine einheitliche Klasse bilden, haben wir es jetzt mit dieser ganzen Klasse von singulären Termini zu tun, und man kann auch noch das Wort »ich« miteinbeziehen. Ich habe in der vorigen Stunde darauf hingewiesen, daß man allgemein bei singulären Termini, sofern sie überhaupt eine Bedeutung haben, sagen kann, daß sie verstanden werden, wenn man weiß, wie festzustellen ist, welchen Gegenstand sie identifizieren. Wir nennen nun deiktische Ausdrücke (und alle einfachen deiktischen Ausdrücke sind singuläre Termini) solche, bei denen die Feststellung, welchen Gegenstand sie identifizieren, abhängig ist von der Situation, in der sie verwendet werden. Die Bedeutung eines solchen Ausdrucks verstehen, heißt wissen, wie ein Gegenstand durch eine Verwendung des Ausdrucks relativ zur

Verwendungssituation identifiziert wird. Man kann das, in Anlehnung an den mathematischen Sprachgebrauch, so formulieren, daß die Bedeutung eines solchen Ausdrucks eine Funktion ist, deren Argumente die Redesituationen und deren Werte Gegenstände sind. Durch die Verwendungsregel des Ausdrucks wird der Redesituation ein bestimmter Gegenstand zugeordnet oder, wie man auch sagt, die Bedeutung ›bildet‹ die Redesituationen auf die Gegenstände ›ab‹.

Das gilt für alle deiktischen singulären Termini. Das Charakteristische der demonstrativen deiktischen singulären Termini besteht darin, daß sie einen Gegenstand nicht nur überhaupt relativ zur Redesituation identifizieren, sondern als einen solchen, der in einem unmittelbaren Zusammenhang mit der Redesituation steht: Das Wort »hier« versteht man, wenn man weiß, daß es nach einer Regel verwendet wird, derzufolge es jeweils den Ort identifiziert, an dem der, der es verwendet, sich gerade befindet bzw. auf den er gerade zeigt. Entsprechendes gilt für die anderen demonstrativen Ausdrücke: mit »ich« identifiziert die jeweils redende Person sich selbst, mit »jetzt« den Zeitpunkt, an dem sie redet, und mit »dies« einen Gegenstand, auf den sie an dem Ort, an dem sie redet, zeigen kann bzw. (bei Ereignissen) der an dem Zeitpunkt, an dem sie redet, wahrnehmbar ist.

In ungefähr dieser Weise wird die Bedeutung der deiktischen Ausdrücke im allgemeinen und der demonstrativen im besonderen gewöhnlich dargestellt. Diese Erklärung ist jedoch noch eine charakteristisch metasprachliche. Sie setzt voraus, daß für die Erklärung bereits ein gegenständliches Vokabular zur Verfügung steht, in dem über Personen, Örter, Zeiten und Gegenstände allgemein gesprochen werden kann. Man kann aber den Ausdruck »ein Ort, der . . .« noch gar nicht verstehen, wenn man das Wort »hier« noch nicht versteht, und dasselbe gilt für die anderen Ausdrücke.

Sie werden vielleicht vorschlagen, wir könnten versuchen zu beschreiben, wie man die Verwendung der demonstrativen Ausdrücke in einer Weise *vorführen* kann, die der gegebenen metasprachlichen Erklärung entspricht. Und sicher ist es eine solche vorführende Erklärung, nach dem Muster, das wir bei den Prädikaten und den aussagenlogischen Ausdrücken kennengelernt haben, was wir brauchen. Wenn wir nun aber versuchen, die Verwendung von Worten wie »hier« und »dies« lediglich nach der Regel vorzuführen, die in der angegebenen metasprachlichen Erklärung enthalten war, würde sich diejenige Variante der Quasiprädikatensprache ergeben, die ich seinerzeit mit Ausdrücken der Form »dies ist F« vorführte, wenn sie so verwendet werden, daß es noch nicht zur Verwendungsweise von »dies« gehört, durch andere Ausdrücke ersetzbar zu sein (S. 333). Wenn wir einem Kind die Verwendungsweise z. B. des Wortes »jetzt« in der Weise erklären wollten, daß wir lediglich immer dann, wenn es z. B. gerade heiß ist, sagen »jetzt heiß«, und genauso mit anderen Prädikaten, so würde eine solche Erklärung der vorhin gegebenen metasprachlichen Erklärung entsprechen, das Kind hätte aber dann nicht *die* Bedeutung gelernt, die das Wort »jetzt« in unserer Sprache hat. Die Worte »hier«, »dies« usw. wären, wenn sie lediglich so verwendet würden, noch keine singulären Termini, sie würden noch nicht dazu verwendet, einen Zeitpunkt, einen materiellen Gegenstand usw. zu ›spezifizieren‹, sondern sie wären funktionslose Anhängsel in einer situationsrelativen Verwendung von Prädikaten. Wenn sie mehr sein sollen als das, müssen sie, obwohl auf die Situation bezogen, bereits über die Situation hinausweisen. Man kann, auch innerhalb der Situation, diese Situation nur spezifizieren, und d. h. (Sie erinnern sich) sie als die gegenüber anderen Situationen gemeinte herausstellen, wenn man bereits auf andere Situationen bezugnimmt und die gegenwärtige Situation als eine solche bezeichnet, die auch aus der Perspektive anderer Situationen als dieselbe bezeichnet werden kann. Aber um das zu leisten, um die gegenwärtige Situation so zu bezeichnen, wie sie auch aus der Perspektive anderer Situationen bezeichnet werden kann, stehen uns keine Namen, keine freischwebenden Zeichen zur Verfügung, die der Situation als solcher zugeordnet werden könnten. Es ist vielmehr der Demonstrativausdruck selbst, der über die Situation in der geforderten Weise hinausweist, indem er so verwendet wird, daß man weiß, daß er durch *andere deiktische* Ausdrücke zu ersetzen ist, wenn aus einer anderen Situation auf dasselbe bezuggenommen wird, und eben dadurch konstituiert sich die gegenwärtige Situation erst als etwas Identifizierbares, und d. h., erst dadurch wird auf sie gegenständlich bezuggenommen.

Es ist wichtig zu sehen, daß diese Regel, daß die Demonstrativausdrücke bei entsprechendem Situationswechsel durch andere deiktische Ausdrücke zu ersetzen sind, zur *Bedeutung* der Demonstrativausdrücke selbst gehört. Wenn jemand die demonstrativen Ausdrücke so verwenden würde, wie sie in der erweiterten Quasiprädikatensprache verwendet würden, auf die ich eben hingewiesen habe, wenn er sie also bei einem Situationswechsel einfach fallenlassen würde, statt sie durch einen anderen deiktischen Ausdruck zu ersetzen, würden wir sagen, daß er ihre Bedeutung in unserer Sprache nicht verstanden hat. Das vorhin vorgeführte metasprachliche Erklärungsschema ist somit nicht nur zirkulär, sofern es schon eine Bezugnahme auf Gegenstände voraussetzt, sondern es ist, als Erklärung der Bedeutung dieser Ausdrücke, auch unvollständig.

Man kann also die Bedeutung der Demonstrativausdrücke nur erklären, ihre Verwendungsweise nur vorführen, indem man die Gruppe der jeweils dazugehörigen anderen deiktischen Ausdrücke mitberücksichtigt. Zu jedem demonstrativen Ausdruck, der einen Gegenstand durch seine *unmittelbare* Beziehung zur Redesituation bezeichnet, gehören andere deiktische Ausdrücke, die einen Gegenstand ebenfalls in Relation zur Redesituation bezeichnen, jedoch gerade so, daß – mit »dort«, »damals«, »später« – eine andere Wahrnehmungssituation bezeichnet wird bzw. – mit »jener« – ein in einer anderen Situation wahrnehmbarer Gegenstand oder – mit »du«, »er«/»sie« – eine andere Person als der Sprecher. Die Bedeutung und d. h. die Identifizierungsfunktion der deiktischen Ausdrücke ist also durch *zwei* Eigentümlichkeiten gekennzeichnet: erstens dadurch, daß es von der Verwendungssituation abhängt, welcher Gegenstand durch die Verwendung eines solchen Ausdrucks identifiziert wird; und zweitens dadurch, daß derselbe Gegenstand, der in der Wahrnehmungssituation durch einen demonstrativen Ausdruck identifiziert wird, in einer anderen Situation nicht mehr durch diesen Ausdruck, wohl aber durch einen anderen Ausdruck derselben deiktischen Gruppe identifiziert werden kann. Die erste dieser beiden Eigentümlichkeiten ist die, die Strawson gegen Russell geltend gemacht hat; die zweite hat er übersehen, und gerade sie ist es, die gegen Russell hätte geltend gemacht werden müssen (S. 388).

Es ist diese zweite Eigentümlichkeit deiktischer Ausdrücke, die für das Verständnis, wie es überhaupt zu einer Bezugnahme auf Gegenstände kommt, fundamental ist, weil erst sie es verständlich macht, wie es möglich ist, auf eine Wahrnehmungssituation bezugzunehmen, in der man sich nicht mehr befindet. Nur weil auch schon die Verwendung des demonstrativen Ausdrucks *in* der

Wahrnehmungssituation die Spezifizierung derselben Situation bzw. desselben Gegenstandes, der in der Situation wahrgenommen wird, durch einen nichtdemonstrativen deiktischen Ausdruck von außerhalb der Situation antizipiert, kann man sagen, daß die Verwendung des demonstrativen Ausdrucks ihrerseits etwas spezifiziert, auf einen Gegenstand bezugnimmt.

Das Entscheidende an dieser Eigentümlichkeit der deiktischen Ausdrücke ist, daß hier auf einer untersten Ebene die Verwendung des Identitätszeichens ins Spiel kommt, und eben damit konstituiert sich der Gegenstandsbezug. Wir hatten seinerzeit gesehen, daß eine Bezugnahme auf Gegenstände – ein Spezifizieren, welcher von allen gemeint ist – impliziert, daß das Gemeinte von allen anderen unterschieden werden kann. Aber erst aus dem Umstand, daß wir Wesen sind, deren Wahrnehmungssituationen wechseln, folgt, daß wir, wenn wir auf Gegenstände der Wahrnehmung bezugnehmen können sollen, im Wechsel der Wahrnehmungssituationen auf die Wahrnehmungssituationen als identische bezugnehmen können müssen, und da diese Bezugnahme auf eine Situation jeweils aus der Perspektive einer immer wieder anderen erfolgt, kann jede nur so als identische festgehalten werden, daß in der neuen Situation ein anderes deiktisches Zeichen verwendet wird; der jeweilige Gegenstand läßt sich also so wenig dadurch von den anderen unterscheiden, daß ihm ein bestimmtes Zeichen als Name einfach zugeordnet wird, daß er als identischer nur festgehalten werden kann, indem verschiedene Zeichen nach einer Regel füreinander substituiert werden.

Aber wie sieht diese Regel aus? Offenbar genügt nicht die schlichte Substitution eines nichtdemonstrativen deiktischen Ausdrucks für einen demonstrativen, denn die nichtdemonstrativen Ausdrücke sind im Unterschied zu den demonstrativen unbestimmt. Mit »hier« wird ein bestimmter Ort gemeint; mit »dort« hingegen wird ein Ort noch nicht spezifiziert, sondern nur gesagt, daß ein anderer Ort als der hier gemeint ist. Die bloße Verwendung des Wortes »dort« fordert zu der Rückfrage heraus »dort wo?«; bei »jenes« fragt man zurück »welches?«; bei »damals« »wann damals?«; und sogar bei »du« kann, wenn mehrere da sind, zurückgefragt werden »welchen von uns meinst du?«. Die Präzisierung, welche Person mit »du« gemeint ist, welcher Gegenstand mit »jenes«, kann offenbar nur durch raumzeitliche Angaben erfolgen. Das Problem konzentriert sich also auf die Fragen »wo?« und »wann?«.

Die nächstliegende Antwort auf diese Fragen nimmt die Form an »damals – als das und das geschah«, »dort – wo sich das und das befindet«. Aber diese Antworten bleiben in der Luft, wenn die zeitlichen und räumlichen Gegenstände, auf die in ihnen bezuggenommen wird, nicht ihrerseits durch ihre raumzeitlichen Relationen identifiziert werden können; das aber kann nur geschehen durch Angabe der Entfernung und (beim Räumlichen) der Richtung von einem bestimmten Bezugspunkt; dieser dient dann als Koordinatennullpunkt für die Identifizierung. Je nachdem, ob der Koordinatennullpunkt objektiv oder subjektiv ist, kann man von objektiver oder subjektiver Lokalisierung sprechen.

Es ist zunächst die subjektive Lokalisierung, die an die vorigen Ausführungen unmittelbar anschließt. Denn durch die subjektive Lokalisierung gewinnen die nichtdemonstrativen deiktischen Ausdrücke die Bestimmtheit, die ihnen zunächst fehlt. Bei der subjektiven Lokalisierung ist das jeweilige Hier und Jetzt der Koordinatennullpunkt, und alle anderen Wahrnehmungssituationen werden dadurch spezifiziert, daß ihre Entfernung und Richtung von der gegenwärtigen Wahrnehmungssituation angegeben werden. Nur auf diese Weise können wir aus der Perspektive der jeweils gegenwärtigen Wahrnehmungssituation eine andere Wahrnehmungssituation identifizieren, indem wir den unbestimmten Ausdruck »damals« ersetzen z. B. durch »vor einer Stunde«, wobei sich dann die Reihe sich progressiv ersetzender deiktischer Ausdrücke ergibt: »vor einer Stunde«, »vor zwei Stunden« usw.

Nun ist jedoch zu bedenken, erstens: die Maßeinheiten bei solchen subjektiven Lokalisierungen – Stunden, Meter, Himmelsrichtungen – entstammen bereits einem objektiven Lokalisierungssystem, und zweitens: die Lokalisierung mit Bezug auf den subjektiven Koordinatennullpunkt ermöglicht, wenn sie nicht durch einen objektiven Koordinatennullpunkt abgestützt ist, keine Identifizierung. Das ist zunächst evident für die Kommunikation mehrerer Subjekte. Wenn jeder alles nur mit Bezug auf sein eigenes Hier und Jetzt lokalisieren könnte, hätten die verschiedenen Kommunikationspartner keine Möglichkeit, etwas füreinander zu identifizieren. Aber auch ein einzelner Sprecher könnte, wenn sein einziger Bezugspunkt seine jeweilige wechselnde Wahrnehmungssituation wäre, keine als identisch festhaltbaren raumzeitlichen Relationen in das Mannigfaltige seiner Wahrnehmung bringen.

Ein festes raumzeitliches Bezugssystem für die Identifizierung beliebiger Wahrnehmungssituationen kann sich nur relativ zu einem raumzeitlichen Koordinatennullpunkt ergeben, dessen Position in der Zeitreihe und im Raum objektiv vorgegeben ist. Nun gibt es keine absolute Zeit und keinen absoluten Raum. Ein im Unterschied zu dem wechselnden subjektiven Koordinatennullpunkt stabiler Koordinatennullpunkt im Raum wird vielmehr durch das kontingente Faktum ermöglicht, daß eine genügende Anzahl der uns umgebenden räumlichen Gegenstände in ihren räumlichen Relationen zueinander invariant bleiben und damit einen festen räumlichen Bezugsrahmen bilden, aus dem wir dann einen beliebigen Gegenstand – z. B. den Ort Greenwich – herausgreifen und uns auf ihn als Koordinatennullpunkt einigen können.[2] Ebenso wird ein stabiler Nullpunkt für die zeitliche Lokalisierung durch das kontingente Faktum ermöglicht, daß es regelmäßige Naturabläufe gibt, die eine feste Einheit zeitlichen Abstandes hergeben, so daß sich einmalige Ereignisse als fester Bezugsrahmen so anordnen, daß es wiederum möglich wird, ein einzelnes solches Ereignis wie die Geburt Christi als Nullpunkt herauszugreifen. Sowohl beim Raum wie bei der Zeit ist der Nullpunkt konventionell, außerdem ist seine gegenständliche Fixierung unsicher, was beides unproblematisch ist, weil das, was eigentlich festliegt, nicht der Punkt ist, sondern die Menge der zueinander invarianten räumlichen bzw. zeitlichen Gegenstände.

Sie könnten jetzt fragen, ob ich mir, wenn man etwas ohnehin nur relativ zu einem objektiven raumzeitlichen Bezugssystem identifizieren kann, die Problematik der Spezifizierung mittels deiktischer Ausdrücke und relativ zu dem subjektiven Koordinatennullpunkt nicht hätte sparen können. Aber der subjektive Koordinatennullpunkt ist für die Identifizierung ebenso unentbehrlich wie der objektive. Wenn ein Sprecher seine eigene Stelle in dem objektiven raumzeitlichen Relationssystem nicht kennt, weiß er nicht, wie er feststellen kann oder könnte, welches gemeint ist. Die Identifizierung eines Wahrnehmungsgegenstandes durch Angabe seiner raumzeitlichen Relation zeichnet einen Weg vor, der an die raumzeitliche Stelle oder Stellen führt, an der der Gegenstand wahrgenommen werden könnte, und um als Weg erkennbar zu sein, muß er mit dem jeweiligen Standort verbunden werden können. Anders ausgedrückt: man muß wissen, wo man sich befindet, um sich orientieren zu können. Zu wissen, wo sich der subjektive Koordinatennullpunkt relativ zum objektiven befindet, ist natürlich dasselbe wie zu wissen, wo sich der objektive relativ zum subjektiven befindet. Wenn wir ein Ereignis oder einen materiellen Gegenstand lokalisieren, machen wir zwar normalerweise nur objektive Angaben, aber diese Angaben haben für uns nur einen Sinn, weil wir unterstellen, daß wir wissen, wo wir uns selbst im objektiven System befinden, und die objektiven Angaben daher ohne weiteres subjektiv interpretieren können. Obwohl also die objektive Lokalisierung keine deiktischen Ausdrücke enthält, kann sie als Identifizierung für uns nur effektiv werden, wenn sie deiktisch interpretierbar ist. Umgekehrt kann man sagen, daß erstens die gegenständlichen räumlichen und zeitlichen Maßeinheiten und zweitens die fixen gegenständlichen räumlichen und zeitlichen Relationen die zusätzlichen Faktoren sind, die zu dem Übergang vom demonstrativen zum nichtdemonstrativen Situationsbezug hinzukommen müssen, damit die vergangenen Wahrnehmungssituationen als identische bzw. identifizierbare festgehalten werden können und dann freilich auch alle anderen möglichen Wahrnehmungssituationen identifizierbar werden.

Damit ist jetzt die am Anfang der heutigen Stunde gestellte Frage nach dem Mechanismus der Identifizierung wahrnehmbarer Gegenstände im Umriß beantwortet, und dabei ist klargeworden, in welcher Weise diese Identifizierung durch ein Zusammenspiel in der Verwendung von demonstrativen singulären Termini und objektiv raumzeitlich lokalisierenden singulären Termini erreicht wird, ein Zusammenspiel, das auf der Verwendung des Identitätszeichens beruht. Die Verwendung des Identitätszeichens hat sich als der für den Übergang von der Quasiprädikatensprache zur Prädikatensprache und d. h. als der für die Verwendung von Ausdrücken als singuläre Termini ausschlaggebende Faktor erwiesen, der in der bisherigen Betrachtung am Rande blieb und dessen genaueren Stellenwert wir noch werden klären müssen; mit der thematischen Klärung dieses Aspekts werden wir die Erörterung der singulären Termini zum Abschluß bringen können, weil er in denjenigen Kontext überleitet, zu dessen Klärung wir die ganze Erörterung der singulären Termini unternommen haben: die Erklärung der Wahrheitsdefinition der prädikativen Sätze. Schon damals (19. Vorl.) hat sich die Hypothese nahegelegt, daß die in dieser Definition vorkommende erklärungsbedürftige Rede vom ›Stehen‹ eines singulären Terminus ›für‹ einen Gegenstand ebenso wie die vom ›Zutreffen‹ des Prädikats entbehrlich wird, wenn wir nur das Verständnis des Identitätszeichens voraussetzen.

Zunächst wird jedoch noch zu klären sein, ob diejenigen Fragen, die ich am Anfang der heutigen Stunde in einen Zusammenhang mit der Frage nach dem Identifizierungsmechanismus stellte, auf der Basis der inzwischen erfolgten Analyse dieses Mechanismus nunmehr zu beantworten sind. Es war dies erstens die Frage, ob nicht gegenüber der Identifizierung von Gegenständen in Raum und Zeit der Identifizierung der Raumzeitstellen eine Priorität zukommt. Und zweitens stellte sich die Frage, ob wir die Analyse der tatsächlichen Verwendung der singulären Termini dadurch stützen und ihre Ergebnisse verständlicher machen können, daß wir gleichzeitig hypothetisch fragen, wie Ausdrücke verwendet werden müßten, die Klassifikationsausdrücke, die, wenn sie selbständig verwendet würden, Quasiprädikate wären, zu wahrheitsfähigen Gebilden ergänzen. Es wird sich zeigen, daß diese zwei Fragen eng zusammenhängen.

Anmerkungen

1 »Sinn und Bedeutung«, S. 42.
2 Vgl. auch Wiggins, »The Individuation of Things and Places«, S. 179 und das Zitat von Leibniz, das er S. 181 f. bringt.

26. Vorlesung

Die heutige Vorlesung möchte ich in zwei Teile gliedern, um in jedem eine der beiden Fragen zu erörtern, die ich am Ende der vorigen Stunde genannt habe.

I.

Die Frage nach der Verwendungsweise der singulären Termini hat ergeben, daß es, wenn man von Namen absieht, zwei Arten gibt, wie singuläre Termini etwas Wahrnehmbares spezifizieren können, die eine durch ein – absolutes oder relatives – Merkmal, die andere, indem der Gegenstand raumzeitlich lokalisiert wird, und dabei ließ sich auch zeigen, daß und wie die erste Art des Spezifizierens auf die zweite verweist. Obwohl ich auf die Verwendung von Namen nur im Vorbeigehen eingegangen bin, zeigte sich doch auch bei ihnen, daß die Art, wie sie einen Gegenstand spezifizieren, auf der Spezifizierung durch raumzeitliche Lokalisierung aufruht. Die Analyse der Verwendungsweise der singulären Termini führte also zu dem Ergebnis, daß die einzige Art, einen wahrnehmbaren Gegenstand direkt zu spezifizieren – und ich habe das im Anschluß an Strawsons Terminologie als ›Identifizieren‹ bezeichnet – die Spezifizierung durch raumzeitliche Lokalisierung ist.

Daß die fundamentalen singulären Termini die raumzeitlich lokalisierenden sind – womit jetzt nicht nur die objektiv lokalisierenden gemeint sein sollen, sondern das ganze in der vorigen Stunde herausgestellte System von demonstrativen, deiktisch lokalisierenden und objektiv lokalisierenden Ausdrücken –, ist ein deskriptiver Tatbestand, und es ist daher erstaunlich, daß er bisher nicht klar erkannt worden ist. Der älteren Tradition galten die Namen als die fundamentalen singulären Termini, eine Auffassung, die nur so lange aufrechterhalten werden konnte, als die Spezifizierungsfunktion der singulären Termini noch nicht gesehen und überhaupt noch nicht nach der Verwendungsweise der Ausdrücke gefragt worden war; und wenn neuerdings Kripke die für die neuere Tradition seit Frege maßgebende Auffassung vom Primat der Kennzeichnungen vor den Namen glaubte rückgängig machen zu können, so konnte das einen Anschein von Plausibilität nur gewinnen, weil er die Unterscheidung zwischen lokalisierenden und anderen Kennzeichnungen nicht berücksichtigt.[1] Strawson wiederum und die, die ihm mehr oder weniger folgten, haben zwar den lokalisierenden Ausdrücken ein großes Gewicht beigemessen, aber ihren fundamentalen Stellenwert nicht erkannt, weil sie zwar die demonstrativen singulären Termini als grundlegend, aber in ihrer Identifizierungsfunktion für selbständig ansahen. Der allen bisherigen Auffassungen gemeinsame Grundfehler war die Annahme, daß es überhaupt eine ausgezeichnete Klasse singulärer Termini gibt oder auch nur geben könnte, die isoliert, ohne in ihrer Verwendungsweise auf die Ersetzung durch singuläre Termini anderer Typen zu verweisen, für Gegenstände stehen können.

Man kann den deskriptiven Tatbestand, daß die raumzeitlich lokalisierenden singulären Termini die fundamentalen sind, einfach als Faktum hinnehmen. Man kann sich dieses Faktum aber auch verständlich zu machen versuchen, indem man von den die singulären Termini zu Sätzen ergänzenden Ausdrücken, von den Klassifikationsausdrücken, ausgeht und fragt: welche Funktion und Verwendungsweise müssen wir denn für diejenigen Ausdrücke erwarten, die Klassifikationsausdrücke zu wahrheitsfähigen Gebilden ergänzen können? Diese Frage ›von unten‹ ist in den beiden vorigen Stunden nur nebenbei mitberücksichtigt worden, und es ist eine der zwei Fragen, die ich als noch offene am Ende der vorigen Stunde genannt habe.

Es ist zunächst wichtig zu sehen, daß man die umgekehrte Frage nicht stellen könnte: man kann nicht von den singulären Termini ausgehen und fragen, wie diejenigen Ausdrücke fungieren müßten, die sie zu wahrheitsfähigen Gebilden ergänzen, weil – und das muß emphatisch gegen die gegenstandstheoretische Tradition gesagt werden – eine isolierte Verwendung eines singulären Terminus keinen Sinn hätte und es daher auch keine Sprache oder Teilsprache gibt, die nur aus singulären Termini oder aus einer Vorform von singulären Termini, entsprechend der der Quasiprädikate zu den Prädikaten, besteht und eine solche Sprache auch gar nicht denkbar ist. Demgegenüber ist eine Sprache, die nur aus Klassifikationsausdrücken (›Quasiprädikaten‹) besteht, nicht nur denkbar, sondern es gibt solche Sprachen als Signalsprachen nicht nur bei Tieren, wo ihre Regeln als kausale zu verstehen sind, sondern auch bei Menschen, wo ihre Regeln konventionell sind und ihre Verwendung mittels des Wortes »richtig« erklärt wird.

Wie ist nun aber die Frage, wenn wir in dieser Weise ›von unten‹ ausgehen, zu stellen? Auf jeden Fall ist eine Formulierung der folgenden Art zu erwarten: wie müssen die Klassifikationsausdrücke ergänzt werden, wenn das und das erreicht werden soll? Aber wie ist diese Zielbedingung zu formulieren? Eine schwache Formulierung, die ich schon einmal verwendet habe (S. 406), würde lauten: wie müssen sie ergänzt werden, wenn sie auf Gegenstände zutreffen können sollen? Bzw. umgekehrt gewendet: wie müssen die singulären Termini verwendet werden, wenn sie Ergänzungsausdrücke von solchen Klassifikationsausdrücken sein sollen, die in Wahrnehmungssituationen erklärt werden? Indem eine solche Formulierung bereits als selbstverständlich voraussetzt, daß die Ergänzungsausdrücke Gegenstände spezifizieren, wird mit ihr nicht viel riskiert, und es kann mit ihr zwar einiges, aber nicht viel erreicht werden: sie kann dazu verwendet werden, die Art unserer elementaren Gegenstände bzw. ihrer Spezifizierung – daß sie eine raumzeitlich lokalisierende sein muß – verständlich zu machen, aber nicht, wie es überhaupt zu verstehen ist, daß es zu einer Bezugnahme auf Gegenstände kommt.

Wie kann man also die Frage formulieren, ohne daß in der Zielbedingung schon Gegenstände genannt werden? Da das Charakteristische der Quasiprädikate im Unterschied zu den Prädikaten bzw. den Ausdrücken, zu denen Prädikate ergänzt werden, darin besteht, daß sie wesensmäßig situationsrelativ verwendet werden, kann man die Frage so formulieren: wie müssen die zunächst situationsrelativ verwendeten Klassifikationsausdrücke ergänzt werden, damit das, was sie leisten – eine jeweilige Klassifikation – situationsunabhängig wird? Die Bezugnahme auf wahrnehmbare Gegenstände würde dann in der Weise verständlich werden, daß man zeigt: nur wenn die Klassifikationsausdrücke durch Ausdrücke ergänzt werden, die Wahrnehmungssituationen durch ihre raumzeitliche Lokalisierung spezifizieren und so vergegenständlichen und mittels ihrer auch andere raumzeitlich lokalisierbare Gegenstände spezifizieren, wird die Klassifikationshandlung situationsunabhängig.

Und ich vertrete natürlich diese Meinung. Nur scheint mir auch so die Frage noch nicht weit genug formuliert, denn man kann ja zurückfragen: was ist schon dadurch erreicht, daß unsere Rede situationsunabhängig wird? Darauf läßt sich antworten: erst dadurch konstituiert sich die assertorische Rede; erst dadurch wird es möglich, etwas zu behaupten, womit ein Anspruch auf Wahrheit verbunden ist und wozu andere Partner in beliebigen Situationen bejahend oder verneinend Stellung nehmen können. Aus diesem Grund habe ich die Frage am Anfang der heutigen Stunde und auch schon in der vorigen Stunde so formuliert: wie müssen die Klassifikationsausdrücke ergänzt werden, wenn sie Ausdrücke bilden sollen, mit denen etwas gesagt werden kann, was wahr oder falsch sein kann? Wenn wir unsere Frage ›von unten‹ in dieser Weise formulieren, entspricht sie auch erst dem methodischen Gesichtspunkt, unter dem ich die Frage ›von oben‹, die Frage nach der tatsächlichen Verwendungsweise der singulären Termini, in der vorletzten Stunde durchgeführt habe. Wie dort die Frage nach der tatsächlichen Verwendungsweise der singulären Termini in den Zusammenhang der Feststellung der Wahrheit der Sätze gestellt wurde, als deren Teile sie fungieren, so wäre jetzt die Frage, wie es überhaupt zur Verwendung von singulären Termini kommt, in den Kontext der Frage gestellt, wodurch überhaupt die Rede von »wahr« und »falsch« möglich wird.

Nun habe ich bisher den eben unterstellten Bedingungszusammenhang zwischen der Situationsunabhängigkeit der Rede und ihrem Wahrheitsbezug noch nirgends ausreichend erörtert. Sie könnten Zweifel anmelden, ob es denn so ausgemacht sei, daß in einer Quasiprädikatensprache das Wort »wahr« nicht vorkommen könne, und es scheint mir nötig, daß ich mich mit diesem Zweifel auseinandersetze.

Ich hatte früher darauf aufmerksam gemacht, daß, wenn etwas wahr oder falsch ist, es dies ein für allemal ist; und daß es wesentlich zu dem, was als wahr oder falsch bezeichnet werden kann – zu etwas Behauptetem – gehört, daß von beliebigen Partnern, und das heißt dann auch: aus beliebigen Situationen heraus dazu als demselben bejahend und verneinend Stellung genommen werden kann, und deswegen schien es klar, daß in einer situationsrelativen Sprache von »wahr« und »falsch« nicht die Rede sein könne. Aber nun könnte man zugestehen, daß das für die Rede von »wahr« und »falsch« bei Behauptungen gilt, könnte aber bezweifeln, daß die Rede von »wahr« und »falsch« nur in diesem Kontext sinnvoll ist. Wenn man fragt, ob nicht auch in einer Quasiprädikatensprache von »wahr« und »falsch« die Rede sein kann, könnte meine Entgegnung, daß *Behauptungen* einen situationsunabhängigen Sinn haben, als *petitio principii* erscheinen. Der Zweifler könnte sagen:

wie ich von Quasiprädikaten spreche, müsse er auch von einer Quasiwahrheit sprechen dürfen. Was hätte er dabei positiv im Auge? Ich glaube folgendes: auch in der Quasiprädikatensprache werden die Klassifikationsausdrücke jeweils mit Bezug auf etwas – die jeweilige Situation – verwendet. Wenngleich es für die Quasiprädikatensprache charakteristisch ist, daß das, mit Bezug worauf der Klassifikationsausdruck jeweils verwendet wird, im Ausdruck selbst nicht bezeichnet wird, scheint man gleichwohl sagen zu können: je nachdem, ob die Situation tatsächlich entsprechend beschaffen ist oder nicht, wird der Ausdruck wahr oder falsch verwendet.

Offenbar brauchen wir eine informelle Verständigung darüber, was mit »wahr« oder einem analogen, über die Aussagewahrheit erweiterten Ausdruck gemeint sein soll, um die Frage, ob ein solches Wort auch schon in einer Quasiprädikatensprache einen Sinn haben kann, entscheiden zu können. Der von dem Zweifler an meiner These eben durchgeführten Überlegung liegt die meiner Ansicht nach richtige Auffassung zugrunde, daß die Verwendung eines Klassifikationsausdrucks mit Bezug auf etwas – und sei es eine Situation, die nicht bezeichnet wird – dann wahr ist, wenn das, mit Bezug worauf der Klassifikationsausdruck verwendet wird, tatsächlich so beschaffen ist.

Nun wird man hier zwei Fragen unterscheiden müssen: die Frage, ob es für einen Beobachter, der über eine eigene Sprache verfügt, in der das Wort »wahr« und auch singuläre Termini vorkommen, möglich ist, die Zeichenhandlungen der Wesen, die eine Quasiprädikatensprache verwenden, als wahre und falsche aufzufassen; und die andere Frage, ob diese Wesen selbst, die über keine singulären Termini verfügen, schon die Worte »wahr« und »falsch« verwenden können, ob sie also selbst schon das, was sie mit ihren Zeichenhandlungen leisten, als wahr und falsch verstehen können.

Wenn der Benutzer einer Quasiprädikatensprache einen Klassifikationsausdruck situationskonform – wie ich der Kürze halber sagen will – verwendet, kann diese Verwendung zweifellos von einem Beobachter als wahr bezeichnet werden. Aber in diesem Sinn kann auch die Angabe eines Meßinstruments oder ein beliebiges natürliches Anzeichen als wahr oder falsch bezeichnet werden. Unser Problem betrifft natürlich nicht diese Frage, sondern die zweite Frage, ob die Benutzer einer Quasiprädikatensprache selbst ein Wort wie »wahr« verwenden können.

Bei den Überlegungen, die wir zur Klärung dieser Frage anstellen müssen, unterstelle ich, daß wir es mit einer Quasiprädikatensprache zu tun haben, deren Regeln bereits konventionell sind und deren Klassifikationsausdrücke in dem früher dargestellten Sinn ›erklärt‹ werden können, und d. h. ich unterstelle, daß das Wort »richtig« in dieser Sprache schon existiert in dem Sinn, in dem es verwendet wird, um die Regelkonformität einer Handlung festzustellen. Unsere Frage läßt sich also in der Weise zuspitzen, daß wir fragen: ist es möglich, daß sich im Rahmen einer Quasiprädikatensprache die Verwendung des Wortes »richtig« so differenziert, daß es sowohl zur Feststellung der Regelkonformität einer Sprechhandlung verwendet wird als auch zur Feststellung ihrer Situationskonformität? In dieser zweiten Verwendungsweise hätte das Wort »richtig« den Sinn von »wahr«, und um Zweideutigkeit zu vermeiden, werde ich für diese zweite Bedeutung von »richtig«, in der das Wort synonym mit »wahr« verwendet wird, nur das Wort »wahr« verwenden.

Sowohl bei »richtig« wie bei »wahr« orientieren wir uns besser an den Negationen. Wir haben Anlaß, das Wort »richtig« zu verwenden, weil wir Anlaß haben, das Wort »unrichtig« zu verwenden, regelnichtkonformes Handeln festzustellen, eine Handlung relativ zu einer Regel zu korrigieren. Und wir haben Anlaß, das Wort »wahr« zu verwenden, nur wenn wir Anlaß haben, das Wort »unwahr« oder »falsch« zu verwenden, d. h. eine Sprechhandlung zu korrigieren im Hinblick darauf, daß sie nicht situationskonform bzw. (in einer Sprache mit singulären Termini) nicht gegenstandskonform ist. Unsere Frage läßt sich also auch so formulieren: kann es in einer Quasiprädikatensprache einen Anlaß geben, die Verwendung eines Klassifikationsausdrucks im Hinblick auf seine Situationskonformität zu korrigieren? Und es scheint, daß diese Frage darauf hinausläuft: gibt es innerhalb einer Quasiprädikatensprache die Möglichkeit, einen Irrtum zu korrigieren, und d. h., gibt es in einer solchen Sprache die Möglichkeit, etwas als Irrtum zu erfahren?

Überlegen wir, wie es mit dem Irrtum bei prädikativen Behauptungen steht. Bei prädikativen Aussagen, die sich auf Wahrnehmbares beziehen, scheint es im wesentlichen zwei Möglichkeiten des Irrtums zu geben. Entweder die Aussage betrifft einen Gegenstand, der nicht gerade gegenwärtig ist. Man irrt sich, weil der Gegenstand nicht wahrnehmbar ist, und der Irrtum wird korrigiert durch Rekurs auf die Verifikationssituation. Für diesen Fall kann es natürlich keine Entsprechung bei den Quasiprädikaten geben, da diese sich *per definitionem* auf Gegenwärtiges beziehen.

Die zweite Möglichkeit des Irrtums bei konkreten prädikativen Aussagen ist, daß die Verifikationsregel des Prädikats so kompliziert ist, daß man auch dann, wenn der Gegenstand, auf den das Prädikat zutreffen soll, gegenwärtig ist, nicht durch einen schlichten Akt der Wahrnehmung, sondern erst durch bestimmte Operationen feststellen kann, ob das Prädikat auf den Gegenstand zutrifft. Sich für diesen Fall ein Analogon bei Quasiprädikaten zu denken, ist deswegen schwierig, weil von einem Irrtum bzw. von der Korrektur eines Irrtums nur gesprochen werden kann, wenn vorausgesetzt ist, daß das, worauf die Operationen angewandt werden, während ihrer Anwendung dasselbe bleibt, und ein solches Bewußtsein von Identität ist bei den Quasiprädikaten wiederum *per definitionem* ausgeschlossen. Dasselbe gilt für diejenige Möglichkeit des Irrtums, die auch bei einfachen Wahrnehmungsprädikaten gegeben ist, sofern deren Verifikation von bestimmten Wahrnehmungsbedingungen wie Nähe, Beleuchtung usw. abhängt. Wenn ein Verwender einer Quasiprädikatensprache im Dunkeln zuerst »Mensch« sagt und dann »Strauch«, kann das nicht als Korrektur eines Irrtums verstanden werden, sondern er hat auf zwei Wahrnehmungssituationen ein Wort jeweils richtig angewandt. Das ist eine begriffliche Überlegung, die sich nicht empirisch falsifizieren läßt, sondern ihrerseits zur richtigen begrifflichen Interpretation empirischer Befunde verwendet werden könnte. So müßte man, wenn man z. B. bei Kindern, bei denen man zunächst nur eine Quasiprädikatensprache vermutet, feststellt, daß sie ein Verständnis für die Korrektur von Schein und Irrtum haben, folgern, daß sie bereits über Rudimente von singulären Termini verfügen.

Jede Verwendung der Worte »wahr« und »unwahr« also, die sich auf die Verifizierbarkeit bzw. Falsifizierbarkeit klassifizierender Äußerungen gründet, bzw. – was dasselbe ist – auf die Erfahrung von Irrtum und Irrtumskorrektur bei solchen Äußerungen, hat zur Voraussetzung, daß das, was klassifiziert wird, als dasselbe festgehalten werden kann, und wenn es keine Möglichkeit gibt, die Verwendungssituation ohne die Verwendung von entsprechenden Zeichen als dieselbe festzuhalten, kann die Verwendung von Klassifikationsausdrücken erst dann irrtümlich und in diesem Sinn unwahr werden, wenn sie den Situationsbezug, den sie in der Quasiprädikatensprache hat, in die Äußerung durch einen eigenen zeichenmäßigen Repräsentanten – bzw., wie wir in der letzten Stunde gesehen haben, durch eine Reihe solcher Repräsentanten, die je nach dem Situationswechsel des Redners für einander ersetzt werden müssen – mit aufnimmt. Es ergibt sich also, daß meine These, daß eine Redehandlung situationsunabhängig sein muß, um in derselben Sprache als wahr oder falsch bezeichnet werden zu können, nicht einfach eine *petitio principii* war, sofern es eben Behauptungen sind, die als wahr oder falsch bezeichnet werden; sondern das Charakteristische der Behauptung, daß zu ein und demselben bejahend und verneinend Stellung genommen werden kann, ist die Bedingung der Möglichkeit dafür, einen Irrtum zu korrigieren, und so auch dafür, Irrtum überhaupt zu erfahren, und damit, das Wort »unwahr« in diesem Sinn überhaupt verwenden zu können.

Nun könnten Sie einwenden, das Wort »unwahr« sei in der Prädikatensprache nicht auf den Kontext des Irrtums beschränkt. Wir verwenden es auch, um eine Sprechhandlung als Lüge zu bezeichnen, und wenngleich jede Sprechhandlung, die irrig sein kann, auch eine Lüge sein kann, gibt es Sprechhandlungen, bei denen eine Lüge, aber nicht ein Irrtum möglich ist. Das ist insbesondere bekannt aus der von Wittgenstein ausgehenden Diskussion über die Äußerungen innerer Zustände; z. B. die Aussage »ich habe Zahnschmerzen« oder der Ausruf »au« können unwahr sein im Sinn von »gelogen«, »unaufrichtig«, aber für einen Irrtum gibt es da keinen Raum. Könnte Entsprechendes nicht auch bei der Quasiprädikatensprache gelten? Kann man sich nicht z. B. denken, daß ein Kind, das eine Quasiprädikatensprache spricht, sich zwar nicht irren, aber lügen kann?

Das Irrige dieser Vermutung läßt sich sofort daran erkennen, daß eine Lüge eine Handlung ist, die durch die Absicht definiert ist, andere zu täuschen, und d. h.: in ihnen irrige Meinungen zu erzeugen. Um eine solche Absicht haben zu können, muß der, der lügt, schon über eine Sprache verfügen, in der ein Irrtum möglich ist. Wenngleich der, der sagt »ich habe Zahnschmerzen«, sich selbst dabei nicht irren kann, kann das eine Lüge nur sein, wenn die Äußerung in einem intersubjektiven Kontext steht, in dem andere sich über diesen Sachverhalt irren können. Dasselbe gilt sogar für die Handlung der Verstellung, in der andere nicht durch die Verwendung von Symbolen, sondern durch die Erzeugung natürlicher

Anzeichen getäuscht werden sollen. Auch die Verstellung, die überhaupt keine sprachliche Handlung ist, ist nur möglich bei Wesen, die über eine Sprache verfügen, in der man sich irren kann. Wenn also eine Sprechhandlung, die deswegen als unwahr bezeichnet werden kann, weil sie unwahrhaftig ist, nur in einer Sprache möglich ist, in der eine Äußerung insofern als unwahr bezeichnet werden kann, als sie irrig ist, ist eine Lüge in einer Quasiprädikatensprache so wenig möglich wie ein Irrtum.

Schließlich gibt es noch ein allgemeineres Argument, das zeigt, daß das Wort »unwahr« in einer Quasiprädikatensprache keine Verwendungsmöglichkeit hat. Daß ein Klassifikationsausdruck unwahr (nicht situations- bzw. gegenstandskonform) verwendet wird – ob nun aus Irrtum oder als Lüge –, setzt voraus, daß er richtig (regelkonform) verwendet wird. Was heißt es aber, daß ein Klassifikationsausdruck richtig verwendet wird? Wie ein solcher Ausdruck – z. B. »rot« – richtig verwendet wird im Sinn von »regelkonform«, kann man offenbar nur in der Weise erklären, daß man ihn in vielen Situationen situationskonform verwendet. Was wir mit »wahr« im Sinn von »situationskonform« meinen, ist in der Art, wie das Wort »richtig« bei der Erklärung eines Quasiprädikats verwendet wird, mitenthalten, ohne noch für sich isolierbar zu sein. Damit ein Wort wie »wahr« verwendet werden kann, müssen die beiden Aspekte trennbar werden, denn die Äußerung ist nur unrichtig im Sinn von unwahr unter der Voraussetzung, daß sie richtig verwendet wird im Sinn von regelkonform. Wie läßt sich diese Trennung erreichen? Es genügt offenbar nicht zu sagen, daß der Sprecher den Ausdruck sonst richtig verwendet; denn daraus folgt noch nicht, daß er ihn, wenn er ihn im gegenwärtigen Fall unrichtig verwendet, unwahr verwendet, da es ja sein könnte, daß er die Verwendungsregel noch nicht gut genug gelernt hat oder daß sie ihm im gegenwärtigen Moment entfallen ist. Von einer unwahren Verwendung kann vielmehr nur die Rede sein, wenn der Partner sagen kann, daß der Sprecher den Ausdruck in der jetzigen Situation genauso verwendet wie in den anderen Situationen, und wenn der Sprecher dem zustimmen kann. So etwas läßt sich nicht formulieren, wenn man nicht auf den gegenwärtigen Gegenstand der Anwendung bzw. die gegenwärtige Situation ausdrücklich bezugnimmt und ebenso ausdrücklich auf ›alle anderen‹. Das wiederum ist nur möglich, wenn singuläre Termini und Quantoren verwendet werden. Damit scheint mir erwiesen: selbst wenn wir von der Erfahrung von Irrtum und Irrtumskorrektur absehen, die die Bedingung dafür ist, daß jemand seine eigenen Äußerungen als unwahr bezeichnen kann; selbst wenn wir uns auf den Fall beschränken, daß jemand die Äußerungen eines anderen in dessen eigener Sprache als unwahr bezeichnet, kann diese Sprache keine Quasiprädikatensprache sein.

Der Zweifel, ob sich nicht vielleicht doch in einer Quasiprädikatensprache das Wort »wahr« verwenden läßt, der sich darauf gründete, daß auch Quasiprädikate situationskonform und nichtsituationskonform verwendet werden, wäre also dadurch ausgeräumt, daß 1. Situationsnichtkonformität für die Rede von Unwahrheit noch nicht genügt, wir vielmehr eine Möglichkeit haben müssen, Situationsnichtkonformität und Regelnichtkonformität zu unterscheiden, und daß 2. das bloße Faktum der Situationsnichtkonformität nicht genügt: um für die, die die Sprache verwenden, erfahrbar zu sein, müssen sie verstehen, was es heißt, einen Irrtum zu korrigieren, und dazu genügt es nicht, daß etwas klassifiziert wird; es ist erforderlich, es – bei wechselnder Redesituation der Sprecher – als identisches festzuhalten.

Meine These, daß ein Bedingungszusammenhang zwischen der Situationsunabhängigkeit der Rede und ihrer Wahrheitsfähigkeit besteht, scheint also vindiziert, und wir sind somit berechtigt, die Frage, wie Klassifikationsausdrücke ergänzt werden müssen, wenn sie situationsunabhängig sollen verwendet werden können, so zu formulieren: wie sie ergänzt werden müssen, wenn mit ihnen etwas gesagt werden können soll, was wahr oder falsch sein kann. Dabei haben die eben durchgeführten Überlegungen wieder bestätigt, was wir schon früher beim Übergang von den Wahrheitsbedingungen zu den Verifikationsregeln gesehen haben, daß die Verwendung der Worte »wahr« und »falsch« nur erklärt werden kann, indem gezeigt wird, wie festgestellt wird, daß etwas wahr oder falsch ist; das Wort »unwahr« ist ein Korrekturwort und kann daher nur erklärt werden, indem vorgeführt wird, wie ein Irrtum korrigiert wird. Die Frage, wie Klassifikationsausdrücke ergänzt werden müssen, wenn mit ihnen etwas gesagt werden können soll, was wahr oder falsch sein kann, hat also den präziseren Sinn: wie sie ergänzt werden müssen, wenn das, was sie leisten – eine Klassifikation – verifizierbar bzw. falsifizierbar sein können soll.

Und diese Frage ist nicht einfach eine Umformulierung der Frage: wie die Klassifikationsausdrücke ergänzt werden müssen, wenn das, was sie leisten, situationsunabhängig werden soll. Denn mit der Situationsunabhängigkeit ist nur die eine, negative Seite des ganzen Tatbestandes bezeichnet. Die andere, positive Seite ist die Bezugnahme eines in seiner Situation wechselnden Redners auf eine frühere oder auch eine beliebige andere (auch die gegenwärtige) Wahrnehmungssituation, auf dieselbe, auf die auch beliebige andere Gesprächspartner aus anderen Situationen bezugnehmen können. Es handelt sich also nicht um eine Situationsunabhängigkeit, die darin bestünde, daß sie mit Situationen nichts mehr zu tun hat, sondern um eine Situationsunabhängigkeit *von* sich in Wahrnehmungssituationen befindlichen und in ihren Wahrnehmungssituationen ständig wechselnden Gesprächspartnern in ihrer Bezugnahme *auf* beliebige Wahrnehmungssituationen, in denen sie sich befinden oder auch nicht befinden.[2] Es sind diese zwei Seiten – die Situationsunabhängigkeit im Situationsbezug –, die in der Rede von der Verifizierbarkeit von Klassifikationen, die sich auf Wahrnehmbares beziehen, vorausgesetzt sind.

Die vorhin durchgeführten Überlegungen, die die Berechtigung der Frage dartun sollten, durch welche Ausdrücke Klassifikationsausdrücke ergänzt werden müssen, wenn das, was mit ihrer Verwendung geleistet wird, wahr oder falsch sein können soll, enthalten auch schon die Elemente zu ihrer Beantwortung. Sie läßt sich in zwei Schritte gliedern.

Erstens: die Ergänzungsausdrücke müssen, wie sich gezeigt hat, singuläre Termini sein, Ausdrücke, die eine Spezifizierungsfunktion haben. Damit bestätigt sich die früher (S. 286) geäußerte Hypothese, daß die Verwendung singulärer Termini bzw. die Bezugnahme auf Gegenstände die Bedingung der Möglichkeit dafür ist, daß Zeichen dazu verwendet werden können, etwas zu sagen, was wahr oder falsch sein kann. Natürlich gibt es auch Aussagesätze, die keine singulären Termini enthalten. Aber wir haben gesehen, daß die Wahrheitsdefinitionen der anderen Aussageformen rekursiv auf die prädikative Satzform zurückführen; diese erwies sich von den Wahrheitsdefinitionen her faktisch als die erste, den anderen zugrundeliegende, und aufgrund der jetzt durchgeführten Überlegungen ›von unten‹ brauchen wir das nicht mehr als bloßes Faktum hinnehmen: es ist verständlich geworden, warum, wenn man von der einzigen uns bekannten vorveritativen Sprachform – der der Quasiprädikate – ausgeht, die Ebene wahrheitsfähiger Gebilde gerade mit der prädikativen Satzform erreicht wird, dadurch also, daß die Klassifikationsausdrücke durch Ausdrücke ergänzt werden, deren Verwendungsmechanismus der der singulären Termini ist, und wir brauchen jetzt den Umstand, daß unsere elementarsten Aussagesätze die Form prädikativer Sätze haben, sich aus einem spezifizierenden Ausdruck und einem klassifizierenden Ausdruck zusammensetzen, nicht mehr als ein *factum brutum* anzusehen.

Aber es ist *zweitens* noch etwas anderes verständlich geworden: nicht nur, warum die Ebene von »wahr« und »falsch« dadurch erreicht wird, daß sich in der Zeichenverwendung eine Bezugnahme auf Gegenstände konstituiert, sondern warum die grundlegenden (einen Gegenstand ›identifizierenden‹) singulären Termini, auf die die anderen singulären Termini verweisen, raumzeitlich lokalisierende Ausdrücke sind, warum also Gegenstände der Wahrnehmung durch ihre raumzeitliche Lokalisierung identifiziert werden, oder anders ausgedrückt: warum Gegenstände der Wahrnehmung nicht nur faktisch raumzeitlich sind, sondern das, was über ihre Identität und Nichtidentität entscheidet (wodurch sie sich also als einzelne Gegenstände konstituieren) ihre raumzeitliche Lokalisierung ist. Denn die Ausdrücke, die Klassifikationsausdrücke zu Gebilden ergänzen, mit denen etwas gesagt werden kann, was wahr oder falsch ist, sind, wie wir gesehen haben, singuläre Termini, deren Gegenstände Wahrnehmungssituationen sind, und da sich Wahrnehmungssituationen voneinander als einzelne nur durch ihre raumzeitlichen Relationen unterscheiden, können die Gegenstände, für die diese Ausdrücke stehen, gar nichts anderes sein als Raum- und Zeitstellen.

II.

Wir stehen damit erneut vor der Frage, auf die wir bereits mehrfach gestoßen sind (S. 424, 426), ob wir die Raum- und Zeitstellen oder die Gegenstände, die im Raum existieren und sich in der Zeit ereignen, als die primären Gegenstände anzusehen haben. Das ist die zweite Frage, die ich am Ende der vorigen Stunde für die heutige angekündigt hatte. Indem wir versuchen, sie zu einer Entscheidung zu bringen, können wir unser Verständnis des Mechanismus der Identifizierung raumzeitlicher Gegenstände vertiefen und einige bisher offengebliebene Fragen beantworten.

Es ist die eben durchgeführte Betrachtung ›von unten‹, diejenige, die die singulären Termini nicht in ihrer tatsächlichen Verwendungsweise analysiert, sondern konstruktiv fragt, wie die singulären Termini fungieren müssen, wenn sie Klassifikationsausdrücke, die in Wahrnehmungssituationen erklärt werden, zu wahrheitsfähigen Gebilden ergänzen, die die Auffassung nahelegt, unsere primären Gegenstände müßten Raumzeitstellen sein. Ginge man ausschließlich von dieser konstruktiven Betrachtung aus, so könnte es sogar zunächst so aussehen, als seien Raumzeitstellen (Wahrnehmungssituationen) die einzigen Gegenstände, auf die Wahrnehmungsprädikate zutreffen können. Eine solche Auffassung würde bereits am schlichten Faktum scheitern, daß es tatsächlich singuläre Termini gibt, die nicht für Raumzeitstellen stehen, sondern für wahrnehmbare Gegenstände, die durch Raumzeitstellen lediglich identifiziert werden. Aber auch die gerade in dieser Beschreibung implizierte schwächere These, daß die Raumzeitstellen zwar nicht die einzigen, aber die primären Gegenstände sind, auf die Wahrnehmungsprädikate zutreffen können, scheitert, wie wir schon in der vorigen Stunde gesehen haben (S. 437), an der grundsätzlichen Überlegung, daß es keinen absoluten Raum und keine absolute Zeit gibt und Raumzeitstellen für sich nicht wahrnehmbar sind. Um Raum- und Zeitstellen unterscheiden und identifizieren zu können, bedarf es wahrnehmbarer Gegenstände, die die Stellen markieren. Aber wir dürfen uns jetzt nicht mit einer solchen unbestimmten Feststellung begnügen. Unsere ganze Überlegung ist ja so angelegt, daß wir die Rede von Gegenständen und von einer Bezugnahme auf Gegenstände an keiner Stelle als etwas Gegebenes voraussetzen dürfen. Wenn es gelungen ist, eine Bezugnahme auf Raumzeitstellen aus der für die Ermöglichung eines Wahrheitsbezugs erforderlichen Vergegenständlichung der Wahrnehmungssituationen verständlich zu machen, so stellt sich die Frage, ob die raumzeitlichen Gegenstände, ohne die eine solche Vergegenständlichung nicht möglich scheint, sich aus derselben Zugangsweise verständlich machen lassen oder auf eine andere Zugangsweise verweisen.

Wir müssen also zunächst fragen: wodurch konstituieren sich wahrnehmbare raumzeitliche Gegenstände? Es genügt offenbar nicht, daß eine räumliche und zeitliche Erstreckung durch eine oder mehrere wahrnehmbare Qualitäten bestimmt ist. Wenn wir uns in einer Sandwüste oder auf dem Meer befinden, haben wir Ausgedehntes, das qualitativ bestimmt ist, aber es sind keine Gegenstände, wir haben da nichts Abgegrenztes, das als Einzelnes unterscheidbar wäre.

Frege hat darauf aufmerksam gemacht, daß es eine Klasse von Prädikaten gibt, die sich von anderen dadurch unterscheiden, daß sie das, worauf sie zutreffen, »bestimmt abgrenzen und keine beliebige Zerteilung gestatten«.[3] Z. B. ist »Katze« ein solches Prädikat: eine Katze ist von einer anderen bestimmt abgegrenzt, und einen Teil einer Katze kann man nicht seinerseits als Katze bezeichnen. Hingegen sind z. B. »rot« oder »Wasser« nicht Prädikate dieser Art. Wenn zwei rote Gegenstände bestimmt gegeneinander abgegrenzt sind, dann nicht dadurch, daß sie rot sind; und das Prädikat widersetzt sich auch nicht einer beliebigen Teilung; jeder Teil einer roten Fläche ist immer noch rot.

In der neueren analytischen Philosophie werden Prädikate der ersten Art als ›Sortale‹ bezeichnet.[4] Das Charakteristische des Sortals ist, daß ein solches Prädikat, wie aus der von Frege gegebenen Charakterisierung hervorgeht, ein Kriterium des Identifizierens und des Unterscheidens enthält; damit ist gemeint: durch das Prädikat ist vorgezeichnet, was alles, worauf gezeigt werden kann, zu dem einen Gegenstand – z. B. der einen Katze – gehört und was nicht. Indem sich durch solche Prädikate in bestimmter Weise ein Gegenstand von einem anderen abgrenzt, wird es erst möglich, von mehreren einzelnen Gegenständen zu sprechen und d. h. (vgl. S. 371) überhaupt von *Gegenständen*. Grammatisch zeigt sich das daran, daß wir Sortale mit dem bestimmten oder unbestimmten Artikel verwenden (»die Katze«, »eine Katze«), andere Prädikate hingegen nicht. Damit hängt weiterhin zusammen, daß Sortale ein Prinzip der Zählbarkeit enthalten, und das ist auch der Zusammenhang, in dem Frege diesen Begriff eingeführt hat: weil ein solches Prädikat es erlaubt, einen Gegenstand einer Art (einer ›Sorte‹) als denselben festzuhalten und von anderen derselben Art zu unterscheiden, wird es möglich zu zählen, wie viele Gegenstände dieser Art es – etwa in einem bestimmten raumzeitlichen Bereich – gibt. Schließlich können wir uns jetzt auch klarmachen, daß auch das Demonstrativpronomen »dies« als singulärer Terminus nur fungieren kann, wenn es zusammen mit einem Sortal verwendet wird; das habe ich in früheren Überlegungen vorweggenommen, wenn ich es wie selbstverständlich ergänzt habe (»dieser Berg«, »dieser Käfer«, »dies F«, wobei »F« eben ein Sortal sein muß).

Wenn wir uns überlegen, wodurch solche Prädikate wie »Katze«,

»Berg«, »Stuhl«, »Münze« das, worauf sie zutreffen, ›bestimmt abgrenzen‹, so ist es offenbar der Umstand, daß es sich um Gestaltprädikate handelt; wenn ein solches Prädikat auf etwas zutreffen soll, muß dies eine bestimmte räumliche Konfiguration haben; daran liegt es, daß ein Gegenstand dieser Art bestimmt (wenn auch, wie z. B. bei einem Berg, nicht unbedingt scharf) abgegrenzt ist gegen einen anderen Gegenstand derselben Art und daß ein Teil eines solchen Gegenstandes nicht mehr ein solcher Gegenstand ist.[5] Zugleich macht ein Prädikat dieser Art etwas möglich, was ebenfalls mit dem bloßen Wort »dies« nicht möglich wäre, nämlich einen solchen Gegenstand über die Zeit hinweg als denselben zu verfolgen;[6] wenn räumlich konfigurierte Gegenstände nicht auch eine Dauer hätten, sondern nur momentane Erscheinungen wären, könnten wir sie nicht zählen. Es ist für die Identifizierung solcher Gegenstände wesentlich, daß wir sagen können (z. B.): die Katze, die vorhin zur Tür hereinkam, ist dieselbe, die jetzt auf dem Sofa liegt, und nicht die, die jetzt auf dem Tisch steht. Ein materieller Gegenstand F, der zur Zeit t_1 an einem Ort s_1 beobachtet wird, ist identisch mit dem Gegenstand F, der zur Zeit t_n am Ort S_m beobachtet wird, genau dann, wenn beobachtet werden könnte, daß der Gegenstand während dieses Zeitintervalls einen kontinuierlichen Weg zwischen s_1 und s_m zurückgelegt hat; nennen wir den Gegenstand F zur Zeit t_1 a und den Gegenstand F zur Zeit t_2 b, so hängt also die Identität von a mit b von der Kontinuität eines Trajektoriums im Raum ab, aber es ist die räumliche Kontinuität des Trajektoriums eines F, und es wäre nicht derselbe Gegenstand, wenn es nicht ein Sortal »F« gibt, das auf den Gegenstand zu jedem Zeitpunkt auf seinem Lebensweg durch den Raum zutrifft.[7]

Gleichwohl ist die Bedeutung des Sortals für die Identität des Gegenstandes während der einzelnen Zeitphasen seiner Lebensdauer von wesentlich anderer Art als für seine räumliche Abgrenzung. Die räumliche Konfiguration eines solchen Gegenstandes hängt essentiell mit dem Sortalprädikat zusammen; hingegen ist die Dauer des Gegenstandes (und natürlich auch der Weg im Raum, den er während seiner Lebensdauer zurücklegt) für das Sortalprädikat akzidentell. Ein Fünfmarkstück z. B. wäre nicht ein Fünfmarkstück, wenn es nicht eine bestimmte Form und d. h. bestimmte Teile hätte, hingegen schreibt dieses Prädikat dem Gegenstand, dem es zukommt, weder eine bestimmte Lebensdauer noch einen bestimmten Lebensweg vor. Damit hängt unmittelbar zusammen, daß die Lebensphasen eines materiellen Gegenstandes nicht als seine Teile angesehen werden können in Analogie zu seinen materiellen Teilen. Aus seinen räumlichen, materiellen Teilen setzt sich ein materieller Gegenstand als ein so-und-so zusammen, aber er ist ein so-und-so, gleichgültig wie lange er existiert, und er setzt sich als solcher nicht erst aus seinen Lebensphasen zusammen. Und darin gründet der weitere Unterschied, daß wir, auf den Gegenstand in seinen verschiedenen Phasen zeigend, sagen können: das ist (z. B.) dieselbe Katze; bzw. wenn wir es vorher nicht wußten und die Katze zur Zeit t_1 a nannten und die Katze zur Zeit t_2 b, solche Aussagen machen können wie die, daß a = b; während wir nicht, auf verschiedene Teile der Katze zeigend, sagen können: das ist dieselbe Katze, denn keiner der Teile ist schon eine Katze, also kann er auch nicht dieselbe Katze sein wie ein anderer Teil; wir können hier nur sagen: das alles sind Teile derselben Katze a, während dies da ein Teil der Katze b ist.

Obwohl wir also einen materiellen Gegenstand als ein und denselben auf seinem Lebensweg nur verfolgen können unter einem Sortal, enthält doch das Sortal nur ein Prinzip der räumlichen Abgrenzung, kein Prinzip der zeitlichen Abgrenzung. Wenngleich es für materielle Gegenstände wesentlich ist, in der Zeit zu dauern, können wir sie doch als wesentlich räumliche Gegenstände insofern bezeichnen, als das Sortal, das sie konstituiert, keine zeitliche *Abgrenzung* vorschreibt, sie nur räumliche *Teile* haben, und deswegen durch sie nur Raumstellen sich konstituieren können, keine Zeitstellen.

Wenn nun Zeitstellen an und für sich ebensowenig wahrnehmbar sind wie Raumstellen, müssen wir uns fragen, durch welche wahrnehmbaren Gegenstände sich Zeitstellen konstituieren können. Die Antwort liegt natürlich auf der Hand: durch Ereignisse. Aber was sind Ereignisse? Diese Frage ist im Vergleich zur Klärung der Frage, wie wir auf materielle Gegenstände bezugnehmen können, in der analytischen Philosophie merkwürdig vernachlässigt worden. Vielfach wird in der Literatur so gesprochen, als ob jeder *Zustand* eines materiellen Gegenstandes oder eines Ortes während einer bestimmten Dauer schon als Ereignis zu bezeichnen wäre: z. B. das Erklingen eines Tons, ein Streit zwischen zwei Personen,[8] und man müßte dann auch konsequenterweise z. B. das Rotsein eines Blattes als Ereignis bezeichnen. Eine solche Auffassung führt zu einer Reihe von Mißlichkeiten: es scheint, daß wir dann jeden prädikativen Satz, dessen singuläre Termini für materielle Gegenstände stehen, durch Substantivierung des Prädikats in einen Satz über ein Ereignis umformen können. So würde z. B. der Ausdruck »Peter und Marianne streiten sich« umgeformt in den Satz »Der Streit zwischen Peter und Marianne«, der Satz »das Blatt ist rot« in »das Rotsein des Blattes«.[9] Und das führt zu der Frage, wodurch sich dann noch Ereignisse, die doch raumzeitliche (und sogenannte ›extensionale‹) Gegenstände sein sollen, von den entsprechenden abstrakten (und überdies ›intensionalen‹) Gegenständen unterscheiden – dem Attribut der Röte, das dem Blatt zukommt, bzw. dem Sachverhalt, daß das Blatt rot ist. Ich möchte auf diese Schwierigkeiten nicht eingehen und mich auf denjenigen Aspekt beschränken, der in unserem Zusammenhang der gravierende ist: Zustände sind zwar zeitlich teilbar, wie materielle Gegenstände räumlich teilbar sind: der Ton oder das Streiten lassen sich zeitlich teilen, aber ihre Teile sind wiederum Ton bzw. Streit, und die zeitliche Dauer des Zustandes ist akzidentell; ein solcher zeitlicher Gegenstand ist nicht ›bestimmt abgegrenzt‹. Ob man also solche Zustände Ereignisse nennen mag oder nicht, jedenfalls werden mittels *solcher* Ereignisse keine Zeitstellen markiert. Zeitliche Gegenstände dieser Art scheinen eher solchen räumlichen Gegenständen analog, die man als Materien bezeichnen kann, wie Sand oder Wasser; in beiden Fällen ist eine räumliche bzw. zeitliche Erstreckung in einem qualitativen Zustand F; das eine ist räumlich, das andere zeitlich teilbar; und in beiden Fällen enthält das Prädikat »F« nicht selbst ein Prinzip der Teilbarkeit und Begrenzung.

Es scheint also, wir brauchen sortale Prädikate, die auf zeitlich Teilbares zutreffen und dieses in analoger Weise zeitlich abgrenzen, wie die Sortale der materiellen Gegenstände diese räumlich abgrenzen;[10] und wir müßten erwarten, daß die zeitlichen Gegenstände, die sich durch diese Sortale konstituieren, so beschaffen sind, daß auch sie erst sind, was sie sind, durch eine bestimmte Konfiguration heterogener (nunmehr zeitlicher) Teile, so daß das Sortalprädikat, das auf das Ganze zutrifft, nicht auf seine einzelnen Teile zutreffen kann. Nun gibt es tatsächlich solche zeitlichen Gegenstände und die entsprechenden Sortale: es sind Veränderungen, also z. B. ein Sonnenaufgang, eine Umdrehung der Erde um die Sonne, die Geburt einer Person, Peters Flug von Berlin nach Moskau, oder, um an die vorigen Beispiele anzuschließen: das Verstummen eines Tons, das Ausbrechen oder die Beendigung eines Streits, die Verfärbung eines Blatts von Grün zu Rot. Veränderungen sind durch den Übergang von einem Zustand zu einem anderen Zustand definiert. Eine Veränderung besteht also aus zeitlichen Teilen, mindestens aus den beiden Zuständen, aus dem und in den die Veränderung stattfindet, und normalerweise (immer dann, wenn es solche gibt) aus den Zwischenphasen, und auf keine dieser Teile läßt sich das Prädikat anwenden, mit dem die Veränderung als ganze bezeichnet wird. Veränderungen sind also zeitliche Ganzheiten, analog zu den räumlichen Ganzheiten, die die unter Sortalen stehenden materiellen Gegenstände bilden; die zeitlichen Sortale enthalten ein Unterscheidungs- und Identifizierungsprinzip für zeitliche Teile, wie die räumlichen Sortale ein Unterscheidungs- und Identifizierungsprinzip für räumliche Teile enthalten; durch die zeitlichen Sortale wird, was in der zeitlichen Dimension liegt, ›bestimmt abgegrenzt‹ und zählbar: Veränderungen sind zeitliche *Gegenstände*. Und so wie durch materielle Gegenstände Raumstellen markierbar werden, werden durch Veränderungen Zeitstellen markierbar.

Es könnte der Anschein entstanden sein, als hätte ich durch den Rekurs auf die sortalen Prädikate stillschweigend auf Elemente eines traditionellen Gegenstandsbegriffs zurückgegriffen, zu dem die Rede von konfigurierten Gebilden, die ja wenigstens im Fall der räumlichen auch (in einem nichtmetaphorischen Sinn) vorstellbar wären, zu passen scheint. Ich brauche den Vorstellungsaspekt als einen Aspekt gar nicht zu leugnen. Worauf es ankommt, ist zu sehen, daß dadurch die Gegenständlichkeit dieser Gegenstände nicht definiert ist, und vor allem: daß durch die Sortale ein für die raumzeitliche Identifizierung wesentlicher und lediglich in meiner bisherigen Darstellung übergangener Aspekt ermöglicht wird.

Werfen wir einen Blick zurück, um uns das klar zu machen! Die Funktion eines singulären Terminus besteht, so hatten wir seinerzeit gesehen, darin, anzugeben, welches von allen (einer vorausgesetzten Mannigfalt) es ist, auf das der den singulären Terminus ergänzende Ausdruck zutreffen soll (21. Vorl., Ende). Das gilt für alle singulären Termini, nicht nur für solche, die sich auf Wahrnehmbares beziehen. Um zu klären, wie singuläre Termini diese ihre Spezifizierungsfunktion erfüllen können, mußten wir die Verwendungsregel der singulären Termini klären und d. h. fragen, wie – gemäß dieser Verwendungsregel – festzustellen ist, welches es ist, auf das der Klassifikationsausdruck zutreffen soll. Bei dieser Frage war es, da sie bereits vom Typ der die singulären Termini ergänzenden Klassifikationsausdrücke abhängt, erforderlich, die Untersuchung auf den Basisfall, auf die Wahrnehmungsprädikate einzuschränken (22. Vorl., Anfang). Ich sage: auf die Wahrnehmungsprädikate, und nicht: auf die Wahrnehmungsgegenstände, weil wir ja nicht voraussetzen durften zu wissen, was ein Wahrnehmungsgegenstand ist, sondern dies sich ergeben mußte aus der Art, wie singuläre Termini, die Wahrnehmungsprädikate ergänzen, verwendet werden. Das war der Grund, warum die Frage »wie ist festzustellen, welcher gemeint ist?« ganz und gar eingebaut werden mußte in die Frage, wie die Wahrheit der entsprechenden prädikativen Aussagen festzustellen ist (24. Vorl.). Erst dieser methodische Schritt gab uns die Möglichkeit, die in der Verwendungsweise singulärer Termini offenkundige, aber zunächst und auch in der bisherigen analytischen Philosophie unverstandene Auszeichnung eines engeren Begriffs von Spezifizierung, für den ich den von Strawson eingeführten Terminus »Identifizierung« übernahm, verständlich zu machen. Auch und insbesondere bei der Präzisierung dieses Begriffs kam es darauf an, nicht schon irgendein Vorverständnis von wahrnehmbaren Gegenständen vorauszusetzen, sondern nur das, was sich als Funktion der singulären Termini herausgestellt hatte im Zusammenhang mit der Verifizierbarkeit der Prädikate, um die es sich hier handelt. Die Frage »wie ist festzustellen, auf welches ein ergänzender Prädikatausdruck zutreffen soll?« hat daher in letzter Instanz – d. h. wenn es darum geht, es zu identifizieren – den Sinn: »wie ist die Situation festzustellen, in der festzustellen ist, ob das Prädikat zutrifft?« So kamen wir bereits in der vorletzten Stunde zu einem Ergebnis, das sich heute in der Betrachtung ›von unten‹ bestätigt hat: daß wir als die primären Gegenstände die Wahrnehmungssituationen und d. h. die Verifikationssituationen von Wahrnehmungsprädikaten anzusehen haben, und man kann sich klarmachen, daß das, wodurch sich diese Situationen – also die in der Quasiprädikatensprache unausgesprochenen, noch nicht objektivierten Korrelate der Klassifikationen – voneinander (nicht hinsichtlich ihrer Klassifizierbarkeit, sondern *als* Wahrnehmungssituationen) unterscheiden, ihre raumzeitlichen Relationen untereinander sind. Das führte zu der Frage, die ich in der letzten Stunde zu beantworten versuchte: wie

Wesen, deren Wahrnehmungs- bzw. Redesituationen (zeitlich ohnehin, aber auch räumlich) wechseln, durch die Verwendung bestimmter Zeichen jede vergangene Wahrnehmungssituation, aber auch die gerade gegenwärtige und jede andere, so bezeichnen können, daß man aus der Perspektive jeder Situation weiß, welche von allen es ist, in der das Zutreffen des ergänzenden Prädikatausdrucks festzustellen wäre. Damit ist lediglich auf den tatsächlichen Fall der Wahrnehmungssituationen das zur Anwendung gebracht, was zum Wesen des Spezifizierens und speziell Identifizierens überhaupt gehört: a) das Bewußtsein eines Mannigfaltigen, von dem jeweils eines das Gemeinte ist, b) die Möglichkeit, jedes als das jeweils Gemeinte zu bezeichnen und *d. h.* von anderen zu unterscheiden (wobei deutlich wurde, daß dieses Bezeichnen nur möglich ist durch die geregelte Substitution verschiedener Ausdrücke, so daß außer der negativen Verwendung des Identitätszeichens beim Unterscheiden eine positive und gleichwohl nichttautologische Verwendung dieses Zeichens essentiell ist), schließlich c) (die besondere Bedingung der identifizierenden Spezifizierung:) die Möglichkeit, es nicht nur überhaupt (durch ein Merkmal) von anderen zu unterscheiden, sondern *als solches,* und d. h. *als* einzelne Wahrnehmungssituation, und eben dies wird durch seine Unterscheidung als Raumzeitstelle von allen anderen Raumzeitstellen geleistet.

Bei dieser Analyse war nun ein Aspekt wie selbstverständlich vorausgesetzt und deswegen übergangen worden: wenn Raum- und Zeitstellen voneinander durch ihre verschiedenen Relationen zu allen anderen Stellen unterscheidbar sein sollen, müssen sie erst einmal überhaupt abhebbar (abgrenzbar) sein, und das sind sie an und für sich nicht, sondern erst durch die sortalen Prädikate, durch die sich Gegenstände konstituieren, die zwar wesensmäßig raumzeitlich sind, aber eben nicht bloße Raumzeitstellen. Die dadurch erforderliche Modifikation gegenüber der vorläufigen These, daß die primären Gegenstände unserer Wahrnehmung Raumzeitstellen sind, entspringt also nicht einem neuen Gesichtspunkt, geschweige denn einem Rückgriff auf den traditionellen Gegenstandsbegriff, sondern einem in den bisherigen Überlegungen lediglich übergangenen Aspekt, der zum Wesen des Spezifizierens gehört, weil er zum Wesen des Unterscheidens eines Einzelnen gehört.

Welches ist nun aber die Modifikation, die durch diesen von mir zunächst übergangenen Aspekt erforderlich wird? Wenn wir dieser Frage nachgehen, wird sich zeigen, daß der durch die Sortale hinzugekommene Gesichtspunkt auch in seinen Ergebnissen die bisherigen Ergebnisse nur differenziert, nicht sprengt. Zunächst könnte leicht der entgegengesetzte Eindruck entstehen: wenn nämlich die Unterscheidbarkeit von Raum- und Zeitstellen abhängt von der Wahrnehmung von räumlichen und zeitlichen Gegenständen, die unter Sortalen stehen, so scheint der ganze Ansatz in Frage gestellt, demzufolge die primären Gegenstände, auf die Wahrnehmungsprädikate zutreffen können, Wahrnehmungssituationen sein sollen. Wenn die durch Sortale bestimmten Gegenstände die primären sein sollen, brauchen wir dann nicht einen ganz anderen Ansatz, um eine primäre Bezugnahme auf solche Gegenstände verständlich zu machen? Das ist die Stelle, an der die Gefahr besteht, in eine Vorstellungstheorie zurückzugleiten. Wenigstens bei den durch räumliche Sortale bestimmten Gegenständen könnte man sagen: Gegenstände sind es eben, weil es räumlich konfigurierte und als solche vorstellbare Gebilde sind. Aber das Vorstellbare daran wäre ja nur ein Typus, ein Bild, und würde das Gemeinte noch nicht als Einzelnes und von anderem Gleichartigen Unterscheidbares konstituieren. Dieser nichtmetaphorische Vorstellungsaspekt trägt also nicht weit, er ist ja auch für die traditionelle Philosophie nicht maßgebend gewesen, und ich erwähne ihn hier nur, weil er gleichwohl immer mitgespielt hat und weil er an der Stelle, an der wir uns jetzt befinden, für uns selbst eine Verführung darstellen könnte.

In Wirklichkeit wäre der Eindruck falsch, die Priorität der durch Sortale bestimmten Gegenstände würde auf eine andere Art der Bezugnahme auf Gegenstände verweisen. Die durch Sortale bestimmten Gegenstände sind ja ihrerseits wesensmäßig räumliche und zeitliche, und zwar nicht nur in dem Sinn, daß sie räumlich bzw. zeitlich ausgedehnt (teilbar) sind. Die Besonderheit der sortalen Prädikate liegt gerade darin, daß sie nicht wie andere Prädikate einfach auf räumlich und zeitlich Ausgedehntes anwendbar sind, sondern daß ihre Anwendung eine bestimmte Konfiguration des räumlich bzw. zeitlich Ausgedehnten voraussetzt bzw. vorschreibt. Wir können ein Prädikat wie »Katze« oder »5-Mark-Stück« nur anwenden, wenn wir, an viele Raumstellen zeigend, sagen können: das sind Teile *derselben* Katze bzw. *desselben* 5-Mark-Stücks. Daß wir auf diese verschiedenen Raumstellen als einzelne unterschiedene Stellen zeigen können, ist freilich nur möglich auf der Grundlage der Verwendung sortaler Prädikate, aber abgesehen davon, daß wir dabei nicht auf denselben Gegenstand bezugzunehmen brauchen, dessen Teile es sind (wir können z. B. die Raumstellen, die zu der einen Katze oder dem einen 5-Mark-Stück gehören, mit dem Finger oder einer Bleistiftspitze markieren), so ändert der Umstand, daß wir nur mittels durch Sortale bestimmter Gegenstände Raumstellen markieren können, nichts daran, daß wir auch umgekehrt das sortale Prädikat nur mittels der Hervorhebung von Raumstellen zusammen mit dem Identitätszeichen erklären können, ja es ist gerade dieses Wesen der sortalen Prädikate, wodurch es eben möglich wird, daß mittels solcher Gegenstände Raumstellen markierbar werden.

Die Abhängigkeit der Unterscheidbarkeit der Raum- und Zeitstellen von der der räumlichen bzw. zeitlich konfigurierten Gegenstände ist also eine wechselseitige. Obwohl es richtig ist, daß wir Raumstellen nur markieren können aufgrund des kontingenten Faktums, daß es durch Sortale bestimmte räumliche Gegenstände gibt, können wir doch die letzteren nur erkennen, wenn wir die durch das Sortal vorgeschriebene Zusammensetzung von Raumstellen nachzeichnen können. Obwohl wir eine Wahrnehmungssituation als solche nicht markieren können ohne einen strukturierten Gegenstand, also von Wahrnehmungssituationen überhaupt nicht reden können ohne die Wahrnehmung solcher Gegenstände, sind doch andererseits diese Gegenstände nichts anderes als eine durch das Sortal so und so definierte Zusammensetzung qualitativ bestimmter Wahrnehmungssituationen. Die Wahrnehmungssituationen, in denen Quasiprädikate verwendet werden, sind wesensmäßig unbestimmt, diffus. Es gibt auch singuläre Termini, Ort- und Zeitangaben, deren gegenständliche Bezugnahme relativ unbestimmt ist. Wenn jemand sagt »hier schneit es«, so ist zwar der Ort durch einen materiellen Gegenstand, nämlich den Redner, bestimmt, aber die Ausdehnung des damit gemeinten Ortes bleibt normalerweise offen. Es ist andererseits jetzt möglich, die Wahrnehmungssituation, die man dann vielleicht zur Abhebung besser als Wahrnehmungsstelle bezeichnet, beliebig bestimmt zu präzisieren, eine Präzisierung, die nicht ohne die sortal bestimmten Markierungsgegenstände möglich wäre, aber nicht mehr auf sie beschränkt bleibt.

Die wechselseitige Abhängigkeit der Bezugnahme auf materielle Gegenstände und Raumstellen betrifft aber nicht nur den eben erörterten Aspekt der Markierbarkeit der Raumstellen bzw. der Teilbarkeit der materiellen Gegenstände; diese wechselseitige Abhängigkeit zeigt sich insbesondere bei dem für die Bezugnahme auf Gegenstände entscheidenden Aspekt der Identifizierung. Wir haben schon in der letzten Stunde gesehen (S. 437), daß wir Raumstellen nur identifizieren können aufgrund des kontingenten Faktums, daß der Großteil der uns umgebenden ausgedehnten Gegenstände in ihren räumlichen Relationen konstant bleibt. Wir können dadurch Raumstellen relativ zu einem gegenständlich fixierten Koordinatennullpunkt identifizieren, und Entsprechendes gilt für Ereignisse und Zeitstellen. Umgekehrt können aber materielle Gegenstände und Ereignisse nur identifiziert werden durch Raum- und Zeitstellen, an denen sie vorkommen. Daß alle Identifizierung von wahrnehmbaren Gegenständen eine solche durch raumzeitliche Lokalisierung ist, ist seinerseits kein kontingentes Faktum, weil wahrnehmbare Gegenstände wesensmäßig Gegenstände sind, auf die Wahrnehmungsprädikate zutreffen können und daher gar nichts anderes sein können als Verifikationssituationen bzw. Agglomerate von Verifikationssituationen von Wahrnehmungsprädikaten, und weil Verifikationssituationen (das allerdings ist ein empirisches Faktum) sich als einzelne durch ihre raumzeitlichen Relationen unterscheiden. Das System der raumzeitlichen Relationen ist also nicht nur, wie Strawson meinte, das einzige umfassende Identifizierungssystem, sondern es ist aus Wesensgründen *das* Identifizierungssystem für Wahrnehmbares.

Nun könnten Sie fragen: warum muß denn diese Funktion der raumzeitlichen *Relationen* für die Identifizierung wahrnehmbarer Gegenstände implizieren, daß man auch von Raum- und Zeit*stellen* sprechen muß? Genügt es nicht, von den räumlichen Relationen zwischen den ausgedehnten Gegenständen und den zeitlichen Relationen zwischen den Ereignissen zu sprechen? Es genügt nicht, weil, sobald das System raumzeitlicher Relationen einmal konstituiert ist, eben damit eine unendliche geordnete Mannigfaltigkeit von Raum- und Zeitstellen unterscheidbar und identifizierbar ist, von denen nur einige mit den Ausdehnungen der sortal bestimmten Gegenstände kongruieren. Es lassen sich beliebige Raumstellen zwischen und jenseits der materiellen Gegenstände identifizieren, ebenso wie beliebige Stellen innerhalb jedes materiellen Gegenstandes, und ohne dieses System der Raumstellen ist eine universale Identifizierung von Räumlichem gar nicht möglich.

Erstens können wir Massen – z. B. ein Schneefeld, eine Erzmine, ein Regengebiet –, die nicht schon durch ein Sortal räumlich bestimmt sind, überhaupt nur durch die Raumstellen, die sie einnehmen, markieren und dann identifizieren. Zweitens können wir auch materielle Gegenstände nur mittels Raumstellen identifizieren, die freilich ihrerseits relativ zu einem materiellen Koordinatennullpunkt (bzw. dem diesen ermöglichenden materiellen Bezugsrahmen) identifiziert werden.

Wir kommen also nicht umhin, das Identifizierungssystem wahrnehmbarer Gegenstände – das System raumzeitlicher Relationen – als das einheitliche und umfassende System von unbegrenzt vielen Raum- und Zeit*stellen* anzuerkennen, das allerdings auf eine endliche Mannigfaltigkeit von materiellen Gegenständen und Ereignissen als wahrnehmbare Bezugspunkte angewiesen ist. Es besteht zwischen den beiden Mannigfaltigkeiten – der der materiellen Gegenstände und der Ereignisse einerseits und der der Raum- und Zeitstellen andererseits – eine wechselseitige Abhängigkeit, und die Frage ist nicht, welcher der beiden Mannigfaltigkeiten vor der anderen eine Auszeichnung zukommt, sondern worin genau die jeweilige Auszeichnung besteht.

Für die Mannigfaltigkeit der materiellen Gegenstände und Ereignisse ist das geklärt. Bei der Mannigfaltigkeit der Raum- und Zeitstellen hingegen ist bisher nur deutlich geworden, daß sie sich auf die andere Mannigfaltigkeit nicht reduzieren läßt; worin ihre Auszeichnung besteht, hat sich in den letzten Überlegungen nur angedeutet: sie beruht darauf, daß dieses Mannigfaltige *des* Raums und *der* Zeit in einem universalen (einheitlichen und umfassenden) und zugleich systematischen (geordneten) Zusammenhang steht, während das Mannigfaltige der materiellen Gegenstände und der Ereignisse zerstreut ist und in den für seine Identifizierung erforderlichen geordneten Zusammenhang erst durch seine Stellung in dem (durch seine Markierungen freilich erst ermöglichten) Mannigfaltigen der Raum- und Zeitstellen kommt. Darin gründen nun aber weitere Wesensauszeichnungen, die den Raum- und Zeitstellen im Mechanismus der Identifizierung zukommen, ohne die dieser letztlich unverständlich bleiben müßte:

Diejenigen singulären Termini, die Raum- und Zeitstellen identifizieren, zeichnen sich gegenüber den anderen auch dadurch aus, daß bei ihrer Verwendung die gegenständliche Bezugnahme nicht scheitern kann.[11] Wenn ich sage »dies F«, so kann sich erweisen, daß es hier und jetzt ein F nicht gibt, daß also der Gegenstand, der mit diesem Ausdruck identifiziert wird, nicht existiert, die gegenständliche Bezugnahme also scheitert, während die gegenständliche Bezugnahme der Ausdrücke »hier« und »jetzt« ihrerseits nicht scheitern kann. Dieser Unterschied zeigt sich nicht nur bei der demonstrativen Identifizierung, sondern auch bei jeder anderen Lokalisierung. Wenn wir sagen »das F, das an der und der Stelle ist«, so kann diese Identifizierung des materiellen Gegenstandes scheitern, nicht hingegen die in ihr implizierte Identifizierung der Raumstelle.

Beachten Sie, daß die Identifizierung des materiellen Gegenstandes oder Ereignisses deswegen scheitern kann, weil diese Gegenstände dadurch identifiziert werden, daß sie durch eine Existenzbehauptung in eine Relation zu einer Raum- und Zeitstelle gesetzt werden. Wenn wir etwa sagen »dies F«, ist die Wahrheit des Existenzsatzes »es gibt ein und nur ein F, das hier und jetzt ist« impliziert oder vorausgesetzt; und es ist klar, daß die in einem solchen Satz implizierte Identifizierung der Raumzeitstelle nicht ihrerseits die Wahrheit eines Existenzsatzes voraussetzt. Obwohl also das Identifizierungssystem der Raum- und Zeitstellen *im ganzen* von der Identifizierung *einiger* materieller Gegenstände und Ereignisse abhängt, verweist die Identifizierung jedes *einzelnen* materiellen Gegenstandes und Ereignisses auf die Identifizierung entsprechender Raum- und Zeitstellen, in der Weise, daß die letzteren die Verifikationssituationen darstellen, in denen festgestellt wird, ob die identifizierende Bezugnahme auf den materiellen Gegenstand oder das Ereignis scheitert oder nicht, und d. h. ob der Gegenstand an dieser Stelle existiert (bzw. vorkommt) oder nicht. Da die Bezugnahme auf die einzelne Raumzeitstelle ihrerseits nicht scheitern kann, ist es auch sinnlos, nach ihrer möglichen Nichtexistenz zu fragen, und deswegen ist es überhaupt sinnlos, von der Existenz solcher Gegenstände zu sprechen.

Daß bei der Verwendung derjenigen singulären Termini, die Raum- und Zeitstellen identifizieren, die gegenständliche Bezugnahme – was die Engländer die ›Referenz‹ nennen – nicht scheitern kann, ist also ein Tatbestand, der identisch ist mit dem, daß man nicht von der Existenz oder Nichtexistenz dieser Gegenstände sprechen kann. Wir stoßen damit auf eine von mir bisher vernachlässigte Frage: auf die Frage, ob jede Verwendung eines singulären Terminus und damit jede prädikative Behauptung die Existenz des

Gegenstandes impliziert, der von dem singulären Terminus, der verwendet wird, spezifiziert wird. Es gibt Autoren, die das als selbstverständlich ansehen, und Searle hat es sogar als ›Axiom‹ bezeichnet.[12] Eine sehr merkwürdige Auffassung, wenn man bedenkt, daß sie dem modernen Verständnis des Existenzbegriffs, derzufolge Existenzaussagen generelle Aussagen sind, zu widersprechen scheint. Es liegt von daher zunächst nahe, Searles ›Axiom‹ nur für solche prädikativen Aussagen gelten zu lassen, die in Russells Sinn gar keine echten prädikativen Aussagen, sondern generelle Aussagen sind, nicht hingegen für diejenigen prädikativen Aussagen, deren singuläre Termini ein Einzelnes nicht auf dem Umweg über ein Merkmal mit einer Einzigkeitsklausel, sondern direkt als Einzelnes spezifizieren. Jedenfalls hat Russell selbst genau diese Konsequenz gezogen. Für ihn sah es so aus, daß nur da, wo die Spezifizierung eines Gegenstandes scheitern kann, die Existenz dieses (man müßte genauer sagen: eines solchen) Gegenstandes mitbehauptet wird, mittels eines generellen Satzes, und daß daher dort, wo ein Einzelnes direkt bezeichnet wird, die Bezugnahme nicht scheitern kann und daher auch die Rede von einer Existenz des einzelnen Gegenstandes gar keinen Sinn hat (oben, S. 378 f.).

Was soll jedoch, so werden Sie fragen, die Berufung auf Russells Theorie der logischen Eigennamen, deren Abstrusität feststeht und deren Schwächen ich selbst aufgewiesen habe? Wir haben aber gesehen, daß in Russells Theorie richtige Einsichten enthalten waren, und an sie läßt sich daher erneut anknüpfen, besser als an eine so widerspruchsvolle Auffassung wie diejenige von Strawson und Searle, die a) die moderne Auffassung des Existenzbegriffs teilen, aber b) Russells Analyse der gewöhnlichen prädikativen Aussagen als genereller Aussagen leugnen und doch c) zugeben, daß jede prädikative Aussage eine Existenzaussage voraussetzt.

Was in Russells Theorie der logischen Eigennamen richtig schien, war, daß die primäre Bezugnahme auf wahrnehmbare Gegenstände nicht über Eigennamen, sondern über demonstrative Ausdrücke erfolgen muß (S. 381). Ihre Schwäche bestand darin, daß die gegenständliche Bezugnahme über den momentanen demonstrativen Akt nicht hinausreichte. Das Wort »dies«, so haben wir dann gesehen, kann einen Gegenstand nur identifizieren, wenn es so verwendet wird, daß es durch andere deiktische und dann auch durch objektiv raumzeitlich lokalisierende Ausdrücke ersetzt werden kann. An Russells grundsätzlicher Unterscheidung zweier Aussagearten über Einzelnes ließ sich festhalten (S. 423): auf der einen Seite Aussagen, die etwas mittels eines Merkmals spezifizieren; auf der anderen Seite Aussagen, die ein einzelnes direkt als einzelnes bezeichnen, es ›identifizieren‹; nur daß an die Stelle von Russells Verwendung isolierter Demonstrativausdrücke nun das *System* demonstrativer Identifizierungen als Lokalisierungssystem trat (S. 415). Diese Modifikation schien insbesondere deswegen zwingend, weil wir uns klarmachen konnten, daß eine gegenständliche Bezugnahme (etwas zu meinen) nur als Spezifizieren denkbar ist, und darin liegt: angeben, welches *von allen* (S. 382). Andererseits konnte der Anschein entstehen, daß eben dadurch Russells Unterscheidung ihrer Pointe beraubt wurde, da ja nun auch die Aussagen, die sich auf einzelnes direkt als einzelnes beziehen, Existenzaussagen und somit generelle Aussagen sind; und die von mir schon bald (S. 383 f.) angemerkte Schwierigkeit, daß wir doch die Form genereller Existenzaussagen gar nicht erklären könnten, wenn es nicht singuläre Aussagen gibt, die nicht ihrerseits als Existenzaussagen interpretierbar sein dürfen, ist bisher ungelöst geblieben. Implizit war die Lösung freilich bereits fast erreicht, als wir uns klarmachen konnten, daß die eine und die andere Art der Existenzaussage in grundsätzlich verschiedener Weise verifiziert wird (S. 419): die Aussage »es gibt ein (und nur ein) F an der und der Raumzeitstelle« wird nicht in der Weise verifiziert, daß alle F's daraufhin untersucht werden, ob genau eines an jener Stelle ist, sondern indem festgestellt wird, ob in der angegebenen Verifikationssituation sich genau ein F befindet. Welches der gemeinte materielle Gegenstand F ist, wird bei einer lokalisierenden Existenzaussage nicht festgestellt, indem alle materiellen Gegenstände oder alle F's durchlaufen werden, da das, woraufhin sie untersucht werden würden, in diesem Fall schon im Durchlaufen vorausgesetzt wäre; vielmehr wird festgestellt, welches der gemeinte materielle Gegenstand ist, indem auf die in der Lokalisierung angegebene Raumzeitstelle als die Verifikationssituation für diese Existenzaussage rekurriert wird.

Wir können jetzt sehen, daß das Identifizierungssystem, das an die Stelle der Verwendung isolierter Demonstrativausdrücke in Russells Theorie der logischen Eigennamen tritt, sich von dieser Theorie durch *zwei* Schritte unterscheidet: erstens dadurch, daß der isolierte demonstrative Akt durch ein System demonstrativer

Identifizierungen ersetzt ist, zweitens aber dadurch, daß die Elemente dieses Identifizierungssystems nicht Gegenstände sind, die jeweils mit »dies« zu bezeichnen wären, da diese gar kein System bilden, sondern Raum- und Zeitstellen. Erst durch diesen zweiten Schritt wird verständlich, wieso trotz des Umstandes, daß die Identifizierung materieller Gegenstände und Ereignisse mittels Existenzaussagen erfolgt, Russells scharfe Unterscheidung zwischen generellen Aussagen und singulären Prädikationen, die sich nicht mehr als Existenzaussagen auffassen lassen, erhalten bleibt: die Identifizierung materieller Gegenstände und Ereignisse erfolgt zwar durch Existenzsätze, aber erstens sind dies Existenzsätze besonderer Art, die die betreffenden Gegenstände zu den Raumzeitstellen, ›an‹ denen sie ›vorkommen‹ bzw. ›existieren‹, in bezug setzen, und zweitens ist dabei eine Identifizierung der Raumzeitstellen vorausgesetzt, die ihrerseits nicht mehr durch Existenzsätze erfolgt und bei denen daher – ganz genau wie es bei Russell für die Gegenstände der logischen Eigennamen galt – von Existenz oder Nichtexistenz nicht mehr die Rede sein kann und bei denen die gegenständliche Bezugnahme der entsprechenden singulären Termini daher auch nicht scheitern kann.

Wiederholt sich dann aber nicht auf der Ebene der singulären Termini, die für Raum- und Zeitstellen stehen, dieselbe Schwierigkeit, die ich gegen Russells logische Eigennamen geltend machte, daß ein Ausdruck, der nicht einen impliziten Bezug auf *alle* enthält, nicht als singulärer Terminus fungieren kann, da er dann nicht angeben kann, welcher von allen gemeint ist? Eine Raum- und Zeitangabe enthält aber – da die Raum- und Zeitstellen Glieder geordneter Reihen sind – den geforderten impliziten Bezug auf alle anderen Stellen, ohne daß das eine generelle Existenzaussage implizierte. Welches von allen gemeint ist, wird nicht durch ein Merkmal angegeben, auf das hin eines nach dem anderen untersucht werden könnte, sondern dadurch, daß angegeben wird, das wievielte es ist, wenn eines nach dem anderen durchlaufen würde. In einem solchen Vorgehen konstituiert sich die Bezugnahme auf einzelnes als einzelnes, und es ist ein solches Vorgehen, das bei der Erklärung, wie eine generelle Aussage verifiziert wird, vorausgesetzt sein muß und diese Erklärung nicht seinerseits voraussetzt.

Was andererseits die Existenzaussagen betrifft, durch die materielle Gegenstände und Ereignisse relativ zu den Raum- und Zeitstellen lokalisiert werden, so ist schon deutlich geworden, daß sie hinsichtlich ihrer Verifizierbarkeit und deswegen in ihrem Sinn mit gewöhnlichen Existenzaussagen unvergleichbar sind. Man kann sich das dadurch klarmachen, daß so, wie bei einer singulären Aussage der singuläre Terminus die *Verifikationssituation* angibt, in der das Zutreffen des Prädikats festzustellen ist, bei einer generellen Aussage durch den Ausdruck »von allen F: --«[13] das *Verifikationsfeld* angegeben ist, das zu durchlaufen ist, um das Zutreffen des Prädikats festzustellen. Da nun aber das System der Raumzeitstellen als die Totalität möglicher Verifikationssituationen unser *universales Verifikationsfeld* ist, tritt bei einer lokalisierenden Existenzaussage (»von allen F: es gibt eines und nur eines, das an der und der Stelle ist«) der angegebene Teil des universalen Verifikationsfeldes an die Stelle des Verifikationsfeldes aller F, und wonach gefragt ist, ist nicht, ob genau ein F eine Eigenschaft hat, sondern ob an diesem Teil des universalen Verifikationsfeldes genau ein F ist.

Hier schließt sich die Frage an: was bedeutet dieses »ist«, mit dem die Anwesenheit eines Gegenstandes in einem Raumzeitbereich zum Ausdruck gebracht wird? Wir sprechen vom *Vorkommen* eines Ereignisses an einer Zeitstelle, ebenfalls vom Vorkommen einer Materie an einem Ort, vom *Sichbefinden* eines materiellen Gegenstandes an einem Ort, und vom *Existieren* eines materiellen Gegenstandes während einer Zeitdauer. Ich möchte auf diese Problematik nicht mehr eingehen, sondern nur noch darauf hinweisen, daß wir hier auf eine genuine Existenz von Individuellem stoßen, genuin deswegen, weil sie der Kritik des traditionellen individuellen Existenzbegriffs nicht zum Opfer fällt: falls sich diese temporale Existenz überhaupt als Prädikat verstehen läßt, ist sie nicht wie der traditionelle Existenzbegriff ein einstelliges, sondern ein zweistelliges Prädikat (x existiert an t_n)[14], und ob z. B. x zum Zeitpunkt t_n noch existiert, wird nicht geprüft, indem x untersucht wird – wenn x nicht mehr existiert, gibt es da nichts, was untersucht werden kann –, sondern indem der Zeitpunkt t_n untersucht wird, und darin eben zeigt sich die Auszeichnung der Raumzeitstellen als letzten Verifikationsfeldes gegenüber den in diesem Feld vorkommenden Gegenständen.

Es sind also verschiedene Aspekte, durch die sich die Raumzeitstellen im Identifizierungsmechanismus gegenüber den materiellen Gegenständen und den Ereignissen – von deren Vorhandensein die Möglichkeit der Identifizierung gleichwohl abhängt – auszeichnen, aber diese Aspekte sind nur verschiedene Seiten ein und desselben Sachverhaltes: 1) die geordnete Mannigfalt der Raum- und Zeitstellen bildet als Totalität der Wahrnehmungssituationen das universale und letzte Verifikationsfeld für das Zutreffen von Wahrnehmungsprädikaten, 2) deswegen können alle wahrnehmbaren Gegenstände, die nicht selbst Teile dieses Feldes – Raum- und Zeitstellen – sind, nur durch ihre Anwesenheit an Teilen dieses Feldes durch lokalisierende Existenzsätze identifiziert werden, und deswegen kann 3) – das ist nur die andere Seite desselben Sachverhaltes – die Identifizierung der Raum- und Zeitstellen ihrerseits nicht scheitern.

Anmerkungen

1 Ich meine nicht, daß mit diesem Hinweis Kripkes Auffassung erledigt ist, sondern nur, daß hier die Kritik anzusetzen hätte. Kripke selbst gibt eine klare Handhabe dazu, indem er deutlich macht, daß das, worauf es ihm ankommt, gar nicht der Begriff des Eigennamens ist, sondern das, was er *›rigid designator‹* nennt; ein *›rigid designator‹* ist ein singulärer Terminus, »der in jeder möglichen Welt denselben Gegenstand bezeichnet« (S. 269). Nun gibt Kripke ausdrücklich zu, daß auch Demonstrativa als *›rigid designators‹* fungieren können (Anm. 16), und da er selbst zuzugeben scheint, daß Eigennamen nur mittels eines Demonstrativums eingeführt werden können (S. 302), hat er damit seine These von der primären und freischwebenden, auf gar keine Kennzeichnungen angewiesenen Relation Eigenname-Gegenstand und seinen Rückgriff auf Mill (vgl. 322) implizit selbst zurückgenommen. Davon sind mehrere andere wichtige Aspekte seiner Theorie nicht berührt, insbesondere nicht seine auch von Donnellan in »Proper Names and Identifying Descriptions« vertretene Auffassung, daß wir mit dem Namen eines Gegenstandes, den wir nur vom Hörensagen kennen, nicht, wie Wittgenstein (*Phil. U.*, § 79) und Searle (»Proper Names«) glaubten, denjenigen Gegenstand meinen, auf den der Großteil der Kennzeichnungen zutrifft, die uns mit dem Namen überliefert sind, sondern denjenigen, den diejenigen so bezeichneten, die den Namen überliefert haben. Im übrigen vgl. zur Kritik an Kripke Dummett, S. 110-151.

2 Das Wesentliche dieses der damit zusammenhängenden Gedanken findet sich auch schon bei Hampshire, S. 16.

3 *Grundl. d. Arithmetik,* § 54.

4 Zur Diskussion über die Sortale vgl. insbesondere Strawson, *Individu-*

als, S. 168 ff.; Quine, *Word and Object,* § 19; Wiggins, *Identity and Spatio-Temporal Continuity,* § 2; Carl, *Existenz und Prädikation,* § 6. – In gewisser Weise stellt der moderne Begriff des Sortalprädikats eine Wiederentdeckung des aristotelischen Begriffs des Substanzprädikats dar (vgl. Wiggins, a.a.O. S. 28), aber die beiden Begriffe entsprechen sich nicht ganz. Aristoteles unterscheidet eine Hierarchie von Substanzprädikaten; die niedrigeren nennt er auch Materieprädikate (z. B. »Wasser«, »Sand«), während die eigentlichen Substanzprädikate sich dadurch auszeichnen, daß sie Gestaltprädikate sind und ein Prinzip der Zählbarkeit *(hen arithmo)* enthalten. In der frühen Neuzeit wurde die aristotelische Einsicht nicht mehr verstanden; die Substanz erschien als ein Substrat, das, selbst nicht wahrnehmbar, einem Bündel von wahrnehmbaren Qualitäten zugrundeliegen soll (Locke), und konnte daher verworfen werden (Hume). Die daraus resultierende Konzeption, daß Gegenstände raumzeitlich instantiierte Bündel von Eigenschaften sind, auf die mit dem Wort »dies« verwiesen werden könnte, hielt sich im englischen Empirismus bis Russell und wurde erst durch die Wiederentdeckung des Sortalprädikats überwunden (vgl. Geach, *Reference and Generality,* S. 43 f.).

5 Damit ist nicht gesagt, daß die Anwendungsregel eines solchen Prädikats darin aufgeht, daß eine bestimmte Gestalt vorliegt; insbesondere Aristoteles hat darauf hingewiesen, daß wir etwas einen Stuhl oder eine Katze nicht nennen, weil es eine bestimmte Gestalt hat, sondern weil es eine bestimmte Funktion erfüllt, und daß die bestimmte Konfiguration nur eine Folge davon ist, daß etwas nur unter dieser Bedingung seine Funktion erfüllen kann. Das ändert aber nichts daran, daß es die Konfiguration ist, die das Kriterium des Identifizierens und Unterscheidens enthält.

6 Zu diesem Aspekt vgl. besonders Wiggins, a.a.O., S. 29-36.

7 Vgl. Wiggins, a.a.O.

8 Vgl. Strawson, *Individuals,* S. 46 ff., Goldman, S. 10. In den wichtigen Abhandlungen von Davidson über Ereignisse (insbesondere »The Individuation of Events«) wird dieser Fehler nicht begangen, aber auch nicht gesagt, wodurch sich Ereignisse von Zuständen unterscheiden. Demgegenüber vgl. v. Wright, *Norm and Action,* S. 27 f.

9 Hier sind allerdings Differenzierungen möglich und erforderlich. Vgl. Vendler, »Facts and Events«, wo freilich ebenfalls Ereignisse nicht explizit von Zuständen unterschieden werden.

10 Die folgenden Überlegungen zum Wesen der Ereignisse verdanke ich einem Hinweis von Frl. R. Kronseder. Vgl. auch v. Wright, a.a.O.

11 Diese Auffassung ist unabhängig von Quinton (S. 38 f.) und von mir (»Existence in Space and Time«) entwickelt worden.

12 *Speech Acts,* S. 77.

13 Daß diese Formulierung implizit auch in den (partikularen) Existenz-

aussagen enthalten ist, ist oben, S. 313 gezeigt worden.

14 Ich habe diesen ›temporalen Existenzbegriff‹ in meinem Aufsatz »Existence in Space and Time« behandelt und dort die These vertreten, daß die temporale Existenz nicht ein zweistelliges Prädikat ist, sondern sich auf den Existenzquantor reduzieren läßt; ich weiß nicht, ob das richtig ist.

27. Vorlesung

Ich will die Analyse der Verwendungsweise der elementaren singulären Termini – derjenigen, mit denen auf Wahrnehmbares bezuggenommen werden kann – trotz einiger offenkundiger Lücken und Mängel in meiner Durchführung nunmehr als abgeschlossen betrachten und heute nur noch zusammenfassen, was sich daraus für das Verständnis der Bezugnahme auf Gegenstände und für die Erklärung der prädikativen Satzform und der damit zusammenhängenden elementaren Verwendung des Wortes »wahr« ergibt. Ich habe schon am Anfang vorausgesagt, daß entgegen dem traditionellen Vorurteil die Aufklärung der Verwendungsweise der Ausdrücke, die ›für‹ Gegenstände ›stehen‹, wesentlich komplizierter sein würde als die Aufklärung der Verwendungsweise der Prädikate; und inwiefern dies in der Sache begründet ist, hat sich inzwischen gezeigt: die Aufklärung der Verwendungsweise dieser Ausdrücke ist deswegen komplizierter, weil die Verwendungsweise selbst komplizierter ist, und sie ist es insofern, als die Verwendung einzelner singulärer Termini im Unterschied zu derjenigen von elementaren Wahrnehmungsprädikaten nicht isolierbar ist, der einzelne Ausdruck daher hier auch nicht für sich allein erklärt werden kann, vielmehr die Verwendung jedes Typs singulärer Termini in systematischer Weise auf die Verwendung singulärer Termini anderer Typen verweist und diese Verweisung teilweise, wie wir gesehen haben, sogar eine reziproke ist.

Diese Verweisungen drücken sich aus in der Ersetzbarkeit des einen Ausdrucks durch den anderen in den prädikativen Sätzen, in denen er verwendet wird, und diese Ersetzbarkeit kann ihrerseits thematisch zum Ausdruck gebracht werden in einer Identitätsaussage. Die Ersetzbarkeit von »a« durch »b«, die in der Identitätsaussage »a = b« zum Ausdruck gebracht wird, bringt aber den Tatbestand, den ich hier als Verweisung bezeichne, noch nicht voll zum Ausdruck, weil bei einer Identitätsaussage an und für sich keiner der beiden Termini einen Vorrang vor dem anderen hat, während bei dem, was ich Verweisung nenne, es jeweils der eine Terminus ist, der auf den anderen verweist, und dies nicht umkehrbar ist, außer wo die Verweisung eine reziproke ist. Wir sind diesem Phänomen zuerst begegnet an Hand der Rückfrage »und welcher Gegenstand ist a?« (23. Vorl.) und haben dann gesehen, daß der Grund für den Vorrang bestimmter Typen von singulären Termini gegenüber anderen, der sich in der Beantwortung dieser Frage zeigt, in der Art und Weise liegt, wie sie die allen singulären Termini gemeinsame Spezifizierungsfunktion erfüllen, und das hieß: in der unterschiedlichen Rolle, die ihre Verwendung für die Verifikation derjenigen prädikativen Sätze hat, deren Prädikate Wahrnehmungsprädikate sind (24. Vorl.). Ich kann also, was ich hier mit »Verweisung« meine, so definieren, daß ein singulärer Terminus des Typs X - »m_X« - auf einen singulären Terminus des Typs Y - auf »n_Y« - *verweist* dann und nur dann, wenn 1) $m_X = n_Y$ und 2) jeder Satz »Fm_X«, wenn »F« ein Wahrnehmungsprädikat ist, nur verifiziert werden kann, indem »Fn_Y« verifiziert wird. Die eigentümliche Kompliziertheit, die die Verwendungsweise singulärer Termini charakterisiert, gründet nun darin, daß es keine singulären Termini irgendeines Typs gibt, die nicht auf singuläre Termini anderer Typen verweisen. Man kann zwar einen singulären Terminus »m_X« verstehen und auch in einem bestimmten Sinn wissen, für welchen Gegenstand er steht (welchen er spezifiziert), ohne über einen *bestimmten* anderen Terminus »n_Y« zu verfügen, auf den er verweist und durch den *identifiziert* würde, welcher Gegenstand m_X ist; aber es gehört von vornherein zum Verwendungssinn jedes singulären Terminus »m_X«, daß man weiß, auf welchen anderen Typ oder Typen er verweist, daß man also, auch wenn man nicht über ein bestimmtes »n_Y« verfügt, auf das »m_X« verweist, doch weiß, daß es auf ein »n_Y« verweist. Wäre das nicht der Fall, dann würde »m_X« überhaupt nicht als ein Ausdruck verstanden werden, der für einen wahrnehmbaren Gegenstand steht.

Werfen wir zur Konkretion des eben Behaupteten und zur Rekapitulation einen Blick zurück auf das Verweisungssystem, das sich uns in den letzten Stunden ergeben hat! Die vergleichsweise einfachen Fälle sind diejenigen, bei denen die Verweisung einseitig, nicht reziprok ist. In einseitigem Sinn verweisen sowohl die nichtlokalisierenden Kennzeichnungen als auch die Eigennamen auf lokalisierende Ausdrücke. Für die nichtlokalisierenden Kennzeichnungen habe ich das durchgeführt (24. Vorl.), während ich mich bei den Eigennamen auf Hinweise beschränkte und die Frage nach dem genauen Verständnis ihrer Verwendungsweise offengelassen habe. Das ist eine der Lücken in meiner Darstellung, die mir aber erträglich scheint, weil doch wohl an dem für unseren Zusammenhang entscheidenden Tatbestand nicht zu zweifeln ist, daß jeder Satz »Fm«, bei dem »F« ein Wahrnehmungsprädikat ist und »m« ein Eigenname, nur verifizierbar ist, indem »Fn« verifiziert wird, wobei »n« ein lokalisierender Ausdruck ist und m = n.

Die Sache wurde komplizierter bei den lokalisierenden Ausdrükken selbst. Die Erwartung, daß die singulären Termini dieses Typs, auf die die der anderen Typen verweisen, ihrerseits nicht mehr auf andere verweisen, wurde enttäuscht, indem sich zeigte, daß die lokalisierenden Ausdrücke sich ihrerseits in zwei Typen gliedern – die subjektiv lokalisierenden bzw. deiktischen einerseits und die objektiv lokalisierenden andererseits – und daß jede Verwendung eines singulären Terminus eines dieser Typen auf singuläre Termini des anderen Typs verweist (25. Vorl.). Es war ein weiterer Mangel in meiner Darstellung, daß ich nicht im Detail zeigte, wie die objektiv lokalisierenden Ausdrücke erklärt werden, und auch nicht, welches die Identifizierungskriterien sind für die Identifizierung von etwas objektiv (d. h. mit Bezug auf einen objektiven Koordinatennullpunkt) Lokalisiertem mit etwas subjektiv (d. h. mit Bezug auf den Sprecher) Lokalisiertem. Gleichwohl erwies sich das Faktum der wechselseitigen Verweisung als unzweifelhaft. Ich kann es jetzt durch die eben gegebene Definition von »Verweisung« in aufschlußreicherer Weise formulieren als damals: Wenn »m_O« ein objektiv lokalisierender singulärer Terminus ist und »F« ein Wahrnehmungsprädikat, so ist »Fm_O« nur verifizierbar, wenn es einen subjektiv lokalisierenden Ausdruck »n_S« gibt derart, daß der Sprecher weiß, daß $m_O = n_S$; »Fn_S« ist für den Sprecher in dem Sinn verifizierbar, daß er nun weiß, in welcher Relation die Verifikationssituation für das Zutreffen von »F« zu seiner eigenen Position ist; »n_S« enthält eine Direktive, was der Sprecher zu tun hat (oder zu tun hätte, wenn n_S eine vergangene oder anderweitig unerreichbare Wahrnehmungssituation ist), um das Zutreffen von »F« zu verifizieren, indem er sich in die Situation bringt, in der »m_O« durch »l_D« zu ersetzen ist, wobei »l_D« für einen demonstrativen Ausdruck steht. Es gilt aber auch, wie wir gesehen haben, die umgekehrte Verweisung: mit einem Demonstrativum »l_D« bzw. einem anderen deiktischen Ausdruck »n_S« wird ein Gegenstand nur identifiziert, wenn es ein »k_O« gibt, derart, daß der Sprecher weiß, daß $l_D = k_O$, und auch dies ist als Verweisung in dem definierten Sinn zu verstehen, weil, wie wir gesehen haben, die *richtige Verwendung* von »Fl_D« in der Wahrnehmungssituation nur dann den Sinn einer *Verifikation* des *Zutreffens* von »F« bzw. einer Verifikation der Wahrheit einer Behauptung hat, wenn das Demonstrativum »l_D« nicht (wie bei »F da«) als bloßes Anhängsel eines Quasiprädikats fungiert, sondern durch andere deiktische Ausdrücke und schließlich durch einen objektiv lokalisierenden singulären Terminus substituierbar ist, mit denen aus beliebigen Sprecherpositionen angegeben werden kann, was es ist, was da verifiziert wird. Jeder objektiv lokalisierende Ausdruck (und, vermittelt durch ihn, alle nichtlokalisierenden singulären Termini: die Namen und Kennzeichnungen) verweisen auf den entsprechenden demonstrativen Ausdruck (»hier«, »jetzt«, »dies«), weil die Behauptung, daß a F ist, nur *verifizierbar* ist in der Situation, in der »a« durch einen demonstrativen Ausdruck substituierbar ist; und andererseits verweist die Verwendung des demonstrativen Ausdrucks »l_D« auf einen objektiv lokalisierenden Ausdruck, weil nur dann mit der Verwendung des demonstrativen Ausdrucks »Fl_D« etwas *behauptet* wird, d. h. etwas zum Ausdruck gebracht wird, was wahr oder falsch und somit überhaupt *verifizierbar* ist.

Es zeigte sich dann in der letzten Stunde, daß die wechselseitige Abhängigkeit in der Verwendung von singulären Termini verschiedener Typen auf dieser untersten Ebene der lokalisierenden Ausdrücke zusätzlich dadurch kompliziert wird, daß sich mit der wechselseitigen Abhängigkeit der objektiv lokalisierenden und der deiktisch lokalisierenden Ausdrücke eine wechselseitige Abhängigkeit der singulären Termini zweier Typen *kreuzt*, nämlich derjenigen, die Raum- und Zeitstellen identifizieren, einerseits und derjenigen, die materielle Gegenstände und Ereignisse identifizieren, andererseits. Diese zweite wechselseitige Abhängigkeit hat freilich nicht den Charakter einer ›Verweisung‹ in dem vorhin definierten Sinn. Gleichwohl gilt auch hier, daß wir die Ausdrücke des einen Typs nur verwenden können, wenn wir auch schon die Ausdrücke des anderen Typs verwenden können. Die besondere Komplikation in der ›Erklärung‹ der singulären Termini auf dieser untersten Ebene der identifizierenden Ausdrücke besteht also darin, daß wir die Verwendungsweise und d. h. Identifizierungsfunktion jedes Typs der lokalisierenden Ausdrücke nur verständlich machen können, wenn wir die Verwendung der beiden komplementären Typen miteinbeziehen, wenn wir also deren Verwendungsweise schon voraussetzen bzw. gleichzeitig erklären.

Da nicht deutlich geworden ist, wie in diesen Zirkel hineinzukommen ist,[1] muß ich betonen, daß die Analyse der identifizierenden Ausdrücke keine eigentliche Klarheit erreicht hat und nur als eine vorläufige Skizze angesehen werden kann. Ich glaube, daß sie gleichwohl für unsere Zwecke, d. h. zur Beantwortung der Ausgangsfragen, um derentwillen ich die ganze Erörterung der singulären Termini durchgeführt habe, ausreichen kann. Es war dies erstens die Frage nach einer positiven Alternative gegenüber dem traditionellen, auf dem metaphorischen Vorstellungsbegriff beruhenden Verständnis dessen, was es heißt, daß ein Ausdruck ›für‹ einen Gegenstand ›steht‹ und wie überhaupt die – sprachliche oder nichtsprachliche – Bezugnahme auf einen Gegenstand zu verstehen ist. Und zweitens – unsere eigentliche Ausgangsfrage –: wie wir in der Wahrheitsdefinition der prädikativen Satzform das Stehen des singulären Terminus für einen Gegenstand ersetzen können durch seine Verwendungsregel, analog zu der damals durchgeführten Ersetzung der Rede vom Zutreffen des Prädikats, um so zu einer Erklärung der Verwendung der prädikativen Satzform im ganzen bzw. des Wortes »wahr« auf der untersten Ebene seiner rekursiven Definition zu gelangen.

I.

Es ist klar, daß die beiden Fragen auf das engste zusammenhängen, da sie beide von einem positiven Verständnis dessen abhängen, was es heißt, daß ein Ausdruck ›für‹ einen Gegenstand ›steht‹.

Beginnen wir mit der ersten Frage! Wir haben also zu überlegen, ob die inzwischen durchgeführten Analysen der tatsächlichen Verwendungsweise der singulären Termini es uns ermöglichen, den Dialog mit dem traditionellen Philosophen in einer Weise wiederaufzunehmen, daß wir ihn nicht nur immanent kritisieren, sondern ihm eine positive Alternative anbieten. Erinnern wir uns zunächst daran, wie weit wir vor der Aufnahme der konkreten Analysen gekommen waren!

Was ich in dieser Frage als traditionelle Position bezeichne, ist die Auffassung, daß das Stehen eines Zeichens für einen Gegenstand als Zuordnung des Zeichens zu diesem Gegenstand zu verstehen sei. Diese Auffassung setzt voraus, daß der, der das Zeichen verwendet, sich auch ohne Zeichen auf den Gegenstand beziehen kann, als etwas, was er ›vor‹ sich (oder seinem Bewußtsein) hat, denn sonst könnte er nicht das Zeichen dem Gegenstand zuordnen. Diese vorsprachliche Bezugnahme auf einen Gegenstand ist in der Tradition mit Hilfe der metaphorisch erweiterten Rede von ›Vorstellungen‹ verstanden worden. Die charakteristische traditionelle Zeichentheorie war eine Stellvertretertheorie: das Zeichen vertritt etwas, was auch ohne die Verwendung dieses oder eines anderen Zeichens gegeben sein könnte – eben in der Vorstellung. Ich könnte mir denken, daß Sie die Rede vom Vorstellen inzwischen belächeln, aber die Auffassung, daß der Gegenstand, für den ein Zeichen steht, auch unabhängig von Zeichen gegeben sein können muß, durchaus noch selbstverständlich finden; aber dann müßten Sie eine andere als die vorstellungstheoretische Beschreibung geben, wie Sie sich diese zeichenfreie Gegebenheit denken; ich kenne keine andere.

Wahrscheinlich schwingt in der Rede, daß »a« *für* a *steht,* die Stellvertretertheorie – daß »a« a *vertritt* – schon mit, und dann müßte man eigentlich sagen, daß die traditionelle Auffassung der singulären Termini darin *besteht,* daß sie verwendet werden mit der Funktion, für Gegenstände zu stehen. Ich habe es vorgezogen, die Rede vom »stehen für« in einem abstrakten, die traditionelle Auffassung noch nicht präjudizierenden Sinn zu verwenden. Diese verbale Unbestimmtheit scheint mir ungefährlich zu sein, denn wenn man den Satz, daß singuläre Termini für Gegenstände stehen, schon als Antwort ansieht auf die Frage nach ihrer Funktion oder Verwendungsweise, dann ist klar, daß man die traditionelle Auffassung vertritt; wenn man die Rede vom »Stehen-für« hingegen als Chiffre versteht, deren Sinn erst noch anzugeben ist (S. 341), dann ist ebenso klar, daß man die traditionelle Auffassung nur als eine mögliche Antwort ansieht für die Frage nach der ›Beziehung‹ des singulären Terminus zu einem Gegenstand.

Die traditionelle Auffassung konnte ich vor der Frage nach der tatsächlichen Verwendungsweise der singulären Termini nur dahingehend immanent kritisieren, daß ich zu zeigen versuchte, daß die Metaphorik des erweiterten Vorstellungsbegriffs uneinlösbar ist. Dadurch konnte die traditionelle Auffassung nicht widerlegt, aber die Bereitschaft geweckt werden, eine ganz andere Auffassung in Betracht zu ziehen.

Ich habe dann für die positive Infragestellung dessen, was dem traditionellen Philosophen selbstverständlich scheint, einen Ansatz gewählt, der genügend neutral schien, daß ich annehmen durfte, daß der traditionelle Philosoph sich auf ihn einlassen müßte

(S. 363). Diese Neutralität ließ sich dadurch erreichen, daß die Frage, ob es eine zeichenunabhängige Bezugnahme auf Gegenstände gibt, vorerst offengelassen wurde. Daß mittels singulärer Termini auf Gegenstände bezuggenommen wird, ist unkontrovers, und der traditionelle Philosoph (und ich meine mit ihm immer die traditionelle Stimme in uns selbst) wurde lediglich aufgefordert, einer vorurteilsfreien Analyse der tatsächlichen Verwendungsweise dieser Zeichen zu folgen. Auch das Prinzip, das ich der Analyse zugrundelegte und aus Wittgensteins Grundsatz herleitete: daß die Frage, was es im allgemeinen heißt, daß ein Ausdruck für einen Gegenstand steht, beantwortet wird, indem geklärt wird, wie im konkreten Fall *festgestellt* wird, für welchen Gegenstand ein Ausdruck steht, auch dieses Prinzip konnte der traditionelle Philosoph – jedenfalls derjenige der reflektierten Tradition der Transzendentalphilosophie – ohne weiteres übernehmen. In all dem lag also noch kein spezifisch sprachanalytisches Präjudiz.

Der weitere Schritt allerdings, die Funktion der singulären Termini in ihrem Beitrag für die Funktion der Sätze, deren Teile sie sein können, zu sehen (S. 364), enthielt implizit die entscheidende Wende; denn wenn die Funktion der singulären Termini ins Satzganze eingebaut ist, kann das, was sie leisten, kaum in der bloßen Vertretung einer Leistung liegen, die auch außerhalb dieses sprachlichen Zusammenhanges stehen kann. Gleichwohl blieb es immer noch denkbar und konnte sogar als das einzig Natürliche erscheinen, daß die Frage, für welchen Gegenstand ein singulärer Terminus steht, letztlich nur durch eine ostensive Erklärung zu beantworten ist: indem auf einen Gegenstand *gezeigt* wird; und was heißt das anderes, als daß auf etwas gezeigt wird, das uns in der Vorstellung gegeben ist? Soweit ich sehen kann, steht die gesamte bisherige analytische Philosophie an dieser Stelle noch ausdrücklich oder unausdrücklich auf dem traditionellen Standpunkt.

Zu einer ersten expliziten Erschütterung kam die traditionelle Auffassung erst dadurch, daß sich die Funktion der singulären Termini als Spezifizierungsfunktion erwies: wenn die ›Relation‹ des singulären Terminus zu dem Gegenstand, für den er steht, darin besteht, daß mit ihm angegeben wird, welcher von allen gemeint ist (S. 369), dann liegt in dieser Beziehung auf alle, daß es sich nicht um eine bloße Relation zwischen dem Zeichen und seinem Gegenstand handeln kann; daß diese Beziehung sich also nicht als Zuordnung auffassen läßt. Gleichwohl blieb diese Beziehung auf alle zunächst unklar. Soviel allerdings schien deutlich: wir wissen nur, welcher von allen Gegenständen eines Bereichs mit einem singulären Terminus »a« gemeint ist, wenn wir ein Kriterium haben zu entscheiden, ob a = b oder a ≠ b, wobei »b« ein beliebiger anderer singulärer Terminus ist, mit dem ein Gegenstand dieses Bereichs spezifiziert wird. Aber wiederum blieb noch unklar, wie tief die Identitätsrelation in die Spezifizierungsfunktion selbst hineinreicht. Man könnte zugeben (und diese Meinung ist wohl in der analytischen Philosophie verbreitet), daß zum Sinn der Verwendung von Ausdrücken zur Spezifizierung von Gegenständen das Verfügen über ein Identitätskriterium mit anderen Ausdrücken desselben Bereichs gehört, und doch noch der Auffassung sein, daß das nur ein zusätzlicher Aspekt sei, der zum ›Stehen‹ des Ausdrucks ›für‹ einen Gegenstand hinzukommt, aber nicht den Sinn dieses ›Stehens für‹ bestimmt.

Diese Auffassung ist nur solange haltbar, als man glaubt annehmen zu können, daß es für jeden Gegenstandsbereich einen ausgezeichneten Typ singulärer Termini gibt, derart, daß zwar bei allen anderen singulären Termini die Frage »welcher Gegenstand ist mit ›a‹ gemeint?« ihre Antwort in einer Identitätsaussage findet, deren zweites Glied letztlich ein singulärer Terminus dieses ausgezeichneten Typs ist, daß aber bei den singulären Termini dieses ausgezeichneten Typs ihrerseits die Frage »welcher Gegenstand ist mit ›a‹ gemeint?« nicht mehr durch eine Identitätsaussage, sondern durch eine Zuordnung zu dem Gegenstand zu beantworten ist, der dann als solcher zeichenfrei zugänglich sein muß. Die Rolle, als dieser ausgezeichnete Typ zu fungieren, der sich auf den Gegenstand direkt beziehen soll, ist in der bisherigen Philosophie sowohl den Eigennamen als auch den Demonstrativa zudiktiert worden. Aber beide Auffassungen sind, wie wir gesehen haben, unhaltbar. Sie widersprechen nicht nur der tatsächlichen Verwendungsweise dieser Ausdruckstypen, sondern es läßt sich auch kein Typ singulärer Termini *erfinden* – etwa im Sinn von Russells logischen Eigennamen –, der das Postulat der Zuordnungstheorie erfüllen könnte.

Wir sind jetzt in der Lage zu sehen, worin das systematisch entscheidende Ergebnis der Analyse der tatsächlichen Verwendungsweise der singulären Termini liegt: in dem Faktum der reziproken Verweisung, das zwischen denjenigen Typen singulärer Termini besteht, auf die die singulären Termini der übrigen Typen verweisen; und wir haben auch gesehen, daß diese reziproke Verweisung nicht eine bloß zufällige Charakteristik unserer Sprache ist, sondern im Wesen der Ergänzung von Wahrnehmungsprädikaten zu Ausdrücken liegt, mit denen etwas gesagt können werden soll, was als wahr oder falsch bezeichnet werden kann. Unser Ergebnis, daß es keinen singulären Terminus gibt, der nicht auf andere verweist, besagt also, daß jede Frage »welcher Gegenstand ist mit ›a‹ gemeint?« ihre Antwort in einem *anderen Zeichen* findet, das für »a« substituierbar ist. Das führt nicht in einen vitiösen Zirkel, in dem willkürlich ein Zeichen für ein anderes ersetzt wird. Die geregelte Substitution der singulären Termini füreinander ist vielmehr die Bedingung der Möglichkeit dafür, daß ein Wesen, dessen Wahrnehmungsposition ständig wechselt, aus einer beliebigen Position heraus auf jede andere Wahrnehmungssituation bezugnehmen kann. Diese kann als identische nur festgehalten werden, indem gemäß der Veränderung der eigenen Position jeweils andere Termini eingesetzt werden. Das betrifft zunächst die Substitution der subjektiv lokalisierenden Ausdrücke füreinander. Wie wir gesehen haben, muß darüber hinaus der subjektiv lokalisierende Ausdruck durch einen objektiv lokalisierenden ersetzbar sein. Es könnte zunächst so aussehen, als ob die objektiv lokalisierenden Ausdrücke ihrerseits keine Ersetzung erfordern, so daß man meinen könnte, hier hätten wir nun also doch jenen von der traditionellen Theorie postulierten ausgezeichneten Typ singulärer Termini, der auf keine anderen verweist, sondern einem Gegenstand direkt zugeordnet wird. Aber erstens identifiziert ein objektiv lokalisierender Ausdruck einen Gegenstand nicht in der Weise, daß er einem Gegenstand zugeordnet wird, sondern indem er die raumzeitliche Relation dieses Gegenstandes zu anderen Gegenständen angibt; ein solcher Ausdruck fungiert nicht als Stellvertreter für eine Bezugnahme auf den Gegenstand, die auch ohne das Zeichen denkbar ist. Zweitens ist es zwar richtig, daß ein objektiv lokalisierender Ausdruck ein für allemal für denselben Gegenstand steht, aber wenn der jeweilige Sprecher nicht wüßte, welchen subjektiv lokalisierenden Ausdruck er für ihn ersetzen kann (und das ist jeweils ein anderer, je nachdem, wo er selbst sich befindet), so wäre das keine Identifizierung des Gegenstandes für ihn, und natürlich ist es sinnlos, von einer Identifizierung eines Gegenstandes zu sprechen, die nicht eine Identifizierung *für jemanden* ist. Die Ersetzbarkeit durch objektiv lokalisierende Ausdrücke stellt sicher, daß die

Identifizierung eine solche *für alle* ist, aber die ist es wiederum nur, wenn jeder den objektiv lokalisierenden Ausdruck durch einen subjektiv lokalisierenden ersetzen kann. Die Verweisung jedes »m_O« auf ein »n_S« und umgekehrt erzeugt also so wenig einen vitiösen Zirkel, als diese zwei Verweisungen die einander ergänzenden Seiten der Identifizierung sind, in der jeder Sprecher für jeden anderen (aber auch für sich) angeben kann, welche Verifikationssituation eines Wahrnehmungsprädikats er meint.

Gehen wir nun auf das uns vom traditionellen Philosophen zugestandene Prinzip zurück, daß die Frage, was es heißt, daß ein Ausdruck für einen Gegenstand steht, beantwortet wird, indem geklärt wird, wie im konkreten Fall festgestellt wird, für welchen Gegenstand ein Ausdruck steht, so kommen wir zu dem Ergebnis, daß diese Feststellung nie in der Weise erfolgt, daß der Ausdruck einem Gegenstand zugeordnet wird, der dann irgendwie zeichenfrei gegeben sein müßte, sondern stets nach den Verweisungsregeln, die für die jeweiligen Typen von singulären Termini gelten. Wir erklären jemandem, was es heißt, daß ein Ausdruck für einen Gegenstand (eines Gegenstandsbereichs) steht, indem wir ihm die Verweisungsregeln vorführen, die für die Ergänzungsausdrücke der Prädikate (dieses Gegenstandsbereichs) gelten.

Damit haben wir nun auch für die singulären Termini das erreicht, was ich mehrfach als eine ›spezifisch sprachanalytische Position‹ bezeichnet habe (vg. S. 207, S. 308): daß, was durch eine bestimmte Verwendung von Zeichen geleistet wird, nicht etwas ersetzt, was auch ohne die Verwendung dieser Zeichen zu leisten wäre, sondern auf diese Zeichenverwendung angewiesen ist. Im jetzigen Fall heißt das, daß diejenige Bezugnahme auf einen Gegenstand – vielleicht sollte ich prägnanter sagen: auf ein Einzelnes –, die durch die Verwendung von singulären Termini ermöglicht wird, ohne die Verwendung solcher Ausdrücke und insbesondere des Identitätszeichens gar nicht denkbar ist.

Das also ist das Ergebnis desjenigen Dialogs mit dem traditionellen Philosophen, der von der Aufforderung ausging, sich erst einmal auf eine Analyse nur derjenigen Bezugnahme auf Gegenstände einzulassen, die durch die Verwendung von Zeichen, die für die Gegenstände stehen, erfolgt. Angenommen, der traditionelle Philosoph stimmt diesem Ergebnis, so weit es reicht, zu, so kann er nun immer noch sagen, daß diese Analyse aber doch diejenige Bezugnahme auf Gegenstände, die unabhängig von Zeichen erfolgt, unberührt läßt. Das ist formal unanfechtbar, wenn man jetzt noch anzugeben vermag, was man sich denn unter dieser ›Bezugnahme auf Gegenstände‹ denken soll, wenn sie nicht mehr von der Art derjenigen Bezugnahme sein soll, die wir an Hand der Verwendung singulärer Termini verständlich machen können. Ich jedenfalls kann mir dabei nichts mehr denken, und wollte man das Gemeinte dadurch erklären, daß man sagt, es handle sich eben um denjenigen Bezug zu Gegenständen, der sich im Vorstellen vollzieht, so wird offenbar ein Unverständliches durch ein anderes erläutert; eine solche Auffassung kann man nicht widerlegen, muß es aber auch nicht, da sie keinen Schaden anrichten kann. Ich meine also, daß wir das Ergebnis dahingehend zusammenfassen können, daß es eine zeichenfreie Bezugnahme auf einen Gegenstand – auf Einzelnes – nicht gibt.

Es wäre ein völliges Mißverständnis, wenn Sie meinen würden, das heiße nun, daß damit die geregelte Zeichenverwendung irgendwie an die Stelle der Gegenstände treten würde, wie das bei den Prädikaten der Fall war. Dieses Mißverständnis würde dem Vorurteil entsprechen, die Sprachanalyse beschäftige sich mit dem Sprachgebrauch statt mit den Sachen. Man muß sich bei diesem Vorwurf jeweils fragen, was denn mit ›den Sachen‹ gemeint ist. Hier kann es sich nur um die Gegenstände in Raum und Zeit handeln. Diese Gegenstände bleiben aber nicht nur erhalten; es ist vielmehr überhaupt erst die dargestellte Verwendungsweise singulärer Termini, die verständlich macht, daß und wie man einen einzelnen raumzeitlichen Gegenstand meinen kann. Die geregelte Verwendungsweise dieser Zeichen tritt nicht an die Stelle dieser *Gegenstände*, sondern an die Stelle einer fingierten zeichenfreien *Bezugnahme* auf diese Gegenstände, und es war in Wirklichkeit diese als Vorstellen interpretierte Bezugnahme, die die raumzeitlichen Gegenstände durch etwas anderes ersetzte, durch Vorstellungen.

Es ist wichtig zu sehen, inwiefern der Rekurs auf die Zeichenverwendung bei der sprachanalytischen Destruktion der traditionellen Auffassung der singulären Termini einen systematisch anderen Stellenwert hat als bei der sprachanalytischen Destruktion der traditionellen Auffassung anderer sprachlicher Ausdrücke wie z. B. der Prädikate. Für die traditionelle Auffassung aller sprachlichen Ausdrücke war charakteristisch, daß sie die Frage nach der Verwendungsweise eines Zeichens nicht stellte und statt dessen als selbstverständlich voraussetzte, daß jedes Zeichen für einen Gegenstand steht. Der sprachanalytische Rekurs auf die Verwendungsweise hat nun im Fall der singulären Termini den Sinn, das Schema Zeichen-Gegenstand *aufzuklären*, während sie bei den übrigen Ausdrücken den Sinn hat zu *verhindern*, daß dem Schema Zeichen-Bedeutung das Schema Zeichen-Gegenstand übergestülpt wird. Hier, bei den Prädikaten z. B., beruht die eventuelle gegenständliche Bezugnahme auf etwas, wofür das Prädikat steht, die Bezugnahme auf ein Attribut, in der Tat auf der Verwendungsweise des Zeichens. Deutlicher können wir das jetzt so formulieren: das Identitätskriterium dafür, daß a = b, wenn »a« und »b« für Attribute stehen, besteht in der gleichen Verwendungsweise (Synonymie) derjenigen Prädikate, durch deren Nominalisierung sich die Ausdrücke »a« und »b« ergeben. Stehen hingegen »a« und »b« für raumzeitliche Gegenstände, so ist das Identitätskriterium dafür, daß a = b, die Identität ihrer raumzeitlichen Relationen. Das Identitätskriterium betrifft also bei raumzeitlichen Gegenständen nicht die Verwendungsweise irgendwelcher Zeichen; und um anzugeben, welches der gemeinte Gegenstand ist, wird nicht, wie bei den Attributen oder Sachverhalten, auf die Verwendungsweise eines sprachlichen Ausdrucks verwiesen, sondern der Gegenstand wird in Raum und Zeit lokalisiert; gleichwohl kann eben diese Lokalisierung nur erfolgen mittels der geregelten Verwendung einer Art von sprachlichen Ausdrücken.

Damit kann ich jetzt die Erläuterungen abschließen, die das Ergebnis unserer Analysen für die erste der beiden Ausgangsfragen betreffen, für die Frage danach, was es heißt, daß ein singulärer Terminus ›für‹ einen Gegenstand ›steht‹. Bei singulären Termini, die für wahrnehmbare Gegenstände stehen, weiß man, für welchen Gegenstand der Ausdruck steht, wenn man weiß, welchen er identifiziert, und dies weiß man, wenn man weiß, auf welche anderen singulären Termini er verweist.[2] Da in der Definition von »›a‹ verweist auf ›b‹« die singulären Termini bereits als Teile von prädikativen Sätzen erscheinen und auf die Verifizierbarkeit dieser Sätze bezuggenommen ist (oben, S. 473), lassen sich die Folgerungen für die zweite Ausgangsfrage – die Konsequenz für die Wahrheitsdefinition der prädikativen Satzform – unmittelbar anschließen.

II.

Die Wahrheitsdefinition für die prädikative Satzform lautete (S. 321):

»Der Satz ›Fa‹ – bzw. die Behauptung, daß a F ist, – ist wahr dann und nur dann, wenn das Prädikat ›F‹ auf den Gegenstand zutrifft, für den der singuläre Terminus ›a‹ steht.«

Unser Problem war: wie können wir anstelle dieser metatheoretischen Angabe der Wahrheitsbedingung eine Verifikationsregel vorführen, derart, daß wir dadurch erklären, wie Sätze der Form »Fa« verwendet werden? Allgemein hatten wir für alle assertorischen Sätze gesehen, daß sie verwendet werden, um etwas zu behaupten: wer einen solchen Satz verwendet, übernimmt die Garantie dafür, daß bestimmte Wahrheitsbedingungen erfüllt sind (15. Vorl.). Daraus hatte sich ergeben, daß man die Verwendung einer Satzform in der Weise erklärt, daß man an Beispielen zeigt, nicht, unter welchen Bedingungen ein Satz dieser Form verwendet wird, sondern unter welchen Bedingungen er bestätigt oder widerlegt wird, und das zeigt sich daran, unter welchen Bedingungen er oder seine Negation zurückzunehmen ist. Die besondere Schwierigkeit der Erklärung gerade der prädikativen Satzform bestand nun darin, daß 1), während die Erklärung der Wahrheitsbedingung der höherstufigen Satzformen auf das Wort »wahr« mit Bezug auf elementarere Sätze zurückgreifen konnte, dies bei den elementaren Sätzen, deren Wahrheit nicht von der Wahrheit anderer Sätze abhängt, nicht möglich ist, und daß wir 2) im Unterschied zu der einheitlichen Verifikationsregel der höherstufigen Satzformen annehmen müssen, daß die Wahrheit der prädikativen Sätze von zwei Regeln abhängt, einer Verwendungsregel der Prädikate und einer Verwendungsregel der singulären Termini. Formulieren wir das noch nicht auf der Ebene der Verifikationsregel, sondern der Wahrheitsbedingung, so läßt sich dieser Sachverhalt natürlich so zum Ausdruck bringen: ob der Satz »Fa« wahr ist, hängt erstens davon ab, für welchen Gegenstand »a« steht, und zweitens davon, ob das Prädikat »F« auf diesen Gegenstand zutrifft. Wir können jetzt erwarten, daß dieser Sachverhalt mit Bezug auf die Verwendungsregeln so zu fassen ist: wer einen Satz der Form »Fa« verwendet, übernimmt die Garantie dafür, daß sich, wenn die Verwendungsregel des singulären Terminus durchgespielt wird, mit Bezug auf das Ergebnis der Befolgung dieser Regel das Prädikat gemäß seiner Verwendungsregel richtig verwenden läßt.

Damit ist ein Rahmen vorgegeben, in den wir die beiden Regeln einzusetzen haben. Der Übergang zu den Verwendungsregeln vollzieht sich nach allen Hinsichten so, daß gefragt wird, wie festzustellen ist, daß –. Die Frage, wie festzustellen ist, daß ein Satz der Form »Fa« wahr ist, wird beantwortet, indem gezeigt wird, wie festzustellen ist, daß das Prädikat »F« auf einen beliebigen Wahrnehmungsgegenstand zutrifft, und wie festzustellen ist, für welchen Gegenstand beliebiger Wahrnehmungsprädikate der singuläre Terminus »a« steht. Nun haben wir bei den Prädikaten gesehen: das Kriterium dafür, daß wir wissen, wie festzustellen ist, daß ein Wahrnehmungsprädikat »F« auf einen Gegenstand zutrifft, ist, daß wir wissen, wie die Wahrheit des demonstrativen Ausdrucks »Fx_D« in beliebigen Situationen festzustellen ist. Und entsprechend haben wir im Anschluß an Wiggins' Definition gesehen: das Kriterium dafür, daß wir wissen, wie festzustellen ist, welchen Gegenstand ein singulärer Terminus »a« identifiziert, ist, daß wir wissen, wie festzustellen ist, daß »Φ-a« wahr ist, wobei für »Φ« ein beliebiges Wahrnehmungsprädikat einzusetzen ist, das wir im Sinn der im vorigen Satz gegebenen Erklärung schon verstehen und d. h. dessen Verifikationsregel wir kennen. Mit dieser Erklärung des singulären Terminus können wir nun rückläufig die vorhin gegebene Erklärung des Kriteriums des Verstehens der Prädikate verallgemeinern, indem wir die Einschränkung auf Demonstrativa fallenlassen: das Kriterium dafür, daß wir ein (Wahrnehmungs-) Prädikat »F« verstehen, ist, daß wir wissen, wie festzustellen ist, daß »Fx« wahr ist, wobei für »x« ein beliebiger singulärer Terminus einsetzbar ist, den wir im Sinn der im vorigen Satz gegebenen Erklärung verstehen und d. h. dessen Identifizierungsregel wir kennen.

Diese Erläuterungen liefern noch nicht, was wir suchen, denn sie erklären die Verwendung des jeweiligen Teilausdrucks in der Weise, daß dabei als bekannt vorausgesetzt wird, wie festzustellen ist, daß ein prädikativer Satz wahr ist, während es doch gerade das letztere ist, was erklärt werden soll. Indem auf diese Weise jedoch klargelegt ist, um welche Regeln der Teilausdrücke es sich für das Feststellen der Wahrheit der prädikativen Behauptung handelt, werden wir diese Regeln, deren Erklärung wir bereits kennen – die Verifikationsregel des Prädikats, die Identifizierungsregel des singulären Terminus – für die Erklärung der Wahrheit der prädikativen Behauptung nur noch einzusetzen haben. Die vorhin gegebene abstrakte, auf die Eigentümlichkeit der beiden Regeln noch nicht bezugnehmende Erklärung dessen, wofür bei der Verwendung eines prädikativen Satzes garantiert wird, läßt sich jetzt so konkretisieren: es wird dafür garantiert, daß, wenn man den Gegenstand und d. h. letztlich die *Verifikationssituation* gemäß der Verwendungsregel des singulären Terminus *identifiziert* hat, das Prädikat gemäß seiner Verwendungsregel in dieser Situation richtig anwendbar ist. Das läßt sich nun aber auch genausogut als Wahrheitsbedingung in die Wahrheitsdefinition einsetzen: ein Satz »Fa« ist wahr genau dann, wenn das Prädikat »F« in der durch »a« identifizierten Situation richtig anwendbar ist.

Ich glaube, es ist nützlich, bevor wir den letzten Schritt vollziehen, einige grundsätzliche Aspekte der Auffassung, die sich jetzt ergibt, hervorzuheben. Machen wir uns zunächst den Unterschied zur traditionellen Urteils- und Wahrheitstheorie klar! Diese, die ausschließlich an dem elementaren Fall des prädikativen Satzes orientiert war, hatte zwar auch schon gesehen, daß die Bedingung der Möglichkeit dafür, daß ein sprachlicher Ausdruck (bzw. sein psychologisches oder ontologisches Pendant) als wahr oder falsch bezeichnet werden kann, in seiner Gliederung liegt (oben, S. 322). Das entspricht dem vorhin hervorgehobenen Umstand, daß die Wahrheit der prädikativen Sätze wesensmäßig von zwei Regeln abhängt. Der Zusammenhang dieser zwei Faktoren wurde jedoch in der Tradition auf Grund ihrer gegenstandstheoretischen Perspektive als Synthesis interpretiert, als Zusammenhang zweier Gegenständlichkeiten. So konnte nicht gesehen werden, daß die zwei Glieder des prädikativen Satzes unterschiedliche und in ihrer Unterschiedlichkeit komplementäre Funktionen haben. Wir haben inzwischen gesehen, daß der Umstand, daß das eine Glied eine Identifizierungsfunktion hat, ebenso sehr als Bedingung der Möglichkeit dafür angesehen werden muß, daß man von Wahrheit und Falschheit reden kann, wie der Umstand, daß es sich überhaupt um zwei Glieder handelt.

Wir hatten schon gesehen (S. 321), daß diese Schwäche der traditionellen Auffassung bereits bei dem ersten, noch metatheoretischen Schritt bei der Angabe der Wahrheitsbedingung – also bei der Wahrheitsdefinition – überwunden wird. Gemäß der Wahrheitsdefinition hängt die Wahrheit von zwei verschiedenen Faktoren ab: erstens – als Voraussetzung – davon, für welchen Gegenstand der singuläre Terminus steht; zweitens – als Bedingung – davon, ob das Prädikat auf diesen Gegenstand zutrifft.

Auf dieser Ebene konnte also schon klar werden, daß es sich um zwei verschiedene Faktoren handelt; in welcher Weise aber diese beiden Faktoren bzw. die beiden semantischen Ausdrücke »steht für« und »trifft zu« zusammenhängen, läßt sich auf dieser Ebene noch nicht klarlegen, sondern erst, wenn man fragt, wie festgestellt wird, für welchen Gegenstand der singuläre Terminus steht, und wie festgestellt wird, daß das Prädikat auf ihn zutrifft. Auch dann freilich ergibt sich die Klärung dieses Zusammenhanges nicht von selbst, sondern erst, indem man sich klarmacht, daß die Identifizierung des Gegenstandes in der Identifizierung der Situation besteht, in der festgestellt werden kann, ob das Prädikat auf ihn zutrifft, und um das klarzulegen, war unsere Analyse der singulären Termini erforderlich.

Diese wesensmäßige Komplementarität von Identifizierungsregel und Verifikationsregel macht auch verständlich, inwiefern die Funktion des singulären Terminus im Satz einerseits abhängig von der Komplementärfunktion des Prädikats und andererseits in einem bestimmten Sinn doch unabhängig von ihr ist. Das ist das Problem der Asymmetrie zwischen singulärem Terminus und Prädikat, auf das ich am Anfang der Erörterung der singulären Termini hingewiesen hatte (S. 339). Bei der Frage, ob bei einem prädikativen Satz »Fa« das Prädikat auf den Gegenstand zutrifft, müssen wir den Gegenstand schon identifiziert haben, bevor wir prüfen können, ob das Prädikat auf ihn zutrifft; und wir müssen ihn zwar noch nicht identifiziert, aber doch spezifiziert haben, um überhaupt die Frage formulieren zu können, ob das Prädikat auf *ihn* zutrifft; während die Identifizierung bzw. Spezifizierung des Gegenstandes unabhängig von der Frage erfolgen muß, ob das Prädikat auf ihn zutrifft. Deswegen erscheint es auch richtiger, statt zu sagen, daß die Wahrheit der prädikativen Behauptung von zwei Faktoren abhängt – 1) davon, für welchen Gegenstand der singuläre Terminus steht, und 2) davon, ob das Prädikat auf ihn zutrifft –, mit Strawson zu sagen, daß sie nur von dem zweiten Faktor abhängt, während der erste die Voraussetzung darstellt, damit die Wahrheitsbedingung überhaupt formuliert werden kann. Das macht auch verständlich, warum die Verifikationsregel des prädikativen Satzes sich nicht auf zwei partielle Verifikationsregeln gründet, sondern nur auf eine; die Identifizierungsregel ist keine

Verifikationsregel, sondern ihre Befolgung bildet – indem dadurch eine Verifikationssituation herausgestellt wird – die Voraussetzung für die Anwendung der Verifikationsregel des Prädikats. Daß die Befolgung der Spezifizierungs- und schließlich Identifizierungsregel der Anwendung der Verifikationsregel stets voraufgeht, heißt aber nicht, daß die Spezifizierung, welcher gemeint ist, irgendeinen selbständigen Sinn hat, der unabhängig wäre von der Funktion, die sie für die Verifikation von Prädikaten hat.

Wir können jetzt zum letzten Schritt der Analyse übergehen. Daß die vorhin gegebenen Formulierungen der Wahrheitsbedingung der prädikativen Sätze noch nicht als eine Erklärung der Verwendungsweise dieser Sätze gelten können, liegt natürlich daran, daß in ihnen noch semantische Ausdrücke wie »Identifizierungsregel« und »Verifikationsregel« vorkommen. Was bisher erreicht ist, ist, daß in der Wahrheitsdefinition die Ausdrücke »steht für« und »zutrifft« nicht mehr vorkommen und statt dessen auf die Verwendungsregeln der beiden Teilausdrücke bezuggenommen wird, die als die Regeln anzusehen sind, wie festzustellen ist, für welchen Gegenstand der singuläre Terminus steht, und wie festzustellen ist, daß das Prädikat auf einen Gegenstand zutrifft. Was noch fehlt, ist, die Rede von einer Verifikationsregel und die Rede von einer Identifizierungsregel zu erklären bzw. durch die Beschreibung der tatsächlichen Verwendungsweise der zwei Ausdrucksarten zu ersetzen. Die Bezugnahme auf die Regeln in dieser Weise zu ersetzen ist dasselbe, wie sie zu erklären, denn was mit einer solchen Regel im allgemeinen gemeint ist, wird eben in der Weise erklärt, daß man an Beispielen vorführt, wie die Verwendung von Ausdrücken gemäß einer solchen Regel im Einzelfall erklärt wird.

Über eine solche Beschreibung, wie die Verwendung eines jeweiligen Prädikats und d. h. seine Verifikationsregel und wie die Verwendung eines jeweiligen singulären Terminus und d. h. seine Identifizierungsregel erklärt wird, verfügen wir aber bereits. Für die Prädikate habe ich sie schon gegeben, bevor wir mit der Erörterung der singulären Termini angefangen haben (S. 335f.); und wie die Identifizierungsregeln der singulären Termini der verschiedenen Typen erklärt werden, haben wir – freilich mit den heute hervorgehobenen Mängeln – in den letzten Stunden gesehen. Dabei zeigte sich in beiden Fällen, daß die Erklärung eines Ausdrucks einer der beiden Arten (singulärer Terminus oder Prädikat) wesentlich voraussetzt, daß der Ausdruck als Ergänzungsausdruck der anderen

Art verstanden ist und daß die Verwendungsweise von Ausdrükken der anderen Art bereits bekannt ist. So verstehen wir einen singulären Terminus eines Typs nur, wenn wir wissen, auf welche anderen Typen er verweist, und darin ist eine Bezugnahme auf die Verifikation von Wahrnehmungsprädikaten impliziert; auf der anderen Seite ließ es sich bei der Beschreibung der Erklärung von Prädikaten nicht vermeiden, das Wesentliche der Erklärung der singulären Termini – ihren Verweisungscharakter – vorwegzunehmen (S. 336). Diese wechselseitige Voraussetzung stellt keinen vitiösen Zirkel dar, sondern ist gerade das, was wir erwarten müssen, wenn die beiden Ausdrucksarten wirklich wesensmäßig Komplementärausdrücke voneinander sind.

Außerdem ist eine stufenweise Erklärung von Ausdrücken der beiden Arten denkbar, die deutlich macht, daß sich kein Zirkel in der Erklärung ergibt: 1. Stufe: Klassifikationsausdrücke werden als Quasiprädikate erklärt. 2. Stufe: die Klassifikationsausdrücke werden durch Quasidemonstrativausdrücke ergänzt, die noch nicht auf andere Ausdrücke verweisen. Die Verwendungsweise der sich nun ergebenden Ausdrücke »Fm_D« (»dies ist F«, »hier F«, »jetzt F«) unterscheidet sich noch nicht wesentlich von den Ausdrücken der ersten Stufe. »F« ist kein Prädikat, »m_D« kein singulärer Terminus (vgl. S. 333). 3. Stufe: die Verwendung von »m_D« wird in der Weise erklärt, daß seine systematische Ersetzbarkeit durch andere deiktische Ausdrücke bei Situationswechsel vorgeführt wird. Wenn der Ausdruck »m_D« gemäß dieser Erklärung verwendet wird, hat er eine Identifizierungsfunktion; er ist ein singulärer Terminus. Diese Erklärung hat dann für den Ergänzungsausdruck »F« *automatisch* zur Folge, daß er nicht mehr als Quasiprädikat, sondern als Prädikat verstanden wird. Obwohl »F« noch genauso wie auf der ersten und zweiten Stufe erklärt wird, ist, was jetzt erklärt wird, nicht mehr die situationsbezogene Verwendungsregel von »F«, sondern seine Verifikationsregel und damit freilich die situationsfreie Verwendungsregel von »F« als Prädikat, d. h. seine Verwendungsweise in Verbindung mit anderen als demonstrativen Ausdrücken (vgl. S. 336).

Zu der eben beanspruchten Erklärung der Ersetzbarkeit des Demonstrativausdrucks durch andere deiktische Ausdrücke gehört 1) daß man, wenn die Äußerung »Fm_D« in der einen Situation als richtig bezeichnet werden kann, ohne weiteres auch von der Äußerung »Fn_S« in der anderen Situation sagen kann, daß sie richtig ist, und umgekehrt;[3] das zu verstehen, heißt die Bedeutung der Ersetzbarkeit – bzw. des Ausdrucks »=« – verstehen. Um den systematischen Zusammenhang der demonstrativen und der deiktischen Ausdrücke und damit die Verwendung der entsprechenden prädikativen Sätze zu verstehen, muß man aber 2) auch verstehen, daß »n_S« auf »m_D« ›verweist‹. D. h. es gilt nicht nur, daß, wenn die Äußerung »Fm_D« in ihrer Situation richtig verwendet wird, die Äußerung »Fn_S« in ihrer Situation richtig verwendet wird und umgekehrt, sondern die richtige situationsbezogene Verwendung von »Fm_D« ist das *Kriterium* für die richtige situationsfreie Verwendung von »Fn_S«; diese Verweisung läßt sich in der Weise erklären, daß, wie bei allen Formen der assertorischen Rede, das entsprechende Ausweisungsspiel an Beispielen vorgeführt wird, z. B.: 1. A sagt »Fn_S«; B verneint es (bzw. bezeichnet die Äußerung von A als nicht richtig). 2. Beide begeben sich in diejenige Wahrnehmungssituation, in der sie sagen können »m_D ist dasselbe, was wir vorher mit n_S bezeichnet haben«. 3. Sie stellen gemeinsam fest, ob »Fm_D« bzw. »F« in dieser Situation regelkonform verwendbar ist. 4. Je nach dem Ergebnis sagt A oder B, daß die Äußerung des anderen auf der 1. Stufe richtig bzw. seine eigene nicht richtig war.

Mit dieser weiteren Erklärung, die die vorhergehende – die Erklärung von »=« – voraussetzt, ist nun das Wort »wahr« auf einer elementarsten Stufe der elementaren (prädikativen) Behauptungen erklärt. Denn das Wort »richtig«, wie es in diesen beiden Erklärungen verwendet wurde, hat – außer im 3. Schritt des Ausweisungsspiels – nicht mehr den Sinn von »regelkonform«. Daß das Wort »richtig« im 1. und 4. Schritt des Ausweisungsspiels einen anderen Sinn hat als den der Regelkonformität, für den man daher auch ein neues Wort braucht – z. B. das Wort »wahr« –, läßt sich nicht nur von außen behaupten, sondern zeigt sich an der Art, wie die Richtigkeit festgestellt (überprüft) wird. Die Feststellung der Richtigkeit im Sinn von Regelkonformität und die Feststellung der Richtigkeit im Sinn von Wahrheit treten jetzt auseinander (vgl. S. 448). Wie die Richtigkeit im Sinn von Wahrheit festgestellt wird, zeigt man an Hand des eben vorgeführten Ausweisungsspiels: ob mit »Fn_S« in einer anderen als der Wahrnehmungssituation etwas gesagt wird, was wahr ist, wird festgestellt, indem man auf die Wahrnehmungssituation rekurriert, in der dasselbe mit »Fm_D« gesagt wird. Ob hingegen jemand »Fm_D« bzw. den Teilausdruck »F« in »Fm_D« (aber auch in »Fm_S«) richtig im Sinn von regelkonform verwendet, wird festgestellt, indem man überprüft, wie er *denselben* demonstrativen Ausdruck »Fm_D« in *anderen* Situationen verwendet. Nur in dem besonderen Fall der Verwendung von »Fm_D« (also im 3. Schritt des Ausweisungsspiels) ist die Charakterisierung der Verwendung als richtig zweideutig, aber diese Zweideutigkeit bei der Verwendung eines Ausdrucks in derjenigen Situation, in der die Wahrheit überprüft wird, ist erstens notwendig, weil die Überprüfung der Wahrheit voraussetzt, daß die Ausdrücke regelkonform verwendet werden; und sie ist zweitens harmlos, weil die Charakterisierung der Verwendung des Ausdrucks als richtig nur solange zweideutig ist, als sie isoliert betrachtet wird. Die Charakterisierung einer Verwendung von »Fm_D« als richtig/unrichtig hat den Sinn von wahr/falsch, sofern diese Charakterisierung die entsprechende Charakterisierung der übrigen Ausdrücke »Fk_S«, »Fl_S« usw., mit denen dasselbe gesagt wird, zur Folge hat (und das heißt dann auch, daß das, was als »richtig« [»wahr«] bezeichnet wird, nicht die Verwendung des Ausdrucks ist, sondern das, was mittels der Verwendung des Ausdrucks gesagt wird und was dasselbe ist, was mittels der anderen Ausdrücke gesagt wird, sofern sie in den entsprechenden Situationen verwendet werden); die Charakterisierung der Verwendung von »Fm_D« als richtig/unrichtig hat hingegen den Sinn von regelkonform/regelnichtkonform, sofern diese Charakterisierung bestätigt oder entkräftet wird durch die Verwendungsweise desselben Ausdrucks in anderen Situationen.

Natürlich ist mit dem Ausweisungsspiel, solange es nur an Beispielen von der Art des eben beschriebenen vorgeführt ist, das Wort »wahr«, sogar in der Einschränkung auf prädikative Aussagen über Wahrnehmbares, nur auf einer elementarsten Stufe erklärt, aber an diese erste Stufe lassen sich die weiteren leicht anschließen. Ich kann mich dabei auf Andeutungen beschränken:

1. Daß mit der demonstrativen Identifizierung des gemeinten Gegenstandes schon die Verifikationssituation für das Prädikat identifiziert ist, gilt allgemein nur für Raumzeitstellen; für materielle Gegenstände gilt es nur, wenn es sich um Prädikate handelt, von denen vorausgesetzt ist, daß sie auf den Gegenstand während der ganzen Dauer seiner Existenz und überall gleichmäßig zutreffen. Ob die Behauptung wahr ist, daß der Neckar in den Rhein mündet, können wir nicht schon dann entscheiden, wenn wir ihn an irgendeiner Stelle seines Verlaufs wahrnehmen und mit einem

Demonstrativausdruck auf ihn bezugnehmen. Doch wissen wir dann, auf Grund des für materielle Gegenstände geltenden Identitätskriteriums der raumzeitlichen Kontinuität, wie wir zu verfahren haben, um denjenigen Abschnitt dieses Gegenstandes zu identifizieren, der die Verifikationssituation für das Zutreffen des Prädikats darstellt. Hier haben wir es also lediglich mit einer Komplikation des 2. Schritts in dem vorhin von mir vorgeführten Ausweisungsmodell zu tun.

2. Eine Komplikation des 3. Schritts in dem Ausweisungsmodell ergibt sich, wenn wir berücksichtigen, daß sogar Wahrnehmungsprädikate nie eine so einfache Verifikationsregel haben, daß die Behauptung, daß ein solches Prädikat auf einen Gegenstand zutrifft, durch einen einzigen Wahrnehmungsakt entscheidbar ist. Daß der Tisch, der vor der Tür des Hörsaals steht, rot ist, läßt sich nicht dadurch endgültig verifizieren, daß man ihn sich ansieht; gegebenenfalls zeigt sich durch weitere Wahrnehmungsakte, daß er nur rot schien, weil er gerade rot beleuchtet war oder weil man ihn nur an einer Stelle wahrnahm, an der er einen roten Fleck hatte, usw. Zum Kontrast von Falsch und Wahr gehört auch dieser besondere Kontrast von Schein und Wirklichkeit. Gleichwohl war es richtig, von dieser Komplikation zunächst abzusehen, weil man nur in dieser Reihenfolge Wahrnehmungsprädikate erklären kann. Nur das schlichte Prädikat »F« läßt sich im Anschluß an das Quasiprädikat »F« erklären, und erst, wenn man das schlichte Prädikat »F« schon versteht, kann man den Kontrast zwischen »es ist wirklich F« und »es scheint F zu sein« lernen.[4] Diese Erklärung erfolgt, indem gezeigt wird, durch welche weiteren Wahrnehmungen eine durch Wahrnehmung bereits fundierte Behauptung entkräftet bzw. weiter gestützt werden kann. Man lernt also anstelle des ersten, einfachen Entscheidungsverfahrens ein gestuftes Entscheidungsverfahren zur Feststellung der Wahrheit einer Behauptung. Die Komplikation ist im wesentlichen eine solche des Prädikats; auf seiten der singulären Termini muß jedoch gesichert sein, daß bei immer erneuten Wahrnehmungen noch derselbe Gegenstand gemeint ist, und das setzt voraus, daß der vorige Punkt bereits berücksichtigt ist.

3. Das Ausweisungsmodell ist ferner insofern unvollständig, als ich es auf deiktische singuläre Termini eingeschränkt habe. Die Erweiterung auf andere singuläre Termini ergibt sich aber von selbst aus den vorhergehenden Ausführungen über die Verwei-

sungszusammenhänge zwischen den verschiedenen Typen singulärer Termini.

Dabei ergeben sich allerdings Komplikationen, auf die ich wenigsten hinweisen muß. Wenn der singuläre Terminus »n« in der Äußerung auf der 1. Stufe des Ausweisungsspiels kein deiktischer Ausdruck ist, beruht seine Ersetzung durch einen demonstrativen Ausdruck »m_D« auf der 2. Stufe auf der nicht mehr analytischen, sondern empirischen Wahrheit von »$n = m_D$«. Dann kann man aber nicht mehr gut sagen, daß das, was mit »Fn« gesagt wird, dasselbe ist wie das, was mit »Fm_D« gesagt wird, da es ja nun möglich ist, daß jemand das, was mit »Fm_D« gesagt wird, für wahr hält und das, was mit »Fn« gesagt wird, für falsch, oder umgekehrt (wenn er nämlich nicht meint, daß $n = m_D$). Wir stoßen hier auf die Frage der Identitätskriterien für Sachverhalte bzw. Behauptungen. Die Auffassung, daß zwei Sätze »Fn« und »Gm« genau dann für denselben Sachverhalt stehen, wenn ihre Teile extensional gleich sind, wenn also »F« auf dieselben Gegenstände zutrifft wie »G« und wenn $n = m$, ist auch schon vertreten worden,[5] aber entspricht kaum unserem normalen Verständnis. Die übliche Auffassung ist, daß die beiden Satzglieder intensional gleich sein müssen,[6] also daß insbesondere »$m = n$« analytisch wahr ist, und es liegt nahe, sich dem noch engeren Kriterium von Frege anzuschließen, daß wir nur dann meinen, daß das, was mit einer Äußerung gesagt wird, dasselbe ist wie das, was mit einer anderen Äußerung gesagt wird, wenn es nicht denkbar ist, daß man das eine für wahr und das andere für falsch hält,[7] also insbesondere wenn es nicht denkbar ist, daß der Sprecher »$m = n$« für falsch hält. So oder so werden wir dann aber sogar dort, wo beide singulären Termini deiktische Ausdrücke sind, die Grenzen enger ziehen müssen. Wenn ich heute »heute« sage und damit denselben Tag meine, den ich unlängst meinte, als ich »morgen« sagte, kann ich mich gleichwohl in der Meinung irren, daß es derselbe Tag ist (wenn ich z. B. einen Tag verschlafen habe oder dgl.); auch hier ist also der vorausgesetzte Identitätssatz gegebenenfalls empirisch falsifizierbar, also das in beiden Fällen Behauptete zumindest nicht ohne weiteres identisch. Anders ist es, wenn man sagt: »der Tag, den ich meine, wenn ich heute ›heute‹ sage, ist derselbe wie der, den ich meine, wenn ich morgen ›gestern‹ sage«. Das ist analytisch, und es folgt daher auch, daß das, was ich heute mit dem Satz »heute regnet es« behaupte, dasselbe ist wie das, was ich morgen mit dem Satz »gestern regnete es« behaupten würde.[8] Hier ist ein Irrtum ausgeschlossen, weil es nicht mehr darum geht, ob das in verschiedenen Situationen Gesagte dasselbe ist, sondern darum, daß aus der Perspektive *einer* Situation konstatiert wird, daß man, um dasselbe aus der Perspektive anderer Situationen zu sagen, die durch ihre Bedeutungsregeln vorgeschriebenen anderen Ausdrücke verwenden muß. Diese Bedeutungsregeln und mit ihnen der Ausblick aus jeder Situation, daß man in jeder anderen dasselbe sagen kann und es doch nur mit anderen Ausdrücken sagen kann, liegt aber der Möglichkeit, daß sich dann faktisch erweisen kann, daß das in einer anderen Situation Behauptete und als dasselbe Gemeinte nicht dasselbe ist wie das in der ersten Situation Behauptete, zugrunde. Es sind diese Identitätssätze, bei denen beide Termini deiktische Ausdrücke sind und die analytisch sind, durch die sich auf der Ebene der *Behauptungen* überhaupt etwas Identifizierbares konstituiert, gegenüber der flüchtigen Äußerung, der Handlung des Sagens, *etwas Gesagtes,* auf das als dasselbe aus beliebigen Situationen rekurriert werden kann und das ein möglicher Träger der Prädikate »wahr« und »falsch« ist. In den anderen Fällen hingegen, in denen wir im Ausweisungsspiel die Wahrheit empirischer Identitätssätze unterstellen müssen, um sicherzustellen, daß wir außerhalb und innerhalb der Verifikationssituation denselben raumzeitlichen Gegenstand meinen, folgt aus dieser (extensionalen) Identität des raumzeitlichen Gegenstandes nicht die (intensionale) Identität des Behaupteten. Wir rekurrieren also bei der Verifikation einer Behauptung, deren singulärer Terminus nicht ein deiktischer Ausdruck ist, auf eine *andere* Behauptung. Da aber bei der Ausweisung von beiden Partnern die Wahrheit des Identitätssatzes (»$n = m_D$«) unterstellt wird, erweist sich für sie das, was mit »Fn« behauptet wird, genau dann als wahr bzw. falsch, wenn das, was mit »Fm_D« behauptet wird, wahr bzw. falsch ist (vgl. oben, S. 489 f.), obwohl die beiden Behauptungen nicht identisch sind; und mehr ist für das Ausweisungsspiel nicht erforderlich.

Anmerkungen:

1 Zu diesem Problem der Zirkularität hinsichtlich der zweiten der oben angeführten wechselseitigen Abhängigkeiten vgl. Wiggins, »The Individuation of Things and Places«.

2 Ich verwende hier und im folgenden die Rede von »Identifizieren« in einem umfassenderen Sinn als bisher. Ich hatte bisher nur das Spezifizieren der lokalisierenden Ausdrücke als Identifizieren bezeichnet. Aber das Phänomen der Verweisung erlaubt es, auch bei den nichtlokalisierenden singulären Termini von einem Identifizieren und einer Identifizierungsregel zu sprechen. Wenn wir eine nichtlokalisierende Kennzeichnung verstehen, wissen wir, welchen Gegenstand sie spezifiziert, und wissen noch nicht, welchen sie identifiziert, aber wir wissen, wie festzustellen ist, welchen sie identifiziert, und d. h. wir kennen ihre Identifizierungsregel (vgl. S. 417).

3 Das ist das sogenannte Leibnizsche Gesetz, wonach a = b genau dann, wenn $(\Phi)\ \Phi a \equiv \Phi b$, wenn also jeder Satz, in dem »a« durch ein beliebiges Prädikat ergänzt wird, wahr bzw. falsch genau dann ist, wenn der Satz, der sich ergibt, wenn »b« durch dasselbe Prädikat ergänzt wird, wahr bzw. falsch ist. Dieses Gesetz gilt absolut, wenn man die Prädikate auf Wahrnehmungsprädikate einschränkt, also intensionale Prädikate, für die das Gesetz nicht gilt, nicht zuläßt. Dummett erläutert das Gesetz so: »wenn ein Prädikat auf einen Gegenstand zutrifft, trifft es auf ihn zu, gleichgültig auf welche Weise wir auf den Gegenstand bezugnehmen« (265). Man kann diese Erläuterung übernehmen und gleichwohl Dummetts Auffassung zurückweisen, daß die Bezugnahme auf einen Gegenstand und das Stehen eines Namens für einen Gegenstand schon vor der Verwendung des Identitätszeichens einen Sinn hat, der angeblich durch das ostensive Hinweisen auf einen Gegenstand auszuweisen ist (406). Kann man sagen, daß durch die Äquivalenz des Leibnizschen Gesetzes der Sinn von »=« definiert wird? Nur dann ließen sich die Ausführungen oben im Text als Beschreibung einer Erklärung von »=« verstehen. Man kann jedoch nur sagen: daß jemand den Sinn von »=« verstanden hat, zeigt sich daran, daß er unter bestimmten Umständen für jedes »F« aus der Wahrheit von »Fa« die von »Fb« folgert und umgekehrt. Damit ist aber noch nicht gesagt, welches diese ›bestimmten Umstände‹ sind, die ihn dazu berechtigen. Bei wahrnehmbaren Gegenständen bestehen diese Umstände darin, daß a und b dieselben raumzeitlichen Relationen zu anderen Gegenständen haben. Dies, was man das Identitätskriterium nennen kann (Dummett, S. 544 f., oben, S. 483) ist von Gegenstandsbereich zu Gegenstandsbereich verschieden. Und zwar ist es gerade das Identitätskriterium, durch das sich ein Gegenstandsbereich bzw. Gegenstände dieses Bereichs als Gegenstände (dieses Bereichs) konstituieren. Nur wenn jemand die Verwendung der singulären Termini eines Gegenstandsbereichs so lernt, daß er sie auf Grund des für diesen Gegenstandsbereich bestehenden Identitätskriteriums füreinander in der durch das Leibnizsche Gesetz beschriebenen Weise ersetzen kann, hat er das Zeichen »=« für diesen Gegenstandsbereich verstanden und damit auch, was es heißt, daß ein singulärer Terminus dieser Art ›für‹ einen Gegen-

stand (dieses Bereichs) ›steht‹.

4 Vgl. Wittgenstein, *Zettel*, §§ 411-425

5 Vgl. Lemmon, »Sentences, Statements and Propositions«.

6 Vgl. z. B. Patzig, »Satz und Tatsache«.

7 Vgl. »Sinn und Bedeutung«, S. 32 und das noch engere Identitätskriterium bei Chisholm, »Problems of Identity«, S. 24 f.

8 Vgl. Frege, »Der Gedanke«, S. 64, und die Interpretation bei Dummett, S. 384. Beide Philosophen beachten jedoch den Unterschied nicht, auf den ich in dem im Text folgenden Satz hinzuweisen versuche.

28. Vorlesung

Die Analyse der prädikativen Satzform hatte nur den Sinn eines ersten Schritts einer Grundlagenbesinnung, die die Bedeutung aller sprachlichen Ausdrücke und d. h. die semantischen Formen aller Sätze betraf. An diesem Ziel gemessen haben wir nicht viel erreicht. Erstens sind wir nicht einmal bis zu einer allgemeinen Theorie der singulären Termini und deswegen auch nicht zu einer allgemeinen Theorie der prädikativen Sätze gekommen. Der erforderliche nächste Schritt wäre eine Aufklärung derjenigen prädikativen Sätze, deren singuläre Termini für abstrakte Gegenstände stehen. Zweitens wäre die bisher erreichte Auffassung von der Verwendungsweise der assertorischen Sätze zu einer allgemeinen Theorie aller assertorischen Satzformen zu erweitern. Und schließlich wäre drittens die Einschränkung auf die assertorischen Sätze aufzuheben, um zu einer allgemeinen Theorie aller propositionalen Sätze zu gelangen.

Jeder dieser drei Schritte bezieht sich auf ein eigenes, umfangreiches Untersuchungsfeld, und bei keinem, am wenigsten aber beim dritten, können wir voraussetzen, daß sich die bisher erarbeitete Begrifflichkeit auf die erweiterte Thematik einfach übertragen läßt. Daher würde in diesen Schritten nicht lediglich die Thematik erweitert, sondern jeder der drei Schritte würde einen weiteren Schritt in der Grundlagenbesinnung darstellen: in jedem ginge es um die Überprüfung der bisherigen Begrifflichkeit und gegebenenfalls, ausgehend von ihr, um die Erarbeitung einer neuen, grundlegenderen Begrifflichkeit.

Die drei Schritte müßten nicht hintereinander erfolgen. Die Aufklärung derjenigen prädikativen Sätze, in denen auf abstrakte Gegenstände bezuggenommen wird, bildet keine Voraussetzung für die Analyse der anderen assertorischen Satzformen, und ebenso braucht die Untersuchung der nichtassertorischen Satzmodi nicht zu warten, bis wir im Besitz einer vollständigen Semantik der assertorischen Sätze sind. Die drei Schritte stehen also nicht hintereinander, sondern stellen gewissermaßen drei Richtungen dar, in denen von der Stufe, die wir jetzt erreicht haben, weiterzugehen wäre. Darin zeigt sich, daß dieser erste Schritt, auch wenn er noch nicht weit reicht, gleichwohl für die weitere Grundlagenbesinnung fundamental ist.

Das Charakteristische dieses ersten Schritts ist die Auflösung des *traditionellen* kategorialen Ansatzes (den wir jetzt besser als vorstellungstheoretischen statt als gegenstandstheoretischen bezeichnen können): wir konnten in einer neuen, spezifisch sprachanalytischen formalen Grundbegrifflichkeit soweit Fuß fassen, daß sich der formale Grundbegriff der Tradition – der des Gegenstandes – in diese Grundbegrifflichkeit zurücknehmen ließ. Die traditionelle Idee einer sprachfreien Subjekt-Objekt-Beziehung hat sich damit als sinnleer erwiesen. Eine von einem Satzkontext losgelöste Bezugnahme auf einen Gegenstand gibt es nicht. Damit gewinnt die Verwendung von Zeichen einen fundamentalen bewußtseinstheoretischen Stellenwert: die sprachlichen Zeichen vertreten nicht andere Funktionen, die auch ohne sie möglich wären. Hand in Hand mit dieser ›Aufwertung‹ der Zeichen geht die neue Auffassung ihrer Verwendungsweise: während man zufolge der traditionellen Semantik ein Zeichen – jedes Zeichen – versteht, wenn man weiß, wofür es steht, versteht man nach der sprachanalytischen Auffassung ein Zeichen – auch ein Zeichen, das für einen Gegenstand steht –, wenn man jemandem, der es noch nicht versteht, seine Verwendungsweise erklären könnte. Und in dem besonderen Fall der prädikativen Satzglieder bedeutet das: seine Identifizierungsregel bzw. Verifikationsregel erklären und d. h. erklären, welchen Beitrag es leistet für die Feststellung der Wahrheit der Sätze, in die es als Teil eingehen kann.

An dieser Charakterisierung der jetzt erreichten Stufe läßt sich erkennen, daß von ihr aus unmittelbar mit jedem der genannten nächsten drei Schritte begonnen werden könnte, da in ihr Perspektiven für jeden dieser Schritte enthalten sind. Für den ersten Schritt versteht sich das von selbst. Für den zweiten Schritt enthält sie die Hypothese, daß für *jeden* bedeutungstragenden Teil eines assertorischen Satzes gilt, daß wir ihn verstehen, wenn wir wissen, welchen Beitrag er für die Feststellung der Wahrheit der Sätze leistet, in die er als Teil eingehen kann. Beim dritten Schritt, der Aufklärung der Bedeutung der nichtassertorischen Sätze, können wir zwar nicht erwarten, daß man die Verwendungsweise durch Vorführen von Verifikationsregeln erklären kann; wir haben aber keinen Anlaß daran zu zweifeln, daß wir auch hier nach Wittgensteins Grundsatz vorzugehen und nach der *Erklärung* der *Verwendungsweise* zu fragen haben, wenn wir nach der Bedeutung fragen.

Die Aufgabe dieser letzten Vorlesungsstunde ist es, die Dynamik der Fragebewegung für Sie und für mich über den bisherigen Weg hinaus lebendig zu erhalten. Für eine philosophische Grundlagenbesinnung ist es charakteristisch, daß alle Antworten nur Schritte zu neuen Fragen sind. Ein philosophischer Gedankengang kann daher als philosophischer nur abgeschlossen werden, indem man sich die Aporien bewußt macht, in die er führt. In diesem Sinn sind die folgenden Ausblicke auf die drei anstehenden Frageschritte zu verstehen.

Für die erste der genannten Aufgaben, eine allgemeine Theorie des prädikativen Satzes, sind wir nicht ohne Anhalt. Als ich vor der Klärung der *Verwendungsweise* der konkreten singulären Termini nach ihrer *Funktion* fragte, war die Betrachtung noch ganz allgemein (S. 364-71). Dabei ergab sich: die Funktion eines singulären Terminus, ob konkret oder abstrakt, ist es, anzugeben, welches von allen gemeint ist, und d. h. welches es ist, das durch das ergänzende Prädikat klassifiziert wird. Diese Funktion bezeichnete ich als Spezifizierung, und wir haben dann bei den konkreten singulären Termini gesehen, daß zwischen Spezifizierung in einem weiten und einem engen Sinn (›Identifizierung‹) unterschieden werden muß. Hypothetisch können wir annehmen, daß eine analoge Differenzierung auch für die abstrakten singulären Termini gilt. Die Rede von abstrakten singulären Termini bzw. von abstrakten Gegenständen ist negativ definiert: es sind singuläre Termini, bei denen auf die Frage »welcher ist damit gemeint?« *nicht* mit einer raumzeitlichen Identifizierung geantwortet werden kann. Da nun jeder singuläre Terminus die Funktion hat, anzugeben, welcher von allen gemeint ist, setzt auch die Verwendung eines abstrakten singulären Terminus jeweils einen zugrundeliegenden Gegenstandsbereich voraus, eine Totalität von Gegenständen einer Art, aus der durch den singulären Terminus einer herausgegriffen wird; ›einer Art‹, d. h. hier: eine Totalität von Gegenständen, die voneinander unterschieden werden können, für die es also ein Identitätskriterium gibt. Mit dem Identitätskriterium wäre ein positives Definiens für den jeweiligen Gegenstandsbereich gegeben, und da zeigt sich nun, daß der negativ definierte Begriff von abstrakten Gegenständen ein Sammelbegriff ist, der in verschiedene Gegenstandsbereiche mit unterschiedlichen Identitätskriterien zerfällt. Steht z. B. »a« für eine Proposition, »b« für eine Zahl und »c« für einen raumzeitlichen Gegenstand, dann ist es ebenso sinnlos zu fragen, ob a = b, wie es sinnlos ist zu fragen, ob a = c. »x ≠ y« ist nur sinnvoll, wenn man ein Kriterium hat, wonach zu entscheiden ist, ob x = y.

Der erste, in der Literatur stark vernachlässigte Schritt zu einer Analyse der abstrakten singulären Termini[1] bestünde in einer umfassenden Zusammenstellung der verschiedenen abstrakten Gegenstandsbereiche. Ich nenne nur zur Veranschaulichung einige wichtige Beispiele: 1. Attribute (für die nominalisierte Prädikate stehen). 2. Sachverhalte (für die nominalisierte assertorische Sätze stehen). 3. Typen von Zeichen im Unterschied zu den entsprechenden Zeichenvorkommnissen (vgl. oben, S. 278); abstrakte Gegenstände ähnlicher Art sind z. B. geometrische Figuren oder auch Töne, Melodien, Musikstücke. 4. Institutionen und ihre Teile, z. B. Spiele und Spielzüge. 5. Klassen. 6. Zahlen. – Eine eigentümliche Zwischenstellung zwischen konkreten und abstrakten Gegenständen nehmen konkrete Institutionen ein wie Firmen oder Staaten, die in gewisser Weise raumzeitlich lokalisierbar sind. – Die aufgezählten Fälle sind z. T. ihrerseits Sammelbegriffe, da z. B. das unter (3) und (4) Genannte offenbar jeweils mehrere Gegenstandsbereiche umfaßt.

Da nun singuläre Termini wesensmäßig Komplementärausdrücke von Prädikaten sind, müßten sich die Gegenstandsbereiche nicht nur durch ihre Identitätskriterien unterscheiden, sondern ebenso durch die Prädikate, die auf sie anwendbar sind. Die Klärung der jeweiligen Gegenstandsbereiche bzw. der Verwendung der entsprechenden singulären Termini bestünde also eigentlich in einer Klärung der jeweiligen ganzen prädikativen Sätze und d. h. in der Klärung, wie diese Sätze verwendet und d. h. verifiziert werden.

Anhand dieser Frage nach der Verifikation der Sätze kommt zunächst auch die Frage zur Entscheidung, ob es sich überhaupt jeweils um genuine Gegenstände, um einen genuinen eigenen Gegenstandsbereich handelt. Das wird man dann verneinen müssen, wenn man sich bei der Frage nach der Verifikation auf andere, aber äquivalente Sätze verwiesen sieht, die Sätze über konkrete Gegenstände sind und in denen die abstrakten singulären Termini nur noch in modifizierter Form als Prädikate erscheinen. Diese Frage nach dem Verhältnis der Sätze über abstrakte Gegenstände zu Sätzen über konkrete Gegenstände und nach der evtl. Reduzierbarkeit der ersteren auf die letzteren stellt sich für jeden der vorhin aufgezählten Fälle gesondert.

Ein extremer Fall ist der, wo abstrakte singuläre Termini sozusagen vereinzelt verwendet werden, bei denen also nicht einmal ein entsprechender Gegenstandsbereich angegeben werden kann.[2] Wenn man z. B. sagt »der Mangel an Vitamin C bewirkt Skorbut«, stößt die Rückfrage »welches von allen ist mit ›der Mangel an Vitamin C‹ gemeint?« offenbar ins Leere; wir wüßten nicht, durch welches Prädikat, das einen Gegenstandsbereich bezeichnet, wir das Wort »alle« hier zu ergänzen hätten. Die Frage stellt sich aber auch gar nicht, weil sie für die Frage nach der Verifikation des Satzes ohne Belang ist. Der Satz wird offenbar nicht verifiziert, indem ein Gegenstand, der durch »der Mangel an Vitamin C« identifiziert wird, daraufhin untersucht wird, ob das Prädikat dieses Satzes auf ihn zutrifft, sondern indem untersucht wird, ob der Satz »die meisten Menschen, denen Vitamin C fehlt, erkranken an Skorbut« wahr ist. Bei solchen substantivischen Ausdrücken, die bei der Frage nach der Verifikation sofort wegfallen, wird man also sagen müssen, daß sie eigentlich keine singulären Termini sind, weil sie nicht als solche verwendet werden.

Wenn alle abstrakten singulären Termini bei der Verifikationsfrage in dieser Weise entfielen, bräuchten wir überhaupt nicht von abstrakten Gegenständen zu sprechen. Bei denjenigen Gegenstandsbereichen hingegen, die sich nicht als eliminierbar erweisen, stellt sich dann die Frage: warum sind sie es nicht? Wie kommt es, daß wir von abstrakten Gegenständen der und der Bereiche reden können und gegebenenfalls müssen? Wie konstituieren sich solche Redeweisen und was würde ohne sie verlorengehen? Das ist diejenige Frage bezüglich abstrakter Gegenstände, die der Frage entsprechen würde, die ich bei den konkreten singulären Termini als die Frage ›von unten‹ bezeichnet habe. So wie die Frage damals gegen die Folie einer ärmeren Sprache gestellt wurde, die noch gar keine singulären Termini enthielt, würde sie jetzt wieder gegen die Folie einer ärmeren Sprache gestellt werden, und zwar eben der, die nur konkrete singuläre Termini enthält.

Auf der Basis dieser Klärungen wäre die Frage, was es heißt, auf einen Gegenstand bezugzunehmen, nunmehr in der gebotenen Allgemeinheit wiederaufzunehmen. Wieweit sich dabei die Ergebnisse unserer Analysen der Verwendungsweise konkreter singulärer Termini verallgemeinern lassen würden, ist völlig offen. Denn gerade das für die Auseinandersetzung mit der traditionellen Auffassung entscheidende Ergebnis, daß jeder singuläre Terminus auf andere ›verweist‹ (S. 472 ff.), scheint für die abstrakten Bereiche nicht zuzutreffen. Die für die Identifizierung konkreter Gegenstände charakteristische reziproke Verweisung war ja auch nur die Folge des besonderen Umstandes, daß die Gegenstände, um die es sich hier handelte, Wahrnehmungssituationen waren, auf die aus beliebigen anderen Wahrnehmungssituationen bezuggenommen werden können mußte. Bei abstrakten Gegenständen entfällt diese Komplikation. Heißt das, daß nun gerade für abstrakte Gegenstände die traditionelle Vorstellungstheorie wieder vindiziert würde? Oder kann auch bei ihnen von einer einfachen Zuordnung – und das hieße dann ja wohl: zu einer Vorstellung – keine Rede sein, wenn auch aus *anderen* Gründen? Wie immer die Antwort lauten mag, jedenfalls ist klar, daß wir mit einer einschneidenden Revision der bisher entwickelten Konzeption von der Bezugnahme auf Gegenstände rechnen müssen.

Nun zum zweiten Schritt, dem Projekt einer allgemeinen Theorie der semantischen Formen der assertorischen Sätze. Haben wir inzwischen überhaupt einen ausreichend bestimmten Begriff von ›semantischer Form‹, daß man sich unter einem solchen Projekt etwas Bestimmtes vorstellen kann? Ich habe die Rede von semantischer Form seinerzeit ungefähr so eingeführt, daß zwei Sätze dann dieselbe semantische Form haben, wenn ihre Bedeutung in derselben Weise von den Bedeutungen ihrer bedeutungstragenden Bestandteile abhängt, und daß zwei bedeutungstragende Satzteile dann dieselbe semantische Form haben bzw. zu derselben semantischen Klasse gehören, wenn sie in derselben Weise zu der Bedeutung eines Satzes beitragen (S. 42). Nun hat sich inzwischen für die assertorischen Sätze ergeben, daß man einen solchen Satz genau dann versteht, wenn man seine Wahrheitsbedingung kennt bzw. weiß, wie festzustellen ist, ob er wahr oder falsch ist. Daraus folgt, daß wir einen Satzteil dann verstehen, wenn wir wissen, welchen Beitrag er für die Feststellung der Wahrheit der Sätze leistet, in die er als Teil eingehen kann; und daß wir die semantische Form dieses Ausdrucks verstehen, wenn wir verstehen, in welcher Weise er diesen Beitrag leistet. Man kann daher die semantische Form eines Satzes – seine ›bedeutungsrelevante‹ Zusammensetzung – mit Davidson[3] als seine ›wahrheitsrelevante‹ Zusammensetzung bezeichnen; oder auch, wenn man den weiteren Schritt zur Feststellung der Wahrheit geht, der sich uns jedesmal als notwendig erwiesen hat, als seine ›verifikationsrelevante‹ Zusammensetzung. Sehen wir von diesem weiteren Schritt zunächst ab, so ergibt sich, daß die semantische Form eines Satzes in seiner Tarskischen Wahrheitsdefinition zum Ausdruck kommt (vgl. oben S. 302 f.), denn eine solche Definition gibt erstens an, wovon die Wahrheit bzw. Falschheit eines Satzes abhängt, und zweitens verlangen wir von einer solchen Definition, daß sie nicht eine bloße Übersetzung jedes einzelnen Satzes gibt, sondern für alle Sätze einer bestimmten Form gilt, derart, daß wir dann die Wahrheitsbedingung für alle einzelnen Sätze dieser Form durch bloße Einsetzung der bestimmten Teilausdrücke in die semantischen Variablen gewinnen (vgl. oben S. 327). So können wir jetzt, Davidson folgend, dem Programm einer allgemeinen Theorie der semantischen Formen der assertorischen Sätze einen bestimmten Sinn geben: es bestünde darin, so viele Wahrheitsdefinitionen aufzustellen, daß jeder Aspekt der semantischen Struktur der assertorischen Sätze, den wir intuitiv für einen solchen halten, berücksichtigt würde.

Daß die Aufstellung solcher Wahrheitsdefinitionen eine keineswegs triviale Angelegenheit ist, zeigt sich sofort, wenn man versucht, über die einfachen, bisher berücksichtigten Fälle hinauszugehen. Auf das Problem der komplexen Sätze, die sich nicht wahrheitsfunktional verstehen lassen, habe ich schon früher hingewiesen (S. 309). Eine weitere Aufgabe ist die Aufklärung der übrigen semantischen Strukturen der einfachen Sätze, also insbesondere der von mir unberücksichtigt gelassenen Strukturen innerhalb der singulären Termini und vor allem der Prädikate. Nehmen wir z. B. den Satz »das ist eine riesige Fliege«.[4] Man kann hier freilich das ganze Prädikat als eine unstrukturierte Einheit nehmen und so die Form des Satzes auf seine prädikative Struktur beschränken. Aber auf diese Weise würde man offensichtlich dem Verstehen eines solchen Satzes nicht gerecht, denn das würde heißen, daß die Ausdrücke »riesige Fliege«, »riesiges Tier«, »riesiger Wasserfall« usw. zu unserem primitiven Vokabular gehören. Jeder solche Ausdruck müßte getrennt erklärt werden und die Erklärung von »riesige Fliege« stünde in keinem Zusammenhang mit der der Worte »riesig« und »Fliege«, während wir doch in Wirklichkeit, wenn wir die Worte »riesig« und »Fliege« verstehen, den Ausdruck »riesige Fliege« verstehen, auch wenn wir diese Kombination bisher noch nie gehört haben. Eine Wahrheitsdefinition des genannten Satzes, die nur seine prädikative Struktur berücksichtigt, würde über diese innerprädikative Struktur ebenso hinweggehen, wie eine Wahrheitsdefinition, die lediglich den Satz selbst wiederholen würde, über seine gesamte Struktur hinwegginge. Wie würde nun eine Wahrheitsdefinition aussehen, die dieser innerprädikativen Struktur gerecht wird? Es wäre verlockend, so zu antworten: »das ist eine riesige Fliege« ist wahr genau dann, wenn der Gegenstand, auf den gezeigt wird, riesig ist und eine Fliege ist. Dieser Vorschlag ist aber offensichtlich verfehlt. Eine solche Wahrheitsdefinition trifft allerdings auf andere, scheinbar ähnliche Sätze zu, Sätze wie z. B. »das ist eine rote Fliege«, denn etwas ist in der Tat genau dann eine rote Fliege, wenn es sowohl rot ist als auch eine Fliege. »Riesig« ist hingegen ein attributives Adjektiv, und wenn etwas eine riesige Fliege ist, heißt das, daß es als Fliege riesig ist, aber nicht schlechthin riesig ist und z. B. nicht, was aus der vorgeschlagenen Definition folgen würde, ein riesiges Tier ist.

Sie könnten fragen: wieso ist es ausgemacht, daß der formalsemantische Zusammenhang zwischen attributivem Adjektiv und Substantiv durch eine Wahrheitsdefinition erfaßt werden muß? Aber haben Sie eine Alternative? Außerdem entspricht diese Auffassung dem, was wir erwarten müssen, wenn wir das Problem aus der Perspektive der Erklärung der Verwendungsweise betrachten. Wenn man jemandem erklären soll, wie das Wort »riesig« als attributives Adjektiv verwendet wird, erklärt man ihm, wie festzustellen ist, daß etwas ein riesiges F ist, mit variablem »F«, und entsprechend für alle attributiven Adjektive.

Eine andere Problematik, die ebenfalls die innerprädikative Struktur betrifft, ist die Semantik der Modaladverbien. Z. B. »Peter rennt schnell«. Auch hier dürfen wir, aus ähnlichen Erwägungen wie vorhin, das ganze Prädikat offensichtlich nicht als einen unstrukturierten Ausdruck auffassen. Wie erklärt man jemandem ein Wort wie »schnell«? Offenbar indem man ihm erklärt, wie festgestellt wird, daß der Klassifikationsausdruck »schnell« auf einen Vorgang, ein Ereignis oder einen Zustand zutrifft. Adverbien sind also eine Art Prädikate, wie sich auch leicht an der Umformung »Peters Rennen ist schnell« erkennen läßt. In der Wahrheitsdefinition müßte erfaßt werden, wie die Wahrheit eines Satzes wie »Peter rennt schnell« davon abhängt, daß erstens der Gegenstand, für den der singuläre Terminus steht, sich in einem bestimmten Zustand befindet und daß zweitens dieser Zustand in bestimmter Weise klassifizierbar ist.[5]

Wir können uns anhand jedes beliebigen Satzes aus der Zeitung klarmachen, wie weit wir noch von einer allgemeinen Theorie der assertorischen Satzformen entfernt sind. Hier handelt es sich also um ein weites Feld, mit dessen Bearbeitung in der Forschung gerade erst begonnen wird. Bei allen Schwierigkeiten der Durchführung ist aber vorläufig nicht abzusehen, daß unsere bisher erarbeitete Begrifflichkeit und die Hypothese, daß die bedeutungsrelevante Zusammensetzung eines Satzes seine wahrheits- bzw. verifikationsrelevante Zusammensetzung ist, an diesem Problembereich scheitern wird.

Umso eher könnte man das bei dem dritten Schritt, der Semantik der nichtassertorischen Sätze, vermuten. Da solche Sätze – z. B. Imperative – nicht wahr oder falsch sein können, ist von vornherein klar, daß die These, daß man einen Satz versteht, wenn man seine Wahrheitsbedingungen kennt, bzw. ihn erklärt, indem man zeigt, wie er zu verifizieren ist, auf diese Sätze nicht zutreffen kann. Es ist aber ebenso ausgeschlossen, für die nichtassertorischen Sätze eine Semantik ins Auge zu fassen, die mit der Semantik der assertorischen Sätze nicht zusammenhängt. Denn die Sätze der verschiedenen Modi unterscheiden sich nur im Modus und (mit gewissen Einschränkungen) nicht im propositionalen Gehalt (oben S. 74), und es wäre absurd anzunehmen, daß wir die verschiedenen Satzteile wie singuläre Termini und Prädikate, aber auch z. B. die Worte »und« und »oder« jeweils separat für die verschiedenen Modi erklären (und lernen) müßten. Es scheint also nur zwei Möglichkeiten zu geben: entweder der bisherige Ansatz erweist sich, weil er sich nicht auf die nichtassertorischen Sätze erweitern läßt, auch für die assertorischen Sätze als falsch, oder aber es muß möglich sein, für die nichtassertorischen Sätze einen Begriff ausfindig zu machen, dem für ihre Semantik eine analoge Funktion zukommt wie dem Wahrheitsbegriff für die Semantik der assertorischen Sätze; oder anders gesagt: man müßte einen Begriff finden, der weiter ist als der Wahrheitsbegriff und dem gegenüber der Wahrheitsbegriff einen Spezialfall darstellt.

Wir stehen hier also vor einer ähnlichen Aufgabe einer Revision der Grundbegrifflichkeit wie schon beim Übergang von der traditionellen zur analytischen Begrifflichkeit. Wie es dort darauf ankam, das Stehen eines Ausdrucks für einen Gegenstand als nur eine Funktion und Verwendungsweise eines Zeichens unter anderen zu erkennen, so müßte sich jetzt zeigen lassen, daß Wahrheit nur ein Fall von etwas Allgemeinerem ist. Ich habe auf diese methodische

Struktur der schrittweisen Vertiefung oder Erweiterung der Begrifflichkeit schon am Anfang unseres Unternehmens hingewiesen und damit auch begründet, warum ich mich zunächst auf assertorische Sätze beschränken wollte (S. 131 ff.); jedenfalls weiß ich nicht, wie wir jenen jetzt anvisierbaren weiteren Begriff hätten methodisch gewinnen können, bevor wir den traditionell vertrauteren Bereich begrifflich ausschöpften. Ich hatte bei jenen methodischen Vorüberlegungen auf das andersartige, systematische Vorgehen von Searle hingewiesen und damals schon behauptet, daß Searle diesen Vorzug an Systematik mit einer vergleichsweise begrifflichen Unergiebigkeit bezahlt (S. 137 f.). Die Begründung für diese Behauptung muß ich jetzt nachholen, und dabei kann ich zugleich zu der anstehenden Klärung der sachlichen Frage überleiten.

Das Charakteristische von Searles Vorgehen ist, daß er zunächst die semantischen Regeln für die Modi bzw. die ›illokutionären Kräfte‹ aller Satzarten angibt und erst nachher zu den semantischen Regeln des (allen Modi gemeinsamen) propositionalen Gehalts übergeht. Ich habe inzwischen im besonderen Fall des Behauptungsmodus gezeigt, inwiefern die Regel, die Searle angibt, nach verschiedenen Hinsichten völlig unzureichend ist (S. 240 f., 258, 273 f.). Ich habe keine Zeit, jetzt noch ins Detail zu gehen, aber wenn Sie sich die Regeln (die ›essential rules‹) ansehen, die Searle für die verschiedenen Satzarten bzw. ›illokutionären Handlungen‹ angibt,[6] werden Sie sehen, daß sie alle lediglich Paraphrasen darstellen und daß zwischen diesen Paraphrasen kein systematischer Zusammenhang ersichtlich ist. Umso überraschender ist es, daß Searle später in demjenigen Teil seines Buches, in dem er den propositionalen Gehalt behandelt, bei der Erörterung der Prädikate einen solchen systematischen Zusammenhang herstellt und daß der Leitbegriff dabei der Begriff der Wahrheit ist, der bei der thematischen Behandlung der Modi gar nicht vorkam.[7] Um den Zusammenhang zu verstehen, müssen Sie sich klarmachen, daß man, wenn man eine allgemeine Theorie der Prädikate geben will, die nicht auf assertorische Sätze beschränkt sein soll, natürlich nicht mehr die assertorische Komponente mitschleppen darf, die ihnen bei ihrer üblichen Erklärung als einem assertorischen Satzteil anhaftet. Die Prädikate müssen also entweder Modus-neutralisiert oder Modus-variabel gemacht werden. Searle hat sich – mit Recht, wie wir noch sehen werden – für diese zweite Alternative entschieden. So weit, so gut. Aber nun stellt sich natürlich die Frage: was haben wir denn für einen Vorbegriff vom Verstehen eines Prädikats? An dieser Stelle geht Searle, ohne über den methodischen Stellenwert dieses Vorgehens zu reflektieren, etwa so vor, wie ich es seinerzeit (in der 8. Vorl.) als methodisch unvermeidlich gefordert hatte: er geht aus von dem uns zunächst allein verfügbaren Begriff eines assertorischen Prädikats und definiert: wir verstehen ein Prädikat genau dann, wenn wir wissen, unter welchen Bedingungen es mit Bezug auf einen Gegenstand wahr oder falsch ist (S. 125). (Um diese Terminologie zu verstehen, muß man wissen, daß es im Englischen gebräuchlich ist zu sagen, ein Prädikat sei ›wahr von‹ einem Gegenstand, wenn wir im Deutschen sagen, daß es auf ihn zutrifft.) Und dann unternimmt er das, was ich heute gefordert habe: er versucht, diese Rede vom Wahrsein (oder Zutreffen) so zu erweitern, daß sie auch für die Prädikation in den anderen Modi anwendbar wird: bei einer Prädikation in einem beliebigen Modus werde immer auf die eine oder andere Weise »die Frage der Wahrheit . . . aufgeworfen«.[8] Was Searle damit meint, wird deutlicher, wenn wir die Modifikation, die er auf das Prädikat bezieht, aus dem propositionalen Gehalt herausnehmen und sie so als Modifikation dessen ansehen, was ich früher das veritative Sein genannt habe. Dann kann man sagen, daß es in allen Modi irgendwie um Wahrheit ›geht‹: mit einem assertorischen Satz wird gesagt, daß etwas (ein Sachverhalt) wahr ist; mit einem Fragesatz wird gefragt, ob etwas wahr ist; mit einem Imperativ wird jemand aufgefordert, etwas wahr zu machen; in einem Wunschsatz wird gewünscht, daß etwas wahr werde.[9]

Wieder ist Searle genau an der Stelle, an der das eigentliche Problem anfängt, stehengeblieben (vgl. schon oben S. 258), aber immerhin hat er hier das eigentliche Problem erreicht. Bevor wir weiterfragen, muß ich meine Kritik an Searle zusammenfassen. Bei seiner Erörterung der Modi der Prädikate hat Searle selbst, ohne es zu merken, deutlich gemacht, daß er für sein systematisches Vorgehen noch keine begrifflichen Mittel hatte. Da es sich bei den Modi und dem propositionalen Gehalt um zwei unselbständige, auf einander wechselseitig verweisende Momente handelt, muß die Begrifflichkeit, in der die Modi gefaßt werden, mit der Begrifflichkeit zusammenstimmen, die für den propositionalen Gehalt relevant ist. So haben wir gesehen, daß wir keinen einzigen assertorischen Satzteil erklären konnten, ohne auf den Wahrheitsbegriff bezugzunehmen, und etwas Analoges ist für die nichtassertorischen Sätze zu erwarten. Searle hat sich diesen Zusammenhang nicht klargemacht, und so kam es, daß die Paraphrasen, die er bei der thematischen Behandlung der illokutionären Kräfte im 3. Kapitel aufstellte, sich im 5. Kapitel als nutzlos erwiesen für die Aufklärung der Modi-der-Prädikate, und Searle sah sich nun hier gezwungen, einen einheitlichen Begriff des Modus-des-Prädikats zu entwickeln, ausgehend von dem uns zunächst allein verfügbaren – dem des Zutreffens –, und kam so zu dem Begriff des »Aufwerfens der Frage der Wahrheit«, den er freilich selbst als Verlegenheitslösung empfand. Was er jedoch nicht merkte, war, daß diese Verlegenheitslösung in Konkurrenz zu seinen Paraphrasen im 3. Kapitel steht und daß sie ihnen jedenfalls überlegen ist, weil sie einen einheitlichen Begriff der Modi andeutet und dadurch eine Möglichkeit an die Hand gibt zu einer allgemeinen Semantik der Satzteile.

Aber dürfen wir erwarten, daß, wie Searles Begriff vom »Aufwerfen der Wahrheitsfrage« es nahezulegen scheint, dieser einheitliche Begriff immer noch der Wahrheitsbegriff ist? Die Möglichkeit, Imperative usw. so umzuformulieren, daß in ihnen das Wort »wahr« vorkommt, beweist wenig. In dem Satz »mache es wahr, daß p!« haben wir in dem »mache« immer noch das unreduzierte imperativische Moment. Und umgekehrt könnte man nun auch assertorische Sätze analog umformen: statt zu sagen »es regnet« könnte man äquivalent sagen »die Aufforderung, es soll regnen, ist befolgt« oder »der Wunsch, es möge regnen, ist erfüllt«.[10] Nun könnten es aber gerade diese Entsprechungen sein, die weiterführen. Könnte nicht das Befolgen und Nichtbefolgen für den Imperativ, die Erfüllung oder Enttäuschung für den Wunschsatz einen analogen Stellenwert haben wie die Wahrheit und Falschheit für den Aussagesatz? Hätten wir so nicht einen Anhalt, was es heißt, einen Imperativ bzw. Wunschsatz zu erklären? Wie wir einen assertorischen Satz erklären, indem wir zeigen, wie wir erkennen, ob er wahr ist, so liegt es nahe zu sagen: wir erklären einen Imperativ, indem wir zeigen, wie wir erkennen, daß er befolgt wird. Ganz analog zur Rede von den Wahrheitsbedingungen bei den Aussagesätzen könnten wir nun sagen: wir verstehen einen Imperativ, wenn wir wissen, unter welchen Bedingungen er als befolgt gilt; wir verstehen einen Wunschsatz, wenn wir seine Erfüllungsbedingungen kennen.[11]

Wir können uns am einfachsten Fall – den »und«- und »oder«-Sätzen – leicht klarmachen, daß diese Begriffe bei der Strukturanalyse der nichtassertorischen Sätze wirklich ›greifen‹. Man kann analog zu den Wahrheitstafeln Befolgungs- bzw. Erfüllungstafeln aufstellen.[12] Z. B. ein Imperativ der Form »!*p oder q*« (z. B. »schweig oder geh' hinaus!«) wird befolgt, wenn man »!*p*« befolgt oder »!*q*« befolgt oder beides; anderenfalls wird er nicht befolgt. Und ähnlich wie bei den assertorischen Sätzen (vgl. oben, S. 307) könnten wir nun die Verwendung des imperativischen »oder« *erklären*, ohne es, wie bei der Angabe der Befolgungsbedingungen, zu wiederholen, indem wir vorführen, wie die Befolgung und Nichtbefolgung des ganzen Satzes von der Befolgung und Nichtbefolgung der Teilsätze abhängt.

So würde sich also ein semantisches Programm abzeichnen, in dem wir für alle imperativischen Satzformen Befolgungsdefinitionen aufstellen, für die optativen Satzformen Erfüllungsdefinitionen, und diese würden nun den Wahrheitsdefinitionen der assertorischen Satzformen genau entsprechen, außer daß überall, wo in der Wahrheitsdefinition das Wort »wahr« vorkommt, nun das Wort »befolgt« oder »erfüllt« stünde. Daran wird deutlich: wenn man nur weiß, was es überhaupt heißt, einen Satz zu befolgen, braucht man die propositionalen Strukturen der Imperative (geschweige denn die in ihnen vorkommenden Worte) nicht gesondert zu erklären, wenn sie schon bei den assertorischen Sätzen erklärt sind. Ebenso gilt aber auch das Umgekehrte; den assertorischen Sätzen kommt kein Primat zu, und darin gründet das Berechtigte von Searles Konzeption, daß man die propositionale Struktur aller Modi einheitlich erklären können müßte.

Es ist aber wichtig, das richtig zu verstehen. Daß die verschiedenen Satzarten einen vergleichbaren propositionalen Gehalt haben, liegt nicht daran, daß dieser Gehalt Modus-neutral ist, sondern daß er, wie Searle bei der Behandlung der Prädikate richtig erkannte, Modus-variabel ist, sich in jedem der Modi wiederholt. Der Modus ist, wie sich an den Wahrheits- bzw. Befolgungsdefinitionen zeigt, jeweils sinnbestimmend für den ganzen propositionalen Gehalt und seine Teile. Sie könnten demgegenüber darauf hinweisen, daß wir doch die Modus-neutrale Form »daß p« haben. Aber wir haben schon gesehen, daß das Verstehen von »daß p« auf dem Verstehen von »p« fußt und nicht umgekehrt; hingegen ist das Verstehen von »!*p*« dem Verstehen von »p« (»⊢*p*«) gleichgeordnet. Dann müssen wir uns aber jetzt fragen, worin denn das Gemeinsame von Wahrheit, Befolgung, Erfüllung usw. liegt, das ihnen diese sinnbestimmende Funktion ermöglicht. Es ist freilich keineswegs gesagt, daß jeder der von Searle oder Austin aufgezählten ›illokutionären Kräfte‹ ein solches Paar wie Wahr-Falsch oder Erfüllt-Enttäuscht zugeordnet ist. Es ist anzunehmen, daß es nur wenige Grundmodi gibt, die sinnbestimmend für den ganzen Satz sind, und daß für die übrigen illokutionären Kräfte gilt, daß sie zu einem ihnen gegenüber neutralen Gehalt lediglich hinzukommen.

Wenn man sich fragt, was ein wahrer assertorischer Satz, ein befolgter Imperativ und ein erfüllter Wunschsatz gemeinsam haben, so offenbar dies, daß jedesmal der Satz – bzw. das mit ihm Gesagte – und die Wirklichkeit übereinstimmen. Ist ein Aussagesatz wahr, wird ein Imperativ befolgt, ist ein Wunschsatz erfüllt: jedesmal heißt das, daß es sich so verhält, wie es mit dem Satz gesagt wird. Für diese Übereinstimmung scheint es nun aber zwei und nur zwei Möglichkeiten zu geben. Entweder – beim Aussagesatz – bildet die Wirklichkeit den Maßstab; besteht Nichtübereinstimmung, so entspricht der Satz nicht der Wirklichkeit. Oder – beim Wunschsatz und Imperativ – bildet der Satz den Maßstab; besteht Nichtübereinstimmung, so entspricht die Wirklichkeit nicht dem Satz.[13] Wer das assertorische Spiel ehrlich (wahrhaftig, d. h. ohne Intentionen, die nicht zu den Spielregeln gehören, vgl. oben S. 274) spielt, möchte das sagen, was der Fall ist; wer das andere Spiel ehrlich spielt, möchte, daß der Fall sei, was er sagt.

Ich verwende hier freilich unausgewiesene Begriffe, aber für die bloße Andeutung, wie weiter zu fragen ist, mag das ausreichen. Mit dem jetzt angedeuteten weiten Begriff der Übereinstimmung wäre nun also der für eine allgemeine Semantik erforderliche, gegenüber dem Wahrheitsbegriff umfassendere Begriff gefunden. Er würde für alle propositionalen Sätze das leisten, was der Wahrheitsbegriff für den speziellen Fall der assertorischen Sätze leistet. Zugleich hätte nun die unbestimmte negative Rede von »allen anderen Sätzen« oder »den nichtassertorischen Satzmodi« eine Begrenzung und einen positiven Sinn gefunden. Da es zwei und nur zwei Möglichkeiten der Übereinstimmung gibt, müßte man anerkennen, daß es nur zwei semantisch fundamentale Satzmodi gibt:[14] Übereinstimmungsbedingungen sind entweder Wahrheitsbedingungen oder Erfüllungsbedingungen.

Während bei Searle die ›illokutionären Kräfte‹ weit über die Zahl der grammatischen Modi vermehrt werden, würden nun also sogar verschiedene grammatische Modi zu einem Grundmodus gehören.

Fragesätze lassen sich, worauf ich schon früher hingewiesen habe, als eine besondere Art Aufforderungssätze ansehen.[15] Daß Wunschsätze und Imperative eng zusammengehören, sieht man daran, daß man ohne weiteres bei beiden von Erfüllungsbedingungen sprechen kann und daß der Sprecher in beiden Fällen zum Ausdruck bringt, daß er möchte, daß etwas der Fall sei; wird ein grammatischer Optativ an die Person adressiert, die in ihm als Subjekt der gewünschten Handlung genannt ist, so hat er semantisch geradezu den Sinn eines Imperativs. Eine weitere Klasse von Sätzen, die mit den Imperativen eng verwandt ist, sind die Wollenssätze und jene Sätze in der 1. Person Futur Indikativ, die ich früher als Intentionssätze bezeichnet habe (S. 110). Ich habe schon damals darauf hingewiesen, daß diese grammatisch im Indikativ stehenden Sätze semantisch nicht als assertorische Sätze zu verstehen sind, sondern analog zu Imperativen. Der Zusammenhang zwischen Imperativ und Intentionssatz zeigt sich darin, daß, wenn ein Imperativ durch den, an den er adressiert ist, bejaht oder verneint wird, dieses »Ja/Nein« ein Intentionssatz ist. »Ja, ich werde es tun; nein, ich werde es nicht tun«. Das Verhältnis zwischen Satz und ausführender Handlung ist dasselbe, ob der Satz von einer anderen Person stammt, ein Imperativ ist oder von dem Ausführenden selbst, also ein Intentionssatz.[16] Und die Verwendung eines Imperativs setzt immer schon voraus, daß der Angesprochene die Möglichkeit hat, die gewünschte Handlung absichtlich zu vollziehen. Die Fähigkeit zum absichtlichen, willentlichen Handeln liegt also allen diesen Satzformen zugrunde. Wer diese Fähigkeit nicht besitzt, könnte keine dieser Satzarten verstehen, die in je verschiedener Weise so verwendet werden, daß sie als Maßstab für die Wirklichkeit dienen, daß sie also sagen, was sein ›soll‹. Der einfachste Fall ist, daß ein solcher Satz das eigene Handeln leitet (Intentionssatz); die zweite Möglichkeit ist, daß er an andere gerichtet ist, die ihn erfüllen können (Imperativ); während die Wunschsätze, die keinen Adressaten haben, einen Grenzfall darstellen. Der Wunsch wird erfüllt oder nicht erfüllt, ohne daß man jemanden dafür verantwortlich machen kann. Es liegt nahe, daß jemand nur verstehen kann, was es heißt, etwas zu wünschen, wenn er schon weiß, was es heißt, etwas zu wollen und willentlich zu handeln.[17] Die Aufklärung der Wunschsätze wäre besonders wichtig, weil auch das Verstehen des Wortes »gut« auf dem Verstehen von Wunschsätzen aufbaut, wenn meine Erklärung richtig war, daß wir das ›gut‹ nennen, was ›vernünftigerweise vorzuziehen‹, also ›wünschenswert‹ ist (vgl. oben S. 113 f.).[18]

Man könnte die semantisch einheitliche Klasse von Sätzen, in die die Wunschsätze, die Imperative und die Intentionssätze gehören, als praktische Sätze bezeichnen (Kenny nennt sie ›*Fiats*‹).[19] Wittgenstein hat im *Tractatus* (4.022) die assertorischen Sätze so charakterisiert: »Der Satz zeigt, wie es sich verhält, wenn er wahr ist. Und er sagt, daß es sich so verhält.« Entsprechend wäre für die praktischen Sätze zu sagen: der Satz zeigt, wie es sich verhält, wenn er erfüllt ist; und er (bzw. der, der ihn verwendet) sagt, daß es sich so verhalten soll oder möge.[20] Demnach gäbe es also, gemäß der zweiseitigen Spezifizierbarkeit des Übereinstimmungsbegriffs, zwei Grundarten von Sätzen, theoretische (assertorische) Sätze und praktische Sätze. Damit soll nicht gesagt sein, daß es nicht sinnvoll ist, eine Vielzahl von illokutionären Handlungen bzw. illokutionären Kräften zu unterscheiden. Nur muß man sehen, daß es Spezifizierungen der beiden Grundmodi sind und daß diese Differenzierungen nicht, wie die beiden Grundmodi, sinnbestimmend für die Teile des propositionalen Gehalts sind, sondern zusätzliche expressive oder kommunikative Momente beitragen, die den propositionalen Gehalt nicht mehr affizieren und deren Erklärung nicht mehr mit den fundamentalen Schwierigkeiten behaftet ist, mit denen wir uns bei der Erklärung der Verwendungsweise der beiden Grundformen konfrontiert sehen. Die weitgehende Orientierungslosigkeit, die bei Austin, Searle und der von ihnen ausgehenden Forschung hinsichtlich der Frage einer angemessenen Klassifikation der ›illokutionären Kräfte‹ besteht, gründet in der Vernachlässigung der formalsemantischen Fragen. Searle ist von der Analyse von Sätzen ausgegangen, in denen etwas versprochen wird. Er hat diese Satzklasse so behandelt, als ob sie auf einer vergleichbar fundamentalen Ebene stünde wie die assertorischen Sätze. Es ist jedoch offensichtlich, daß Sätze des Versprechens eine Spezies der Intentionssätze sind, die ihrerseits nur eine Spezies der praktischen Sätze sind.

Imperative und Intentionssätze können natürlich nicht mit einem beliebigen propositionalen Gehalt gebildet werden; eine Aufforderung bzw. eine Intention kann nur Künftiges betreffen; und sie kann nur eine Handlung, nicht einen Zustand zum Inhalt haben; und sie kann sich nur auf freie Wesen beziehen, die mit »Ja« und »Nein« zu ihr Stellung nehmen können. Aber diese Beschränkungen gelten nicht für die praktischen Sätze als solche. Wahrscheinlich wird man sagen können, daß es zu jedem assertorischen Satz einen Wunschsatz gibt und daß die Klasse der praktischen und der assertorischen Sätze einander spiegelbildlich entsprechen.

Natürlich darf man, was ich hier praktische *Sätze* nenne, nicht mit den praktischen *Aussagen* verwechseln, von denen ich bei der Erörterung der praktischen Vernunftfrage gesprochen habe (7. Vorl.). Die Aufklärung der praktischen Aussagen, der Sätze über das Gute, wäre bereits der übernächste Schritt: der Schritt, der nach der Aufklärung der einfachen praktischen Sätze erfolgen müßte. Die praktischen Aussagen, die einzigen Sätze, zu deren Aufklärung es eine absolute Vernunftmotivation gibt (7. Vorl.), sind freilich zugleich die semantisch rätselhaftesten, sie sind theoretisch-praktische Zwitter. Als Aussagen enthalten sie einen Wahrheits- und Ausweisungsanspruch, aber was mit ihnen als objektiv begründet, als vernünftig behauptet wird, ist, daß etwas gewünscht oder getan werden soll. Die Versuchung ist deswegen groß, entweder ihren Ausweisungsanspruch oder ihren praktischen Charakter zu übersehen. Vielleicht wird man mit Hare[21] ins Auge fassen müssen, daß die Sätze über das Gute zwar begründbar sind, daß sie aber ihren praktischen Charakter und wir unsere Freiheit als verantwortliche Wesen verlieren würden, wenn diese Begründung eine restlose wäre und in Analogie zu der Begründung theoretischer Aussagen verstanden werden könnte. Jedenfalls widersprechen die praktischen Aussagen, sofern sie sowohl eine assertorische wie eine praktische Seite haben, meiner These, daß es zwei Grundarten von Sätzen gibt, die assertorischen einerseits und die praktischen andererseits.

Ich lasse diesen Widerspruch so stehen. Der Sinn des gegenwärtigen Ausblicks ist ja nicht, die weiterführenden Fragen zu beantworten, sondern nur eine Anzeige zu geben, in welcher Richtung weiterzugehen wäre. Die grundsätzliche Einheitlichkeit der praktischen Sätze und die Erklärbarkeit dieser Sätze mit Hilfe eines dem Wahrheitsbegriff analogen Begriffs sind lediglich Hypothesen. Ich muß auch betonen, daß ich nur den ersten Schritt einer Semantik der praktischen Sätze angedeutet habe, der jenem ersten Schritt der assertorischen Semantik entsprechen würde, der in der Aufstellung von Wahrheitsdefinitionen bestand. Die weitere Frage, wie man die Verwendungsregeln der praktischen Sätze – bzw. das entsprechende ›Spiel‹ – erklären würde, ist völlig offen, insbesondere die

Frage, wie die Worte »befolgt« oder »erfüllt« zu erklären wären, die für das Verständnis der praktischen Sätze den entsprechenden Stellenwert hätten wie das Wort »wahr« für das Verständnis der assertorischen Sätze.

Bei der Erklärung der Verwendungsweise der praktischen Sätze müßte auch der Zusammenhang zwischen der Verwendung dieser Sätze und dem Haben bzw. Äußern entsprechender psychologischer Zustände berücksichtigt werden. Wie derjenige, der einen assertorischen Satz »p« verwendet, zum Ausdruck bringt, daß er meint, daß p, bringt jemand, der einen Imperativ »!*p*« äußert, zum Ausdruck, daß er möchte, daß *daß p* realisiert werde. Für die assertorischen Sätze habe ich zu zeigen versucht, daß man den Begriff des Meinens auf dem Weg über den Begriff des Behauptens erklären könne, der seinerseits durch die Regeln des Ausweisungsspiels bestimmt ist (S. 271). Die entsprechende Hypothese für Imperative würde lauten, daß diese Sätze verwendet werden, um jemanden aufzufordern, etwas zu tun und daß, was das heißt, ohne Rekurs auf das Wollen durch die Regeln des Befolgungsspiels erklärt werden könnte, so daß dann der Begriff des Wollens seinerseits mittels der Sprechhandlung des Aufforderns zu erklären wäre wie derjenige des Meinens mittels der Sprechhandlung des Behauptens. Auch für Intentionssätze könnte ein entsprechendes Vorgehen aussichtsreich scheinen. Unplausibel erscheint eine solche Hypothese hingegen bei den Wunschsätzen, denn während wir bei Imperativen und Intentionssätzen durch das Korrigieren von Handlungen vorführen können, was es heißt, dem Satz zu entsprechen, läßt sich nicht erklären, was es heißt, daß eine Tatsache relativ zu einem Wunschsatz ›unrichtig‹ ist, wenn nicht schon vorausgesetzt ist, daß sich in dem Satz ein Wunsch äußert. Es würde sich nahelegen, dieser Schwierigkeit dadurch Rechnung zu tragen, daß man den Begriff des Wünschens über die Imperative einführt und ihn dann bei den Wunschsätzen voraussetzen darf. Allerdings muß ich auch darauf hinweisen, daß ich sogar bei der Erklärung des psychologischen Zustandes des Meinens mittels des Sprechaktes der Behauptung von einem anderen psychologischen Zustand schon Gebrauch machen mußte, vom Beabsichtigen (S. 271). Die Problematik ›Sprechhandlungen und psychologische Zustände‹ müßte also im ganzen neu aufgenommen werden, und ich kann nicht beanspruchen, schon erwiesen zu haben, daß es eine durchführbare Alternative zu einem semantischen Programm der Art, wie es von

Grice und D. Lewis skizziert wurde, gibt, in dem die Begriffe des Beabsichtigens und Meinens als grundlegend angesehen und als sprachunabhängig vorgegeben vorausgesetzt werden.[22]

Was wir jetzt erreicht haben, ist aber wenigstens ein Ausblick auf die formale Semantik im ganzen, und so müßte sich auch eine Perspektive abzeichnen für die Klärung der Frage, die ich im einleitenden Teil der Vorlesungen als die Grundfrage der formalen Semantik bezeichnet habe und die an die Stelle der ontologischen Grundfrage nach Sein und Nichtsein getreten ist: die Frage, was es heißt, einen Satz zu verstehen (S. 56), also die Frage nach dem Wesen aller Sätze, nach der allgemeinen Satzstruktur. In den einleitenden Überlegungen war ich so weit gekommen, diese Grundfrage so zu formulieren: »wie es zu verstehen ist, daß unser gesamtes sprachliches Verstehen die Struktur von Ja/Nein-Stellungnahmen verschiedener Modi zu propositionalen Gehalten hat« (S. 77). Wenn die drei Aspekte propositionaler Gehalt, Negierbarkeit, Modus die Wesenseigentümlichkeiten ›unserer‹ Sprache sind (die wir insofern als propositionale Sprache bezeichnen können), so müßte das Besondere dieser Aspekte sichtbar werden in der Abhebung gegen andere, nicht propositionale Sprachen, und zugleich müßte dabei der innere Zusamenhang dieser drei Aspekte verständlich werden. Natürlich sind es die Signalsprachen, die sich zur Abhebung nahelegen. Ich habe die charakteristischen Regeln der Signalsprachen als Konditionalregeln bezeichnet (S. 215); sie haben die Form: wenn das und das wahrgenommen wird, wird das Signal S verwendet, bzw. wenn das Signal S wahrgenommen wird, ist das und das zu tun. Man könnte versuchen, demgegenüber das Charakteristische der Verwendungsregeln der selbständigen Ausdrücke der propositionalen Sprache – der Sätze – so herauszubringen, daß man sie als *projektive Regeln* bezeichnet. Ich entlehne den Ausdruck »projektiv« aus Wittgensteins *Tractatus*. Wenn Wittgenstein den Sinn der Sätze als Bilder bezeichnete, war dabei nicht an eine Abbildfunktion gedacht, sondern die Bildfunktion war projektiv, antizipatorisch verstanden: »Im Satz wird gleichsam eine Sachlage probeweise zusammengestellt« (4.031); der Satz zeigt, wie es sich verhalten *könnte*. Ich habe die Verwendung eines assertorischen Satzes als Eröffnungszug eines Ausweisungsspiels beschrieben, und wir haben gesehen, daß die Verwendungsregeln nicht konditional, sondern auf den Ausgang des Ausweisungsspiels hin zu verstehen sind, und wir können das jetzt als den projektiven Charakter dieser Verwendungsregeln bezeichnen. Bei Imperativen würde es nur dann naheliegen, ihre Regeln als Konditionalregeln anzusehen, wenn man sie einseitig vom Hörer her verstehen dürfte, also nicht als Verwendungsregeln. Als Verwendungsregel des Sprechers läßt sich die Regel auch des Imperativs nur projektiv verstehen, und da sich das Verstehen des Hörers nicht daran zeigt, daß er den Imperativ befolgt, sondern daran, daß er, genauso wie der Sprecher, weiß, was es heißt, ihn zu befolgen, und ihn nun, indem er »Ja« oder »Nein« sagen kann, befolgen oder nicht befolgen kann, versteht der Hörer den Satz genauso wie der Sprecher und d. h. ebenfalls projektiv. Und bei den übrigen praktischen Sätzen erscheint es von vornherein klar, daß sie nur projektiv verstanden werden können.

Wodurch wird nun diese projektive Verwendungsweise ermöglicht? Im Fall der assertorischen Sätze haben wir gesehen, daß das letztlich die Leistung der singulären Termini ist. Durch das Hinzutreten eines singulären Terminus verliert der Klassifikationsausdruck die selbständige Verwendungsmöglichkeit, die er in der Signalsprache hatte, und greift, statt konditional auf die vorgegebene Situation bezogen zu sein, auf eine Verifikationssituation vor; der Träger dieser Projektion, durch den angegeben wird, worauf das Prädikat bezogen wird, ist der singuläre Terminus. Wenngleich eine solche quasi-genetische Ausdrucksweise wegen der empirischen Hypothesen, die sie nahelegt, fragwürdig ist, wird also der ›Übergang‹ von einer konditional geregelten zu einer projektiv geregelten Sprache dadurch ermöglicht, daß der für primitive Signalsprachen charakteristische selbständige Klassifikationsausdruck zu einem Prädikat depotenziert und durch die Ergänzung durch einen singulären Terminus zu einer Proposition erweitert wird. Und nun läßt sich, ohne genetische Metaphorik, die Hypothese formulieren: nur propositional gegliederte Ausdrücke können projektiv geregelt sein, und alle propositional gegliederten Ausdrücke müssen projektiv geregelt sein. Daß diese Hypothese sich auch an den praktischen Sätzen bewähren müßte, daß also auch bei ihnen die projektive Regelung letztlich durch die singulären Termini ermöglicht wird, wird natürlich dadurch nahegelegt, daß praktische und assertorische Sätze sich in ihrem propositionalen Gehalt entsprechen.

Als nächstes müßte man sich klarmachen, daß, um es wieder in der genetischen Metapher auszudrücken, das bloße Hinzutreten eines singulären Terminus zu einem Klassifikationsausdruck nicht nur den Klassifikationsausdruck ›depotenziert‹ – indem er nun ergänzungsbedürftig ist –, sondern auch den ganzen Ausdruck, der sich durch diese Verbindung ergibt, insofern ›depotenziert‹, als das bloße Zeigen, wie es sich verhalten könnte – das ›probeweise Zusammenstellen eines Sachverhalts‹ –, im Unterschied zur Verwendung eines Signals ein zweck- und sinnloses Tun wäre. Man kann sich den Gewinn, der durch die propositional-projektive Sprache gegenüber der konditional geregelten Sprache erreicht wird, in der Weise veranschaulichen, daß die Sprache jetzt nicht mehr nur das wahrnehmungsmäßig Vorgegebene betrifft, sondern so weit reicht wie die raumzeitliche Phantasie; aber diese Erweiterung in den Bereich der Möglichkeiten bleibt zwecklos, wenn es nicht gelingt, ihr einen Wirklichkeitsbezug zurückzugeben. Ein Ausdruck wie »das Schloß / brennen« zeigt, wie es sich mit dem Schloß verhalten *könnte*. Einen Wirklichkeitsbezug gewinnt der propositionale Ausdruck erst, wenn zusätzlich gesagt wird, daß diese Möglichkeit auch wirklich ist oder daß sie verwirklicht werden möge; wenn also entweder behauptet wird, daß es so ist, oder gefordert wird, daß es so sei, wie es der propositionale Ausdruck als möglich hinstellt. Der durch die ›Transformation‹ in einen propositionalen Ausdruck zunächst eintretende Zweckverlust der Sprechhandlung kann also nur dadurch kompensiert werden, daß mit der Verwendung des Ausdrucks ein Wirklichkeitsanspruch verbunden wird. Und wieder läßt sich nun ohne genetische Metaphorik die These formulieren: eine propositionale Sprache ohne Modi ist undenkbar, und umgekehrt erscheint eine modale Sprache, die nicht propositional ist, undenkbar.

Woran liegt es nun, daß die propositionale Sprache vor Signalsprachen auch durch das Vorhandensein der Negation ausgezeichnet zu sein scheint? Da, wie wir früher gesehen haben, das »nicht« nicht zum Modus, sondern zum propositionalen Gehalt gehört (S. 66 f.), liegt es nahe, den Bedingungszusammenhang im propositionalen Gehalt zu suchen, und innerhalb des propositionalen Gehaltes würde es dann wiederum naheliegen, in erster Linie an die Prädikate zu denken. Da Klassifikationsausdrücke dazu verwendet werden, zu klassifizieren und dadurch zu unterscheiden, scheint mit der Verwendung von Klassifikationsausdrücken die Verwendung des Wortes »nicht« notwendig verbunden zu sein. Gegen diese Vermutung spricht aber der Umstand, daß auch die Ausdrücke der Signalsprachen Klassifikationsausdrücke sind und diese Sprachen gleichwohl ohne das Wort »nicht« auskommen. Und auf der anderen Seite kann man sich nun leicht klarmachen, daß es vielmehr die in den Grundmodi behauptete bzw. geforderte Übereinstimmung ist, die die Verwendung eines Negationszeichens notwendig macht, da es für das Verständnis des Verhältnisses zwischen Satz und Wirklichkeit wesentlich ist, daß Übereinstimmung *oder* Nichtübereinstimmung besteht. Einen Satz verstehen, heißt wissen, unter welchen Bedingungen er wahr und unter welchen er falsch, bzw. erfüllt und enttäuscht ist. Wir können uns das klarmachen, indem wir z. B. von einer Teilklasse der uns verfügbaren Sätze ausgehen, in der das Wort »nicht« zufällig nicht vorkommt. Sobald dann bei einem Satz dieser Klasse festgestellt werden soll, ob er (wenn es ein assertorischer Satz ist) wahr oder falsch ist, muß im Fall der Falschheit das Wort »nicht« verwendet werden, und so würde nun, wenn es ein prädikativer Satz ist, ein Satz mit negiertem Prädikat generiert, und darin gründet es, daß zu jedem propositionalen Gehalt ein ihm entgegengesetzter gehört. Die Negation gehört also zwar zum propositionalen Gehalt, aber sie gehört zu ihm dank des Umstandes, daß ein propositionaler Ausdruck nur nach projektiven Regeln verwendet werden kann. So ergäbe sich also die weitere These: im projektiven Wesen unserer Sprache liegt der Ursprung der Negation. In dieser Perspektive auf den Zusammenhang des Ja/Nein mit dem projektiven Wesen unserer Sprache wäre sowohl Heideggers Grundthese, die Frage nach dem Sinn von Sein-und-Nichtsein müsse aus dem »Horizont« der Zeit gestellt werden,[23] wiederaufgenommen als auch ein wesentlicher Aspekt der Satztheorie des frühen Wittgenstein, des einzigen analytischen Philosophen, der auch schon der Überzeugung war, daß der Schlüssel zum Verständnis des Wesens des Satzes im »Geheimnis der Negation« liegt.[24]

So würde jetzt verständlich, warum – wie wir schon in den einleitenden Überlegungen konstatieren konnten (S. 76) – die Modi (wir können jetzt genauer sagen: die Grundmodi) wesensmäßig Ja/Nein-Stellungnahmen sind. Da ein propositionaler Ausdruck, wie Wittgenstein formuliert,[25] »bipolar« ist – wahr/falsch, erfüllbar/enttäuschbar – und nur quasi ein Thema anschlägt und die Entscheidung zwischen Ja und Nein projektiv offenläßt, ist die Verwendung eines solchen Ausdrucks nur sinnvoll, wenn der Sprecher sich für Ja oder Nein entscheidet und d. h. die Übereinstimmung der Wirklichkeit mit dem Ausdruck auf die eine oder andere Weise projektiv vorwegnimmt: die Übereinstimmung entweder behauptet oder fordert. Damit aber wird immer gegen die entgegengesetzte Behauptung oder Forderung (d. h. diejenige, die den entgegengesetzten propositionalen Gehalt behauptet oder wünscht) Stellung genommen. Die Grundmodi haben deswegen den Charakter von Bejahungen-und-Verneinungen, von Ja/Nein-Stellungnahmen. Daß der Sprecher sich für Ja oder Nein entscheiden muß, impliziert, daß auch der Hörer sich zwischen Ja oder Nein entscheiden kann: der Befehl kann verweigert, die Behauptung bezweifelt werden: Ursprung von Freiheit und Vernunft.

So vollklingende Thesen, wie man sie gerne zum Abschluß einer Vorlesung äußert, könnten freilich leicht darüber hinwegtäuschen, wie brüchig der ganze Gedankengang, den ich Ihnen vorgetragen habe, ist. Gerade die These über den Ursprung der Negation, zu der er uns zum Schluß geführt hat, fordert geradezu heraus zu einer Gegenthese, die geeignet ist, uns an meinem ganzen Vorgehen irrezumachen. Der Einwand liegt nämlich nahe, daß wir einen Negationsausdruck auch schon als Handlungskorrekturwort verwenden müssen, zusammen mit jenem Ausdruck »richtig«, den wir schon brauchen, um die Verwendungsweise eines sprachlichen Ausdrucks erklären zu können, und dessen Verständnis ich bei der Erklärung des Wortes »wahr« vorausgesetzt habe. Dieser Einwand trifft nicht nur die These über die Negation. Er muß Zweifel darüber wecken, für wie grundsätzlich man eine Reflexion auf das Verstehen unserer sprachlichen Ausdrücke ansehen kann, die die Verwendung von Handlungskorrekturwörtern ungeklärt läßt. Nun ist das nicht eine zufällige Unterlassung, vielmehr eine notwendige Konsequenz aus der methodischen Orientierung an Wittgensteins Grundsatz, die Bedeutung eines Ausdrucks sei das, was wir erklären, wenn wir jemandem die Bedeutung erklären. Die Worte »richtig« und »unrichtig« können wir nicht mehr erklären, da bei jeder Erklärung eines Wortes diese Worte schon verwendet werden. Müßten wir also nicht die methodische Orientierung an diesem Grundsatz überprüfen? Er legte sich nahe als der adäquate Grundsatz für eine spezifisch philosophische Sprachanalyse, wenn man unter einer philosophischen Analyse eine immanente Aufklärung, ein bloßes Explizitmachen des im Verstehen implizit schon Gewußten versteht (S. 199). Aber ist diese Annahme, von der ich in der 1. Vorlesung ausgegangen war, sakrosankt? Und müßte nicht überhaupt die Annahme einer von sprachwissenschaftlichen, empirischen Methoden unterschiedenen, ›spezifisch philosophischen‹ Sprachanalyse überprüft werden? Aber welche anderen, ob nun philosophischen oder wissenschaftlichen Methoden wären dazu geeignet, weiterzuführen? Offenbar stehen wir an einer Stelle, an der eine erneute und diesmal fundamentalere Revision der Grundbegrifflichkeit erforderlich würde. Die Frage, was es heißt, einen sprachlichen Ausdruck zu verstehen, erscheint, wenn wir uns nichts vormachen, so ungeklärt wie nur je.

Anmerkungen

1 Instruktiv sind die Ausführungen bei Dummett S. 70-80, 370-81 und 14. Kap. sowie bei Specht, III. und IV. Teil. Vgl. auch Carl S. 153-68.
2 Vgl. Dummett S. 70 f.
3 »Semantics for Natural Languages«, S. 178.
4 Zum folgenden vgl. Davidson, »Truth and Meaning«, S. 317.
5 Zur Adverbialsemantik vgl. Davidson, »The Logical Form of Action Sentences« sowie Bartsch, »Die logische Analyse von Modaladverbien« und Bartsch, *Adverbialsemantik*. Vgl. auch zur Lösung eines verwandten semantischen Problems Bartsch und Vennemann, *Semantic Structures*, 3. Kapitel.
6 Vgl. die Tabelle auf S. 66 f.
7 *Speech Acts*, 5.6.
8 Vgl. S. 122, 124. In der deutschen Übersetzung heißt es, »die Frage des Zutreffens« werde »zur Sprache gebracht«.
9 Vgl. Dummett S. 307.
10 Vgl. Hare, *The Language of Morals*, 2.3.
11 Vgl. Dummett S. 303.
12 Vgl. Dummett S. 303.
13 Vgl. Anscombe, *Intention*, S. 56, und insbesondere Kenny, *Action, Emotion and Will* S. 220 f., und Kenny, *Will, Freedom and Power*, S. 38.
14 Vgl. Kenny, *Will, Freedom and Power*, S. 38, sowie Stenius, »Mood and Language Game«, vor allem S. 274.
15 Vgl. oben, S. 76 und die dort zitierte Literatur.
16 Anscombe gibt S. 56 das Beispiel von einem Mann, der an Hand einer Liste in einem Lebensmittelgeschäft einkauft: stammt die Liste von seiner Frau, so ist sie ein Imperativ; stammt sie von ihm selbst, so ist sie ein Intentionssatz.

17 Die bisher wohl weitestgehende Aufklärung dieser Zusammenhänge wird in den beiden Büchern von Kenny erreicht. Vgl. insbesondere das 4. Kapitel des neuen Buches.

18 Auf einer untersten Ebene wird das Wort »gut« bereits als einfache praktische Bejahung verwendet: statt auf eine Aufforderung oder einen Vorschlag mit »ja« zu antworten, kann man auch »gut« sagen; so nennen wir auch etwas gut, wenn wir damit einverstanden sind bzw. wenn es unsere Wünsche erfüllt. In den meisten Zusammenhängen wird das Wort jedoch so verwendet, daß es nicht nur überhaupt praktische Zustimmung, sondern eine objektiv begründbare Zustimmung impliziert.

19 *Will, Freedom and Power,* S. 39 f.

20 Vgl. Kenny, *Wittgenstein,* S. 121.

21 Vgl. sein Buch *Freedom and Reason.*

22 Der Zusammenhang zwischen den Theorien von Grice und Lewis ist von Bennett in »The Meaning-Nominalist Strategy« klargestellt worden. Bennett, der eine auf beiden Autoren fußende Konzeption skizziert hat, im Unterschied zu Grice und Lewis, auf das Problem einer dann erforderlich werdenden sprachunabhängigen Erklärung von Meinen und Beabsichtigen ausdrücklich hingewiesen (S. 145).

23 Vgl. den Titel des 1. Teils von *Sein und Zeit.*

24 Vgl. *Schriften Bd. 1* S. 119 (Tagebuchnotiz vom 15. 11. 1914).

25 Vgl. *Schriften Bd. 1* S. 188.

Literaturverzeichnis

Alston, W. P.: *Philosophy of Language*, Englewood Cliffs 1964.

Anscombe, G. E. M.: *Intention*, Oxford 1957.

Aristoteles: *Opera*, hrsg. von der Preuß. Akad., Berlin 1831 ff.

Augustinus: *Confessionum Libri Tredecim*, Leipzig 1934.

Austin, J. L.: *How to do Things with Words*, Oxford 1962 (dt.: *Zur Theorie der Sprechakte*, Stuttgart 1972).

Ayer, A. J.: »Negation«, *Journ. of Philos.* 49 (1952) abgedr. in: A. J. Ayer, *Philosophical Essays*, London 1963, S. 36-65.

Bartsch, R.: »Die logische Analyse von Modaladverbien«, *Linguistische Berichte 10* (1970), S. 27-34.

– *Adverbialsemantik*, Frankfurt a. M. 1972.

Bartsch, R. und Vennemann, Th.: *Semantic Structures*, Frankfurt a. M. 1972.

Bennett, J.: »The Meaning-Nominalist Strategy«, *Foundations of Language 10* (1973), S. 141-68.

Bloomfield, L.: *Language*, London 1935.

Brentano, F.: *Psychologie vom empirischen Standpunkt*, 2 Bde. (1874). Hrsg. von O. Kraus, Leipzig 1924.

Brown, R. W. und Dulaney D. E.: »A Stimulus-Response Analysis of Language and Meaning«, in: P. Henle (Hrsg.), *Language, Thought and Culture*, Ann Arbor 1958.

Carl, W.: *Existenz und Prädikation*, München 1974.

Carnap, R.: *Meaning and Necessity*, Chicago 1947 (dt.: *Bedeutung und Notwendigkeit*, Wien 1972).

Cartwright, R.: »Propositions«, in: R. J. Butler (Hrsg.), *Analytical Philosophy*, Oxford 1962, S. 81-103.

Chisholm, R.: *Perceiving*, Ithaca (N.Y.) 1957.

– »Problems of Identity«, in: M. K. Munitz (Hrsg.), *Identity and Individuation*, New York 1971, S. 3-30.

Davidson, D.: »The Logical Form of Action Sentences«, in: N. Rescher (Hrsg.), *The Logic of Decision and Action*, Pittsburgh 1966, S. 81-95.

– »Truth and Meaning«, *Synthese 17* (1967), S. 304-23.

– »The Individuation of Events«, in: N. Rescher (Hrsg.), *Essays in Honor of Carl G. Hempel*, Dordrecht 1969, S. 216-34.

– »Semantics of Natural Languages«, in: *Linguaggio nella società e nella tecnica*, Mailand 1970, S. 177-188.

Donnellan, K. S.: »Reference and Definite Descriptions«, *Philos. Review*

75 (1966), S. 281-304.
– »Proper Names and Identifying Descriptions«, in: D. Davidson und G. Harman (Hrsg.), *Semantics of Natural Language*, Dordrecht 1972, S. 356-379.

Dummett, M.: »Truth«, *Proc. Arist. Soc. Suppl. Vol.* 59 (1958-59), abgedr. in G. Pitcher (Hrsg.), *Truth*, Englewood Cliffs 1964, S. 93-111.
– *Frege; Philosophy of Language*, London 1973.

Duns Scotus, J.: »*Ordinatio*«, in: *Opera Omnia* (Hrsg. Balic), Vatikan 1954, Bd. 3.

Fodor, J. A. und Katz J. J. (Hrsg.): *The Structure of Language*, Englewood Cliffs 1964.

Frege, G.: *Begriffsschrift*. Halle 1879. Neudruck Darmstadt 1964.
– *Die Grundlagen der Arithmetik*, Breslau 1884. Neudruck Breslau 1934, Darmstadt 1961.
– *Funktion und Begriff*, Jena 1891. Abgedr. in: G. Frege, *Funktion, Begriff, Bedeutung*, hrsg. von G. Patzig, Göttingen 1962.
– »Sinn und Bedeutung«, *Ztschr. f. Philos. u. philos. Kritik NF 100* (1892), S. 25-50. Abgedr. in: G. Frege, *Funktion, Begriff, Bedeutung*, hrsg. von G. Patzig, Göttingen 1962.
– »Begriff und Gegenstand«, *Vierteljahrschr f. wiss. Philos. 16* (1892), S. 192-205. Abgedr. in: G. Frege, *Funktion, Begriff, Bedeutung*, hrsg. von G. Patzig, Göttingen 1962.
– »Der Gedanke«, *Beitr. z. Philos. d. deutsch. Ideal. I* (1918-19), S. 58-77. Abgedr. in G. Frege, *Logische Untersuchungen*, hrsg. von G. Patzig, Göttingen 1966.
– »Die Verneinung«, in: *Beitr. z. Philos. d. deutsch. Ideal. I* (1918-19), S. 143-75. Abgedr. in: G. Frege, *Logische Untersuchungen*, hrsg. von G. Patzig, Göttingen 1966.
– *Nachgelassene Schriften*, hrsg. von H. Hermes, F. Kambartel und F. Kaulbach, Hamburg 1969.

Gale, R. M.: »Negative Statements«, *Americ. Philos. Quart. 7* (1970), S. 206-217.

Geach, P. T.: »On What There Is«, *Proc. Arist. Soc. Suppl. Vol. 25* (1951), S. 125-36.
– *Reference and Generality*, Ithaca (N. Y.) 1962.
– »Assertion«, *Philos. Rev. 74* (1965), abgedr. in: P. T. Geach, *Logic Matters,* Oxford 1972, S. 254-269.

Goldmann, A.: *A Theory of Human Action*, Englewood Cliffs 1970.

Grice, H. P.: »Meaning«, *Philos. Rev. 66* (1957), S. 377-88, abgedr. in: P. F. Strawson (Hrsg.), *Philosophical Logic,* Oxford 1967.
– »Utterer's Meaning, Sentence-Meaning and Word-Meaning«, *Found. of Lang. 4* (1968), abgedr. in: J. R. Searle (Hrsg.), *The Philosophy of*

Language, Oxford 1971, S. 54-70 (so zitiert).
– »Utterer's Meaning and Intentions«, *Philos. Rev. 78* (1969), S. 147-77.
Griffiths, A. Ph.: *Knowledge and Belief*, Oxford 1967.

Habermas, J.: »Was heißt Universalpragmatik?« in: K. O. Apel (Hrsg.), *Sprachpragmatik und Philosophie*, Frankfurt 1976.
Hampshire, S.: *Thought and Action*, London 1959.
Hare, R. M.: *The Language of Morals*, Oxford 1952 (dt.: *Die Sprache der Moral*, Frankfurt 1972).
– *Freedom and Reason*, Oxford 1963 (dt.: *Freiheit und Vernunft*, Düsseldorf 1973).
– »Meaning and Speech Acts« (1970), abgedr. in: R. M. Hare, *Practical Inferences*, London 1971.
Heidegger, M.: *Sein und Zeit*, Halle 1927.
Henrich, D.: *Fichtes ursprüngliche Einsicht*, Frankfurt 1967.
– »Selbstbewußtsein«, in: Bubner, Cramer, Wiehl (Hrsg.), *Hermeneutik und Dialektik*, Tübingen 1970, Bd. I, S. 257-84.
Hume, D.: *A Treatise of Human Nature*, London 1738.
Husserl, E.: *Logische Untersuchungen*, 2 Bde., 2. Aufl. Halle 1922.
– *Ideen zu einer reinen Phänomenologie und phänomenologischen Philosophie*, 3 Bde., in: *Husserliana* Bd. III-V, Haag 1950-52.
– *Cartesianische Meditationen*, in: *Husserliana* Bd. I, Haag 1950.

Jones, O. R. (Hrsg.): *The Private Language Argument*, London 1971.

Kahn, Ch.: *The Verb ›Be‹ in Ancient Greek*, Dordrecht 1973.
Kambartel, F.: *Erfahrung und Struktur*, Frankfurt 1968.
Kant, I.: *Kritik der reinen Vernunft*, zitiert nach der 2. Aufl. (»B«).
– *Gesammelte Werke*, hrsg. von der Preuß. Akad., Berlin 1902 ff.
Kenny, A.: *Action, Emotion and Will*, London 1963.
– *Wittgenstein*, London 1973.
– *Will, Freedom and Power*, Oxford 1975.
Kripke, S.: »Naming and Necessity«, in: D. Davidson und G. Harmann (Hrsg.), *Semantics of Natural Language*, Dordrecht 1972, S. 253-355.
Kutschera, F. v.: *Sprachphilosophie*, München 1971.

Lemmon, E. J.: »Sentences, Statements and Propositions«, in: B. Williams und A. Montefiore (Hrsg.), *British Analytical Philosophy*, London 1966, S. 87-108.
Lewis, C. I.: *An Analysis of Knowledge and Valuation*, La Salle 1946.
Lewis, D.: *Convention*, Cambridge (USA) 1969 (dt.: *Konventionen*, Berlin 1975).
Lorenzen, P.: *Methodisches Denken*, Frankfurt 1968.
Lyons, J.: *Introduction to Theoretical Linguistics*, Cambridge (Engl.) 1968.

Mead, G. H.: *Mind Self and Society*, Chicago 1934 (dt.: *Geist, Identität und Gesellschaft*, Frankfurt 1968).
Mill, J. St.: *A System of Logic*, London 1843.
Mittelstraß, J.: »Die Prädikation und die Wiederkehr des Gleichen«, in: H.-G. Gadamer (Hrsg.), *Das Problem der Sprache*, München 1967, S. 87-96.
Morris, Ch.: *Foundations of the Theory of Signs*, Chicago 1938.
– *Signs, Language and Behavior*, New York 1946.

Oehler, K.: *Die Lehre vom noetischen und dianoetischen Denken bei Platon und Aristoteles*, München 1962.

Passmore, J.: *A Hundred Years of Philosophy*, London 1957.
Patzig, G.: »Satz und Tatsache«, in: G. Patzig, *Sprache und Logik*, Göttingen 1970, S. 39-76.
Peirce, Ch.: Collected Papers, 6 Bde., Cambridge (USA) 1931.
Pfänder, A.: *Logik*, Tübingen 1963[3].
Pitcher, G. (Hrsg.): *Truth*, Englewood Cliffs 1964.
Platon: *Opera Omnia* (hrsg. v. Burnet), Oxford 1900.
Prior, A.: »Negation«, in: *The Encyclopaedia of Philosophy* (Hrsg. P. Edwards), New York 1967.

Quine, W.V.O.: *From a Logical Point of View*, Cambridge (USA) 1953.
– *Word and Object*, Cambridge (USA) 1960.
Quinton, A.: *The Nature of Things*, London 1973.

Ramsey, F.: *The Foundations of Mathematics*, London 1931.
Rorty, R.: *The Linguistic Turn*, Chicago 1967.
Russell, B.: »On Denoting«, *Mind 14* (1905), S. 479-493, abgedr. u. a. in: B. Russell, *Logic and Knowledge*.
– *The Problems of Philosophy*, London 1912.
– *Mysticism and Logic*, London 1918.
– *Introduction to Mathematical Philosophy*, London 1919.
– »Mr. Strawson on Referring«, Mind 66 (1957), S. 385-89, abgedr. in: B. Russell, *My Philosophical Development*, London 1959, S. 175-180.
– *Logic and Knowledge*, London 1956.

Savigny, E.v.: *Die Philosophie der normalen Sprache*, Frankfurt 1969.
Schelling, F. W.: *System des transzendentalen Idealismus* (1800), in: Werke (hrsg. v. Schröter), Bd. 2, S. 327 ff.
Searle, J.: »Proper Names«, Mind 67 (1958), S. 166-173.
– »Austin on Locutionary and Illocutionary Acts«, *Phil. Rev. 72* (1968).
– *Speech Acts*, Cambridge (Engl.) 1969 (dt.: *Sprechakte*, Frankfurt 1971).

Specht, E. K.: *Sprache und Sein*, Berlin 1967.
Stegmüller, W.: *Hauptströmungen der Gegenwartsphilosophie*, 2 Bde., Stuttgart 1975[5].
Stenius, E.: »Mood and Language-Game«, *Synthese 17* (1967), S. 254-274.
Stevenson, Ch.: »The Emotive Meaning of Ethical Terms«, *Mind 46* (1937), S. 14-31.
– *Ethics and Language*, New Haven / London 1944.
Strawson, P. F.: »On Referring«, Mind 59 (1950), abgedr. u. a. in: P. F. Strawson, *Logico-Linguistic Papers* (dt. in: Bubner (Hrsg.), *Sprache und Analysis*, Göttingen 1968).
– *Introduction to Logical Theory*, London 1952.
– »Singular Terms, Ontology and Identity«, Mind 65 (1956), S. 433-454.
– *Individuals*, London 1959 (dt.: *Einzelding und logisches Subjekt*, Stuttgart 1972).
– »Singular Terms and Predication«, *Journ. of. Philos. 58* (1961), abgedr. in: Strawson, *Logico-Linguistic Papers* (so zitiert).
– *Logico-Linguistic Papers*, London 1971 (dt.: *Logik und Linguistik*, München 1974).

Tarski, A.: »Der Wahrheitsbegriff in den formalisierten Sprachen«, *Studia Philosophica* I (Lwow 1936), S. 261-405. Engl. Übers. in: A. Tarski, *Logic, Semantics, Metamathematics*, Oxford 1956.
Thomas v. Aquin: »Quaestiones Disputatae de Veritate«, *Quaestiones Disputatae I*, Rom 1949.
Tugendhat, E.: *Ti kata tinos, Eine Untersuchung zu Struktur und Ursprung aristotelischer Grundbegriffe*, Freiburg i. Br. 1958
– *Der Wahrheitsbegriff bei Husserl und Heidegger*, Berlin 1967.
– »Die sprachanalytische Kritik der Ontologie«, in: H.-G. Gadamer (Hrsg.), *Das Problem der Sprache*, München 1967, S. 483-93.
– »Phänomenologie und Sprachanalyse«, in: Bubner, Cramer, Wiehl (Hrsg.), *Hermeneutik und Dialektik*, Tübingen 1970, Bd. 2, S. 3-24.
– »Das Sein und das Nichts«, in: V. Klostermann (Hrsg.) *Durchblicke; Festschr. f. M. Heidegger*, Frankfurt 1970, S. 132-161.
– »The Meaning of ›Bedeutung‹ in Frege«, *Analysis 30* (1970), S. 177-89.
– »Existence in Space and Time«, *Neue Hefte f. Philos. 8* (1975), S. 14-33.

Urmson, J. O.: *Philosophical Analysis, Its Development between the Two World Wars*, Oxford 1956.

Vendler, Z.: »Facts and Events«, in: Z. Vendler, *Linguistics in Philosophy*, Ithaca (N. Y.) 1967, S. 122-146.

Wiggins, D.: »The Individuation of Things and Places«, *Proc. Arist. Soc. Suppl. Vol. 37* (1963), S. 177-202.

– »Identity-Statements«, in: R. J. Butler (Hrsg.), *Analytical Philosophy*, 2nd Series, Oxford 1965, S. 40-71.
– *Identity and Spatio-Temporal Continuity*, Oxford 1967.
Williams, B. A. O.: »Mr. Strawson on Individuals«, *Philosophy 36* (1961), S. 309-332.
Wittgenstein, L.: *Tractatus Logico-Philosophicus* (1921), in: *Schriften Bd. 1*, Frankfurt 1960.
– *The Blue and Brown Books*, Oxford 1958 (dt. in *Schriften Bd. 5*).
– *Philosophische Untersuchungen* (1953), in: *Schriften Bd. 1*.
– *Bemerkungen über die Grundlagen der Mathematik*, in: *Schriften Bd. 6*.
– *Zettel*, in: *Schriften Bd. 5*.
– *Philosophische Bemerkungen*, in: *Schriften, Bd. 2*.
– *Philosophische Grammatik*, in: *Schriften, Bd. 4*.
Wright, G. H. v.: *The Varieties of Goodness*, London 1963.
– *Norm and Action*, London 1963.

Ziff, P.: *Semantic Analysis*, Ithaca (N. Y.) 1960.

Personenregister

Sachregister

suhrkamp taschenbücher wissenschaft

stw 68 Hans Barth
Wahrheit und Ideologie
331 Seiten
Barths im Jahre 1945 erschienene Untersuchung gilt einem Begriff, der zunächst rein wissenschaftlich-philosophisch konzipiert war, nun aber längst in den Sprachgebrauch der Alltagssprache aufgenommen worden ist und in den verschiedensten Bedeutungen verwendet wird. Barth vertritt die These, daß menschliches Denken immer ideologiehaft sei und geht der Frage nach, unter welchen gesellschaftlichen und ökonomischen Bedingungen Ideologien produziert werden. Die verschiedenen Aspekte dieses Zusammenhangs untersucht er unter anderem an den Werken von Marx, Schopenhauer und Nietzsche.

stw 14 Claude Lévi-Strauss
Das wilde Denken
334 Seiten
Aus dem Französischen von Hans Neumann
Thema dieses inzwischen berühmt gewordenen Werkes ist das Denken in seinem »wilden Zustand«, das in jedem Menschen, ob zeitgenössisch oder vorgeschichtlich, wirksam ist als ein Element der nichtkultivierten und nicht domestizierten Geistestätigkeit.

stw 160 Hans G. Furth
Intelligenz und Erkennen
Die Grundlagen der genetischen Erkenntnistheorie Piagets
Übersetzt von Friedhelm Herborth
384 Seiten
Hans G. Furth hat den ersten Versuch einer systematischen Darstellung der Theorie Piagets unternommen, und er hat, wie Piaget selbst es formuliert, »diese Aufgabe außerordentlich erfolgreich gelöst«. Piaget zwingt zu einer Revolution unserer Anschauungen, wie es außer ihm in der Neuzeit nur Kopernikus, Darwin und Freud getan haben.

stw 8 G. W. F. Hegel
Phänomenologie des Geistes
622 Seiten
Die Phänomenologie ist »ein Werk, das im philosophischen Schrifttum nicht seinesgleichen hat, vielsträhnig und zentral, dithyrambisch und streng geordnet zugleich. Nirgends kann genauer gesehen werden, was großer Gedanke im Aufgang ist, und nirgends ist sein Lauf bereits vollständiger«.

Ernst Bloch

stw 9 *Materialien zu Hegels ›Phänomenologie des Geistes‹*
Herausgegeben von Hans Friedrich Fulda
und Dieter Henrich
445 Seiten
Die hier zusammengestellten Aufsätze zu Hegels Phänomenologie wollen dem Leser die Irrwege, Umwege und Holzwege ersparen, auf die andere in ihrem Bemühen, sich dieses »dunkelste und tiefsinnigste« Werk Hegels (Ernst Bloch) zugänglich zu machen, geraten sind.

stw 88/89 *Materialien zu Hegels Rechtsphilosophie*
Herausgegeben von Manfred Riedel
448 Seiten (Band 1)
480 Seiten (Band 2)
Die vorliegende Auswahl von *Materialien zu Hegels Rechtsphilosophie* ist für Studienzwecke konzipiert und will, der äußeren Gliederung in zwei Bände entsprechend, einem doppelten Bedürfnis gegenwärtiger Hegel-Forschung genügen. In ihrem *ersten* Band enthält sie Rezensionen, Kritiken und Abhandlungen, die teils zu Hegels Lebzeiten, teils in den ereignisschweren Jahrzehnten des Aufstiegs und Niedergangs seiner Philosophie (1830–1860) publiziert wurden. Es handelt sich überwiegend um Texte, die den *historischen Kontext* der Rechtsphilosophie erhellen. Der zweite Band enthält Texte, die den *systematischen Kontext* der Rechtsphilosophie erschließen. Um Übersicht und Studium zu erleichtern, folgt ihre Auswahl und Anordnung in etwa dem systematischen Grundriß der Rechtsphilosophie. Die Schwerpunkte gegenwärtiger Forschung sollten dokumentiert, ihre Lücken (z. B. das Fehlen brauchbarer Beiträge zu logisch-methodologischen Problemen) mitnotiert werden.

stw 69 Anthony Kenny
Wittgenstein
Aus dem Englischen von Hermann Vetter
270 Seiten
Das vorliegende Buch ist eines der ersten, das das umfangreiche Œuvre Wittgensteins als Ganzes darstellt; sein Wert liegt nicht zuletzt darin, daß es sich ausführlich mit den erst kürzlich publizierten Werken aus Wittgensteins mittlerer Zeit befaßt: mit den *Philosophischen Bemerkungen* und der *Philosophischen Grammatik.*

stw 70 Friedrich Albert Lange
Geschichte des Materialismus und Kritik seiner Bedeutung in der Gegenwart
Herausgegeben und eingeleitet von Alfred Schmidt
2 Bände. 1018 Seiten
Langes *Geschichte des Materialismus* ist entstanden im Gegenzug zu einem sich ausbreitenden, krude mechanistischen, vulgären Materialismus (»Der Mensch ist, was er ißt«); sie ist daher in ihrer Darstellung gleichzeitig Kritik des Materialismus: Der Materialismus sei zwar die einzig legitime Methode der Naturwissenschaften, aber aufgrund des Kantschen kritischen Unternehmens für Metaphysik und Erkenntnistheorie abzulehnen. Auch wenn Lange nicht rein geisteswissenschaftlich vorgeht – er stellt z. B. eine Beziehung zwischen Sklaverei und Religion in der Antike her –, so trennt ihn von Marx und Engels doch, daß deren primäres Interesse am Materialismus auf den Menschen, die Gesellschaft und die Geschichte zielt.

stw 93 Paul Lorenzen
Konstruktive Wissenschaftstheorie
240 Seiten
Für Lorenzen ist die Wissenschaftstheorie eine Grundwissenschaft, die »Fach«-Wissenschaften begründet, und nicht ein Fach neben anderen Wissenschaften. Eine solche Wissenschaft muß in allen Schritten kontrollierbar sein und darf »praktische« Fragen, d. h. solche nach den Zwecken von Wissenschaft nicht ausschließen. Die hier vereinigten, größtenteils unveröffentlichten Aufsätze von Paul Lorenzen, des Gründers der »Erlanger Schule«, sind Beiträge zur allgemeinen Wissenschaftstheorie und zur konstruktiven Begründung der Mathematik, speziell der Wahrscheinlichkeitstheorie.

stw 105 Maurice Merleau-Ponty
Die Abenteuer der Dialektik
Aus dem Französischen von Alfred Schmidt und Herbert Schmitt
281 Seiten
In den *Abenteuern der Dialektik* legt Merleau-Ponty seine persönliche und sehr differenzierte Abrechnung mit zeitgenössischen Versionen des Marxismus vor: einmal mit dem objektivistisch erstarrten Stalinismus, der den historischen Prozeß zum Naturprozeß uminterpretiert, zum anderen mit dem »Ultra-Bolschewismus« Sartres, für den die Kommunistische Partei zur Zentrale des Weltgeists wurde.

stw 6 Jean Piaget
Einführung in die genetische Erkenntnistheorie
Vier Vorlesungen
Aus dem Amerikanischen von Friedhelm Herborth
104 Seiten
»Die Forschungen über genetische Erkenntnistheorie versuchen, die Mechanismen zu analysieren, nach denen Erkenntnis – sofern sie zu wissenschaftlichem Denken gehört – sich entwickelt ...« Bärbel Inhelder

stw 65 Willard van Orman Quine
Grundzüge der Logik
Aus dem Amerikanischen von Dirk Siefkes
344 Seiten
Nachdem die »mathematische« oder »formale« Logik in Deutschland lange Zeit fast nur ein mathematischer Forschungszweig war, haben jetzt Philosophen und Linguisten, aber auch Juristen und viele andere dieses Gebiet entdeckt. Die Logik dient zunächst als Werkzeug, vielleicht auch nur zur Denkschulung; später erkennt man in den formalen sprachlichen Strukturen Muster des Denkens; schließlich werden so die Grenzen und die Möglichkeiten der Sprache, damit auch des Menschen, in seltener Schärfe klar.

stw 95 Peter Winch
Die Idee der Sozialwissenschaft und ihr Verhältnis zur Philosophie
Aus dem Englischen von Roland Pelzer
176 Seiten
Im Anschluß an die Philosophie Wittgensteins und dessen

Auffassung der Regeln von Sprachspielen als Formen sozialer Lebenswelten bemüht sich Winch um die linguistische Grundlegung einer verstehenden Soziologie. Er zeigt, daß für das Vorgehen im Bereich der Sozialwissenschaft naturwissenschaftliche Verfahren nicht vorbildlich sein können und wendet sich damit gegen das Selbstverständnis einer Soziologie, die sich am behavioristischen Modell der Gesetzmäßigkeit beobachtbaren Verhaltens orientiert.

stw 5 Ludwig Wittgenstein
Philosophische Grammatik
Herausgegeben von Rush Rhees
491 Seiten
Die *Philosophische Grammatik* gibt Auskunft über Wittgensteins Weg von der Konzeption einer Idealsprache zur Theorie der Sprachspiele und zur mathematischen Grundlagenforschung der Spätzeit.

Alphabetisches Verzeichnis der suhrkamp taschenbücher wissenschaft